装备科技译著出版基金

高能激光定向能武器物理学

Directed Energy Weapons——Physics of High Energy Lasers(HEL)

[美] Bahman Zohuri 著
范晋祥 陈晶华 译
马俊岭 审校

国防工业出版社

·北京·

著作权合同登记　图字：军-2019-012 号

图书在版编目（CIP）数据

高能激光定向能武器物理学 /（美）巴赫曼·佐胡里
（Bahman Zohuri）著；范晋祥，陈晶华译. —北京：
国防工业出版社，2023.4
书名原文：Directed Energy Weapons——Physics
of High Energy Lasers（HEL）
ISBN 978-7-118-12673-0

Ⅰ. ①高… Ⅱ. ①巴… ②范… ③陈… Ⅲ. ①激光武器—物理学　Ⅳ. ①TJ95

中国版本图书馆 CIP 数据核字（2022）第 197128 号

First published in English under the title
Directed Energy Weapons: Physics of High Energy Lasers (HEL) by Bahman Zohuri
Copyright © Springer International Publishing Switzerland, 2016
This edition has been translated and published under licence from Springer Nature Switzerland AG.
All Rights Reserved.
本书简体中文版由 Springer 授权国防工业出版社独家出版。
版权所有，侵权必究。

※

国防工業出版社 出版发行
（北京市海淀区紫竹院南路 23 号　邮政编码 100048）
三河市腾飞印务有限公司印刷
新华书店经售
＊
开本 710×1000　1/16　插页 4　印张 41¾　字数 756 千字
2023 年 4 月第 1 版第 1 次印刷　印数 1—1500 册　定价 258.00 元

（本书如有印装错误，我社负责调换）

国防书店：（010）88540777　　书店传真：（010）88540776
发行业务：（010）88540717　　发行传真：（010）88540762

作者简介

　　Bahman Zohuri 目前在 Galaxy 先进工程公司，这是他离开作为首席科学家工作多年的半导体界和防务工业界后，在 1991 年创建的一家咨询公司。他在从伊利诺伊大学物理学和应用数学专业毕业之后，加入了 Westinghouse 电气公司，在那里完成了位于液态金属快增殖反应堆核心的停堆断热系统（用于二次回路热交换的二次全关断系统）的热工水力学分析和自然循环，并将这些设计用于自动停堆系统的核安全和可靠性工程。1978 年他设计了用于液态金属快增殖反应堆热抑制的大池概念的汞热管和电磁泵，并获得了相关的专利。他后来转到了 Westinghouse 电气公司防务部，负责 MX 导弹出筒后的动力学分析、发射和装运方法，其结果用于 MX 导弹发射密封性性能和喷口爆炸现象分析（导弹振动和水力学冲击）。他还参与了稀薄等离子体中的非线性离子波研究中的分析计算，并将结果用于在受激光辐射的目标靶丸的电晕放电的（膨胀波）稀疏波特性中的"孤波"的传播，以及最终会聚的电荷的踪迹。作为在阿贡国家实验室研究生研究工作的一部分，他完成了表面物理和固体物理中的多交换积分的计算和编程。在担任不同的半导体工业公司（如 Intel Varian 和国家半导体公司）的高级工艺工程师期间，他在扩散工艺和扩散炉设计等领域获得了不同的专利。随后，他作为首席科学家加入了洛克希德导弹和宇航公司，负责研发工作，以及在激光和核威胁条件下国防支援卫星（DSP）、助推段监视和跟踪卫星（BSTS）的不同的有效载荷组合（红外传感器）脆弱性、生存能力和辐射与激光加固的研究，还研究了激光光束和核辐射与材料的相互作用特性、在电子学中的瞬态辐射效应、电磁脉冲、系统产生的电磁脉冲、单事件翻转、爆炸和形变热效应、强度保障、维护性和器件技术。

　　他在 Galaxy 先进工程公司为 Sandia 国家实验室进行了几年的咨询工作，并和其他感兴趣的团队合作支持了空军安全中心的作战使用危害性评估工作，这项工作的成果应用在美国空军专门为定向能武器的作战使用安全性颁布的条令中。完成了用于机载激光（ABL）、先进战术激光（ATL）、战术高能激光(THEL)和机动的/战术高能激光(M-THEL)的激光综合工具库的第一版。

他也负责SDI中涉及作战管理C3和人工智能与自主系统的计算机项目。著有多部专著，并且拥有"激光激发的辐射衰变与跨舱壁的激发的结果"等多项专利。

译者序

由于定向能武器具有独特优势,定向能武器的发展受到了国外军事强国的普遍重视,尤其近 20 年来,在军事需求的牵引和相关技术发展的推动下,激光定向能武器与相关技术发展极其迅速,以高能激光武器为代表的定向能武器技术不断发展成熟并取得突破性的进展,高能激光定向能武器正快速地走向实用化。

高能激光定向能武器系统是一个由高能激光器、捕获跟踪瞄准、自适应光学以及指挥控制等分系统组成复杂系统,这类武器的研制、试验验证和运用涉及一系列跨学科的科学、技术和工程问题,从高能激光的产生、光束控制、在大气介质中的传输到与目标的相互作用,都涉及常规武器研制中所不曾遇到的一些理论、技术和工程问题。

施普林格出版公司于 2016 年出版的《高能激光定向能武器物理学》,既全面、系统地介绍了实现定向能激光武器所涉及的物理和数学概念,又系统地论述、讨论了定向能武器所涉及的实际技术和工程实现问题,内容涉及高能激光武器系统概念、构成,高能激光武器系统工作原理与交战过程、高能激光器技术、高能激光大气传输、高能激光武器光束控制与自适应光学系统、高能激光武器与目标的相互作用、激光武器安全与防护、高能激光武器毁伤机理与毁伤效果分析等多个方面。该书还参考了大量的会议、期刊文献和技术资料,介绍了美国的主要的高能激光武器项目的发展情况,提供了有关高能激光武器发展的详细的信息。本书是一本兼顾高能定向能激光武器所涉物理和数学基础和相关技术与工程实现问题、紧密结合军事应用的难得的优秀专著,具有较高的学术意义与应用价值。

作者 Bahman Zohuri 博士多年来一直致力于激光定向能武器领域的研究工作,深度介入美国多项激光定向能武器项目,参与了激光光束和与物质的相互作用特性分析等与高能激光定向能武器相关的研究工作,并担任美国空军武器实验室、海军研究实验室、桑地亚国家实验室的高能激光定向能武器项目咨询顾问,是激光定向能武器领域的重要的研究者和国际资深专家。

本书出版后在业界得到好评，认为本书兼顾高能定向能激光武器的理论基础和技术与工程实现，紧密结合军事应用，对于从事高能激光武器的研究者和工程师而言是一本很好的参考书。

为此，我们开展了《高能激光定向能武器物理学》一书的翻译工作。全书由上海机电工程研究所范晋祥、陈晶华翻译，由中国航空工业集团公司洛阳电光设备研究所马俊岭研究员对全书进行了审校。对于书中，尤其是附录部分存在的较多的笔误，我们进行了修正。

本书的翻译、出版得到了军委装备发展部装备科技译著出版基金的资助。得到了我国高能激光系统与技术专家军委科技委（原国防科技大学）刘泽金院士、中国工程物理研究院范国滨院士、上海航天技术研究院副院长王波兰研究员、上海机电工程研究所科技委主任王海良研究员、顾村峰研究员、柴娟芳研究员等的极大支持。在此一并表示衷心感谢！

因译者水平所限，书中错误之处在所难免，敬请读者批评指正！

译者
2022 年 12 月

前 言

定向能武器对于人类而言并不是新事物。从历史上讲,这类武器从几个世纪之前就开始了。希腊著名数学家、物理学家、工程师、发明家和天文学家,叙拉古(Syracuses)的阿基米德采用不同的反射镜会聚太阳光束,并将它们聚焦在罗马舰队的舰船上,以便用火来烧毁敌方的舰船,这称为阿基米德热光。阿基米德可能使用抛物面反射体当作反射镜来会聚太阳光束,用这种聚光反射镜将阳光聚焦在接近的舰船上,点燃攻击叙拉古的舰船,导致舰船着火。当然,阿基米德热光究竟是虚构的还是事实仍然值得探究。但在 2005 年 10 月,麻省理工学院的一组学生已经采用 127 个 1ft(30cm)的方形反射镜将阳光聚焦在距离大约 100ft(30m)的一艘木船上,并点燃了舰船,这是在天空中无云且舰船保持静止约 10min 的情况下点燃的。结论是:在这些条件下,这种聚光反射镜是一种可行的武器。

未来作战将采用具有更高致命性和更快投放速度的新型武器。20 世纪人类最伟大的成就之一是具有将整个人类摧毁几次的能力,在那个时代,在下一代武器的发展上投入了更多的经费,每个公民最感兴趣的是了解并判断军备竞赛的最可能方向。进攻性或防御性的武器是必须考虑的残酷现实。

20 世纪 50 年代开展的科学工作导致了激光的发明,紧接着,全世界的军事研究机构和组织开展了激光方面的研究工作,为发展阿基米德热光,打开了一扇新的大门。激光开始在军事方面获得了许多应用,但起初并不是作为新的武器,而是作为提高其他武器(如激光制导炸弹等)的性能的支撑技术。人们总是非常热衷于发展先进武器,到 20 世纪 70 年代,激光武器的可能性再次吸引了军事规划者的想象。自此之后,人们开始全力研究将高能武器和其他定向能武器最终变成现实,并在未来的战场上使用这些武器的可能性。

激光武器和其他定向能武器技术的发展,使人们又想象出让阿基米德热光和像科幻英雄飞侠哥顿那样的热光来使敌人汽化、清除建筑物和烧穿金属的场景。本书向具有不同技术背景的读者介绍了这些武器,并介绍了某些实现途径,以帮助他们利用各种技术和研究资源来更好地理解这样的武器。

下一个 10 年将看到高能激光成为美国军兵种的一种作战能力，这些武器具有以光速攻击目标的独特能力，而且可以显著地削弱许多类型的武器（尤其是弹道武器）的效能。虽然由于受传播物理的约束，这些武器不能实现全天候能力，但在晴朗干燥的天气条件下具有最好的性能。

本书在激光技术一节讨论了高功率激光光束和物质之间的相互作用，在提供的其他作者的参考文献中可以看到有关定向能武器的其他方面的内容（如作为未来的武器的粒子束和高功率雷达波束）。从物理学家的视角讨论了激光光束与材料的相互作用（激光作用在材料上的各种过程），并讨论了光学和冲击波等物理现象。本书重点给出了从新手或者研究者的视角出发的基本思路，给出了有关材料科学、数学、光学的背景知识和对这一领域的最新的、关键的评价。

像高能激光那样的定向能武器向它瞄准的方向辐射能量，并将能量投射到目标上，产生所希望的毁伤效果，而不是像火炮那样通过将炮弹投射到目标上产生打击效果。这样的定向能武器有一些已实际装备或者在研制中，还有一些仅仅存在于科幻中。

能量可以具有以下各种形式：
(1) 电磁辐射（典型的是激光或微波激射器）；
(2) 有质量的粒子（粒子束武器）；
(3) 声（声学武器）；
(4) 火（火焰喷射器）。

正在大力研究发展某些致命的定向能武器，但大多数例子出现在科幻、非功能性的玩具、电影海报或动画中。

在科幻作品中，这些武器有时被称为死光或光炮，通常被描绘成将能量投射到一个人或物体上实现杀伤或毁伤的武器。随着研究的进展，许多现代科幻的例子有更具体的定向能武器的名称。

对于需要深入这些研究背后技术的读者，在本书的附录中给出了几个数学和物理主题的短教程，使他们能温习这些内容，并能理解对问题的不同解法和数学建模。例如，对不同的边界和初始条件的热扩散方程的解法。针对激光武器这种应用情况，本书试图满足对激光的物理现象感兴趣的科学家和工业界对激光效应的实际应用感兴趣的工程师的需求。因此，本书有几节专门讨论采用积分变换方法来求解扩散方程，在几种不同的求解热传导的边界值问题的方法中，如果容易得到变换、逆和核，采用积分变换方法能给出最直接的解。

本书后面的附录专门系统化地介绍了求解热传导和它的边界值问题的数学和物理基础。作为积分变换的结果，给出了逆、复变量和它们的例子，并列表给出了核，还介绍了拉普拉斯变换和傅里叶变换。附录中介绍的常微分和偏微分，将帮助读者理解各种边界值下的热传导问题的求解方法。有关光学和电磁场的附录，有助于更好地理解这些武器的物理学和数学原理。

注意：在附录中，直接或间接地引用了在每个附录的结尾处所提到的参考文献，或者让每位读者参看参考文献以获得更多的知识与信息。我也决定从附录中删去某些我认为不必要的内容，将某些内容转换为第二卷的不同主题的主要章节，而将其他的内容像原来计划的那样作为附录。

那些留下来作为供需要的读者更新或回顾的主题的附录是：

附录 A：泰勒级数短教程

附录 B：向量分析短教程

附录 C：常微分和偏微分方程短教程

附录 D：复变函数短教程

附录 E：傅里叶和拉普拉斯变换短教程

附录 F：电磁学短教程

附录 G：光学短教程

附录 H：热传导方程短教程

附录 I：不同材料的热参数的数据和曲线

附录 J：缩略语和定义

在本书中，我考虑了给出答案，并给出和高功率激光与材料的相互作用关系密切的复杂热传导问题及其边界值。大多数情况考虑具有半无限平板结构的一维热传导，热源是热传导方程的一部分，这涉及更困难和复杂的问题。无论读者是否需要，本书给出了可能最需要的参考文献，以供感兴趣的读者进一步开展研究工作时参考。

目 录

第1章　定向能武器 ·· 1
　1.1　引言 ··· 1
　1.2　PUFF74 材料响应计算机代码 ······································· 5
　1.3　PUFF-TFT 材料响应计算机代码 ····································· 7
　1.4　SANDYL 三维蒙特卡罗计算机程序 ··································· 9
　1.5　ASTHMA88（轴对称瞬时加热和材料烧蚀）代码 ······················ 10
　1.6　ALE3D（拉格朗日/欧拉三维多物理学）计算机代码 ··················· 11
　1.7　CTH 计算机代码 ·· 14
　1.8　HYPUF 应力波响应计算机代码 ····································· 17
　1.9　DYNA2D 和 DYNA3D 计算机代码序列 ······························· 17
　1.10　NIKE2D 和 NIKE3D 计算机代码系列 ······························ 19
　1.11　TOPAZ2D 和 TOPAZ3D 计算机代码序列 ···························· 20
　参考文献 ··· 21

第2章　激光技术 ··· 22
　2.1　基本原理 ··· 22
　2.2　总的主题 ··· 22
　2.3　关于单位 ··· 23
　2.4　确定毁伤准则 ··· 23
　2.5　毁伤需要的能量 ··· 23
　2.6　激光光束 ··· 24

2.7 小结 ………………………………………………………… 27
参考文献 ………………………………………………………… 27

第3章 激光安全性 …………………………………………… 28
3.1 激光安全性概述 ……………………………………………… 28
3.2 激光的危害性 ………………………………………………… 28
3.3 安全规程 ……………………………………………………… 31
3.4 激光危险性等级 ……………………………………………… 32
3.5 激光靶场安全工具（LRST）物理学 ……………………… 33
参考文献 ………………………………………………………… 38

第4章 激光武器 ……………………………………………… 39
4.1 激光作为一种武器 …………………………………………… 39
4.2 可能的目标 …………………………………………………… 40
4.3 到靶能量水平 ………………………………………………… 40
4.4 吸收和散射 …………………………………………………… 41
4.5 大气结构与高度的关系 ……………………………………… 43
4.6 主要的激光武器概念 ………………………………………… 44
4.7 采用实验室型激光器的小型武器 …………………………… 46
4.8 作为武器的高能激光器 ……………………………………… 46
4.9 高能激光安全性项目 ………………………………………… 47
4.10 用于防空的激光武器 ……………………………………… 54
4.11 天基监视系统的目标-背景鉴别 …………………………… 59
参考文献 ………………………………………………………… 65

第5章 激光定向能概念 ……………………………………… 66
5.1 激光光束与材料的相互作用及致命性 ……………………… 66

5.2 定向能武器的效能简介 … 68
5.3 热扩散的数学理论 … 69
5.4 表面对激光辐照的吸收导致的效应 … 111
参考文献 … 119

第6章　高能激光光束武器 … 120

6.1 引言 … 120
6.2 定向能武器交战 … 123
6.3 波长效应 … 128
6.4 大气传播问题 … 131
6.5 热晕效应 … 140
6.6 湍流大气中的自适应光束整形和成像 … 143
6.7 目标效应 … 159
参考文献 … 164

第7章　激光 … 166

7.1 引言 … 166
7.2 激光怎样工作 … 169
7.3 激光的传输 … 174
7.4 金属对激光的吸收的物理学 … 176
7.5 电磁场在界面处的特性 … 179
7.6 激光吸收和反射率的理论讨论 … 191
7.7 金属中激光吸收的数学 … 206
7.8 材料和热响应 … 213
7.9 主导方程的求解 … 217
7.10 傅里叶方法和动能理论的比较 … 289
7.11 有限差分方法 … 291
7.12 脉冲波激光辐照的效应 … 291

7.13 连续波激光辐照效应 …… 308
参考文献 …… 310

第 8 章 高能激光光束的大气传播 …… 313

8.1 引言 …… 313
8.2 大气中激光的传播 …… 315
8.3 激光和热晕效应 …… 329
8.4 任务影响 …… 336
8.5 自适应光学 …… 337
8.6 当前的计划 …… 341
参考文献 …… 342

附录 A 泰勒级数短教程 …… 345

附录 B 向量分析短教程 …… 350

附录 C 常微分和偏微分方程短教程 …… 372

附录 D 复变函数短教程 …… 434

附录 E 傅里叶和拉普拉斯变换短教程 …… 474

附录 F 电磁学短教程 …… 553

附录 G 光学短教程 …… 608

附录 H 热传导短教程 …… 620

附录 I 不同材料的热参数的数据和曲线 …… 641

附录 J 缩略语和定义 …… 652

第1章 定向能武器

美国是否要发展用于强大的核防御的激光和波束武器，以代替确保相互摧毁策略。苏联在阿富汗和印度支那使用"黄雨"是否违反了条约？将来在贮藏清洁的中子弹方面有什么前景？现在在试验用于未来的什么类型的超级导弹？美国正在研制什么样的新的生物和化学武器？

1.1 引言

在战场上采用全能的"死光"并不是一个新概念，古代的文献认为，希腊数学家阿基米德是第一个提出把光当作一种防御性武器的人。希腊军队的指挥官希波克拉底（Hippocrates）采用了阿基米德提出的概念，在公元前212年的叙拉古攻城战中，通过采用一组反射镜来聚焦太阳光的能量，产生了一个使马库斯·克劳迪厄斯·马塞勒斯（Marcus Claudius Marcellus）指挥的罗马舰队的帆船起火的光束。[1]

由于有非常严密的保密措施，有关激光武器项目的信息是比较封闭的。尽管如此，还是可以通过公开文献了解到高能激光武器研究领域的一些一般的情况。

我们总是高度迷恋和欣赏现代武器。出于对海湾战争和911事件的惊叹和恐惧，激光武器技术的发展使人们的脑海中浮现出像科幻英雄飞侠哥顿那样的使敌人汽化、使建筑物消失以及使金属烧穿的图像[2]。

许多国家的军队已经采用了大量的激光器件，并在发展专门的激光武器，且必定会取得进步，这表明激光武器将最终使现代战场获得革命性的变革。激光武器在发射时实际上是不可见的、寂静的，具有极高的精度，并且以光速运动，与常规武器相比，具有难以匹敌的优势。

本章分析了激光武器（第一种引起公众关注的高能定向能武器）的效应，我们聚焦在机载激光武器（ABL）上。

尽管这可能是真的，一旦释放出来，这一可怕的功率可能激发其他毁灭性的结果。现在正在发展激光致盲武器，这可能导致大量的士兵、飞行员和坦克乘员的失明。

激光专家 Anderberg 和 Wolbarsht[2] 描述了采用激光武器引发的医疗、社会和心理后果，这也是我们开展的激光安全距离工具（LRST，这是某项目的主题）所涉及的一部分内容。此外，我们探究了这些武器的发展历程，并简介了其他国家（包括法国、英国和俄罗斯）在激光武器技术方面取得的进展。我们也向军事策划者和非技术人员介绍了定向能武器的语言，他们需要理解从事定向能武器研发的工程师和科学家在谈论这一领域时涉及的某些物理学和数学基础，描述这些工程师和科学家所遇到的困难，以及他们怎样克服这些障碍来得到能研制出对我国进行防御的恰当的定向能武器的适当工具和技术，使我们的军队能配备更好的武器来执行这样的防御任务。任何违背了这些政策和规程的雇员将会遭到纪律处分，直到被解雇。

我们已经汇集了跨美国的国家实验室和防务公司的工程师和科学家开发的软件和计算机代码，他们开发了这些代码的 Windows/PC 版，这些代码中的大部分是在巨型和大型计算系统上开发的，为了能简化这些代码的运行，我们将这些代码移植到微型计算机环境中，以便能进一步改进和发展用于机载激光武器领域的激光科学与技术和定向能武器。在某些情况下，我们进一步改进这些代码的技术能力，以便用于发展现在的定向能武器技术。表 1.1 列出了这些代码。

有兴趣获得这些代码用于定向能武器开发的人应当与本报告的作者或本章提到的表 1.1 和表 1.2 中的源代码的拥有者联系。尽管我们试图汇集所有这些已有的不保密的计算机代码，但仍然认为这些代码包含某些关键的军事信息，要想从我们的数据银行获得这些计算机代码，需要某些适当的书面证明，在某些情况下，可能需要第三方软件的许可证。

为了获得这些代码，需要有与美国政府某些相关的办公室或机构签订的直接的和相关的美国政府合同，这样，负责这些代码的办公室将安排为你提供这些代码。

例如，大部分代码是由 Sandia 国家实验室发布的（如 CHT），像 DYNA3D 那样的代码和其他相关的代码是由 Lawrence Livermore 国家实验室发布的。

尽管本书的作者有大部分代码，在大部分情况下我们必须遵守美国联邦政府对这些代码发布的指南，除了极少的例外情况。请和代码的作者联系进一步讨论这些代码，并在 www.gaeinc.com 网站，通过他的公司，就某些代码的可获得性进行咨询。

我们欢迎这一领域的专家进行评论和修正，并改进我们在这些代码中所做的假设，或推荐更好的计算分析和软件工具。

表1.1 ABL代码与AFSC分析的关系

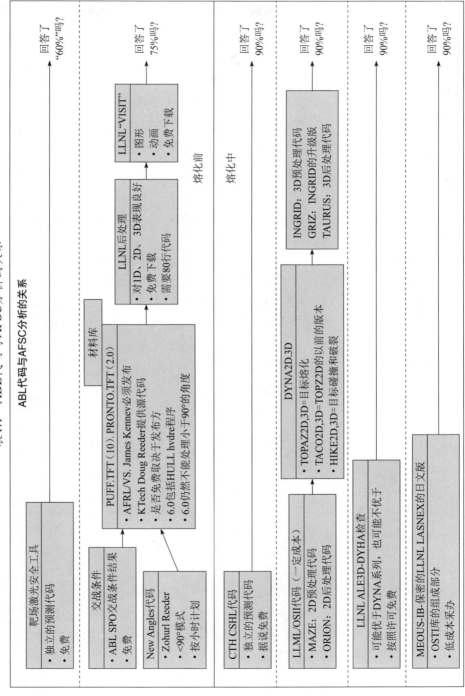

表1.2 对ABL代码与AFSC分析的关系的评价

ABL代码与AFSC分析的关系
• PUFF.TFT-PRONTO.TFT
这些代码涉及激光与目标的相互作用,直到激光的频率到达与在交战期间由于目标材料的烙化产生的等离子体的频率不同的点,这些代码基于目标材料考虑目标材料的反射率和BRDF问题,并涉及目标上所采用的材料的烙肤深度与折射系数和对光束的消光系数的关系。当涉及我们所用的目标材料时,这些代码是保密的
• PUFF-TFT-1D分析
PRONTO.TFT-20按KTECH网站。
Hilland … Reeder说他不知道KTECH的哪位负责这一网站
Mr. Kenney, AFRL/VS,可能负责PRONTO.TFT
PUFF-TFT6.0 + PRONTO.TFT+LLNL VisiT-1.0和2.0模型馈送到LRST
两个代码对我们所用都是免费的
• PRONTO.TFTR (2.0) 有类似的误差吗?直到得到源代码前是不知道的
对于PUFF.TFT中的固定小于90°的入射角没有相关的计算费用
改进PUFF-TFT中的入射问题由AFRL时我们提供帮助
两个代码中都有材料库
材料数据是通用的,但可能是关键的信息——军用技术数据协议——Galaxy—到2009年11月是有效的
我们已经有后处理代码VisiT,二进制和源代码可从LLNL下载
• LLNL DYNA系列:
- TOPAZ代码=烙化
- NIKE= 目标碰撞和破裂
- 都配备预处理和后处理代码
• CTH (SML) -LLNL DYNA代码系列
如果我们想要超出以上这两个代码(发生目标烙化)的能力进行学习则有LASNEX (通过假设轴对称进行二维的烙化) 的能力进行学习则有LASNEX (通过假设轴对称进行二维的LASNEX建模,它表示许多物理量(如温度、密度或压强)在轴对称的二维的网格(由任意形状的四边形组成)上的空间变化。LASNEX涉及水动力学、电子、离子、辐射热传导以及这些能量项的耦合,在LASNEX仿真上可施加许多可能的源和边界条件(在时间和空间上都可能变化))。LASNEX代码是由LLNL所开发的。该代码是保密的,在正常保密的情况下不向我们发布

在本章的以下几节中，我们介绍了可以通过本书作者知道的源代码的拥有者处获得的不保密的计算机代码，但尽管某些代码是不保密的，仍然限制为仅有美国政府机构或它们的合同商才能获得。

1.2 PUFF74 材料响应计算机代码

PUFF74 代码是一个通过对在一维拉格朗日坐标系中的保守方程进行数值积分来计算应力波的形成和传播的计算机代码。这种代码是自 1961 年开始开发的，并已经从简单的流体动力学代码演进为一种灵活的材料响应代码，包括同质材料和复合材料的材料强度、孔隙度（疏松度）和断裂等效应。

这种代码的当前版本（4.0 版）有以下物理模型：
（1）计算复合材料中的材料响应的框架。
（2）同质材料或复合材料的状态模型的压力-体积-能量方程。
（3）用于多孔同质材料或复合材料的孔隙压实模型。
（4）用于复合材料中的几何弥散效应的一维粘塑性模型。

在 CADRE 项目中已经实现了 PUFF74 代码的最新开发的模型。作为 CADRE 项目的一部分，通过研究已经确定了决定复合材料对快速的能量沉积响应的动态特性。

为了便于计算辐射沉积的输入，在大量使用的 PUFF66 代码中增加了自动化初始分区模型。参考文献[3]描述了 Cooper 的自动化分区模型（1969）。开发这一模型的指导方针也有所演进。

在 PUFF 代码中还增加了将自由表面引入处在检测到的材料裂痕部位的网孔处的框架。引入自由表面、计算自由表面随时间的响应、重新组合有断裂的材料段的原因是：在原始的编码中采用新发展的模型。因为代码是采用模块化的形式编写的，可以采用最小的工作量来代替更复杂的断裂模型。

随着模型开发和实验计算的继续，在 PUFF 代码中增加了一个图形包，从而使用户能在线产生曲线，并能离线产生曲线和存储数据（Calcomp 或缩微胶片）。Galaxy 先进工程公司已经采用称为 UGL 的通用图形产品代替了 CA-DISSPLA，并产生了以下所有的图形输出，验证了 UGL 与 CA-DISSPLA 的兼容性。给代码增加的绘图包，大量地使用了为 PUFF 代码增加绘图包时 ARIL 已有的为空军武器实验室（AFWL）显示程序开发的通用图像数据显示程序。通过改进 AFWL 数据显示程序和 PUFF 代码中的图形包，绘图程序的效率得到了持续的改进。

下面是 PUFF74/UGL 程序组合的一个随机选择的图形输出（图 1.1）。

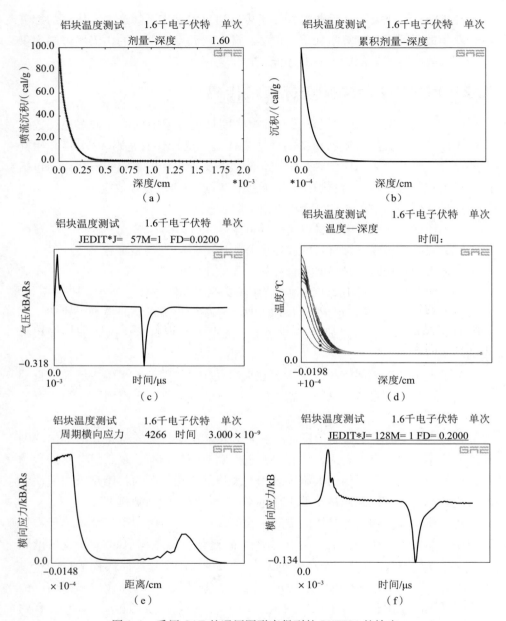

图 1.1 采用 GAE 的通用图形库得到的 PUFF74 的输出

1.2.1 PUFF 计算机代码的可获得性

可以从 Galaxy 先进工程公司以采购价格获得这一代码的 Windows/PC 版，这一版本已经对运行在 VAX/VMS 计算机上的原始版本进行了修订，用户需要从该公司获得代码拷贝，可与 Galaxy 先进工程公司联系获得这一 Windows/PC 版。就我们的了解，不再能从政府机构或其合同商处获得这一代码。可以从以下 URL(https://www.gaeinc.com)得到怎样获得和购买的更多细节。

1.3 PUFF-TFT 材料响应计算机代码

PUFF-TFT 代码现在已经更新(5.0 版)，从而能针对任意的起始温度，对样本对突发的能量载荷(如 X 射线或激光)的响应建模。可以针对任何初始温度(无论是对较高温度条件还是对低温条件)运行程序解决问题。也对"仅有热"的模式的应力响应进行了更新，尤其是塑性流动之后的冷却的应力下。类似地，代码也跟踪低温条件下的材料特性(屈服、剪切模块、碎裂强度)。

已经以对用户"透明"的方式对代码进行了修订，对输入参数仅需最小的改变。为此，代码保持现有的在温度 = 25℃ 时 Enthalpy = 0.0cal/g 的规定，温度继续采用摄氏度。相应地，当温度 = 25℃ 时，代码从一个非零的焓开始；当 T>25℃ 时，这一初始的焓将是正的；当 T<25℃ 时，这一焓将是负的。

以上的代码版本并不区分"剂量"(由于 X 射线、热流等增加的能量)和"焓"，这是恰当的，因为两个项均以一个相同的零值初始化。新的代码做出了区别，因为剂量仍然从零焓开始。

"透明"的修订使用户能对熔化能量、气化能量和潜热等参数连续地使用已有的数据库。类似地，当 T>25℃ 时，保持现有的多项式系数来描述比热、焓和热导率。

代码主要是为空军武器实验室(AFWL)编写的，从而能评估堆叠的薄层对 X 射线沉积的响应(导致一维应变应力响应)。这一代码采用级联程序考虑了由 X 射线产生的二次级联粒子(光电子、俄歇电子和荧光光子)，并加入了热条件程序，从而能包括快速的热扩散效应。

X 射线/级联/热程序的输出被用作更新版的 PUFF74 流体动力学代码(以完全耦合的方式加入了液体动力学、弹塑性、多孔和弥散性材料响应，并考虑了样本的相变)的输入。

扩散方程的公式采用欧拉或拉格朗日描述。欧拉描述是空间描述，拉格朗日描述是材料描述。在欧拉框架中，所有的网格点及网格边界不随时间变化，质量、力矩和能量跨网格边界流动。在拉格朗日描述中，网格点固定在材料上，并随着材料运动。在这一公式中，网格内的质量是不变的，但网格的体积可能因为材料的膨胀和压缩而随时间变化。

PUFF-TFT 代码通过在一个一维拉格朗日坐标系中对保守方程进行数值积分来计算应力波形成和传播。TFT 包考虑了由于二次粒子的传输造成的剂量增强效应，范围与薄的材料层的厚度和薄的材料层之间的热传导可以相比。这两个修订更精确地描述了在薄层之间共享能量的程度，因此改变了基于正常的X射线相互作用产生的能量沉积，并且或许会改变介质的热力学响应。

PUFF74 代码，最初是在 20 世纪 60 年代中期开发的，已经进行了多次修订，成为一种灵活的材料响应代码（包括同质和复合材料的材料强度、多孔性和断裂效应）。这种代码通过在一维拉格朗日坐标系中对保守方程进行数值积分来计算应力波形成和传播。除了所有材料需要的流体力学状态方程外，代码中包括用于强度效应的弹塑性模型，用于处理不可逆的压缩 P-Alpha 多孔性模型和 4 个用于处理应变率或弥散效应的模型。

下面可以看到 PUFF-TFT 代码的某些图形输出（图 1.2）。

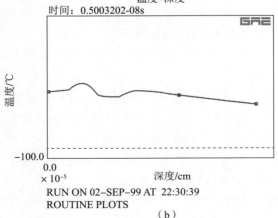

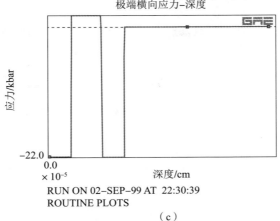

（c）

图1.2　采用GAE的通用图形库得到的PUFF-TFT的输出

1.3.1　PUFF-TFT计算机代码的可获得性

可以以采购价格从Galaxy先进工程公司获得这一代码的Windows/PC版，这一版本已经对运行在CDC计算机上的原始版本进行了修订，用户需要从Oak Ridge国家实验室技术转移办公室获得代码的拷贝，或与Galaxy先进工程公司联系获得这一Windows/PC版。你可以在以下URL（https://www.gaeinc.com）得到怎样获得和购买的更多的细节。

1.4　SANDYL三维蒙特卡罗计算机程序

SANDYL是一种用于采用蒙特卡罗方法计算在复杂系统中的光子-电子传输和沉积的FORTRAN代码。在这一计算中，一次产生可能的大量粒子轨迹，当粒子通过系统的材料时，计算对构成所希望的信息的量的贡献。在产生了大量的轨迹后，这些量的平均值在统计上近似于解，为此要跟随所有能量在1k～1000MeV范围内的二次粒子的源的历史。

问题几何划分成具有同质原子组分的小的平面和二次曲面区域，因此，每个区域的材料是一个特定的单元或单元的组合。对于一个光子历史，通过采用各种概率分布得到碰撞之间的距离、碰撞的类型、次级粒子的类型和它们的能量和散射角来跟随从一次散射到另一次散射的光子来产生轨迹。采用压缩历史蒙特卡罗方法来计算电子传输。

光子的相互作用是光电吸收（原子电离）、相干散射、非相干散射和光子对产生。二次光子包括韧致辐射、荧光光子和正负电子湮没辐射。

电子传输计算采用压缩历史的蒙特卡罗方法。在一个历史中，一个电子采用的空间步长是预先计算的，并可能包括数种碰撞的效应，这一步中的散射角和能量损失是根据这些量的多散射分布得到的。原子电离和二次粒子是在这一步根据出现的概率产生的。

电子—电子的非弹性碰撞、韧致辐射和介质的极化(密度效应)导致电子能量损失。在电子能量损失中，包括在一个给定的蒙特卡罗步骤中由于能量损耗碰撞的次数波动所产生的波动。散射角分布是由修正电子-电子相互作用的弹性的核碰撞截面决定的。二次电子包括碰撞电子、成对电子、俄歇(通过原子电离)、康普顿和光电子电子。

SANDYL 是一种计算在复杂系统中的光子-电子组合传输的三维蒙特卡罗代码。SANDYL 加入了来自 SORS 光子和 ETRAN 光子-电子代码的材料。在原子电离和弛豫程序中以及在电子传输的一般的多材料几何方面进行了补充和修改。

SANDYL 采用蒙特卡罗方法。在它的计算中一次产生大量的可能的粒子轨迹，而且当粒子在系统的材料中传输时，对构成希望的信息量的影响进行计算。在计算了数个粒子轨迹后，这些量的平均值是解的统计近似。

这种代码计算复杂系统中的级联的光子-电子的与时间和空间有关的传输。要跟随产生的能量在 1k~1000MeV 的所有各代的粒子。

1.4.1 SANDYL 计算机代码的可获得性

可以以采购价格从 Galaxy 先进工程公司获得这一代码的 Windows/PC 版，这一版本已经对运行在 CDC 计算机上的原始版本进行了修订，用户需要从 Oak Ridge 国家实验室技术转移办公室获得这一代码的拷贝，或与 Galaxy 先进工程公司联系获得这一 Windows/PC 版。你可以在以下 URL(https://www.gaeinc.com)得到怎样获得和购买的更多的细节。

1.5 ASTHMA88(轴对称瞬时加热和材料烧蚀)代码

已经发展了用于计算对在经受高热对流和辐射环境而分解的材料的二维对称瞬时热化学响应的 ASTHMA88 程序。ASTHMA88 代码采用了一种具有固定的二维网格的隐式的/显式的有限差分计算程序，其结构与物理轴无关。数值建模包括质量和能量守恒与材料分解，通过分解的多孔固体的高温热解，与温度和材料状态有关的材料特性的计算，一般的烧蚀表面和后壁/侧壁边界条件，以及考虑到对流和辐射吸收、辐射、深度条件、表面烧蚀、热解气流、传输效应和薄层的机械清除或表面熔化的总的表面能量平衡。

验证工作验证了与其他标准的热化学分析代码(即，CMA(一维，分解的)

和 ASTHMA81(二维，不分解的))的良好的一致性。

ASTHMA88 代码可以在简单的或复杂的二维轴对称结构中处理多个分解的和没分解的各向异性材料(非均质材料)。表面边界条件可以采用两种方案描述：

(1) 简单的指定温度和衰减。
(2) 指定的没有衰减的热流。

一般的热化学模型加入了暴露在对流和/或辐射环境中任何材料的均衡的和非均衡的计算。

1.5.1 ASTHMA88 计算机代码的可获得性

可以以采购价格从 Galaxy 先进工程公司获得这一代码的 Windows/PC 版，这一版本已经对运行在 VAX/VMS 计算机上的原始版本进行了修订，用户需要从相应的公司获得这一代码的拷贝，或与 Galaxy 先进工程公司联系获得这一 Windows/PC 版。就我们的了解，这一代码不再能从政府机构或其合同商处获得。你可以在以下 URL(https://www.gaeinc.com)得到怎样获得和购买的更多细节。

1.6 ALE3D(拉格朗日/欧拉三维多物理学)计算机代码

在 Lawrence Livermore 国家实验室的许多先进的应用系统和结构中采用了复合材料。我们以前已经通过移植 DYNA3D(用于固体和结构化机制的非线性的、显式三维 FEM 代码)中已有的复合材料结构模型(具有碳纤维复合材料毁伤模型)，增强了我们采用 ALE3D(Lawrence Livermore 国家实验室开发的拉格朗日/欧拉多物理学代码)模拟复合结构系统的结构响应和累进失效的能力。现在，已经实现了更先进的模型(DYNA3D 62 模型，全向弹塑复合结构模型)，进行实验以验证模型的弹性响应，并给出在模型中加入失效算法的经验和需要的数据。

它们在 ALE3D 中实现了全向弹性复合结构模型，这包括在指定的局部体单元中输入各向异性正交数据的能力。其他的建模目标是通过加入包括基体材料分层、纤维张力和纤维压挤失效的失效算法来改进模型，进行了几个实验来验核与校核 ALE3D 中模型的实现。

改进的碳纤维复合材料模型可用于 Lawrence Livermore 国家实验室的许多项目(如复合材料弹药、穿甲弹、压力容器和火箭发动机)的模拟，这一项目将支持国防部联合武器项目和聚能杀伤弹药项目的复合结构建模工作。这项研究通过提供采用 ALE3D 建模复合结构的增强能力来支持 Lawrence Livermore 国家实验室的大型复杂结构的高速率机械变形仿真的核心工程工作。

在 ALE3D 中实现的具有毁伤模型的复合结构碳纤维模型(在这一项目的第一年完成),是采用几个代码比较验核的。采用 DYNA3D 运行的仿真得到的受压筒体中的周向应力,与 ALE3D 中新的复合结构碳纤维模型及现有的各向同性 ALE3D 模型相比,不一致性都在 1% 之内,这包括显式的和隐式的 ALE3D 运行。

全向弹塑性复合结构模型是在 ALE3D 中实现的,这一任务的一个重要部分是创建一个在单板和单元级初始化及更新材料方向的算法。这种模型是采用上面描述的相同的筒体抗压性仿真验证的,结果与 DYNA3D 预测比较匹配。

复合结构碳纤维的失效机制可以分解成两种类型:层间失效机制(如纤维破损、基体材料损伤(破裂/破碎)),纤维弯曲和涉及层脱离的层间损伤机制。

层内损伤可以应用在层级上,因此很适合于这一模型的"单位晶格"方法。层间损伤包括同时影响到所有层的层之间的裂纹和层相对于其他层之间的滑动,因此是更难实现的。导出了这些功能所必要的所有相关的数学表达式,概括了对现有代码相应的更改。将在下一年进行实现。

在采用不同的纤维、纤维取向和树脂的 8 个不同的复合圆筒样本上进行了一系列加压损伤试验。采集了刚度、泊松比、每个样本最终强度的数据,为新实现的 22 模型和 62 模型提供了模型验核数据。这些数据也为即将进行的对 ALE3D 中的损伤模型验核提供了扩展的损伤数据源(图 1.3)。

图 1.3 有 1 英寸直径的孔的碳纤维复合结构圆筒抗压性试验

有孔和黏合的脚的复合纤维圆筒中的应变集中因子是采用 Aramis 应力测量视频系统测量的。图 1.3① 为有开孔结构的基本的复合纤维圆筒。图 1.4② 给出了在没有开孔的情况下,实验测量数据和 ALE3D 仿真的响应比较,结果

---

① 译者改,原书有误。
② 译者改,原书有误。

似乎是非常相似。

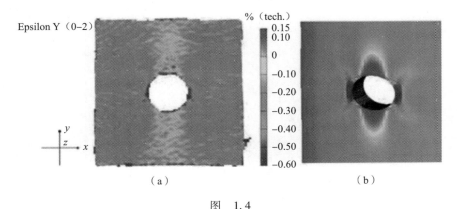

图 1.4
(a)没有孔的碳纤维复合材料圆柱筒在 30000lbs① 的压力载荷下的轴向应力的结果；
(b)ALE3D 仿真的结果

采用图 1.5② 所示的复合结构样本测量了由复合结构中聚焦的剪切应力产生的应变集中因子，样本装载在承压支撑筒中以在样本中产生一个集中剪切应力。Aramis 载荷应力曲线如图 1.6③ 所示。

图 1.5　MK82 截面的复合结构剪切样本

在建议的后续项目中，我们将继续改进 ALE3D 中的复合纤维建模，重点是局部的弯曲响应和累进的损伤。我们计划实现来自 Lawrence Livermore 国家

---

① 1lb = 0.4535kg。
② 译者改，原书有误。
③ 译者改，原书有误。

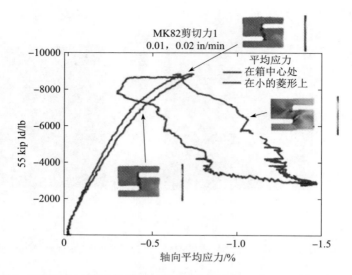

图 1.6　在 Mk82 复合结构材料样本中的剪切应力集中应变（见彩图）

实验室的称为 ORTHO3D 的单层级代码的单层级能力和损伤算法，并通过实验对实现进行验核。

1.6.1　ALE3D 程序的可获得性

这一代码可以从 Lawrence Livermore 国家实验室获得，用户需要向 Lawrence Livermore 国家实验室技术转移办公室申请，或者与代码的作者 Andrew Anderson(925)423-9634 联系来得到这一代码的拷贝，或者访问这一代码的网站：URL：https：//www-eng.llnl.gov/mod_sim/mod_sim_tools.html。

1.7　CTH 计算机代码

CTH 是一种运行在大部分 UNIX 工作站和 MPP 超级计算机上的多材料、大变形、强冲击波固体力学代码。CTH 是美国国防部高性能计算(HPC)平台上使用最多的一种计算结构力学代码。尽管 CTH 包括某些内部的图形能力，但仍然优先选择利用像 EnSight 和 ParaView 那样的广为应用的科学可视化软件包来分析计算结果。已经构想了一种扩展 CTH 能力的新方法，从而能直接从一个与 Ensight 和 ParaView 兼容格式进行的计算中写出三维多边形模型。另外，在 CTH 和它的后处理器 Spymaster 中嵌入一个用于脚本语言 Python 的解释程序。嵌入的 Python 允许加上几乎无限的、并行的能力，而无须重新编译或重新链接可执行的 CTH。这些能力的例子包括单向和双向代码耦合以及后装甲碎片应用。

美国国内的用户将能很快得到由 Sandia 国家实验室开发的广为应用的冲

击波物理计算代码 CTH 的最新版本。这种代码模拟涉及各种材料的高速碰撞和穿透现象学。

像美国能源部和国防部那样的用户(他们采用这种软件研究武器效应、装甲/反装甲相互作用、战斗部设计、高爆起爆物理学和武器的安全问题)对这种软件的最新版本非常有兴趣,主要的用户包括:国家实验室,陆军、海军和空军实验室,以及他们的分包商。在能源部 Sandia 实验室,这种代码用于国家导弹防御、爆炸产生的有害物质扩散、武器组件设计和放射性材料研究(图 1.7)。

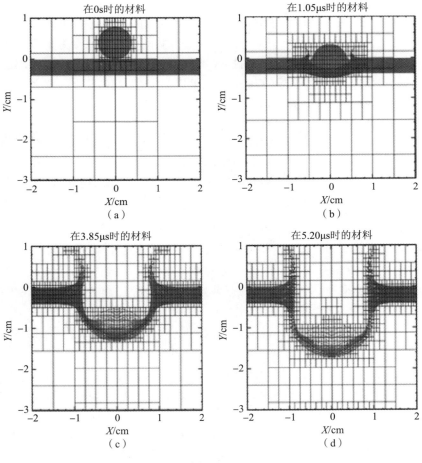

图 1.7
(a) CTH 运行时间 ($t=0s$); (b) CTH 运行时间 ($t=1.05\mu s$);
(c) CTH 运行时间 ($t=3.85\mu s$); (d) CTH 运行时间 ($t=5.20\mu s$)

对于国防部感兴趣的装甲/反装甲设计，这一软件使用户能够确定哪种类型的弹丸或炮弹能最好地侵彻装甲，它也能提供有关怎样设计一种改进的防止穿透机制的信息。

Sandia 的 CTH 项目负责人 Paul Taylor 说："这种新版本的软件的确是令人激动的，因为它提供了这类代码从来没有的计算能力，即，自适应的网孔模型（AMR）"。AMR 为软件提供了在需要的仿真区域提高分辨率，在不需要高分辨率的仿真区域降低分辨率的能力。例如，在仿真一个炮弹侵彻目标材料时，在出现大的变形和高的应变率的两个材料之间的碰撞界面附近的区域，可以实现更高的分辨率。"

医学界也在关注 Sandia 的 CTH 软件。Taylor 目前与新墨西哥大学医学院有一个小的协作研究工作，其兴趣是采用碰撞物理学代码来更好地理解由物理创伤（如一个人的头撞上了汽车的挡风玻璃）导致的脑损伤，采用头部的核磁共振成像（MRI）来构建一个 CTH 模型，可以完成仿真说明冲击波在头部是怎样传输并导致头部损伤的。

这一软件将传统仿真分解成几百万个像网格那样的"单元"，当模拟的炮弹（如一个碰撞钢板的铜球）碰撞并侵彻目标时，在炮弹附近放置较小的单元块，每个单元块详细地示出了球和目标板的变形和解体。

采用由自适应网孔模型增强的 CTH 也影响了以更高的精度分析涉及复杂材料的问题的能力，通过增加新的材料模型，它可以仿真更宽范围的材料，包括金属、陶瓷、塑料、复合材料、高爆材料、火箭推进剂和气体。

Sandia 实验室在 20 世纪 70 年代发展了早期的用于一维问题的 CTH，在 20 世纪 80 年代扩展到二维和三维的模拟问题。

在 20 世纪 90 年代 Sandia 实验室开始许可能源部、国防部以及他们的合同商和某些对冲击物理感兴趣的美国民企使用冲击波物理代码。

这种软件的一个受到出口控制的更新版本，大约每 18 个月发布给用户一次，目前已经发布了 259 个许可证。

国防部、能源部和他们的合同商以较少的发布费接受使用许可证。商业公司可以以 25000 美元购买许可。对每个非商业的许可用户，将以 400 美元的成本发布更新软件的光盘。

对于用户而言，CTH 的一个最吸引人的方面是它可以运行在几乎任何计算机平台上。Taylor 每年在 Sandia 实验室为来自全国的用户提供几次 CTH 课程。

1.7.1　CTH 计算机代码的可获得性

这一代码可从 Sandia 国家实验室获得。Sandia 实验室是一个由 Sandia 公司

（洛克希德马丁公司的一个公司）按照与美国能源部的 DE-AC04-94AL85000 合同运行的多项目实验室，主要的设施位于新墨西哥州的 Albuquerque 和加利福尼亚州的 Livermore，Sandia 实验室主要负责在国家安全、能源和环境技术、经济竞争力等方面的研究开发工作。

媒体联系：Chris Burroughs，coburro@ sandia. gov，（505）844-0948。

技术联系：Paul Taylor，pataylo@ sandia. gov，（505）844-1960。

1.8　HYPUF 应力波响应计算机代码

HYPUF 是一个具有计算高温、高密度等离子体的电离效应能力的应力波响应代码。HYPUF/PC 是由 PUFF-66 代码衍生而来的。HYPUF 也是需要计算材料对辐射导致的应力波响应的防务合同商需要的代码。

对现有的可用于 PC 的 HYPUF 代码的改进是一个提供适于分析材料与 X 射线激光和其他高强度辐射源的相互作用的持续项目的一部分。这一代码以前的版本包括自动分层、重新分层和剥裂（破裂）能力，对现有代码的改进包括弹性-粘塑性。

实现 Maxwell 弥散和 Bade 几何弥散材料响应模型，对代码进行重构，便于将来改进，以及对状态方程和状态的离子化方程进行数个较小的修正。上述 3 个模型以尽可能接近于它们在 PUFF74 代码中的实现方式来加入。两个代码中的实现之间仅有的差别是由于事实上 HYPUF/PC 是基于温度的而不是基于能量的代码，而且 HYPUF/PC 具有与 HYDRO 程序完全分离的状态包方程。

弹性-粘塑性模型是用于计算在固体材料中的偏应力张量的弹塑性模型的一个扩展。在弹性-粘塑性模型中，偏应力张量可能超出屈服面值。偏应力张量是采用微分方程渐进计算的。

1.8.1　HYPUF，应力波响应计算机代码的可获得性

可以从 Galaxy 先进工程公司以购买价格获得这一代码的 Windows/PC 版本，这一版本已经对原来用于运行在 VAX/VMS 计算机上的版本进行了改进，用户需要从相关的公司获得其拷贝。

就我们的了解，这一代码不再能从政府机构或其合同商处获得。你可以在以下 URL（https://www.gaeinc.com）得到怎样获得和购买的更多的细节。

1.9　DYNA2D 和 DYNA3D 计算机代码序列

Lawrence Livermore 国家实验室发布了一系列的采用拉格朗日有限元分析方法的计算机代码，如 DYNA2D 和 DYNA3D。DYNA2D 和 DYNA3D，是用于

分析三维的固体和结构的瞬时动态响应的显式有限元代码。可以获得的单元形式包括一维桁架和梁单元、二维四边形和三角形壳单元、二维层和粘接界面单元，以及三维连续体单元。

可以获得许多材料模型表示各种宽泛的材料特性，包括弹性、塑性、复合、热效应和速率相关性。此外，DYNA2D 和 DYNA3D 有复杂的接触界面能力，包括摩擦滑动与单表面接触界面，以处理单体之间或者一个物体的两个部分之间的任意的机械界面。此外，所有的单元类型支持刚体材料，用于以最小的成本进行刚体动力学建模，或者精确地表示一个复杂体的几何和质量分布。在 DYNA2D 与 DYNA3D 中集成了采用交互式图形显示的材料模型驱动器，从而能计算对规定的任意应力历史的应力响应，无惯性效应。这种特征能采用 DYNA2D 和 DYNA3D 中的数值本构模型精确地评估复杂材料特性。

这些代码的三维版本 DYNA3D，是一种用于分析非弹性的固体和结构的大的变形的动力学响应显式三维有限元程序。DYNA3D 包括 30 种材料模型和 10 个状态方程，覆盖宽范围的材料特性。实现的材料模型是：弹性，正交转动对称弹性，运动学/各向同性塑性，热弹塑性，土壤和可挤压的泡沫，线性黏弹性，Blatz-Ko 橡胶，高爆燃烧，没有偏应力的液体动力学，弹塑性液体动力学，与温度相关的弹塑性，各向同性弹塑性，有损伤的各向同性弹塑性，有损伤的固体和可压挤的泡沫，Johnson-Cook 塑性模型，伪张量地质模型，有断裂的弹塑性，幂律各向同性弹塑性，与应力率相关的弹塑性，刚体，热正交同性，复合损伤模型，有 12 个曲面的热正交同性，分段线性各向同性弹塑性，非黏性的双不变性地质帽，正交同性可压挤模型，Mooney-Rivlin 橡胶，闭式更新，壳体弹塑性和 Frazer-Nash 橡胶模型。IBM 3090 版不包括最后两个模型。

材料流体动力学模型仅确定偏应力。压力是由 10 个状态方程（包括线性多项式、JWL 高爆、Sack"Tuesday"高爆、Gruneisen、多项式比、具有能量沉积的线性多项式、高爆中的起爆和反应层生长、列表式压实和列表式与张量孔隙坍塌）之一确定的。DYNA3D 产生 3 个二元输出数据库，一个包括间隔较稀疏的完整的状态信息，通常 50~100 个状态。第二个包括精细的间隔的节点和单元的子集信息，通常 1000~10000 个状态。第三个包括接触表面的界面数据。

求解的方法基于允许沿材料界面间隙有摩擦地滑动的接触-碰撞算法。除 IBM3090 外的所有版本包括定义着有孔隙和摩擦的滑动的单向处理界面类型。通过这一算法的具体化，可以将这样的界面刚性地连接，从而能有不需要过渡区域的可变的分区。空间离散化是基于 Belyschko-Tsay 与同事的工作，通过

Hughes-Liu 矩形梁和壳、Belytschko-Tsay 壳和梁、三角形壳单元以及 8 节点固体壳体单元实现的，所有的单元类别可以作为一个刚体的一部分。三维平面应力结构子程序更新壳单元的应力张量，使正交于壳的中表面的应力分量为 0。对通过壳体厚度的每个积分点进行本构评估。8 节点的固体单元采用一点积分或者有确切的体积分的 Flanagan 和 Belytschko 公式。壳和固体单元中的零能量模式受刚度的环面黏度的控制。采用中心差分方法对运动方程进行时间积分。除了正交各向异性弹性和采用 Green-StVenant 应变的橡胶材料子程序外，采用 Jaumann 应力率公式，计算转换为 Cauchy 应力的第二 Piola-Kirchhoff 应力。

1.9.1 DYNA2D 和 DYNA3D 计算机代码的可获得性

这些代码可从以下网站获得，但没有技术支持和针对现有计算操作系统的更新，且代码有大量的需要修正的逻辑错误，基于作者长期使用这些代码的经验，这些错误不易于修正，除非你愿意花费大量的时间进行调试。

这一软件包是由能源科学和技术软件中心发布的：

P. O. Box 62；

1 Science. Gov Way；

Oak Ridge，TN 37831；

（865）576-2606 TEL；

（865）576-6436 FAX；

E-mail：ESTSC@ osti. gov。

这些代码的 Windows/PC 版本可从 Galaxy 先进工程公司获得，请参见 www. gaeinc. com。

1.10 NIKE2D 和 NIKE3D 计算机代码系列

NIKE2D 是一个用于分析二维轴对称固体的平面应变和平面应力的有限变形、准静态和动态响应的非显式有限元代码。有限元公式考虑了材料和几何非线性，加入了材料模型以模拟宽范围的材料特性，包括弹塑性、各向异性、蠕变、热效应、速率依赖性。由各种滑移线算法处理单体之间的任意接触，这些算法对沿材料界面的间隙和滑动（包括界面摩擦和单面接触）建模，包括了交互式图形和重新分区，用于对有大的网格变形的分析。NIKE2D 不再受 Lawrence Livermore 国家实验室的研发工作或直接用户支持的资助，可以在"原状"的基础上获得。已经选择了选定的硬件项目以资助有限的研发或维护活动。

NIKE3D 是一个用于分析非弹性的固体、壳和梁的有限应变静态和动态响应的完全非显式三维有限元代码。采用 8 节点固体单元、两节点桁架和梁单元以及4节点膜和壳单元来实现空间离散化。可以得到超过20个构成模型来表示宽范围的弹性、塑性、黏滞和与热相关的材料特性。接触-碰撞算法允许沿材料界面的间隙、有摩擦的滑动和网格不连续性。可以得到几种非线性求解策略，包括完全的、修正的和准牛顿方法。可以采用单元-单元方法或直接采用因式分解方法（对于可选择最小带宽的情况）来迭代地求解最终的同时线性方程系统。数据可以存储在核心存储器之内或之外，从而进行大量的分析。

1.10.1　NIKE2D 和 NIKE3D 计算机代码的可获得性

这些代码可从以下网站获得，但没有技术支持和针对现有计算操作系统的更新，且代码有大量的需要修正的逻辑错误，基于作者长期使用这些代码的经验，这些错误不易于修正，除非你愿意花费大量的时间进行调试。

这一软件包是由能源科学和技术软件中心发布的：

P. O. Box 62；

1 Science. Gov Way；

Oak Ridge, TN 37831；

（865）576-2606 TEL；

（865）576-6436 FAX；

E-mail：ESTSC@osti.gov。

这些代码的 Windows/PC 版本可从 Galaxy 先进工程公司获得，请参见 www.gaeinc.com。

1.11　TOPAZ2D 和 TOPAZ3D 计算机代码序列

TOPAZ2D 是一个用于热传递分析的二维的、非显式的有限元计算机代码。TOPAZ2D 是一个应用热传递分析的二维的、非显式的有限元计算机代码，它可以用于求解二维几何上的稳态或瞬态温度场。TOPAZ2D 的开发和对用户的直接支持工作不再得到资助，现在可以获得原来的代码。已经选择了硬件的项目来资助有限的硬件开发和维持活动。

TOPAZ2D 是一个应用热传递分析的三维的、非显式的有限元计算机代码，它可以用于求解三维几何上的稳态或瞬态温度场。它可以用于求解三维几何上的稳态或瞬态温度场。材料特性可以是与温度相关的和各向同性或正交同性的。可以规定各种与时间和温度相关的边界条件，包括温度、通量、对流和辐射。通过实现用户子程序特征，用户可以模拟化学反应运动学，并能够进行边界条件和内部的热产生的任意类型的功能表示。TOPAZ3D 能求解一个耦合了材料围绕腔体的传导腔体内的散射和光谱带辐射问题。其他的特征包括跨截面、大块流体、相变和能量平衡。热应力可以采用读入由 TOPAZ3D 计算的温度状态数据的固体力学 NIKE3D 代码计算(图 1.8)。

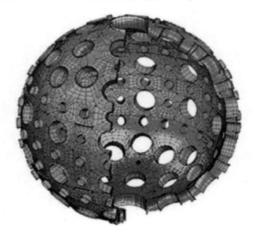

图 1.8 TOPAZ3D 和 NIKE3D 的输出

TOPAZ3D 和 NIKE3D 代码用于分析由于激光打靶和它对冷却周期内的均衡的影响造成的国家点火设施的激光目标室的膨胀。

1.11.1 TOPAZ2D 和 TOPAZ3D 计算机代码序列的可获得性

这些代码可从以下网站获得,但没有技术支持和针对现有计算操作系统的更新,且代码有大量的需要修正的逻辑错误,基于作者长期使用这些代码的经验,这些错误不易于修正,除非你愿意花费大量的时间进行调试。

这一软件包是由能源科学和技术软件中心发布的:

P. O. Box 62;

1 Science. Gov Way;

Oak Ridge,TN 37831;

(865)576-2606 TEL;

(865)576-6436 FAX;

E-mail:ESTSC@ osti. gov。

这些代码的 Windows/PC 版本可从 Galaxy 先进工程公司获得,请参见 www.gaeinc.com。

参考文献

1. Duffner RW (1997) Airborne laser: bullets of light. Plenum Publishing Corporation, New York
2. Anderberg B, Wolbarsht ML (1992) Laser weapons: the dawn of a new military age. Plenum Publishing Corporation, New York
3. Cooper AF (1969) Automatic initial flesh distribution for PUFF 66, AFWL-TR-69-63. Kirtland AFB, New Mexico

第 2 章 激光技术

激光的发展开创了科学和工程历史上一个激动人心的篇章,它已经产生了在非常多样性的领域具有潜在应用的新器件。爱因斯坦从理论上描述了受激辐射过程的基本特性,但这一受激辐射的特性并未立即导致激光的出现。在 20 世纪 30 年代进行了另外一些与光学波谱学有关的初步的工作,在这几十年中研究了在激光中使用的大部分原子和分子能级。

2.1 基本原理

激光这一词语是受激发射的辐射的光放大的首字母缩略语,尽管当前经常把 laser(激光)作为一个名词,而不是把 LASER 作为一个首字母缩略语。

激光器是一种产生和放大窄的、相干光的强光束的器件。

原子发射辐射,我们每天看到氖信号灯辐射光时"激发"的氖原子,通常它们在随机的时间、随机的方向辐射光,结果产生的是非相干光,非相干光是在考虑向所有的方向辐射一堆光子时使用的一个技术术语。

在一个精确的方向产生一个或几个频率相干光的技巧是找到适当的具有恰当的内部存储机制的原子,并创建一个使这些原子能在适当的时间和相同的方向发出光的环境。

在激光器中,在所谓的激光腔中激发晶体(如红宝石或石榴石)、气体、液体或其他物质的原子或分子,使更多的原子或分子处在更高的能级,在腔两端的发射面使能量能反复反射,在每一段逐渐增大。

激光器的工作需要三个基本的组件:激发介质、为激发介质提供能量的泵系统和光学谐振腔。可以在系统上加上透镜、反射镜、光快门、可饱和吸收镜和其他附件以获得更大的功率、更短的脉冲或特殊的光束形状。

2.2 总的主题

本章涉及定向能武器的效应,涉及多样性的武器,尤其是激光武器(在我们的情况下是机载激光武器(ABL))。尽管我们讨论定向能武器时,可以把粒子束、微波[1]甚至炮弹当作定向能武器(DEW)系统的一部分。为了理解这些武器和它们的效应,有必要首先建立一个用于对它们进行分析的通用框架,对于我们的具体情况,主要关注激光定向能武器(尤其是本项目涉及的机载激光武器)和相关的激光安全距离工具(LRST)。

在本章中,所有的激光武器(连续的或脉冲的)可以理解为将足够大的能量沉积在目标上以实现给定的毁伤水平(取决于采用的激光武器的类型、交战环境类型、在目标上的驻留时间和武器要交战的目标类型)的装置。

当然,只有将能量投送到目标上,才能在目标上沉积能量。因此,理解激光武器的一个重要的要素是了解怎样把激光能量投送(或"传输")到目标上。在激光的传输过程中,能量总会有某些损失,热晕那样的大气效应现象[1],或者投送系统以及其他相关的技术和遮挡问题,都会导致能量损失。因此,一个激光武器产生的能量必须大于毁伤一个目标所需的能量,因为在传输中将损失某些能量。这样的结果是,武器设计取决于两个因素:①期望毁伤的目标,这决定着毁伤其需要的能量;②期望的场景(距离、交战时间等),这决定着应当产生多大的能量,确保在可用的时间和在目标上的驻留时间内有足够大的能量投送到目标上。

2.3 关于单位

由于我们的目标是将与不同类型的激光武器相关的术语缩减到通用的单位上,选择通用的单位显然是令人感兴趣的。在本书的大部分地方,我们采用MKS米制单位,长度的单位是m,质量的单位是kg,时间的单位是s,采用这些单位,能量用J表示。

2.4 确定毁伤准则

如果我们要确定一个武器需要产生多大的能量来毁伤一个目标,我们需要知道两件事情:

(1)毁伤一个目标需要多大的能量。

(2)在传输过程中产生的能量有多大部分会损失掉。

在后续的章节中,针对不同类型的武器进行详细的推导。现在,我们考虑影响着毁伤和激光武器的能量传输的某些基本问题(与采用连续波或脉冲类型无关)。

2.5 毁伤需要的能量

为了量化毁伤目标所需的能量,我们必须首先定义毁伤的含义。对于一个军事系统,毁伤可以是破坏一个目标的计算机(对于微波武器)和阻止目标正常工作,或者使目标完全汽化(对于激光武器),这两个极端通常称为"软"和

"硬"毁伤或杀伤。软毁伤研究显然超出了本项目的范围,而且与硬毁伤相比,对目标系统和它的保护措施以及相关的对抗措施的具体细节要敏感的多。已经发表了相关的一些好的参考文献,可以用于软杀伤或毁伤研究[2]。

如果不了解一个计算机的细节、它的电路设计和它的芯片与电子组件的抗干扰强度,除非我们可以看到它是否正常工作,否则无法知道它是否被破坏掉,而使目标汽化则可立即得到有关攻击效能的反馈,这是本项目的主题。另外与使一个目标性能降低相比,使其汽化需要更大的能量。在本书中,由于两个原因,我们关注硬毁伤或破坏性毁伤:①避免必须了解目标的具体细节(这通常是保密的);②它能对武器的参数进行有效的划分,即区分出一定导致目标被毁伤的武器参数和对目标的毁伤的似然度存在疑问或者需要更详细分析的武器参数。

作为实现目标毁伤需要的能量的一个例子,让我们首先考虑怎样采用激光技术通过高功率激光辐射效应[3](或者激光对吸收激光量的凝聚态物质的辐照效应[4])使一个给定的目标汽化。

2.6 激光光束

激光光束有很多独特的量,可以通过采用在基本的激光器加上不同的附件对这些量进行多种方式的操纵。光束可以由其准直性、相干性、单色性、速度和强度来定量描述[5]。激光光束是具有以上所有特性的光源,其他的光源可能具有某些特性,但不能同时具备所有这些特性。

一束激光的准直性是非常高的,这意味着大部分激光器发射的辐射被限制在一个非常窄的光束内,随着激光光束远离激光源,光束会缓慢发散,这一现象称为衍射。

衍射指从给定直径的一个孔径出射的光的扩散或发散,如图2.1所示[6]。

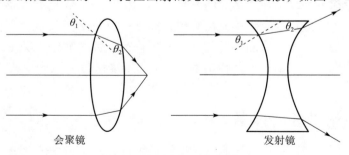

图2.1 会聚和发散透镜

(取自 Optics(Eugene Hecht 和 Alfred Zajac, Addison-Wesley, 1976)图3.13)

在图 2.1 中，一个本质上宽度无限的光束通过一个直径为 D 的孔径。光束发散或衍射的计算是一个基本的几何分析问题，可以看出，发散角 θ 与 D 和光束的波长 λ 有关 ($\theta \approx \lambda/D$)。光束的发散角通常足够小，因此发散角的正弦和正切近似相等，角度本身用毫弧度表示 (一个毫弧度的发散角意味着一个光束在 1000 码[①]的距离上宽度为 1 码，在 2000 码的距离上宽度为 2 码，等等)。由于光的波动性，不可能制造出一个光束 100% 准直、没有发散的激光武器 (图 2.2)。可能必须通过在光束的路径中放置会聚透镜使激光光束的发散角尽可能小。采用这种方法减小了发散效应对实现较远的有效光束的影响 (图 2.3)。

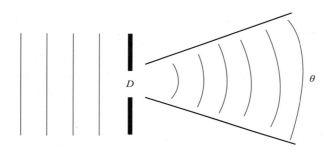

图 2.2　光通过一个孔径衍射

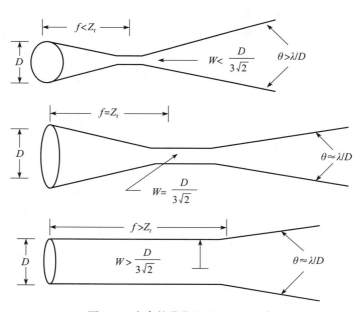

图 2.3　光束的聚焦和 Rayleigh 距离

---

①　1yd = 0.9144m。

这些透镜被当作一种使激光光束向内弯曲、聚焦到一个半径为 W 的光斑的装置，聚焦光斑的宽度取决于透镜的焦距 f。对于较短的 f，光束聚焦到一个较小的光斑，超出这一点后很快地发散；对于较长的 f，光离开在孔径处的光源后开始发散。

对最远距离处有最佳准直的光束具有最佳的焦距，称为 Rayleigh 距离 Z_r。在 Rayleigh 距离处的光束半径为 $W=D/3\sqrt{2}$，Rayleigh 距离由 $Z_r = \pi W^2 / \lambda$ 给出。因此，在实际的应用中，激光可以被用作一个跨大约为 Rayleigh 距离的 2 倍或者大约 D^2/λ 的距离的准直光束，其中 D 是武器的出光孔径，λ 是光的波长。如果激光器的设计师想要使这一激光束在远距离处聚焦在尽可能小的光斑上，要采用发散角和输出光学的尺寸之间的倒易关系（图 2.4）。当需要一个发散角非常小的光束时，在激光的输出孔径上必须使用大的透镜。超出这一距离，评估在目标上的能量密度时必须考虑角度大约 λ/D 的发散和衍射。采用普通的透镜，焦斑可能不小于光的波长的几倍。对于大多数军事用途，这确实是足够的。在某些高能激光武器系统中，要采用一个凹反射镜将尽可能多的能量聚焦在目标上。

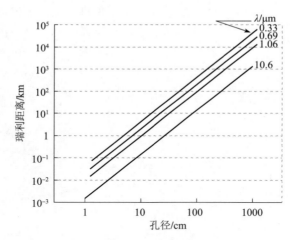

图 2.4 瑞利距离与孔径和激光波长的关系

注：在 Rayleigh 距离内的传输被称为"近场"传输，更远距离处的传输被称为"远场"传输。

激光可以工作在连续波或脉冲模式，工作模式取决于泵能量是连续波的还是脉冲的。连续波模式激光器在开机后就稳定地发射光。脉冲模式激光器可能有一个单独的脉冲或者重复的脉冲串，脉冲重复频率是一个激光器在给定时间内产生的激光脉冲数，对于不同的激光器，脉冲驻留时间（或脉宽）和脉冲重复频率可能有很大的变化,现在可以得到脉冲重复频率高达每秒几十万或几百万个脉冲的激光器。在一个可见光光束中,人眼不能看到这样的间断性,光束看起来像是连续波的[5]。

激光武器的设计师和用户关心的一个最重要的因素是由激光光束交付的能量水平。能量是在一个给定的时间内由一个激光器发射的能量。用于计算光束强度的方程可表示为

$$E = P \cdot t$$

式中:E 为能量(J);P 为功率(W);t 为时间(s)。脉冲重复激光器的能量是采用在一个标准的时间间隔(通常是 1s)内发射的平均功率水平计算的。

一个设计用于从几英里外击落飞机、导弹的高能激光武器可能有几兆瓦的功率,用于演讲的激光笔或超市扫描器的低功率激光器的平均连续波功率通常只有 1mW 或更低,尽管一个氦-氖激光器的连续波能量可以达到 50mW[5]。

2.7 小结

现在的激光技术是非常普遍和多样化的,而且在一定的限制条件下,允许用于许多民用和军用用途。军事官员、防务研究机构和防务工业界在持续地探索适于军事应用并满足现实的战场需求的新的激光概念。许多新的激光系统将确定被设计用于满足军事需求,因此,如果现实的战场激光武器概念通过了研究和开发阶段,将有强大的激光工业界来大量地生产这些武器[5]。

参考文献

1. Volkovitsky OA, Sedunov YS, Semenov LP (1992) Propagation of intensive laser radiation in clouds, vol 138. AIAA, Washington, DC
2. Meassenger GC, Ash MS (1992) The effects of radiation on electronic systems, 2nd edn. VNB, New York
3. Ready JF (1971) Effects of high-power laser radiation. Academic, New York, NY
4. Fedorov VB (1990) Effect of laser radiation on absorbing condensed matter (trans: Moore R). In: Prokhorov AM (ed) Proceeding of the Institute of General Physics Academy of Science of USSR, vol 13. Nova Science, Commack, New York
5. Anderberg B, Wolbarsht ML (1992) Laser weapons: the dawn of a new military age. Plenum Publishing Corporation, New York
6. Nielson PE. Effects of directed energy weapons sa=t&rct=j&q=&esrc=s&source=web&cd=1&ved=0ahUKEwjS4qKu24LOAhVR7GMKHc0MBBgQFggfMAA&url=http%3A%2F%2Fwww.dtic.mil%2Fcgibin%2FGetTRDoc%3FAD%3DADA476195&usg=AFQjCNGbehu8jdWvh9ZLMQOrkATZLwpgKA&sig2=6Rq7zMpZyNUYi3r0N3MxHQ

第3章 激光安全性

在今后的几年中,战场激光威胁似乎不可避免地显著增加,这不仅是因为激光武器的研发和实现,而且还因为其他有用的激光功率器件(如测距机和目标照射器)的数目在不断增加。因此,军队有必要通过引入被动的和主动的激光技术对抗措施来防护他们的传感器和人员。主要的激光威胁来自激光武器,当然常规的激光制导武器也构成了间接的激光威胁,这将在本章加以说明。

尽管进行了多年的研究,针对激光武器的防护和对抗是迄今仍然没有得到解决的困难问题。现在仍然没有针对激光致盲武器的简单、便宜的防护手段,对人员的防御也涉及许多复杂的因素(从采用滤光片到战场上的防护性行为)。本章主要涉及针对来自低能激光武器的光束对人员、传感器和作战单元进行什么样的防护,并简要地描述对抗高能激光武器所需的防护措施。

3.1 激光安全性概述

激光已经变成了全世界的平民和士兵的一种普通工具,但许多(或许大部分)激光器对于人员来说有某些危险。由于几种原因,对我们的眼睛最有威胁,而且还有许多其他的威胁性。激光的安全性是一个非常复杂的问题。

3.2 激光的危害性

使用激光器总是伴随着某种危险,无论是在激光器所在位置,还是直接的、反射的或散射的激光光束。在激光器所在的位置,不仅可能有实际的激光光束带来的危险,而且存在由于电气、化学和其他原因造成的危险。大部分激光电源可能导致严重的电冲击,甚至可能导致触电。此外,系统中用于对大功率激光器进行制冷的固体、液体或气体有许多高爆和有毒的物质。由于许多原因,将激光光束的危害性划分为对眼睛的危害性和对皮肤的危害性这两大类是有用的。眼睛可能受到非常低能量的激光光束就会造成严重的损伤甚至永久性的致盲。皮肤不像眼睛那样敏感,在光谱的可见光和红外部分,要使皮肤严重烧伤,通常需要使用能量非常高的激光光束,在目标上至少要产生每平方厘米几瓦的功率。对皮肤和眼睛的激光安全门限有很好的定义，并形成了非常严格的安全规程。

3.2.1 激光对眼睛的危害性

这一部分主要讨论激光对眼睛的危害性，以及对激光安全性的要求和致盲激光武器的可能性。全面地理解激光对眼睛的危害性需要理解眼睛的解剖学，超出了本章的范围，可以参考文献[1]中详细的讨论。

发射到眼睛上的激光光束的危害性被限制在视网膜上，激光对视网膜的影响可能从对眼睛的暂时的严重影响(不造成残留的病理学变化)到永久性的致盲。一个使用放大光学系统的士兵可能不仅更容易被致盲，而且比眼睛裸露的士兵成为更有价值的目标。战场上的坦克炮手、炮兵火控人员、前沿观察者、导弹操作人员、指挥人员和其他使用放大光学系统的人员及他们的光学系统，可能由于它们对激光辐射的反射特性被探测和识别。例如，在微小的尺度上，由于双向反射分布函数(必须对此进行测量，并把结果放在材料的数据库中)效应，目标的局部平坦的区域反射的光将增大。可以看到在目标组件尺度上的细节、引起表面法向的局部变化的基本形状、表面积、局部材质特性和自阴影效应等。参考文献作者在这一尺度上通过标准的光线追踪方法(作为激光安全距离工具的一部分)来解算所有的几何效应[2]。

可观察到最小的响应将是对视网膜的白化。然而，随着到视网膜上的辐照度的增大，可能出现严重的病变，从肿大(水肿)到烧灼(凝结)到出血，以及在病变区周围的附加的组织反应。到视网膜上的非常高的辐照度将导致在吸收位置的附近形成气泡。

视网膜本身并不比身体的其他部位对激光的毁伤敏感的多，对身体的其他部位可能导致严重的毁伤所需的能量水平对于短的脉冲为 $50\sim500\text{mJ}/\text{cm}^2$。但是由于眼睛的光学系统对能量的光学会聚，导致低能量的激光器能够损伤视网膜，而不是眼睛或身体的其他部分。

对于视觉而言，眼睛的最重要的部分是黄斑区，尤其是密布锥状细胞的中央凹。如果激光光束导致这一区域的任何尺寸的视网膜烧灼，结果是足以导致局部失明的细节视觉的永久性损伤，而且不可能治疗。当然，受损之后，仍然存在很多的视觉，但是不能足够快地阅读、驾驶汽车，或者从事对视觉有要求的任务[2]。

当讨论激光安全性和眼睛时，有必要区分到达眼睛内部视网膜危险区(400~1400nm)的激光光束的影响和没有到达视网膜的激光光束对眼睛外部区域的影响[1]。

视网膜危险区覆盖从 400~1400nm 的谱段，包括光谱的可见光和红外部分。在较短波长的近紫光部分主要被晶状体吸收,更短的远紫外波长也主要被角膜吸收,在中红外区域的较长的波长也被角膜吸收。因此,即便在视网膜危险区以外的光谱部分,也可能对暴露于激光的眼睛造成有害的影响[1]。

角膜对中紫光辐射的超吸收导致紫光性角膜炎,这是非常痛苦的但暂时性的损伤,经常称为雪盲或焊接闪光烧损[1]。

然而,由于这些效应大多数需要眼睛经受较长时间(1min 或更长时间)的高量级的激光辐射,在光谱的紫光部分的这些效应似乎不大可能构成激光武器的基础。

在中红外和远红外区域,角膜吸收的可能性很大,尤其是在长于 2000nm 的波长上,因此,在暴露给中红外辐射时,角膜对热损伤非常敏感,如果光束的能量水平高到足够导致角膜热损伤,将立即产生严重的痛苦,并自动启动眨眼反射。角膜是非常敏感的,20°F①的温升将导致疼痛响应。问题是角膜是否吸收了足够的热能量,从而导致在眨眼反射之前的短时间内的损伤。眼睑对损伤是不太敏感的,因为循环的血液带走了热,而且激光光束的大部分能量被反射掉了(图 3.1)。

图 3.1　激光能量与眼睛和其他生物组织的相互作用的类型,仅有热和热声这两种相互作用对于现在的反人员激光武器是重要的[1]

可以用于损伤角膜的红外激光器有二氧化碳、氟化氢、氟化氘和一氧化碳激光器,输出功率大于 $10W/cm^2$ 的激光器可能在眨眼反射得到防护之前至少有 $0.5\sim10J/cm^2$ 激光能量到达角膜上,如图 3.2 所示。现有的红外激光器可能在头部运动之前损伤角膜。研究表明,对角膜的热损伤会导致表面的白斑或乳浊,这样的损伤是非常痛苦的,需要立即进行良好的治疗。由于暴露给激光造成的角膜烧灼损伤的严重性,可以与可燃物体的爆炸造成的烧灼和损伤相比。

3.2.2　激光对皮肤的危害性

激光对皮肤可能有几种重要的影响,热效应是最显著的一种。热烧灼分为三种基本的类型。一度烧灼是皮肤的非常浅表的红肿,二度烧灼产生水泡,三

---

① 　1°F = −17.222℃

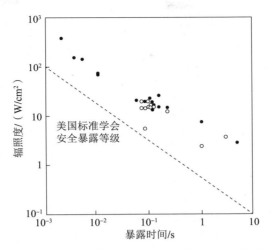

图 3.2　二氧化碳激光辐射的角膜损伤门限，在相同暴露时间间隔的数据点之间的差别主要是由于使用不同的角膜图像尺寸。数据点源于几个实验室，与热流毁伤模型有良好的吻合

度烧灼（最严重的一种）烧毁皮肤的整个外层。导致一度烧灼需要的辐照度是 $12W/cm^2$，二度和三度烧灼需要的辐照度分别是 $24W/cm^2$ 和 $34W/cm^2$。如果暴露时间缩短，三度烧灼所需的辐照度显著增大。激光对皮肤的伤害与激光的波长及在皮肤上的色素沉着有关。暗的皮肤吸收更多，因此在相同的激光能量下会变得更热。对于更长的暴露时间，造成损伤所需的能量水平高度依赖于持续暴露时间。高能激光器有可能在短于 1s 的暴露时间内造成严重的烧灼[1]。

只要他的制服或直接接触的环境不着火，一个在战场上觉察到有暴露给激光威胁的士兵，将能得到很好的防护。然而，人们已经认识到，即便在受到防护的状态下，烧灼对眼睛的损伤仍然是一个问题。在光谱的远红外和紫外区域，激光能量并不到达视网膜，角膜损伤阈值近似与皮肤损伤相同。因此，激光对眼睛的外部和皮肤的烧灼是可能的，但目前似乎不是重要的威胁[1-2]。

3.3　安全规程

有各种激光安全标准，包括联邦和州条例与非条例性的标准。最重要和最经常引用的是美国国家标准研究院的 Z136 系列激光安全标准，这些标准是工业界、医疗界、研究界和政府的激光安全项目的基础。美国职业安全和健康管理局和美国的许多州参照 ANSI Z136 系列激光安全标准作为与激光相关的职业安全问题评估的基础。

ANSI Z136.1"激光的安全使用",是 Z136 系列标准的父文件,提供有关怎样对激光安全性进行分类、激光安全性计算和测量、激光危害控制措施的信息,并给所有类型的激光设施的激光安全性办公室和激光安全性委员会提出了建议。这一标准用来为激光用户提供适当地发展一个全面的激光安全性项目所需的信息。

对于激光产品的制造商,重要的标准是器件和放射性健康中心(CDRH)与食品及药品管理局(FDA)的管控产品性能的条例。自 1976 年 8 月起,在美国销售的所有激光产品,必须由制造商证明满足一定的产品性能(安全性)标准,每个激光器必须贴上说明符合标准的标签,并有激光危险性的警告标识。

确定不同的激光损伤的门限值是整个激光安全性问题的基础。门限水平是一个暴露的能量/功率值,低于这一值时发生不利变化的概率较低、不会有大的风险。对这一门限的实际值究竟应该是多少总有一些问题,因为这一值随着波长和暴露时间而变化,而且也随着个体有所变化。

可以通过统计分析来确定一个伤害概率(通常 50%),并将安全水平设定在一个选择的概率水平以下(通常为 0.01 或 0.001% 的概率水平)来设定门限值,这一能量/功率水平通常低于 50%的伤害点 10 倍以下。为了计算一个正确的门限值,也有必要试图模拟某种类型的最恶劣的场景(当命中眼睛最敏感的部分且有大量的激光照射到这一部位时(因为在这种情况下是可能的))。

3.4 激光危险性等级

通过理解激光的危险性和阳光及常规的人造光源的危险性,科学家确定了对几乎所有类型的激光辐射的安全暴露限制,这些限制通常指涉及激光的职业安全性可允许的最大暴露值。在许多情况下,没必要直接采用可允许的最大暴露值。通过实验室和工业应用中进行的几百万小时的激光使用得到的经验,能够确定激光危险性等级体系。需要激光器和激光产品的制造商证明他们的激光器为指定的 4 个危险性等级或者风险等级之一,并标以相应的标识,这样能够采用标准化的安全性措施来降低或消除与所采用的激光器或激光系统的等级相关的事故。激光器的 4 个主要的危险性等级的简要描述:

(1) 1 级。

基于目前的医学知识,认为 1 级激光器是安全的,这一等级包括所有的光学辐射的辐射水平不超过激光器产品的设计规定的眼睛所暴露的能量/功率限制(在任何暴露条件下)的激光器或激光系统,在 1 级激光器产品的外壳内可能有危险性更大的激光器,但没有有害的激光辐射能辐射到激光器外壳之外。

(2) 2级。

2级激光器或激光系统必须发射一束可见光激光光束，由于它的亮度较高，如果在较长的时间周期内凝视2级激光就会太炫目了，瞬间观察不被认为是危险的，因为这种类型的激光器的最高辐射功率上限低于瞬间暴露2.5s或更短时间的最大可允许暴露功率。然而，较长时间的观察被认为是危险的。

(3) 3级。

3级激光器或激光系统可以辐射任何波长的激光束，但除非在近距离内聚焦或较长时间地观察，它不能产生散射的(不是像反射镜那样的)反射危险，这一级的激光器也会产生着火的危险或者造成对皮肤的严重危险。任何不属于1级或2级的连续波激光器，如果输出功率为0.5W或以下，是一个3级激光器。由于这样激光器的输出光束对于光束内观察是危险的，控制措施的重点是消除这样的可能性。

(4) 4级。

4级激光器或激光系统是超过3级激光器的输出上限的激光器或系统。正如预期的那样，这样的激光器可能导致着火或对皮肤的损伤，或者造成散射反射危险，对4级激光器或激光系统需要采取非常严格的控制措施。

3.5 激光靶场安全工具(LRST)物理学

人们对于当前的军用激光器件的安全距离是感兴趣的，这将给出每种激光器件的安全区的大小。取决于输出特性，每种具体的激光器有它本身的安全距离，在美国的相关条例中，描述这一距离的首字母缩略语是NOHD，代表对眼睛造成危险的额定距离。NOHD的基本定义是暴露功率或者辐照度低于适用的暴露功率/辐照度极限时距激光器的距离。要计算NOHD确定当一个未防护的人站在正面对激光束的位置并瞬间暴露给激光束时不受到伤害的距离，必须考虑采用了光学放大系统，因为这使NOHD显著增大。如果一个人采用放大倍率为13的光学系统观察激光，则5mile[①]的NOHD将增大到50mile。应当记住，NOHD是基于瞬间观察计算的，如果观察或凝视激光较长时间，即便距离远于NOHD，对眼睛也是有危险的。也有必要考虑到瞄准激光时的精度问题。此外，要考虑由于诸如窗口、光学表面、温室、静止的池塘或者覆有反射涂层的路标等的像反射镜那样的表面造成反射的可能性。

然而，对于某些激光器，也有一个危险的散射反射区(HDRA)，通常小于距反射面10yard[②]。激光危险区域的一个例子如图3.3所示。

---

① 1mile=1609.344m。
② 1yard=0.9144m。

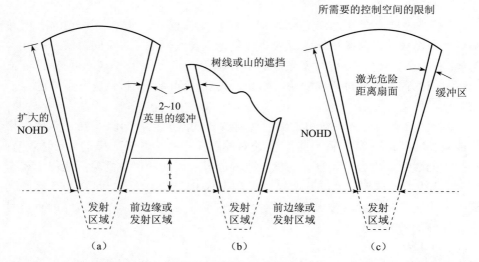

图 3.3 激光安全距离扇面。美国陆军采用激光安全距离扇面表示额定的人眼安全距离（NOHD），人眼安全距离通常由一个安全墙来终止。没有终止的额定人眼安全距离取决于光束的扩张和大气的衰减。在 A 情况下，额定人眼安全距离是一个与地面平行的视线，仅用于没有安全墙的场合。B 情况是最有用的情况，采用一座山或树线来建立一个安全墙。在 C 情况下，扇面垂直于地面，用于空域安全

额定人眼安全距离和区域

1. 额定人眼安全距离

额定人眼安全距离是强度或者每单位表面积的能量低于在角膜和皮肤上的最大可允许暴露强度时距离激光源的距离。因此，如果距离激光源的距离比 NOHD 近，则激光光束可以被认为是危险的。

像最大可允许暴露强度一样，这一距离取决于几个参数：

(1) 光束特性：输出功率、直径和辐散。

(2) 在角膜上的最大可允许暴露强度值。

(3) 插入光束路径中的光学系统。

例如，对于 3B 级和 4 级激光源，这一距离可能非常远，因此有必要在光学系统的端部遮挡光束。

当采用一个光学系统观察光束时，必须考虑可能进入眼睛的较高的强度，因此会使评估的 NOHD 增大（后面称为扩展的 NOHD）。

当光束自由传播时，这一距离可以按照如下方程评估，即

$$\text{NOHD} = \frac{1}{\theta}\sqrt{\frac{4P_0}{\pi(\text{MPE})} - (2w)^2}$$

式中：NOHD 为对人眼额定安全距离(m)；P_0 为源的功率(W)或者是一个脉冲携带的总能

量(J);MPE 为允许的最大暴露强度(W/rad 或 J/m²);w 为高斯光束的腰宽(m);θ 为光束的束散角。

当采用一个光学系统观察光束时,必须考虑系统对光束的聚焦,定义 f 为光学系统的焦距,α 为是光束的半孔径角,则表达式可转变为

$$NOHD = f + \frac{1}{\tan\alpha}\sqrt{\frac{P_0}{\pi(MPE)}}$$

$$NOHD = f + \frac{1}{\tan\alpha}\sqrt{\frac{P_0}{\pi(MPE)}}$$

2. 人眼安全区域

在这一区域,强度或每单位面积的能量高于在角膜上允许的最大暴露量,这一区域的大小由 NOHD 来定义。然而,这一区域是非常难以定义的,因为它取决于环境(有尘或无尘)以及可能在光束路径上的物体,换言之,必须考虑镜向反射。

激光光束会受到某些大气条件的衰减,当 NOHD 远于几千米时必须考虑这个因素。大气衰减主要取决于以下 3 个效应的累加:

(1) 大粒子的散射。

(2) 分子散射。

(3) 气体分子造成的吸收(热晕)。

以下将简要地定义这些效应。

大的粒子造成的散射或者 Mie 散射是光谱中的可见光和近红外部分(此时大气组分中的颗粒大小大于激光的波长)的主要因素。

由氧、氮和其他分子组分造成分子或 Rayleigh 散射,此时分子尺寸远小于激光光束的波长。

气体分子对吸收的贡献和其他粒子对衰减的贡献对于光谱中的红外区域是最重要的。

在更短的波长上,激光光束的分子散射增大。然而,这一效应在短距离时不是显著的。在正常的、晴朗的大气条件下,对于氩激光束(蓝)、红宝石激光束(红)和 Nd:YAG 激光束(近红色)是相对透明的。如果知道计算的真空传输条件下的 NOHD,并与针对周边大气补偿的 NOHD 进行比较(图 3.4),可以得出的结论是:对于低能量激光器,在远达 10miles 的战场距离上,大气衰减不是一个大的问题。在 6miles 的距离上,对红宝石激光束的衰减仅为 10%[2]。

高能激光光束受天气条件的影响要更加严重,尤其在雨、雪、尘、云和烟中,这在 3.4 节进一步讨论。然而,从激光安全性计算中可以得出的结论是:当空气非常干净且激光系统在作战距离之内使用时,大多数军用激光系统不是非常依赖于大气条件。

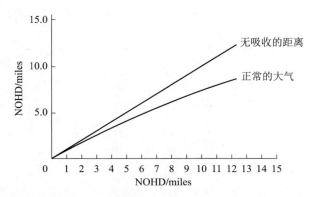

图 3.4 大气对额定人眼安全距离的影响[本图示出在真空中的理论距离和在大气中的实际距离。直线是针对不受大气的强烈吸收的波长(1064nm)上的激光光束。曲线示出了正常大气的影响,即便在晴朗的大气中,也有明显的衰减。由于距离是大的,这一衰减不影响典型战场上激光的使用,但将对机载和防空应用场合的激光应用产生影响]

因此,应当针对激光武器交战的目标,对激光靶场安全工具的称为BRDF[3](双向反射率分布函数)的目标反射率数据库进行审查和更新。应当对激光靶场安全工具进行连续的测试,必须考虑到以下准则研究每种测试条件下希望的结果:

(1) 激光靶场安全工具与辐射度学手工计算。
(2) 美国国家标准局最大允许暴露量(MPE)的检查。
(3) 激光靶场安全工具危险区计算与危险区的手工计算。

美国国家标准局启动了激光安全使用的全面的标准的制定工作。应当假设对激光靶场安全工具的初步假设的场景,并且应当将测试结果与采用各种相关的计算机代码手工计算的结果进行比较,我们希望至少在最佳的设计距离内,或者至少在美国国家标准局标准的不确定性范围内。

对室外使用现代军用激光测距机和目标指示器时的安全性分析是针对像士兵那样人员的眼睛进行的。然而,众所周知,仅有一个国家将激光致盲武器用于军事行动,这一例子就是英国在马尔维纳斯群岛冲突中采用低功率的激光器对阿根廷飞行员致盲。现在,没有公开的战术手册涉及有意采用激光作为一种针对人眼的作战武器或者在对目标交战时利用目标的双向反射分布函数。在无疑将涉及在激光的大量使用的未来军事冲突中,军方会怎样做仍然有待观察。

对激光靶场安全工具及其代码的需求是形成一个在暴露给由反射到人员处

(在机载激光武器(ABL)这种情况下,是由所照射的目标导弹反射的)的激光光束的激光强度的精确的时间历史[2]。

在激光靶场安全工具中,为了评估对眼睛的危险性,需要大约8个基本的算法步骤,这一过程如图3.5所示。

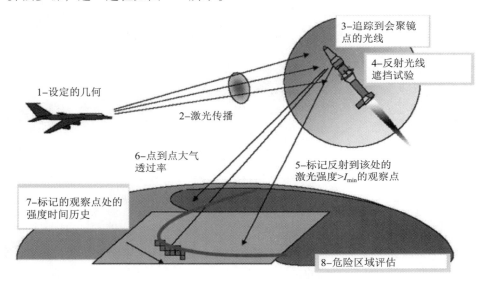

图3.5 评估安全性的8个基本的算法步骤

必须计算激光光束在目标上的驻留时间、在战场上激光光束与目标的相互几何关系等。机载激光武器的位置和速度、来袭威胁和环境条件也应当作为交战方程的一部分。

应当从预先仿真位置的数据库表中导出来袭威胁(如飞行中的导弹)的位置和速度,并输入到作为激光靶场安全工具的一部分的仿真代码中,这一代码考虑了导弹(被当作金球,即中心位于目标上的光学截面球)相对于观察者和机载激光武器的所有位置(向量关系)[2]。

整个LRST是一个用于在发展机载激光武器系统的试验靶场时基于双向反射分布函数计算反射能量的危险性的软件工具。LRST软件包包括一组用于描述和模拟试验场景(包括距离、机载激光武器、机载激光组件、目标和观察者)的程序。这一软件中缺失的是双向反射分布函数对地面上的友方部队的影响和对机载激光武器要遇到的来袭导弹威胁进行的交战前告警。LRST中其他缺失的链接是由于机载激光武器对目标的照射造成的物理破坏产生的落下碎片的影响和在目标上的驻留时间。但LRST软件能很好地对用于辐射度量和危险性的计算仿真的物理基础和计算算法进行详细的描述。

参考文献

1. Sliney D, Wolbarsht M (1980) Safety with lasers and other optical sources: a comprehensive handbook, 1st edn. Springer, New York
2. Crokett G (2003) Laser range safety tools (LRST) physics reference. Logicon-RDA, Albuquerque, NM. Report AFRL-HE-BR-TR-2003, September 2003
3. Crokett G (1999) Bi-directional reflectivity distribution function (BRDF) modeling to LRST: Maxwell-Beard, Phong, and Gaussian models. Contract F04701-98-D-0100, CDRL A004, January 1999

第 4 章　激光武器

激光技术仅有 60 年的历史，但却是非常多样化的。尽管对激光的应用有许多限制，激光技术已经有多种军事应用。现在，大部分国家的军队经常使用多种多样的激光装置（如激光测距机和照射器），在某些国家，正在发展最终满足现实军事需求的更具想象力的激光武器概念。一个具体的激光武器的设计将受到要打击的目标特性的严重影响。如果希望的武器效应是通过在机体上烧穿一个洞来毁伤飞机、直升机或导弹，或者通过将坦克的玻璃观察窗口打成许多小碎片（开裂）来使坦克窗口像是蒙上了霜，必须采用功率输出达到几兆瓦（MW）级的能量非常高的激光器，这样的激光将是真正的反材料武器。然而，如果目标是一个灵敏的光电系统或者某种其他类型的传感器系统，可以采用工作在干扰模式下的激光来干扰或毁伤，则选择将是一个工作在目标传感器的频带内的低功率激光器，激光器的这种应用也可以看作是反材料的。如果目标是一个士兵，他的身体的某一部分——眼睛，对激光辐射是非常敏感的，采用工作在光谱的可见光或近红外部分的低能量激光器足以毁伤士兵的眼睛，而且，事实上会致盲。如果激光要导致烧伤士兵的皮肤或使他的服装着火，则需要高能量的激光器。在这两种情况下，如果激光器的目的是使士兵致盲或烧伤，则显然是针对人的武器。

4.1　激光作为一种武器

在激光发明之前，科幻作家已经描述了难以置信的武器和机器，它们能辐射非常明亮的光，即能摧毁在它的传播路径上的所有物体的死光。即便在今天，科幻电影和书籍仍然强调采用光而不是子弹的武器。激光光束被广泛地认为是一种可以从手持的激光枪发出的能够使士兵蒸发、使建筑物瓦解、使装甲目标被烧穿的非常强大的死光。实际上，激光是一种适于许多军事应用的工具，可以转化成致命武器，但对激光能够做什么无疑有一些限制。激光实际上是一种光线武器，它的光线可以看起来非常具有想象力的方式毁伤某些目标。在研究战场上使用激光武器的心理学影响时考虑到这些有些推测的因素是重要的，否则就不可能全面、现实地分析采用激光对于作战者真正意味着什么。

4.2 可能的目标

概述激光武器实际能做什么的有关激光武器应用的讨论必须从激光束的终点——目标开始。希望在目标上产生的作用最终决定着对激光器的需求，另外，所选择的激光光束和目标之间的相互作用，也决定着要发展、制造并在战场上部署哪种高效费比的武器。

目标对激光的敏感性决定着是需要低能量还是高能量。如果目标对相对宽的谱段内的较低能量水平的激光足够敏感，则可以设计并批量生产廉价的、高效费比的激光武器。如果需要高能量的激光，则设计出一种有用的、可承受的激光武器的可能性将显著降低。

4.3 到靶能量水平

激光武器设计师面临的基本问题之一是目标必须吸收多大的激光能量以便得到希望的结果。吸收的能量（E）是激光光束产生的功率密度或强度（I）与发射持续时间（t）的乘积的一部分。E 是用能量单位焦耳（J）或每面积（通常用 cm^2 表示）瓦秒衡量的，I 用功率单位（W/cm^2）表示，时间用 s 来表示，有

$$E = A(I \times t)$$

这意味着如果需要发射持续时间短（如在多目标交战中要求的那样），功率密度必须尽可能高。功率密度是通过将光束能量除以"光束照射"区域的大小来计算的，这意味着，高的光束功率和小的光束表面积将产生更高的功率密度。在所作用的表面积上，目标最终吸收多少激光功率，决定着最终实现的毁伤效果。从激光源到达目标的到靶激光功率，会遭受光学系统和大气的传输损耗，而且当受到目标表面的反射时，还会损失一些功率，吸收的功率通常不大于原来发射的激光能量的 20%～60%。

在确定一个高斯激光光束的效能时，一个有用的参数是在目标上的光束辐照度。对于一个输出功率为 P_0，且在目标上的截面积为 A 的光束，在目标上的峰值辐照度 I_p 为

$$I_p = \frac{P_0 \tau}{A}$$

式中：τ 为大气透过率。

一个导致目标被机械毁伤的激光光束的效能，取决于光束功率、脉冲持续时间、气压、材料和目标表面的光洁度。例如，与一个未涂漆的铝板相比，一个涂漆的区域的能量吸收显著增大。在不同的波长上，不同的材料吸收的能量会有大范围的变化。对于 694nm 波长的红宝石激光，铝的吸收是 11%，人的

浅色皮肤的吸收是35%、白漆的吸收是20%。对于波长为10600nm的二氧化碳激光，相应的数值是1.9%、95%和90%。这也表明，对抗高能激光武器的一种方法是选择一种反射率非常高的目标表面材料。另外，激光器发射的较长的波长可能降低对高反射率材料的效果，并增大吸收。这一非常困难的模式中每个因素的组合确定了对目标的毁伤程度，以及产生希望的毁伤效果，对最终的能量水平的要求。

显然，摧毁一个目标需要的能量水平有显著的变化，这取决于环境。因此，在公开的文献中引述的能量水平要求也有很大的变化。尽管如此，可以给出某些数值来说明能量水平的一般范围。

可以采用高能激光武器以许多不同的方式来命中一架飞机、直升机或一枚导弹，并最终击毁它。可以毁伤有燃料的油箱或者可能导致燃料本身爆炸。风挡可能被击碎，诸如升降舵或方向舵那样的控制面可能被毁伤或干扰，从而使目标无法继续作战。可以导致直升机的旋翼或者飞机或导弹的翼发生故障，从而导致破损。传感器、雷达和其他导航装置可能被毁坏，如果它们在一次攻击的最后一个阶段的敏感和关键的时刻被毁伤，可能导致目标被毁伤或者任务流产。此外，在某些情况下，一个高能激光武器可能使一个攻击机携带的机载弹药爆炸。

为了穿透一架飞机的金属蒙皮需要大约 $700J/cm^2$，当然应当注意，在一架飞机的蒙皮上烧一个洞，对于在空中毁伤它甚至使它坠毁是不够的。使一架飞机失效的一个更现实的能量水平，可能比这高 5~10 倍，这意味着一个成功的高能激光武器，需要至少在目标上投送 $5000~10000J/cm^2$ 的能量密度。

毁伤光学传感器和头罩（塑性的雷达天线罩）要容易得多，需要直接投送到目标上的能量密度不大于 $10J/cm^2$。此外，如果激光波长在传感器的敏感波段之内，需要的能量可能非常低。如果高能激光武器被用作攻击人员的武器，也就是说当作一个远距离的火焰喷射器，使外露的皮肤被烧伤需要的能量仅为 $15J/cm^2$，而毁伤角膜（到眼睛的透明的窗口）仅需要 $1J/cm^2$。

4.4 吸收和散射

地球的大气被当作一种吸收介质。当一个辐射的光子被大气中将光子转换为分子动能的大气的气体分子吸收时就会产生吸收。因此，吸收是使大气加热的一种方式，它与激光或辐射的波长有很大的关系。例如，由于 O_2 和 O_3 的吸收，实际上会消除 $0.2\mu m$ 波长以下的辐射的传播，但 O_2 和 O_3 对可见光波长（$0.4~0.7\mu m$）仅有非常小的吸收。

当辐射通过某些空气分子和粒子传播时，在可见光和红外波长上会产生电磁波的散射。光散射是与波长高度相关的，但没有像吸收那样的能量损失。散射体的物理尺寸决定着散射的类型：

（1）瑞利散射。

这是按照 Lord Rayleigh 命名的，是由与辐射的波长相比较小的空气分子和霾造成的（图4.1）。瑞利散射，也称为分子散射，仅适应于非常干净的空气。散射系数正比于 λ^{-4}，这一关系称为瑞利定律。对于这些小的空气分子，在波长大于 $3\mu m$ 时，散射是可以忽略的。在波长小于 $1\mu m$ 时，由于蓝光比其他可见光波长散射的更多，瑞利散射使天空是蓝色的。

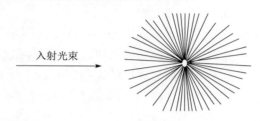

图 4.1　瑞利散射

（2）Mie 散射。

这是按照 Gustav Mie 命名的，是由大小与辐射波长可以相比的粒子产生的散射（也称为气溶胶散射），与瑞利散射不同，大小与辐射波长可以相比或者更大的粒子产生的散射集中在前向（图4.2）。随着波长的增大，散射损失迅速降低，最终接近瑞利散射情况。Mie 散射是为什么日落后天空看起来是红色的原因。

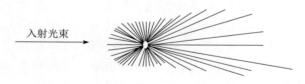

图 4.2　Mie 散射

有时用于描述大气能见度的一个术语是视距，这对应于在 $0.55\mu m$ 处的辐射被衰减到发射辐射水平的 0.02 倍时对应的距离。由分子造成的瑞利散射意味着近 340km（或 213mile）的视距[2]。

吸收和散射经常被划归为消光，定义为辐射量通过大气后的减少或衰减。经过距离为 L 的传播后，激光辐射的透过率（也称为大气透过率）与消光的关系，可由 Beer 定律来描述[1-2]

$$\tau = \exp[-\alpha(\lambda)L]，无量纲$$

式中：$\alpha(\lambda)$为消光系数；乘积$\alpha(\lambda)L$为光学深度。消光系数包括两部分

$$\alpha(\lambda)=A_\alpha+S_\alpha\,[\,m^{-1}\,]$$

式中：A_α为吸收系数；S_α为散射系数。吸收和散射是众所周知的确定性效应。

政府和私企通常采用像 LOWTRAN、FASCODE、MORTRAN、HITRAN 和 PcLnWin(这些代码中的大多数可从 Galaxy 先进工程公司得到)那样的软件包来基于各种条件(气象距离、纬度(热带、中纬度、极地)、高度等)预测作为波长λ的函数的透过率(消光)效应。气象距离为23km时乡村气溶胶条件下的 MODTRAN 的典型输出(作为1～10μm范围内的波长的函数)，如图4.3所示。

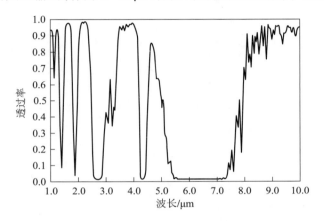

图 4.3　1km 水平路程的典型的大气透过率，高度为高于地面 3m，无雨和云

4.5　大气结构与高度的关系

大气是围绕地球的一个气体包络，它扩展到地球表面以上几百千米。按照体积来说，大气的98%以上由氮元素和氧元素组成，大气的主要成分是水蒸气、二氧化碳、氧化氮、一氧化碳和臭氧。主要基于温度的变化，地球的大气划分为 4 个主要的层(图 4.4)：

(1) 对流层。

扩展到11km高度，包括地球大气质量的大约75%，最大的空气温度出现在接近地球的表面，但随着高度的升高降低到-55℃。对流层顶是一个扩展到对流层上面9km的一个等热层，在这里空气温度保持恒定的-55℃。对流层和对流层顶一起被称为低层大气。

(2) 平流层(同温层)。

高于对流层顶的层，从 20km 扩展到 48km 的高度，空气温度在平流层非常低的部分近似恒定，然后由于这一层的臭氧吸收阳光的紫外成分而产生了热

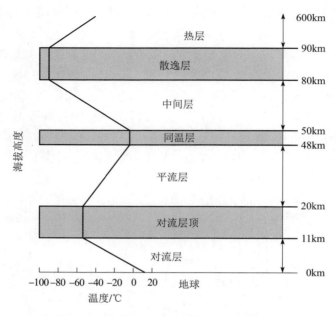

图 4.4　各个大气层和空气温度的示意图

能而增高。臭氧层使生物免受有害的紫外辐射，集中在 10~50km 之间。将平流层与中间层(散逸层)分开的是平流层顶，这是近似为 -3℃ 的另一个等热层。

（3）中间层(散逸层)。

从平流层顶扩展到近 80km 高度，在这里温度逐渐以恒定的速率降低到 -90℃，这是大气中最冷的温度。中间层顶是将中间层和平流层分隔开来的第三个等热层，中间层和中间层顶与平流层顶共同构成了通常所称的中层大气。

（4）热层。

从中间层顶扩展到大约 600km。在热层，由于太阳的能量，在 90km 以上空气的温度迅速升高，大部分电离层和外逸层在热层中，电离层从大约 70km 或 80km 到一个不定的高度(~1000km)，因为被太阳的紫外辐射充分地电离，所以得到了这样的名字，在这一层中集中的自由电子影响着无线电波的传播。

4.6　主要的激光武器概念

对战场上提出的每种激光武器任务使命，通常有一种以上的激光武器备选方案，很可能要根据每种具体的任务使命的军事需求改变激光的特性和能量等级、跟踪系统和火控设备。环境影响对最终的激光武器应用也有非常强的影响。例如，因为其波长会受到大气的强烈的吸收，氟化氢激光器不是大气层内的远距离使用的激光武器的最佳选择。被设计为在大气层内远距离作战的激光武器，无论是地基激光、海基激光，还是空基激光武器，必须采用大气吸收和散射尽可能小的波长[2]。

为了在毁伤目标方面有效，激光武器的波长必须是短的，至少在可见光波段，但优选紫外或 X 波段。设计短波长激光器的最大困难是功率，波长越短，需要的能量越大。光学(可见光或紫外)激光通过加热目标的蒙皮来起作用，光束必须保持在相同的部位上几秒钟，直到蒙皮被加热到使目标的内部毁伤，这是很严苛的要求，因为通常弹道导弹以超过 6mile/s 的速度飞行，想象一下在超过 50000ft① 的距离上聚焦在相同的目标上的大小为 2′或 3′的部位上，你就可以知道这样的激光武器的精度必须有多高。

除了精度问题外，希望任何激光武器的功率是巨大的，为此，设计师必须克服许多技术障碍。天基激光武器正在采用中继反射镜来将光束指向目标。机载激光武器采用涡轮机的化学射流功能，它们放置在飞机上，但激光的波长是长的($6\sim10\mu m$)，在长波红外波段，这使得激光器在毁伤目标方面相对不是太有效，除非大气和环境条件满足目标交战要求。

X 射线激光器可发射能够摧毁处于飞行中的导弹的非常高能力的光束，仍然保持着秘密发展状态。然而，X 射线不能被反射镜偏转，这意味着这种武器必须易于瞄准，并且要放置到目标的视线上。幸运的是，专家称 X 射线激光器可以建造的比较小，这使它们适于天基作战。X 射线激光器最大的缺点是它们采用内部的核爆炸来工作，因此它们实际上是一种非常短期的器件。

用于这一激光武器应用场景的一种相对较新的激光器是正由几个国家实验室和大学研发的自由电子激光器。自由电子激光器采用电子流由巨大的电磁力振荡之后发射光的光子。已经建造了自由电子激光器，并且可以工作。然而，如果要投入生产，一个实际的反弹道导弹自由电子激光器，将占据一个像足球场那样大或更大地方的巨大场地，才能完成其功能。显然，采用现有的技术，这样的装置只有用于静止的地基激光武器时才是有用的。

激光武器可以用于陆军针对飞机、直升机和导弹的防空作战，对目标的预期作战效果可以是烧几个洞或者毁伤关键的结构、使传感器致盲或受迷惑，以及使作战人员暂时或永久致盲。如果目标在激光器的有效作用距离之内，高能防空激光器可以同时使用这三种效应。在较远的距离处，将仅有可能具有反传感器或反人眼的能力。较低能量的防空激光器将采用足够的能量来有效地对付传感器和眼睛。也有可能部署一个主要功能是使作战人员致盲或闪盲的激光

---

① 1ft = 0.3048m。

器,当眼睛处于暗适应时,对明亮的闪光造成的过载非常敏感,闪盲在黑暗中是最有效的[2]。

4.7　采用实验室型激光器的小型武器

迄今本章已经讨论了设计用于应对主要的军事冲突和攻击的高能武器。在电影中的激光炮经常是手持的装置,或者至少小到足以放在一辆车上。正在发展能量高到足以毁伤目标,而且又小到便于携带的激光器,但还没有用于任何当前的军事应用中。例如,构建一个能输出大量光能脉冲的手持式红宝石激光器是相对简单的,当聚焦在一个点时,来自红宝石激光器的光可以切割纸、布、皮肤甚至薄的金属。

红宝石晶体是热的不良导体,因此红宝石激光器仅能辐射短的光脉冲,从而使晶体能在两次激光发射之间进行制冷。Nd：YAG激光器可工作在与红宝石激光器类似的方式,但它们可以产生连续的光束。然而,制作一个手持式的Nd：YAG激光器是不容易的,Nd：YAG激光器必须采用另一个高功率激光器或者外部亮的闪光灯或光源进行光学泵浦。尽管Nd：YAG激光器的输出功率非常高,考虑到当前的发展现状,手持型是不实际的。然而,可以造出能由装甲车辆或者拖车运输的"激光炮"武器。

二氧化碳激光器经常被用作工业上的切割工具,这类激光器是因为它的高效率(与大部分气体和晶体激光器的1%~2%相比,高达30%或更高)而著名的。一个手枪大小的二氧化碳激光器或许是难以设计和制作的,因为二氧化碳气体混合物(包括氦和氖)必须在管内连续地循环。此外,这种激光器需要很大的电源。可以制作出能封装在像一个个人火箭发射器那样大小的空间内的二氧化碳激光器,这样可以设计成站在向上的位置扛在肩上发射的装置[3]。

4.8　作为武器的高能激光器

能成功地击落飞机、直升机和导弹的高能激光防空武器设计,必须具有将非常高功率的光束保持在目标上的一个点足够长时间,且在目标上产生 J/cm^2 级的功率密度的能力,这需要兆瓦级的激光器。如果成功地射击到目标上,它必须指向目标的某一尺寸有限且非常敏感的位置,并保持光束照射到这一位置,直到达到希望的效果。因此,要想实现希望的效能,激光光束必须跟踪并瞄准目标,需要保持在目标的某一部位上较长的时间。

飞机或直升机的许多部分对高能激光武器有高度的抗打击性,但仍然有足够的薄的蒙皮部分和敏感的区域,如果对这些部分进行精确的打击,会产生毁灭性的效果或者使目标解体。另外，在战场距离上，一个能量非常高的激光武器，显然不能穿透坦克或其他装甲车辆的重装甲，因此高能激光武器对于摧毁战场上重装保护的地面目标是没有用的。然而，在战场上甚至坦克内的传感器、光学系统和相关的器件仍然是激光武器有效的目标。

4.9 高能激光安全性项目

随着高能激光器从受到安全保护的实验室转到室外，出现了涉及激光安全性的新问题。在 Brooks 空军基地的三军激光生物效应项目将研究未来采用的新技术和武器系统的安全性方面。在不久的将来，计划部署几种新的高能激光系统。

如图 4.5 所示战术高能激光武器（THEL）是一种采用化学激光器来摧毁低飞威胁的地面机动系统，目前作为与以色列的一个协作项目，正处于发展阶段。战术高能激光系统在 1998 财年进行了发射试验，现在在白沙导弹靶场继续进行后续的几个试验阶段。

图 4.5　战术高能激光武器

具有兆瓦级激光系统的机载激光武器系统（ABL 如图 4.6 所示）将在 40000ft 以上的高度对处于助推段的战术弹道导弹交战，它的激光器在 2003 财年进行了发射试验，后续是工程和制造发展阶段。高能化学氧碘激光器有额定的人眼安全距离(几千千米量级),而且将产生有可能在非常远的距离上导致眼睛毁伤的偏离目标的反射模式。

图 4.6　机载激光武器系统

如图 4.7 所示,为了将这些激光器的特性与计划对这些涉及运动目标(可能还有运动的激光源)的武器系统的应用结合起来,进行了高能激光器室外试验和使用涉及的一系列复杂的激光安全性计算。空军研究实验室光学辐射部正在发展计算激光危险区域的新的工具和方法(包括高能激光与运动目标相互作用的计算机模型,以及采用概率方法来补充确定性的计算)。

图 4.7　机载激光武器涉及的激光安全性问题

导弹防御局的优先级最高的一个项目涉及将武器级的激光器装在一个改装的波音 747-400 系列飞机上,并采用激光在弹道导弹目标发射后不久摧毁目标。这一项目称为机载激光武器,它的发展可能改变作战的方式。

4.9.1　机载激光武器(YAL-1A)

摧毁弹道导弹是一个复杂的过程,机载激光武器革命性地将激光当作一个定向能武器而不是瞄准或测距装置使用。为了使机载激光武器能够成功,机载激光武器必须:

(1) 安装在高于能折射激光光束并降低其效能的云层高度,且能留空数小时的一个稳定的高空平台上。

(2) 要安装能够在弹道导弹发射后不久就能确定弹道导弹目标位置的传感器，并对目标跟踪足够长的时间，使系统的其他单元能够投入工作。

(3) 采用能够保持对几十个导弹进行跟踪并进行目标优先级排序的复杂的计算机算法软件，以便能首先瞄准威胁性最大的目标。

(4) 具有能够测量飞机和目标之间的热扰动量的光学系统，并能操纵自补偿的能量束。

(5) 具有将杀伤器光束聚焦在以 6Ma[①] 或更快的速度快速上升的目标上的能力，还要保持能量束在导弹的金属蒙皮上足够长的时间以烧穿一个洞。

(6) 要提供能够在几百千米之外有效毁伤目标足够强大的激光器。

已经完成了测试的某些要求包括：

(1) 2002 年 7 月 18 日在堪萨斯西北进行了 ABL 飞机（YAL-1A）的首次飞行试验（如图 4.8 所示），返回位于威奇塔（Wichita）的波音改装工厂之前在空中留空了 1 小时 22 分。从那时起直到 2002 年 12 月转运到加利福尼亚爱德华（Edwards）空军基地，YAL-1A 进行了另外 13 次飞行试验，总共 60 个飞行小时。

(2) 作为导弹防御局 2002 年 12 月在太平洋上进行试验的一部分，机载激光武器红外跟踪器在一枚民兵导弹发射冲出云层之后成功地探测到助推火箭，直到火箭发动机在离开发射中心 500km 的距离处关机。

(3) 其作战管理（计算机）系统在 2002 年夏天和早秋进行了作战试验，验证了成员通信和 V/UHF 电台以及数据采集系统与高清晰度 VHS。

图 4.8　YAL-1 进行飞行试验

(4) 6 个红外搜索与跟踪传感器进行了成功的飞行试验。

(5) 2002 年 1 月在 TRW 公司在加利福尼亚的圣胡安卡皮斯特拉诺（San Juan Capistrano）工厂对将安装在 YAL-1A 飞机上的第一个氧碘激光器模块进行

---

①　1Ma=340.3m/s。

了测试，达到了期望的功率的118%。其后，被拆下运送到爱德华空军基地。

2002年12月，YAL-1A被拉进了爱德华空军基地的伯克(Birk)飞行试验基地的一个飞机库中，用于激光和光学组件的测试和安装。

全面负责整个项目管理的导弹防御局和位于柯特兰(Kirtland)空军基地的机载激光系统项目办公室的目标是使YAL-1A在2004年12月摧毁一个代表弹道导弹威胁的靶弹。目前，导弹计划从加利福尼亚范登堡空军基地发射，在太平洋上空摧毁目标。

构建和测试尚未确定规模的机载激光武器机群的第一架YAL-1A(原型的攻击激光武器，1A型)飞机是导弹防御局和项目办公室、空军和三个主要的合同商(波音、洛克希德马丁与诺斯洛普格鲁门空间技术公司(前TRW))工作的成果。此外，总部位于俄亥俄州赖特·帕特森(Wright-Patterson)空军基地的美国空军航空系统中心提供了办公人员。总部位于兰利(Langley)空军基地的空军作战司令部负责在宣布飞机具备作战能力并移交给空军后，对飞机进行管理。

机载激光武器项目办公室是在1993年建立的，3年以后，1996年11月，空军授予位于华盛顿州西雅图的波音防御团队、位于加利福尼亚雷多东海滩(Redondo Beach)的TRW空间和电子团队与位于加利福尼亚森尼韦尔(Sunnyvale)的洛克希德马丁导弹和空间公司一项11亿美元的合同。

波音公司在华盛顿州西雅图埃弗里特(Everett)建造飞机并在Wichita进行改装，他们还开发了用于作战管理系统的硬件/软件，并管理对主要组元的集成。TRW建造用于摧毁弹道导弹的兆瓦级氧碘激光器，洛克希德马丁公司负责光学系统。

另一个关键的组织是空军研究实验室的定向能部，也位于1977年发明了氧碘激光器的Kirtland空军基地。在1/4世纪之前，该实验室已经开展了使携载激光武器的飞机成为现实所需的技术研究。除了氧碘激光器外，实验室也发展了提高激光能够透过大气摧毁攻击导弹距离的技术。

飞机——空军购买了一架波音747-400F飞机，并在2000年1月直接从波音的商用飞机组装线飞到了堪萨斯州的Wichita。波音的工作人员实质上重新建造了飞机，布设了几英里的线缆，在飞机上贴接了大的钛板，以避免外部受到激光喷流的热，最重要的是，在飞机的前部增加了一个12000磅的球状转塔，安装发射激光束的1.5m的望远镜。公司官员称：这是波音公司对商用飞机的工作量最大的军用改装。

捕获、跟踪和瞄准——除了强大的激光器外，机载激光武器系统还必须能够发现并命中目标。在新墨西哥州南部的白沙导弹靶场已经采用实验室型仪器和实际的飞机进行了数次试验,以验证系统识别和跟踪潜在目标的能力。

激光器,这一系统的核心是氧碘激光器。作为一个通过化学反应产生能量的激光器,它具有超越固体激光器的优点,最显著的是它能产生能量的大小,氧碘激光器的能量是通过氧和碘分子混合时的化学反应产生的。另一个优点是激光在红外谱段的 1.315μm 的波长上传播,这一波长在大气中容易传输,而且能在目标上达到最大的亮度。在飞机上有其他 3 个重要的激光器:主动测距系统,提供初步的跟踪数据;跟踪照射器激光器,产生更精确的数据;信标照射器激光器,测量大气扰动量。

对大气湍流的校正,仅能发现和跟踪助推的导弹但没有锁定并摧毁目标的能力,是没有意义的。因为空气是由于许多层构成的,科学家需要找到补偿大气中这些扰动的方法,以便将高能光束聚焦在目标上,并保持光束在目标上足够长的时间,直至完成摧毁目标的过程。这一安装在 YAL-1A 上的系统是由实验室的定向能部和麻省理工学院林肯实验室进行的 15 年研究工作的结果。研究者在柯特兰空军基地的东南角的斯达飞(Starfire)光学靶场的天文设施中开展的工作采用激光、计算机和可变形光学系统(图 4.9),取得了革命性的突破。

图 4.9　在柯特兰空军基地斯达飞光学靶场的天文设施处开展大气湍流校正试验

机载激光武器综合试验设施——实际上是位于加利福尼亚州 Edwards 空军基地的 Birk 飞行试验场的一个建筑群,综合试验设施的核心是系统集成实验室,这是一个 18000ft^2 的建筑,装有一个波音 747 机体。作为机载激光武器飞机的一个激光模板,构成氧碘激光器组元的 6 个模块最初是在系统集成实验室测试的,完成了这些测试之后,拆下模块并在 YAL-1A 上重新组装。综合试验设施的其他资源包括一个地面压力恢复组合,能够模拟机载激光武器的巡航高度,一个基本的混合过氧化氢(这是主激光器化学反应过程的一个关键的组成部分)的区域。

近20年前,空军研究实验室和它的前身完成了一个证明机载激光武器潜能的项目。如图4.10所示,对 KC-135A 加油机(波音707的军用版)进行改装并配装了一个气体动力学激光器,这架飞机击毁了一架低飞的无人机和5枚空空导弹,验证了这一概念的可能性。在白沙导弹靶场进行了旨在确定激光武器有效性的后续试验。对于这些试验,采用了当时美国最强大的激光器——中波红外先进化学激光器。在每种情况下,很容易地击毁了典型目标的缩比模型。

图4.10 对 KC-135A 加油机进行改装并配装气体动力激光器

计算机仿真系统表明机载激光武器在战场条件下是非常有效的(图4.11)。目前,这一项目将为美国提供仅有的近期助推段导弹防御,也就是说,在弹道导弹发射到助推火箭关机前,发现并摧毁弹道导弹的能力。

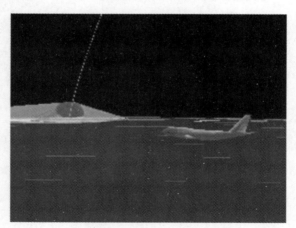

图4.11 机载激光武器进行助推段导弹防御的计算机仿真

发展了激光靶场安全工具,从而使负责靶场安全性的官员能够适当地评估危险性并限制试验场景,从而能安全地测试这些新的武器系统。对于任何给定的场景,这一工具能帮助评估瞄准各种类型的运动目标时产生的反射光束,并预测危险区和适当的"回避"区。这一工具是基于针对眼睛的 ANSI Z136.1 标准计算的,采用针对与新的高能激光系统相关的具体波长的新生物效应数据。此外,采用与暴露和损伤的各个方面相关的概率的新风险评估方法,为负责靶场安全性的官员和使用人员提供更实际的预测。

4.9.2 用于防空的战术高能激光武器

美国陆军空间和战略防御司令部正致力于针对我们部队的威胁作战的新的主动防御武器系统概念。该司令部机动的战术高能激光武器或 THEL 武器系统,为与这些威胁相关的捕获和闭环交战问题提供新颖的解决方案(现有的系统不能解决这一问题),并能为防空指挥官提供一个他目前没有的选项。它将显著地提高陆军对作战部队和 Force XXI 部队的战区级装备的防护。

在过去的几年中,美国陆军空间和战略防御司令部一直在发展这一能够提供用于部队防护任务的新的防空反导能力的概念。在过去 20 年开展的数个国防部的高能激光武器研发项目已经验证了战术高能激光武器(THEL)概念的激光光束产生和光束瞄准技术。Force XXI 部队在实时态势感知方面的进展,使我们有可能发挥战术高能激光武器在实际作战场景中的特点。

THEL 能够针对时线非常短的闭环交战进行快速发射,并且每次杀伤的成本仅几千美元或更低,这样能够有效地对付饱和攻击。战术高能激光武器不仅能够摧毁,而且也可以降能、干扰、破坏,提高了对各种各样的空中威胁的作战灵活性和有效性。因此,这一系统可以作为近程到中程防空体系架构中的一个新的有效的武器节点。

在"鹦鹉螺(Nautilus)"项目(这是一项与以色列合作的项目)中,高能激光武器对近程火箭的有效性得到了试验和验证。这一项目主要在空间和战略防御司令部在新墨西哥州的白沙导弹靶场的高能激光系统测试场(HELSTF)进行,利用了高能激光系统测试场的中红外先进化学激光器(MIRACL)的部分功率来模拟战术高能激光武器概念的性能。

中红外先进化学激光器是在高能激光系统测试场运行的一种兆瓦级氘碘化学激光器。进行了一系列的静态和动态试验之后,这一项目在 1996 年 2 月 9 日成功地摧毁了一枚飞行中的近程火箭。这成功地启动了陆军空间和战略防御司令部工作的下一步发展。

1996 年 4 月,以色列总理西蒙·佩雷斯(Shimon Peres)与克林顿总统和国防部长威兼·佩里(William Perry)进行了会晤,在这次会议中,美国同意基于鹦鹉螺项目的成功,帮助以色列在 1997 年年底来发展 THEL 先进概念技术验证,以应对喀秋莎(Katyusha)和其他近程火箭对以色列北部城市的威胁。

1996 年 7 月,陆军空间和战略防御司令部与加利福尼亚州雷多东海滩的

TRW 公司签订了一个设计、研发和制造 THEL 验证样机的合同，这是一个可运输的战术级的氚碘化学激光器，需要近 18 个月来设计和建造系统，然后有 12~18 个月进行试验。

如果成功，演示验证样机将为进一步发展用于美国的维和/应急作战的战术高能激光武器铺平道路。训练和战法司令部已经指定了位于得克萨斯州比利斯堡(Fort Bliss)的美国陆军防空炮兵学校作为 THEL 的支持者提出可能形成战术高能激光武器系统的作战使用需求的任务需求和作战使用概念。

演进发展的高能激光器、光束控制和数字战场信息技术能够组合成一个用于陆军 Force XXI 部队的高度有效的部队防护战术高能激光武器系统。

武器部 MDSTC，陆军空间和战略防御司令部高能激光武器项目 John J. Wachs 1996 年 9 月编写。

4.10 用于防空的激光武器

在 1984 年的定向能计划中，战略防御计划局（SDIO）计划到 1990 财年用 12.98 亿美元发展一个用于定向能武器的捕获、跟踪、瞄准和火力控制（ATP/FC）子系统。到 1993 财年，SDIO 为这一项目分配了 16.34 亿美元，实现了某些目标，但不是全部项目目标。SDIO 估计要花费 18 亿美元和 3 年时间来解决其余的大部分技术问题，再花费 10 亿美元，可以在空间验证捕获、跟踪和瞄准技术。

所有的定向能武器需要一个 ATP/FC 系统。在一般意义上，系统必须将定向能光束投送到每个目标的瞄准点上，快速地对大量的目标交战，由于系统中的每一个相继的传感器有较小的视场和较高的精度，这些时间和精度约束要求从一个传感器快速地交班到另一个传感器。

系统锁定导弹的红外特征（捕获）、计算导弹的飞行轨迹（跟踪）、计算导弹的瞄准点，使光束指向瞄准点（瞄准），并评估结果、选择下一个目标（火力控制）。取决于定向能武器系统的作战使命，ATP/FC 系统必须在弹道导弹处于助推段、后助推段和/或中段飞行时完成这些功能。

这一项目的基本目标是到 1990 年解决足以支持定向能武器的空间试验的技术问题，1984 年计划的整个技术性能目标如下：

（1）将由于空间飞行器和激光器的工作导致的振动造成的对瞄准和跟踪器精度的影响降低到在目标上 4in[①] 之内。

（2）发展快速使激光光束从一个目标重新瞄准到另一个目标的能力（短于 2s）。

---

① 1in＝2.54cm。

(3) 发展在 2600~3100mile 的距离处以大约 4inch 的精度跟踪目标的能力。

(4) 发展火力控制计算机软件,使之能以高于每秒 1 个目标的速率处理 100 个以上的目标,火控功能包括：导弹尾喷焰—导弹硬弹体交班、多目标跟踪、目标识别、瞄准点选择和毁伤效果评估。

该计划确定从 1986 财年到 1990 财年将需要 12.98 亿美元来发展系统组件并进行空间飞行试验,解决集成和空间运行问题。试验将允许在 1990 年进行定向能武器空间试验。

SDIO 满足了该计划的定向能武器的瞄准和跟踪技术与快速重新瞄准技术的目标,但没有满足发展远距离精密跟踪和火力控制软件的目标。尽管没有满足所有的目标,SDIO 相信它已经满足了解决足以支持进行定向能技术的空间试验的技术问题这一基本的项目目标。到 1993 财年,SDIO 花费了大约 16.84 亿美元来发展 ATP/FC 技术,这一数量比 SDIO 估计实现这一目标所需的经费多花费了 2.86 亿美元。这项经费的主要部分被花费在一系列的空间和地基试验上。由于缺乏经费,在项目完成之前取消了主要的空间跟踪试验。然而,完成了两次空间瞄准试验。

SDIO 报告说,他们以大约 26.2 亿美元的代价完成了中继反射镜试验和低功率大气补偿试验,主要解决与地基激光系统项目相关的问题。1990 年由助推器将每个中继反射镜放置在一个单独的轨道上,采用中继反射镜试验成功地验证了高的瞄准精度、激光光束稳定性、长驻留周期的光束中继。通过低功率大气补偿试验,成功地验证了对激光光束畸变(出现在光束从地面传输到空间的路径中)的低功率补偿技术。

从 1985 财年到 1991 财年,SDIO 花费了大约 68.4 亿美元来策划、设计和制造用于 4 次 ATP/FC 空间试验的硬件,但由于以下原因,在空间试验全部完成前被取消：

(1) Talon Gold：用来在空间验证对卫星和助推器的精密跟踪和瞄准。在花费了大约 2600 万美元后,由于要进行集成和发射需要另外增加 6 亿美元的成本,SDIO 取消了试验。

(2) Pathfinder：从 1986 年开始,1987 年因为太昂贵而取消。SDIO 在这一试验上花费了 4000 万美元,采用在空间飞行器上的传感器阵列测量尾喷焰的现象学。

(3) Starlab 空间试验：用来验证精密跟踪,将使用空间飞船来完成这一试验。在花费了大约 60.3 亿美元发展 Starlab 之后,SDIO 取消了这一试验,部分原因是挑战者飞船的事故导致发射时间被推迟了近 3 年,显著地增加了总的成本。再加上定向能项目性质的变化,导致了需求的变化和成本的增加,这使得要完成试验需要的成本太昂贵。

（4）Altair：和 Starlab 一样用来验证相同的计算，计划采用针对 Starlab 发展相同的硬件，在花费了大约 1600 万美元之后取消。SDIO 一个官方的估计认为要完成 Altair 试验需要花费 3.3 亿美元。

SDIO 采用一个称为高空气球试验的非空间 ATP/FC 试验来代替 Altair 空间试验，这一试验用于实现 Altair 的大部分目标，但成本要低得多，估计为大约 7600 万美元。气球用来将用来捕获和跟踪助推段的导弹 ATP/FC 装置载运到大约 30km 的高度。SDIO 的 ATP/FC 项目经理预期这一试验将能产生空间试验能够得到 80%~90% 的数据。

SDIO 设计和构建了一个快速重新瞄准/精密瞄准模拟器模拟大型空间飞行器的动力学（如运动和振动）。采用这一设施，SDIO 发展了用于在快速重新瞄准情况下确保一个模拟的定向能武器瞄准装置的稳定性、准确度和精度的技术，并进行了试验。这一项目在地面实验室的限制条件下验证了 ATP/FC 技术应当能以在原来的项目计划中确定的性能水平在空间工作。SDIO 从 1986 财年到 1993 财年期间在这一项目上花费了大约 4200 万美元。

另外两个项目也验证了 ATP/FC 技术。空间主动隔振项目发展了用于消除空间飞行器和武器造成的瞄准装置振动的 ATP/FC 技术，并完成了试验。通过这一项目，形成了定向能装置能够实现在 1000km 的距离上的瞄准稳定度低于 100nrad 或大约 4in 的项目目标的硬件和技术。在这一项目后进行了空间综合控制试验，进一步提高了瞄准稳定性。从 1986 财年到 1993 财年，SDIO 在这两个项目上花费了大约 3700 万美元。

由于 1993 年 SDIO 估计要花费 1.8 亿美元和 3 年时间来解决 ATP/FC 的大部分技术问题，并在高空气球试验平台上完成针对真实目标的 ATP 综合试验，这将最终完成 1984 计划的目标。假设将作为另一项像 Star LITE 那样计划用于化学激光器试验的定向能空间试验的一部分来完成计划，需要另外 1 亿美元来验证在空间的作战。从 1993—1996 年解决的主要技术问题包括远距离精密跟踪、火力控制、综合 ATP/FC 和附加的概念研究。

对于远距离精密跟踪，通过固态 Baser 雷达源项目研制了两个激光照射器。它们仍然需要在真实的目标环境下和各种各样的目标条件下进行试验，确定它们在变化条件中的效能。此外，必须发展支持瞄准点选择和维持与毁伤效果评估的能力。

已经在计算机仿真中验证了火控决策软件，但它的实用性和稳健性仍然需要在综合外场试验中进行试验。需要采用真实数据和几组场景条件来测试每个单独的火控决策算法，还必须验证采用传感器和自主作战的功能集成。SDIO

计划在高空气球试验平台上针对从白沙导弹靶场发射的助推段目标测试这一软件的运行。

4.10.1 用于作战的目标截获

本节讨论定向能武器系统的目标截获、跟踪和作战使用。

4.10.2 概述

本节有3个目的：

（1）需要对大气参数进行在空间和时间尺度上的测量，支持空军定向能武器系统和它在全球到达—全球力量中的任务使命。

（2）预测在几个小时到几天的时间内大气的未来演变。

（3）评估天气对空军定向能武器系统与作战使用的影响。

4.10.3 描述

为了实现机动优势需要的战场态势感知，要开展相关的研发工作，更好地理解较低层的大气的物理和动力学过程，以便设计、研发、试验和交付用于支持空中和空间作战者的遥感设备、恢复算法和模型。

1）从卫星上实时测量大气参数

测量目的强调卫星传感器数据的应用和解译，但传感器研发也是项目的一部分。测量的重点是以最高的空间和时间分辨率对云覆盖进行三维测定，以建立支持全球监视和战术作战的模型。

2）大气光学湍流测量和建模

技术目标是详细说明和预测大气光学湍流对地基、空基和天基激光系统的不利影响。在不同的地方、季节和时间，光学湍流是高度变化的，然而还没有好的预测模型。在1996财年启动的一个项目中，在机载激光项目办公室的支持下，Phillips实验室获得了感兴趣的战区光学湍流数据。

3）战术遥感

技术目标是由飞机和卫星平台对战场气体和辐射进行遥感。设立PL/GPOR/LIDAR激光雷达遥感项目从而能高分辨率测量几个大气边界层参数，包括风轮廓、气溶胶组分和颗粒大小分布，并探测自然的和人造的微量元素。当前的装置包括：

（1）发展10.6μm二氧化碳距离分辨风廓仪、双调谐9～11μm二氧化碳距离分辨风廓仪和DIAL系统，获得距离分辨的水蒸气和微量气体轮廓。

（2）用于距离分辨的气溶胶和云轮廓及云的去偏振特征的1.574μm便携式环境与人眼安全激光雷达。

即将投入使用的设备包括用于水蒸气和臭氧探测的相干可调谐紫外DIAL系统、用于风切变探测的机械调谐激光雷达、测量沿路径湍流的折射式湍流遥感器。

4）用于精确交战的战区预测模型（FTA）

发展了经过剪裁的气象遥感产品，支持世界范围内的作战任务规划和执行。

（1）对云和恶劣天气的预测：预测目标强调卫星和战场上固有的数据源的数据融合，数据被拒止可能是一个不利因素。最终的分析在时间和空间尺度上适用于战术武器投放的战区尺度预测模型上进行测试。

（2）虚拟天气：这一项目的目标是以高的物理拟真度对大气进行计算机仿真，并按照位置、季节、一天中的时间与几何条件进行验核。为了满足这些需求，必须建立能产生三维结构（这是当前能力的主要短板）的仿真模型。初始的工作涉及提高当前的云仿真模型的物理真实性。其他的项目包括建立雨、雾、风、湿度、闪电和湍流模型。重点强调的是物理上正确的可视化和产生辐射度量正确的大气场景。

（3）天气影响辅助决策（WIDA）：WIDA 项目正在开发用于预测天气对机载光电导航和武器瞄准系统影响的软件技术。这一项目现在有 4 个主要的组元：①天气条件对夜视护目镜运用的影响软件（NOWS），预测天气对夜视护目镜探测距离的影响；②红外目标场景软件（IRTSS），开发确定天气对红外波段的空地目标场景的影响，并形成用于空军任务支持系统（AFMSS）的红外场景可视化的软件；③自动化任务规划天气软件（WAMPS），1997 财年开始，发展在战区作战管理核心系统（TBMCS）的战区任务规划中自动加入天气对机载光电系统影响的方法；④目标截获天气软件（TAWS），1997 财年开始，对空军气象支持人员当前使用的光电战术辅助决策（EOTDA）系统进行升级，提供光电武器系统的武器锁定和截获距离。

5）光学监视效果和战场空间作战

美国空军空间司令部（AFSPC）任务领域规划和空间与导弹系统司令部（SMC）的发展计划，认识到维持一个缩小规模的核力量和将新型的常规弹道导弹部队作为高效费比的作战武器的重要性，对先进的制导技术和航天动力学提出了技术需求。

（1）先进制导技术的目标是：

①全球定位系统靶场标准/安全性技术。

②发展新的微小型系统以通过代替雷达系统使成本降低30%，并通过具有更高的精度和可靠性来提高安全性。

③提高 GPS 精度。

④采用改进的 GPS/INS 耦合提高费效比、导弹导航性能和测试精度。

⑤采用低损耗集成光学和光纤耦合器及开环的挠性加速度计发展高精度的光纤陀螺，开发两个背对背的微波谐振腔。

⑥为了降低对高成本的、高精度的惯性测量系统的依赖性，将加速度计和陀螺更新为微机电版。

⑦在 2001 财年进行导弹技术验证 III（MTD III）飞行试验以获得由洲际弹道导弹投送的多突防装置弹头的数据。

⑧发展抗干扰天线。

⑨在设计中综合等离子体物理。

⑩开发和测试用于天线窗口的材料。

（2）先进的天文动力学的目标是：

①使差分校正精度提高 90%。

②使预测周期末端的传播精度提高 90%。

③验证高精度激光和航天动力学算法的综合性能，精确地定位和照射航天器。

④验证下一代初始轨道定轨、差分校正和传播，用于空间监视。

⑤证明当前的差分校正和传播可以消除的缺陷。

⑥验证保持选择的卫星（20~30 个目标）的高精度等级的能力。

4.11 天基监视系统的目标-背景鉴别

4.11.1 概述

天基监视、跟踪和拦截弹系统必须精确和可靠地区分目标的红外和光学辐射与大气及天体的红外和光学辐射，当针对传感器视场内的实际的、精确模拟的大气和天体辐射对传感器的性能指标进行了优化后，实际的工作性能显著提高，并使系统的过设计最小，这样能使国防部的天基系统更具可承受性。天基监视系统的目标-背景鉴别的目的是，发展和验证用于 SBIRS-High 和 SBIRS-Low 及下一代超光谱监视和威胁告警系统的背景杂波综合抑制技术，并将杂波抑制技术集成到硬件仿真器中，为支持系统设计提供大气、云、地形和天体背景杂波的高分辨率的光谱和空间场景数据。

（1）定义光学和红外背景对预警和威胁告警、战区和国家导弹防御及情报、监视和侦察系统的影响。

（2）采用卫星和火箭载传感器测量大气和天体红外、紫外和可见光背景。

（3）针对整个作战使用条件和系统设计权衡空间建立大气和天体光学和红外背景模型。

（4）提供实际世界的背景场景、全局背景统计和可靠的背景场景模型以支持系统工程权衡研究。

(5) 测量和建模飞机与导弹的飞行中红外特征。

(6) 背景现象学数据的分发和在线接入提供。

(7) 定义监视系统和战场空间仿真的光学与红外背景需求。

4.11.2 描述

定义光学和红外背景对监视和威胁告警、战区和国家导弹防御及情报监视和侦察系统的影响,采用卫星和火箭载传感器测量大气和天体红外、紫外和可见光背景。这两个主要的项目领域是背景和目标现象学及背景杂波抑制。

背景和目标特征技术结构(FTA)的目的是:①提供大气、云、地形和天体背景杂波的高分辨率光谱和空间场景数据,支持天基红外系统设计;②为天基红外系统、弹道导弹防御局和其他国防部项目提供背景现象学数据的大吞吐率大容量数据处理、分析和分发;③测量飞机和导弹的飞行中红外特征;④开发能够预测所有飞机的红外特性的模型,尤其在设计和研发阶段。特征技术结构的主要任务是利用由 MSX 卫星测量大量数据和高度成功的 MSTI-3 卫星任务得到的大气场景构建大气和天体红外背景场景,得到的组合数据集用于更新新的天基红外系统监视系统设计的模型。

背景杂波抑制特征技术结构的目标是:①定量表征和预测大气、云和地形的红外背景杂波,用于天基红外系统的整个作战使用条件和系统设计权衡空间;②评估背景杂波对天基红外系统性能和任务能力的影响。在大气、云和地形背景中的空间和时间结构产生了必须探测和跟踪战区弹道导弹、巡航导弹与飞机威胁及完成技术情报任务的红外和光学传感器系统面临的杂波。

在这一项目下,完成的任务包括:

(1) 提供背景杂波代码将测量的背景数据外推到天基红外系统的整个设计权衡空间和天基红外系统的整个作战使用条件。

(2) 提供背景模型的不确定性界。

(3) 采用 MSX 和 MSTI-3 数据评估和升级背景杂波代码。

(4) 发展动态的、统计的背景杂波模型以支持自适应超光谱成像。

(5) 为代码应用提供专家用户接口。

4.11.3 天基红外系统(SBIRS)

1) 天基红外系统简介

天基红外系统是针对美国对精确和及时地对战术导弹攻击进行告警的日益增长的军事需求而提出的。天基红外系统通过 20~30 年的时间代替现有的用于满足美国的天基红外监视和告警需求的国防支援卫星(DSP)。天基红外系统通过提供在导弹告警、导弹防御、技术情报和战场空间定量评定这 4 个任务领域的详细信息改进对战区 CINC、美国的海外部署部队和盟军的支持。天基红外系统通过改进导弹告警数据的质量和时线性使其性能相对 DSP 有显著提高。天基红外系统通过及时地将数据直接提供给战区指挥官，使美国部队能对威胁做出及时的反应，支持全维防护和精确交战的 Joint Vision2010 作战概念。

天基红外系统的空间部分包括高轨和低轨部分。高轨部分包括 6 颗卫星：4 颗在地球同步轨道，2 颗宿主载荷在大椭圆轨道上。低轨部分包括近 24 颗低地球轨道卫星。天基红外系统的高轨部分满足作战需求的一个子集，包括所有的关键门限需求。天基红外系统低轨部分提供有效的弹道导弹防御所需的关键的、独特的精确中段跟踪能力，并能支持其他的天基红外系统作战使命。SBIRS-High 与 SBIRS-Low 卫星结合起来，满足所有的作战需求。

天基红外系统地面部分包括一个部署在美国大陆的任务控制站、一个备份的任务控制站、一个可生存的任务控制站、跨海的地面中继站、多任务机动处理器和相关的通信链路。天基红外系统地面部分将逐步部署。计划在 1999 财年首先部署的第一个增量部分将 DSP 和对战区地面站的攻击与发射早期报告部分功能合并到部署在美国大陆的一个单一的地面站，将采用 DSP 卫星的数据作战。第二个增量部分计划在 2002 财年部署，提供新的高轨道天基红外系统卫星和剩下的 DSP 卫星所需的地面部分功能，包括能够满足陆军战区联合战术地面站和 SBIRS 战略处理需求的机动终端。第三个增量部分在 2003 财年部署，为计划在 2004 财年部署的低轨道卫星提供必需的地面部分功能。

与天基红外系统相关的背景信息如下：

天基红外系统是为了替代由于成本和需求问题取消的后续早期预警系统采办而在 1995 年启动的。由于天基红外系统卫星需要在最后一颗 DSP 卫星发射之前完成，加快了进度，并被选为采办改革的一个牵头项目。对过去需要的很多文件进行了精简或者合并到一个单一的采办管理计划中，并强调通过综合产品团队进行直接介入而不是采用常规的文档评审。

天基红外系统的高轨部分在 1996 年 10 月的里程碑 II 国防采办委员会(DAB)评审之后进入了工程与制造发展阶段。这一决策是由美国空军作战试验与鉴定中心进行的作战评估支持的，并得到了美国国防部作战试验鉴定主任的审批。

1999 年进行初始作战试验与评估的第一阶段，验核地面站的增量 1 部分的性能。由于 SBIRS 对于攻击的综合战术告警和攻击评估(ITW/AA)的重要作用，国防部作战试验鉴定主任较早地涉及这一项目中。国防部作战试验鉴定主任与空军作战试验与鉴定中心、项目办公室和所有的用户密切合作，确保采办策略能得到一个作战上有效且适用的系统，并保持高效费比。国防部作战试验鉴定主任通过高度涉入综合项目团队中、及早地涉入研发和作战使用组合试验，以及将研发和作战使用试验测试计划合并在一个单一的综合试验和评估计划中支持天基红外系统采办改革。

天基红外系统试验项目包括作战评估的组合、组合的研发和作战使用试验及专门的综合试验和评估。这些研发和作战使用试验事件以构成模块的形式推进，从分析、建模和验核仿真开始，结束于硬件在回路中试验床和外场试验。建模、仿真和试验床被用于评估采用外场试验不能评估的方面，如实际的导弹攻击和在核环境中的作战使用。天基红外系统的作战效能和稳定性将在对地面站的分阶段部署的3个主要的部分（包括6个固定的机动的设备）进行综合试验和评估的基础上进行。

2）试验和评估活动

1998年，国防部作战试验鉴定主任批准了一个初步的测试和评估总体规划，定义了顶层的试验策略并映射到总的采办策略中。国防部作战试验鉴定主任也继续审查了以下几个方面（每个方面都可能影响进度、成本和系统性能）：

（1）地面站的第一期部署部分的综合试验和评估的进展。

（2）硬件在回路中试验床定义和地面站的第二期部署的部分的动态效果建模。

（3）地面站的第三期部署部分的风险降低工作。

（4）对地面站的第三期部署部分满足天基红外系统/国家导弹防御需求的可测试性。

地面站的第一期部署部分的综合试验和评估的进展是由空军作战试验与鉴定中心（作战评估）评估的，评估了4个方面：① 可能影响着效能和适用性的主要问题；② 项目的不足；③ 用户需求的可测试性；④ 项目支持作战使用试验的能力。国防部作战试验鉴定主任有专门的项目关注天基红外系统的地面站的第一期部署部分：① 在需求性能验证中不成熟的地面系统软件和延误；② 从海外地面站到任务控制站高可靠性的通信链路的采办延误；③ 用于人员培训的充足硬件。项目办公室通过具体的风险降低活动解决了发现的许多问题，确保能够在1999年4月进行对SBIRS的地面站的第一期部署部分的综合试验和评估。仍然关注涉及在可接受的置信度的情况下对SBIRS/国家导弹防御作战需求的测试难度的可测试性。

2000年进行了对天基红外系统的试验，系统没有遇到预期的问题。由于大量使用了商用软件，并与合同商团队和空军进行了密切的合作，完成了充分的验证。2000年试验最终在1999年4月的天基红外系统地面站的第一期部署部分的综合试验和评估开始之前完成。

天基红外系统项目近期的主要挑战是确保当前的DSP地面站到新的天基

红外系统任务控制站的第一期部署部分的运行无缝切换。这一挑战性的任务由于压缩了时线以及与共享使用海外中继地面站相关的问题更加复杂化。此外，在天基红外系统地面站的第一期部署部分的软件性能验证方面也有显著的延迟。天基红外系统项目其他近期的挑战包括试验床设计的充分性、对 SBIRS-High 卫星和任务控制站的挑战性要求的验核所需的模型和仿真的覆盖性，以及在 2004 财年加速部署天基红外系统低轨部分带来的巨大的技术风险。对 SBIRS-High 挑战性的要求是相对于 DSP 的性能有显著的改进，以及需要大量的试验以验证和保障系统的性能。必须持续关注硬件在回路中试验床，确保试验床足以支持作战使用试验和评估，包括需要能够精确地描述从空间观察到地球背景的动态背景表征能力。

作战使用试验和评估的结论是：压缩进度并在 1999 年实现 SBIRS 在轨仍然是高风险的，软件集成和测试的延误更给在 1999 年 4 月进行天基红外系统地面站的第一期部署部分的综合试验和评估的"零余量"的进度带来了风险。天基红外系统地面站的第一期部署部分的主要的挑战是验证软件性能和可靠性，在软件性能和可靠性的验证上有显著的延误，这和远地地面站的硬件安装方面的延误一样。尽管这种类型的问题并非不寻常的，但与天基红外系统任务控制站的许多系统接口是 20 世纪 70 年代的系统，这些接口可能没有充分的文件描述，对这些接口测试的延迟给第一次机会的成功带来了巨大的压力。ITW/AA 系统的"永不失败"性需要大量的"在线"测试，确保天基红外系统地面站的第一期部署部分的可靠运行，并要在宣布初始作战能力之前，并行运行使用一段时间。初始作战试验与评估的任何显著的延误，将由于时间的"涟漪"效应，导致延误天基红外系统地面站的第一期部署部分的初始作战能力的形成，并进一步使天基红外系统地面站的后续部署部分的初始作战能力形成时间延误。此外，还要关注天基红外系统地面站的第一期部署部分的不足，包括故障的检测和隔离、操作人员培训以及人力资源。

天基红外系统第二期部署部分（包括空间和地面部分）仍然在计划中，但面临着在仿真和试验床开发方面的持续挑战。对于第二期部署部分，在确定真实世界的动态背景对显著地改进的 SBIRS-High 传感器的短波和中波红外探测的影响方面，已经取得了显著的进展，必须量化这些背景杂波效应的影响，以证明 SBIRS-High 传感器设计对于应对这些自然现象是足够稳健的。这些问题的解决可以通过在基线传感器的地面测试项目中加入充足的测试过程来最好地实现。在已经完成这一测试前，天基红外系统传感器和信号处理在空间环境中的能力仍然是主要的关注点。

在 SBIRS-Low 中连续出现显著的技术问题，项目定义和风险降低卫星验证了在进入工程制造发展并开始建造实际运行使用的 SBIRS-Low 卫星之前进行大量的 PDRR 试验的明智性。当前事件的进度是极度压缩的，不能对 PDRR 卫星的性能进行全面的评估。当前的基线 SBIRS-Low 进度需要成功地完成许多困难的工作，从而能在 2004 财年成功地进行首星的发射，因此违反了在最近完成的导弹防御系统 Welch 报告中给出的建议。在竞争的合同商的项目定义和风险降低（PDRR）中出现任何附加的延误，都将要求在完成 PDRR 之前就开始工程制造发展，以满足 2004 财年首星发射的急迫目标。作战试验和鉴定主任关注将会延误的基线（包括飞行验证系统和低空验证系统）的进度，在合同商设计时能获取"真实世界"性能数据以评估它们满足拟定性能需求的能力的机会非常少。对 PDRR 结果的这一评估阶段是关键的，因为从 PDRR 测试活动中"学习的经验"，构成政府和合同商把成本作为一个独立值的卫星设计权衡的基础。在 PDRR 阶段（给定压缩的进度）遇到的任何严重的问题，将导致不成熟地发射未充分设计和测试的卫星，保证在 2004 财年的初步部署。

为了支持里程碑 II 决策，作战试验和鉴定主任与空军作战试验与鉴定中心、项目办公室和用户界密切合作，确保整个采办周期的采办策略能形成一个作战使用有效且适当的系统，并保持经费的效能。这一早期的涉入包括作为综合项目团队的主要的成员、形成组合的研发和作战使用测试、较早地验核软件成熟度、将研发和作战使用试验计划合并成一个单一的综合测试和评估计划。

3）相关的类别

（1）传感器。

这些传感器为美国航天司令部提供卫星观测数据，但不是属于美国航天司令部。机械扫描雷达和光电系统都包括在这一类别中。

（2）卫星的运行。

国防部采办、运行和维持一个庞大的卫星系统来支持国家和战术通信、导弹预警、核爆炸探测、导航、气象和环境监视。国防部运行的卫星，包括国防卫星通信系统（DSCS）、军事战略战术中继卫星系统、舰队卫星通信系统（FLTSATCOM）系统、UHF 后续（UFO）系统、国防支援卫星（DSP）、核爆破探测系统（NUDET）、全球定位系统（GPS，也称为 POSNAVTIME 或定位、导航和定时）、国防气象卫星项目（DMSP）系统，包括在此类别中。

（3）天基预警系统。

这一类别涉及运行、发展或正在研究的具有监视和告警任务的空间系统和传感器。

（4）国防部空间监视项目。

对敌方军事威胁持久的、不间断的监视对于保持我们在世界范围的武装部队的作战效能是关键的。海军空间司令部管理两个支持舰队和舰队海面部队的不同监视工作：跟踪在轨的卫星和监视对海面和空军的超视距威胁。

这一监视网络每个月能获取超过一百万个卫星探测或观测。获取的数据被发送给在 Dahlgren 的海军空间司令部本部的一个计算机中心，用于不断地更新空间飞行器轨道数据库，这一信息被报告给舰队和舰队海面部队，当特定的感兴趣卫星过顶时给予警告。这一司令部也维持一类地球轨道卫星，并作为美国的全球范围的空间监视网络的一部分来支持美国空间司令部。

参考文献

1. Weichel H (1990) Laser beam propagation in the atmosphere, SPIE. Optical Engineering Press, Bellingham
2. Kopeika NS (1990) A system engineering approach to imaging, SPIE. Optical Engineering Press, Bellingham
3. Andrews LC, Phillips RL (2005) Laser beam propagation through random media, 2nd edn. SPIE Press, Bellingham

第 5 章　激光定向能概念

本章讨论用于战略防御的定向能概念。我们讨论作为针对友方目标致命武器的对抗措施的防御武器。由于响应时间短、以光速进行交战，且具有大的地理覆盖范围，定向能概念可以在战略防御中发挥独特的作用。本章讨论涉及助推段交战和中段应用的主要定向能概念、可能具有显著优势的交战以及定向能武器预期的性能，并与较早的分析结果进行比较（图 5.1）。

图 5.1　构想的空间监视和侦察系统（STSS）及天基红外系统的结构

5.1　激光光束与材料的相互作用及杀伤力

武器是将足够的能量投送到目标上以摧毁目标的装置。武器设计涉及武器设计师和军事规划者之间的交流，设计师提出投送能量的途径，规划者有他们想摧毁的目标。为了实现有效的设计，需要了解目标和交战场景。为了进行有效的规划，需要了解武器和它们的特性。然而，在新型武器领域，设计师和规划者经常不能采用相同的语言交谈，这样，设计师可能会忽略作战实际，规划者可能假设涉及新技术的任何事项都能满足他们所有的需求。

对于定向能武器（图 5.2）也不例外。尽管有一些书籍和手册涉及影响核导弹的效用问题，还没有可以与之相提并论的有关定向能武器的信息源。我试图用此书来填补这一空白，书中讨论了高能激光武器的相互作用的技术和理论，但没有涉及作为致命性武器的高能微波武器方面的内容。

图 5.2　天基定向能武器概念

本书解释高能激光功率以及定向能武器是怎么工作的、作为武器的高能激光器的能量是怎么传播到目标的，以及武器/激光光束与目标的相互作用是怎么产生对目标的毁伤效应的，论述高能激光光束辐射与目标的相互作用效应的数学和物理学，并分析在激光驻留时间内产生的目标毁伤。

本书进行的是技术阐述，是按照本科物理和工程水平来写作的，可以当作教科书，也可以当作技术实践者的参考书。本书除了激光武器外还涉及动能武器，但未涉及其他两个方面的光束武器，即微波和粒子束武器。可以在互联网上找到有关高能微波和粒子束大量的由 xx 和 yy 两个领域专家出版的非保密的文章和文献。定向能武器是一类在一个特定的方向发射能量的武器，它向目标传输能量实现希望的效果，采用了与炮弹不同的作用方式。这些武器中的某些是真实的或实际的，某些是科幻的。定向能武器能量有以下各种形式：

（1）电磁辐射（通常是激光或微波激射器）。

（2）具有质量的粒子（粒子束武器）。

（3）幻想的武器经常采用在真实的世界中不存在的某类辐射或含能粒子，或者没有能量的物理特性和它的传输方式的细节，在真实的世界中不可能有明显的效应。

这些武器中的一些被称为是死光或光炮，通常被描绘为把能量投射到一个人或物体上实现杀伤或摧毁的武器。

某些具有杀伤力的定向能武器正在大力研发中，但大部分例子是在科幻作品中（或者非功能的玩具与电影海报中）出现的。

5.2 定向能武器的效能简介

一个防御武器系统的效能是由它拒止攻击系统成功地实现任务使命的能力来测度的。

一个定向能武器的致命性是它摧毁一个目标和来袭威胁的能力。把致命性说成是定向能武器避免目标实现一个特定的任务使命的能力是适当的，这一需求可以用"硬杀伤"（弹头的物理毁伤）的形式或"软杀伤"（任务故障）的形式来实现。

对"杀伤"现象进一步的研究需要区分立即的(在毫秒以内)和延迟的杀伤。这样的差别导致浪费跟踪资源和在时间紧要的场合下不必要地稀释防御资源[1]。

为了满足杀伤要求，提出了采用3种不同的能量源的武器系统。在历史上，已经采用了化学能和核爆炸能，它们一起构成了"势能"武器。最近提出了动能武器和定向能武器，并开始了工程发展。

因此，对于一个给定的目标集，有几种杀伤力度量。对于一个来袭的导弹威胁，可以把杀伤力准则定义为硬杀伤造成的目标结构毁伤，或者是使导弹用于实现其功能的传感器或制导系统的工作被中断。类似地，设定了造成助推火箭或再入飞行器实际毁伤的杀伤力准则，而摧毁精确武器的投送，如采用毁伤制导电路的软杀伤方法，也可以形成系统设计师可接受的致命性准则。然而，在后一种情况下，对杀伤的验核比较成问题。

分析了红外、可见光、紫外和X射线波长的激光光束（脉冲的、连续波的和重复脉冲的）摧毁各种目标的能力。首先，分析了作为定向能武器一部分的各种激光光束与材料相互作用的物理学，这一信息被用于评估落在目标上给定的功率或能量的效应，以及目标在受到这样的攻击后完成使命的能力。然后，通过论证来评估武器系统毁伤敌人的目标（杀伤力），以及与在这样的交战战场上出现的友方部队相关的安全因素与问题。

连续波或准连续波重复脉冲激光光束的杀伤机理是加热并进而导致液体或固体火箭的箭体外壳熔化和/或汽化，在完成烧穿之前，可能会点燃助推级燃料，或者造成结构的机械故障。采用类似的方式，可能毁伤内部的总线或组件的外壳，因此导致导弹无法完成其功能。

除了能量沉积外，冲量也通过定向能光束传递到目标上，冲量传递可能通过机械剪切或锯切来毁伤目标，这一毁伤机理已经被脉宽少于或等于 $2\mu s$ 的脉冲激光光束验证。通过重复脉冲毁伤的杀伤相对于热杀伤具有系统级优势，因为其瞄准要求低得多。冲量传递也可以像在激光雷达中采用的方法那样，用作在中段识别再入飞行器和诱饵的手段。讨论了连续波或准连续波激光辐射与目标的相互作用，并导出了这类光束的杀伤力准则。最后，本章归纳了主要的结论，设定了由激光定向能系统致命性要求设定的对能量和功率的低限，为此需要考虑解决在接近目标交战区域友方部队的激光安全性问题。

5.3 热扩散的数学理论

热传导和它的数学理论历史从傅里叶开始，他提出热分析的理论，并给出了问题的求解方法。尽管傅里叶研究了大量的情况，包括很多我们很少考虑的情况，与他同时代的拉普拉斯和泊松以及后来的很多其他学者，将他的工作进一步扩展，并应用到更复杂的问题上。

我们可以考虑一个最重要的应用是热传导扩散的数学理论和高能激光光束的原理，两者都有工业和军事应用，包括如加热、熔化、汽化和产生等离子体等应用。这些现象，可能涉及被称为是激光效应与高能激光光束的相互作用。尽管对这些现象的某些考虑超出了本书的范围，但这里还是介绍了其原理，读者可以进一步研究具体的应用。为了介绍怎样应用这些理论的一般思路，并阐述热扩散的数学理论，我们可以从扩散方程和扩散过程开始。

5.3.1 扩散过程和扩散数学理论的基本假设

扩散是由于分子的随机运动使物质从系统的一部分传输到另一部分的过程。通过传导进行的热传递也是由于分子的随机运动产生的，两个过程之间有明显的相似性[2]。这是 1855 年由 Fick 认识到的，Fick 采用傅里叶在 1822 年导出的热传导方程，首次对扩散过程进行了量化。因此，在各向同性物质中扩散的数学理论是基于假设通过单位截面的扩散物质的扩散速率正比于测量的正交于截面的浓度梯度，亦即

$$F = -D \frac{\partial C}{\partial X} \tag{5.1}$$

式中：F 为每单位截面积的传递速率；C 为扩散物质的浓度；x 为测得的正交于截面的空间坐标；D 为扩散系数。在某些情况下，在稀释的溶液中扩散的某些情况下，可以合理地将 D 当作常数，在其他情况下（如在高聚合体中），它与浓度显著相关[2]。在热传递和求解涉及温度场确定的情况下，应当会得到不同的热传导。在这种情况下，可以由温度梯度（$\mathrm{grad}T$）来定量表征沿着正交于等温面的温度的升高。一个温度梯度是沿着正交于等温面方向的一个向量（在温度升高的方向），亦即

$$\mathrm{grad}T = \boldsymbol{n}_0(\partial T/\partial n) \tag{5.2}$$

式中：$\boldsymbol{n}_0$ 为沿着温度变化方向的法向的一个单位向量（图 5.3）；$\partial T/\partial n$ 是沿着

到等温面的法向(n)的温度导数。

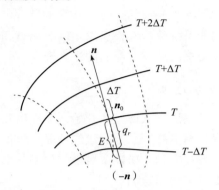

图 5.3　温度场的等温线(有箭头的字母对应于书中的粗写体字母)

梯度也可由 ∇ 来表示。

沿着直角坐标系的梯度分量与适当的偏微分是相同的，因此

$$\mathrm{grad}\,T = \nabla \cdot T = i\frac{\partial T}{\partial x} + j\frac{\partial T}{\partial y} + k\frac{\partial T}{\partial z} \tag{5.3}$$

式中：i、j 和 k 为沿着坐标轴单位长度的相互正交的向量。这一关系可能是因为任何向量可以表示为沿着坐标轴的 3 个分量的向量和。

可以引入温度场强度的概念，即

$$\boldsymbol{E} = -\mathrm{grad}\,T \tag{5.4}$$

式中：向量 $\boldsymbol{E}$ 为一个温度场强度。

等温面的每单位时间每单位面积内传递的热量称为热通量，相应的向量可表示为

$$\boldsymbol{q} = (-\boldsymbol{n}_0)\frac{\mathrm{d}Q}{\mathrm{d}t}\frac{1}{S} \tag{5.5}$$

式中：$\dfrac{\mathrm{d}Q}{\mathrm{d}t}$ 为每单位时间传递的热量或者热流率；S 为等温面的面积；$(-\boldsymbol{n}_0)$ 为沿着正交于表面面积 S 的一个单位向量(在温度降低的方向)。在这种情况下，向量 $\boldsymbol{q}$ 指热通量向量，方向与温度梯度的方向相反(两个向量都沿着正交于等温面的方向，但它们的方向相反)。向量 $\boldsymbol{q}$ 在任意方向的投影也是向量 $\boldsymbol{q}_1$，其标量为 $q\cos(\boldsymbol{n},\boldsymbol{l})$。

与向量 $\boldsymbol{q}$ 的方向一致的线被称为热流线，这些线在交点处垂直于等温面。在相反的方向所取的热流线的切线产生了温度梯度方向(图 5.3)。

基本的热传导律：热通量正比于温度场强度，或者热通量正比于温度梯

度，亦即

$$q = kE = -k\mathrm{grad}T^{①} = -k\mathbf{n}_0(\partial T/\partial n) \tag{5.6}$$

式中：比例因子 k 也称为热导率。为了揭示热导率的物理意义，我们写出一个稳态的一维温度场的基本关系（式(5.6)），其温度仅与一个正交于等温面的坐标有关。热通量向量的标量为

$$q = -k\frac{\mathrm{d}T}{\mathrm{d}x}\left(\frac{\partial T}{\partial x} = \frac{\partial T}{\partial y} = \frac{\partial T}{\partial z} = 0\right) \tag{5.7}$$

如果温度梯度是一个恒定值 $\left(\dfrac{\partial T}{\partial x} = \mathrm{constant}\right)$，这意味着温度随着 x 的变化符合线性规律，则可以写成

$$\frac{\partial T}{\partial x} = \frac{T_2 - T_1}{x_2 - x_1} = \mathrm{constant} \tag{5.8}$$

因此，热流率 $\dfrac{\mathrm{d}Q}{\mathrm{d}t}$ 也是一个恒定值，即

$$\frac{\mathrm{d}Q}{\mathrm{d}t} = \frac{Q}{t} = \mathrm{constant} \tag{5.9}$$

式中：Q 为在时间 τ 内的热量。

它服从式(5.5)和式(5.9)，即

$$\frac{Q}{St} = -k\frac{T_2 - T_1}{x_2 - x_1} = k\frac{T_2 - T_1}{x_1 - x_2} \tag{5.10}$$

因为 $T_1 > T_2$，且 $x_2 > x_1$。

因此，热导率等于当每单位法线长度的温差为 1° 时每单位时间单位面积流过的热量。热导率的量纲为 $\mathrm{kcal/(m \cdot h \cdot ℃)}$ 或 $\mathrm{W/(m \cdot ℃)}$。热导率是描述传递热的能力的一个物理特性。当我们考虑处于一个具体态的物体热传递机理时，可以更好地理解热导率的物理意义和它与物体特性的相关性。

$k/(x_2 - x_1) = k/\Delta x (\mathrm{kcal/(m^2 \cdot h \cdot ℃)}$ 或 $\mathrm{W/(m^2 \cdot ℃)})$ 这一关系称为一个物体某一部分的热导，逆值 $\Delta x/k (\mathrm{m^2 \cdot h \cdot ℃/kcal})^{①}$ 或 $((\mathrm{m^2 \cdot ℃)/W})$ 是物体这一部分的热阻，其幅度对于宽泛范围的各种不同的材料有所变化。

5.3.2 扩散方程的差分方程

热传导的必要条件是存在温度梯度。经验表明，热是通过在正交于等温面方向的传导从较高的温度水平向较低的温度水平传递。

---

① 原书有误，译者改。

为了求解涉及确定温度场的问题，应当得到一个差分形式的热传导方程。热方程的差分形式是描述考虑的物理量之间的一个数学关系，这些量是空间和时间的函数。这样一个方程描述着在任意时刻一个物体的任意点的物理过程。热差分方程给出了温度、时间和一个单元体的坐标之间的关系。假设一个一维的温度场(仅在一个方向(如在 x 轴方向)的热传播)，差分方程是采用一个简化的方法导出的。在这些条件下，我们假设热系数是与空间坐标和时间无关的。我们从一个均匀的各向同性的无限大平板上，挑选一个体积为 $dxdydz$ 的矩形平行六面体单元(图 5.4)，其边平行于坐标轴，长度为 dx、dy 和 dz。

在各向同性介质中的基本扩散微分方程是由式(5.1)导出的。

每单位时间通过左侧流到平行六面体中的热量为 $q_x dydz$，每单位时间从另一侧流出的热量为 $q_{x+dx} dydz$。

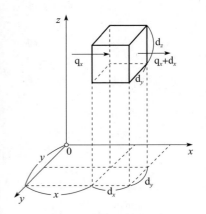

图 5.4 通过单位体积的热通量

注意：现在我们将温度用大写 T 而不是小写 t 或者 C 来表示，从而不与时间 t 产生混淆，对于时间，我们也将 τ 转换为 t。

然而，如果 $q_x > q_{x+dx}$，则平行六面体单元将被加热。但根据能量守恒，这些热流之间的差别等于在这一平行六面体单元中积累的热，亦即

$$q_x dydz - q_{x+dx} dydz = c\rho \frac{\partial T}{\partial t} dxdydz \qquad (5.11)$$

注意，累加的热是根据基本关系 $\dot{Q} = cM\nabla\Theta = c\rho\nabla\Theta$ 计算的，其中 $\nabla\Theta$ 是在质量为 M、体积为 V 的物体内每单位时间内的温度增量，其中 c 为比热，ρ 为质量密度(亦即，$M = \rho V$)。

q_{x+dx} 是 x 的一个未知函数，如果采用 Taylor 级数展开(见附录 A 的 Taylor 级数定义)，且仅保持级数的前两项，它可以写成

$$q_{x+dx} \approx q_x + \frac{\partial q_x}{\partial x} dx \qquad (5.12)$$

将式(5.12)代入式(5.11)得到

$$q_x dydz - \left(q_x + \frac{\partial q_x}{\partial x} dx\right) dydz = c\rho \frac{\partial T}{\partial t} dxdydz$$

$$q_x \mathrm{d}y\mathrm{d}z - q_x \mathrm{d}y\mathrm{d}z - \frac{\partial q_x}{\partial x}\mathrm{d}x\mathrm{d}y\mathrm{d}z = c\rho \frac{\partial T}{\partial t}\mathrm{d}x\mathrm{d}y\mathrm{d}z$$

$$-\frac{\partial q_x}{\partial x}\mathrm{d}x\mathrm{d}y\mathrm{d}z = c\rho \frac{\partial T}{\partial t}\mathrm{d}x\mathrm{d}y\mathrm{d}z$$

采用形式为 $q_x = -(\partial T/\partial x)$ 的热传导方程，得到

$$k\frac{\partial^2 T}{\partial x^2} c\rho \frac{\partial T}{\partial t}$$

或

$$\alpha \frac{\partial^2 T}{\partial x^2} = \frac{\partial T}{\partial t} \tag{5.13}$$

式中：$\alpha = k/c\rho$ 为热扩散率，这是一个取决于热导率 k、比重 ρ 和比热容 c（可以注解为 c_p）的与材料有关的量，现在 α 可以写为 $\alpha = k/c\rho$。

式(5.13)是一个一维热流的微分热传导方程，如果热沿着等温面的法向传输，则向量 $\boldsymbol{q}$ 可以沿着坐标轴的3个分量扩展，图5.4的体单元中存储的热将等于下面的累加和，即

$$-\left(\frac{\partial q_x}{\partial x} + \frac{\partial q_y}{\partial y} + \frac{\partial q_z}{\partial z}\right)\mathrm{d}x\mathrm{d}y\mathrm{d}z$$

则热传导微分方程可以写为

$$\alpha \left(\frac{\partial^2 T}{\partial x^2} + \frac{\partial^2 T}{\partial y^2} + \frac{\partial^2 T}{\partial z^2}\right) = \alpha \nabla^2 T = \frac{\partial T}{\partial t} \tag{5.14}$$

式中：∇^2 为直角坐标系中的拉普拉斯算子，可表示为

$$\nabla^2 = \frac{\partial^2}{\partial x^2} + \frac{\partial^2}{\partial y^2} + \frac{\partial^2}{\partial z^2} \qquad \text{直角坐标系}$$

$$\nabla^2 = \frac{1}{r^2}\frac{\partial}{\partial r}\left(r\frac{\partial}{\partial r}\right) + \frac{1}{r^2}\frac{\partial^2}{\partial \theta^2} + \frac{\partial^2}{\partial z^2} \qquad \text{圆柱坐标系}$$

$$\nabla^2 = \frac{1}{r^2}\frac{\partial}{\partial r}\left(r^2\frac{\partial}{\partial r}\right) + \frac{1}{r^2 \sin\theta}\frac{\partial}{\partial \theta}\left(\sin\theta\frac{\partial}{\partial \theta}\right) + \frac{1}{r^2 \sin^2\theta}\frac{\partial^2}{\partial \phi^2} \qquad \text{球坐标系}$$

上述关系的详细的推导，参见附录B。

这个算子也可以在圆柱坐标系和球坐标系表示，这样，可以在这些坐标系中表示热传导方程。

5.3.2.1 圆柱坐标系中的扩散方程

式(5.14)可以通过坐标变换或者通过考虑具有不同形状的体单元在圆柱坐标系中表示。因此，通过以下变换

$$x = r\cos\theta$$

或者通过考虑圆柱体的 dr、rdθ 和 dz 等体微元，我们在圆柱坐标系中得到用圆柱坐标 r、θ 和 z 表示的扩散方程为

$$\frac{\partial T}{\partial t} = \frac{1}{r}\left\{\frac{\partial}{\partial r}\left(r\alpha\frac{\partial T}{\partial r}\right) + \frac{\partial}{\partial \theta}\left(\frac{\alpha}{r}\frac{\partial T}{\partial \theta}\right) + \frac{\partial}{\partial z}\left(r\alpha\frac{\partial T}{\partial z}\right)\right\} \qquad (5.15)$$

5.3.2.2 球坐标系中的扩散方程

采用球坐标 r、θ 和 ϕ 表示球坐标系中对应的方程为

$$x = r\sin\theta\cos\phi$$
$$y = r\sin\theta\sin\phi$$
$$z = r\cos\theta$$

或者通过考虑一个球的 dr、rdθ 和 $r\sin\theta$dϕ 等体微元得到

$$\frac{\partial T}{\partial t}\frac{1}{r^2}\left\{\frac{\partial}{\partial r}\left(\alpha r^2\frac{\partial T}{\partial r}\right) + \frac{1}{\sin\theta}\frac{\partial}{\partial \theta}\left(\alpha\sin\theta\frac{\partial T}{\partial \theta}\right) + \frac{\alpha}{\sin^2\theta}\frac{\partial^2 T}{\partial \phi^2}\right\} \qquad (5.16)$$

如果热导率与温度无关，对纯径向扩散（例如，在可以忽略终端效应的长圆柱体中或者在球对称系中），式(5.15)和式(5.16)的简化形式可以用向量分析的术语表示为

$$\frac{\partial T}{\partial t} = \mathrm{div}(\alpha\mathrm{grad}T) = \alpha\nabla^2 T \qquad (5.17)$$

对于一个一维的对称温度场，$\nabla^2 T$ 是空间坐标的一个函数。

5.3.3 边界和初始条件

在求解扩散方程之前，有必要引入形式为初始和边界条件这两个条件（在传导问题中温度要满足这些条件）的附加物理信息，这些条件部分是实验结果的直接表示，部分是根据这些结果得到的假设的数学陈述[5]。我们假设，在固体的内部 T 是 x、y、z 和 t 的一个连续函数，T 相对于 t 的一阶微分系数是这样，T 相对于 x、y、z 的一阶微分系数也是这样。在固体的边界，假设热的流动开始的瞬时，不做这样的假设：

（1）初始条件（I.C.）是系统在开始计算时的条件。假设在我们取作时间坐标 t 的原点时刻通过物体的温度任意给出。例如，在一个热和扩散分析问题中，在激光驻留在目标一定时间时目标的熔化温度作为一个初始条件，类似的自变量可以给出其他独立的变量（如温度或各种化学成分的浓度）好的起始值。如果任意函数是连续的，需要得到问题的解，当 t 趋于 0 时，这一解趋于指定的值。换言之，如果初始温度为

$$T = f(x, y, z)$$

方程的解为

$$\frac{\partial T}{\partial t} = k \nabla^2 T$$

必须使在固体所有的点有

$$\lim_{t \to 0}(T) = f(x, y, z)$$

如果在点或面上初始分布是不连续的,这些不连续性必须在一个短的时间之后消失,这一情况下在方程的解必须收敛到由这一分布是连续的点处的初始温度给出的值[6]。

(2)下面描述扩散的数学理论和热传递问题的表面边界条件(B. C.)。但是,边界条件的定义通常更加困难。在某些情况下,尤其在高能激光武器与目标相互作用时,对目标在界面处的实际的热学或动力学条件了解甚少。然而,有 3 种基本类型的边界条件,在热问题情况下的分析是相对简单的,热问题的这 3 类边界条件为:

① 在系统的外边界处,温度为 $T = T_s$。
② 热流为 0(绝热边界,意味着跨表面没有热流),$k \nabla T = 0$。
③ 热流被规定为 q(边界热交换,这意味着跨表面的热流),$-k \nabla T = q_s$。

Luikov 的专著(解析热扩散理论)[3]给出了上述 3 类边界条件不同的问题和相关的解,读者应当广泛地参考,以理解怎样在这些边界条件下求解热扩散方程。Luikov 也给出了在物体接收或释放一定的热量时,在加热或冷却过程中热流的不同计算方法,他建议的方法可以方便地用于激光光束情况(用于定向能武器的高能激光束)。

5.3.4 材料响应

激光对材料的加热主要是由材料与激光波长有关的吸收率(A)决定的。相应地,材料的反射率(R)也与激光波长相关,这样,材料的吸收率和反射率特性是用于分析材料对激光响应的主要的驱动因素和准则。吸收率和反射率是金属的光学特性的一部分,通常与它们的表面和温度的条件亦即激光加热率有关。考虑的金属加热率主要是由一个给定激光波长的吸收率决定的,这是由金属本身的光学性质和金属表面,以及源的温度范围、源的加热率等决定的。

给定以上假设,吸收率(A)和反射率(R)是用于选择定向能武器系统最适当的激光系统的主要驱动因素。对交战目标的表面的加固,也是考虑目标的脆弱性时需要考虑的因素。在涉及来袭的敌方导弹和采用像激光那样的光束摧毁这样的威胁情况下,有几种可能的方法。一种是毁伤导弹目标的导引头,并避免导弹截获目标,另一种情况是导致弹头或火箭燃料引爆。它也有可能毁坏飞行控制,并使导弹的飞行失控。最常用的方法是使导弹弹体的结构受到损伤,使导弹在飞行中解体。在这些毁伤方法中，导弹材料对激光辐射的响应有 3 种方式：

（1）光与材料的耦合作用——材料的光学反射率决定着多大比例的能量被吸收并转换为热能和机械能。

（2）热/机械效应的传输——这一特性决定着热或冲击透过材料的效率。

（3）热/机械能传输的诱发效应——当高能量被沉积在材料上时发生的过程，如熔化、汽化、热冲击载荷、破裂扩展和爆裂。

5.3.4.1 激光与固体的相互作用理论

对于激光与固体的相互作用，尤其是如果将激光用作毁伤一个目标的武器时，首先应当问的某些问题是：

(1) 需要多大的激光功率？

(2) 这样的功率要作用在目标上多长时间？

(3) 除了期望的加热过程外，还会产生什么副效应？当然，对于最后整个目标都被摧毁的情况，这一点不再重要。

(4) 这些要求是否与可以得到的激光系统的技术性能指标相符。无论是机载激光武器系统，或者地基激光武器系统，或者是轨道在地球大气以上的系统。

自然地，需要对机载激光武器系统和地基激光武器系统进行其他分析，要考虑到导致激光失焦、并使能量分散到大气中的如热晕那样的效应。如果空气中有雾、烟或霾，问题会更严重，由于热晕和大气衰减，会造成到达目标的激光光束的光束发散及能量损耗。

在许多情况下，可以基于经典的热传递理论完成一些简单的计算来得到前 3 个问题的答案。通常，这些计算的结果将支持对第 4 个问题的解答。这一讨论的目的是：在与某些使用场景或应用相关的各种条件下，在激光对固体（目标）加热时产生的不同的边界和初始条件下，得到以下基本的热方程的某些适当的解[7]，即

$$\nabla^2 T(x,y,z,t) - \frac{1}{\kappa}\frac{\partial T(x,y,z,t)}{\partial t} = -\frac{A(x,y,z,t)}{K} \tag{5.18}$$

式中：$A(x, y, z, t)$ 为每单位时间单位体积施加到目标上的热率；κ 为热扩散率(cm^2/s)；K 为热导率($W/(cm \cdot ℃)$)；$T(x, y, z, t)$ 为温度(℃)。

这是针对在实际应用中的各种边界、初始条件和激光/目标条件下对固体的激光加热得到的。对式(5.18)的求解，仅有在准备做出涉及激光热源和被辐照样本的几何空间和时间相关性的各种假设情况下，才能获得简单的解析形式的解。随着采用实际的热源和工件的几何空间和时间相关性对这些边界条件

的描述变得越来越严谨,得不到解析解,最终的 $T(x,y,z,t)$ 表达式仅能数值表示。除非在专门的研究中,对这类问题的求解用处是不大的,不在这里进行讨论。我们将证明,在许多情况下,即便对实际的源和样本的边界计算是非常粗略的近似,也能够产生非常接近于固体中的温度—时间轮廓 $T(x,y,z,t)$ 的预测。在可能的地方,对这些预测进行了推广(以约简变量的形式表示),这样它们可以应用到任何热常数已知的材料[7]。

高能激光辐照的一个最重要的效应是将光束中的光能转换成感兴趣的目标材料内的热能,这是一个基于式(5.18)的扩散方程的经典热传递问题,我们将采用上面定义的初始和边界条件来概括这一热响应。对三维固体中的热传递方程式(5.18)的求解,一般是通过求解直角坐标形式的热传递方程得到的,即

$$\rho C \frac{\partial T}{\partial t} = \frac{\partial}{\partial x}\left(K\frac{\partial T}{\partial x}\right) + \frac{\partial}{\partial y}\left(K\frac{\partial T}{\partial y}\right) + \frac{\partial}{\partial z}\left(K\frac{\partial T}{\partial z}\right) + A(x,y,z,t) \quad (5.19\text{a})$$

或

$$\nabla^2 T - \frac{1}{\kappa}\frac{\partial T}{\partial t} = -\frac{A(x,y,z,t)}{K} \quad (5.19\text{b})$$

式中:热导率 K、密度 ρ 和比热 C 与温度和位置有关,热是由激光束以每单位时间单位体积 $A(x,y,z,t)$ 的速率传递到目标表面材料的[8,9]。这些热参数和温度与它们的相关性使式(5.19a)成为一个非线性方程,这样很难得到在不同的初始和边界条件下的解,尽管在有限的情况下,当温度相关性 $\kappa=(K/\rho C)$(热扩散率)、K(热导率)、ρ(目标表面材料的密度)、C(热容或比热)已知时,可以得到数值解。采用随着温度 $T(x,y,z,t)$ 显著变化的大多数材料的热特性的简单假设,经常可以假设它们与温度无关,并可以分配感兴趣的温度范围的一个平均值[7]。

为了采用理论计算支持热传递数据的实验结果,我们必须具有考虑的材料的热参数:

(1) K:热导率(W/(cm·℃))

(2) κ:热扩散率(cm^2/s)

(3) C_p:(或 C)在恒定的压力下的热容或比热(J/(g·℃))或者 ρC(J/(cm^2·℃))

可以用 K_{avg} 和 κ_{avg} 表示这些参数在从 $0\sim T$℃ 的温度范围内的平均值,数学表达式可表示为[8]

$$K_{\text{avg}} = (1/T)\int_0^T K(T)\,\text{d}T \quad (5.20)$$

$$\kappa_{\text{avg}} = (1/T) \int_0^T \kappa(T) dT \tag{5.21}$$

当 K 和 κ 不是 T 的简单函数时，这些积分可以数值计算。在热特性随着温度变化，但与位置无关时，则式(5.19a)转变成

$$\rho C \frac{\partial T}{\partial t} = k\nabla^2 T + \frac{\partial K}{\partial T}\left\{\left(\frac{\partial T}{\partial x}\right)^2 + \left(\frac{\partial T}{\partial y}\right)^2 + \left(\frac{\partial T}{\partial z}\right)^2\right\} + A(x,y,z,t) \tag{5.22a}$$

式(5.22a)显然是一个非线性的情况，在这一条件下，可以通过引入一个新的变量，简化为一个较简单的形式[6]，即

$$\Theta = \left(\frac{1}{K_0}\right)\int_0^T K dT \tag{5.22b}$$

式中：K_0 为在 $T=0℃$ 时的 K 值。引入这些积分的低限，以给出 θ 的温度量纲和一个确定的值[6]。注意，Θ 实际上是梯度正比于热流的一个势，因此根据式(5.22b)，有

$$\frac{\partial \Theta}{\partial t} = \frac{K}{K_0}\frac{\partial T}{\partial t}, \quad \frac{\partial \Theta}{\partial x} = \frac{K}{K_0}\frac{\partial T}{\partial x}, \quad \frac{\partial \Theta}{\partial y} = \frac{K}{K_0}\frac{\partial T}{\partial y}, \quad \frac{\partial \Theta}{\partial z} = \frac{K}{K_0}\frac{\partial T}{\partial z}$$

这使式(5.19a)简化为

$$\nabla^2 \Theta - \frac{1}{K}\frac{\partial \Theta}{\partial t} = -\frac{A}{K_0} \tag{5.22c}$$

其中，在式(5.22c)中，A 和 $\kappa=(K/\rho c)$ 被表示为新的变量 Θ 的函数；因此，采用这一新变量，得到了热传导方程式(5.19b)，现在扩散率 κ 是 Θ 的一个函数[6]。在大多数情况下，κ 相对于温度的波动不像 K 那样重要，因此，在合理的近似下，可以认为是一个恒量。例如，如果一个金属表面是接近绝对 0 度的，K 和 c 近似正比于绝对温度。在这样的情况下，如果 A 与 T 无关，式(5.22c)变成了式(5.19b)那样的形式。假定边界条件仅描述 T 或 $K\frac{\partial T}{\partial n}$，可以通过由 Θ 代替 T 来直接得到恒定的热导率情况下的解；如果它们具有 $\left(\frac{\partial T}{\partial n}\right) + hT = 0$ 的形式，其中 h 是一个恒量，这一说法不再成立[5]。注意 $\partial/\partial n$ 表示沿着表面向外的法向。

在稳态情况下，这种情况也非常重要，因为如果 A 是恒量，式(5.22c)变为泊松方程；如果 A 等于 0，则简化为拉普拉斯方程。在这些情况下，热传导问题的求解是直接的。

可以通过引入 W（每单位材料质量的热含量，从某些任意的温度 0 来测量）来得到另一个有用的形式。在这种情况下，式(5.19a)简化为

$$\rho C \frac{\partial W}{\partial t} = \frac{\partial}{\partial x}\left(K\frac{\partial T}{\partial x}\right) + \frac{\partial}{\partial y}\left(K\frac{\partial T}{\partial y}\right) + \frac{\partial}{\partial z}\left(K\frac{\partial T}{\partial z}\right) + A(x,y,z,t) \qquad (5.23)$$

或者，采用由式(5.22b)定义的 Θ，有

$$\frac{\rho}{K_0}\frac{\partial W}{\partial t} = \nabla^2 \Theta + \frac{A}{K_0} \qquad (5.24)$$

式中：W 以一种已知的方式与 Θ 关联。引入 W 对涉及潜热的问题具有优势。我们进一步讨论随着温度变化的热特性，并针对无限的复合固体场景，利用具有恒定的扩散率的玻尔兹曼变换，针对不同的边界条件求解式(5.22c)[5]。

如果目标或在目标表面上的材料受到激光光束的辐照，在目标上聚焦光斑附近的温度通常快速上升到一个数量级。

更常见的，可以进行近似，这样能在感兴趣的温度范围内，在式(5.19b)中采用热常量的平均值。式(5.19b)变成

$$\nabla^2 T - \frac{1}{\kappa_{\text{avg}}}\frac{\partial T}{\partial t} = -\frac{A(x,y,z,t)}{K_{\text{avg}}} \qquad (5.25)$$

在这种情况下，可以对多种热特性非常不连续（即，复合固体）的情况，或者在对于可以得到 K 空间变化的一个简单解析表达式的情况下得到解。所有这些条件是有价值的，只要我们假设固体是均质和各向同性的。这样式(5.19a)简化为式(5.19b)，我们假设 $\kappa = (K/\rho C)$ 是热扩散率。在 $(\partial T/\partial t) = 0$ 的稳态情况下，式(5.19b)简化为

$$\nabla^2 T = \frac{A(x,y,z)}{K} \qquad (5.26)$$

注意，在这些激光光束与一个运动目标相互作用的激光动态加热过程中，采用式(5.20)和式(5.21)可能是不合适的，因为这些方程在 $0 \sim T$ 范围的所有温度上给出相同的权重来确定对每个 $K(T)$ 和 $\kappa(T)$ 的加权因子。

在大量的情况下，可以采用不同的方法（如变量分离法或者采用傅里叶或拉普拉斯变换），基于各种情况的初始和边界条件，来求解式(5.19b)和式(5.23)。此外，如果没有热施加在材料的表面上，$A=0$，式(5.19b)和式(5.25)简化为

$$\nabla^2 T = \frac{1}{\kappa}\frac{\partial T}{\partial t} \quad (\text{瞬态情况}) \qquad (5.27)$$

$$\nabla^2 T = 0 \quad (\text{稳态情况}) \qquad (5.28)$$

对于在大部分情况中应用适当的边界和初始条件，无论是否存在热源，通常可以通过应用边界条件（看作穿过目标或固体的表面传递的热流），由式(5.24)或式(5.26)求解热传递（热传导）问题。总之，我们可以针对非常特

殊的情况,简化全热传导方程(5.18),即有热源的传导和产生的方程。当热导率 K 为恒量时,式(5.18)的第一项变成了温度 T 的拉普拉斯变换,表5.1列出了温度在3个主要的坐标系中的拉普拉斯变换,而表5.2列出在3个主要的坐标系中的有变化热导率的一般热传导方程。在具有恒定的热导率 K 时,热传导方程(5.18)的3个特殊形式为:

表5.1 在3个主要的坐标系中温度的拉普拉斯变换

坐标系	$\nabla^2 T$
直角坐标系(矩形坐标系)	$\frac{\partial^2 T}{\partial x^2}+\frac{\partial^2 T}{\partial y^2}+\frac{\partial^2 T}{\partial z^2}$
圆柱坐标系	$\frac{\partial^2 T}{\partial x^2}+\frac{1}{r}\frac{\partial T}{\partial r}+\frac{1}{r^2}\frac{\partial^2}{\partial \phi^2}+\frac{\partial^2 T}{\partial z^2}$
球坐标系	$\frac{1}{r^2}\frac{\partial}{\partial r}\left(r^2\frac{\partial T}{\partial r}\right)+\frac{1}{r^2\sin\theta}\frac{\partial}{\partial \theta}\left(\sin\theta\frac{\partial T}{\partial \theta}\right)+\frac{1}{r^2\sin\theta}\frac{\partial^2 T}{\partial \phi^2}$

表5.2 在3个主要的坐标系中具有变化热导率的热传导方程

坐标系	$\nabla\cdot(K\nabla T)+A=\rho C\frac{\partial T}{\partial t}$
直角坐标系	$\frac{\partial}{\partial x}\left(K\frac{\partial T}{\partial x}\right)+\frac{\partial}{\partial y}\left(K\frac{\partial T}{\partial y}\right)+\frac{\partial}{\partial z}\left(K\frac{\partial T}{\partial z}\right)+A=\rho C\frac{\partial T}{\partial t}$
圆柱坐标系	$\frac{1}{r}\frac{\partial}{\partial r}\left(Kr\frac{\partial T}{\partial r}\right)+\frac{1}{r^2}\frac{\partial}{\partial \phi}\left(K\frac{\partial T}{\partial \phi}\right)+\frac{\partial}{\partial z}\left(K\frac{\partial T}{\partial z}\right)+A=\rho C\frac{\partial T}{\partial t}$
球坐标系	$\frac{1}{r^2}\frac{\partial}{\partial r}\left(Kr^2\frac{\partial T}{\partial r}\right)+\frac{1}{r^2\sin\theta}\frac{\partial}{\partial \theta}\left(K\sin\theta\frac{\partial T}{\partial \theta}\right)+\frac{1}{r^2\sin\theta}\frac{\partial}{\partial \phi}\left(K\frac{\partial T}{\partial \phi}\right)+A=\rho C\frac{\partial T}{\partial t}$

(1)拉普拉斯方程。

这用于稳态的热传递,K 恒定,$(\partial T/\partial t)=0$,没有热的产生,或者 $A=0$,基本上由式(5.24)来描述。

$$\nabla^2 T=0 \qquad (5.29)$$

其中 $\nabla^2 T$ 是温度 T 的拉普拉斯变换。

(2)泊松方程。

这用于恒定的 K 时稳态的热传递,这样 $(\partial T/\partial t)=0$,有热源存在,因此 $A\neq 0$。

$$\nabla^2 T+\frac{A(x,y,z)}{K}=0$$

或

$$\nabla^2 T + \frac{A}{K} = 0 \tag{5.30}$$

（3）傅里叶方程。

这用于恒定的 K 和没有热产生，或 $A=0$ 的情况，这基本上是式（5.27）或没有热源的瞬时状态的表示

$$\nabla^2 T = \frac{1}{\kappa} \frac{\partial T}{\partial t} \tag{5.31}$$

式中：参数 κ 为热扩散率，$\kappa = K/\rho C$。

总之，为了得到各种热传导问题的解，我们需要空间和时间边界条件，因为温度 T 和产生的热 A 都是 x、y、z 和时间 t 的函数。通常，有 7 个积分的常量，有相对于时间变量的一阶导数和相对于每个变量的二阶导数。对每个独立变量的条件的数目等于方程中该变量的最高导数的阶数。因此，对所有与时间相关的问题，需要 1 个初始条件，对每个坐标需要 2 个边界条件。

正如 5.3.3 节提到的那样，空间边界条件可以划分成 3 个主要的类型，它们可以归纳为[10]：

（1）第一类或 Dirichlet 边界条件。

（2）第二类或 Neumann 边界条件。

（3）第三类或 Robin 边界条件。

这些边界条件可描述为[10]：

（1）第一类（Dirichlet）边界条件。

这里，在边界处的温度是已知的，即

$$T(x,t)\big|_{\text{surface}} = T_s \tag{5.32}$$

一维热传导的第一类边界条件的一个例子是

$$T(x,t)\big|_{x=0} = T_0 \quad \text{以及} \quad T(x,t)\big|_{x=L} = T_L$$

二维热传导的第一类边界条件的一个例子是

$$T(x,y,t)\big|_{x=0} = T_0(y) \quad \text{以及} \quad T(x,y,t)\big|_{x=L} = T_L(y)$$

式中：T_0 和 T_L 为 y 的函数。如果这些函数为 0，这些边界条件被称为第一类齐次边界条件。

（2）第二类（Neumann）边界条件。

这里，在边界处的热流量是已知的，即

$$q_s = -K \frac{\partial T}{\partial x}\bigg|_{\text{surface}} \text{ 是已知的} \tag{5.33}$$

一维热传导的第二类边界的一个例子是

$$\left.\frac{\partial T}{\partial x}\right|_{x=0} = \frac{-q_1(y)}{K} = f_1(y)$$，其中 f_1 是 y 的一个函数。如果这一函数是 0，边界条件被称为第二类齐次边界条件。

(3) 第三类(Robin 或混合的)边界条件。

这里，在边界处对流的热传递系数是已知的，即

$$q = h\Delta T = -K\frac{\partial T}{\partial \eta} \text{ 是已知的} \tag{5.34}$$

一维热传导的第三类边界条件的一个例子是

$$h_1(T_\infty - T_{x=0}) = -K\left.\frac{\partial T}{\partial x}\right|_{x=0} \quad \text{或} \quad \left[-K\left.\frac{\partial T}{\partial x}\right|_{x=0} + h_1 T_{x=0}\right] = h_1 T_\infty = f_1$$

式中：f_1 为 y 的一个函数。

其他边界条件包括非线性边界条件。当在边界处存在辐射、相变或瞬间的热传递时，边界条件在本质上是非线性的。

例 5.1：对于在矩形介质中的有热生成的稳态热传导问题，写出基本方程和边界条件的数学表示。对于 $x=0$，有热传递系数为 h_1 的对流。对于 $x=a$，边界是绝热的。对于 $y=0$，有恒定的热流 q。对于 $y=b$，有热传递系数为 h_2 的对流(图 5.5)。

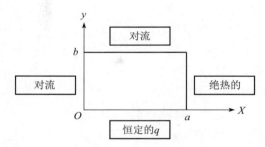

图 5.5 例 5.1 的示意图

解：基本的能量守恒(热传导)方程可表示为

$$\frac{\partial^2 T}{\partial x^2} + \frac{\partial^2 T}{\partial y^2} + \frac{A}{K} = 0, \text{ 对于 } 0 \leq x \leq a \text{ 和 } 0 \leq y \leq b$$

边界条件是：

在 $x=0$ 处，
$$-K\frac{\partial T}{\partial x} + h_1 T = h_1 T_\infty \tag{5.35}$$

在 $x=a$ 处，
$$\frac{\partial T}{\partial x} = 0 \tag{5.36}$$

在 $y=0$ 处，
$$-K\frac{\partial T}{\partial y}=q \qquad (5.37)$$

在 $y=b$ 时，
$$-K\frac{\partial T}{\partial x}+h_2 T=h_2 T_\infty \qquad (5.38)$$

5.3.4.2 激光辐照对固体目标的影响

本书(尤其第 5 章和第 6 章)给出的基础是对主导着具有不同光束参数的激光辐照与固体目标(其中一些固体金属目标处于不同的气体环境中)的相互作用的物理和化学机理系统的、深入的研究。

激光与固体的相互作用是重要的，尤其是被吸收的激光能量的量。业已证明，吸收介质(金属)对光的偏振的反射系数的相关性，可能导致在这些介质中，对高能的激光辐照吸收的各向异性，通过由激光毁伤的管道的弯曲，验证了这一各向异性。当光的偏振是线性时，这样的弯曲发生在一个垂直于偏振平面的一个平面上，弯曲的方向由这一平面内光束横截面内的强度分布的非对称性来决定。当偏振为圆偏振时，这一效应是较弱的。弯曲面的位置，是由跨光束横截面的强度分布的非对称性来决定的。

实验已经证明，辐射实际上是由于激光光束照射到表面的光斑的快速加热产生的，通过采用输出为 1J 的激光，某些样本的温度可以达到高达 9000K。最近已经有几个作者观察到了激光诱导的金属发射的电子和离子辐射[12,13]。

通过聚焦非常高能量的激光光束，到它的目标上的辐照会在与目标的耦合界面处产生光通量。

已经采用固体掺钕玻璃激光器(波长 $\lambda = 1.06\mu m$)和气体激光器($\lambda = 10.6\mu m$)产生了最高的辐射功率(表 5.3)。激光辐射的特性已经导致了多个新的物理现象的发现，随着激光功率的增大，发现的新的物理现象的范围也在扩展。

表 5.3 某些类型的激光器的特性

激光器类型	脉冲宽度/s	脉冲能量/J	功率	最大辐射通量密度/(W/cm^2)
二氧化碳	连续	—	10^3	最高达 10^7
钕-玻璃	10^{-3}	10^4	10^7	最高达 $10^7 \sim 10^{11}$
二氧化碳	6×10^{-8}	3×10^2	5×10^{19}	10^{13}
钕-玻璃	10^{-9}	3×10^2	3×10^{11}	10^{16}
钕-玻璃	$(0.3)\times10^{-11}$	$10\sim20$	$10^{12}\sim10^{13}$	$10^{15}\sim10^{16}$

针对不同的应用可以将在固体目标中吸收的高能激光辐照的效应解释如下：

（1）金属的发展型汽化。当辐射通量密度达到 $10^6 \sim 10^8 (\text{W/cm}^2)$ 的激光辐照（如持续几毫秒的钕激光脉冲）作用在金属上时，在辐射区的金属会解体，在目标的表面上会出现弧坑。在接近目标处，可观察到由激光辐射产生的运动的受热和离子化的蒸汽产生的等离子火焰明亮的亮度。金属的表面产生的喷射蒸气的反应压力，会在目标上施加一个反冲脉冲 Q（图 5.6）。

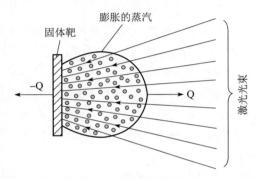

图 5.6　由于入射的激光辐射导致的接近金属表面的蒸汽的运动和传递到目标上的冲量

汽化出现在被加热到几千度温度的液态金属薄层的表面，这一层的温度是由吸收的能量和与汽化相关的冷却造成的损耗决定的，在这一过程中，对该层冷却的热传导作用是不大的。与常规的汽化相比，这一过程称为发展型汽化。

在这一层中的压力是由蒸汽的反冲力和由目标产生的蒸气的气体动力学流决定的，这是处于表面温度的饱和蒸汽压力的一半。因此，液体层是超加热的，它的状态是亚稳定的。这样就可能研究出现液体的、快速的、大容量沸腾的金属最大超加热条件。在加热到接近于临界温度时，在金属的液态层，可能出现电导率的突然下降，它可能获得介电特性。在这一过程中，观察到光的反射系数突降。

（2）固体目标的辐照。正如前面的情况，等离子体是在采用辐射通量密度达到 $10^7 \sim 10^9 \text{W/cm}^2$ 量级的激光辐射的毫秒脉冲对固体目标进行辐照时造成目标汽化产生的蒸汽流形成的。等离子体的温度为 $10^4 \sim 10^5 \text{K}$。这一方法可以用于产生大量的稠密的、化学上纯正的低温等离子体，以填充磁陷，并用于各种工业应用。由激光辐照造成的固体目标汽化被在工程上广泛应用。

当采用辐射通量密度为 $10^{12} \sim 10^{14} \text{W/cm}^2$ 量级的纳秒激光脉冲聚焦在一个固体目标上时，物质的吸收层受到强烈的加热，很快就变成等离子体。在这种情况下，不再可能说目标的汽化或者具有相界面。激光辐照的能量用来加热等离子体，并使目标解体和离子化。等离子体的温度很高，导致在目标中产生有电荷的离子倍增，尤其是 Ca^{16+}。最近，仅有在太阳日冕的辐射中可以观察到这样高倍增数的离子倍增。从采用在多个带电荷的离子加速器中的重核进行称为 ICF（惯性受控聚变）的核反应的可能性观点来看，形成具有近剥离电子层的离子也是令人感兴趣的。

（3）激光点火（气体的火花放电击穿）。当在处于大气压力的大气中聚焦一个辐射通量密度为 $10^{11} W/cm^2$ 量级的激光光束时，在透镜的焦点上观察到光明亮的爆发，听到一个巨大的声音，这一现象称为激光点火。爆发的持续时间超过激光脉冲（30ns）的持续时间 10 倍或更多。激光点火的形成可以由两个阶段表示：① 在透镜的焦点处形成主（种子）等离子体，这确保激光辐射的强吸收；② 等离子体沿着在焦点区域的光束扩散。种子等离子体的形成机理类似于气体的高频击穿，因此有"气体的火花放电击穿"这一术语。对于皮秒的激光辐射脉冲（约 $10^{13} \sim 10^{14} W/cm^2$），种子等离子体的形成也是由于多光子电离造成的。种子等离子体受激光辐照的加热和它沿光束的扩散是由几个过程造成的，其中一个是来自种子等离子体的强冲击波的传播。冲击波加热和电离远离激震前沿的气体，导致激光辐射的吸收，即，保持冲击波本身和等离子体沿着光束（光爆轰）。在其他方向，冲击波快速衰减。

由于由激光辐射形成的等离子体的寿命大大超出了激光脉冲的持续时间，在远离焦点处，激光点火可以被当作一个点爆炸（在一个点几乎瞬时释放能量）。这解释了高的声强。已经针对在不同聚焦条件下处于不同压力的多种气体和各种波长的激光辐射（脉冲持续 $10^{-6} \sim 10^{-11} s$）研究了激光点火。

如果吸收的种子等离子体是在透镜的焦点之前形成的，也可以观察到强度低得多的激光点火。例如，在处于大气压力的大气中，激光火花放电是由辐射强度近 $10^7 W/cm^2$ 的激光产生的放电种子等离子体发展而来的；激光辐射"捕获"放电的等离子体，在激光脉冲期间，亮度扩散到透镜的聚光表面。当激光辐射的强度相对较低时，等离子体的扩散是由热传导产生的，等离子体的扩散速率为亚声速。这一过程类似于慢燃烧，因此表达为"慢燃烧模式的激光点火。"

已经采用功率为几百瓦的连续波二氧化碳激光器实现了各种气体中的激光点火的稳态维持，种子等离子体是由一个脉冲二氧化碳激光器发展的。

（4）热核聚变。采用激光辐射可以产生受控热核聚变。对于这一用途，有必要形成非常稠密、非常热的等离子体，温度约为 $10^8 K$（在氘核聚变的情况下）。对于超出在加热时加到等离子体的能量的热核反应导致的能量释放，必须满足条件 $n\tau \approx 10^{14} cm^{-3} s$，其中 n 为等离子体的密度，τ 为寿命或约束时间。

对于短激光脉冲,在非常高的等离子体密度下满足这一条件,在等离子体中的压力很大,以至实际上不可能用磁来约束它。接近于焦点的等离子体会以 $10^8 cm/s$ 的速度扩散。因此,τ 是稠密的等离子粒团不能显著改变体积的时间(等离子体的惯性约束时间)。对于要发生的热核聚变,激光脉冲的长度 t_1 显然必须超过 τ。对于一个密度为 $n = 5 \times 10^{22} cm^{-3}$(液氢的密度)、约束时间为 $\tau = 2 \times 10^{-9} s$、等离子粒团线性尺寸为 $0.4 cm$ 的等离子体,激光脉冲的最小能量 e 应当为 $6 \times 10^5 J$。在满足惯性约束条件和 $n\tau \approx 10^{14} cm^{-3} s$ 的条件下,等离子体对光的有效吸收仅出现在一定的波长 λ 和 $\lambda_{cr} > \lambda > (\lambda_{cr}/\sqrt{40})$ 的情况下,其中 $\lambda_{cr} \sim 1/\sqrt{n}$ 是密度为 n 的等离子体的临界波长。当 $n = 5 \times 10^{22} cm^{-3}$ 时,λ 处于光谱的紫外区,在这一谱段还不存在大功率的激光器。同时,当 $\lambda = 1\mu$(钕激光器)时,即便对 $n = 10^{21} cm^{-3}$,对应于 λ_{cr},最小能量为 $e = 10^9 J$,这是难以实现的。将可见光和红外激光辐射的能量馈入稠密的等离子体的难度是基本的。围绕着这一困难有各种思路,感兴趣的一种思路是通过受激光辐照作用的目标表面发射的等离子体产生的反应压力,对一个球形的钕靶进行绝热压缩,从而产生超稠密的热等离子体。

通过空气的光学点火,第一次实现了激光辐照对等离子体的高温加热。在 1966—1967 年,记录了采用辐射通量密度为 $10^{12} \sim 10^{13} W/cm^2$ 的激光产生的温度为 $(1 \sim 3) \times 10^6 K$ 量级的激光点火产生的等离子体的 X 光辐射。1971 年,通过采用辐射通量密度高达 $10^{16} W/cm^2$ 的激光辐射辐照一个固体的球形含氢目标,产生了温度为 $10^7 K$ 的等离子体(在 X 辐射的基础上测量)。在这一过程中观察到:每个脉冲产生了 10^6 个中子。由于这一结果,以及存在增大激光输出功率的概率,使人们预言可以采用激光辐照产生可控的热核反应[14-16]。

(5)谐振激励分子的化学。由于对分子化学键的选择效应,使得在单色激光辐射下对催化过程中的化学合成和分解反应进行选择性干预成为可能。许多化学反应简化为分子中的某些化学键的裂变和其他化学键的形成。跨分子的键负责分子的振动谱。光谱线的频率取决于结合能与原子的质量。在处于谐振频率的单色激光辐照的作用下,可以"构建"某一确定的键,这样的键可能易于被破坏并被其他键代替。因此,证明振动激励的分子在化学上更活跃(图 5.7)。

可以采用激光辐照分离具有不同同位素组分的分子,这一可能性与构成一个分子的原子的振动频率与原子质量的相关性有关。单色的、高功率的激光辐照将特定同位素组分的分子泵浦到预定的离解水平,并在离解产物中产生单个同位素组分的化学成分或同位素本身。由于一个给定同位素组分的离解的分子数目等于吸收的量子数,与其他同位素分离方法相比,这一方法的效能可能是高的。

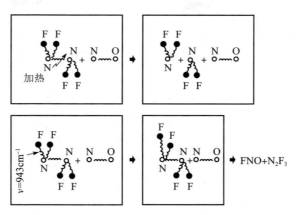

图 5.7　四氟肼(N_2F_4)和氧化氮(NO)在加热时的反应(上部)和由激光辐射产生的 N—F 键的谐振激励造成的反应(下部),波浪线表示化学键

上面提到的效应没有充分讨论由激光辐照在物质上产生的相互作用导致的物理现象。在激光的辐照作用下会毁坏透明的电介质,当某些铁磁薄膜受到辐照时,将观察到它们的磁状态的局部变化,这一效应可以用来发展高速开关器件和计算机存储器单元。当激光辐照聚焦在液体之内时,会产生光液压效应,在液体内可能产生大的脉压。最后,对于近 $10^{18} \sim 10^{19} \text{W/cm}^2$ 的辐射通量密度,将电子加速到相对论性能量是可能的。一些新的效应,如电子-正电子对的产生是与此相关的。

5.3.4.3　金属对激光辐照的吸收

激光对材料的加热主要由所考虑的材料的热参数尤其是给定的材料在相关的激光波长上的吸收率决定。金属在给定的激光波长上的吸收率或者反射率在激光与金属目标的相互作用中起着主要的作用。在本节,我们试图确认关键的吸收率/反射率以及热导率和金属的光学特性、它们表面的一般条件和温度,即,在不同的边界和初始条件下通过热传导方程产生的激光加热率。我们应当讨论在高功率激光辐照和材料的相互作用时发生的物理过程。对这些过程的理解对于了解基于激光的材料过程及限制是重要的。我们关注和强调金属目标,但我们讨论的很多内容对其他类型的吸收材料也是适用的。

当激光作用在一个目标的表面上时,部分被吸收,部分被反射,吸收的能量开始加热表面。取决于时间尺度、交战持续时间和辐照度,有几类应当考虑的参数范围,金属样本或目标表面的加热率主要由在交战时目标材料在给定波长上的吸收率、温度范围、加热率等确定,吸收率是由金属本身和目标表面的光学特性决定的。这就是为什么金属的吸收率 A 或者反射率 R 是指导用于毁伤目标，或者使来袭目标受到足够的毁伤不再是威胁的大多数适当的激光系统的主要准则。例如，如果脉冲持续时间非常短，由于热传导造成的损失是小的，但对于较长的脉冲，热传导造成的损失可能是重要的。在这些条件下，由于目标的表面上材料的气化形成的等离子体中吸收的能量，可能产生重要的影响。我们注意到，由于目标表面上热的重新辐射造成的损失通常是较小的。

由于吸收高能光束产生的加热效应可能是非常快的，表面温度快速上升到其熔点。激光导致的熔化是令人感兴趣的，因为在交战中可使目标毁伤。经常希望在不产生表面汽化的条件下使熔化的程度最大，仅在非常窄的激光参数范围内产生没有汽化的熔化。如果激光辐照度太高，在熔化到材料的较深的深度之前表面开始汽化。在激光用于工业焊接的情况下，这意味着有一个适于这一用途的最大辐照度，但在我们的情况下，我们感兴趣的是目标毁伤，在5.3.4节描述了对目标的毁伤，以及对目标的致命性要求。对于激光脉冲内的一个给定的总功率，经常希望使脉冲宽度展宽。

由激光辐照造成的材料熔化取决于材料中的热流，这取决于热导率K。另一方面，热导率的变化率不是温度的变化率依赖的唯一的因素。温度的变化率也取决于在恒定的压力下的比热c。事实上，式(5.19b)表明：加热率与每单位体积的比热(等于ρc)成反比，其中ρ为材料密度。热流的重要因素是$K/\rho c$，这一因子的量纲为cm^2/s，按照式(5.19b)，这是扩散系数的描述，称为热扩散率。

在所有的非稳态热流动过程(如脉冲激光加热)中都涉及因子$K/\rho c$，材料的这一特性的意义在于它决定着一种材料将能多快地接收和传导热能，因此较高的热导率允许更大的熔化穿透，而没有热冲击或破裂；目标材料表面的热导率越低，限制了激光往材料中穿透，激光越难毁伤它。低的热扩散率值意味着，热不能很好地穿透到材料中，但高的热扩散率值能够快速地将热从表面消除，这可能导致熔化量的减少。为了补偿这些效应，应当改变激光的参数，以对不同的材料获得最优的效果。表5.4列出了几种金属和合金的热扩散率。

表5.4　热扩散率和热时间常数

金属	热扩散率/ (cm^2/s)	热时间常数/ms			
		0.01cm厚	0.02cm厚	0.05cm厚	0.1cm厚
银	1.70	0.015	0.059	0.268	1.47
铝合金					
商用纯铝	0.850	0.029	0.118	0.74	2.94
2024合金	0.706	0.035	0.142	0.89	3.54
A13铸铝合金	0.474	0.053	0.211	1.32	5.27

续表

金属	热扩散率/(cm^2/s)	热时间常数/ms			
		0.01cm 厚	0.02cm 厚	0.05cm 厚	0.1cm 厚
铜合金					
电解铜(99.95%)	1.14	0.022	0.088	0.55	2.19
弹壳黄铜	0.378	0.066	0.265	1.65	6.61
磷青铜	0.213	0.117	0.470	2.93	11.74
铁合金					
商用纯铁	0.202	0.124	0.495	3.09	12.38
303 不锈钢	0.056	0.446	1.786	11.16	44.64
碳钢(122C, 0.35Mn)	0.119	0.210	0.840	5.25	21.01
镍合金					
商用纯镍	0.220	0.114	0.454	2.84	11.36
蒙耐尔合金	0.055	0.455	1.818	11.36	45.46
铬镍铁合金	0.039	0.641	2.564	16.03	64.10

在时间 t 内热的穿透深度可表示为

$$D = (4kt)^{1/2} = \left(\frac{4Kt}{\rho c}\right)^{1/2} \tag{5.39}$$

式中：D 为热的穿透深度；$k = K/\rho c$ 是热扩散率。通常，对于一个热扩散率为 $0.25 cm^2/s$，持续时间 90ns 的脉冲（Q 开关激光通常是这样），仅能穿透大约 $3 \times 10^{-4} cm$。对一个持续 $100\mu s$ 的脉冲（典型的脉冲激光器的情况），热可以穿透到相同的金属大约 0.01cm。

由金属表面吸收光的数目正比于 $1-R$（R 为反射率）。定量地讲，吸收率 A 是在激光加热过程的某一瞬间由金属表面吸收的强度 I_a 与入射强度 I 的比。相应地，反射率 $R=1-A$ 是反射（镜面和/或散射的）强度 I_r 和入射强度 I 之比。当入射辐射的波长从红外谱段移到紫外谱段时，金属的吸收率表现出增大的趋势[8,12]。在二氧化碳激光器的 $10.6\mu m$ 的波长上，R 接近于 1，$1-R$ 较小，这样 A 是小的，这意味着入射到表面上的光仅有少量被吸收，并可用于在交战时对目标的表面加热。在长波时 R 值的差别变得重要起来。例如，对于铜或银，在 $10.6\mu m$ 的波长上，$1-R$ 为大约 0.02，而对钢为大约 0.05，因此钢吸收的入射光是银或铜吸收的入射光的 2.5 倍。实际上，这意味着，相对于铝和铜而言，钢的表面较易于采用二氧化碳激光攻击。

波长的变化也是重要的。在较短的波长上，因子 $1-R$ 比在长的红外波长上要大得多。例如，对于钢，在 $1.06\mu m$ 处，因子 $1-R$ 大约为 0.35，是在 $10.6\mu m$ 处值的大约 7 倍，这意味着，至少在起始时，相同辐照度的 Nd：YAG 激光被吸收的光，是二氧化碳激光被吸收的光的 7 倍。因为光与目标的金属表面耦合的增大，在相同的情况下，易于采用较短波长的激光进行目标毁伤[17]。通常，波长越短，与目标表面的耦合越好。

图 5.8 给出了由一个持续时间 200ns 二氧化碳 TEA 激光器的激光脉冲（在目标上产生了 $1.5\times10^8 W/cm^2$ 的辐照度）对一个不锈钢表面进行轰击时的某些反射率数据。

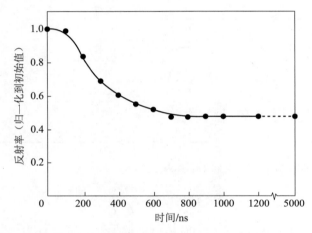

图 5.8　受二氧化碳 TEA 激光器发射的脉宽 200ns、辐照度 $1.5\times10^8 W/cm^2$ 的激光辐射的不锈钢表面的 $10.6\mu m$ 波长上的镜面反射率与时间的关系

注意，对于机载激光武器、天基激光武器或地基激光武器平台上某种类型的作战管理的重要因素之一，可能是利用它的激光测距机（如激光雷达）和目标捕获系统获取某些信息，以通过基于测量的反射率 R 间接确定吸收率 A 来修正信息。这种方法通常会遇到几个困难。首先，我们可能注意到，由目标表面反射的信号实际上包括镜面反射分量和散射分量，因此总的反射系数 R 是 $R=R_R+R_D$，其中 R_R 和 R_D 分别是镜面反射和散射系数。

激光产生强光脉冲的能力会导致目标受热、熔化和汽化。激光的特征使它能被用于定向能武器，它具有向目标表面投射非常高的辐照度值的能力。辐照度可以定义为在表面上每单位面积的入射激光功率，它的单位是 W/cm^2。在这一方面，仅有电子束可以与激光相比。

当激光辐射轰击一个目标的表面时，部分被吸收，部分被反射，被吸收的能量开始加热目标表面。取决于时间尺度和辐照度，应当考虑几类参数。例如，如果脉冲持续时间非常短，由于热传导造成的损失是小的，但对于较长的脉冲这可能是重要的。在某些条件下，由于在目标表面上汽化的材料形成的等离子体会吸收能量。我们注意到，由于目标表面的热的重新辐射造成的损失通常不是显著的[17]。

如图 5.9 所示，在斯达飞光学靶场使用的用于光探测和测距（LIDAR）和激光导星试验的附加频率光学辐射源（FASOR）被调谐到钠的 D2a 线，并用来在大气层上层激励钠原子。

图 5.9　斯达飞光学靶场的附加频率光学辐射源

LIDAR 是测量散射的光的特性以获得远处的目标的距离和/或其他信息的光学遥感技术。确定到一个物体或表面的距离的流行的方法是采用激光脉冲。像采用无线电波的类似的雷达技术一样，到一个物体的距离是通过测量脉冲的发射时刻和探测到反射的信号的时刻之间的时间延迟来确定的。LIDAR 技术已经应用到建筑环境设计、考古学、地理学、地质学、地貌学、地震学、林业、遥感和大气物理。LIDAR 的应用包括机载激光测绘、激光高度表或激光雷达地面轮廓测绘。LADAR（激光探测和测距）这一首字母缩略语通常用于军事应用场景。也使用"激光雷达"这一术语，尽管光探测和测距不采用雷达的定义中所具有的微波或无线电。

由于在定向能武器应用中，我们对激光的密集度感兴趣，对来袭威胁的毁伤效果的类型，即，目标是被选择的激光的热传导而熔化或汽化并不重要。只要威胁或来袭的目标被毁伤，或者不能完成分配给它的任务使命，我们就实现了创建一个定向能武器系统的目的。

在其他涉及激光与物质的相互作用的应用(如焊接或切割)中,感兴趣的是在达到汽化或者产生等离子体之前使之熔化。由于对高能光束的吸收导致的加热效应是非常快的,表面很快达到其熔化温度,经常希望在不发生表面汽化的条件下得到最大程度的熔化。仅有在非常窄的激光参数范围内,才能在没有汽化的情况下产生熔化。如果激光辐照度太高,在产生显著深度的材料熔化前表面开始汽化,这意味着最大的辐照度不适用于焊接应用。正如我们在上面描述的并在式(5.39)中给出的那样,对于在激光脉冲中的一个给定的总能量,经常希望展宽脉冲宽度。

采用激光进行有效的熔融和焊接,取决于在相互作用期间熔解的前端通过样本的传播,同时要避免表面的汽化。图 5.10 给出了在吸收的辐照度为 10^5W/cm^2 时,在一个大的镍样本中熔化前端的穿透时间相关性。在脉冲激光开始辐照大约 4ms 后,表面开始汽化。我们注意到,没有表面汽化时,穿透的深度是有限的,为了穿透更深的深度,可以在一定范围内调整激光的参数。通常,要降低辐照度并增大脉冲持续时间,控制是非常敏感的,必须精心地调整,在最佳穿透深度和避免表面汽化之间获得平衡。(结果如图 5.10 和图 5.11 所示,是采用由 M. I. Cohen 开发的模拟计算机程序计算的[18]。)

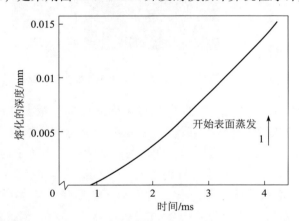

图 5.10 计算的由于吸收 10^5W/cm^2 的激光辐射造成的镍的熔化深度与时间的关系

主要感兴趣的是在表面没有汽化的条件下的焊接。仅有在一个窄的激光参数范围内才能在没有汽化的条件下产生熔化。如果激光辐照度太高,在熔融的前端深入穿透到材料中前,表面开始汽化。这意味着有一个适于焊接应用的最大辐照度。

此外,对于在激光脉冲内的一个给定的总能量,经常希望展宽脉冲宽度,从而使熔融的前端能够有时间穿透到工件深处。图 5.11 给出了在不锈钢中的

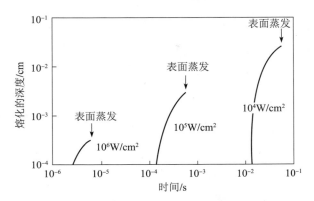

图 5.11 计算的几个不同的激光辐照度造成的不锈钢的熔化深度，在每个曲线上示出了开始表面汽化的时间

熔融深度与时间的关系，如果精细地控制激光能量，可以在一定的脉冲宽度范围内实现好的熔融，对于短于 1ms 的脉冲，表面汽化是难以避免的[17]。

人们可能认为应当采用峰值功率非常高的激光，更好地切除材料。Q 开关激光器的非常高的功率使材料的一小部分汽化，并使材料加热到高温。在激光脉冲辐照的早期，某些材料的表面被汽化，汽化的材料被略微热离子化，并吸收了某些入射光，这使蒸气进一步加热，产生更多的离子，并在一个反馈过程中更多地被吸收。如果辐照度变得非常高，我们较早做的激光不与汽化的材料相互作用的假设不再成立，汽化的材料要与到来的激光光束相互作用，并对光进行吸收，因此，对表面进行了激光遮蔽[17]。在某些条件下，大多数材料可以作为液体被清除。图 5.12 给出了由 30kW 功率的钕玻璃激光脉冲使材料液化产生的部分材料被溅射的相关数据。在激光脉冲辐照的早期，大多数材料被作为蒸气清除，但在几百微秒之后，大约 90% 的材料是作为液滴被清除的。

因此，当辐照度变得非常高时，新的物理过程变得重要了，图 5.13 给出了被汽化的深度与时间的关系，也给出了激光脉冲形状，用于进行比较，这是一个 Q 开关激光器的典型的脉冲形状。被几个加热和离子化的汽化的材料形成了一个热的、不透明的离子化的等离子体，这实质上将吸收到达的所有激光。曲线的平坦部分表示表面被等离子体遮蔽的时间，这样汽化被终止。最后，在脉冲的后期，等离子体扩散并再次变得透明，光再次到达表面，更多的一些材料被汽化。由于这些效应，被像 Q 开关激光器那样的短持续时间的大功率脉冲清除的材料是有限的，这样的激光器不是很适于钻孔或者切削。

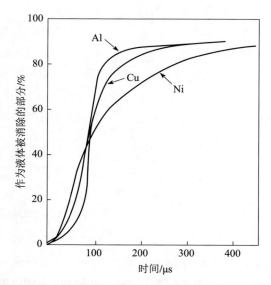

图 5.12　材料的部分被以液态的形式清除，图中给出了采用钕玻璃
　　　　激光器的激光脉冲辐照几种金属的结果与时间的关系

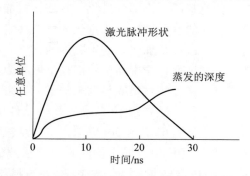

图 5.13　受 30ns 的激光脉冲的脉冲时域轮廓及照射的金属目标的
　　　　脉冲气化深度与时间的关系的示意图，目标表面受到激光
　　　　脉冲照射排出的材料的屏蔽效应是明显的

　　热的、不透明的等离子体对目标的遮蔽导致了一个称为激光支持的吸收波现象，激光支持的吸收波是在目标的上面产生的、并沿着光束路径向激光器方向反向传播的等离子体，它伴随着大的噪声和明亮的闪光。因此，激光支持的吸收波会有效地屏蔽目标表面，并减少对目标的清除效应，它可能驱动一个到目标内的冲击波。

　　我们现在试图解释在高能激光辐照与目标表面相互作用期间产生的一种重要的物理现象，我们可以再次像 5.3.4.2 节那样进行归纳，这一物理现象如

图 5.14 所示,图(a)表示按照指数吸收率对入射激光的吸收,即

$$I(x) = I_0 e^{-\alpha x} \tag{5.40}$$

式中:$I(x)$ 为在深度 x 处的激光强度;I_0 是入射激光强度;α 为吸收系数。基于图 5.14,被反射的那部分光被忽略掉了[17]。对于金属,吸收系数的量级为 $10^5 cm^{-1}$。因此,能量被沉积在大约 $10^{-5} cm$ 厚的吸收层内。光能实质上是瞬间转换为热的,时间短于 $10^{-13} s$。因此,激光能量可以看作是一个瞬时的表面热源。

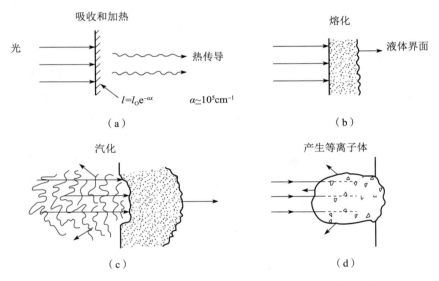

图 5.14 当高能激光束轰击一个吸收表面时产生的物理现象

热能然后通过热传导穿透到目标中。当表面到达熔化温度时,一个液体界面传播到材料中,如图 5.12 的上部所示。随着连续的辐照,材料开始汽化,如图 5.14(c)所示,并开始打一个孔[17]。如果辐照度足够高,在被吹出的材料中的吸收,会导致热的、透明的等离子体。等离子体可能作为激光支持的吸收波向激光方向反向传播,激光支持的吸收波的定义如上所述。如图 5.14(d)所示,等离子体吸收光并屏蔽表面。表 5.5 列出了主导着单独的相互作用过程的激光辐照度的范围,给出了两个波长范围内的值:可见光和近红外波段($0.5 \sim 1 \mu m$)以及远红外波段(接近 $10 \mu m$)。表中的数值是近似的,而且根据激光辐照的确切的参数(如脉冲持续时间)、目标特性等变化。在相对低的辐照度下,熔化是主要的效应。在某些更大的辐照度下,汽化变成了最重要的效应,这是常规的汽化,在入射光和被汽化的材料之间的相互作用最小[17]。

表 5.5 在主导着激光-表面相互作用的各个过程产生的激光辐射照度的近似范围

过程	可见光和近红外激光的辐照度范围(W/cm^2)	远红外激光的辐照度范围(W/cm^2)
熔化	10^5	10^5
汽化	$10^6 \sim 1.5 \times 10^8$	$10^6 \sim 2.5 \times 10^7$
激光支持的吸收(LSA)波	$>1.5 \times 10^8$	$>2.5 \times 10^7$
等离子体汇聚效应	$\geqslant 10^{13}$	$>10^{13}$

在更高的辐照度下,激光支持的吸收波是主导的物理过程,汽化将减小,激发激光支持的吸收波的门限是针对特定情况的,对于钛靶材这种情况,激光脉冲持续时间在微秒级。这一门限随着环境而变化,但表 5.5 中的数值用来确定产生某种类型的相互作用的数量级。对于远红外波段,与近红外波段相比,激光支持的吸收波对应较低的辐照度。

我们归纳了这些现象,如图 5.15 所示,图 5.15 确定了各种相互作用的类型和它们可能的应用,采用辐照度和相互作用持续时间定义了相互作用的类型,原点表示脉冲激光器的脉冲持续时间(或者,对于连续波激光器,是光束驻留在光斑上的时间)。在标有"没有熔化"的标志下面,表面没有被加热到熔点,在这一区域,可以应用热处理。在标志为"焊接"的区域,可以将材

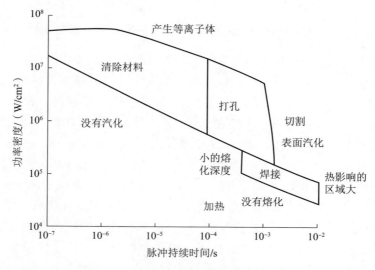

图 5.15 用于材料处理应用的激光辐照和相互作用时间

料熔化到合理的深度，可能用于焊接应用。在标有"表面汽化"的线上面，表面开始汽化，不太希望用于焊接应用。在焊接区域的左面，熔融前端的穿透是小的，因为相互作用时间较短。在焊接区域的右面，热在一个宽的区域扩散，失去了局部加热的特征。因此，通常需要精心地控制焊接操作，以保持在这一处理窗口中。类似地，图中确定了切割、钻孔和对小量材料的清除(如使薄膜汽化)的区域(范围)。在标有"产生等离子体"的线的上面，产生了激光支持的吸收波。在这一区域，确定的仅有的潜在应用是冲击加固[17]。

图 5.15 中标识的区域不是确切的，它们将随着靶材、激光波长等而变化。但它们仍然定义了在某些应用最最可能产生的激光参数的范围。希望将激光用于特定材料的处理的工程师必须确定适于这一具体的应用的激光参数。

5.3.4.4　在入射法向上的反射率

考虑真空中的一个电磁波，场分量的形式是[20]

$$E_y(\text{incident}) = E_y(\text{inc}) = B_z(\text{incident}) = A e^{i(kx-\omega t)}$$

假设波入射在一个填满半空间 $x>0$ 的介电常数为 ε、磁导率 $\mu=1$ 的介质上，由 $E(\text{refl}) = r(\omega) B(\text{inc})$ 定义的反射率系数 $r(\omega)$ 可表示为

$$r(\omega) = \frac{n+ik-1}{n+ik+1}$$

式中：$n+ik \equiv \varepsilon^{1/2}$，$n$ 和 k 为实数。进一步我们证明反射率为

$$R(\omega) = \frac{(n-1)^2 + k^2}{(n+1)^2 + k^2}$$

在真空中的反射波可以写为

$$-E_y(\text{reflected}) = -E_y(\text{refl}) = B_z(\text{reflected}) = A' e^{-i(kx+\omega t)}$$

式中：E_y 的符号相对于 B_z 是相反的，以便使在反射波中的能量流(波印亭向量)的方向与在入射波中的能量流方向是相反的。对于在介电介质中的发射波，通过采用麦克斯韦方程的电磁波的旋度 $H = \varepsilon \frac{\partial E}{\partial t}$ 和散度关系 $\varepsilon \omega^2 = c^2 k^2$ 可得到，即

$$E_y(\text{transmitted}) = E_y(\text{trans}) = ck \frac{B_z(\text{transmitted})}{\varepsilon \omega}$$
$$= \varepsilon^{-1/2} B_z(\text{transmitted}) A'' e^{-(kx-\omega t)}$$

在 $x=0$ 的界面处的边界条件是 E_y 应当是连续的：$E_y(\text{inc}) + E_y(\text{trans})$，或 $A+A' = A''$，或者 $A+A' = A''$。此外，B_z 也应当是连续的，因此 $A+A' = \varepsilon^{1/2} A''$。我们求解 A/A' 以得到 $A+A' = \varepsilon^{1/2}(A-A')$，其中

$$\frac{A}{A'} = \frac{1-\varepsilon^{1/2}}{1+\varepsilon^{1/2}}$$

$$r = \frac{E(\text{refl})}{E(\text{inc})} = -\frac{A}{A'} = \frac{\varepsilon^{1/2}-1}{\varepsilon^{1/2}+1} = \frac{n+(ik-1)}{n+(ik+1)}$$

功率反射率为

$$R(\omega) = r^* r = \left(\frac{n-(ik-1)}{n-(ik-1)}\right)\left(\frac{n+(ik-1)}{n+(ik-1)}\right) = \frac{(n-1)^2+k^2}{(n+1)^2+k^2}$$

某些与激光相关的最有趣的现象涉及当高能激光光束在一个不透明的表面被吸收时产生的效应。

最特别的效应涉及吸收材料的相变,如来自金属表面的汽化的材料的发光云和经常伴随的火花束[7]。

对于一个不透明的固体,被吸收的入射辐射部分为

$$\varepsilon = 1 - R_0$$

式中:ε 为发射率;R_0 为在入射法向的反射率。R_0 和 ε 可以根据测量的光学常数或者复反射系数计算,对于复反射系数可表示为

$$m = n - ik$$

则基于上述的推导,得到在法向入射的反射率为

$$R_0 = \frac{(n-1)^2+k^2}{(n+1)^2+k^2}$$

发射率为

$$\varepsilon = \frac{4n}{(n+1)^2+k^2}$$

通常,金属材料的 n 和 k 是波长和温度的函数。在 300K 时,Ti 的 n 和 k 相对于波长的变化和对应的 ε 的变化如图 5.16 所示。显然,在 $0.4\mu m < \lambda < 1.0\mu m$ 范围内 n 和 k 是 λ 的相对慢变的函数,且在这一范围内 ε 是大的。在较长的波长上,n 和 k 都随着 λ 快速增大,在较短的波长上 ε 降低到上述值的一

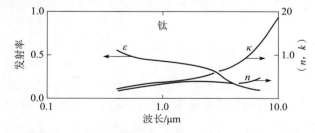

图 5.16 在 300K 的温度下 Ti 的 ε, n 和 k 与波长的相关性

个小的部分。在红外波段，在恒定的温度上 $\varepsilon \propto \lambda^{1/2}$。因为 $\varepsilon \propto r^{1/2}$，其中 r 是电阻，r 随着温度的升高而增大，在红外波段 $\varepsilon(\lambda)$ 随着温度而增大[7]。对于 $\lambda \leqslant 1\mu m$，与温度的相关性更加复杂，然而 ε 的总的变化比在红外波段观察到的要小。在光谱的可见光部分，ε 经常随着温度的升高而略有降低[21]。

表 5.6 列出了金属在 Ar+、红宝石、Nd-YAG 和二氧化碳激光器的波长上的发射率。图 5.17 和图 5.18 中给出了在 1000nm 和 10.6μm 的波长上某些金属的 ε 与温度的关系。ε(1000nm) 数据的值是利用 Barn 的观测获得的。ε(10.6μm) 是按照 Duley 给出的表达式根据与温度相关的发射率计算的，可表示为

$$\varepsilon_{10.6\mu m}(T) = 11.2[R_{20℃}(1+\gamma T)^{1/2}] - 62.9[R_{20℃}(1+\gamma T)] + 174[R_{20℃}(1+\gamma T)^{1/2}] \tag{5.41}$$

式中：$R_{20℃}$ 为 20℃处的电阻；γ 为电阻随着温度 T 的变化而变化的系数。

注： 对于在真空中加热的没有表面氧化层的金属，式 (5.40) 是成立的，表面薄膜的存在将使 $\varepsilon_{10.6\mu m}(T)$ 显著增大[8]。

表 5.6 各种材料在激光波长上的发射率值

金属	发射率			
	Ar+(500nm)	红宝石(700nm)	Nd-YAG(1000nm)	CO_2(10μm)
铝	0.09	0.11	0.08	0.019
铜	0.56	0.17	0.10	0.015
金	0.58	0.07	—	0.017
铟	0.36	0.30	0.22	—
铁	0.68	0.64	—	0.035
铅	0.38	0.35	0.16	0.045
钼	0.48	0.48	0.40	0.027
镍	0.40	0.32	0.26	0.03
铌	0.58	0.50	0.32	0.036
铂	0.21	0.15	0.11	0.036
铼	0.47	0.44	0.28	—
银	0.05	0.04	0.04	0.014
钽	0.65	0.50	0.18	0.044
锡	0.20	0.18	0.19	0.034
钛	0.48	0.45	0.42	0.08
钨	0.55	0.50	0.41	0.026
锌	—	—	0.16	0.027

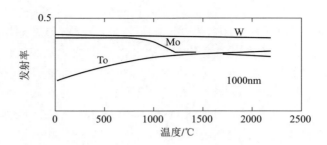

图 5.17　几种金属在 1000nm 的波长上的发射率与温度的相关性

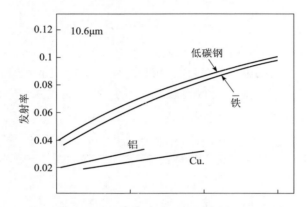

图 5.18　几种金属的 10.6μm 波长处的发射率与温度的关系

检查表 5.6 中的数据和图 5.17 与图 5.18，表明在 20℃ 处，在可见光波长上金属表面对激光的吸收比在红外波长上大一个数量级[21]。

如上所述，这些分析是在没有任何表面薄膜的情况下成立的。在大多数激光加热的实际应用中，因为有氧化层或表面污染以及有其他薄膜（如涂料），这一假设不成立。当出现这种情况时，在红外波长上 ε 的值可能在可见光波长上有所增大。因此，在实际的条件下，$\varepsilon_{10.6\mu m}$ 和 $\varepsilon_{visible}$ 之间的差，不可能像 Duley 说的和表 5.6 给出的数据那样大。Duley 等[23]研究了在空气中加热的几种金属的氧化对 $\varepsilon_{10.6\mu m}$ 的影响，这参照了 Wieting 和 De Rosa[24] 及 Wieting 和 Schriempf[2]在真空中的高温不锈钢和 Ti-6Al-4V 合金的吸收上做的工作。Duley[21]的书中在不同的图给出了 Wieting 和 De Rosa 获得的在 10.6μm 波长上 304 型不锈钢的吸收率 ε 的数据，我们建议读者参考此书。

对高能激光光束与材料的相互作用和在目标表面产生的等离子体（图 5.14）的进一步的研究将引入 Sturmer 和 Von Allmen[3]做的研究，他们在 1978 年详细研究了等离子体的形成对目标遮掩的时间演变，确定了当长持续时间高强度脉冲照射在空气中或其他大气中的一个金属目标时的 3 个独立的吸收情况是：

（1）目标的强发射。

（2）等离子体的吸收和对目标的屏蔽。

（3）等离子体的耗散和与目标的增强耦合。

正如 5.4.3 节讨论的那样，在第一步（激光加热的初始阶段），目标具有大的反射率，ε 是小的。在焦点处汽化的材料可能使目标前面的气体产生等离子体，并导致形成激光支持的爆轰波。这一爆轰波实际上将吸收所有的入射激光辐射（第二步）并屏蔽目标，它通过使目标移离目标聚焦透镜来耗散功率。这导致了等离子体密度的下降和不透明度的下降。接着，表面进一步暴露给激光脉冲的最后一部分（第三步），与被毁伤的目标有效地耦合。在初始的激光支持的爆轰波耗散之后，激光支持的爆轰波受到目标前面剩余的低密度气体的抑制。

尽管在金属目标受到激光辐照而被加热的初始阶段，ε 可能是重要的，在许多实际的激光加热应用中 ε 是不重要的。当材料清除进展到在工件（目标表面）上已经形成了一个腔或者小孔时，ε 的重要性减弱。在这种情况下，腔被当作一个 ε 等效等于 1 的黑体吸收体。业已证明[25]，对要连接的零部件的装配进行控制也可能有效地增大 ε。在激光辐照被吸收到一个小孔中的条件下，Sheen 和 Eboo 已经证明在小孔内的等离子体吸收使得 $\varepsilon=1$。

表 5.6 中包含的数据可被用于估计激光加热用 Ar+、红宝石、Nd-YAG 和二氧化碳源的相对优点。热传递计算表明在一个大块的目标上高斯聚焦斑中心的受限温度为

$$T=\frac{\varepsilon I_0 d \pi^{1/2}}{K} \tag{5.42}$$

式中：I_0 为激光的峰值强度（W/cm²）；d 为高斯光束半径；K 为热导率。对于最佳的聚焦，$d \propto \lambda$，其中 λ 为激光波长，因为 $I_0 \propto P/\lambda^2$，其中 P 为激光功率，有

$$P \propto \frac{KT\lambda}{\varepsilon} \tag{5.43}$$

如果我们假设仅有在 $T=T_m$ 或 T_b 时产生有用的热效应，其中 T_m 为熔化温度，T_b 为沸点温度，则这一表达式可以用于估计采用不同的激光源进行切削的相对难度。图 5.19 和图 5.20 分别给出了针对熔化和沸腾进行的比较[21]。

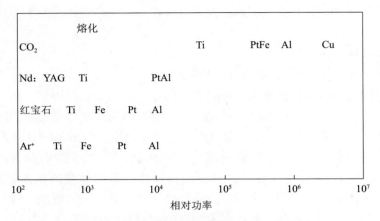

图 5.19　各种激光源使表面熔化的相对功率

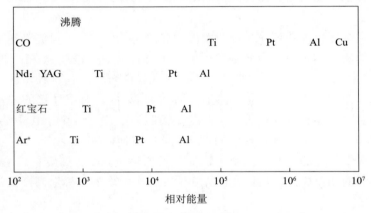

图 5.20　各种激光源使表面沸腾的相对功率①

图 5.19 和图 5.20 给出的相关性是高度近似的，因为他们假设室温的 ε 和 K 值可以用于高温的 ε 和 K 值[22]。可以通过取 $\varepsilon=1$ 来减小这些估计的不确定性，图 5.21 给出了在这一基础上计算的比较。如果我们从这张图来比较使 Ti 熔化或沸腾所需的功率，我们看到 P(CO$_2$)/P(Ar+) ~ 20∶1。如图 5.16 所示，取 $\varepsilon<1$，对应的比是 ~120。

因此，尽管采用红外激光器使表面毁伤，比采用可见光激光器需要较高的功率，当出现毁伤时(即 $\varepsilon\sim1$)，红外激光器的光斑尺寸增大效应大部分已经消失[21]。

---

① 原书有误，译者改。

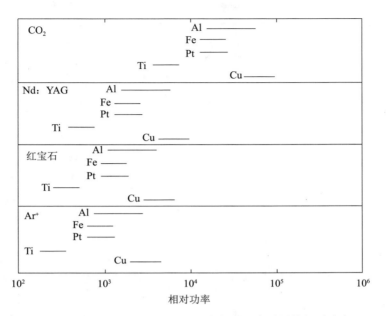

图 5.21 假设 $\varepsilon=1$ 到达 T_m 和 T_b 之间的温度需要的相对功率

在非法向入射方向，激光辐照的反射与偏振相关，这也在本书的附录 F 中进行了很好的解释。图 5.22 给出了一般的入射角 ϕ 时的几何。在 s 和 p 两个偏振方向的反射率 R_s 和 R_p 通常是不同的，这意味着，偏振激光的反射系数取决于偏振向量相对于金属表面的方向。图 5.23 给出了在 10.6μm 波长上铜的 R_s 和 R_p 与角度相关性的一个例子，可以看出对所有的角度 R_s 都是高的，然而在接近于擦地入射时 R_p 变得非常小。因此在那些条件下，对于垂直于金属表面的偏振的入射光，ε 是较大的，这对于激光探测目标有一些重要的影响，此时材料消除效率与偏振方向和金属衬底的移动方向之间的关系有关，这也称为菲涅尔吸收，可在 5.3.4.5 节得到验证。

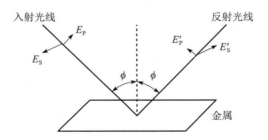

图 5.22 在一个金属表面的入射和反射波

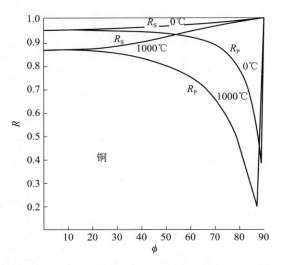

图 5.23 20℃和 1000℃时 10.6μm 的 s 和 p 偏振的入射辐射的反射率与角度的关系

5.3.4.5 菲涅尔吸收

工件对激光能量的吸收可能涉及激光入射在一个表面上的一个直接的过程和其他间接的过程，存在一个用于在金属表面的吸收的、简单的广为应用的电磁模型，尤其在二氧化碳激光器的波长上进行穿孔的建模方面。在这一波长上，作为一个有用的近似，假设一个涉及电阻耗散的电磁相互作用的简单的模型是合理的。这一模型不允许表面有杂质，因此必须在认识到它的局限性的前提下使用。

直接吸收过程通常称为菲涅尔吸收。圆偏振光的反射系数 $\Re$ 通常采用的计算公式是

$$\Re = \frac{1}{2}\left(\frac{1+(1-\varepsilon\cos\phi)^2}{1+(1-\varepsilon\cos\phi)^2} + \frac{\cos^2\phi+(\varepsilon-\cos\phi)^2}{\cos^2\phi+(\varepsilon-\cos\phi)^2}\right) \tag{5.44}$$

式中：ϕ 为光相对于法向的反射角；ε 为与材料相关的量，即

$$\varepsilon^2 = \frac{2\varepsilon_2}{\varepsilon_1+\sqrt{\varepsilon_1^2+(\sigma_{st}/\omega\varepsilon_0)^2}} \tag{5.45}$$

式中：ε_0 为真空的介电系数；ε_1 和 ε_2 分别为金属和光束传输通过的空气或蒸气的介电常数的实部；σ_{st} 为工件的每单位深度的电导率。ε_0 值为 8.854×10^{12}F/m，其他项的典型值为 ε_1 和 ε_2 近似为 1，σ_{st} 为 $5.0\times10^5\Omega$/m。对于二氧化碳激光器，波长为 10.6μm，ω 值为 1.78×10^{14}s^{-1}，因此 ε 值大约为 0.08。图 5.24 给出了 $\Re$ 与 ϕ 的关系曲线。

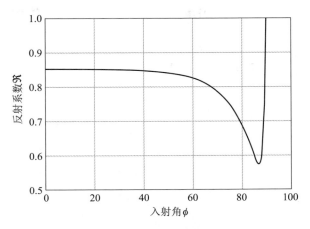

图 5.24 反射系数与入射光束相对于法线的角度的关系

可以看到标志为最小的发射系数的入射角接近于 $\phi=1/2\pi$,表明在近擦地的入射角处有最强的吸收。但是,对于法向入射,有 85% 的入射能量可以被反射。由于表面的杂质或作为过程的一部分引入的其他附加物,图 5.24 可能非常显著地改变。

由绝缘材料产生的吸收是波长的强函数。在红外波段,吸收是由分子间的振动产生的晶格或有组织的固体振动模式产生的,在这些波段中,通常吸收系数 $\alpha \sim 10^2 \sim 10^4 \text{cm}^{-1}$。在可见光波段,也可能由于在分子晶体(如许多有组织的固体)中离散的电子跃迁而产生吸收[22]。在吸收带内,吸收系数通常是 $10^3 \sim 10^6 \text{cm}^{-1}$。图 5.25 给出了几种耐火材料在可见光和紫外波段的吸收率 α,α 与一个厚度为 t 的薄板的透过率关系可能为

$$\frac{I}{I_0} \times 100 = 用百分比表示的透过率 = 100 \mathrm{e}^{-\alpha t}$$

或

$$\frac{I}{I_0} = \mathrm{e}^{-\alpha t} \tag{5.46}$$

式中:I_0 为入射强度;I 为透过的强度。对入射辐射显著吸收所需厚度的一个有用的测度可表示为

$$L = \alpha^{-1}$$

式中:L 为衰减长度。对一个强的吸收体有 $\alpha = 10^6 \text{cm}^{-1}$ 和 $L = 10^{-6} \text{cm}$,而对一个弱的吸收体有 $\alpha = 10^1 \text{cm}^{-1}$ 和 $L = 10^{-1} \text{cm}$。

式(5.46)给出了 α 和反射系数之间的相关性,其中 k 是复反射系数的虚部,即

$$\alpha = \frac{4\pi k}{\lambda} \tag{5.47}$$

式中：λ 为入射光的波长。在可见光区域，透明的材料通常有 $\alpha \sim 10^{-5}$ 或 $\alpha \sim 10^{-1} \mathrm{cm}^{-1}$，由于 $k=0.1$ 产生的吸收如图 5.25 所示。

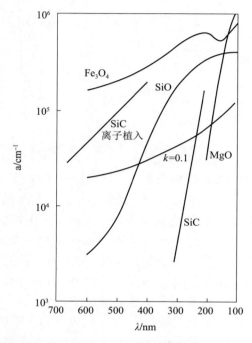

图 5.25　在 100~700nm 之间的波长上几种绝缘体的吸收系数 α

注意，在图 5.25 中，$k=0.1$ 处的曲线对应于由等于这一虚反射系数值的材料产生的吸收。

如前所述，采用有关凝聚态物质的电磁辐射的知识（见附录F），在紫外波长上，材料光学特性可以采用与频率相关的复介电常数 $\varepsilon(w)$ 描述为[28]

$$\varepsilon(w) = \varepsilon_1(w) + \mathrm{i}\varepsilon_2(w) \tag{5.48}$$

式中：$\varepsilon_1(w)$ 和 $\varepsilon_2(w)$ 与复折射率的关系可表示为

$$\varepsilon_1(w) = n^2 - k^2 \tag{5.49}$$

$$\varepsilon_2(w) = 2nk \tag{5.50}$$

式中

$$m = n - \mathrm{i}k \tag{5.51}$$

这里 n 和 k 都是与频率相关的。在理想的真空环境下，$n=1$，$k=0$，由于有物质的存在，将导致 n 和 k 偏离这些值。对于凝聚态物质，密度是气体的许多倍，相应地，n 和 k 偏离真空值的偏差更大。在大多数固体中，在宽波长范围内 n、$k \gg 1$ 并非不寻常。

从物理上讲，n 对波长的相关性会导致光学系统的色散效应，然而，对于在一个特定的波长上的吸收，n 与 k 是直接相关的。可以证明介电常数或折射率中的实部和虚部项，是通过 Kramers-Kronig 积分联系起来的[5]。对于介电常数 $\varepsilon(w)$，有[28]

$$\varepsilon_1(w) = 1 + \frac{2}{\pi} P \int_0^\infty \frac{w^1 \varepsilon_2(w^1)}{(w^1)^2 - w^2} \mathrm{d}w^1 \tag{5.52}$$

$$\varepsilon_2(w) = \frac{-2w}{\pi} P \int_0^\infty \frac{\varepsilon_1 w^1 - 1}{(w^1)^2 - w^2} \mathrm{d}w^1 \tag{5.53}$$

式中：P 为积分的主部。这些关系表明，在频率范围 $0 < w < \infty$ 内 ε_1 或 ε_2 的知识可以提供在一个特定的频率 w 上其他值的信息。这些关系经常用于验证 ε_1 和 ε_2 的实验数据的一致性。

光通过介质的传播的吸收是由 Beer-Lamber 定律中的折射系数描述的[8]，即

$$I(x) = I_0 \mathrm{e}^{-\alpha x} \tag{5.54}$$

式中：I_0 为在 $x = 0$ 处的强度；$I(x)$ 为在一定距离 x 处的强度。吸收系数为

$$\delta^{-1} = \alpha = \frac{4\pi k}{\lambda} \tag{5.55}$$

这与折射率的虚部直接成正比。在紫外波长上，一个透明的材料有 $\alpha \leqslant 1\mathrm{cm}^{-1}$，然而如半导体或金属那样的强吸收体有 $\alpha = (2 \sim 3) \times 10^6 \mathrm{cm}^{-1}$。在这些条件下的特征侵彻深度（即，趋肤深度 $\delta = \alpha^{-1}$）为 α^{-1}。注意，式(5.53)仅有在 I_0 远小于非线性效应可能变得显著处的强度。这可以在以下分析中证明，并在 Schriempf 报告中可以看到更多的细节[9]。对于给出的例子，侵彻深度为 $300 \sim 500\mathrm{nm}$（金属）和大于等于 $1\mathrm{cm}$（透明介质）。这些值表明，在紫外辐射和金属与许多半导体的相互作用中，表面效应是主导的。表面粗糙度和组分对于确定激光辐射与固体的耦合也是重要的[9,10,29]。

5.3.4.6 光学反射率

为了考虑激光能量与材料的耦合，我们需要首先知道照射在划分两个半无限的介质表面上光的光学反射率 R 和透过率 T。在单一的表面上，透过率加反射率等于 1，即

$$R + T = 1 \tag{5.56}$$

（有关证明见附录 F）。在大多数实际情况下，要涉及一个以上的表面，通常有一块有光入射到表面上的材料板，某些光被反射，其他的被吸收或者完全透过这片板，在这样的情况下，采用反射率 R、吸收率 A 和透过率 T 描述在考虑到

板内通过多次和适当的吸收后所有反射的总结果：

$$R+A+T=1 \tag{5.57}$$

从材料响应的视角出发，我们真正感兴趣的是材料的吸收率 A。在采用激光熔化、焊接时实际感兴趣的大多数材料中，T 为 0，即

$$R+A=1 \tag{5.58}$$

Schriempf[30] 提出了怎样考虑 R 和 A 之间的关系。

为了理解反射率，必须采用根据电磁波理论得到的某些一般性的结果。简要地进行归纳，电磁波的电场为

$$E = \mathrm{Re}\left[E_0 \mathrm{e}^{-2\pi kz/\lambda} \mathrm{e}^{\mathrm{i}\omega(t-nz/c)}\right] \tag{5.59}$$

在本书的附录 F 中对这一方程有很好的定义。我们需要的关系是折射系数 n、消光系数 k 和材料特性的关系，可以通过将式(5.59)代入波方程导出这些关系为

$$\frac{\partial^2 E}{\partial z^2} = \mu\varepsilon \frac{\partial^2 E}{\partial t^2} + \mu\sigma \frac{\partial E}{\partial t} \tag{5.60a}$$

式中：E 为辐射的电场；Re 为括号中复数量的实部；E_0 为最大的幅度；k 为消光系数，在真空中 $k=0$；z 为波传播的方向；λ 为波长；t 为时间；n 为折射系数，在真空中 $n=1$；C 为在真空中的光速；σ 为电导率；μ 为磁导率；ε 为介电函数；ω 为角频率。

这导致

$$\left(\frac{2\pi k}{\lambda} + \frac{\mathrm{i}\omega n}{c}\right)^2 = \mu\varepsilon(-\omega^2) + \mathrm{i}\omega\mu\sigma \tag{5.60b}$$

注意，Schriempf[9] 始终采用 MKS 单位，式中的材料特性包括介质的磁导率 μ、介电函数 ε 和电导率 σ。采用场向量之间的一般方程（见附录 F 和式(F.42)），有

$$\begin{cases} D = \varepsilon E \\ B = \mu H \\ J = \sigma E \end{cases} \tag{5.61}$$

将假设

$$\begin{cases} \varepsilon = K_e \varepsilon_0 \\ \mu = K_m \mu_0 \end{cases} \tag{5.62}$$

代入式(5.60b)，再将最终的结果代入式(5.60a)，得到

$$(k+\mathrm{i}n)^2 = -K_e K_m \varepsilon_0 \mu_0 c^2 + \mathrm{i} K_m \mu_0 \sigma \frac{c^2}{\omega} \tag{5.63}$$

式中：ε_0 为真空的电导率；μ_0 为真空的磁导率；K_e 为金属的介电常数；K_m 为

金属的磁导率。

最后，引入 $c^2 = (\varepsilon_0 \mu_0)^{-1}$ 和某些更多的代数式，有

$$n - \mathrm{i}k = \sqrt{K_\mathrm{m}} \sqrt{K_\mathrm{e} - \mathrm{i}\frac{\sigma}{\varepsilon_0 \omega}} \tag{5.64}$$

这一方程通常将可能是复的金属参数 K_m、K_e 和 σ 与折射系数 n 和消光系数 k 联系起来。为了描述光波的传播，需要知道 K_e、K_m 和 σ。在我们描述这些之前，让我们观察电磁波传播的更一般的特性。

第一个是吸收。如果介质在吸收，经过距离 δ 后强度衰减到初始值的 $1/\mathrm{e}$，这是通过设定式(5.59)的 E^2 等于 $(1/\mathrm{e})E_\mathrm{max}^2$ 得到的，或

$$\begin{cases} \dfrac{4\pi k \delta}{\lambda} = 1 \\ \delta = \dfrac{\lambda}{4\pi k} \end{cases} \tag{5.65}$$

由这一方程，我们可以看到为什么 k 被称为消光系数，因为它决定着趋肤深度 δ。式(5.65)是非常通用的，在已知 k 时，可以计算 δ，假定有关感兴趣的材料或目标材料的特性是计算 k 需要的。可以在 Joseph S. Accetta 和 David N. Loomis[31] 的报告中找到在第 6 章中讨论的某些有关怎样实验测量这些问题的信息。

Schriempf[30] 采用 n 和 k 推导了我们这里给出的第二个一般的特性反射率的表达式。

为此，如图 5.26 所示，考虑正常投射到一个理想的固体表面上的光。这里我们已经给出了在真空-材料界面处的入射的 E_i、反射的 E_r 与透射的 E_t 电波。现在，在限定为法向入射的情况进行讨论。我们现在考虑边界条件。对于电场，有

$$E_\mathrm{i} + E_\mathrm{r} = E_\mathrm{t} \tag{5.66}$$

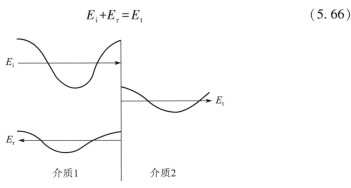

图 5.26 在一个界面处的法向入射、透射和反射的电矢量

对于磁场 $\boldsymbol{B}$，有

$$B_i - B_r = B_t \tag{5.67}$$

减号在 B_r 前面是因为 $\boldsymbol{E} \times \boldsymbol{B}$ 在波的传播方向的负向。现在，$\boldsymbol{B}$ 和 $\boldsymbol{E}$ 之间的关系，或者，$\boldsymbol{H}$ 和 $\boldsymbol{E}$ 之间的关系(因为 $\boldsymbol{B} = \mu \boldsymbol{H}$)是进一步处理需要的，这直接来自麦克斯韦方程(见附录 F)

$$\nabla \times \boldsymbol{E} = -\mu \frac{\partial \boldsymbol{H}}{\partial t} \tag{5.68}$$

$$\nabla \times \boldsymbol{H} = \sigma \boldsymbol{E} + \varepsilon \frac{\partial \boldsymbol{E}}{\partial t} \tag{5.69}$$

重写式(5.58)并引入 $\omega \lambda = 2\pi c$ 以得到用 ω 而不是 ω 和 λ 显式表示的 $\boldsymbol{E}$ 是方便的。回想到 $\boldsymbol{E}$ 是一个向量，并认为它是沿着 x 方向的，因此有

$$E_x = E_0 e^{i\omega t} e^{-\frac{i\omega}{c} z(n - ik)} \tag{5.70}$$

这里我们省去"Re"符号，并简单地说明，当我们用指数的形式描述波时，我们总是意味着实部。我们应当采用单位向量 $\boldsymbol{x}$ 和 $\boldsymbol{y}$。

现在旋量表达式(见附录 B 向量分析)简化为

$$\nabla \times \boldsymbol{E} = \boldsymbol{y} \frac{\partial E_x}{\partial z}$$

式(5.68)告诉我们 $\boldsymbol{H}$ 有一个 y 分量

$$\nabla \times \boldsymbol{E} = \boldsymbol{y} \frac{\partial E_x}{\partial z} \tag{5.71}$$

因此式(5.68)和式(5.69)变成了①

$$\frac{\partial E_x}{\partial z} = -\mu \frac{\partial H_y}{\partial t} \tag{5.72}$$

$$-\frac{\partial H_y}{\partial z} = \sigma E_x + \varepsilon \frac{\partial E_x}{\partial t} \tag{5.73}$$

而且，$E_y = E_z = H_x = H_z = 0$。将式(5.70)的 E_x 的表达式代入式(5.72)①，发现有

$$H_y = \frac{n - ik}{\mu c} E_0 e^{-\frac{i\omega}{c} z(n - ik)} e^{i\omega t}$$

这是希望的关系，即

$$H_y = \left(\frac{n - ik}{\mu c} \right) E_x \tag{5.74}$$

在这点我们注意到式(5.72)或式(5.60a)可以用于产生 n 和 k 与 μ、ε 和 σ

---

① 原书有误，译者改。

的关系。如果读者不熟悉这些关系，建议进行代数变换。回到我们对反射的电场和磁场的考虑，我们借助于式(5.73)中的 H 和 E 的关系重写式(5.66)和式(5.67)①。

$$E_i + E_r = E_t$$

$$\mu_1 H_i - \mu_1 H_r = \mu_2 H_t$$

从而有

$$E_i - E_r = \left(\frac{n_2 - ik_2}{n_2 - ik_1}\right) E_t$$

通过消除 E_t 来求解 E_r/E_i，有

$$\frac{E_r}{E_t} = \frac{n_1 - n_2 - i(k_1 - k_2)}{n_1 + n_2 - i(k_1 + k_2)}$$

最后，在表面处的反射率 R 为

$$R = \left|\frac{E_r}{E_i}\right|^2 = \frac{(n_1 - n_2)^2 + (k_1 - k_2)^2}{(n_1 + n_2)^2 + (k_1 + k_2)^2} \tag{5.75}$$

取介质 1 为真空并去掉下标 2，因为在真空中 $n_1 = 1$ 且 $k_1 = 0$，从而有

$$R = \frac{(n_1 - 1)^2 + k^2}{(n_1 + 1)^2 + k^2} \tag{5.76}$$

式(5.76)是我们在讨论光学与金属的耦合关系时第二个有用的关系，注意，这是针对法向入射这一特殊情况导出的，而且适用于真空-材料界面。

5.4 表面对激光辐照的吸收导致的效应

高能激光光束聚焦在不透明的目标表面并被吸收产生的效应，将产生令人非常感兴趣的现象，最引人注目的效应涉及吸收材料的相变，如金属表面汽化的材料形成的发光的云和经常伴随的火花束。在焦斑处的辐照度可能导致快速的局部加热、强的汽化和材料的毁伤。激光激发的最吸引人的特征是它能够探测焦斑内的绝缘体，并将热能沉积在它上面。激光吸附的最平常的机理是由在焦点处的样本或目标的表面加热导致的热激励过程。在这种情况下，可以忽略跨表面传输的材料数量(图 5.27(a))。对固体表面的激光加热和导致的喷焰会产生不同的化学成分。质子化和碱性化反应经常是离子云中最有特性的成分的源[22]，增加沉积在样本中的能量，会使表面温度达到一个使跨表面传输的材料变得显著的点(图 5.27(b))。

---

① 原书有误，译者改。

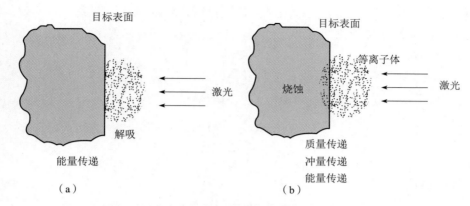

图 5.27 在真空中的不同的激光-目标相互作用机理

(a) 在激光吸收中,材料跨表面的传递可以忽略;

(b) 激光汽化由明显的质量、冲量和能量的传输以及偶然产生的等离子体来表征

在辐照时高能激光辐照转化为热的初始过程涉及将电子激励到高能态,这基本上是一个将光束的光能转化为材料中热能的过程,这是许多激光应用(包括像定向能武器那样的武器应用)的基础。在这里,将通过求解基本的经典热流问题和不同条件下热扩散方程来加以总结。

在进一步讨论这一问题之前,必须从原子物理的视点来理解基本的光能,并理解激光的工作原理。将激光器更正确地描述为产生近乎全相干光的器件,它的工作原理是:一个原子在从一个激励的能态衰减到一个较低的能态时辐射一个光子,频率 ν 由两个能态之间的能量差 ΔE 来确定,即

$$\Delta E = h\nu \tag{5.77}$$

式中:h 为普朗克常量。如图 5.28 所示,对于激光、火焰、白炽灯等任何光源都是这样的情况。在常规的光源中,当受到热或电流的激励时,原子以随机的、不规则的方式辐射光子,并自然地衰减到较低的能态。在激光器中,光子是同相辐射的,这样产生的电磁辐射是宏观水平上可以由式(5.58)、微观水

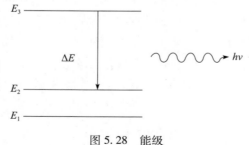

图 5.28 能级

平上可以由前面的章节的麦克斯韦方程组描述的传播的正弦辐射场。

对于要发生的这一过程，必须能得到空穴态来接受激励的电子。当光子能量 $h\nu$ 小时（例如，当 $10.6\mu m$ 波长的激光辐射被吸收时），仅有在接近费米能量 ε_F 的一个窄范围的 $h\nu$ 内的电子可以参与吸收。在 0K 时，达到吸收的最高能量是 $\varepsilon_F+h\nu$。

在较高的温度下，电子占据了一个由费米分布给出的状态范围，这简化为电子能量 ε 的一个玻尔兹曼函数，这样 $\varepsilon-\varepsilon_F\gg kT$，其中 T 是金属温度。光子的吸收使具有 $\varepsilon_F+h\nu$ 能量状态的粒子数增加。因为通常有几个电子电压，对于二氧化碳激光，光子 $h\nu=0.117eV$，红外激光辐射的吸收，会使电子分布到接近费米表面的那些状态上。

费米能量

费米能量是量子力学的一个概念，通常指在绝对温度下占据一个费米子系统中的最大可能的量子态能量。

当在系统中增加一个粒子时，一个非相互作用的费米子的系统的费米能量 ε_F 是在基态能量中的增加量，它可以解释为在这一基态中的单个费米子的最大能量。

金属的费米能量

正如我们所定义的那样，费米能量是在 0K 时电子占有的最大能量。根据泡利不相容原理，我们知道：电子将填充所有可得到的能级，电子的"费米海"的顶部被称为费米能或费米能级。一个金属的载流电子的数量是通过将电子态密度 $\rho(\varepsilon)$ 乘以费米-狄拉克函数 $f_{FD}(\varepsilon)$ 来计算的。每单位能量单位体积运行的载流电子的数目为

$$\frac{dn}{d\varepsilon}=\rho(\varepsilon)f_{FD}(\varepsilon)=\underbrace{\frac{8\sqrt{2}\pi m^{3/2}}{h^3}\sqrt{\varepsilon}}_{\text{状态的电子密度}}\underbrace{\frac{1}{e^{(\varepsilon-\varepsilon_F)/kT}+1}}_{\text{费米-狄拉克分布函数}}$$

通过对这一表达式进行积分得到每单位体积总的载流电子的数目为

$$n=\int_0^\infty \rho(\varepsilon)f_{FD}(\varepsilon)d\varepsilon = \frac{8\sqrt{2}\pi m^{3/2}}{h^3}\int_0^\infty \frac{\sqrt{\varepsilon}}{e^{(\varepsilon-\varepsilon_F)/kT}+1}d\varepsilon$$

在 0K 时，电子能量分布的顶部定义为 ε_F，因此，积分变为

$$\varepsilon_F=\left(\frac{(hc)^2}{8mc^2}\right)\left(\frac{3}{\pi}\right)^{2/3}n^{2/3}$$

例如，如果我们考虑费米能为 5.53eV 的铜元素，则自由电子的密度为 $n\approx 0.5906466\times 10^{29} e/m^3$。

在受激准分子激光器的波长上这一情况是不同的，因为 $h\nu$ 与许多金属的工作函数 ψ 可比或更大。当 $h\nu>\psi$ 时，电子可能被直接从近费米表面的态激励到与从金属排出的电子相关的连续态，这些电子将从趋肤深度 δ 内的水平上产生，这些非排出的电子将把它们的过多的能量耗散为趋肤深度内的热。在光电

子以大约 $hv+kT-\psi$ 的动能离开表面时,将使表面冷却[28]。

图 5.29 给出了 248nm 波长的 KrF 激光器辐照在几种金属上时的光电子流密度—激光强度曲线。

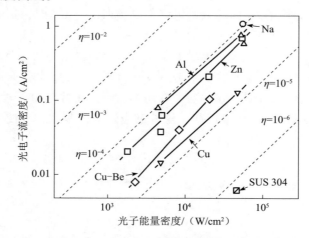

图 5.29 在经受 248nm 波长的 KrF 激光器的辐射时各种金属发射光电子的量子效率

从电子气体传递到金属的能量产生由于光子和缺陷对电子的散射导致的局部加热和微观热效应。

为了研究脉冲激光加热和固体的汽化,我们构建了一个由两部分组成的一维模型:①涉及加热和目标的熔化,并预测温度、密度和液体—蒸气界面处出现的粒子流的速度;②涉及表面排出的火焰的膨胀。在以下章节,我们给出计算的框架。

可以采用热方程计算对具有定义的空间和时间特性的一个辐射源做出响应产生的热的分布,即

$$\nabla^2 T(r,t) - \frac{1}{\kappa}\frac{\partial T(r,t)}{\partial t} = -\frac{A(r,t)}{K} \tag{5.78}$$

式中:κ 为热扩散率($cm^{-2} \cdot s^{-1}$),MKS 单位;K 为热导率(W/cm/℃),MKS 单位;$A(r,t)$ 为与位置相关的每单位体积每单位时间的产热率(W/cm^3)。式(5.78)假设 K 和 κ 与温度无关,且不跨目标的金属表面变化。

正如我们在 5.3.4.5 中讨论的和方程(5.54),激光辐照在不透明的表面上产生的热沉积出现在一个由单光子吸收系数 αcm^{-1} 定义的深度内(即,趋肤深度 $\delta=\alpha^{-1}$)。在光学频率上,这一沉积在金属中的深度为大约 10^{-6}cm。因为 α^{-1} 通常远小于聚焦的准分子激光光束的横向空间长度,可以将热传导方程式(5.78)线性化。这样,在一维空间内,可以将它简化为

$$\frac{\partial^2 T(z,t)}{\partial z^2} - \frac{1}{\kappa}\frac{\partial T(z,t)}{\partial t} = -\frac{A(z,t)}{K} \tag{5.79}$$

式中：z 为从样本的表面扩展到材料里的一个坐标。因为 $A(z,t)$ 是一个体热源，它必须在 z 处的某一增量长度 Δz 内进行评估。假设位于目标表面的一个均质吸收介质，可以写成

$$A(z,t) = (1-R)I_0(t)\alpha e^{-\alpha z} \tag{5.80}$$

式中：R 为表面反射率；$I_0(t)$ 为入射到表面上的与时间有关的入射强度。这样

$$\int_0^\infty A(z,t)\mathrm{d}z = (1-R)I_0(t) \tag{5.81}$$

将式(5.81)代入式(5.79)得到

$$\frac{\partial^2 T(z,t)}{\partial z^2} - \frac{1}{\kappa}\frac{\partial T(z,t)}{\partial t} = -\frac{1-R}{K}I_0(t)\alpha e^{-\alpha z} \tag{5.82}$$

式(5.82)描述暴露给 $(1-R)I_0(t)$ 的激光束源的均匀表面的热辐照在一个半无穷的半空间内产生的温度轮廓的解，分布为 $e^{-\alpha z} = \exp(-\alpha z)$，其中称为趋肤深度的深度在本章的前面几节定义。

仅有当系统具有一定的对称边界条件时，才可以以解析的形式表示热传递方程式(5.82)的解。当不是这样的情况时，可以数值求解热传递方程。几乎任何实际的激光加热问题的详细分析需要采用数值方法，尤其是对于定向能武器应用。然而，由于经常可以利用解析形式表示的近似解来对激光加热机理进行深入的物理洞悉，在本节中概括了可以得到的解析解。

Duly 等给出了这些解和相关的边界条件[7]。尽管这不表示可能解的一个完全集，选择了给出的例子来表示在激光钻孔中最经常遇到的边界条件。在其他文献中有进一步的例子和讨论(Carslaw 和 Jaeger[6]，Ready[19]及 Duley[7])。

在 5.4.1 节中给出了这些解的一种形式。

5.4.1 没有相变的加热

在激光脉冲或辐照持续期间，吸收光子的电子之间和它们与晶格光子之间将发生许多碰撞，由一个电子吸收的能量分配并传输到晶格上，因此在吸收光的点处，可以认为光能被瞬时转换为热，能量的传播很快，在 Q 开关和正常激光脉冲的时间尺度上，可以认为在一个脉冲期间迅速建立起局部均衡。因此，温度的概念得到验证，我们能够得到如式(5.82)那样的热流方程。

在吸收系数 α 相对小且我们对在达到趋肤深度 $\delta = 1/\alpha$ 量级的深度 z 处的温度感兴趣的情况下，解由下面的式(5.83)给出。所做的假设是脉冲的时域形状是平坦的(即，对于 $t \geqslant 0$，$A(t) = A_0 = $ 常数)，A_0 是入射强度或光束通量，量纲是(W/cm^2 或 $J/(cm^2 \cdot s)$)。在这些条件下，在一个热导率为 K、热扩散

率为 κ 的材料中,热流方程式(5.82)的解(这一方程可以采用本书的附录 E 中给出的拉普拉斯方法来求解)可表示为

$$T(z,t) = (2A_0/K)(\kappa t)^{1/2}\mathrm{ierfc}[z/2(\kappa t)^{1/2}] - (A_0/\alpha K)\mathrm{e}^{-\alpha z} + \\ (A_0/2\alpha K)\exp(\alpha^2\kappa t - \alpha z)\mathrm{erfc}[\alpha(\kappa t)^2 - z/2(\kappa t)^{1/2}] + \quad (5.83)\\ (A_0/2\alpha K)\exp(\alpha^2\kappa t + \alpha z)\mathrm{erfc}[\alpha(\kappa t)^2 + z/2(\kappa t)^{1/2}]$$

在式(5.83)中,erfc 和 ierfc 表示互补的误差函数,在附录 E 中给出了它的积分的良好定义。

在吸收材料的光学吸收系数比典型的金属(α 在 $10^5\sim10^6\mathrm{cm}^{-1}$ 量级)要大的情况下,其解可表示为

$$T(z,t) = (2A_0(\kappa t)^{1/2}/K)\mathrm{ierfc}[z/2(\kappa t)^{1/2}] \quad (5.84)$$

对于考虑大的吸收系数和限定的均匀空间分布变化的脉冲时域形状得到延伸的情况,可以通过将 Duhamel 理论应用到式(5.82)得到解为

$$T(z,t) = \int_0^\infty \int_0^t \frac{A(\tau)}{A_0}\frac{\partial}{\partial t}\frac{\partial T'(z',t-\tau)}{\partial z'}\mathrm{d}z'\mathrm{d}\tau \quad (5.85)$$

式中:T' 为吸收的通量密度;A^0 为一个方形脉冲的情况下热流方程的解。

温度计算的典型结果是深度的一个函数,时间是一个参数,在一个初始温度为 0℃ 的铜样本中,对于给出的激光脉冲形状,计算结果如图 5.30 所示。

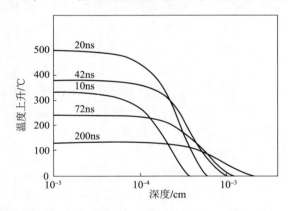

图 5.30 计算的由铜吸收 Q 开关激光脉冲产生的温升与深度的关系,时间是一个参数

在 Ready 的文献[19]中进一步讨论了典型形状的激光脉冲的温度轮廓。

5.4.2 相变情况下的加热

当表面温度达到熔化温度 T_m 时,在临近表面处有一个熔化的区域。在没有扰动的情况下,这一熔化的材料将以由下面的方程[34]给出的速度 v_m 传播到衬底中,即

$$v_m = \frac{\varepsilon I_0}{\lambda_m + \rho C T_m} \exp\left(-\frac{v\Delta}{\kappa}\right) \tag{5.86}$$

这一方程的几何如图 5.31 所示，λ_m 是熔化的潜热，MKS 量纲为 $J \cdot km^3$，C 是量纲为 $J/g/℃$ 的热容，Δ 是熔化的厚度，v_m 的量纲为 cm/s。

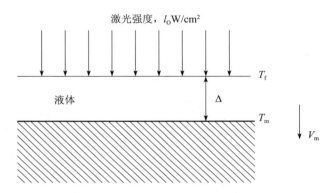

图 5.31　表面受到均匀加热的一个半无穷区域的熔化区域的几何

W. W. Duley[34]很好地讨论了激光对目标的辐照和有相变时的加热。如果在波向固体里传播时不能消除熔化的液体，在熔化—汽化界面处的连续吸收会导致达到熔化的温度。如果入射的辐射有足够的强度，则温度可能上升到沸点 T_v 或更高。当 $T = T_v$ 时这将伴随着有下列速度的汽化波的开始，即

$$v_v = \frac{\varepsilon I_0}{\lambda_v + \rho C T_v} \tag{5.87}$$

式中：λ_v 为汽化潜热，和 v_m 的情况一样，所有的量具有相同的单位。随着 I_0 增大，v_v 相应增大，直到接近在材料中的声速 v_s。当 $v \to v_s$ 时，则 v 的方程可写为

$$v = v_s \exp\left(\frac{-\lambda Z}{\rho N_A k_B T_v}\right) \tag{5.88}$$

式中：Z 为材料的原子数；N_A 为阿伏伽德罗常数；k_B 为玻尔兹曼常数。

由于在这种情况下 v 与 I_0 无关，在高的通量水平时汽化的速率饱和[34]。对于大部分金属，当 $v \sim 10^5 \sim 10^6 cms^{-1}$ 且 $I_0 \geqslant 10^8 W \cdot cm^{-2}$ 时出现这种饱和。注意，这样幅度的汽化率仅能持续较短时间，即，为脉冲激光光束激励[34]。在 Carslaw 和 Jaeger[6]、Ready[19] 及 Duley[7] 的文献中有进一步的讨论。

5.4.3　贯穿金属板的熔化

增大沉积到简单的目标中的能量，导致表面温度到达跨材料表面的热传递变得显著的点（图 5.27(b)）。各个研究的实验观察表明，出现了杯口状的目标烧蚀。在理论上这意味着，必须采用质量守恒和动量矩现象来补充能量守恒方

程。热流、加热和汽化的目标材料的膨胀是由液体动力学方程主导的。求解守恒定律耦合的偏微分方程,可以洞悉决定着杯口深度、云扩展、离子的产生、相对敏感因素和离子动能分布的因素。这些量的计算和测量值表现出与不同类型的激光器和不同类型材料的相关性[35-37]。

熔化深度与激光参数(对于脉冲激光情况是能量密度和脉冲持续时间,对于连续波激光光束是交战或持续时间)有关。

不同的研究者进行了数学分析和计算,Carslaw H. S 和 J. C. Jaeger[6]、A. V. Luikov[4]及 M. N. Ozisik[38]建议进一步开展一些研究。

由于随着表面吸收或释放潜热,固相和液相之间的界面运动,涉及熔化或凝固的热传导问题是复杂的,在这些情况下,与这样的热流问题相关的所有边界条件,应当被或多或少当作拉格朗日型而不是欧拉型。

在液体动力学和有限变形弹塑性中,流场的拉格朗日方法是在观察者沿着通过空间和时间运动的单独的液流段观察流体运动的一种方式,画出单个的液流段在不同时间的位置给出了液流段的路线。这可以可视化为坐在一艘船上并沿着一条河漂流。

流场的欧几里得方法是聚焦在当液体在某一时间流过时在空间上特定的位置上观察液体运动的一种方式。这可以通过坐在一条河的岸上并观察水流过固定的位置来可视化。

流场的拉格朗日方法和欧拉方法有时被松弛地表示为拉格朗日和欧拉参照系。然而,一般流场的拉格朗日方法和欧拉方法可以用于任何观察者参照系和在选择的参照系内采用的任何坐标系中。

在这样的条件下,运动界面的位置不是事先已知的,且固体和液体的热特性是不同的。Ozisik[38]求解了在运动的界面处的热传递流方程(包括涉及烧蚀的问题)的解。他也分析了在 $x=0$ 处具有可变的表面热流和恒定的表面温度的半无穷区域的情况。他的方法也涉及目标表面材料的与时间相关的热特性以及时间相关性。

5.4.3.1 目标的汽化

采用激光是非常容易产生汽化的。由高能激光光束产生的汽化是一个轰击现象,随着汽化排出的熔化的材料会产生一团火花。由于汽化产生的等离子体对由目标表面吸收的激光束有影响,在 5.3.4.3 节(金属对激光辐射的吸收)中对这种情况进行了一定程度的讨论。

在采用激光作为定向能武器的情况下,不很关注目标的汽化,在遇到这一阶段的时间,我们已经超出了使目标不能完成分配的任务使命的目的,在熔化阶段来袭威胁已经丧失了所有的动量,并偏离了轨迹。但对于对研究激光对目标辐照的这一方面感兴趣的读者(包括在本章提到的一些),有不同的研究者提供了大量的参考文献,我们为这类读者推荐这些研究者。

参考文献

1. McComb G (1997) Lasers, ray guns, & light cannons, project from the Wizard's workbench. McGraw-Hill, New York
2. Wieting TJ, Schriempf JT (1976) J Appl Phys 47:4009
3. Sturmer E, Von Allmen M (1978) J Appl Phys 49:5648
4. Luikov AV (1968) Analytical heat diffusion theory. Academic, New York
5. Wooten F (1972) Optical properties of solids. Academic, New York
6. Carslaw HS, Jaeger JC (1959) Chapter 1 Page 11 and 89 in Conduction of heat in solids, 2nd edn. Clarendon, Oxford
7. Duley WW (1976) CO^2 lasers: effects and applications. Academic, New York, NY
8. Birks JB (1970) Photophysics of aromatic molecules. Wiley-Interscience, London
9. Barbrino S, Grasso F, Guerriera G, Musumeci F, Scordino A, Triglia A (1982) Appl Phys A29:77
10. Roos A, Bergkvist M, Ribbing CG (1989) Appl Opt 28:1360
11. Honig RE (1963) Appl Phys Lett 3:8
12. Lichtman D, Ready JF (1963) Phys Rev Lett 10:342
13. Giovi F, Mackenzie LA, McKinney EJ (1963) Appl Phys Lett 3:25
14. Basov NG, Yu Gus'kov S, Danilova GV, Demchenko NN, Zmitrenko NV, Ya Karpov V, Mishchenko TV, Rozanov VB, Samarski AA (1985) Sov J Quantum Electron 15(6):852
15. Nuckolls JH (1980) In Laser Program Annual Report 1979, UCRL-50021-79, Vol 2, p. 2
16. Afanasiev YuV, Gamaly EG, Gus'kov SYu, Demchenko NN, Rozanov VB (1988) Laser and particle beam, 6, Paert 1:1
17. Ready JF (1997) Industrial applications of lasers, 2nd edn. Academic, New York
18. Cohen MI (1967) J Franklin Institute 283:271
19. Ready JF (1971) Effects of high-power laser radiation. Academic, New York, NY
20. Kittle C (1996) Introduction to solid state physics, 7th edn. John Wiley, New York, NY
21. Ready JF (1965) J Appl Phys 36:462
22. Vertes A, Juhasz P, Gijbels R, Fresenius Z (1989) Anal Chem 334:682
23. Duley WW, Semple DJ, Morency JP, Gravel M (1979) Opt Laser Technol 11:281
24. Wieting TJ, De Rosa JL (1979) J Appl Phys 50:1071
25. Shewell J (1977) Weld Des Fab, June, p 100
26. Stratton JA (1941) Electromagnetic theory. McGraw-Hill, New York, pp 500–511
27. Dowden JM (2001) The mathematics of thermal modeling: an introduction to the theory of laser material processing, 1st edn. Chapman and Hall, London
28. Duley WW (1996) UV lasers: effects and applications in materials science, 1st edn. Cambridge University Press, Cambridge
29. Kinsman G, Duley WW (1993) Appl Opt 32:7462
30. Schriempf JT (1974) Response of materials to laser radiation: a short course, NRL report 7728, July 10, 1974. Naval Research Laboratory, Washington, DC, 20375
31. Accetta JS, Loomis DN (2007) High energy laser (HEL) lethality data collection standards-revision A. Directed Energy Professional Society, Albuquerque, New Mexico. www.DEPS.org
32. Balaze L, Gijbels R, Vertes A (1991) Anal Chem 63:314
33. Kawmura Y, Toyoda K, Kawai M (1984) Appl Phys Lett 45:308
34. Duley WW (1983) Laser processing and analysis of materials. Plenum Press, New York
35. Vertes A, Juhasz P, De Wolf M, Gijbels R (1989) Int J Mass Spectrum Ion Processes 94:63
36. Vertes A, Juhasz P, De Wolf M, Gijbels R (1988) Scanning Microsc 2:1853
37. Vertes A, Juhasz P, De Wolf M, Gijbels R (1989) Adv A&s Spectrom 77:1638
38. Oziski MO (1968) Boundary value problems of heat conduction. Dover, New York

第 6 章　高能激光光束武器

本章讨论激光光束武器和它们作为定向能武器的应用。激光技术的发展可以追溯到 Albert Einstein 在 1916 年所做的预测，当时他指出：当一个特定波长的光到达时可以激励一个原子或分子发射一个特定波长的光，这一现象称为受激辐射。当时已经认识到，在没有外界干涉的情况下，原子和分子可以自发地发射和吸收光。1928 年，R. Ladenburg 证明爱因斯坦的预测是对的。在那时，受激辐射似乎是很少发生的，当时占绝对主导地位的还是自发辐射。在许多年后，物理学家才学会怎样在激光器中创造适当的条件来实际使用受激辐射，这是我们现在知道的物理学知识。20 世纪 70 年代出现的一系列突破重新激发了军事界对高能激光武器的兴趣，这些发展集中在两个领域：二氧化碳激光器和化学激光器，这些是现在知道的技术。尽管气体动力学激光器技术是在 1967 年发明的，在由 Patel 首次验证之后不久，人们就认识到了二氧化碳激光器在高能输出方面的优势。几乎在同时，苏联研究团队也报道了类似的工作，这可能受到了美国研究工作的启发[1]。

6.1　引言

激光和激光光束武器是为我们提供强大的防护伞的纯防御武器吗？或者它们在加速的军备竞赛中是危险的、造成新的不稳定的因素吗？由于管理部门考虑花费政府几十亿美元的经费和纳税者的金钱投入激光和粒子束武器的研发项目，已经到了认真地考虑它们的影响的时间了。

一个防御武器系统的效能可由其拒止攻击系统成功地实现任务使命的能力来度量，要做出一个有效的武器系统，需要完成的工作远远超出了产生一个大功率的能束，能束必须瞄准目标，并通过非合作的大气聚焦在远距离处的目标上，它必须将高功率足够长时间地会聚在一个小的区域，产生致命的毁伤，这一要求通常意味着能束必须跟踪目标的轨迹。针对能束武器构想的大部分目标是足够快的，因此需要自动跟踪和识别。在针对核攻击的防御系统的情况下，应当有保证远距离杀伤的途径。

有几种观察采用能束武器来毁伤目标的问题的方式，由于涉及非常复杂的因素，这一工作是复杂的。这一问题是针对激光武器很好地定义的，由于这种原因，本节我们主要关注激光定向能武器，而不是其他能束武器（如涉及非常不同的物理学的粒子束武器或电磁武器，它们有单独的章节）。在激光光束武器中，涉及几项任务（其中有些与其他能束武器有共同的基础），这些任务是[2]：

（1）识别目标（通常不被设定为静态的）和目标上的薄弱部位。
（2）在武器准备发射和正在发射的过程中跟踪目标。
（3）使武器瞄准目标上的薄弱部位。
（4）使能束聚焦以使它在目标上有希望的强度（通常尽可能最高），在激光光束情况下尽可能法向入射。
（5）补偿能使能束偏离目标或使能束能量分散的大气效应（热晕）。
（6）在攻击时保持能束聚焦在目标上。
（7）确保能束内尽可能多的能量沉积在目标上，而不是偏离目标，确保目标已被毁伤失能。

对于一个好的定向能武器系统有很好的愿景，但许多是采用现在已经了解的激光技术难以实现的。为了使定向能武器能够实现这样的目标，军事爱好者和系统开发者把它们统称为目标截获和火力控制，这是一个提供有关目标的足够的精度信息，并对目标进行精确定位，从而能连续监视或进行目标指示与交战的过程。这包括用于直接或间接发射武器的目标截获，以及可以作为定向能武器平台的人工智能系统的一部分的信息运用。定向能武器平台装有定向能武器系统，并与作为整个指挥控制通信和情报系统的一部分的武器火力控制耦合。

人工智能是建造智能机器尤其是智能计算机程序的科学和工程，它具有与采用计算机理解人的智能类似的任务，但人工智能不限定在生物上可观察的方法。早期的目标识别是与定向能武器平台耦合的人工智能系统的一个非常重要的任务，用于向正确的目标射击，因为按照当今的美元价格来算，这样的定向能系统是不便宜的，定向能武器的发射系统的射击不应在交战时浪费在错误的目标上。在这种情况下，监视和目标截获是分配给人工智能单元和/或定向能武器装备的一项重要的任务，它涉及观察一个区域，观察有什么变化（监视），然后基于这一信息截获目标。因此，在全能束控制中，涉及能束的操控和将能束聚焦在目标上，并要在能束通过大气的某些层时（如地基激光和机载激光情况），补偿大气的畸变（即，热晕）。当然，天基激光定向能武器不划归到此类，除非它参与对从地面发射平台发射的目标的助推段交战。

监视、侦察和瞄准、截获资源对主宰作战空间有重要的贡献，在作战空间内有各种各样的监视、侦察和瞄准、截获活动同时发生，这对于支持各种用户（从决策制定者到射击者）是关键的。除了获取建立态势感知的信息外，监视、侦察和瞄准、截获装备对许多作战空间活动都有贡献：作战空间的情报准备、目标指示和告警、态势感知、兵力防护、战场毁伤效果评估以及瞄准和信息获取调度。给定这一多维度的能力，不再希望仅把监视、侦察和瞄准、截获装备专用于情报获取管理范畴。对高价值的监视、侦察和瞄准、截获资源的指挥和控制，最终是指挥官的职责。

监视和目标截获是分配给单元和/或它们的装备的一项军事任务，它涉及观察一个区域以观察有什么变化(监视)，并基于这一信息来截获目标。

与监视、侦察和瞄准、截获系统结合的火力控制要实现武器的瞄准和发射（这是一个包括目标识别和跟踪，并提供能束控制系统可以用于能束瞄准的信息的任务)，还要启动武器的发射，瞄准目标上的薄弱部位，并确保目标被毁伤。

能束控制是定向能武器特有的，但火力控制是用于许多种类的武器系统发展的一项很成熟的军事技术。令人感兴趣的是，许多现代导弹和"智能"炸弹的火力控制系统采用低功率激光器，用可用在炸弹或导弹上的传感器探测到的光斑来标记可能的目标。低功率的激光器也可以测量到目标的距离，以辅助火炮的火力控制系统来瞄准武器。但尽管在常规武器和当今的战场中广泛运用火力控制装备，定向能武器的要求比当前的装备和现有的技术能提供的能力要高。的确，许多观察者认为，能束和火力控制比建造一个大型激光器要难得多，这是因为对能束武器非常高的任务要求带来了很大的困难。

设计一个用于定向能武器的好的火力控制系统的一个驱动因素是分配给这样的武器系统的任务要求。能束武器对目标交战有不同的任务使命，对能束武器提出了不同于常规武器的任务使命需求，并对与定向能武器平台耦合的能束和火力控制系统以及监视、侦察和瞄准、截获提出了不同的要求。通常，交战任务使命(这是在早期定义战略防御倡议的威胁时知道的)可以粗略地划分为两类：

（1）针对大气层内的威胁对大气层内的目标交战。

（2）在外太空对大气层外威胁和目标的交战，在这种情况下，没有大气，不涉及热晕和能束分散效应或者在大气中遇到的粒子。

尽管提出的某些系统不能明确地划分到这两类，因为它们需要从地面发射激光光束到空间，或者从空间下视、下射处于助推段的威胁(如洲际弹道导弹)。

用于大气层内的定向能武器通常具有战术任务使命，这意味着它们必须能够对几英里或几千米的距离外的目标交战，对于实际的用途，一个以光速或近光速运动的能束可以瞬间到达这样的目标。然而，大气可能使能束弯曲、畸变或者破裂，因此，需要复杂的补偿技术，使能束的能量会聚在目标的正确点处。许多任务，如战舰针对来袭的巡航导弹的防御，可能需要非常快的响应速度，以在目标可能到达它们的任务使命指定的目标(舰艇)之前，对许多目标交战。在其他的任务使命中，速度可能不是最关键的，如毁伤相对慢速运动的直升机。但在大多数情况下，系统必须精确瞄准战场(包括友方部队)中的敌方目标。对于典型的目标，需要将足够的能量会聚在一个关键点，使目标在物理上失能。但在某些情况下，采用低得多的功率足以使传感器致盲，因此，能在不对友方部队造成任何损伤(即，由于双向反射分布函数效应造成的损伤)的情况下，使目标失能(见第 2 章激光安全)[2]。

地基和空基反卫星武器带来了非常不同的设计约束，取决于卫星目标的轨道，它们的距离是几百或者上千千米或英里。如果目的是致盲传感器或者使脆弱的敏感系统或电路失能，有适当的功率到达卫星是足够的，这或许是杀伤当前的卫星的最有效的方式。如果从地面观察，卫星是慢速运动的目标。可能需要补偿大气效应(即热晕)，但补偿任务比需要将高功率传输到目标上的小点要容易。

考虑到如果我们将目标截获和交战划分成 3 个阶段：①初始段或助推段(大气层内场景)；②来袭弹道导弹的中段阶段(大气层外场景)；③末段(大气层内场景)。则对国家进行针对核攻击的防御需要一个不同的系统，将有非常不同的需求集。在一个全力以赴的攻击中，在几千千米或英里之外将同时出现几百个目标，武器系统必须能尽可能快地到达这一距离处的目标。除了 X 射线激光器外，任何武器系统将必须相继毁伤许多目标。核炸弹导致的毁灭程度，是尽可能杀伤许多目标(理想情况下杀伤所有的目标)，并要知道哪些目标没有失能，使其他武器可以射向它们是重要的。如果激光在地面上，将激光光束发射到空间中的"战场反射镜"，可以采用在激光器中的光学系统和空间中大的反射镜来完成大气效应补偿，它们组合起来将构成能束控制系统。

武器系统本身的特性也会产生另外的差别，需要采用不同的技术来引导可见光、X 射线、带电粒子、不带电粒子和微波能束。这样的武器火控技术将是彼此更紧密地结合的，尽管它们有一些显著的差别。在本章，我们的重点是高能激光武器系统。在本书的第 7 和第 8 章涉及其他类型的能束的不同控制方式，并更详细地描述了激光以外的其他主要的定向能。

6.2 定向能武器交战

采用定向能武器的目标交战与采用动能武器的常规交战很可能有显著的差

别。它们要求对交战的具体目标更详细的知识,在交战中和交战后更加难以完成毁伤效果评估。

首先,定向能武器交战需要的目标知识,很可能与动能交战所需的目标信息显著不同,并且要详细得多。定向能武器对多目标集效能的变化可能是非常不同的。武器开发者不太可能建造出像典型的动能武器那样普遍有效的武器。针对大部分目标上具体的组件采用定向能武器是重要的,在交战之前,需要识别这些组件。

其次,我们在定向能武器交战之后完成毁伤评估的能力与现在采用的方法很可能显著不同,由于可能不容易观察到物理毁伤,定向能武器对一个具体目标的毁伤仅有的线索可能是目标的反常表现。一个简单的例子是空空交战,对于动能武器,如果飞机爆炸成火焰或者失控地冲向地球,则认为对一架飞机的攻击是成功的,观察到这两个现象就表明成功地杀伤目标。对于定向能武器系统,攻击可能不会使目标产生可观察到的物理变化,仅有飞机冲向地球的失控表现表明成功地杀伤目标。对处于助推段的弹道导弹的攻击,可能产生易于观察的爆炸,以及由于激光辐照造成的异常表现。

对于不同类型的定向能武器,无论是激光武器、高能微波武器或是粒子束武器,怎样处理这两个因素的细节是不同的。

首先考虑激光武器,其激光系统很可能非常昂贵,尽管每次目标交战可能成本较低。因此,希望使激光系统能够对动能杀伤距离之外的目标交战,激光应当很容易做到这样,这类定向能武器的一个优势是,按照常规的标准,它有更远的有效作用距离。

表 6.1 给出的采用衍射限光束的、工作波长为 $1.0\mu m$ 和 $10.0\mu m$ 激光武器产生的可能的光斑的尺寸。

表 6.1　由激光武器产生的衍射限光束的光斑大小

距离	在 $1.0\mu m$ 波长处的半径	在 $10.0\mu m$ 波长处的半径
100m	0.1mm	1.0mm
1km	1.0mm	10.0mm
10km	1.0cm	10.0cm
100km	10.0cm	100.0cm
1000km	1.0m	10.0m
10000km	10.0m	100.0m

当然,光学系统永远不能是完美的,大气(对于激光光束武器情况,热晕效应等)显著地扰动能束,但在 1~10km 的距离上进行交战是可能的。在这样

的距离上，典型的雷达回波可能不足以足够精确地对目标定位，从而启动向目标的发射，因此需要某种激光跟踪系统，精确地对目标定位，并使高能激光瞄准目标。激光跟踪系统可对目标进行成像，使在这样的距离上光斑尺寸足够小，从而能选择一个目标上的一个具体的瞄准点，使能束的效能最高。为了实现这一目标，必须能够得到有关目标几何的足够详细的知识。使激光跟踪系统和高能激光的视轴对准，需要很高的精度。对于实际的激光武器系统，截获、瞄准和跟踪带来的挑战，至少像激光光束产生带来的挑战一样大。

为了感受到涉及的问题，讨论1983年进行的美国激光实验室(ALL)的实际成功的目标交战，或许是有用的[1]。在两次单独的试验序列中，ALL采用一个 10.6μm 的激光器对两个目标交战，一个是 AIM-9B 响尾蛇导弹，一个是 BQM-34A 无人机。AIM-9B 试验序列涉及飞机针对空空导弹的自卫场景。BQM-34A 第1次对两枚 AIM-9B 导弹的交战在大约 3km 距离处开始，并采用持续时间 4.6s 和 3.8s 的激光光束，估计激光光斑的尺寸为直径小于 10cm。在两次交战中，激光跟踪系统截获了导弹，并使高能激光瞄准了目标，以使高能激光能命中导弹。回波偏离导弹弹体的闪烁，使光束移向包括导弹制导系统的导引头的导弹头部，光束驻留在导引头上导致导弹头罩被烧穿，实际的烧穿持续了不到 1s。当导弹导引头失效后，导弹偏离航向并撞向地面。整个交战是在 ALL 火力控制中心的跟踪显示屏上观察的。因为响应时间和跟踪机动目标的能力超出了人的能力，交战是由计算机控制的。在导弹偏离航向后进行了杀伤确认。试验中对 AIM-9B 的遥控系统进行了设置，使得烧穿头罩和导引头的失效事件被发送到跟随 ALL 的测控飞机上，确认激光辐照的效果。没有人眼可以观察到的可与动能杀伤并造成导弹爆炸相比的对导弹的杀伤效应。

对于第3次交战，在导弹的头锥处一个剥开的导线上安装少量的炸药，如果由于激光辐照导致导线燃烧则会引起爆炸。这次激光光束扫描导弹的头部，并在头部移动，用了 2.4s 使头罩燃烧，爆炸的导弹放出了白烟，这样做进一步确认了对导弹的杀伤，并且适于发表在报纸上，但对系统的验证没有太大作用。第4和第5次交战分别需要 3.6s 和 3.1s，观察到 AIM-9B 严重偏离航向并撞向地球。

交战是成功的，因为在 ALL 上的计算机有来自 AIM-9B 的回波的足够信息来知道来自响尾蛇弹体最可能的最强的回波闪烁，以及这一点与导弹头罩的偏差。交战也可以在激光光束持续照射了合理的时间后终止，因为导弹航向显著的偏离清楚地表明，导弹的制导系统已经失效。所有的跟踪是由计算机实现的，甚至观察不到可见的激光光束。这样的交战与常规的交战明显不同，但在毁伤目标方面和动能杀伤一样是成功的。

对于 BQM-34A 的交战，选择使瞄准点放在翼根前面，安装一个不锈钢罐来模拟一个巡航导弹上的燃料箱。无人机的头锥部的回波闪烁被用作跟踪的基准点，瞄准点相对于该基准点有所偏移。在第 1 次 ALL 交战中，激光命中了不锈钢罐，并持续了足够长的时间，使罐内的某些燃料引爆，但爆炸没有强到足以毁伤无人机，无人机烧完了燃料并撞到海洋中。在第 2 次 ALL 交战中，控制能束偏离燃料罐并移向翼根，这一无人机被从海洋上回收，在翼根处有明显的毁伤，但毁伤不足以导致无人机显著偏离航向并毁伤（可以类比于车辆被小的枪支命中但并未摧毁）。在第 3 次 ALL 交战中，瞄准点从燃料罐移到包括飞行控制系统的机身区域，大致在机翼后面。在 1.8km 距离处，ALL 将能束放置在飞行控制盒的上面，通过遥测发往跟踪飞机上的飞行控制信号立刻受到了干扰，无人机很快前后摇摆，然后向右滚转 90° 的角度并冲向水中。通过目标的异常表现确认目标被杀伤。

基于由一个工程化的高能激光系统进行的两组杀伤，未来的系统将需要：

（1）如果目标大于几十厘米，需要详细的目标知识。

（2）计算机控制的跟踪采用多个激光器，并识别来自空间分集的目标的激光回波信号。

（3）通过目标的异常表现来进行杀伤确认。

这些需求看起来是可实现的，但它们与对动能系统的需求有所不同。

激光交战并非总是针对飞机或导弹目标。对弹道目标的交战不太可能给出对于杀伤确认有用的指示，如果不容易确认杀伤，则难以确定何时终结在目标上驻留。对地面上的固定目标的交战，也缺乏进行杀伤确认的机制。

高能微波武器或者电磁脉冲武器在一定程度上也有相同的困难。将高能微波武器瞄准目标比激光武器瞄准要容易，因为微波辐射的准直性要差得多，而且在许多情况下可能几乎是各向同性的。然而，这对高能微波武器的运用带来了主要的限制，因为武器必须到达目标较近的地方再开始辐射，这也带来了对武器投送系统的"自杀"或"自相残杀"问题。

对于高能微波武器系统的目标知识问题，有两类经典的目标效应或耦合方式，在前门耦合中，攻击系统采用一个调谐到一个特定的频率或频率范围的天线，使目标的接收机接收到过高的能量，这通常是一个可解的问题，可以估计到目标上的功率。然而，前门耦合仅对具有接收天线并可以进入天线且必须连续工作的系统才是有用的，这主要适用于通信系统。

在后门耦合中，跟踪系统试图通过某种方法耦合到不能通过天线耦合到的目标，这问题要难得多，而且很多不能通过分析来解决。一个攻击者必须得到可以得到的要攻击系统的样本，并在进行攻击之前能够对希望的效应进行测试。有多种方法可使一个电磁信号耦合到一个多孔物体内的电路中,但采用第一原理进行精确的分析是非常困难的。

可以实现对不希望进入的电磁信号的屏蔽,而且可以对系统进行针对高能微波武器的加固,但保持这样的屏蔽是困难的,而且可能是效费比不高的。为了验证一个攻击者对一个特定的系统具有很高的成功概率,需要进行许多试验。

最后,电磁杀伤是非常难以验证的。如果一个计算机或雷达系统受到攻击并造成它无法工作,这可以从电磁上观察到。除此之外,确认电磁毁伤效应是非常困难的。这样的武器的成功很可能必须基于大量的试验和可以接受的一定的风险来进行估计。将来的研究可能发展可以评估一个高能微波武器攻击的主动应答方案,但现在能够得到的这样的应答方案很少。

粒子束武器是发展的最不成熟的定向能武器,还没有已知的系统试验能够确定进行一个成功的杀伤需要的工作参数。粒子束武器的运用可能需要像高能激光武器系统那样类似级别的目标信息。因为粒子束要穿透它们的目标,要了解目标的内部设计,确定瞄准点和杀伤机制。针对一定几何结构材料的粒子束效应,比电磁波效应更好定义,如果已知材料和几何结构,可以采用第一原理来计算许多效应。

电子束和质子束将以 X 射线和伽马射线的形式产生目标的电磁辐射回波。质子还产生中子的回波。这些回波的强度随要拦截的目标而变化,相对或光谱强度也可以提供有关目标材料的一些信息。是否足够在空间操控一个不可见的能束仍然需要观察,在瞄准和跟踪问题中,可以采用激光来进行辅助。

采用粒子束对弹道导弹弹头的成功杀伤是难以确定的,除非有足够大的能量沉积在目标上导致目标自爆,这可能需要在能束中具有很高的、禁止达到的能量。如果目标是电子杀伤,任何针对高能微波武器发展的确定电子杀伤的方法是有用的。对大气层内的飞机或机动系统的杀伤,通过目标的异常表现来确定,就像高能激光武器的毁伤效果确定那样。

6.2.1 截获、跟踪、瞄准和火力控制

将激光能量从光学系统指向目标需要高精度的截获、跟踪、瞄准和火控系统。天基或地基激光武器系统均需要对导弹定位(截获)、跟随其运动(跟踪)、确定激光瞄准点,并使激光能量保持在目标上(瞄准),最终转到一个新的目标上(火力控制)。由于武器和目标之间的距离远,对每个组件有严苛的精度要求。

美国在空间和地面项目的截获、跟踪和瞄准技术方面投入了相当多的时间和资源。对于任何高能激光武器系统,空间试验是关键的,因为它们要验证高

风险的技术，并且要在实际的作战使用环境中这样做。然而，20 世纪 80 年代的空间项目，遭受了成本过高和挑战者号航天飞机失事带来的不利影响，由于经费不足，终结了许多空间项目，或者将研究范围缩小，但在 1990 年还是完成了两个高度成功的空间试验。中继反射镜试验验证了高精度的瞄准、激光光束稳定性和长持续时间的光束中继，验证了交战能力，这是一项任何需要空间中继反射镜的武器结构的关键技术。另一个成功的试验是麻省理工学院林肯实验室进行的低功率大气补偿试验，这验证了对使激光光束畸变的大气湍流进行补偿的技术的可行性。

取消了数项空间试验，或者重新设计为地面试验。只要试验不受地球引力的限制或受到不利影响，可以成功地进行地面试验。两项地面试验验证了，在受到高能化学激光的机械泵引起的大的振动时，空间武器平台将激光光束维持在目标上必要的关键技术[3]，设计了快速重新瞄准/精确瞄准模拟器，复现大型空间结构的动态环境。采用天基激光的这一必要的关键技术，科学家测试了使激光光束稳定、保持精度，并快速重新瞄准的方法，在地面环境的约束下，发展的这些技术应当能适用于空间系统。

另一项成功的试验是空间主动振动隔离项目，确定了小于 100nrad 的瞄准稳定性，在 1000km 的距离上这等价于 4inch。在这一项目之后进行了空间综合控制试验，并进一步改进了瞄准稳定性。为了理解控制大型结构（如空间反射镜）必需的技术，开展了用于气象工程的结构和瞄准综合控制试验平流层粒子注入（SPICE），验证了大型光学结构的主动、自适应控制的价值。这些试验、实验和验证代表着当前的激光技术的现状，带来了怎样使这些技术适应于结构以及要把技术推得多远的问题。

6.3 波长效应

激光的波长对可以采用激光的光学系统带来了一些基本的约束。迄今最重要的约束是 Fraunhofer 衍射限，它决定着可以形成多小的光斑。在这种情况下，光斑的大小是用正比于波长与聚焦光学系统直径的角度度量的（从激光器处观察）。对于理想的情况，理论公式是[4]

$$光斑尺寸 = 1.22 \times \frac{波长}{光学直径} \quad (6.1)$$

围绕着控制光斑有一系列亮环，随着距离中心光斑的距离增大，强度有所降低，式（6.1）实际上定义了强度衰减为 0 的第一个点。式（6.1）对于一个圆形输出反射镜和完美的均匀的激光光束（尽管这实际上是不存在的）是有效的，但对真实的激光器可以给出一个粗略的近似。对于小的光斑（如由激光光束产生的光斑),它实际上给出了光斑角度尺寸的正弦,这与用弧度表示的角度实际上是相同的。式(6.1)是由 Donald H. Menzel 给出的一个基本公式[4]。

式(6.1)给出了用弧度表示的光斑尺寸,这是一个角度度量,它等于光斑的直径除以到光斑的距离(1rad 等于 57.3°)。激光物理学家通常用以弧度表示的光斑尺寸(有时称为束散角,尽管在这种意义上不完全确切)开展讨论。然而,可以把式(6.1)修改为用米来表示的光斑尺寸,即

$$
光斑直径(m) = \frac{1.22 \times 波长 \times 目标距离}{光学直径} \tag{6.2}
$$

注意,无论采用哪个公式计算,必须采用相同的单位来度量每一个量。因此,如果波长的单位为微米,目标距离的单位为千米,光学系统直径的单位为米,在进行计算前必须都转换为米。光斑直径是重要的,因为它表明激光的输出可以会聚在目标上多大的一个焦斑上。将激光的功率或能量除以在目标上焦斑的面积,可得到在目标上的功率或能量密度。对在目标上的激光功率或能量密度的测量,对于确定导致毁伤的大致阈值是有用的,但涉及的实际机理是非常复杂的,远超出了本书的范围。

另一个重要的因素是光束的"游走"或"抖动",也就是说激光光束在目标上沉积达到毁伤目标水平的能量时,激光光束可以多精确地保持在目标的一个光斑上?如果出现了大的光束抖动,它就不能在任何一个点驻留实现毁伤所需的足够长的时间。一般的假设是光束抖动比光斑的大小要小。

美国海军研究试验室等离子物理部的 P. Sprangle、A. Ting、J. Penano、R. Fisher 和 Icarus 研究公司的 B. Hafizi 在他们的论文"用于定向能应用的高功率光纤激光"中提出了校正这样的游走或抖动的建议,他们建议采用称为"光束游走和抖动补偿"的方法来补偿激光光束的游走和抖动。

在单独的操控反射镜中引入倾斜校正,可以减小在目标上总的激光光斑大小,倾斜校正将单个激光光束的中心重新定向,消除由于湍流造成的游走效应,这是通过监控在目标上的强度并重新定向操控反射镜以使光斑大小最小的。激光光束游走与湍流波动的尺度大小有关,可与激光光束直径相比的较大的湍流涡旋会导致激光光束中心偏转,并由于横向的空气流而随时间游走。远小于光束直径的涡旋会导致围绕光束中心的扩散,不能采用倾斜校正来减小这样的扩散。观察到的长时间平均的激光光束尺寸是光束游走和围绕中心扩散的组合。在弱的湍流中,光束中心抖动对激光光束的直径有显著的贡献。当湍流水平增大时,或者传播距离长时,光束抖动对激光光斑的贡献变得不太重要。在非常强的湍流中,激光光束破裂成多个光束,这使得倾斜校正无效。如果单独的激光光束在源处的间隔小于 r_0,在目标中心上的抖动是相关的,在

这种情况下，有可能使光束共享一个倾斜校正孔径，从而减小了系统的尺寸和复杂性。

记住这些信息，如果你知道毁伤功率或能量密度和最大的距离，你可以计算对激光武器系统的某些非常一般的要求。例如，假设在导弹防御情况下，希望将大约 5MW 的激光功率聚焦在一个直径大约为 1m 的光斑上（略超过 $6MW/m^2$）。如果目标在 5000km(3000mile) 之外，焦斑为 $0.2\mu rad$，这一数值可以代入将激光波长和光学直径与光斑大小联系起来的方程中。例如，假设武器系统采用额定波长为 $2.8\mu m$ 的天基氢氟化学激光器。通过简单地相除，得到表面输出反射镜必须是直径 17m，如果这还不够令人印象深刻，你应当认识到，美国最大的位于 Mount Palomar 天文台的 200inch 巨型望远镜的最大反射镜直径仅为 5m，苏联的世界上最大的天文望远镜的反射镜是直径 6m，非官方的信息源报道说这个望远镜工作的不是很好。仍在设计和建造的用于在空间使用的最大的反射镜是用于 NASA 的空间望远镜的 2.4m(8ft) 反射镜。

采用较高功率或较短波长的激光器将允许使用较小的反射镜。如果一个 $1.3\mu m$ 化学氧碘激光器可能替代前面例子中的氢氟激光器，1 个直径为 8m 的反射镜可以在 5000km 之外产生一个 1m 的光斑。增大激光器的输出不能使所需的反射镜尺寸产生这样显著的减小，因为毁伤取决于功率密度乘以照射时间，这随着光斑尺寸减小而增大的速率比增大功率要快。因此，一个 10MW 的光束，可能扩散为大概 5MW 的光束的 2 倍的区域，但面积加倍，光斑的直径只增大到 2 的平方根倍，即 1.4 倍。因此，可以采用一个 12m 直径的反射镜将一个 10MW 的氢氟激光器的光束聚焦在 5000km 之外的一个 1.4m 直径的光斑，与采用 15m 反射镜在相同距离上将 5MW 的激光器聚焦到 1m 的光斑上得到的功率密度相同。

从实际的观点出发，将反射镜直径从 17m 减小到 12m 是重要的，在地面或空间，大型反射镜的重量是一个问题，如果重量简单地正比于面积（取决于直径的平方），将直径从 17m 减小到 12m 使重量减半。实际上，可能使重量有更大程度的减轻，因为较小直径的反射镜可能是较薄的，并且仍然可以有足够的机械强度来保持其形状[2]。

有可能将一个激光武器放在地面上用于针对导弹或卫星，但如果目标在空间，聚焦反射镜也必须在空间。将一个大的反射镜放在轨道上不是一件容易的事。当前的天基激光系统构想建议采用一个有 4m 反射镜的 5MW 化学激光器，或者采用一个 10m 的反射镜和 10MW 的激光器。当激光的波长相同时，即便激光器是在地面，要将相同的功率传输到相同距离、相同尺寸的光斑上，反射镜的大小也应该是相同的。军事系统合同商似乎认为这样的任务是可以实现的。康宁玻璃公司、PerkinElmer 公司、Itek 公司和 Eastman Kodak 公司已经提出了一个建造一个 4m 直径的玻璃反射镜的计划。联合技术研究中心已经提出了采用石墨纤维加强的玻璃矩阵用作反射镜的镜体、碳化硅用作反射镀膜，建造一个 10m 直径的轻质反射镜的建议（图 6.1）。

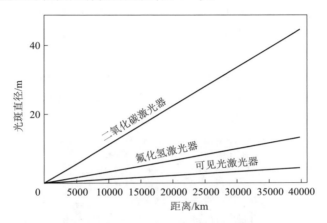

图 6.1　一个 30m 的输出反射镜的激光光斑尺寸随着距离和波长而变化，本图给出了 10.6μm 的二氧化碳激光器、2.8μm 的氟化氘激光器和一个假设的 0.5μm 可见光激光器的光斑的直径，假设反射镜的形状精确到激光波长的 1/50 之内（Arthur Giondani 基于洛克希德导弹和空间公司的 Wayne S. Jones 的计算绘出）

能够最好地承受高功率激光的反射镜通常是采用固体金属制成的，通常有带孔的蜂窝通过冷却剂流。国防部已经花费了几百万美元发展制备对入射的激光吸收小于 1% 的反射镜的方法，这样可以有效地传导出反射镜吸收的热。已经开展了大量的工作来研制采用金刚石刀具来直接用金属块切削反射镜表面的机器，这显著简化了传统的非常耗时的光学部件加工工艺。金刚石切削可能能够制备出采用常规的磨削和抛光方法不可能得到的形状[2]。

有关这一项目的更多的细节，请参见 Jeff Hecht 所著的书"能束武器，下一次军备竞赛。"

6.4　大气传播问题

大气看起来比实际上更透明。在过去的几十年中，研究者正在致力于发展依靠通过大气传输的激光光束的通信系统，马里兰大学正在发展直接视线无线通信系统新技术。现在有同时采用自由空间光通信链路和射频链路的混合系统[5]。为了优化这些系统，了解信道介质（大气）是前提条件。当前的研究关注的是大气湍流对某一波长电磁波传播的影响。

大气湍流的一种效应是它散射光。当前对大气湍流特性的研究方法是对这种散射光进行分析。散射的光会带来两个实质的问题,湍流对光有什么影响,即,湍流怎么散射光?散射的光告诉我们关于大气湍流的什么?

对第一个问题的回答对象自由空间光通信那样的工程应用是重要的。具体来说,我们现在的研究将寻求使用于自由空间光通信系统的接收机或孔径尺寸最优。对第二个问题的回答对发展大气的行为或物理学的规范的数学理论是重要的。

大气湍流的效应是容易通过激光经过大气的传播看到的,如图 6.2 所示,湍流导致在光束内强度的随机波动,称为闪烁,这是由于湍流造成的光束沿着传播路径的折射系数的许多随机变化产生的效应。

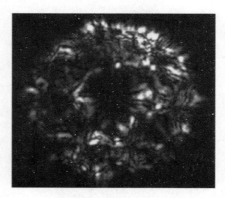

图 6.2 图像的截屏

当前的研究将帮助发展与湍流相关的物理理论(假设大气可以描述为空气的运动流体),湍流可以采用描述运动流体的特性的 Navier-Stokes 方程来建模,即

$$\frac{\partial v}{\partial t}+(v \cdot \nabla)v=-\frac{1}{\rho}\nabla p+v\nabla^2 v \quad \nabla \cdot v=0 \quad (6.3)$$

Navier-Stokes 方程(NSE)(假设不可压缩)

式中:ρ 为密度;$v=\frac{\eta}{\rho}$ 为运动学黏度;η 为动力学黏度。

这些方程表明大气可能作为湍流或者层流(非湍流)流动。当流体的流动超过一个关键的雷诺数 $R \equiv lu/v$ 时出现湍流,其中 l 为特性线性尺度(液体的传输长度或者当涉及河流系统时为流通当量直径)(m),u 是流体的平均速率(SI 单位:m/s),它会导致 Navier-Stoke 方程的非线性项$((v \cdot \nabla)v)$占主导,这种非线性性可由流的混沌特性来描述,即

$$\frac{(\nu \cdot \nabla)\nu}{\frac{\eta}{\rho}\nabla^2\nu} \sim \frac{u^2/l}{\eta u/\rho l^2} = \frac{ul}{\nu} = R \tag{6.4}$$

这一方程的非线性性是难以处理的，因为没有 Navier-Stokes 方程已知的解或解族。这迫使人们寻找其他的数学表征从这些方程中得到有意义的东西。在弱湍流中(当非线性项$(\nu \cdot \nabla)\nu$远小于$\upsilon\nabla^2\nu$时)，会出现显著的对称性，这些对称性是空间和时间平移、Galilean 变换、宇称、旋转和伸缩对称。在强湍流中，Kolmogorov 预测和证明了在非湍流系统重现中存在的 Navier-Stokes 方程的对称性。由于非线性造成的 Navier-Stokes 方程的极度复杂性，迫使我们采用统计方法描述像空气那样的湍流流体的行为。幸运的是，对称性使我们能够对统计有所洞察。

高能激光有数种需要在宽范围的大气条件下远距离传输高强度光束的定向能应用[6]。有效的高能激光传播的最优波长取决于大气条件和数个相互关联的物理过程，包括由于气溶胶和分子吸收造成的热晕[7]、湍流[8]、气溶胶和分子散射[9]、由于热的气溶胶造成的热散射，以及气溶胶加热和汽化[3,10-15]。这些过程的相对重要性取决于与位置和时间可能非常显著的相关的大气环境参数。Phillips Sprangle 等[6]讨论的主要目的是在海洋、沙漠、荒野和城区大气环境中有效传播的最佳激光波长和功率，在这一研究中采用的理论/数值模型包括：气溶胶和分子散射的效应、气溶胶加热和汽化、由于气溶胶和分子吸收造成的热晕、大气湍流和光束质量。这些过程是以完全三维的和与时间相关的方式建模的。发现包括水、海盐、海洋物种、尘、烟灰、生物质产生的烟、城区污染物等的气溶胶是非常重要的，因为它们导致激光散射、吸收和增强的热晕。在水蒸气传输窗口中，总的吸收驱动的热晕可能主要是由气溶胶而不是水蒸气造成的。在一定的海洋环境中，可以通过汽化来减小气溶胶有害的效应，不能被汽化的气溶胶，如包括尘、煤烟等的，可能显著增大热晕。我们证明激光光束质量适度的值对传输效率有小的影响。在一定的持续时间内传输到一个远距离目标上的平均激光功率是发射功率的一个函数，是在数个波长和大气环境下获得的，对每种大气环境可以找到最佳的波长和功率。

大气环境包括各种类型和浓度的气溶胶，对于高能激光光束，可能会增强热晕，并显著地影响传输效率。通常，气溶胶包括各种尺寸和化学组分的吸湿和非吸湿粒子，吸湿性粒子是可水溶的，尺寸的变化取决于相对湿度[15]，海洋气溶胶包括海盐、水和有机物质。非吸湿性气溶胶包括尘、煤烟、生物质产生的烟和其他碳基组分，这些气溶胶通常有比水基气溶胶大得多的吸收系数。尽管它们通常出现在大陆、荒野和城区环境中，尘气溶胶也可以出现在距海岸几百英里的海洋环境中[16]。

气溶胶可以吸收激光能量,并且在吸湿性气溶胶的情况下,吸收的能量会加热和汽化气溶胶。加热的气溶胶通过传导加热周边的空气,导致高能激光光束的热晕增大。然而,由于气溶胶散射和吸收系数是与气溶胶直径强相关,使气溶胶汽化可以提高传播效率。非吸湿性气溶胶(如尘、煤烟等)则有大的散射和吸收系数,并且在定向能应用中,在预期的激光强度水平上不会被汽化。这些气溶胶连续地加热周边的空气,导致显著的热晕。水蒸气和二氧化碳吸收带决定着在红外波段的大气传输窗口。在各种大气条件和激光波长下,气溶胶吸收可能超过水蒸气吸收,因此,可能是热晕的主要因素。例如,在海洋环境中,在 $\lambda = 1.045\mu m$ 的工作波长下,水蒸气吸收系数约是 $3 \times 10^{-5} km^{-1}$,气溶胶吸收系数通常大于 $10^{-3} km^{-1}$。在其他水蒸气传输窗口,即 1.625 和 2.141μm,水蒸气和气溶胶吸收系数可以是可比较的。除了增强热晕外,气溶胶也可能对总的激光散射系数有显著的贡献[6]。

较长的波长,如微波,可能穿透尘和降水区,因为大气中的粒子远小于波长。在某些情况下,较长的红外波长比可见光的透过性更好,因为它们的波长不同。

在典型的大气条件下,由各种分子组分对 10.6μm 处辐射的吸收导致的吸收系数为大约 $1.5 \times 10^{-6} cm^{-1}$,并导致了各种非线性传输问题[17,18]。对于某些激光器(如工作在 3.8μm 处的 DF 激光器),在大气中的分子吸收是小的(低到 $10^{-8} cm^{-1}$),由于气溶胶造成的加热可能主导大气路径的加热。对于典型的大气,这一气溶胶吸收对应于近 $10^{-7} cm^{-1}$ 的吸收系数,但如果气溶胶浓度比通常高,则吸收系数可能较大[19]。通常,非线性加热效应比线性的功率损失更加重要。

高能激光光束的自然加热效应可以帮助克服某些与天气相关的传输问题。例如,一个二氧化碳高能激光器可能通过加热会遮蔽视觉的微小的水滴使之被汽化来透过雾,对于云也可能这样做,然而对于较大的雨就很难这样做了,尤其在快速扫描的光束通过快速下落的雨时。如果光束太快地扫过雨滴,在光束运动到照射其他的雨滴之前,可能仅能使雨滴部分汽化。

污浊的天气、尘和烟可能不止会遮掩高能激光的光束,它们还可能导致无法采用可见光或红外光学系统找到目标,因此有必要依靠可以穿透遮蔽的微波雷达。然而,虽然高能波束可以穿过,由于微波雷达的分辨率有限,可能不能使目标瞄准精度精确到足以使激光光束命中目标上的一个脆弱部位。

6.4.1 激光光散射和强度

通常,在激光光束穿过大气时,激光光束会被衰减。此外,激光光束经常被展宽、离焦,甚至由于被偏转(即,散射)偏离原来的传播方向。对于激光在光通信、武器、目标照射、测距、遥感和其他需要激光光束在大气中传输的应用中的运用,这些大气效应有着较大的影响。在战术战场中,应当研究在大气中含有沙子和其他遮挡物时光的新的光谱传输模型,并进行数学分析且用于实际的试验中。这种模型应当采用新颖的方法,来模拟光与特定材料的相互作用,得到战场环境(包括自然和人造介质,如雨或雾和硝烟)中的沙和其他障碍物的光谱和空间双向反射分布函数响应。此外,模型的参数应当是基于关注的烟和其他障碍物的物理和矿物学特性,应当通过与测量数据比较来定量评估模型,如果能够实现,能重构几种实际沙的样本的光谱反射率,它的潜在应用包括,但不仅限于,应用光学、遥感、图像合成和武器。

30多年来,光散射提供了用于表征微观分子的一种重要方法。然而,最近几年来将激光来替代常规光源已经使这一领域发生了显著改变,光散射又重新激起了人们的兴趣。通过强的相干激光和有效的光谱分析仪与自相关仪,显然可以采用频域和时域的实验来研究分子运动和其他动力学过程,而经典的光散射研究关注的是散射光的强度测量与散射角的关系。除了这类研究之外,现在采用激光光源能利用散射光得到光谱信息(以及双向反射分布函数),后面一类实验经常称为准弹性光散射,以及称为光拍光谱波谱学、强度闪烁波谱学和光子相关波谱学的各种类型的实验。相关的激光多普勒测速实验能够测量到非常低速率的均匀运动。激光多普勒测速的一个特殊情况是确定运动性的电泳光散射[20]。

衰减和光束改变的量取决于波长、输出功率、大气的组分和每天的大气条件。当输出功率低时,这种效应表现为线性的,也就是说,使初始的光束强度加倍,会导致沿着光束路径的每一个点的强度加倍。吸收、散射和大气湍流是线性效应的例子。在另一方面,当功率足够高时,可以观察到通过非线性关系表征的新效应。热晕、动态制冷、光束自陷、双光子吸收、漂白和大气击穿是一些重要的非线性效应,导致对可以传输的入射强度设定了一个上限。在线性和非线性两种情况下,效应可能是显著的,可能显著地限制光束的有用性。已经开展了许多研究,来定义可能发生的不同的线性和非线性现象[21]。

在确定高斯光束的效能时,一个有用的参数是目标上的光束辐照度。对于一个输出功率为 P_0,且在目标上的横截面积为 A 的光束,在目标上的峰值辐照度 I_p 是[21]

$$I_p = \frac{P_0 \tau}{A} \tag{6.5}$$

式中:τ 为大气透过率。一个主要的系统设计目标是通过使光束横截面积 A 最

小和乘积 $P_0\tau$ 最大来使 I_p 最大。

激光光束的传播在真空中是由衍射理论主导的，这告诉我们，不管光束最初有多么平行，当光离开源传播时，光束将扩散。大多数激光光束在横向前缘有一个高斯型的强度轮廓。光束半径 w 被定义为从光束的中心（光束轴）到强度降到轴上强度值的 $1/\mathrm{e}^2$（0.13533）的点的横向距离（图 6.3）。

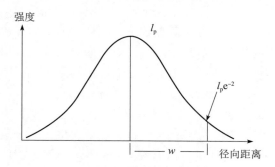

图 6.3　高斯光束的强度轮廓

最感兴趣的描述高斯型光束传播特性的两个参数是光束半径 $w(z)$（也称为在距离光束腰部的任何距离 z 处的光斑尺寸）和相位波前的曲率半径 $R(z)$。这两个参数可表示为

$$w(z) = w_0 \sqrt{1 + \left(\frac{\lambda z}{\pi w_0^2}\right)^2} \tag{6.6}$$

$$R(z) = z\left[1 + \left(\frac{\pi w_0^2}{\lambda z}\right)\right] \tag{6.7}$$

式中：w_0 为在光束腰部处（光束中直径最小的部分）的半径；λ 为波长[21]。

像其他光束一样，高斯光束在通过空间传播时将扩散。然而，每个光束横截面的强度分布仍然保持高斯型，只是高斯轮廓的宽度随着光束的传播而增大。在光束的腰部（$z=0$ 且 $R=\infty$），相位波前是一个平面。对于大多数实际的激光器，光束的腰位于距谐振腔外部的输出反射镜最近的距离处（图 6.4）。随着高斯光束离开其腰部的位置传播，光束的半径（或者光斑大小）起初近乎保持恒定，但在距腰部的远距离处开始线性地扩散。在腰部的光斑尺寸越小，光束扩散得越快，它具有近恒定的直径和近平面波前的准直距离越小。图 6.4 中的角度 θ 是束散角，可表示为

$$\theta = \frac{w(z)}{z} = \frac{\lambda}{\pi w_0}, \quad z \gg R_z = \frac{\pi w_0^2}{\lambda} \tag{6.8}$$

式中：R_z 为瑞利距离。式（6.8）表明，在距离腰部的距离 z 处的光束的横截面

积是

$$A = \pi [w(z)]^2 = \frac{\lambda^2 z^2}{\pi w_0^2} \tag{6.9}$$

由此我们看出，可以通过选择较短的波长和增大在腰部处的光束半径减小光束的横截面积[21]。

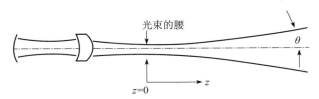

图 6.4　在 $z=0$ 处具有最窄的腰的高斯光束

令人感兴趣的是少数几个观察激光器的光的强度的例子。在一个典型的红宝石激光器中，Cr^{+++} 离子的浓度是大约 $2×10^{19} cm^{-3}$ [22]，在 $3×10^{16} cm^{-3}$ 时发生粒子数反转，粗略地说，我们可以想象在激光介质中产生 $3×10^{16}$ 量子数/cm^3，因为我们将激光设置为使输出是单方向的，而且因为光子以光速运动，得到 $3×10^{16}×3×10^{10} = 9×10^{26}$ 量子数/cm^2·s。对于红宝石激光器，激光波长为 6943Å，而且因为每个量子的能量为 $h\nu$，可以计算出输出为大约 $2.5×10^8 W/cm^2$。

让我们在具有类似带宽的相同的波长上将这与一个热的物体（如太阳）的功率进行比较，这可以通过采用普朗克定律来计算，我们知道 $\Delta E = h\nu$，其中 h 为普朗克常数，ν 为辐射频率[22]，如图 6.5 所示，这对任何光源都成立，无论是激光、火焰还是白炽灯。

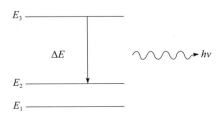

图 6.5　能级

$$U_\omega = \frac{\hbar \omega^3}{\pi^2 c^3} \frac{1}{e^{\hbar\omega/kT}} \tag{6.10}$$

式中：U_ω 为由温度为 T 的一个黑体每单位带宽、单位体积辐射的能量；k 为玻尔兹曼常数；c 为真空中的光速；$\omega = 2\pi\nu$ 为光子的角速率；$\hbar = \dfrac{h}{2\pi}$ 为约化普

朗克常数。辐射以光速离开黑体源，因此源每单位面积、单位带宽辐射的功率为

$$I_w = \frac{cU_w}{4} = \frac{\hbar\omega^5}{\pi^2 c^2} \frac{1/4}{e^{\hbar\omega/kT}-1} \quad (6.11)$$

如果我们采用太阳的温度6000K以及$\lambda = 6973\text{Å}$，则有

$$I_\omega \approx 2\times 10^{-5}\,\text{erg/cm}^2$$

对于红宝石激光器，典型的线宽为3Å，因此$\Delta\omega \approx 1.2\times 10^{12}\,\text{s}^{-1}$，该源的功率密度为

$$I \approx 2.5\times 10^{12}\,\text{erg/cm}^2\text{s} \approx 2.5\,\text{W/cm}^2$$

因此，对于可比较的窄带宽、近单一频率的光，激光源的功率密度远大于常规的热物体，因为激光是相干的。

这里讨论激光通过大气的传播这一复杂的问题。正如所有在有雾的夜晚驾驶的人认识到的那样，光在大气中是一定被散射的。高功率密度的激光带来了更加困难的传播问题，因为高功率密度会加热空气，并产生了跨光束的密度变化，这一功率密度的变化会使光折射，并导致光束扩散或者"热晕"。

简要地考虑激光在自由空间或真空中的传播，在这些理想的条件下，功率密度的变化仅仅是由于光束的束散产生的。因为典型的激光辐射近单向的光，光束的束散是小的。事实上，激光的一个特征是束散近乎为衍射限，这是λ/a级的，其中a是激光的输出孔径的直径。对于上面所讨论的红宝石激光器，1cm的孔径给出的束散角为[22]

$$\theta \approx \frac{6943\times 10^{-8}}{1} \approx 7\times 10^{-2}\,\text{mrad}$$

实际上，要实现这一极限束散角需要克服很多困难，但已经做到了。在更常见的情况下，一个"货架产品"红宝石激光器可以实现几个毫弧度的束散角。

激光的新手通常已经听说过衍射限光束和激光的非常好的方向性，他通常惊讶地发现在距离源很远的地方，这些光束的功率密度像所有的辐射源一样与距离的平方成反比地变化。为此，考虑一个功率为PW、面积为A且束散角为θ的源，如图6.6所示。

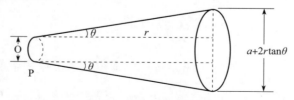

图6.6　激光光束发散的示意图

第6章 高能激光光束武器

在距离源 r 处,功率密度为

$$I = \frac{P}{\frac{\pi}{4}(a+2r\tan\theta)^2}$$

由于 θ 非常小且 $\tan\theta \approx \theta$,有

$$I = \frac{P}{\frac{\pi}{4}(a+2r\theta)^2}$$

由此得到

$$I = \frac{P}{\frac{\pi a^2}{4}\left(1+\frac{2r}{a}\theta\right)^2} \tag{6.12}$$

由式(6.12),当远距离时,$2r/a \gg 1$

$$I = \frac{P}{\frac{\pi a^2}{4}\frac{4r^2\theta^2}{a^2}}$$

或

$$I = \frac{P}{\pi r^2 \theta^2}$$

由于 $\theta \approx \lambda/a$,有

$$I = \frac{P}{\pi r^2}\frac{a^2}{\lambda^2}$$

例如,对于一个在 1mile 处的 10.6μm 波长、10cm 孔径的 10kW 的光束(即,一个二氧化碳高功率激光),有

$$I = \frac{10^4 \times 10^2}{\pi(5280 \times 12 \times 2.54)^2(10 \times 10^{-4})^2}$$

或

$$I \approx 12\text{W}/\text{cm}^2$$

由式(6.12),如果采用在源处的功率密度 I_0 代替 $P/(\pi a^2/4)$,并回想到 $\theta \approx \lambda/a$,有

$$I = I_0 \frac{1}{\left(1+2r\frac{\lambda}{a^2}\right)^2} \tag{6.13}$$

由式(6.13),我们可以看到,如果 r 是小的,由源所辐射的功率密度有小

的变化，这样的距离称为"近场"，在近场中保留了光束形状精细的细节（如密度的局部变化、热斑等）。由式（6.13）可见，这一近场距离受到使 $I \approx I_0$ 的 r 的限制，即

$$\frac{2r\lambda}{a^2} \ll 1$$

或

$$r_{\text{nearfield}} \ll a^2/\lambda$$

对于具有非常好的光学系统且跨光束的功率密度为高斯分布的激光器，在 (a^2/λ) 量级的距离上将能保持近场模式[5]。

作为对距激光源一定距离处功率密度的最后的评注，我们采用式（6.13）来计算功率密度为一半时的距离[22]，从而有

$$\frac{I}{I_0} = \frac{1}{2} = \frac{1}{\left(1 + \frac{2r\lambda}{a^2}\right)}$$

以及

$$r_{1/2} = \frac{a^2}{2\lambda}(\sqrt{2} - 1)$$

对于我们的 10cm 孔径的二氧化碳激光器的例子，$r \approx 680$ft 或者略大于 0.1mile。这些计算是由 J. T. Schriempf 完成的[22]，这里重复一下。

6.5 热晕效应

高能激光在大气中的传播需要考虑由于热晕导致的光束扩散和由于大气湍流造成的随机畸变。热晕是激光辐射和传播路径之间相互作用的结果。激光能量的一小部分被大气吸收，这一能量加热空气，导致空气膨胀，并形成一个沿着路径分布的热透镜。在光束的受热最大的区域，介质的折射系数是减小的，导致光束扩散。大气湍流是由在大气中自然随机发生的温度梯度产生的。

研究者正在关注用于高能激光的光束控制系统的设计，有些研究者重点比较了常规的相位共轭和开环技术与改变激光功率和焦距的基于模型的最优化校正技术。对于光的热晕，相位共轭被看作是一个合理的控制策略。然而，随着热晕水平的提高，相位共轭性能逐渐变差。对于中等到严重的热晕场景，新的校正技术使在目标上的峰值强度比常规的补偿方法高 50%。考虑一个工作在有风的环境中的地基连续波激光器，最优校正技术对模型参数中的误差不敏感，所做的假设是跟踪系统提供目标位置和速度。激光反射的波前偏离目标是有用的，但不是要求的。

典型的地基高能激光平台的光学路径,如图6.7所示,沿波前进的方向依次由以下单元(即反射镜和分光器等)构成:

(1)可变形反射镜。根据在输入和输出波前传感器处接收的波前来使波前变形。

(2)分束器。使少量的激光反馈到波前传感器,并将其他的激光反射在可变形反射镜上。

(3)输出波前传感器。在激光被反射离开反射镜之前检测波前误差。

(4)转向镜。使光束转向。

(5)倾斜反射镜。可以将光束瞄向任何方向的大带宽反射镜,用于消除波前的倾斜误差。

(6)扩束器。由小的凸反射镜和大的凹反射镜构成,能够进行光束操纵和聚焦。

(7)大的转向镜(横向)。用于瞄准和整个扩束器的旋转,有限的正交运动能力,产生一个横向轴,得到更好的动力学性能。

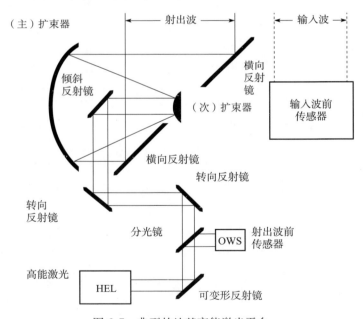

图6.7 典型的地基高能激光平台

如前所述,高能激光光束系统的用途是向目标投送最大的功率。有几种大气效应会降低完成这样使命的系统的效能,这些效应包括线性和非线性的项(见6.3节)。衍射、湍流、抖动和游走都会使在目标上的强度线性地降低。

如果忽略非线性效应，可以通过增大激光功率使在目标上的强度增大。当包括热晕的非线性效应时，增大激光功率并不总是有收益的，甚至可以降低发射的功率水平。图 6.8 通过确定目标上的强度与激光功率的关系（有和没有热晕），给出了开环系统的性能。如图 6.8 所示，显然，当评估这一系统时，如果激光功率大于 $25×10^3$ W，必须考虑热晕。如果在设计阶段忽略热晕，在目标上的实际强度仅是期望强度的一小部分。

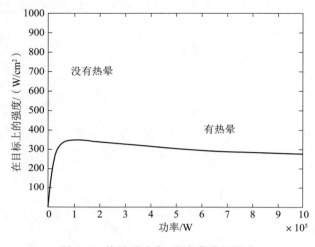

图 6.8 热晕对功率-强度曲线的影响

由大气湍流导致的畸变是与施加的相位无关的，相位共轭有可能显著降低在目标上的畸变。然而，由热晕导致的大气畸变是施加的相位的一个函数，这样相位共轭方法不是最优的，而基于模型的控制器可以提高定向能系统的性能。已经认识到相位共轭方法有时是不稳定的，并广泛地研究了相位补偿不稳定性的现象[24-25]。

值得注意的是，在超出一个确定的点之后，热晕会产生在逻辑上似乎矛盾的结果，增大激光功率可能会降低到达目标上的激光能量，之所以会发生这样的情况是因为由激光光束导致的热畸变的增大速度比激光功率的增大速度要快。流到光束中的激光能量越多，越大比例的能量会偏离目标。武器系统设计师自然记得，并不是越大越好，这给战场激光器的尺寸设定了一个限制。注意，如果光束不在大气中传播则情况不是这样，因此，只要它们不是用于从发射平台上对处于助推段的目标交战，天基激光武器可以自由地采用它们希望的尽可能大功率的激光器，但问题是：是否能建造这样大的激光器，并将它们部署在它们的任务轨道上。

6.5.1　热晕的数学基础

高能激光的热晕是可能显著地降低作为定向能武器和远距离大功率器件激光系统的效能的光束扩散效应。当高能激光通过介质传播时，激光能量的一部分被介质吸收，被吸收的这部分能量加热介质，导致介质膨胀，改变了它的折射系数[26]。

按照使吸收的能量平衡的热传递的形式对热晕进行分类，有3种形式的热条件：

（1）自然对流和强迫对流。

（2）当光束和介质之间没有相对运动时，且没有自然对流速率时的热条件。当吸收的能量导致气体加热时建立对流流，这是自然对流的结果。

（3）迄今最重要的连续波的情况是由风和光束转动导致的强迫对流。

J. Edwrd Wall 在导出热晕的简单的标度定律时定义了自适应光学和热晕的基本术语[26]，绘出了经典的热晕波的"弯曲到风里"的形状。此外，他还分析了强度和波前误差之间的关系，也引入了采用 Zernike 多项式的二维波前的表示。

热晕是一个高度非线性的现象。用于分析热晕效应的一个简单的分析方法是从一般的波动光学方程入手并得到一个扰动解。以下的方程采用射线光学限，完整地定义了稳态热晕。在 Hugo Weichel 所著的书中[21]有进一步的信息和数学分析，他描述了激光光束在大气中传播的数学分析。

6.6　湍流大气中的自适应光束整形和成像

为了应对由大气湍流和热晕效应导致的光学畸变，需要采用自适应光学系统那样的光学校正措施。由于这些效应的动态特性和它们的条件连续变化，校正光学系统必须相应地进行适应，即，"自适应"。具体思路是采用光学系统来调整离开激光光束武器的波前，以补偿在对它照射的目标交战时光束经过大气后产生的畸变。

光学技术广泛地应用于解决信息传递（以窄的方向性电磁能量传递的形式）和室外大气中的图像形成问题，这要求发展自适应光学校正方法和器件。这些方法要求有有效的手段来控制由大尺度范围内的折射系数的不均匀导致的大气光学系统的效率下降问题，这些非均匀性是由于大气中空气湍流混合及在光学辐射传播信道中的分子和气溶胶吸收造成的[23]。

普通的透射光学系统是不可能的。人眼的透镜是可变形的或者"自适应的"，但实质上用于光学透镜的所有的透明材料都是刚性的。透明的固体介质可能会被高能激光光束毁伤，因为它们会像空气一样吸收它们传输的光能的一小部分。现在有一些研究涉及发展气体光学来进行需要校正的可能性，但现在还远没有明确这一概念是否可以实际用于激光武器[2]。

自适应光学系统的广泛实际应用暴露出一系列的问题，要求发展在自适应控制条件下的光波传播理论。为了探寻这些问题的答案，需要发展详细的和充分的自适应光学系统的数学模型，并应用数值实验等研究方法，求解描述在大气中的光波传播的差分方程组。

实时运行的自适应光学系统允许：

（1）改进激光辐照在目标上的聚焦，并由此增大在焦斑内的辐射强度。

（2）减小天文和其他末级望远镜的图像模糊，提高图像锐度，降低物体识别错误概率。

（3）降低噪声水平并提高光通信系统的数据率。

正在采用数值实验（模型）开展各种研究工作。数值实验允许采用要考虑的最大数量的参数来修正自适应光学系统模型，并采用一种普适的方法实际研究任何显著的辐射特性（如光斑的有效尺寸、峰值辐射强度、入射到接收孔径上的辐射功率、辐射强度的统计特性和相位）。将数值实验方法应用到自适应光学系统，能够预测各种系统结构的效率。然而完成外场试验则需要大量的时间和经费。

对于以下两个任务，可以采用一种用于数值求解的方法：

（1）在有吸收的非均匀介质中高能激光光束的传播和通过随机不均匀的湍性大气中的光波传播。

（2）在通过非湍性大气的高能相干激光光束的传播中，除了折射系数的湍性波动外，热晕是导致畸变的主要因素之一。

这一非线性效应有最低的能量阈值，这是由于部分光束能量被吸收和在光束信道中热的不均匀性的形成造成的。

在高能激光光束的传播信道中导致的热不均匀性（热晕）的变化性的横向尺度与光束的衍射长度是可比的。在间隔 Δz 中，可以由步长 Δz 与在区间 $[z_l, z_l+\Delta z]$ 的中心的折射系数的分布乘积来近似相位屏的方程[27]，这是基于对应于平面 z_l 的波的传播假设的。

$$\varphi_l(\boldsymbol{\rho}) = k\Delta z\delta n(\boldsymbol{\rho}, z_l+\frac{1}{2}\Delta z) + O(\Delta z^2) \quad (6.14)$$

式中：$k=2\pi/\lambda$ 为波数；$\boldsymbol{\rho}(x, y)$ 为在光束横截面（光束指向沿着 Oz 轴）中的坐标向量；$\Delta n=(n-1)\ll 1$ 为 $n_0\approx 1$ 的折射系数的导数，n_0 为真空折射系数。

由式（6.14），我们仅要确定在相同的面中的折射系数的扰动，面的位置是由分离算法的方案确定的[27]。

吸收辐射能量导致的介质的加热，会引起其密度的变化，这会导致与密度相关的折射系数减小定律[28]为

$$\delta n = K\rho \tag{6.15}$$

式中：K 为一个等于一个分子或者气体原子的偏振因子的 2/3 的恒量。

在等压近似中，介质的密度按照理想气体定律与温度显式关联，因此折射系数的变化可以通过温度的变化来表示[27]，即

$$\delta n \approx \frac{\partial n}{\partial T}(T-T_0) = n'_T \delta T \tag{6.16}$$

式中：T_0 和 T 分别为初始温度和最终温度。对于正常的大气条件，等压近似是有效的。需要考虑的意外情况是：当光束相对于介质的速度大于声速和脉冲持续时间 τ_p 与声时间 τ_s 可比时，连续波高能光束的快速扫描，即

$$\tau_p = \tau_s = a/c_s \tag{6.17}$$

式中：a 为光束尺寸；c_s 为声速。

当等压近似成立时，光束横截面内折射系数的分布是由热平衡决定的，这是由温度场 $T(x,y,z)$ 的热传递函数描述的[27]，即

$$\frac{\partial T(x,y,z)}{\partial t} + V_\perp \nabla T - \chi \Delta_\perp = \frac{\alpha}{\rho_0 C_p} I \tag{6.18}$$

式中：$V_\perp = (V_x, V_y)$ 为光束相对于介质速率的横向分量；χ 为热导率；ρ_0 为介质的比重；α 为吸收系数；C_p 为恒压时的比热。

Vladimir P. Lukin 和 Boris V. Fortes[27]已经给出了式(6.18)的解，并对在等压近似不成立时的解给出了证明。

通过创建一个具有计算机软件系统的足够智能的自适应光学系统，我们可以克服热晕效应，实现更好的激光武器系统，尤其是涉及地基激光、机载激光和天基激光对地面目标进行交战的情况。

最有希望的解决方案是采用一个反射面可变形的反射镜，有时被工程师称为"橡胶"反射镜，尽管它实际上不包括橡胶。正在发展 3 种基本类型的可变形反射镜，一种是有许多离散的镜片的多片组装反射镜，每一片反射镜都可以采用一个单独的像活塞那样的器件（称为制动器）进行向前和向后的机械运动。另一种是反射镀膜放在一个在上面施加信号时可以改变形状的基底材料上的反射镜。（实际上，基底材料通常是一个铁电材料，当在其上面施加电压时可以改变尺寸，由一个电极阵列将不同的电压施加到反射镜基底的不同部分[2]（图 6.9））。

第三种概念的类似之处在于反射镜有一个连续的柔性的表面，但在这种情况下，精确的表面轮廓是由其下面单独控制的机械制动器阵列控制成形的[30]。

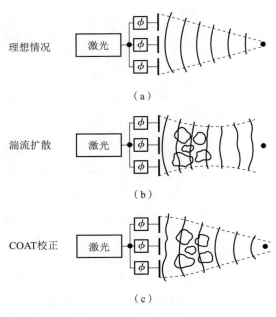

图 6.9　大气传输问题以及怎样克服它(至少在理论上)

(a) 在真空中，一个激光束可以聚焦在一个小的光斑上；(b) 在大气湍流热晕和其他效应使光束扩散到一个大得多的区域；(c) 通过使用自适应光学调整由高能激光的光的波前，可以减小扩散。在这些图中，ϕ 表示调整输出反射镜的形状以控制波前的控制系统，它们补偿在下图中的大气效应

所有这些概念均已得到了验证，尽管对于实际的武器系统，尺寸不一定满足要求。

　　高能激光应用对性能有严苛的要求。反射镜必须能够承受激光的高功率，这一需求经常是通过将液体冷却剂通过反射镜镜体中的冷却孔进行强迫液冷来实现。对光束的波前进行足够精确地控制，需要在反射镜上有许多单独的、超精密的控制单元。一个直径 16cm 的反射镜至少需要 60 个单独的制动器，对于更大的反射镜，需要的反射镜数目与直径成正比。16cm 直径的反射镜再加上固定件，重量可达 1000kg，60 个制动器的重量超过 800kg。

　　光学表面的形状必须得到精确的控制。反射镜表面应当能够在至少为激光波长的 4 倍的范围内前后运动，当进行表面控制时，表面与理想形状的偏差应当在 1/20 个激光波长之内。反射镜形状的调整应当 1s 调整 1000 次，补偿大气的波动。由于光学容差直接与激光波长有关，在较短的波长上，对容差的要求更严苛。这抵消采用较短的波长能够采用较小的光学系统的优势(图 6.10)。

　　除补偿大气畸变外，自适应光学会帮助补偿使激光光束失焦的效应。在激光器本身中，某些湍流是不可避免的，因为气体要快速地流过激光腔，并相互作用以释放能量。通过可变形反射镜的校正，可以帮助精确地跟踪目标，并将激光光束精确地聚焦在远距离的目标上，需要反射镜整体的机械运动，对超出小量的运动进行全面的补偿[2]。

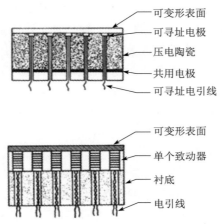

图 6.10 在横截面中示出两种类型的主动反射镜说明怎样控制表面，在上部的反射镜中，柔性的表面层在压电陶瓷块上面（当跨压电陶瓷施加电压时高度将变化），对反射镜的不同部分施加不同电压将改变其形状，因为压电材料的高度跨表面不均匀地变化。在底部的反射镜中，柔性的表面层覆盖一个活塞状制动器阵列（响应电信号向前或向后运动），因此将改变反射镜的形状[29]

6.6.1 自适应光学

无论一个激光器有多么强大，没有光学组件，它永远不能达到目标。光学组件不仅能使光束"定向"到目标上，而且可以中继激光能量，当需要时，还可以修正大气湍流引起的光束畸变。在光学领域巨大的进步，对于使空军相信可以建造出激光武器系统，起到了关键的作用。没有政府实验室和工业界取得的这些成功，就不可能造出激光武器。

星星在夜空中闪烁是由于大气湍流，大气湍流也会使激光畸变和光束质量下降，这一效应对较短波长的激光（如化学氧碘激光）的影响尤其严重。这些系统需要复杂的光学系统，以便对在大气湍流中传播的激光光束进行"预补偿"，对激光光束预先成形，这要采用自适应光学技术。在过去的几年中，在自适应光学领域，空军研究实验室 Phillips 研究站和麻省理工学院林肯实验室已经取得了显著的进步。

自适应光学背后的原理是采用一个变形反射镜补偿由大气造成的畸变。系统首先发射一个由低功率激光器产生的"人造"星，当激光光束被大气散射时，散射的辐射被反射回来并被测量，这样系统就能知道大气使激光产生多大的畸变。通过将这一信息馈送到一个复杂的控制系统，将改变反射镜后面有几百个小制动器的可变形反射镜的表面形状，以补偿大气畸变。因此，可以对一个高能激光器"预畸变"，以使它能够在经过大气湍流后重新恢复其相干性。

位于 Phillips 研究站的 Starfire 光学靶场已经成功地验证了自适应光学技术。它有一个具有轻质蜂窝状三明治构成的主反射镜的望远镜，被抛光到 21nm 的精度（或者比人的头发细近 3000 倍）。为了补偿由引力导致的畸变，主反射镜的前表面的后面有 56 个由计算机控制的制动器以保持表面的形状。3.5m 直径的望远镜自适应光学系统有由一个复杂的计算机系统控制的 941 个制动器的可变形反射镜。在 Starfire 光学靶场已经实现的成果，代表着在过去的 10 年中在光学技术领域的最重要的革命。

6.6.2 可变形反射镜

可变形反射镜代表用于波前控制和光学像差校正的最方便的工具。可变形反射镜被用于与自适应光学系统中的波前传感器和实时控制系统结合使用。它们也在飞秒脉冲成形中得到了新的应用。可以控制可变形反射镜的形状，其控制速度适于补偿在光学系统中出现的动态像差。实际上，可变形反射镜的形状变化应当比被修正的过程快得多，因为修正过程（即使对静态的像差）可能需要几次迭代。一个可变形反射镜通常有许多个自由度，这些自由度是与机械制动器相关的，可以粗略地取一个制动器对应于一个自由度。

6.6.2.1 可变形反射镜概念

拼接概念：反射镜是由多个独立平坦的反射镜片构成的，每个镜片可以在一定的范围内向前或向后移动近波长的平均值。通常，这些反射镜的制动器之间有小的跨扰或没有跨扰。步进式近似对于平滑的连续波前端工作性能较差。镜片尖锐的边缘和镜片之间的间隙会产生光散射，应用限制在对散射光不敏感的应用。可以通过对每个镜片引入 3 个自由度（前后、翻转和倾斜）来使拼接式反射镜的性能显著提高。这些反射镜需要的制动器，是活塞式拼接反射镜需要的制动器的 3 倍，会遇到镜片边缘的衍射的不利影响。这一概念被用于 Keck 望远镜大的拼接式主反射镜。

连续面板概念：由薄的可变形的膜制成的前表面来构成有离散制动器的反射镜，面板的形状是通过固定在后侧的数个离散的制动器控制的。反射镜的形状取决于施加在面板上的力的组合、边界条件（平板固定在反射镜上的方式）以及面板的几何形状和材料。这些反射镜经常是最希望的实现，因为它们允许具有多达几千个自由度的平滑的波前控制。

MEMS 可变形反射镜：波士顿微机械公司的有 1020 个制动器的反射镜。MEMS 概念反射镜是采用体和面微切削技术制备的。MEMS 反射镜的最大的优势是低成本，它们可以突破常规的自适应光学的高成本门限。MEMS 反射镜通常有高的响应速率，有高的精度，并且没有迟滞（不像其他类型的可变形反射镜那样）。波士顿微机械公司是制备 MEMS 可变形反射镜的公司之一。

膜概念：反射镜是由拉伸在一个固体的、平坦的框架上薄的导电和反射的膜制成的，可以通过给放置在膜的上面或下面的静电电极制动器施加控制电压，使膜产生静电变形，如果有电极放置在膜的上面，它们是透明的。也有可能仅采用位于反射镜的下面的一组电极来操纵反射镜，在这种情况下，可以对所有的电极施加偏置电压，使膜最初是球形的。膜可以相对于基准球向前和向后运动。

双压电晶片概念：反射镜是由两个或更多层不同的材料制成的。采用压电或静电材料来制备一个或更多的（主动）层。电极结构被压型在主动层上以便于局部的响应。当在一个或更多的电极上施加电压时反射镜变形，导致反射镜横向扩展，这导致局部的反射镜曲面。双压电晶片反射镜很少采用 100 个以上的电极制成。

铁磁流体概念：反射镜是由扩散到液体载体中小的（直径大约 10nm）铁磁流体纳米微粒制备的液体可变形反射镜。在存在外部磁场时，铁磁微粒与场对准，液体变成磁性的，它的表面形状将由磁、引力和表面张力的平衡来决定。采用适当的磁场几何，可以在铁磁流体的表面产生任何希望的形状。这种新概念有可能代替具有大量制动器的可变形反射镜。

6.6.2.2 可变形反射镜参数

制动器的数目：这决定着反射镜可以进行校正的自由度的数目（波前偏转）。经常将一个任意的可变形反射镜与一个可以以 Zernike 多项式的形式完美地复现波前模式的理想器件进行比较。对于预先定义的像差统计，一个有 M 个制动器的可变形反射镜，可以等价于一个有 N 个自由度（通常 $N<M$）的理想的 Zernike 校正器。对于大气湍流校正，消除低阶的 Zernike 项，通常会导致图像质量的显著提高，而进一步校正高阶项，能带来的改进不太显著。对于强的和快速的波前误差波动（如在高速空气动力流场中经常遇到的激波和湍流波），制动器的数量、制动器的间距和行程决定着可以补偿的最大波前梯度。

制动器间距：是制动器中心之间的距离。有大的制动器间距和大量的制动器的可变形反射镜是笨重和昂贵的。

制动器行程：是制动器可能的最大偏移，通常是距离某一中心零线有正的或负的偏移，行程的范围通常为 $\pm 1 \sim \pm 10\mu m$。自由的制动器的行程限制了修正波前的最大幅度，而互联的制动器的行程限制着可校正的较高阶像差的最大幅度和梯度。

影响函数：对应于反射镜对单个制动器的动作响应的特性形状，不同类型的可变形反射镜有不同的影响函数。此外，对于相同反射镜的不同制动器，影响函数可能是不同的。覆盖整个反射镜表面的影响函数称作"模态"函数，局部的响应被称为"区域性的(带域的)"。

制动器耦合：说明一个制动器多大的运动使它的邻域受到偏置。所有的"模态化"的反射镜有大的互耦合，事实上这是好的，因为它确保对通常有最大的统计权重的平滑低阶光学像差的高质量的校正。

响应时间：说明反射镜对控制信号的反应有多快，可以从微秒(MEMS 反射镜)到几十秒(热控可变形反射镜)。

迟滞和蠕变：是降低可变形反射镜的响应精度的非线性制动效应。对于不同的概念，迟滞可以从零(静电致动反射镜)到百分之几十(对于采用压电制动器的反射镜)。迟滞是与前面的制动器位置指令的残余位置误差，并限制了反射镜在反馈环之外采用前馈模式工作的能力。

6.6.3 大型光学系统

除了自适应光学以外，需要地面或空间的大型反射镜将激光能量投射到导弹上。在 20 世纪 80 年代后期和 90 年代早期进行了几项重要的大型光学项目，大型光学验证试验(LODE)建立了测量并校正高能激光的输出波前的能力。大型先进反射镜项目(LAMP)设计和制备了一个 4m 直径的轻质的、拼接的反射镜，这一反射镜包括连接在一个公共舱壁上的 7 个单独的镜片。构建一个分块的反射镜的优点是能够减小总的重量，并能制备更大的反射镜。此外，每个镜片可以采用小的制动器马达重新定位，以略微调整反射镜的表面。这一项目完成的反射镜，成功地实现了天基激光应用需要的光学性能指标和表面质量。

6.6.4 什么是光学中的相位共轭？

相位共轭是一个具有不寻常的特性和性质的现象。它的工作原理类似于全息，但它是一个动态全息，"全息板"是由非线性光学介质的干涉波前定义的，而不是在一个玻璃板上刻蚀的静态的图案。在本节，解释相位共轭背后必要的原理(图 6.11)[31]。

我们首先从相位共轭反射镜的性质入手。相位共轭反射镜像一个反射镜，因为它将入射光反射回到来处，但它与常规的反射镜反射方式不同。

在常规的反射镜中，以法向照射到表面上的光被反射回到来处(图 6.11(a))，对于相位共轭反射镜也是这样(图 6.11(b))；当光以一定的角度照射到常规反射镜上时，它向相反的方向反射，这样入射角等于反射角(图 6.11(c))。在一个相位共轭反射镜中，不论入射角如何，光总是直线反射回出发点(图 6.11(d))。

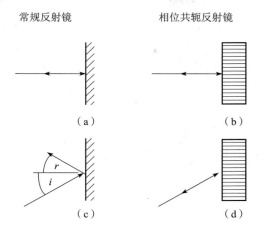

图 6.11 常规的和相位共轭反射镜的图像

这一不同的反射方式有显著的结果。例如，如果我们将一个不规则变形玻璃放在一束光的光路中，平行的光线将以随机的方向弯曲，在被一个常规的反射镜反射后，每个光线被弯曲的更严重，光束被散射（图 6.12）。

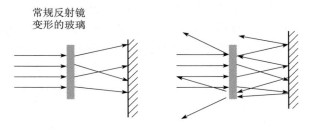

图 6.12 常规反射镜的图像

对于一个相位共轭反射镜，每个光线被反射回来处，这一反射的共轭波将通过变形的介质传播回来，实际上消除了变形的影响，平行光线的相干光束的回波向相反的方向传播（图 6.13）。

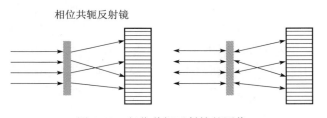

图 6.13 相位共轭反射镜的图像

6.6.4.1 相位共轭反射镜怎样工作？

在线性光学中，光波彼此透明地通过，就像不存在其他波一样，池塘中的涟漪也完全不受影响地彼此通过。但在幅度足够高时，几乎任何光学或其他波现象将出现非线性性，对于水波也是这样。当一个涟漪中的波被驱动的太强时，它们丧失了完美的正弦形状，并在宽的谷之间形成了较尖锐的峰，就像在海洋上的风驱动的波。在海滩上破裂的波中将看到一个最极端的非线性波，运动的水的迟滞流将携载高耸的波浪，这种类型的波不能彼此透明地通过，它们会碰撞，并像碰撞的台球那样反弹。事实上，非线性波表现出线性的和非线性的分量，这样碰撞波同时有大部分彼此不受影响地通过，同时也有一部分波彼此碰撞并反弹，在两个方向都产生反射。波的这一碰撞和反弹的概念能够洞察奇妙的相位共轭现象。非线性光学中的这种反向平行的反射光线和惠更斯波传播原理，对于解释相位共轭中的某些奇特的时间可逆重构原理（这一原理反映了知觉物化的观察特性）是足够的。

6.6.4.2 惠更斯原理

惠更斯原理指出：一个波前在数学上等价于一个点源的线均沿着这一波前，因为沿着波前从相邻的点源向外辐射的射线被破坏性的干涉抵消，仅留下了沿着与波前的局部方向成法向传播的分量。这一原理有一个有趣的空间结果，如果火焰的前沿有形状，无论波前的形状是弯曲的、凸状的、凹状的、锯齿形的或波形线形的，对波前的传播方式有深刻的影响。

6.6.4.3 双波混频

非线性波之间的相互作用，可通过将两个激光光束投射为交叉通过非线性光学介质体实现的双波混频现象来说明。图 6.14(a) 给出了在某一空间区域相交的 B_1 和 B_2 两个激光光束，在它们相交的区域，出现了形式为一个平行平面的驻波图案，方向平行于两个光束之间的夹角的平分线。图 16.4(b) 以二维的形式给出了两个相关光束的波前怎样通过沿着图中的垂直线的相长干涉产生大的幅度，由于破坏性的干涉，在垂直线之间产生与平面节点交织的低的或零幅度。

在线性光学中，这一干涉图案是对其他没有影响的瞬态现象。然而，如果激光光束的交叉出现在非线性光学介质的透明的区域，如图 6.14(a) 中的矩形块所示的那样，如果光束的幅度足够大，由于 Keer 效应，干涉图案将导致非线性介质的折射系数的变化（形状与那些平行平面一样）。在平行平面中较高的折射系数和较低的折射系数的交替图案像 Bragg 衍射那样。

6.6.4.4 Bragg 衍射

Bragg 衍射与常规的衍射是有区别的，衍射单元不是标准的衍射那样一个刻蚀在一个平板上的二维栅格线，而是一个包括具有交替的折射系数的平行平面构成的一个体固体。Bragg 衍射首先是在 X 射线晶体照相术中观察到的，是以一个特定的角度照射到晶格平面上产生反射的尖锐的峰。晶格层的表现很像一堆部分镀银的反射镜，每个平面使大部分光不经衰减直接通过，但像反射镜一样反射一部分光，反射角等于入射角。

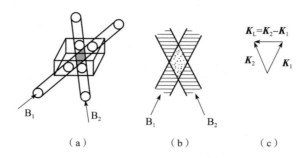

图 6.14　两个激光光束交叉穿过一个非线性光学介质体

(a) 两个交叉的激光光束 B_1 和 B_2 在交叠的区域产生干扰图；(b) 相长干涉产生一个高的幅度在平行的平面(平行于两个光束的角平分线)上，具有低的幅度的平面在两者之间的干涉图案；(c) 交叉光束的波向量图，包括一个对应于交叉的光束之间的差向量的新的格栅向量 K_L。

然而，由于相继的具有不同深度的层反射之间的干涉，在反射光线之间产生相长干涉的那些入射角上，Bragg 衍射较强，而在其他的角度 Bragg 衍射较弱或者完全消失(此时各个反射的光束被破坏性干涉抵消)。最大的衍射出现在满足 Bragg 条件的角度上，即

$$2d\sin\theta = n\lambda$$

式中：θ 为入射光线与反射面的平面之间的夹角；d 为相邻的面之间的距离；λ 为光的波长；n 为一个整数。Bragg 反射发生在相邻平面的反射之间的光程差为整数个波长的反射角处。

6.6.4.5　倒易晶格波向量表示

在称为倒易晶格表示的傅里叶空间中最容易看到 Bragg 条件造成的加强约束的相位匹配。每个光束由波向量表示，波向量的方向与对应的光束的波前垂直，幅度正比于波长或光束相继波前间距的逆。这是一个傅里叶表示，波向量的幅度与对应波的频率成正比。从数学上讲，一个波长为 λ 的波的波向量幅度 k 可表示为

$$k = 2\pi/\lambda$$

这一表达式的便利性在于，波的波向量在相互构造的关系中是相位匹配的，在这一空间构成了一个闭合的多边形，这可以用来确定是否满足 Bragg

条件。

图 6.14(c)给出了图 6.14(a)中表示的交叉的激光光束的波向量表示。波向量 K_1 和 K_2 的方向平行于它们的对应光束 B_1 和 B_2。Bragg 衍射的平行平面（如一个包括平行平面的晶体），也可以表示为一个波向量，因为它表现得非常像被一个入射光束命中的一个相干光光束。正如波向量一样，这一晶格向量 K_L 的方向垂直于栅格平面，向量的幅度与栅格平面之间间距的逆成正比。图 6.15(a)给出了被具有平行于那些驻波的晶格平面的、功能上等效的晶体替代的非线性光学单元。图 6.14(c)的向量图给出了保持 Bragg 条件要求的相位匹配关系需要的晶格向量 K_L。采用倒易的晶格表示波向量时，当满足下式时 Bragg 条件成立，即

$$K_1 + K_L = K_2$$

或 $K_2 - K_L = K_1$

晶格向量以相反的方向作用在 K_1 和 K_2 上，这是为什么它被加到一个上面，但从另一个上面减去。注意，晶格向量是怎样朝向晶格平面的法向的，这平行于两个光束夹角的平分线，这是入射角等于反射角需要的。例如，如果晶格间距略大于由 Bragg 条件决定的间距，使晶格向量更短，三个向量不再构成一个闭环的三角形，因此在晶体中仅有较小的 Bragg 反射或没有 Bragg 反射，即，光在有较小的反射或者没有反射的情况下通过。然而，通过重新调整光束，使它们的波向量满足较短的晶格向量，可以恢复 Bragg 反射。

6.6.4.6 神奇的物化

如图 6.14(a)所示，非线性光学的神奇性在于当激光光束在非线性光学介质体中交叉时，无论两个光束的相交角如何，产生的非线性驻波图案的波向量自动地取 Bragg 条件所需的结构。因此，尽管仅在满足 Bragg 条件的一定角度时，在晶体中出现 Bragg 反射，在非线性光学介质中交叉的激光光束产生了一个晶格向量，自动地等于两个交叉的光束之间的行程差的驻波，或

$$K_L - K_2 = K_1$$

这是非线性光学的一个明显的构造性或生成式函数，它凭空产生了一个全新的波形，等于两个母体波形之间的差。这一神奇的作用可以理解为通过大幅度的激光光束时引起的非线性光学材料的基本谐振的一个特性。激光光束在光学材料分子中的电子中产生一个谐振，这使它们与通过的波协调地振动。非线性光学的差别在于需要能量来建立这一谐振，就好像电子要克服一定的动量，或者一个电容必须吸收一定的电荷，因此光学材料不是对通过的光瞬时产生反应，而是有一定的时间延滞，这借用了波的能量（当波首先打开时），当波再次关闭时它偿还借用的能量，就像一个电容通过一个电阻放电，或者一个质点-弹

簧系统在波通过后回到中心。这就是使非线性光学自动地使向量方程平衡的原因。如果一个波向量使电子这样偏转，而另一个波向量使电子那样偏转，在开始下一个周期时，电子需要回到中心，回到中心使波向量图闭合。

如图 6.15(a)所示，如果驻波的图案有些冻结，像变化折射率的一个固定图案，正如在分层的晶体中那样，则如果消除一个输入光束，这一晶体将表现的像一个可以恢复光的图案的全息体。例如，如图 6.15(b)所示，光束 B_1 被功能等效的晶体晶格折射，产生了一个在原来的光束 B_2 方向的反射光束；如图 6.15(c)所示，光束 B_2 被功能等效的晶体晶格折射，重新产生原始光束 B_1。双边混频的具体化产生了一个形成冗余表示的差向量，这样去掉哪一个输入信号都不会损失信息。

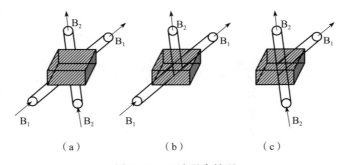

图 6.15　二波混合情况

(a) 采用晶格平面平行于原始的驻波并且晶格的间隔与驻波相同的功能上等价的晶体代替非线性光学元件；(b) 如果光束 B_2 被关闭，则光束 B_1 与晶体结合将通过 Bragg 衍射来重建 B_2；(c) 如果光束 B_1 关闭，则光束 B_2 与晶体结合将通过 Bragg 衍射来重建 B_1。

另一个类比可能是有用的，考虑水流过沙地，并产生了有小涟漪的沙丘，有涟漪的沙丘接着迫使水以涟波的形式流动，流动的水和有涟漪的沙相互调制。你可以看到沙丘的前面一侧一直受到水流的侵蚀，在背水的一侧再次堆起，导致小的沙丘慢慢向着背水的方向前进，在水中产生相应的涟波。如果你可以瞬时平滑沙地使之平坦，但保持水流的涟波图案，它通过在水流的停滞部分堆积沙子立刻重建沙地中的涟漪。事实上，由于水/沙的相互作用的基本动力学，涟波图案由自身自然地自动重建。类似地，如果沙子被冻结到一个涟波图案的静态胶泥体，这一图案迫使水按照涟波图案绕着流过它，如果这一涟波处于合适的自然的频率，水很愿意这样流动。

非线性的驻波建立了两个相交波的能量耦合，因此一个波可以"泵浦"或放大另一个波。例如，如果 B_1 具有比 B_2 更高的幅度，则 B_1 和 B_2 之间的干涉图案将 B_1 的某些能量反射到 B_2 的方向，如图 6.15(b)所示；如果 B_2 具有

比 B_1 更高的幅度，B_2 的某些能量反射到 B_1 的方向，如图 6.15(c) 所示。事实上，无论两个光束是否具有相同的幅度，B_1 的某些部分总是通过晶体流失到 B_2，B_2 的某些部分流失到 B_1，如图 6.15(a) 所示，因此，总的能量传递总是从较高幅度的光束流到较低幅度的光束。两个波是通过非线性的驻波密切地耦合的，这一能量耦合是使相位共轭产生放大反射的原因。

6.6.4.7　简并的四波混频

为了建造一个相位共轭反射镜，如图 6.16(a) 所示，我们加上了第 3 个光束 B_3，它与其他两个光束在非线性光学单元中相交，这形成了第 4 个信号光束 B_4，它最终是我们经过最后修正的相位共轭光束，这一结构称为简并四波混频（简并指所有 4 个光束的频率是相同的，这是这里举例说明的相位共轭最简单的形式需要的）。可以根据图 6.16(b) 所示的向量图来计算第 4 个光束的方向，从原理上说，第 4 个光束确切地对消或平衡其他 3 个向量的累加，或

$$K_1 + K_2 + K_3 + K_4 = 0$$

这是由相位匹配约束要求的，出现的波是彼此相长性的加强的波，互易的波向量图能帮助确定满足约束的条件。如果泵浦光束 K_1 和 K_2 保持固定，则光束波向量 K_3 指向向量图中的 ($K_1 + K_2$) 为起点的一个方向，共轭光束将总是返回原点，如图 6.16(b) 所示。

有两种方式可以直觉地理解这一现象，我们可以说光束 B_3 与泵浦光束 B_1 干涉，产生一个如图 6.16(c) 所示的沿着它们角平分线的干涉图案，接着光束 B_2 反射干涉图案以产生信号光束 B_4（反射角等于入射角）。我们也可以认为，光束 B_3 与泵浦光束 B_2 干涉产生一个如图 6.16(d) 所示的干涉图案，接着光束 B_1 反射干涉图案以产生信号光束 B_4。然而，更准确地，是把所有 4 个光束看作是由一个新产生的信号光束完成的、在一个 4 端口能量耦合中的互锁，以便平衡向量方程，并保持所有 4 个光束之间的相位相干。换言之，图 6.16(c) 和 (d) 的干涉图案与图 6.14(a) 的原始图案同时共存，使 4 个光束以相互关联的能量关系进行互锁。

6.6.4.8　相位共轭反射镜

为了实现相位共轭反射镜，我们需要做的是将光束 B_1 和 B_2 彼此反向平行，使向量项 $K_1 + K_2 = 0$，这意味着 $K_3 + K_4 = 0$，反射光束 B_4 与光束 B_3 的相位必定是共轭的。图 6.17(a) 给出了相位共轭需要的结构。泵浦光束 B_1 和 B_2 被从相反的方向投射到非线性光学单元，它们在这里干涉，形成一个非线性的驻波，光束 B_3 现在从任意方向投射到反射镜，产生一个叠加在 B_3 上但却沿着相

反的方向传输的相位共轭光束 B_4。如果它们具有相同的幅度，沿着相反的方向传输的 B_3 和 B_4 的累加将两个波转换成一个没有传播的驻波，否则，总的传播将沿着较高幅度的光束的方向。图 6.17(b)给出了波向量图，该图表明，如果 $K_1+K_2=0$，则无论光束 K_3 以什么样的角度进入反射镜，K_3+K_4 也等于 0，B_4 必定是 B_3 的相位共轭。

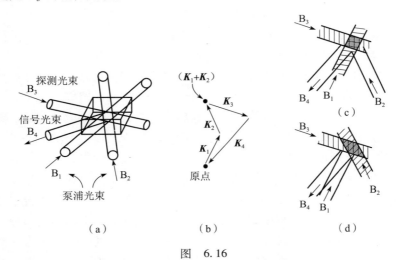

图 6.16

（a）第 3 个光束 B_3 指向其他光束的交叉处，产生了第 4 个光束 B_4；（b）计算新光束的角度的波向量图；（c）B_3 和 B_1 之间的干涉，然后由 B_2 的反射与该干涉图案产生 B_4；（d）B_3 和 B_2 之间的干涉，接着由 B_1 的反射与该干涉图案产生 B_4。

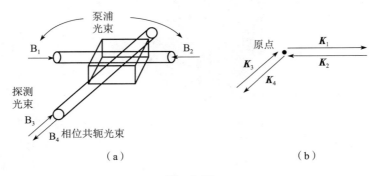

图 6.17

（a）由在非线性光学元件中以相反的方向交叉的反向平行的泵浦光束 B_1 和 B_2 产生一个相位共轭反射镜。当第 3 个探测光束 B_3 被从任何方向投射到反射镜中时，出现一个相位共轭光束 B_4，就好像在探测光束发射的来的方向有时光逆转的反射；（b）波向量图说明如果 $K_1+K_2=0$，则 K_3+K_4 也等于 0，因此 B_4 必定是 B_3 的相位共轭。

如果泵浦光束的幅度高,则累积在非线性驻波中的能量将分裂到共轭波,产生一个反射回来方向的输入波的放大反射,这是由简并四波混频产生的相位共轭反射镜。

6.6.4.9 相位共轭和光学黑魔术

自适应光学远不是简单的可变形反射镜,需要一个控制系统来确定对反射镜的形状做多大的调整,在高能激光光束通过大气的传播方面已经开展了大量的理论工作,但理论是不够的。某些最重要的畸变是由理论不能预测的随机的大气湍流造成的,必须测量影响沿传播路径传输的光束的光效应,这一信息波形转换成控制信号。这意味着控制系统必须接收沿着光束路径的光回波并分析光束的情况,这不是一个容易的过程,细节远超出本书的范围[2]。

在控制系统已经测量了光束将经受的影响之后,必须确定补偿的类型,这一过程称为相位共轭,它是一个将测量的湍流影响来产生一个消除湍流影响的激光波前的复杂的过程,从而能在目标上产生一个聚焦的光斑。相位共轭工作的精确方法非常复杂,在这里不能具体描述,从理论上讲,这种方法可以用来补偿激光器内部的和大气产生的像差[21]。关键的校正是通过调整激光光束的不同部分的相对相位来实现的,也就是说,通过使激光光束的不同部分略为不同,而不是使激光光束中的光波保持正常的锁定。有趣的是,对于大气效应的补偿而言,激光光束强度图案的变化不像更精细的相移那样重要(图6.18)[2]。

图6.18 由Rockwell国际公司Rockedyne分部建造的一个19个制动器的可变形反射镜的剖面图说明了自适应光学的复杂性。这一反射镜的直径为16in(40cm),重量为100lb(45kg)

在空间,光束畸变不是那么严重,这里没有大气,但为了对目标交战,光束需要传输很远的距离。在发展自适应光学方面有大量的科研人员参与并投入了大量防务经费。在这一领域的学者中,自适应光学这一主题是常见的、热度很高的。

6.7 目标效应

在光束到达目标后，它将一部分能量沉积在目标上，这涉及光束和目标的复杂的相互作用，这与光束的本性及目标的特性有很强的关系，最终将决定着光束中有多少能量会传递到目标上，仅有传递到目标上的能量，才能对目标造成毁伤。

没有人认真地考虑采用激光光束使军事目标完全汽化，而是要采用连续的激光光束通过加热目标使目标受到物理毁伤，直到光束熔化目标的蒙皮，并使目标的某些内部的组件遭到致命性的毁伤。实际的毁伤类型取决于目标和被照射的部位。在一个燃料箱上钻个洞可能导致爆炸。使引爆战斗部的引信失能可以防止炸弹爆炸，或者在不能毁伤要打击的目标的地方使战斗部提前爆炸，但这可能对其他的物体和人员造成一定的毁伤。使制导系统失控可以使一枚导弹落在远离它要打击的目标的地方[2]。

连续的激光光束不能瞬时毁伤，将目标加热到所需的温度或许将用几秒，这取决于激光的功率和目标的特性，确切的需求是由政府保密的，但可以通过一些数学分析来估计。照射时间要足够长，但落在目标上的光斑有可能游走，并且使被加热的区域冷下来。在许多相关的防务论文中描述的称为"对抗措施"的技术可以用于减少光束能沉积到目标上的能量。其他类型的相互作用可以用来帮助对目标进行防护[2]。

人们对采用快系列的短激光脉冲来代替一个连续激光光束很感兴趣。如前所述，这可能简化使光束通过大气到达目标的任务。突然的加热和冷却可以导致热冲击，这足以使像玻璃那样的材料被击碎。一个短的强脉冲也可以使表面的一些材料快速地汽化，产生一个穿过目标的冲击波，并可能导致机械毁伤。（由连续的光束导致的汽化是更渐进的，不会导致冲击波）。热毁伤和机械毁伤的组合和一系列短的、时间间隔近的激光脉冲导致的加热效应在穿透目标的金属板方面，比加热和激光本身产生的冲击波更有效[2]。

物理毁伤不是激光光束使目标失能的唯一的方式。光束也可以攻击制导武器的传感器，使它们致盲或失能。粒子束、微波和X射线有它们独特的使目标毁伤的方式[2]。

6.7.1 目标光学和热特性的测量

测量目标特性的原因是，为了对目标的热响应进行建模，需要测量在激光波长上目标的吸收率。在理想情况下，应当知道吸收率与温度的关系。然而，如果得不到这一吸收率-温度关系，在环境温度下的初始吸收率对于热模型和高能激光武器仍然是一个重要的输入[32]。

为了精确估计对一个金属蒙皮目标的毁伤能力，非常希望了解在激光波长上目标的吸收率以及它与温度的关系。这可以采用光学测量方法来实现，为此需要一般得不到的特殊的装置。而且激光的功率水平应该限制在不会由于样本喷出物沾染装置的硬件。在高功率水平的毁伤能力测试中，有可能采用下面所讨论的热电偶来实时得到吸收率值[32]。

6.7.2 目标吸收光学能量的途径

对于标准情况下假设的不透明的(光学稠密的)目标，可以从在该入射角上总的半球反射率 $R(\theta)$ 推导出在给定的入射角 θ 上的吸收率 $A(\theta)$，即

$$A(\theta) = 1 - R(\theta)$$

有数个政府和商业实验室进行光谱分辨反射率测量，它们给出了在感兴趣的范围内样本的定向半球反射率与波长的关系，样本被安装在一个积分球中，并采用一个光谱分辨的光源以固定的入射角进行照射。由于事实上某些材料的吸收率是与偏振有关的，因此，光源应当是非偏振的，或者应当采用正交偏振进行测量。对于偏振方面更多的信息，参见本书的附录 F。商用的和定制的反射率计具有将样本在线加热到 500℃ 的能力。注意，大多数实验室将加热限制在低于沉积阈值的温度。绝对的测量不确定性通常在 0.01~0.02 的范围内。

美国空军研究实验室发展了另外一种方法，如图 6.19 所示。这种在称为宇航材料的与温度有关的反射率(TRAM)设施中的仪器，有一个半椭球的镀金球顶。样本放置在半椭球的一个焦点处，被具有与探试光束或武器光束提供的感兴趣波长不同的波长的激光加热，一个积分球的入瞳部分位于另一个焦点处。

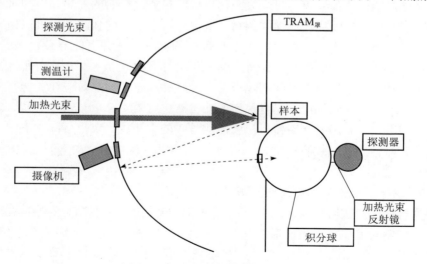

图 6.19 TRAM 反射率仪示意图

为了使积分球的探测器能区分探试光束信号和加热光束,以相对高的频率(300Hz)对探试光束进行斩光,并采用了一个相位敏感("锁相")放大器。此外,在探测器前面放一个在加热激光器波长上具有高反射率的滤光片。

采用一个高温温度计或热像仪来测量被加热时样本的温度。

注意,对于半透明材料,也必须测量它们的透过率。最近对 TRAM 仪器进行了改进,使它能在加热样本时同时测量反射率和透过率。然而,这一能力仍然在发展中,还没有完全得到验证[32]。

6.7.3 测量目标吸收率的热方法

可以用金属板的热响应估计目标的吸收率与温度的关系。通常,采用附装的热电偶和/或热像仪测量后表面的温度,在后一种情况下,后表面涂覆高发射率的、热稳定的黑涂料。

在可以忽略二维或三维热传导效应的情况下,已经得到了闭式的解析解,在6.6.4节给出了在一个表面有恒定的、均匀的热流时,两面均有绝热材料的有限厚度薄片的响应。假设具有恒定的热特性且没有相变,这一解析解可表示为

$$T(z,t) = T(z,0) + \frac{AIt}{\rho C_p L} + \frac{AIL}{k}\left\{\frac{3(1-z/L)^2-1}{6} - \frac{2}{\pi^2}\sum_{n=1}^{\infty}\frac{(-1)^n}{n^2}\exp(-\kappa n^2\pi^2 t/L^2)\cos(n\pi(1-z/L))\right\}$$

(6.19)

其中在原始公式中的轴向坐标已经被 $L-z$ 代替,热通量被假设为在 $z=0$ 处吸收的辐照度。当然,从初始温度到熔化,大多数材料的热物理特性有显著的变化,但对于有限的温度变化,如果采用平均值,这一假设是合理的。下面进一步讨论限制。注意,在式(6.19)中,A 为吸收率,I 为辐照度(W/cm^2),t 为时间(s),ρ 为密度(g/cm^3),C_p 为比热($J/(g \cdot K)$),L 为薄板厚度(cm),k 为热导率($W/(cm \cdot K)$),κ 为热扩散率(cm^2/s)。式(6.19)的第一项是初始温度,第二项是薄板平均温度的线性上升,括号中的累加和是轴向傅里叶数的强函数,其中 $f_{Na}=\kappa t/L^2$ 为辐照持续时间与通过厚度 L 的特性传播时间之比。对于 $f_{Na}>0.3$,累加和近似为0,括号中的第一项占主导地位,即,温度分布确定了一个叠加在薄板的平均温度上的准稳态的二次梯度。对于小的 f_{Na} 值,必须计算累加和以反映瞬态变化,然而,对于 $f_{Na}=0.005$ 时合理的精度,需要少于10项来保证累加和快速收敛。式(6.19)括号中的项的特性如图6.20所示。

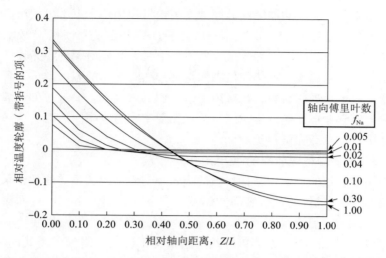

图 6.20 在一个加热的有限平板中相对轴向温度分布与轴向傅里叶数的关系

像钢那样热导率相对低的材料热扩散率近似为 $0.05 \text{cm}^2/\text{s}$,许多试样的厚度值在 $0.1 \sim 0.3 \text{cm}$ 范围内[32]。对于一个 0.3 的轴向傅里叶数,对应的时间在 $0.06 \sim 0.54 \text{s}$ 范围,这意味着,对于许多感兴趣的情况(在这些厚度上暴露时间大于 0.5s),式(6.19)可以简化为一个较简单的形式,用于分析薄板的受热,即

$$T(z,t) = \frac{AIt}{\rho C_p L} + \frac{AIL}{k}\left\{\frac{3(1-z/L)^2-1}{6}\right\} \quad (6.20)$$

在 $z = 0$ 和 $z = L$ 处评估这一方程,得到两个结果为

$$T(0,t) = T_0(t) = \frac{AI}{\rho C_p L}\left[t+\frac{L^2}{3\kappa}\right] + T_0 \quad (6.21)$$

$$T(L,t) = T_L(t) = \frac{AI}{\rho C_p L}\left[t+\frac{L^2}{6\kappa}\right] + T_0 \quad (6.22)$$

这里利用了热导率和热扩散率之间的关系 $k = \rho C_p \kappa$,对式(6.22)相对于时间取一阶导数,得到

$$A = \frac{\rho C_p L}{I}\frac{\text{d}T_L}{\text{d}t} \quad (6.23)$$

因此,在知道密度、比热和局部辐照度(对着测量温度的位置)时,可以利用后表面的热响应曲线的斜率确定吸收率。

对于大部分材料,比热与温度有关。此外,辐照度可能随时间变化。这样采用一个具有 $C_p(T)$ 和 $I(t)$ 的测量值的电子表格可以便利地评估式(6.23),前者经常是由分段多项式拟合给出的。

注意，这种测量吸收率的方法仅对目标的前表面温度最高达到熔点的情况是有效的。此外，这种方法必须在与吸收的热流相比损失（对流、辐射和横向传导）较小的情况下应用。最后，这种方法应当在光束的空间辐照度轮廓是光滑的、在均值附近的局部变化范围不超过大约10%的情况下使用[32]。

6.7.4 热方法的数学建模

对于三维的情况，在一个有限的或半无限的薄板中，热流的偏微分方程可表示为

$$\frac{\partial u(z,t)}{\partial t} = c \frac{\partial^2 u(z,t)}{\partial z^2} \quad (6.24)$$

式中：c 为一个常数（称为扩散率）；$u(z,t)$ 为在位置 z 和时间 t 的温度，在 z 处的一个横截面上的温度取为均匀的（图 6.21）。

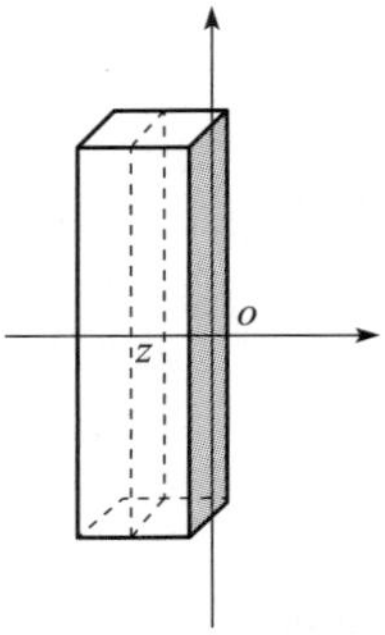

在求解热方程时有许多不同的场景，我们将考虑几个场景来说明涉及的各种方法。

例 1：求解以下热传递问题，边界条件和初始条件如下（为了简化这一分析，我们假设 $c=1$）：

图 6.21 有限平板几何

$$\frac{\partial^2 u(z,t)}{\partial z^2} = \frac{\partial u(z,t)}{\partial t}$$

$0 < z < L$ 和 $t > 0$

(1) $u(z,0) = u_0$ 初始条件

(2) $\frac{\partial u(0,t)}{\partial z} = 0$

(3) $u(L,t) = u_1$ 边界条件（现在跨越 $z=0$ 的热流）

解：对上述由偏微分方程给出的热方程相对于 t 进行拉普拉斯变换（见附录 E 和方程(E.38)），得到

$$\frac{d^2 U}{dx^2} = sU - u_0$$

则有

$$U(z,s) = c_1 \cosh\sqrt{s}\, z + c_2 \sinh\sqrt{s}\, z + \frac{u_0}{s}$$

由边界条件(2)，$c_2 = 0$，因此

$$U(z,s) = c_1 \cosh\sqrt{s}\, z + \frac{u_0}{s}$$

通过边界条件(3)我们发现

$$U(L,s) = \frac{u_1}{s} = c_1 \cosh\sqrt{s}\,L + \frac{u_0}{s}$$

因此

$$c_1 = \frac{u_1 - u_0}{s\cosh\sqrt{s}\,L}$$

从而有

$$U(z,s) = \frac{(u_1 - u_0)\cosh\sqrt{s}\,z}{s\cosh\sqrt{s}\,L} + \frac{u_0}{s}$$

取拉普拉斯逆变换得到

$$u(z,t) = u_0 + (u_1 - u_0) L^{-1}\left(\frac{\cosh\sqrt{s}\,z}{s\cosh\sqrt{s}\,L}\right)$$

$$= u_1 + \frac{4(u_1 - u_0)}{\pi} \sum_{n=1}^{\infty} \frac{(-1)^n}{(2n-1)} \exp(-(2n-1)^2 \pi^2 t/4L^2) \cos\left(\frac{2n-1}{2L}\right)\pi z$$

这类似于式（6.19），只是我们必须将 $T(z,t)$ 代替 $u(z,t)$，$T(z,0)$ 代替 u_0，$T(L,t)$ 代替 u_1，并要考虑到式（6.24）中的热导率或扩散率 c。Carslaw 和 Jaeger 给出了非常类似的解。

参考文献

1. Konyukhov VK, Matrasov IV, Prokhorov AM, Shalunov DT, Shirokov NN (1970) JETP Lett 12:321
2. Hecht J (1984) Beam weapons, the next arms race. Plenum Publishing Corporation, New York
3. Davies SC, Brock JR (1987) Appl Opt 26:786
4. Menzel DH (ed) (1960) Fundamental formulas of physics, vol 2. Dover, New York, p 416, p. 416
5. Mendoza M, Jone W Effects of atmospheric turbulence on laser propagation. University of Maryland, The Maryland Optics Group
6. Sprangle P, Peñano J, Hafizi B Optimum wavelength and power for efficient laser propagation in various atmospheric environments. Naval Research Laboratory, Plasma Division
7. Smith DC (1977) High-power laser propagation - thermal blooming. Proc IEEE 65:1679
8. The infrared and electro-optical systems handbook, vol. 2, edited by F.G. Smith, Environmental Research Institute of Michigan, Ann Arbor, MI, and SPIE Optical Engineering Press, Bellingham, WA (1993)
9. Measures RM (1992) Laser remote sensing, fundamentals and applications. Krieger Publishing, Malabar, FL
10. Williams FA (1965) Int J Heat Mass Transfer 8:575
11. Caledonia GE, Teare JD (1977) J Heat Transfer 99:281
12. Armstrong RL (1984) Appl Opt 23:148
13. Armstrong RL (1984) J Appl Phys 56:2142
14. Armstrong RL, Gerstl SAW, Zardecki A (1985) J Opt Soc Am A 2:1739
15. Hänel G (1971) Beiträge zur Physik der Atmosphäre 44:137

16. Reid JS, Westphal DL, Paulus RM, Tsay S, van Eijk A (2004) Preliminary evaluation of the impacts of aerosol particles on laser performance in the coastal marine boundary layer. Naval Research Laboratory, Monterey, CA 93943-5502, NRL/MR/7534—04-8803
17. Gebhardt FG, Smith DC (1971) IEEE J Quantum Electron QE-7:63
18. Brwon RT, Smith DC (1975) Aerosol-induced thermal blooming. J Appl Phys 46(1):402
19. Hodges JA (1972) Appl Opt 11:2304
20. Johnson CS, Gabriel DA Jr (1981) Laser light scattering. Dover Publication, New York, Copyright 1981 by CRC Press, Inc
21. Weichel H (1990) Laser beam propagation in the atmosphere, Tutorial texts in optical engineering. SPIE, The International Society for Optical Engineering, Bellingham, WA
22. Ross D (1969) Light amplification and oscillators. Academic, New York, p 72
23. Bonch Bruevich M, Imas YaA (1967) Zh Tekh Fiz 37:1917(English transl.: Sov Phys-Tech Phys 12:1407 (1968))
24. Greenwood D, Primmerman C (1992) Adaptive optics research at Lincoln laboratory. Lincoln Lab J 5(1):131–150
25. Karr T (1989) Thermal blooming compensation instabilities. J Opt Soc Am A 6(7):1038–1048
26. Wall III JE (1994) Adaptive optics for high energy laser systems. Partial fulfillment of the requirements for the Degree of Master of Science in Electrical Engineering and Computer Science, Massachusetts Institute of Technology, May 30, 1994
27. Lukin VP, Fortes BV (2002) Adaptive beaming and imaging in the turbulent atmosphere. SPIE PRESS, Bellingham, WA
28. Vorob'iev VV (1978) Thermal blooming of laser beams in the atmosphere: theory and model experiment. Nauka, Moscow
29. Pearson JE, Freeman RH, Reynolds HC Jr (1979) Adaptive optics techniques for wavefront correction, vol VII, Applied optics and optical engineering. Academic, New York, pp 246–340
30. Freeman RH, Pearson JE (1982) Deformable mirror for all seasons and reasons. Appl Opt 21(4):580–588
31. http://sharp.bu.edu/~slehar/PhaseConjugate/PhaseConjugate.html
32. Accetta JS, Loomis DN (2008) High energy laser (HEL) lethality data collection standards-revision A. Directed Energy Professional Society, Albuquerque, New Mexico

第7章 激光

激光这一词汇是受辐照激励辐射的光放大的首字母缩略语，尽管现在通常把这一词汇当作一个名词 laser，而不是一个首字母缩略语 LASER。

激光器是产生并放大窄频带的、强相干光光束的器件。

原子发射辐射，我们每天都看到一个氖信号灯中受激的氖原子发射的光。通常，它们在随机的时间向随机的方向发射光，结果是非相干光，这是一个在考虑从所有的方向发出的一组光子时要用到的技术术语。

产生在一个精确的方向仅具有一个或几个频率的相干光的技巧在于，找到具有适当的内部存储机制的适当的原子，并创建一个这些原子都可以协同的环境，使它们在适当的时间并在相同的方向同时发光。

7.1 引言

本章我们采用一维数学建模讨论材料对高能辐射激光的响应，并给出在具有不同的场景及给定的边界和初始条件的不同情况下热传导偏微分方程的解。本章也讨论了在红外辐射波长上金属的光学反射率、激光在材料中导致的热流、熔化和汽化效应、由脉冲和连续辐照在材料中产生的脉冲，以及在被辐照材料前面地喷出和熔化区域对激光辐照吸收的影响。

激光是一个首字母缩略语，表示"受辐照激励辐射的光放大"（几乎完全是相干光）。为了产生一个激光光束，我们考察在从受激的能态衰减到较低的能态时发射光的一个光子的原子，对于上述由于能级的衰减由光辐射出的光子，两个能态之间的能差可以表示为 ΔE，可采用光的频率 ν 描述，在量子力学中称为普朗克-爱因斯坦关系，即

$$\Delta E = h\nu \tag{7.1}$$

式中：h 为普朗克常数，它的值由 $h = 6.62606957 \times 10^{-34}$ J·s $= 4.135667516 \times 10^{-15}$ eV·s 给出。能级的表达式(7.1)，如图 7.1 所示。

如果发射光子的光的波长用符号 λ 表示，光速用 c 表示，波长和光速之间的关系为

$$c = \lambda\nu \tag{7.2}$$

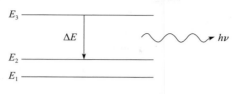

图 7.1 能级

将式(7.2)替代式(7.1)中的频率 ν，我们得到了普朗克-爱因斯坦关系的一个新的表达式为

$$\Delta E = \frac{hc}{\lambda} \tag{7.3}$$

式(7.3)表示涉及普朗克常数 h 的另一个关系。假定 p 是一个粒子(不仅是光子，也可以是其他粒子)的线性动量矩，则该粒子的德布罗意波长 λ 可表示为

$$\lambda = \frac{h}{p} \tag{7.4}$$

在某些采用角频率有意义的应用中，频率是用每秒弧度而不是每秒转数或赫兹表示的，一般在普朗克常数中加入一个因子 2π，最终的常数被称为约化普朗克常数或狄拉克常数，它等于普朗克常数除以 2π，用 $\hbar$ 表示，读为 h-bar。

$$\hbar = \frac{h}{2\pi} \tag{7.5}$$

因此，角频率为 ω($\omega = 2\pi\lambda$)的光子的能量可表示为

$$\Delta E = \hbar \omega \tag{7.6}$$

简约的普朗克常数在量子力学中是角动量的量子。

约化普朗克常数的数值由 $\hbar = 1.054571726 \times 10^{-34}$ J·s $= 6.58211928 \times 10^{-16}$ eV·s 给出。

上述条件和情况对任何光源(无论是激光、火焰、白炽灯等)都适用。

任何常规光源的原子，当被热或其他产生热的源(如电流)激励时，都以随机的、不规则的、自然的方式发射光子。激光物理学指出：当光子被同相位地发射并表现为这样类型的电磁辐射时，我们或多或少地可用将它描述为一个正弦辐射场的简单的波传播，在微观尺度上，可以由以下导体中的波方程的数学解来定义，取考虑的波方程的解的实部(即，我们假设一般解是复数型的，解包括实部和虚部)，则有

$$\varepsilon(z,t) = =\mathrm{Re}[\varepsilon_0 e^{-2\pi kz/\lambda} e^{i\omega(t-nz/c)}] \tag{7.7}$$

式中：ε 为辐射的电场；Re 为括号中复数量的实部；ε_0 是最大的幅度；k 为消光系数，在真空中 $k = 0$；z 为波传播的方向；λ 为波长；t 为时间；n 为折射系

数，在真空中 $n=1$；c 为真空中的光速。

式(7.7)是在一个线性的、均匀的、各向同性的、介电系数为 ε、磁导率为 μ 的传导介质中的麦克斯韦方程组的电场的解。采用一般的向量表示形式的电场解复表示为

$$E(z,t) = E_0(z,t)\mathrm{e}^{(-kz)}\mathrm{e}^{[\mathrm{i}(kz-\omega t)]} \tag{7.8}$$

读者可以参看附录 F 来看看怎样由导体中波的解来导出式(7.7)，这是传播的光波的电场的标准表示。你也可以在下面的波方程中看到快速推导出式(7.7)的方法。

波方程

微观的麦克斯韦方程可表示为

$$\nabla \times \boldsymbol{E} = \frac{\partial \boldsymbol{B}}{\partial t} \tag{1}$$

$$\nabla \times \boldsymbol{H} = \boldsymbol{j} + \frac{\partial \boldsymbol{D}}{\partial t} \tag{2}$$

$$\nabla \cdot \boldsymbol{D} = \rho \tag{3}$$

$$\nabla \cdot \boldsymbol{B} = 0 \tag{4}$$

一般来说，$\boldsymbol{E}$（电场）、$\boldsymbol{D}$（电位移）、$\boldsymbol{B}$（磁场）和 $\boldsymbol{H}$（磁场强度）是非线性的，但在我们感兴趣的高能激光与材料相互作用的情况下，我们可以采用线性模型来近似，其关系通常与辐射场的频率有关。注意，这些参数和它们之间的关系描述着材料的特性。在时间谐和场的情况下，经傅里叶变换的场量是按照以下方程组来联系起来的，即

$$\boldsymbol{D}(r,\omega) = \varepsilon_0 \varepsilon(\omega) \boldsymbol{E}(r,\omega) \tag{5}$$

$$\boldsymbol{B}(r,\omega) = \mu_0 \mu(\omega) \boldsymbol{H}(r,\omega) \tag{6}$$

采用式(1)、(2)、(5)和(6)，波方程可以建立为

$$\nabla(\nabla \cdot \boldsymbol{E}) - \Delta \boldsymbol{E} = -\mu_0 \varepsilon_0 \varepsilon \frac{\partial^2 \boldsymbol{E}}{\partial t^2} \tag{7}$$

在均匀介质中，当空间电荷为 0，即 $\nabla \cdot \boldsymbol{E} = 0$，且 $\mu_0 \varepsilon_0 = 1/c^2$ 时，式(7)简化为

$$\Delta \boldsymbol{E} = \frac{\varepsilon}{c^2} \frac{\partial^2 \boldsymbol{E}}{\partial t^2} \tag{8}$$

这一偏微分方程[式(8)]的解是平面波方程，可表示为

$$\boldsymbol{E} = \boldsymbol{E}_0 \mathrm{e}^{[\mathrm{i}(kz-\omega t)]} \tag{9}$$

式中：k 为复波数；ω 为实的角频率。

复波数是

$$k = k_0 \sqrt{\varepsilon} = k_0 n = k_{\mathrm{Real}} + \mathrm{i}k_{\mathrm{Imaginary}} = k_\mathrm{r} + \mathrm{i}k_\mathrm{i} \tag{10}$$

式中：n 为复的折射系数。平面波解也可以写成

$$\boldsymbol{E} = \boldsymbol{E}_0 \mathrm{e}^{(-k_\mathrm{i} z)} \mathrm{e}^{[\mathrm{i}(k_\mathrm{r} z - \omega t)]} \tag{11}$$

如果复波数的虚部 $k_\mathrm{i} > 0$，波在材料内呈指数衰减。

式(7.7)是度量着在空间中的一个点处激光辐射的电场 ε，其中单个的光子是同相位的，该式不仅能度量在空间中的一个点处激光的电场，它也可预测 ε 的振荡。但这对于由一个常规的源辐射的光是不成立的，对于随机辐射光的原子，由于每个原子辐射的正弦变化需要与某一与时间相关的值平均，式(7.7)不能用于度量在空间中的某点处的电场以便表示正弦的变化。

事实上激光是相干性非常强的源，其相干性是利用在可以导致亚稳态的材料中受激的辐射产生的。由量子力学中的选择规则，我们知道，在一个受激励的能态中，一个原子的寿命周期取决于这些跃迁到较低的能态的规则。记住，从较低的能级跃迁到较高的能级是非常不可能的，这样的状态称为亚稳态，一个不被外部的影响分配的原子将在非常长的时间内保持亚稳态。

如果一个亚稳态原子与频率满足式(7.1)的一个光子相互作用（ΔE 是原子的正常状态和亚稳态之间的能量差），将会发生受激辐射。原子将通过发射另一个具有频率 ν 的光子衰减到正常态，因此总的结果是产生两个光子，第二个光子将具有与第一个光子相同的时间和空间相位。

7.2 激光怎样工作

激光是"受辐照激励辐射的光放大"的首字母缩略语，自发辐射是受激励的原子自发地发射光子的过程，当释放一个光子时，电子被激励到一个静息状态。光子辐射可以由将增加受激励电子数目的外部能量源激励，这一过程称为泵浦。一个激光器包括激光腔、激光介质（固体、液体或气体）和外部的能量源，当外部的能量源导致在激光介质中的电子被激发时，就会产生受激辐射，当这些受激发的电子释放光子时，会产生级联反应，光子与激光介质中的其他受激电子碰撞，并导致同时释放许多相同的光子，只要持续产生上述级联反应，就将持续地产生激光。

激光具有以下特性：

（1）相干性。激光光束是时间和空间相干的，这一现象是由于受激辐射造成的，使激光光束具有高的能量密度。

（2）准直性。激光光束相互平行（即，忽略了高能光束通过大气环境传输时的热晕），因此表现出准直性。当光在两个反射镜之间反射时，在激光腔内产生一个准直的光束，仅允许出射平行的波。准直使激光能远距离传输，且不损失强度。实际上，激光器上的一个透镜将平行光聚焦成尺寸尽可能小的光斑或者衍射限光斑，从而使光聚焦在目标上。

（3）辐射度学。理解激光和目标的相互作用的 4 个主要概念是能量、功率、能流密度、辐照度。

由激光发射的光的数量可以由能量和功率来量化,能量表示用焦耳度量的功,而功率是用瓦特或每秒焦耳度量的,是能量的消耗率。在目标上激光光束的强度是光束扩散到目标上的面积(称为光斑尺寸)的函数。光斑尺寸为

光斑尺寸=激光光束的横截面积

激光光束的能量密度是用焦耳每平方厘米度量的能流密度。能流密度可表示为

能流密度=$W×S/cm^2=J/cm^2$=激光输出×脉冲持续时间/光斑尺寸

连续波激光光束的功率密度是用瓦每平方厘米度量的辐照度,它与光斑尺寸直径的平方根成反比,即

辐照度=W/cm^2=激光输出/光斑尺寸

激光的照射时间、能流密度和辐照度可以交替使用,这取决于激光希望交战的目标和激光对目标交战时的条件和环境。

激光与目标的相互作用有4种可能的方式:

(1) 反射 R。当光从目标表面"弹回"而没有进入目标时出现反射,目标厚度相对于在结合点处折射率的差别和激光光束传输的环境是次要的。增大入射角能增加被反射的光的数量。如果有足够的激光光束反射,采用特定的激光并应用适当的防护时能实现对目标表面或目标本身的毁伤。

(2) 吸收 A。吸收率是沉积在工件内的功率与入射辐射的功率之比。

(3) 透过 T。当激光光束通过透明的目标而没有改变目标表面或光本身时产生透过。

(4) 散射 S。散射指光已经进入目标的蒙皮后的剩余部分,它是由光与构成目标的层的各种单元的相互作用产生的。当出现散射时,光被扩散到目标内的一个较大的区域,与此同时,光束的穿透深度(趋肤深度)减小。

如前所述,如果一个亚稳态原子与使 $\Delta E=h\nu$(ΔE 是原子的正常态和亚稳态之间的能差)的一个频率的光子相互作用,将产生受激辐射。原子通过发射另一个频率为 ν 的光子衰减到正常态,因此总的结果是产生两个光子,第二个光子将有与第一个光子在时间上和空间上相同的相位。

在激光中,建立了大量的处于亚稳态的原子,并使光学系统能增大激发辐射的似然度。从方案上讲,一个典型的激光振荡器看起来如图 7.2 所示,在激光介质(如红宝石中的 Cr^{+++} 离子)中产生泵浦的辐射(如源于一个强光灯的光)激励。

在衰减过程中(如果我们有一个成功的激光器),大量的离子留在亚稳态,这称为粒子数反转。当某些原子开始衰减时,它们激发其他原子衰减,但单独这样不能产生激光,因为辐射出现在随机的方向。反射起着非常重要的作用,

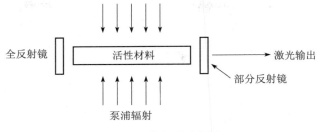

图 7.2 激光器示意图

垂直于反射体运动的光子多次通过介质，在每次通过时导致越来越多的光子发射，这最终形成了在一个单一的方向传输的非常强的相干光。通过使一个反射镜成为一个部分反射体可以获得有用的光输出[1]。

观察激光强度的几个例子是有意义的。在一个典型的红宝石激光器中，Cr^{+++}离子的浓度是大约 $2×10^{19} cm^{-3}$，粒子数反转在 $3×10^{16} cm^{-3}$ 量级。粗略地说，我们可以认为在激光介质中每立方厘米产生了 $3×10^{16}$ 个光子。因为我们已经配置了激光器，它的输出是单方向的，而且因为单个光子是以光速运动的，我们从激光中得到 $3×10^{16}×3×10^{10} = 9×10^{26}$ quanta/(cm²·s)。对于红宝石激光器，激光波长为 6943 Å，而且由于每个量子的能量是 $h\nu$，可以计算出输出为大约 $2.5×10^8 W/cm^2$。

在我们推进到下一步前，我们停顿一下，并聚焦在对腔体内的电磁辐射的性质的理解，通过考虑包括温度为 T 的驻波的辐射和在金属表面的节点，采用 Rayleigh 能量分布简要地给出普朗克能量密度分布。通过证明，这些驻波等价于谐和的振荡器，因为它们源于大量的电荷（在金属腔表面的壁中出现的电子）的谐和振荡。当腔体处于热平衡时，在腔体内的电磁能量密度等于腔体壁中的带电粒子的能量密度，为了得到离开腔的平均总能量考虑在频率区间 $\nu \sim \nu+d\nu$ 内的驻波或辐射模式的数目及振荡器的总能量，在频率区间 $\nu \sim \nu+d\nu$ 内的驻波数为

$$N(\nu) = \frac{8\pi\nu^2}{c^3} \tag{7.9}$$

式中：$c = 3×10^8 m/s$ 为光速；量 $(8\pi\nu^2/c^3)d\nu$ 给出了在频率区间 $\nu \sim \nu+d\nu$ 内每单位体积的振荡模式的数目，在该频率区间的电磁辐射的总能量为

$$u(\nu, T) = N(\nu)\langle E \rangle = \frac{8\pi\nu^2}{c^3}\langle E \rangle \tag{7.10}$$

式中：$\langle E \rangle$ 为在腔壁上出现的振荡器或在该频率区间内的电磁辐射的平均功率，$u(\nu, T)$ 与温度的关系嵌入在 $\langle E \rangle$ 中。

现在的问题是我们怎样计算平均能量⟨E⟩？根据经典的热力学和均分理论，腔内所有振荡器有相同的平均能量，与它们的频率无关①。

$$\langle E \rangle = \frac{\int_0^\infty E e^{-E/(kT)} dE}{\int_0^\infty e^{-E/(kT)} dE} = kT \tag{7.11}$$

式中：$k = 1.3807 \times 10^{-23}$ J/K 为玻尔兹曼常数。将式(7.11)插入式(7.10)，得到 Rayleigh-Jeans 公式为

$$u(\nu, T) = \frac{8\pi\nu^2}{c^3} kT \tag{7.12}$$

除了低频部分外，式(7.12)是与实验数据完全不相符的：对于高的 ν 值，由式(7.12)给出的 $u(\nu, T)$ 是发散的，如图 7.3 所示，从实验上讲，它必须是有限的。此外，在所有的频率上，对式(7.12)积分，积分是发散的，这表明腔体包括无限数量的能量。从历史上讲，这被称为紫外灾难，因为在紫外波段内的高频段，式(7.12)是偏离实际的。

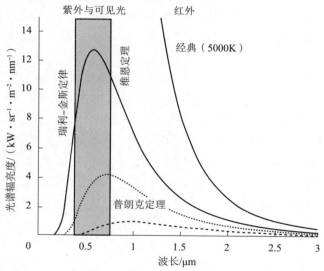

图 7.3 各种谱密度的比较：普朗克定律，虚线；瑞利-金斯和维恩定理，实线式(7.15)被称为普朗克分布，它给出了对如图 7.3 所示的各个实验的辐射分布确切的拟合，通过将式(7.15)对试验数据拟合得到 h 的数值是 $h = 6.626 \times 10^{-34}$ J·s。

---

① 采用一个变量代换 $\beta = 1/(kT)$，我们有

$$\langle E \rangle = -\frac{\partial}{\partial \beta} \ln\left(\int_0^\infty e^{-\beta E} dE\right) = -\frac{\partial}{\partial \beta} \ln(1/\beta) = 1/\beta \equiv kT$$

现在，研究普朗克能量密度偏离，通过在维恩规则和 Rayleigh-Jeans 规则之间进行内插，普朗克成功地避免了紫外灾难，并提出了对黑体辐射的精确描述。他认为辐射和物质之间的能量交换必须是离散的而不是连续的。他的假设表明：由腔体壁中振荡的电荷辐射的频率为 ν 的能量辐射必须仅是 $h\nu$ 的整数倍，即

$$E = nh\nu \quad n = 0,1,2,3,\cdots \tag{7.13}$$

式中：h 为一个普适的普朗克常数；$h\nu$ 为一个辐射"量子"的能量；ν 为腔壁中振荡的带电荷粒子的频率和腔壁发射的辐射的频率，这是因为一个振荡的带电荷粒子发射的辐射的频率等于粒子本身振荡的频率[8]。式(7.13)称为能量的普朗克量子化规则或普朗克假说。

因此，假设一个振荡子的能量被量子化，普朗克证明，可以通过代替振荡子的能量离散性的响应来得到平均能量正确的热力学关系②，即

$$\langle E \rangle = \frac{\sum_{n=0}^{\infty} nh\nu e^{-nh\nu/kT}}{\sum_{n=0}^{\infty} h\nu e^{-nh\nu/kT}} = \frac{h\nu}{e^{-h\nu/kT} - 1} \tag{7.14}$$

因此，通过将式(7.14)代入式(7.10)，一个腔的孔发射的每单位频率的辐射能量密度可表示为

$$u(\nu, T) = \frac{8\pi\nu^2}{c^3} \frac{h\nu}{e^{h\nu/kT} - 1} \tag{7.15}$$

我们应当注意到，如图 7.3 所示，我们可以重写普朗克能量密度方程式(7.15)，得到每单位波长的能量密度为

$$\widetilde{u}(\lambda, T) = \frac{8\pi hc}{\lambda^5} \frac{1}{e^{hc/\lambda kT} - 1} \tag{7.16}$$

在上面我们指出对于红宝石激光器的波长 6943 Å，每个量子的能量是 $h\nu$，可以计算出：输出是大约 $2.5 \times 10^8 \mathrm{W/cm^2}$。如果我们将这一值与一个黑体产生的功率进行比较，让我们假设在这种情况下太阳在相同的波长和类似的带宽下辐射，采用角频率 $\omega = 2\pi$、$\nu = 2\pi c/\lambda$ 表示的普朗克定律，我们可以计算：

$$U_\omega = \frac{h\omega^3}{\pi^2 c^3} \frac{1}{e^{h\omega/kT} - 1} \tag{7.17}$$

---

② 为了导出式(7.14)，需要 $1/(1-x) = \sum_{n=0}^{\infty} x^n$ 和 $1/(1-x) = \sum_{n=0}^{\infty} nx^n$，$x = e^{-h\nu/kT}$。

式中：U_ω 为温度为 T 的黑体每单位带宽、每单位体积辐射的能量；k 为玻尔兹曼常数。辐射以光速 c 离开黑体，因此源每单位面积每单位带宽辐射的功率为

$$I_\omega = \frac{cU_\omega}{4} = \frac{h\omega^3}{\pi^2 c^2} \frac{1/4}{e^{h\omega/kt}-1} \tag{7.18}$$

如果我们采用太阳的温度为 6000K，$\lambda = 6943\text{Å}$，则我们可以得到

$$I_\omega \approx 2 \times 10^{-5} \text{erg/cm}^2$$

对于红宝石激光器，典型的线宽为 3Å，因此 $\Delta\omega \approx 2 \times 10^{12} \text{s}^{-1}$。因此，源的功率密度为

$$I \approx 2 \times 10^7 \text{erg}/(\text{cm}^2 \cdot \text{s}) \approx 2.5 \text{W/cm}^2$$

因此，对于可比较的窄带宽、近单一频率的光，激光源的功率密度远大于常规的黑体源，因为激光的光是相干的。

7.3 激光的传输

激光通过大气的传输带来了一个复杂的问题，但不在这里讨论。只要说任何一个曾经在有雾的夜晚驾驶的人一定会认识到光在大气中是一定被散射的就够了。高功率密度的激光会具有更困难的传输问题，因为高强度激光会加热空气，并导致跨光束的密度的变化，这一密度的变化会折射光并导致光束扩散或者"热晕"。

简要地考虑激光在自由空间或真空中的传输。在这些理想的条件下，功率密度仅有的变化是由于光束的束散造成的，因为典型的激光器近单向地辐射光，束散是小的。事实上，激光的一个特征是束散近乎是衍射限，量级为 λ/a，其中 a 是激光器输出孔径的直径。对于上面讨论的红宝石激光器，对于 1cm 的孔径，束散角可表示为

$$\theta \approx \frac{6943 \times 10^{-8}}{1} \approx 7 \times 10^{-2} \text{mrad}$$

实际上，实现这一束散极限需要克服很大的困难，但这已经实现了。更常见的，"货架产品"红宝石激光器可能具有几个毫弧度的束散角。

激光的新手通常会听说过衍射限光束和激光非常高的方向性，他们通常会因为发现在距离源远距离处，像所有的辐射源一样，这些光束的功率密度会随着距离的平方成反比地变化而惊奇。考虑一个功率为 PW 的源，它的直径为 a，束散角为 θ，如图 7.4 所示。

在距源 r 距离处，功率密度为

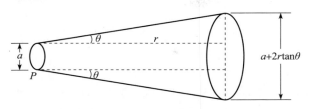

图 7.4 激光光束发散的示意图

$$I = \frac{P}{\frac{\pi}{4}(a+2r\tan\theta)^2}$$

或因为 θ 非常小,且 $\tan\theta \approx \theta$,则有

$$I = \frac{P}{\frac{\pi}{4}(a+2r\theta)^2}$$

或

$$I = \frac{P}{\frac{\pi a^2}{4}\left(1+\frac{2r}{a}\theta\right)^2} \quad (7.19)$$

由这一表达式,显然当距离远时,如 $2r/a \gg 1$,有

$$I = \frac{P}{\frac{\pi a^2}{4}\frac{4r^2\theta^2}{a^2}}$$

或

$$I = \frac{P}{\pi r^2 \theta^2}$$

或因为 $\theta \approx \lambda/a$,则我们可以写成

$$I = \frac{P}{\pi r^2}\frac{a^2}{\lambda^2}$$

例如,考虑一个 1mile 处波长为 10.6μm 的、10cm 孔径的一个 10kW 的光束(一个高能二氧化碳激光)

$$I = \frac{10^4 \times 10^2}{\pi(5280 \times 12 \times 2.54)^2 (10 \times 10^{-4})^2}$$

或

$$I \approx 12 \text{W/cm}^2$$

由式(7.19),如果我们将源处的功率密度 I_0 用 $P/(\pi a^2/4)$ 来代替,并回

想到 $\theta \approx \lambda/a$，则可以写出

$$I = I_0 \frac{1}{\left(1 + 2r\dfrac{\lambda}{a^2}\right)^2} \qquad (7.20)$$

由式(7.20)可以看到，如果 r 是小的，源辐射的功率密度的变化较小，这一情况成立的距离称为"近场"，在近场中光斑详细的细节（如强度的局部变化、热斑等）都得到了保留。由式(7.20)显然可见，这一近场距离将被限制在使 $I \approx I_0$ 的 r，或

$$\frac{2r\lambda}{a^2} \ll 1$$

或

$$r_{\text{near field}} \ll a^2/\lambda$$

对于有很好的光学系统的激光器，跨光束的功率密度为高斯分布，近场光斑保持到 (a^2/λ) 量级的距离。

作为对距激光源一定距离处的功率密度的最后评价，采用式(7.20)来计算功率密度减半时的距离为

$$\frac{I}{I_0} = \frac{1}{2} = \frac{1}{\left(1 + \dfrac{2r\lambda}{a^2}\right)^2}$$

$$r_{1/2} = \frac{a^2}{2\lambda}(\sqrt{2} - 1)$$

对于 10cm 孔径的二氧化碳激光器，$r \approx 680$ft，或略大于 0.1mile。

7.4 金属对激光的吸收的物理学

激光具有将大量的能量精确地投送到一个材料的限定区域以便实现希望的响应的能力。对于不透明的材料，这一能量在近表面处被吸收，改变了表面的化学特性、晶体结构和/或多尺度形态，而不会改变整个材料。本章简要地介绍了主导着激光的传输和吸收以及最终的材料响应的基本原理。

可以采用不同级别的模型描述电磁辐射与物质的相互作用。物质是由电子和原子核组成的。假设将与激光辐照相互作用的材料是线性的、均匀的、各向同性的导电介质，在这种物质中，对于空间尺寸 r，我们假设 $r \gg 10^{-15}$m，原子核可以被看作是点电荷。对于空间尺寸大于经典的电子半径 $r \gg r_0 \sim 2.8 \times 10^{-15}$m，电子也可以看作是点电荷。这些点电荷与电磁场相互作用，并激励它们那部分在空间和时间上快速波动的场。量子电动力学的框架主导着电磁场和

带电荷的粒子之间的相互作用。因此，对电磁场采用量子理论将带来光子的概念(即，仅有整数个光子被发射或吸收)。

在激光辐照与材料的相互作用过程中，激光作用的结果主要是由工件内吸收的功率决定的。对于材料处理过程中能得到的功率 $P_{absorption}=P_{abs}$ 的一个度量是吸收率 A。吸收率是沉积在工件中的功率与入射功率之比，即

$$A = \frac{P_{abs}}{P} \tag{7.21}$$

吸收率 A 可以为 0~1.0 之间的任何值。吸收的辐射能量通常通过热传导过程转换为热能，这一能量转换可能经过材料处理的几个阶段。例如，对激光辐射的吸收可能导致分子的离解，在这一非均衡状态松弛到一个非均衡状态之前，即，在吸收的能量转换为热能之前，可以消除分子的离解。考虑这些条件，则我们可以表示处于这一烧蚀阶段的材料。吸收率的定义通常不包括有关工件的哪个部分沉积辐射能量的信息。但我们知道，在激光与金属相互作用的情况下，吸收总是出现在金属的一个薄的表面层，这称为局部的吸收。记住，在吸收率 A 中不包括这一信息。

可以直接通过测量入射的激光光束辐射的能量以及已知热容量时工件的温升来确定吸收率，或者通过间接测量反射光的功率 P_r 和透过工件的功率 P_t 来确定，即

$$P_{abs} = P - P_r - P_t \tag{7.22}$$

式中：P_t 为透过的功率，它被定义为透过整个工件的功率，而不是透过工件的表面的功率[6]。

如果透过工件的表面的辐射接着被工件内部吸收，则吸收率可表示为

$$A = 1 - R \tag{7.23}$$

式中：R 为工件的表面反射率。在非导电的材料或非常薄的金属薄膜情况下，穿透到工件中的辐射可能离开工件，我们应当在激光光束辐射的透过部分加以考虑，并用变量 T 来表示，因此，式(7.23)的一个新的部分可能为

$$A = 1 - R - T \tag{7.24}$$

通常，对于热传导计算和作为一种定向能武器的高能激光的数学描述，我们可以忽略透过部分，因此，对于这些类型的分析，式(7.23)是适用的。但我们在激光与材料的相互作用方面，需要认真考虑的是以下的参数：

(1) 折射系数 n，通常是一般的复数系数的实部。
(2) 吸收系数 k，通常是一般的复数系数的虚部。
(3) 激光所作用的材料的电导率 σ。
(4) 材料的热导率 K。

(5) 在恒定的压力下材料的比热 c_p。

上述所有参数是与材料有关的参数，它们仅取决于目标材料的特性和辐射波长，对于简单的材料可以近似计算。

此外，吸收率不仅与上述材料特性有关，而且受到以下因素的影响：

(1) 激光光束的特性，如波长和偏振。

(2) 周边条件(工件周边的处理气体、材料等)。

(3) 表面特性(粗糙度、形态等)。

(4) 工件的几何(厚度、工件的边界等)。

(5) 由于汽化的潜热和在烧蚀表面引入的等离子体，以及吸收激光功率引起的环境变化(如局部加热或光斑尺寸、相变、激光导致的等离子体)造成的工件的变化(如相变)，这里激光光束和等离子体的频率是彼此相同的。

7.4.1 环境的描述

可以通过假设物质由电子和原子核组成来描述电磁波与物质的相互作用。对于空间尺寸 $r \gg 10^{-15}$ m，原子核可以看作是一个点电荷，而电子也可以看作是一个点电荷，因为空间尺寸大于经典的电子半径($r \gg r_0$ 约 2.8×10^{-15})。这些点电荷与电磁场或者一个由式(7.8)主导的传输的正弦辐射场相互作用，并得到了它们本身被激励的空间和时间快速波动的场。在经典量子电动力学框架内对电磁场和带电电荷之间的相互作用进行了严格的处理[6]，在本书的附录 F 中对量子电动力学加以了说明。将量子理论用于电磁场引出了光子的概念，即，仅能发射或吸收整数个光子(见7.2节)。如果与式(7.8)描述的电磁场相互作用的粒子被限定在那些可能仅吸收或发射一定能量的量子，从原子论的观点看，这被描述为对吸收一个光子和产生一个光子或者晶格振荡的能量量子。

真空中的麦克斯韦方程的微观方面定义了电磁场空时演变的经典描述，麦克斯韦方程描述了电磁场与带正电荷的原子核和带负电荷的电子的点电荷相互作用。

原子可以定义为由外部的辐射(自身发射与主辐射干涉的辐射)激励的偶极子，这一过程可以被解释为相干散射。如果辐射命中了一个固体物质的表面或者薄板，在这一固体的表面由偶极子发射的辐射包括以下 3 个部分：

(1) 第一部分对应于反射的波。

(2) 第二部分是与入射波在相同的方向发射的，根据 Ewald-Oseen[7] 消光理论，这一波的模和相位使入射波和这一波在区域 2 彼此消光，如图 7.5 所示。

(3) 第三部分对应于折射波。

进一步评估电磁现象，要在宏观上小但微观上大的空间区域进行平均。因

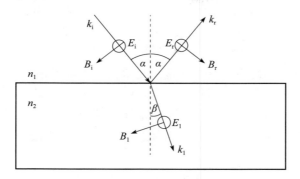

图 7.5 垂直于入射平面的偏振

此，采用这种方式，可以得到宏观的麦克斯韦方程。宏观的麦克斯韦方程将物质当作一个电磁特性由感兴趣的目标材料参数描述的连续体，这些参数可以采用微观的方法测量或计算。这里给出了宏观的麦克斯韦方程为

$$\nabla \times \boldsymbol{E} = \frac{\partial \boldsymbol{B}}{\partial T} \nabla \times \boldsymbol{H} = \boldsymbol{j} + \frac{\partial \boldsymbol{D}}{\partial T} \nabla \cdot \boldsymbol{D} = \rho \nabla \cdot \boldsymbol{B} = 0 \quad (7.25)$$

在附录 F 中给出了对这组方程的解。

7.5 电磁场在界面处的特性

激光作为用于对目标交战的定向能武器的主要优点之一是能够精确地控制将激光能量沉积到材料的哪个部位和能量的沉积速率，这一控制通过适当地选择激光处理参数以实现希望的材料改性。在本节，我们讨论描述激光能量及热流的传播和吸收的原理与方程。

大多数出现在激光辐照与物质相互作用期间的过程从表面开始。对于小的辐射强度，电磁场与目标表面的相互作用是由 Fresnel 公式驱动的，Fresnel 公式描述了入射到一个无限扩展的理想平面表面上的平面谐和波的反射和透过。场的幅度的反射率 r 和透过率 t 可表示为

$$r = \frac{E_r}{E_i} \quad (7.26)$$

$$t = \frac{E_t}{E_i} \quad (7.27)$$

式中：E_i 为入射波的电场；E_r 为反射波的电场；E_t 为透过波的电场。

尽管 Fresnel 公式确定了式(7.26)、式(7.27)和金属目标表面的特性，它不能描述样本内部的传输或吸收。

Frsenel 公式是考虑到与目标材料相互作用的表面处的边界条件，采用麦

克斯韦方程组(7.25)导出的(见附录F)，这一相互作用可以划分成垂直(⊥)和水平(∥)极化两组，也称为s-极化(Senkrecht=垂直)和p-极化(水平)，我们将在本章后面进一步解释。

在垂直极化的情况下，电场向量垂直于由入射和反射波向量所张的平面，在水平极化的情况下，场向量平行于这一平面。波向量 $\boldsymbol{k}_i$、$\boldsymbol{k}_r$ 和 $\boldsymbol{k}_t$ 都在一个平面内。电场的向量可能有与这一平面垂直(⊥)或水平(∥)的分量。如图7.6所示，反射和透射取决于电场向量相对于入射平面的方向。

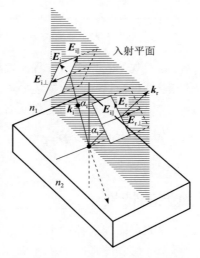

图7.6 入射、反射和透过光束在一个平面内，电场向量可以分解成两个分量：一个分量平行于该平面，另一个分量垂直于该平面

对于实际的应用，激光辐射的偏振(极化)经常被选择为使场强垂直或平行于入射的平面，在非常特殊的情况下使用圆偏振。在这些情况下，可以略去将场向量分解到垂直和水平分量中的分解，简化了数学处理。图7.5给出了法向入射的情况。

入射和反射波的波向量相对于表面法向的角度 α 和折射波的角度 β 是通过Snell定律联系起来的，即

$$n_1 \sin\alpha = n_2 \sin\beta \tag{7.28}$$

式中：n_1 和 n_2 为两种介质的折射系数。垂直偏振的Fresnel公式为

$$\frac{E_t}{E_i} = t_s = \frac{n_1\cos\alpha - \dfrac{\mu_1}{\mu_2}\sqrt{n_2^2 - n_1^2\sin^2\alpha}}{n_1\cos\alpha + \dfrac{\mu_1}{\mu_2}\sqrt{n_2^2 - n_1^2\sin^2\alpha}} \tag{7.29}$$

$$\frac{E_\text{t}}{E_\text{i}} = t_\text{s} = \frac{2n_1\cos\alpha}{n_1\cos\alpha + \dfrac{\mu_1}{\mu_2}\sqrt{n_2^2 - n_1^2\sin^2\alpha}} \qquad (7.30)$$

式中：μ_1 和 μ_2 分别为介质 1 和介质 2 的磁导率。

图 7.7 给出了水平偏振的情况。水平偏振的 Fresnel 公式为（见附录 G 的推导）

$$\frac{E_\text{r}}{E_\text{i}} = r_\text{p} = \frac{\dfrac{\mu_1}{\mu_2}n_2^2\cos\alpha - \sqrt{n_2^2 - n_1^2\sin^2\alpha}}{\dfrac{\mu_1}{\mu_2}n_2^2\cos\alpha + \sqrt{n_2^2 - n_1^2\sin^2\alpha}} \qquad (7.31)$$

$$\frac{E_\text{t}}{E_\text{i}} = t_\text{p} = \frac{2n_1 n_2\cos\alpha}{\dfrac{\mu_1}{\mu_2}n_2^2\cos\alpha + \sqrt{n_2^2 - n_1^2\sin^2\alpha}} \qquad (7.32)$$

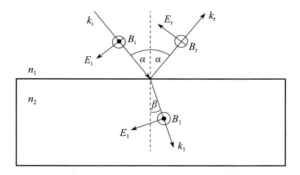

图 7.7 反射波的场向量经常是在反方向给出的（在这种情况下式（7.32）必须乘以 −1）

在法向入射的情况下，$\alpha = 0$，不能唯一地定义入射平面，消除了垂直与水平偏振之间的差别。在这种情况下，式（7.29）与式（7.31）和式（7.30）与式（7.32）给出了相同的结果。在法向入射的情况下，反射和透射波的幅度可表示为

$$\frac{E_\text{r}}{E_\text{i}} = \frac{n_1 - n_2}{n_2 + n_1} \qquad (7.33)$$

$$\frac{E_\text{t}}{E_\text{i}} = \frac{2n_1}{n_2 + n_1} \qquad (7.34)$$

当 $n_2 > n_1$ 时，反射波有 180° 的相位变化，这保证了实的折射系数。

7.5.1 光在材料中的传播

激光辐射与一个固体主要的相互作用是光化学激励，即通过吸收光子造成

电子从它们的均衡态被激励到某些激发态。

其中一些跃迁如图 7.8 所示。当光子能量大于材料的带隙时产生带间跃迁，在这一过程中，产生电子-空穴对，可以通过热（虚线）或光化学过程，使自由电子从导带跳回到价带。如果光子能量小于材料的带隙，能量可能被带隙中的缺陷水平吸收，或者产生带内跃迁。当电子跳回到价带时，两种跃迁都导致热过程。采用较高的激光光强，更可能发生多电子吸收，因为随着激光光强的增大，非线性吸收的概率显著增大。相干多光子跃迁产生类似于带内跃迁的电子-空穴对。

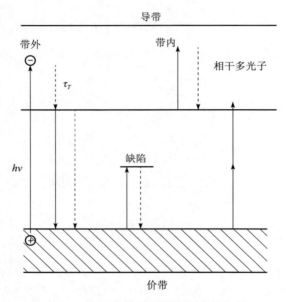

图 7.8　在固体中不同的电子激励方案

因此，在初始的电子激励之后，紧随着有复杂的二次过程，可以划分为热过程和光化学过程。激光辐射和材料之间的相互作用取决于激光的参数（波长、脉冲持续时间和积分通量）和材料的特性[26]。

可以基于光热、光化学和光物理过程来分析激光烧蚀，热和非热机理对整个烧蚀速率都有影响。

可以通过控制激光强度的空间轮廓，将沉积的能量限定在一个材料的表面希望的区域。主要的控制方法包括采用固定的或扫描振镜进行光束操控，通过望远镜或会聚光学系统使光束聚焦，以及采用匀化器[12]、幅度掩膜、折射单元[13]和衍射光学单元[13]进行光束整形。然而，也可以采用更先进的光学器件，如空间光调制器[14]、可变形反射镜[15]和可声调谐梯度系数透镜[16]，对表面上的光束强度轮廓进行实时调制。在光束成形方面已经开展了大量的工作，并发表了一些论文和专著[17,18]，本书也有一章专门讨论这一主题。

当光照射到一个材料的表面时，由于实折射系数的不连续，一部分光从界面处被反射，其他部分的光将透过材料。入射功率被从表面反射的部分 R 与光的偏振和入射角 θ_i 以及大气折射系数 n_1 和材料折射系数 n_2 有关。可以根据著名的 Fresnel 方程计算光的垂直偏振和水平偏振分量的反射系数[19]，我们在式(7.29)～式(7.34)中给出了法向入射条件下的公式，现在我们以不同的形式重写为[19]

$$R_s = \left[\frac{E_r}{E_i}\right]^2 = \left[\frac{n_1\cos(\theta_i)-n_2\cos(\theta_t)}{n_1\cos(\theta_i)+n_2\cos(\theta_t)}\right]^2 \tag{7.35a}$$

$$R_p = \left[\frac{E_r}{E_i}\right]^2 = \left[\frac{n_1\cos(\theta_t)-n_2\cos(\theta_i)}{n_1\cos(\theta_t)+n_2\cos(\theta_i)}\right]^2 \tag{7.36a}$$

并通过 $T_s=1-R_s$ 和 $T_p=1-R_p$ 建立了与透过系数的关系。

对于完美的平坦表面，式(7.35a)和式(7.36a)给出了以下形式的方程式(7.35b)和式(7.36b)，假设介质 1 是真空，因此 $n_1=1$、$n_2=n$（介质或目标的折射系数），φ 为入射角，如 $\kappa=$ 热扩散率那样的参数是目标材料的特性，则

$$R_s = \frac{(n-\cos\varphi)^2+\kappa^2}{(n+\cos\varphi)^2+\kappa^2} \tag{7.35b}$$

$$R_p = \frac{\left(n-\dfrac{1}{\cos\varphi}\right)^2+\kappa^2}{\left(n+\dfrac{1}{\cos\varphi}\right)^2+\kappa^2} \tag{7.36b}$$

对于照射到一个平坦表面上的法向入射光的情况，上述方程简化为更熟悉的形式，即

$$R = R_s = R_p = \left(\frac{n_1-n_2}{n_1+n_2}\right)^2 \tag{7.37}$$

这类似于上述的式(7.33)。

反射率随着入射角的变化如图 7.9 所示。在一定的角度，表面电子的振荡可能受到约束，否则电子离开表面，它们不能在不扰动矩阵的情况下协同振荡，即吸收光子。因此，如果电向量在入射平面中，电子的振荡是倾斜的，且与表面干涉，因此，吸收率是高的。

如果平面与入射平面成直角，则可以继续振荡，与表面无关，反射是优选的，这是一个特定的角度——"布儒斯特(Brewster)"角，在这个角度反射角

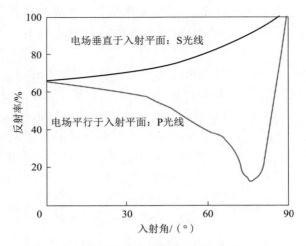

图 7.9　钢对 1.064μm 波长的偏振辐射的反射率

与折射角成直角。当出现这一情况时，在入射平面内电向量不可能被反射，因为没有与它自身成直角的分量。因此，反射光线将仅在与入射平面成直角的平面内具有电向量，在这一角度，折射角为 90°，为入射角，因此按照斯涅尔 (Snell) 定律，折射系数 $n = \tan($布儒斯特角$)$。任何仅有一个电向量平面的光束被称为"偏振"光束。

一个给定材料的反射率通过折射系数与色散的关系与光源的频率联系起来。例如，在法向入射的情况下，在近紫外和可见光谱段，金属的反射率通常为 0.4~0.95，在红外谱段，金属的反射率为 0.9~0.99[20]。此外，表面的反射率将通过介电系数、带结构、等离子体振荡或金属的相变与温度联系起来[21]。例如，在熔化时，硅的反射率增大为 2 倍[21]左右，而像镍那样的金属，仅有百分之几的变化[22]。在小尺度或结构化材料的情况下，可能有其他的光学谐振，如表面和体等离子体振子和电磁声子，将由于光子-电子相互作用的细节导致吸收或反射的增强[23]。

在材料内部，吸收导致光的强度随着深度衰减，衰减速率由材料的吸收系数 α 决定。通常 α 为波长和温度的函数，但对于恒定的 α，按照 Beer-Lambert 定律，强度 I 随着深度 z 按指数衰减，可表示为

$$I(z) = I_0 e^{-\alpha z} \tag{7.38}$$

式中：I_0 为在考虑到反射损失后刚好在表面内的强度。

强度梯度的幅度产生的体能量沉积率为 $\alpha I_0 e^{-\alpha z}$。

定义光学穿透或吸收深度 $\delta = 1/\alpha$ 是方便的，这是发射光的强度降到在界

面处的初始值的 $1/e$ 的深度。图 7.10 给出了各种金属和半导体的光学吸收深度与波长的关系。由图 7.10 看到的一个重要的事情是：相对于体材料的尺寸而言，吸收深度是浅的。例如，对于大部分金属，在紫外照射下，吸收深度在 10nm 量级。尽管对吸收深度的解释是针对平面波发展的，对于更一般的光束轮廓，能量吸收被近似限定在吸收深度内的事实仍然成立。因此，选择具有短的吸收深度的波长，能对表面特性进行局部的改变，而不会影响材料的整体。

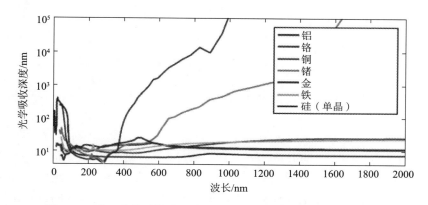

图 7.10　在一定的波长范围内几种材料的光学吸收深度（见彩图）

然而，上述处理仅考虑了线性光学现象，这不适于所有材料的情况，也不适用于所有的入射激光条件。某些材料（如玻璃）折射系数表现出强的非线性[28]，这可能产生数种有趣的效应，如自聚焦、离焦或者孤子传播[29]。当涉及连续波或纳秒脉宽的激光脉冲时，通常假设大部分吸收是由于单光子相互作用产生的。然而，对于皮秒和飞秒激光，极高的瞬时强度会产生光学击穿和多光子吸收，这会显著减小吸收深度[29]。

高能激光与目标材料相互作用的另一个物理考虑是焦斑的尺寸，这决定着当激光光束被设定攻击目标表面或工件时可以实现的最大能量密度，在工业方面，这一现象对于材料处理也起着重要的作用。

有许多器件用于调整光束，将其引导到工件上，并对它整形。对几乎所有这些器件，简单的几何光学定律足以理解它们怎样工作。然而，为了计算精确的光斑尺寸和聚焦深度，需要参考高斯光学和衍射理论。

如前所述（见 7.3 节），由一个透镜将一个有限直径 D 的光束聚焦在一个平面上，可以把入射到透镜上的光束的一个单独部分想象为具有新的波前的点辐射体。通过一个透镜的光线会聚在焦平面上，并且彼此相互干涉，因此，产生相长型和相消型的叠加，光能的分布如图 7.11 所示。中心最多包含总功率的大约 86%。聚焦直径是通过测量强度降到中心处峰值强度的 $1/e^2$ 的点之间的距离得到的。

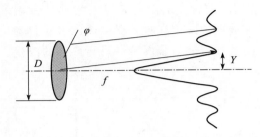

图 7.11　平行的激光的聚焦模式

对于一个具有平面波前的圆形光束，衍射限光束直径是最小的聚焦直径（$\omega_{\min}$），可表示为

$$\omega_{\min} = 2.44\left(\frac{f \cdot \lambda}{D_L}\right) \tag{7.39}$$

式中：f 为透镜的焦距；λ 为光波长；D_L 为未聚焦光束的直径。式(7.39)表示在一个具体的频率上激光处理精度的上限，尽管在理论上，考虑到其相干性，激光应当不受这些限制。

可以对式(7.39)进行修正，得到可能得到的最小的焦斑尺寸，在这种情况下是

$$\omega_0 = 2.44\left[\frac{f \cdot \lambda}{D}\right](2p+l+1) \tag{7.40}$$

式中：f 为透镜焦距；D 为在透镜处光束的直径；λ 为光的波长；p 和 l 为模数。

理想的激光器应当产生完美准直的、可以聚焦到非常小的焦斑尺寸的强光束。这一小的强光斑可以用于将任何材料切削成任何形状。不幸的是，在 1990 年之前很难找到这样良好聚焦的高强度激光器，即便是现在，这样的激光切削在工业上也是不实际的。

可以通过式(7.41)来解释这一问题，即

$$D_F = M^2 \frac{4}{\pi} \cdot \lambda \cdot \frac{f}{D_L} \tag{7.41}$$

式中：D_F 为在聚焦透镜的焦平面处激光光束的直径；M^2 为光束质量因子；λ 为激光的波长；f 为聚焦透镜的焦距；D_L 为在聚焦透镜上准直的激光光束的直径。

对式(7.41)进一步的分析表明,如果希望激光光束的直径 D_F 较小,需要较小的 f/D_L,或者使 f 非常小和 D_L 非常大。然而,还应当考虑激光的 Raleigh 长度 R_L,即

$$R_L = D_F \cdot \frac{f}{D_L} \tag{7.42}$$

这是光束的直径增大到 2 倍、光束的强度降低了 $\sqrt{2}$ 倍时距焦平面上面和下面的距离。实际上,可以切削非常厚的材料(和 Raleigh 长度一样厚)。为了切削厚的材料,需要大的 f/D_L 比。因此为了减小光斑直径 D_F,用非常小的激光光束切削非常小的物体,或者利用功率非常高的激光作为定向能武器,可以调节的仅有的参数是波长和光束质量 M^2。

超快激光振荡器产生的初始脉冲能量为 nJ(即 $10^{-9}J$)量级,需要放大到 mJ 量级用于微切削,但我们知道,当脉冲持续时间非常短时,峰值能量强度上升到远超出常规的光学放大系统的安全操作范围之外。超短脉冲激光器采用 Chirped 脉冲放大器和脉冲压缩技术来解决这一难题。超快激光的能量在时域是高度集中的,但它们的频率分布远比常规的激光系统宽。处于不同频率的光以不同的速度通过光学介质,初看起来这不是非常好的事情,但与直觉相反,这是最终解决方案的基础。在自由空间中,在一个宽波段的激光脉冲中不同的分量以近乎相同的速度传输,当常规的光学组件在光学路径中时,长波长的光分量通过介质的速度快于短波长的光分量,因此,脉冲持续时间被拉长,能量密度降低。采用特殊的光学器件(如 chirped 反射镜或特殊的棱镜对)来补偿脉冲扩展,这使短波的光分量比长波的分量更快地通过,因此压缩了脉冲持续时间。

进一步分析式(7.40)显然表明,不仅模式对聚焦特性有影响,其他因素(如球差和热透镜效应)也影响着焦斑的尺寸,这些因素都应当考虑。

大多数透镜是制备成球状的,但因为存在球差,它们不可能是完美的形状。在激光系统中透镜发射或反射高能激光辐射,然而,激光的能量变化可能导致透镜形状变化,这样当辐射的能量变化时,焦点也会变化,因此影响到焦斑的尺寸。

根据 Lasag[33]、Nd-YAG 激光系统的制造商的说法和图 7.12,聚焦在工件上的激光光束光斑的直径,可以近似为

$$2\omega \approx \frac{2f\theta}{M} \tag{7.43}$$

式中:f 为透镜的焦距;θ 为激光光束在扩束器之前的束散角;M 为光束扩束器的扩束因子。

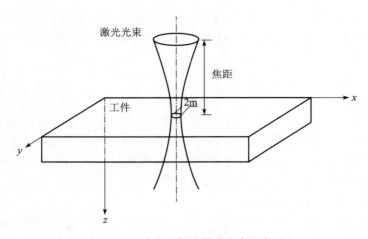

图 7.12 冲击工件的激光光束示意图

7.5.2 聚焦深度

激光首先会聚到透镜的焦平面,然后再次发散成更宽的光束直径。聚焦深度是聚焦的光束具有大约相同强度的距离,这也称为光束的腰部(图 7.13),它定义为焦斑的尺寸变化±5%的距离,聚焦深度的方程为[33]

$$\mathrm{DOF} = \left(\frac{8\lambda}{\pi}\right)\left[\frac{f}{D}\right]^2 \qquad (7.44)$$

式中:λ 为波长;f 为透镜焦距;D 为未聚焦光束的直径。通常优选较长的聚焦深度,因为当采用激光处理材料时优选沿着光束有相同的能量密度。

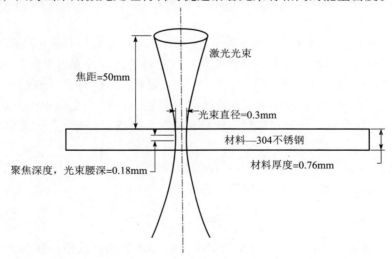

图 7.13 聚焦在样本上的激光光束

焦平面的位置对最终的孔的形状和穿透的程度有着影响。随着激光焦斑的上下运动，激光材料的相互作用面积 A_{rF} 也有所变化，可表示为

$$A_{rF} = n\omega_0 \left[1 + \left(\frac{z - z_\omega}{2\omega_0 f/D} \right)^2 \right]^{\frac{1}{2}} \tag{7.45}$$

式中：$\omega = \omega_0$ 为激光光束在光束腰部处的半径（等于 ω_0），这是激光光束的最小半径。在我们的解析和数值计算中，式（7.45）被证明是最精确的一个。

尽管计算所钻的孔的轮廓必须考虑激光光束的离焦效应。一般来说，通过减小在演变的孔处的激光光束的入瞳处能量，激光光束的束散增大在孔壁上的径向热流。然而，在孔的内部多次反射在所钻的孔的底部积累能量，这在前面有所描述。

7.5.3　激光光束质量

M^2 的概念对于描述激光光束的实际传播是重要的。M^2 是光束质量，用来度量实际的光束和高斯光束之间的差别。为了得到一个激光系统的 M^2，需要首先测量沿着激光光轴的光斑尺寸。

如果没有光束轮廓仪，要采用刀口法。刀口法采用一个刀刃来阻挡激光光束，并采用光功率计，通过记录总功率的 84% 和 14% 的位置，测量被刀刃阻挡后的功率，将两个值相减得到在该点处的光束光斑尺寸，这种方法测量了激光光束的 $1/e^2$ 半径。因为激光光斑尺寸非常小，采用刀口法测量这样的尺寸，相对测量误差可能是大的。通常，采用一个光束扩束器或者一个平行光管来扩束或使光束"平行"，在平行光管之外的光斑尺寸为几毫米，对于这样的尺寸，刀口法可以容易地将相对测量误差降低到低于 2%。如图 7.14 所示，在距离平行光管的 3 个不同的位置进行了 6 次测量（Z_n，D_n，其中 $n = 1, 2, 3$）。记录沿着光轴的任意选择的点的距离和在那个位置的光斑尺寸。

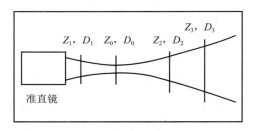

图 7.14　在 3 个不同的准直距离处 6 个不同的测量

在 Z_n 位置处的光束尺寸满足

$$D_n^2 = D_0^2 + \left[\frac{4M^2 \lambda}{\pi} \right]^2 \left[\frac{Z_n - Z_0}{D_0} \right] \qquad n = 1, 2, 3 \tag{7.46}$$

式中：D_n 为在位置 Z_n 处的光束尺寸；D_0 为光束的腰；Z_0 为光束腰的位置；λ 为波长；M^2 为未知的光束质量参数。在这一关系中，λ 是已知的，Z_n 和 D_n 可以测量，M^2、D_0 和 Z_0 也是未知的。

采用式(7.41)中的测量数据，对于3个未知量得到3个高度非线性的方程，可以采用 MathCAD 来求解这些方程。已知 M^2，可以计算光束束散角、焦斑尺寸和聚焦深度为

$$D_{\min} = \frac{4fM^2\lambda}{\pi D_L} \tag{7.47}$$

$$D_{\text{Gaussian}} = \left[\frac{Af}{\pi D_0}\right] \tag{7.48}$$

$$\theta_{\text{act}} = \frac{M^2\lambda}{\pi D_0}\theta_{\text{infinity}} = \left[\frac{D_3 - D_2}{2(Z_3 - Z_2)}\right] \tag{7.49}$$

$$\text{DOF} = \pm 0.08\lambda\left[\frac{D_{\min}}{M^2\lambda}\right] \tag{7.50}$$

式中：D_L 为当激光光束传播到聚焦物镜的前面时激光光束尺寸；f 为焦距；$D_{\min}$ 为可以实现的最小光束直径；θ_{act} 为实际的光束束散角。可以证明，方程的解可以小于 10^{-10} 的误差。在实际的情况下，应当首先测量激光光束的脉冲能量或平均功率，接着测量沿着光轴的光斑尺寸。采用式(7.47)和式(7.48)可以计算光束的腰和光束腰的位置，可以得到光束的 M^2，接着可以计算式(7.50)中的其他指数。知道聚焦深度，可以计算 M^2 为

$$M^2 = \left[0.08\frac{(D_{\min})^2}{\lambda(\text{DOF})}\right]^{1/2} \tag{7.51}$$

式中：$D_{\min}$ 为可以实现的最小光束直径。知道在任何位置的直径，可以确定在该位置处的激光光束的强度。

7.5.4 球差

为什么一个透镜不能聚焦在一个理论上的点有两个原因：①在7.3节讨论的衍射限问题；②透镜形状不是完美的。大多数透镜是采用球形材料制备的，因为这可以精确地制造，且成本不会太高，对光束地对准也不像对完美的非球面形状透镜那样重要，总的结果是进入透镜外侧的光线比更靠近透镜中心的光线有更短的轴向焦点，这将在焦点位置产生模糊。最好的几何聚焦面比平面波前(旁轴点)要短一些。最小光斑的尺寸 $d_{\min}$ 可表示为

$$d_{\min} = K(n, q, p)\left(\frac{D_L}{f}\right)^3 S_a = 2\Theta_a S_a \tag{7.52}$$

式中：Θ_a 为半角；S_a 为距透镜的距离；D_L 为透镜上的礼帽形光束模式的直径；f 为透镜的焦距；$K(n, q, p)$ 为与折射率 n 相关的因素；q 为透镜形状；p 为透镜的位置。

$$K(n,q,p)=\frac{1}{128n(n-1)}\left[\frac{n+2}{n-1}q^2+4(n+1)pq+(3n+2)(n-1)p^2+\frac{n^3}{n-1}\right]$$
(7.53)

式中：q 为透镜形状因子（$=(r_2+r_1)/(r_2-r_1)$）；r_1 为透镜的两个面的曲率半径；p 为位置因子（$=1-2f/S_a$）。

7.5.5 热透镜效应

在发射或反射高能辐射的光学单元中，对部件有一些加热，这将改变其折射系数和形状[35]。随着功率或吸收率的变化，焦点和光斑的尺寸也会变化。

通常关注输出耦合器和聚焦透镜这两个主要的单元。如果不提供制冷（水冷或干空气制冷），也要关注光束引导反射镜。

热透镜效应主要是由于温度的升高会使折射系数增大（dn/dt）造成的。热畸变（dl/dT）是较小的影响。薄透镜的焦距偏移可表示为

$$\Delta F=\frac{2APF^2}{\pi k D_L^2}\left(\frac{dn}{dT}\right)$$
(7.54)

式中：A 为光学吸收率；k 为热导率；T 为温度；P 为激光光束的入射功率。

加热不均匀会导致进一步复杂化。入射光束的近似高斯型的功率分布会使中心比边缘加热更多，这会导致径向的温度梯度（通常透镜的边缘是被制冷的）。对于透过一个吸收率为 0.2% 的光学系统的 38mm 直径的 1500W 的光束，典型的温差是 14K①。

另外，在激光微加工中，根据吸收是在透镜的表面上的这一事实，在深度方向也有温度梯度。光学系统的厚度越厚，内部等温线越呈弓形。这样的像差影响 M^2 值、横向模式和激光光束的空间分布。

7.6 激光吸收和反射率的理论讨论

这一主题在 7.4 节有所涉及，这里进一步展开。为了考虑耦合到一个材料上的激光能量，对于入射到两个半无限介质的界面上的光，我们首先需要知道光学反射率 R 和透过率 T。在一个单一的表面上透过率加反射率等于 1，即

$$R+T=1$$
(7.55)

在大多数实际的情况下，我们涉及一个以上的平面，通常我们有一个有光

---

① 原书有误，译者改。

照射到一个表面上的材料薄板,某些光被反射,其他被吸收,或完全透过薄板,在这样的情况下,我们应当描述总反射的结果,在多次通过薄板内部,并考虑到适当的吸收之后,反射率 R、吸收率 A 和透过率 T 的关系可表示为

$$R+T+A=1 \qquad (7.56)$$

在光子与材料结构中的束缚电子和自由电子相互作用时,吸收激光能量,这使它们上升到更高的能级。在涉及电子、晶格声子、电离的杂质和缺陷结构的各个碰撞过程中,能量保持守恒。

如果被加工的表面反射太多的光能,吸收的能量减小,工作效率降低,且反射的光对光学系统是有害的。激光光束的反射和吸收是与激光微加工或与目标表面材料的相互作用密切相关的。吸收和反射的值是通过式(7.56)联系起来的。

从材料响应的视点出发,我们实际感兴趣的是材料的反射率 A。在大多数感兴趣的材料中,从采用激光实际瞄准到熔化、焊接等,T 为 0,因此,式(7.56)简化为

$$R+A=1 \qquad (7.57)$$

在金属中,辐射主要是被一个"电子气体"中的自由电子吸收的,这些电子是自由的,能够在不干扰固体原子结构的情况下振荡和重新辐射。式(7.56)和式(7.57)类似于我们在 7.4 节讨论的式(7.23)和式(7.24)。当一个电磁波前到达一个目标的表面时,表面的所有自由电子同相振荡,形成一个与产生"电子气体"的入射光束相位差 180°的电场。这一金属结构中的"电子气体"意味着辐射不能穿透到金属显著的深度,穿透深度仅有一个到两个原子直径,因此,金属是不透明的,它们看起来是光亮的。

如图 7.15 所示,随着波长变短,反射率减小,而当光子能量增大时,吸收率增大。

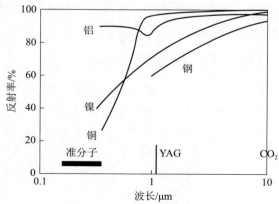

图 7.15 不同金属的反射率与波长的关系

如果吸收了足够的能量，则振荡变得很剧烈，分子键被拉伸的很宽，以至于它不再能够表现出机械强度，即材料已经熔化。在进一步加热后，由于分子的强振荡，键进一步松弛，即材料被汽化。蒸汽仍然能够吸收辐射，但仅略微吸收，因为它仅有束缚电子。如果气体足够热以致电子被振动成自由电子，则出现例外，气体处于等离子态。

为了理解反射率，我们必须采用根据电磁波理论得到的某些一般的结果，我们简要地进行概括。根据式(7.7)，电磁波的电场为

$$\varepsilon(z,t) = \text{Re}[\varepsilon_0 e^{-2\pi kz/\lambda} e^{i\omega(t-nz/c)}] \qquad (7.7)$$

我们需要的是折射率 n、消光系数 k 和材料特性之间的关系。可以通过在波方程中代入式(7.7)来推导这些关系，有

$$\frac{\partial^2 \varepsilon(z,t)}{\partial z^2} = \frac{1}{\nu^2} \frac{\partial^2 \varepsilon(z,t)}{\partial t^2} \qquad (7.58)$$

式中：ν 为波的相速。对于稠密介质中的行波，相速可表示为

$$\nu = f\lambda = \nu\lambda \text{ 和 } \omega = 2\pi f = 2\pi\nu = \frac{2\pi}{\lambda}$$

在介质为真空的情况下，$\nu = c$（真空中的光速）。

如果我们对式(7.7)进行两次微分，并将结果代入式(7.58)中，结果为

$$\frac{\partial^2 \varepsilon}{\partial z^2} = \mu\varepsilon \frac{\partial^2 \varepsilon}{\partial t^2} + \mu\sigma \frac{\partial \varepsilon}{\partial t} \qquad (7.59\text{a})$$

由式(7.59a)可导出

$$\left(\frac{2\pi k}{\lambda} + \frac{i\omega n}{c}\right)^2 = \mu\varepsilon(-\omega^2) + i\omega\mu\sigma \qquad (7.59\text{b})$$

注意，我们自始至终使用有理单位系 MKS 单位。μ、ε 和 σ 分别为介质的磁导率、介电常数和电导率等材料特性。采用场向量之间的常用的关系，即

$$\boldsymbol{D} = K_e \varepsilon_0 \boldsymbol{\varepsilon} \qquad (7.60\text{a})$$

$$\boldsymbol{B} = K_m \mu_0 \boldsymbol{H} \qquad (7.60\text{b})$$

$$\boldsymbol{J} = \sigma\boldsymbol{\varepsilon} \qquad (7.60\text{c})$$

有

$$\varepsilon = K_e \varepsilon_0 \qquad (7.60\text{d})$$

$$\mu = K_m \mu_0 \qquad (7.60\text{e})$$

式(7.60a)和式(7.60b)中：ε_0 和 μ_0 分别为真空的电导率和磁导率；K_e 为介电常数；K_m 为材料的磁导率。通过将式(7.60d)和式(7.60e)代入式(7.59b)，并采用$(2\pi/\lambda) = (\omega/c)$，得到

$$(k+\mathrm{i}n)^2 = -K_\mathrm{m} K_\mathrm{e} \varepsilon_0 \mu_0 c^2 + \mathrm{i} K_\mathrm{m} \mu_0 \sigma\left(\frac{c^2}{\omega}\right) \tag{7.61}$$

最后,如果引入 $c_2 = (\varepsilon_0 \mu_0)^{-1}$,并进行一些代数变换,得到

$$n - \mathrm{i}k = \sqrt{K_\mathrm{m}}\sqrt{K_\mathrm{e} - \mathrm{i}\frac{\sigma}{\varepsilon_0 \omega}} \tag{7.62}$$

式(7.62)将材料参数 K_e、K_m、σ(通常可能是复的)与折射系数 n、消光系数 k 联系起来。为了描述光波的传播,需要了解 K_e、K_m 和 σ,在描述这些之前,我们考察传播电磁波的更一般的性质。

首先是吸收特性。如果材料正在吸收,强度在光束传输 δ 距离之后降到其初始值的 $1/e$,这是通过设定式(7.7)中的 ε^2 等于 $1/e\varepsilon_{\max}^2$,或

$$\frac{4\pi k \delta}{\lambda} = 1 \tag{7.63a}$$

或

$$\delta = \frac{\lambda}{4\pi k} \tag{7.63b}$$

这说明了为什么 k 被称为消光系数,因为它决定着趋肤深度 δ。式(7.63b)是非常通用的,一旦 k 已知,就可以计算 δ。正如说明的那样,为了计算 k,需要知道材料的特性。

我们需要导出的第二个一般的特性是用 n 和 k 表示的反射率的表达式。为此,考虑正常投射到一个理想的固体表面的光,如图 7.16 所示。这里,我们给出了在一个真空-材料界面处的入射(ε_i)、反射(ε_r)和透射(ε_t)的电波。现在,我们讨论限制在法向入射的情况。我们现在考虑边界条件。对于电场,有

$$\varepsilon_\mathrm{i} + \varepsilon_\mathrm{r} = \varepsilon_\mathrm{t} \tag{7.64}$$

对于磁场 B,可以写成

$$B_\mathrm{i} - B_\mathrm{r} = B_\mathrm{t} \tag{7.65}$$

在 B_r 前面是减号,因为在波的传播方向 $\boldsymbol{\varepsilon} \times \boldsymbol{B}$ 是负的。现在,需要 $\boldsymbol{B}$ 和 $\boldsymbol{\varepsilon}$ 之间的关系,因为 $\boldsymbol{B} = \mu \boldsymbol{H}$,也就是 $\boldsymbol{H}$ 和 $\boldsymbol{\varepsilon}$ 之间的关系,以便进一步的处理(图 7.16)。

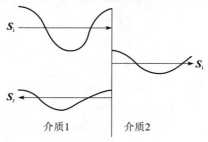

图 7.16 在一个界面处的入射、透过和反射的电矢量

由麦克斯韦方程直接得到

$$\Delta \times \boldsymbol{\varepsilon} = -\mu \frac{\partial \boldsymbol{H}}{\partial t} \tag{7.66}$$

$$\Delta \times \boldsymbol{H} = \sigma \boldsymbol{\varepsilon} + \varepsilon \frac{\partial \boldsymbol{\varepsilon}}{\partial t} \tag{7.67}$$

重写式(7.7)，并引入 $\omega\lambda = 2\pi c$，采用 ω 而不是 ω 和 λ 来显式地表示 $\boldsymbol{\varepsilon}$ 是便利的。回想到 $\boldsymbol{\varepsilon}$ 是一个向量，认为它沿着 x 轴，因此，可以写出

$$\boldsymbol{\varepsilon}_x = \varepsilon_0 e^{i\omega t} e^{-\frac{i\omega}{c}z(n-ik)} \tag{7.68}$$

这里略去了"Re"符号，并简单地说明当以指数的形式表示波时，我们总是指实部。我们应当采用向量 $\hat{\boldsymbol{x}}$，$\hat{\boldsymbol{y}}$ 和 $\hat{\boldsymbol{z}}$。

现在，旋度表达式简化为

$$\Delta \times \boldsymbol{\varepsilon} = \hat{\boldsymbol{y}} \frac{\partial E_x}{\partial z} \tag{7.69}$$

式(7.69)和式(7.66)，告诉我们 $\boldsymbol{H}$ 仅有一个 y 分量，因此有

$$\Delta \times \boldsymbol{H} = -\hat{\boldsymbol{x}} \frac{\partial H_y}{\partial t} \tag{7.70}$$

因此，式(7.66)和式(7.67)变成

$$\frac{\partial \varepsilon_x}{\partial z} = -\mu \frac{\partial H_y}{\partial t} \tag{7.71}$$

和

$$-\frac{\partial H_y}{\partial z} = \sigma \varepsilon_x + \varepsilon \frac{\partial \varepsilon_x}{\partial t} \tag{7.72}$$

当然，$\varepsilon_y = \varepsilon_z = H_x = H_z = 0$。将式(7.68)的 ε_x 的表达式代入式(7.71)，有

$$H_y = \frac{n-ik}{\mu c} \varepsilon_0 e^{-\frac{i\omega}{c}z(n-ik)} e^{i\omega t} \tag{7.73}$$

这是所希望的关系

$$H_y = \left(\frac{n-ik}{\mu c}\right) \varepsilon_x \tag{7.74}$$

在这一点，我们注意到式(7.72)或式(7.59a)可用来得到 n 和 k 与 μ、ε 和 σ 的关系。如果读者不熟悉这些关系，建议进行代数变换。

回到我们对反射的电场和磁场的考虑，我们借助于式(7.74)的 H 和 ε 的关系重写式(7.64)和式(7.65)，这样 $\varepsilon_i + \varepsilon_r = \varepsilon_t$ 和 $\mu_1 H_i - \mu_1 H_r = \mu_2 H_t$ 变为

$$\varepsilon_i - \varepsilon_r = \left(\frac{n_2 - ik_2}{n_1 - ik_1}\right) \varepsilon_t$$

通过消去 ε_t 求解 $\varepsilon_r/\varepsilon_i$,得到

$$\frac{\varepsilon_r}{\varepsilon_i} = \frac{n_1 - n_2 - \mathrm{i}(k_1 - k_2)}{n_1 + n_2 - \mathrm{i}(k_1 + k_2)}$$

最后,在表面处的反射率 R 为

$$R = \left|\frac{\varepsilon_r}{\varepsilon_i}\right|^2 = \frac{(n_1 - n_2)^2 + (k_1 - k_2)^2}{(n_1 + n_2)^2 + (k_1 + k_2)^2} \tag{7.75}$$

取介质 1 作为真空并消去下标 2,因为在真空中 $n_1 = 1$ 且 $k_1 = 0$,则式(7.75)简化为

$$R = \frac{(n-1)^2 + k^2}{(n+1)^2 + k^2} \tag{7.76}$$

式(7.76)是我们在讨论光学辐射与金属耦合时第二个有用的关系。注意,它是针对法向入射这一特殊的情况导出的,适用于真空-材料界面。

7.6.1 材料在红外波长上的反射率

我们现在转向推导材料在红外波长上的光学反射率,实验已经证明,采用金属的自由电子理论(有时称为 Drude-Lorentz 理论)是合适的。这一理论依赖于 3 个假设:

(1) 第 1 个假设是电磁辐射仅与金属中的自由电子相互作用。

(2) 第 2 个假设是自由电子满足欧姆定律,更具体地说

$$m\frac{\mathrm{d}v}{\mathrm{d}t} + \frac{m}{\tau}v = -e\varepsilon \tag{7.77}$$

式中:m 为电子的有效质量;v 为电子的漂移速度;τ 为碰撞期间的松弛时间(即平均无离子碰撞时间,如图 7.17 所示);$-e\varepsilon$ 为由于电磁场作用在电子上的力。

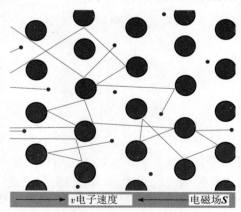

图 7.17 Drude-Lorentz 模型电子(这里用蓝色或小点表示),这些电子被较重的、静态的晶体离子(用红色的较大的点表示)反射弹回(见彩图)

(3) 第 3 个假设是金属的自由电子可以用单个有效质量、载流子浓度和松弛时间来描述。在文献中对这些假设的有效性有大量的讨论。

最近的工作[10]表明，对于中红外(几微米到几十微米)及以上的波长，自由电子理论能够有效地预测金属的反射率。

为了推导自由电子光学反射率，我们求解式(7.77)的以下形式的解，即

$$v \approx e^{i\omega t}$$

因此将式(7.77)采用上述关系代入，有

$$\left[m^*(i\omega) + \frac{m^*}{\tau}\right]v = -e\varepsilon \tag{7.78}$$

对式(7.78)进行操纵，可以得到

$$v = -\frac{e\tau}{m^*(1+i\omega\tau)}\varepsilon \tag{7.79}$$

现在电流满足

$$J = \sigma E = -Nev \tag{7.80}$$

式中：N 为电子浓度(每单位体积的电子数)。通过比较最后两个公式，得到

$$\frac{\sigma}{Ne} = \frac{e\tau}{m(1+i\omega\tau)} \tag{7.81}$$

或

$$\sigma = \frac{Ne^2\tau}{m(1+i\omega\tau)} \tag{7.82}$$

现在可导出直流电导率为

$$\sigma_0 = \frac{Ne^2\tau}{m} \tag{7.83}$$

我们看到 σ 是一个复数，并寻求将它写成一个实部和虚部的累加，因此

$$\sigma = \frac{Ne^2\tau(1-\omega\tau)}{m(1+\omega^2\tau^2)} \tag{7.84}$$

定义

$$\sigma = \sigma_1 - i\sigma_2 \tag{7.85}$$

得到

$$\sigma_1 = \frac{\sigma_0}{1+\omega^2\tau^2} \tag{7.86a}$$

$$\sigma_2 = \frac{\sigma_0\omega\tau}{1+\omega^2\tau^2} \tag{7.86b}$$

为了进一步处理，我们需要采用在 7.6 节建立的电磁波的一般表达式。回

想到式(7.62)为

$$n - \mathrm{i}k = \sqrt{K_\mathrm{m}} \sqrt{K_\mathrm{e} - \mathrm{i} \frac{\sigma}{\varepsilon_0 \omega}} \qquad (7.62)$$

根据式(7.85)的复的 σ，可以得到

$$n - \mathrm{i}k = \sqrt{K_\mathrm{m}} \sqrt{K_\mathrm{e} - \mathrm{i} \frac{\sigma_1 - \mathrm{i}\sigma_2}{\varepsilon_0 \omega}} \qquad (7.87)$$

如果我们假设仅有自由电子光学相互作用，则金属不使波偏振，且 $K_\mathrm{e}=1$。此外，对于金属，在红外波段，$K_\mathrm{m}=1$。因此

$$n - \mathrm{i}k = \sqrt{1 - \mathrm{i} \frac{\sigma_1 - \mathrm{i}\sigma_2}{\varepsilon_0 \omega}} \qquad (7.88\mathrm{a})$$

或

$$n - \mathrm{i}k = \sqrt{1 - \frac{\sigma_2}{\varepsilon_0 \omega} - \frac{\mathrm{i}\sigma_1}{\varepsilon_0 \omega}} \qquad (7.88\mathrm{b})$$

它仅留下式(7.62)[①]的分开的实部和虚部，这产生 n 和 k 的两个方程，因此给出了由直流电导率或松弛时间 τ 表示的 n 和 k。这样我们可以采用由式(7.76)得到的反射率表达式来从 n 和 k 得到 R。

为了进行代数运算，我们采用恒等式

$$\sqrt{A + \mathrm{i}B} = \sqrt{\frac{R+A}{2}} + \mathrm{i}\sqrt{\frac{R-A}{2}}$$

式中：$R = \sqrt{A^2 + B^2}$。

令

$$A = 1 - \frac{\sigma_2}{\varepsilon_0 \omega}$$

和

$$B = -\frac{\sigma_1}{\varepsilon_0 \omega}$$

有

$$2n^2 = \left(\mathrm{i} - \frac{\sigma_2}{\varepsilon_0 \omega}\right) + \sqrt{\left(1 - \frac{\sigma_2}{\varepsilon_0 \omega}\right)^2 + \left(\frac{\sigma_1}{\varepsilon_0 \omega}\right)^2} \qquad (7.89\mathrm{a})$$

---

① 原书有误，译者改。

$$2k^2 = -\left(1-\frac{\sigma_2}{\varepsilon_0\omega}\right) + \sqrt{\left(1-\frac{\sigma_2}{\varepsilon_0\omega}\right)^2 + \left(\frac{\sigma_1}{\varepsilon_0\omega}\right)^2} \tag{7.89b}$$

式(7.89a)和式(7.89b)与式(7.76)共同给出了反射率 R。注意，R 仅是 σ_1、σ_2 和 ω 的函数。再次观察式(7.86a)和式(7.86b)，并注意到 σ_0 可以用于代替 σ_1 和 σ_2 表达式中的 τ，有

$$\sigma_1 = \frac{\sigma_0}{1+\omega^2\dfrac{m^2\sigma_0^2}{N^2 e^4}} \tag{7.90a}$$

$$\sigma_2 = \sigma_0^2 \frac{\dfrac{m}{Ne^2}\omega}{1+\omega^2\dfrac{m^2\sigma_0^2}{N^2 e^4}} \tag{7.90b}$$

式(7.90a)和式(7.90b)表明 σ_1 和 σ_2 以及 R 取决于频率 ω、常数 m/N 和直流电导率 σ_0，因此

$$R = f(\omega, \sigma_0, m/N) \tag{7.91}$$

这意味着我们可以采用直流电导率来预测反射率。此外，如果我们知道 σ_0 随温度的变化，我们可以采用这种方法来计算作为温度函数的 R。这是一个有用的结果，因为光学反射率和温度的关系是难以测量的，但 σ_0 随温度的变化是非常容易测量的。

针对大部分金属和合金已经积累了电导率的大量数据。因此，现在，自由电子模型作为一种提供反射率-温度信息的方法，在激光效应研究中获得了很大的关注。

当然，在采用 $\sigma_0(T)$ 数据来预测 R 方面有一个问题，这就是参数 m/N。在红外波段，R 对这一参数是非常不敏感的，为了说明这一点，这里我们给出了一些数值例子。定义

$$\beta = m/m_0 \tag{7.92}$$

式中：m_0 为自由电子质量，则参数 β/N 等价于 m/N。

图 7.18 给出了在 $\lambda = 10\mu m$ 和各个 σ_0 时的 $\partial R/\partial(\beta/N)$ 与 β/N 的关系曲线，这里 σ_0 以欧姆-厘米的倒数为单位。例如，对于铝，典型的值是 $\sigma_0 = 10^5 \Omega^{-1} cm^{-1}$，$\beta/N = 10^{-23} cm^3$。这样 $\partial R/\partial(\beta/N)$ 的值为大约 $7.2\times 10^{20} cm^{-3}$。如果取 β/N 的误差为 10%，得到

$$\frac{\partial R}{\partial(\beta/N)}\Delta(\beta/N) = 7.2\times 10^{20}\times 10^{-24}$$

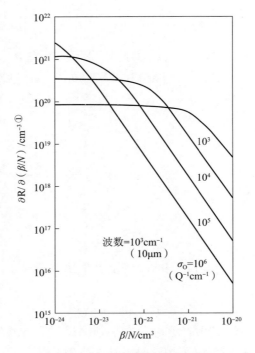

图 7.18 R 对参数 β/N 的敏感性

$$\Delta R = 0.00072$$

由于对于这些值 $R = 0.97366$，R 的变化仅为大约 0.1%。我们可以采用 σ_0 的实验值和最简单的 β/N 选择（金属中的每个原子每个价电子一个自由电子）和 $\beta = 1$，利用 Drude-Lorentz 模型得到非常好的预测。对于合金，选择合金中的主成分是合适的。例如，对于不锈钢，我们选择铁，或者每个原子两个电子，来计算 N 和 β/N。

图 7.19 和图 7.20 给出了对各种金属的自由电子理论预测和对实验数据的某些比较[10]。当突然的变化引起金属熔化时，电导率也有突然的变化。注意，在与铝薄膜给出的数据比较时，给出了与理论非常接近的值，这或许是因为它们对表面有最好的防护。缺陷、氧化层等会使入射辐射被捕获，并导致实际的表面比理想的表面吸收更多的辐射。这些图形是采用实验测量的吸收率量绘制的，而且，因为金属是不透明的，$A = 1 - R$，这对于从不透明的衬底对法向入射的镜向反射是成立的。

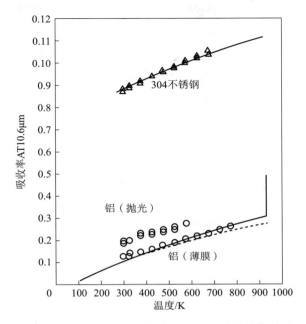

图 7.19　温度与铝和不锈钢在 $10.6\mu m$ 处吸收的关系

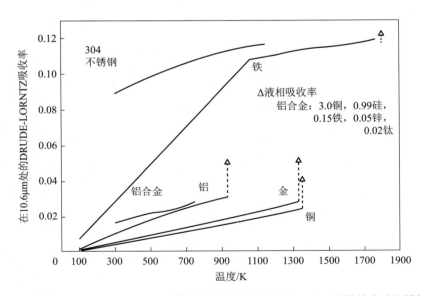

图 7.20　几种金属在 $10.6\mu m$ 处的吸收率的自由电子理论预测，开口的符号表示金属的状态

让我们回到 n 和 k 的表达式以观察某些限制形式，并说明怎样将这些完整的表达式简化为简单的关系。记住，R（式（7.76））是由 n 和 k 确定的（式

(7.89a)和式(7.89b)),这可以由直流电导率和 m/N 得到(式(7.90a)和式(7.90b))。对于像铝或铜那样的良导体,在室温下,n 和 k 随波长的变化如图 7.21 所示。注意,在长的波长上,$n=k$。我们可以采用 σ_1 和 σ_2 的方程组 7.86a① 和 7.86b② 来导出它,并注意到当 $\omega \to 0$ 时,$\sigma_1 \to \sigma_0$,$\sigma_2 \to \sigma_0 \omega \tau$。通过将这些值代入方程组 7.89a③ 和 7.89b④,我们容易证明

$$n = k = \sqrt{\frac{\sigma_0}{2\varepsilon_0 \omega}} \tag{7.93}$$

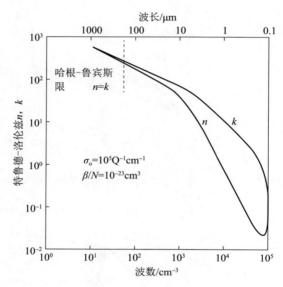

图 7.21　n 和 k 与波长的关系

这称为哈根-鲁宾斯(Hagen-Rubens)限。注意 n 是非常大的。在这些条件下,可以采用代数来将式(7.76)简化为

$$R = \frac{n-1}{n+1} \tag{7.94a}$$

或

$$R = 1 - \frac{2}{n} \tag{7.94b}$$

---

① 原书有误,译者改。
② 原书有误,译者改。
③ 原书有误,译者改。
④ 原书有误,译者改。

式(7.93)可以代入 n 得到

$$R = 1 - 2\sqrt{\frac{2\omega\varepsilon_0}{\sigma_0}} \tag{7.95}$$

这就是哈根-鲁宾斯反射率。

我们也可以对趋肤深度进行评价。在长波长时($\omega \to 0$)，有

$$\delta = \frac{\lambda}{2\pi}\sqrt{\frac{2\varepsilon_0\omega}{\sigma_0}} \tag{7.96}$$

这可以重写为

$$\delta = \sqrt{\frac{2}{\mu_0\sigma_0\omega}} \tag{7.97}$$

式(7.97)是用于长波长的趋肤深度的通用的表达式。

最后，我们从图7.22看到 n 和 k 在短的波长上重新收敛，这称为等离子体谐振。为了看到这一结果，必须考察 n 和 k 在较大的光谱范围内的特性。我们已经讨论了 n 和 k 的长波限制特性。这是哈根-鲁宾斯区，这里 $n=k$。在短波上，从方程式(7.90a)和式(7.90b)易于证明

$$\sigma_1 \to \frac{N^2e^4}{m^2\sigma_0\omega^2} \tag{7.98a}$$

$$\sigma_2 \to \frac{Ne^2}{m\omega} \tag{7.98b}$$

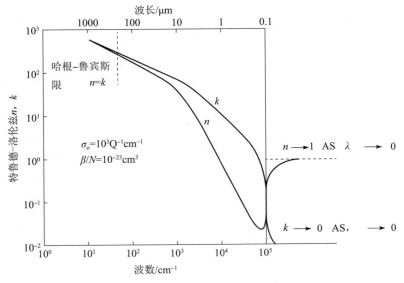

图7.22 n 和 k 与波长的关系

因此，对于大的 ω，式(7.89a)和式(7.89b)可以写为

$$n^2 = 1 - \frac{Ne^2}{\varepsilon_0 m \omega^2} \qquad (7.99a)$$

$$k^2 = 0 \qquad (7.99b)$$

现在等离子体频率通常是通过设定 $n=0$ 由式(7.99a)定义，得到

$$\omega_p^2 = \frac{Ne^2}{\varepsilon_0 m} \qquad (7.100a)$$

因此

$$n^2 = 1 - \frac{\omega_p^2}{\omega^2} \qquad (7.100b)$$

我们看到，在非常高的频率上，自由电子模型预测了一个透明的特性（$k=0$），折射系数接近真空的折射系数。在等离子体频率上出现了改变到透明特性的变化，这是一个非常突发的变化，如图7.22所示。事实上，某些教科书将这一变化称为"紫外灾变"。

注意，在 ω 接近 ω_p 时式(7.99a)和式(7.99b)与式(7.100a)和式(7.100b)不再有效。对这些频率我们必须采用整个表达式。如果我们再次采用 $\sigma_0 = 10^5 \Omega^{-1} \text{cm}^{-1}$ 和 $\beta/N = 10^{-23} \text{cm}^3$，这对于室温下的良导体是适当的，反射率看起来如图7.23所示。

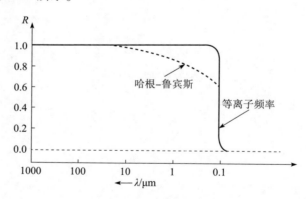

图7.23 R 与波长的关系

正如我们已经看到的那样，在红外波段，实际金属的光学反射率是符合自由电子模型的。然而，对于可以实现的预测的反射率，表面必须近似完美的，当波长接近可见光区域时，波段效应变得重要起来，反射率随着频率表现出快速的突变。实际的金属表面吸收率仍然主要是一个经验的事项。对于高能的二氧化碳激光器的连续波辐射，可以得到某些数据，但在可以得到的这些条件

下,作为表面温度的一个函数的吸收率的信息非常少。

表7.1列出了几种材料的室温吸收率。

表7.1 在各种表面条件下法向入射时金属和合金在10.6μm处的室温吸收率

金属或合金	表面条件			
	理想的	抛光的	普通的	喷砂处理的
铝	0.013	0.03	0.040±0.02	0.115±0.015
金	0.006	0.01	0.02	0.14
铜	0.011	0.016		0.06
银	0.005	0.011		
2014铝		0.033	0.07±0.02	0.25
钛合金(6Al,4V)		0.11	0.4±0.2	
304不锈钢			0.65±0.2	
镁合金Az-31B			0.060±0.03	

在由激光光束实际辐照期间,非常难以获得一个金属反射率的数据,尽管这一信息是激光-材料相互作用问题的核心。1967年由苏联的Bonch-Bruevich、Imas、Romanov、Libenson与Maitsev沿着这些思路进行了一个经典实验[36],如图7.24所示他们采用一个球形包围他们的样本监视反射的辐射,光电探测器的输出正比于样本的反射率。对钢和铜的一些测量结果如图7.25所示,10^8W/cm^{2}的峰值功率密度的激光脉冲(Nd:玻璃激光器,1.06μm),用虚线示出。随着时间的推移,激光脉冲加热表面,反射率下降。这些数据的一个特别有趣的特征是肩部。作者认为这一平整化是与表面到达熔点相关的,并在传播到固体的熔化层的厚度达到熔点温度时暂停。简言之,熔化层开始加热,反射率继续降低。当激光脉冲的功率密度达到峰值,并开始下降时,不再能维持表面温度,随着表面冷却,反射率再次开始上升。

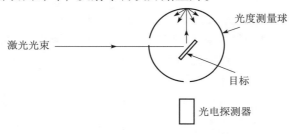

图7.24 Bonch-Bruevich实验示意图

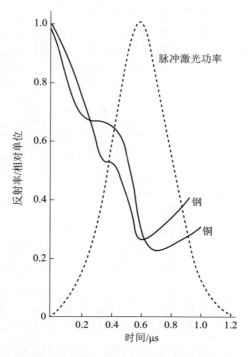

图 7.25　受激光束辐照时铜和铝的反射率

在激光与金属相互作用的计算中通常使用的材料特性是：密度、热容、比热、热导率、热散率、潜热、熔点、汽化点（对于能量平衡分析）；黏度、弹性的模、剪切模量、泊松比、应力-应变基本关系（对于应力和动量分析）。

7.7　金属中激光吸收的数学

仍然在尝试完整地理解激光与物质的相互作用。激光光束与物质的相互作用（钻、切割、焊接或者被用于定向能武器应用）问题给建模和试验方面都带来了许多困难。人们期望对在激光相互作用期间发生的主要现象做出合理描述，但这是复杂的，因为许多物理过程对建立守恒方程有同等的贡献，由于要求解的方程有很大的复杂性，产生了退缩。在大多数情况下，这导致要形成需要数值求解的模型。由于缺乏恰当的试验数据进行比较，迫使人们简化某些方程，并采用在这一领域以前的分析和计算工作[4]。

由材料的介电函数和电导率导出的吸收系数决定着光的吸收和深度的关系。然而，发生吸收的具体机理取决于材料的类型。通常，光子将耦合到材料中可得到的电子或振荡状态中，这取决于光子的能量。在绝缘体和半导体中，激光的光吸收主要是在谐振激发时(如价带电子到导带的跃迁(带间跃迁)或带内(子带间跃迁))出现的[20]。这些激励的电子态可能将能量传递到晶格光子,能量低于材料带隙的光子不会被吸收(除非有其他杂质或缺陷状态耦合,或者如果有多光子吸收),对于绝缘体,这样的能量通常对应于低于真空紫外的光频率,对于半导体,对应于低于可见光到红外光谱的光频率。然而,在某些情况下,在近红外区域有可能有与高频光声子耦合的谐振[31]。

如前所述,入射在一个材料的表面上的光可能被反射、透过或吸收,实际上,所有这3项都在一定程度上出现。为了使激光加工实用化,激光必须被材料吸收。为了进行有效的加工,有必要将尽可能多的入射强度耦合到工件,这一耦合效率是由样本吸收率 A 描述的(在本书的某些部分,这也称为吸收率、吸收系数或者吸收)。吸收率定义为吸收的能量和入射的能量之比。在加热过程中吸收率是变化的,是样本的光学特性和电磁波特性的函数。

必须推导参数易于处理的数学模型,在通过实验验核了模型之后,它可以模拟加工过程,并给出如热影响区、瞬态温度分布和冷却速率等信息。因此,可以通过模型事先确定具体的参数的影响来减少实验。

本节采用传输强度的发散度概念作为考虑介质的每单位体积的总能量积累率,给出了一般的主导方程的公式。由激光光束扫描一个吸收样本的表面产生的热效应,需要在样本的限定尺寸条件下求解三维热传递方程。如图7.26所示,在这里考虑的几何条件被限定在经受对流和辐射损失的、表面受到激光光束辐照的薄板。

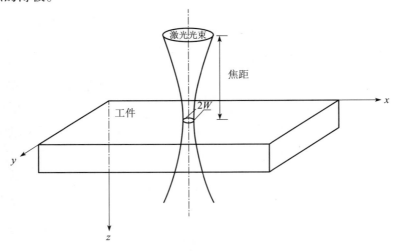

图7.26 辐照在一个有限尺寸样本上的激光光束

作为在 7.8 节讨论的高能激光与材料相互作用和对热响应的分析的一部分，我们可以引入有向流的向量累加 $\boldsymbol{q}$，将热流 q_n 定义为在 n 方向（n 为 x，y，z）的幅度，则

$$\boldsymbol{q} = q_x \hat{\boldsymbol{i}} + q_y \hat{\boldsymbol{j}} + q_z \hat{\boldsymbol{k}} \tag{7.101}$$

式中：$(\hat{\boldsymbol{i}}, \hat{\boldsymbol{j}}, \hat{\boldsymbol{k}})$ 为沿着每个直角坐标方向的单位向量。

在定义了涉及的能量传输的向量表示之后，可以写出每单位体积热能的总积累率的表达式：

$$\nabla \cdot \boldsymbol{q} + Q = \frac{\partial u}{\partial t} \tag{7.102}$$

式中：Q 为一个考虑到内部产生的热 u 的与体积相关的项。式(7.102)的右边表示单元的内部能量总的变化率。因此，式(7.102)是热力学第一定律的一个一般表示。

采用热力学论点，式(7.102)可以进一步扩展。如果认为考虑的样本是多相的、均匀的连续体合成物，则可以采用两个独立的特性（比内能和比焓），唯一地确定连续体的任何特性的状态，可以写为[37]

$$\mathrm{d}u_\mathrm{m} = \left(\frac{\partial u_\mathrm{m}}{\partial v}\right)_T \mathrm{d}v + c_v \mathrm{d}T \tag{7.103}$$

$$\mathrm{d}h_\mathrm{m} = \left(\frac{\partial h_\mathrm{m}}{\partial p}\right)_T \mathrm{d}p + c_p \mathrm{d}T \tag{7.104}$$

式中：u_m 为比内能；h_m 为比焓；v 为体积；p 为压力；c_v 为恒定体积时的比热；c_p 为恒定压力时的比热；T 为温度分布。

在恒定压力和体积上的比热分别定义为

$$c_p = \left(\frac{\partial u}{\partial T}\right)_p \tag{7.105}$$

$$c_v = \left(\frac{\partial u}{\partial T}\right)_v \tag{7.106}$$

对于固体和不可压缩的流体，假设体积是恒定的。如果也忽略在给定的过程中压力的变化，式(7.105)和式(7.106)可以简化为

$$\mathrm{d}u_\mathrm{m} = c_v \mathrm{d}T \tag{7.107}$$

$$\mathrm{d}h_\mathrm{m} = c_p \mathrm{d}T \tag{7.108}$$

回顾经典热力学中的比焓的定义

$$h_\mathrm{m} = u_\mathrm{m} + pv \tag{7.109}$$

组合式(7.105)与式(7.103)，可以得到

$$c_p = c_v = c \quad \text{对于} \quad \mathrm{d}v \approx \mathrm{d}p \approx 0 \tag{7.110}$$

如果允许改变压力，对于固体和不可压缩的液体，式(7.109)仍然继续成立。取式(7.107)和式(7.109)中的关系并乘以介质的密度，得到与单位体积和单位质量相关的表达式。采用式(7.109)，这些新的体积项可以表示为

$$du = \rho \cdot c(T) dT \tag{7.111}$$

$$dh = \rho \cdot c(T) dT \tag{7.112}$$

以及

$$h = u + \rho dT \tag{7.113}$$

对式(7.111)的两边在适当的变量上进行积分，并相对于时间进行微分，得到

$$\frac{\partial u}{\partial t} = \rho \cdot \frac{\partial}{\partial t} \int_{T_0}^{T} c(T) dT \tag{7.114}$$

式中：T_0 为初始温度；T 为在无穷小的时间步长 dt 的终端温度。对于特定的无穷小的时间间隔 dt，可以假设恒定的比热，则式(7.114)简化为

$$\frac{\partial u}{\partial t} = \rho \cdot c \frac{\partial T}{\partial t} \tag{7.115}$$

由于初始温度相对于时间是恒定的。将式(7.115)代入式(7.102)得到热扩散方程为

$$-\nabla q + Q = \rho \cdot c \frac{\partial T}{\partial t} \tag{7.116}$$

对与时间相关的场 $T(x, y, z, t)$ 求解式(7.116)需要采用将温度与热流关联起来的方程。对于传导的热传递方程，这一关系是傅里叶传导定律。它指出：在一个方向 n 的热流正比于在该方向的温度梯度，从数学上，这可以表示为

$$q_n \hat{\boldsymbol{n}} = -k \cdot \frac{\partial T}{\partial n} \hat{\boldsymbol{n}} \tag{7.117}$$

式中：k 为热导率；q_n 为在 n 方向的热流；负号为满足热力学第二定律必需的。

在傅里叶热传导模型的分析中，认为通过一个给定平面的热流是在该平面的空间温度梯度的函数。这取决于在两个相继的、间距较小的平面之间温度梯度几乎保持恒定的假设。然而，这些平面之间的距离是有限的，因此，对于高能激光强度，忽略高阶项时产生的误差变得重要了。通过一个给定平面的热流取决于在材料内的电子能量分布，因此，当在分子间水平上(距离短于 $0.1\mu m$)分析非常短的脉冲(短于 $1ps$)时，不能把材料当作均匀的连续体。

将式(7.117)代入式(7.116)，得到

$$-\nabla \cdot (k \nabla T) + Q = \rho \cdot c \frac{\partial T}{\partial t} \tag{7.118}$$

这是均匀的固体或不可压缩的液体中的等压热传导主导微分方程。

在激光微加工或者它与材料表面相互作用时，产生的内能 Q 通常看作是在被辐照的介质中每单位体积对激光能量的吸收率。对于金属，这一吸收从工件或感兴趣的目标表面的一个非常薄的薄层处开始，对于许多实际的情况，可以看作式(7.118)的一个边界条件。这一吸收过程是采用以下的关系由 Beer-Lambert 定律计算的，即

$$I(z) = \varepsilon \cdot I_0(0) \big|_{z=0,\text{材料表面}} \exp(-\mu \cdot z) \tag{7.119}$$

式中：$I(z)$ 为在给定的距离 z 处从被辐照的面照射到吸收介质的入射辐射的强度；ε 为介质的面发射率；μ 为材料的吸收系数（辐射通过介质吸收的度量）。采用在式(7.102)中使用的术语，将式(7.117)相对激光光束的传播方向进行微分，得到了由微分单元吸收的能量的体提取率。因为对于一个给定的体积，积累率是提取率的负值，式(7.119)中的必要的体积项可表示为

$$Q = -\frac{\partial I(z)}{\partial z} = (\varepsilon \mu) I_0(0) \big|_{z=0,\text{材料表面}} \exp(-\mu \cdot z) \tag{7.120}$$

或者，为了简化，我们将式(7.120)写为

$$Q = -\frac{\partial I(z)}{\partial z} = (\varepsilon \mu) I_0(0) \exp(-\mu \cdot z) \tag{7.121}$$

采用 Drude-Zener 理论[38]，由式(7.121)将得到 $Q(x, y, z, t)$ 的表达式为

$$Q(x,y,z,t) = A\exp(-\beta t)[\mu I_0(x,y,z,t)\exp(-\mu z)] \tag{7.122}$$

式中：A 为表面吸收率；β 为脉冲参数；$I_0(x, y, z, t)\big|_{z=0}$ 为在材料的表面处 $(z=0)$ 的激光辐射强度。

在式(7.122)中，材料的吸收系数 μ 度量辐射传播通过介质的吸收，在这一时刻被看作是恒量，但基于数个出版物，μ 应当是温度和辐照的激光光束相对于考虑的材料的轴向位置的函数。在这一时刻，将式(7.122)修正为

$$Q(x,y,z,t) = A\exp(-\beta t)[\mu(T,z) I_0(x,y,0,t)\exp(-\mu(T,z) \cdot z)] \tag{7.123}$$

函数 $\mu(T, z)$ 定义为在距材料表面距离 z 处的体吸收系数。这里，对于我们分析和讨论的目的，我们将 μ 保持为恒量，但基于数个出版物，μ 应当是温度和辐照的激光光束相对于考虑的材料的轴向位置的函数。

将式(7.122)加入式(7.118)中，对于与位置相关的激光脉冲，对于这种

形式的脉冲输入，可以以非常一般的形式将傅里叶微分式(7.118)重写为

$$\rho c(T)\frac{\partial T}{\partial t}=\nabla[k(T)\nabla T(x,y,z,t)]+Q(x,y,z,t) \tag{7.124}$$

式中：ρ 为工件的材料的密度；$c(T)$ 为材料的与温度有关的比热；$k(T)$ 为与温度有关的热导率；$T(x,y,z,t)$ 为在材料中的与时间有关的温度的三维分布；t 为时间，我们可以假设，对于任何边界条件用途，T_0 为初始温度，x、y、z 为空间直角坐标；$Q(x,y,z,t)$ 为每单位时间每单位体积供给固体的供热率，这取决于激光脉冲参数和被辐照的物理和光学特性。注意，A 和 μ 是入射辐射的温度和波长的函数，见本章的激光部分。

固体或液体在高于 0K 的温度汽化，汽化率强烈取决于表面温度 T_s。式(7.124)考虑仅通过传导到达材料中的热扩散。基于试验和理论证据，由于发生了汽化，必须考虑在激光光束相互作用期间材料内部的蒸汽和液体的运动单元。

考虑这一事实，考虑相变过程的一般的主导微分方程可以写成

$$\rho(T)c(T)\frac{\partial T}{\partial t}=\nabla(k\nabla T)+\rho(T)c(T)V_n(T)\nabla(T)+Q \tag{7.125}$$

式中：V_n 为汽化的前端或熔化的前端速率的法向分量（退行速率）。

让我们定义速率 V_n。根据文献[39]，界面运动到材料的深处的速度定义为

$$V(T_s)=\frac{1-c}{\rho}\sqrt{\frac{M}{2\pi k_B T_s}p_{sat}(T_s)} \tag{7.126}$$

式中：c 为重凝结因子，通常取为 0.18；$p_{sat}(T_s)$ 为根据 Clapeyron-Clausius 方程定义的饱和蒸气压力，可表示为

$$p_{sat}(T_s)=\varphi_0\exp\left(-\frac{E_a}{k_B T_s}\right) \tag{7.127}$$

式中：k_B 为玻尔兹曼常数；φ_0 为预指数因子；E_a 为每个原子的活化、蒸发。

注意，式(7.126)是一个与压力有关的函数，是和与速率有关的温度同时计算的。因此，让我们导出一个作为温度函数的速率与相变的潜热（也与温度有关）。

潜热相对于温度的变化率可以表示为[40]

$$\frac{\partial H}{\partial T}=\frac{H}{T}+(c_{pv}-c_{pl})-\frac{H}{v_V-v_l}\left[\left(\frac{\partial v_V}{\partial T}\right)_p-\left(\frac{\partial v_l}{\partial T}\right)_p\right] \tag{7.128}$$

式中：c_{pv} 和 c_{pl} 为恒定压力下气态和液态的比热；v_V 和 v_l 为气态和液体的比容积。

必须认识到在从 0° 到临界温度 T_c 的温度范围内对潜热进行积分是困难的，

因为我们没有关于潜热值的足够信息,尤其是在考虑的范围内的极端值。假设将室温潜热来代替在绝对零度时的潜热涉及较小的误差,因为通过知道 $v_v \ll v_l$ 和 $\left(\frac{\partial n_v}{\partial T}\right)_p \gg \left(\frac{\partial n_l}{\partial T}\right)_p$,即,气体的比容量 v_v 远大于凝结的液体的 v_l,在恒定压力下它相对于温度的变化率相应地更大。因此,对于最高达到室温 T_a 的温度,Δc_p 非常小。

根据麦克斯韦定律,分子速率的分布函数可以定义为[42]

$$f(V_n)\mathrm{d}V_n = \sqrt{\frac{M}{2\pi k_B T_s}} \exp\left(\frac{MV_n^2}{2\pi k_B T_s}\right) \mathrm{d}V_n \tag{7.129}$$

式中:V_n 为在垂直于表面的方向的速率,其他参数是较早定义的。采用本地的项,函数 $f(V_n)\mathrm{d}V_n$ 是每单位体积在速率 $V_n \sim V_n + \mathrm{d}V_n$ 内的原子数与每单位体积的总原子数之比。仅有那些速率大于由下式得到的 $V_{\min}$ 的分子将逸出[42],即

$$\frac{1}{2}MV_{\min}^2 = H(T) \tag{7.130}$$

式中:$V_{\min}$ 位于 z 方向。如果 n 是每单位体积的原子数,则每单位体积的速率在 $V_n \sim V_n + \mathrm{d}V_n$ 区间的原子数是 $nf(V_n)\mathrm{d}V_n$,每单位时间通过一个单位面积的具有这些速率的原子数是 $nf(V_n)V_n\mathrm{d}V_n$。

假设在汽化的环境下,所有的原子没有回到它们的均衡位置,且 $V_n > V_{\min}$,如果我们定义每单位时间单位面积蒸发的原子的数目,则可以写出

$$N_G = \int_{V_{\min}}^{\infty} [nf(V_n)V_n]\mathrm{d}V_n$$
$$= n\sqrt{\frac{M}{2\pi k_B T_s}} \int_{V_{\min}}^{\infty} \left[\exp\left(\frac{MV_n^2}{2\pi k_B T_s}\right) V_n\right] \mathrm{d}V_n \tag{7.131}$$

在进行积分并将式(7.130)代入(7.131)中之后,得到

$$N_G = n\sqrt{\frac{M}{2\pi k_B T_s}} \exp\left(\frac{H(T)}{k_B T_s}\right) V_n \tag{7.132}$$

如果在晶格内原子是等间隔的,一个表面层将包括 $n^{2/3}$ 个原子,蒸发时间是 $n^{2/3}N_G$。表面的平均速率 V_n 为

$$V_n = \frac{1}{n^{1/3}} \frac{N_G}{n^{2/3}} \tag{7.133}$$

$$V_n = \sqrt{\frac{k_B T}{2\pi M}} \exp\left(-\frac{H(T)}{k_B T}\right) \tag{7.134}$$

式中：$H(T)$为潜热。

考虑式(7.134)，定义了其中在与高能激光辐照相互作用的材料表面有相变过程的一般的主导微分方程，可以写为

$$\rho(T)c(T)\frac{\partial T}{\partial t}=\nabla(k\nabla T)+\rho(T)c(T)\sqrt{\frac{k_B T}{2\pi M}}\exp\left(-\frac{H(T)}{k_B T}\right)\nabla T+Q \quad (7.135)$$

注意式(7.134)和式(7.135)中的潜热$H(T)$是与温度有关的，是基于相同的理论和试验证据的，最终的形式在7.8节描述。

为了求解式(7.135)，应当采用适当的边界条件。7.8.1节讨论了适当的边界条件的公式。

7.8 材料和热响应

采用激光对金属进行处理已经达到了很高的成熟度，并在工业界得到了认可。在广泛的工业应用领域(包括汽车和宇航工业、造船业、微电子业和医疗仪器业等)，它用于切削、钻孔、焊接、成形、雕刻、打标、硬化和对金属的各种形式的表面处理，现在正在地基和天基定向能武器中得到应用。

材料响应的细节取决于特定的材料体系和激光处理条件。如前所述，如果产生激光的激发率相对于热化时间是慢的，则这一过程用光热表示，可以将吸收的激光能量看作是直接转换为热的。在这种情况下，材料响应是局部材料加热和冷却率、达到的最大温度、温度梯度的函数，所有这些可以通过求解给定辐照条件下的热方程来确定。因为材料加热率可能是非常高的，对纳秒(ns)级脉冲甚至更快的飞秒激光，最高达$10^9 K/s$，材料可能发生显著的变化。

强激光辐照最重要的效应是光束中的光能转换成材料中的热能。这是许多激光应用的基础，如焊接和切削。我们在这里归纳热响应，它基本上是一个称为热流的常规问题。在一般的方式下，我们应当求解主导热流的方程，即

$$\rho c\frac{\partial T}{\partial t}=\frac{\partial}{\partial x}\left(K\frac{\partial T}{\partial x}\right)+\frac{\partial}{\partial y}\left(K\frac{\partial T}{\partial y}\right)+\frac{\partial}{\partial z}\left(K\frac{\partial T}{\partial z}\right)+A \quad (7.136)$$

式中：ρ为密度；c为比热；T为温度；t为时间；K为热导率；A为每单位时间每单位体积产生的热。在式(7.136)中，ρ、c和K被当作是位置和温度的函数，A是位置和时间的函数。实际上，该方程是在一个单元体积$dxdydz$内累积热的速率等于跨该单元体的面的总热流加上该单元体内产生热的速率。

因此，热响应研究实质上包括两部分。第一，需要知道激光加热的热产生

速率 A，然后针对感兴趣的情况的边界条件求解式(7.136)。这可能是一个非常复杂的任务，经常可以借助于计算机来完成。

激光效应领域的研究人员要做大量的工作开发一个全面的计算机程序，针对每种可能的情况求解式(7.136)。然而，知道 A 的难度并不比求解式(7.136)的难度小，正如我们在后面的章节看到的那样，在激光与材料相互作用的情况下，以任意的精度来确定 A 是非常困难的。

7.8.1 边界条件

边界条件是一个模型的重要部分，它们显著地影响编程和计算结果。规定适当的边界条件是成功计算的基础。在热传导分析中通常遇到 3 类边界条件：

(1) 给定边界温度 T。
(2) 给定边界热流 q。
(3) 边界热流平衡关系。

如果给定边界温度，在建模时没有特别的困难，需要将边界栅格的值设定为规定的温度。

采用牛顿冷却定律表示由于从样本表面传导到环境的热流的幅度，即

$$q_{\text{conv}} = h_c (T_s - T_{\text{amb}}) \tag{7.137}$$

式中：h_c 为对流热传递系数；T_s 为表面温度；T_{amb} 为环境温度。

为了确定 h_c，工件的特征长度应当是

$$L = \frac{\text{Area}}{\text{Ob}} \tag{7.138}$$

式中：Area 为表面的面积，Ob 为工件的周长。这样，水平平板的 Nusselt 数为[43]

$$N_u = 0.27 (R_a)^{0.25} \tag{7.139}$$

式中：瑞利数 R_a 为

$$R_a = \frac{g\beta}{\kappa\gamma} L^3 (T - T_{\text{amb}}) \tag{7.140}$$

式中：g 为重力加速度；β 为体热膨胀的系数；κ 为热扩散率；γ 为运动学涡流；其他参数如对式(7.137)的定义。对流热传递系数 h_c 可以计算为

$$h_c = N_u \frac{k_{\text{air}}}{L} \tag{7.141}$$

式中：k_{air} 为工件周边空气的热导率。注意，在高能激光用作地基激光或机载激光定向能武器这种情况下，我们需要考虑上述讨论。到环境的辐射可表示为

$$q_{\text{rad}} = \sigma\varepsilon (T_s^4 - T_{\text{amb}}^4) \tag{7.142}$$

式中：q_{rad} 为辐射流的幅度；ε 为材料的发射率；σ 为 Stefan-Boltzmann 常数。注意，对流是温度的一个线性函数，由于辐射与表面和环境温度的四次幂之差有关，辐射是非线性的。

在整个热传递过程中对流和传导的幅度可以采用 Peclet 数 Pe 来评估，定义为

$$\text{Pe} = \frac{uc_p L_r}{k} \tag{7.143}$$

式中：u 为速率；L_r 为特征长度，取为焊接池上部表面的池半径；其他参数如前面的定义。

在激光微焊接应用中，在焊接池中观察对流和传导组合机理产生的热传递。当 Peclet 数小于 1 时，在焊接池内的热传递主要是由传导产生的。当 Peclet 数远大于 1 时，则对流热传递是材料中的热传递主要机理。

如果激光微加工中采用屏蔽气体，则对于垂直冲击射流，式(7.141)中需要的热传递系数 h_c，是根据 Mazumder 和 Steen[44] 和 Gordon 与 Cobonpue[45] 计算的，可表示为

$$h_c = 13 \text{Re}^{0.3} \text{Pr}^{0.35} k_g \frac{1}{B} \tag{7.144}$$

式中：B 为喷射板的距离；Re 为在喷流喷口处的雷诺数；Pr 为气体的 Prandtl 数；k_g 为气体的热导率。

完成有对流和辐射损失的边界处的能量平衡，可以将传导到截面的热流与对流和辐射损失表达式联系起来，可表示为

$$q_n = q_{conv} + q_{rad} \tag{7.145}$$

将式(7.117)中的 q_n、式(7.137)中的 q_{conv} 和式(7.142)中的 q_{rad} 代入式(7.145)，得到

$$-k\left(\frac{\partial T}{\partial n}\right)_s = h_c(T_s - T_\infty) + \sigma\varepsilon(T_s^4 - T_\infty^4) \tag{7.146}$$

其中式(7.146)的左边的项表示从法向传导到边界表面的热的幅度。式(7.146)应当用到考虑的有限样本的所有暴露的边界。将式(7.146)的右边设定为 0 可适于绝热的边界。

在激光微钻孔或与材料相互作用时，在材料被新汽化的区域(孔区域)，应当用式(7.146)，且应当采用适当的热传递系数。由于微钻孔现象的建模问题是与孔的形成相关的，而且还没有解决，因此适当的热传递系数的选择要通过有根据的猜测，这还有待讨论。

对于产生相变的情况,在液体-蒸气界面处的边界条件为

$$-k\frac{\partial T}{\partial z}\bigg|_z + \rho v_{dv}H_v = (1-R)I_0 \tag{7.147}$$

式中:k 为固相或液相的热导率;$\dfrac{\partial T}{\partial z}\bigg|_z$ 为在沿着法向(z 轴)的面处的温度梯度;ρ 为固相或液相的密度;v_{dv} 为由于汽化产生的边界速度的分量;R 为在激光波长上的反射率;I_0 为在表面处激光光束的强度。对于低于临界温度近一半的表面温度,可以假设每个原子蒸发的能量为恒定的。这样由于蒸发产生的边界速率的分量 v_{dv} 由式(7.134)定义,也可以采用 Niedrig Bostoniglo 的类似方式的定义[46]。

$$v_{dv} = V_0 \exp\left(\dfrac{-U}{T_s}\right) \tag{7.148}$$

式中:V_0 为声速数量级的系数;T_s 为表面温度;U 为每个原子蒸发的能量,定义为

$$U = \dfrac{MH_v}{N_a k_B} \tag{7.149}$$

式中:H_v 为气化的潜热(每单位质量);k_B 为玻尔兹曼常数;M 为原子质量;N_a 为阿伏伽德罗(Avogadro)常数。在式(7.138)中定义的速率 V_n 等于 v_{dv}。

用于固-液边界(熔化前端 $z=z_m$)的经典的 Stefan 边界条件是

$$\rho H_f v_m = k_s \dfrac{\partial T_s}{\partial z}\bigg|_{z=z_m} - k_l \dfrac{\partial T_l}{\partial z}\bigg|_{z=z_m} \tag{7.150}$$

式中:H_f 为熔化的潜热;v_m 为熔化的前端速率;下标"s"和"l"分别表示"固体"和"液体"。Stefan 边界条件假设在熔化温度 T_m 时从固体到液体有一个瞬变,并且不允许在熔化前端有超加热。对于典型的激光焊接和钻孔的熔化前端慢的传播速度,可以不考虑熔化运动学,这种近似是适当的。

为了理解边界条件是怎样定义的,让我们首先理解材料清除过程和在多相转换中的能量传递,这在后面讨论。为了建立由于汽化反冲产生的熔化流形成的对流热传递系数的效应,Semak 等[47]完成了两次仿真。在第一次仿真中,没有考虑反冲压力和相关的熔化流,在第二次的情况下,考虑了反冲压力和熔化流。图 7.27 给出了他们通过计算在激光光束的轴上熔化的表面温度(对不同的吸收强度 I_0 值)得到的这些观测。当包括反冲压力和熔化流时,比忽略反冲压力和熔化流的情况能更快地达到温度的稳态值。分析图 7.27 可以计算出,在忽略反冲压力和相关的对流热传递时,计算的激光光束中心处表面温度时有 1%~5%的误差。

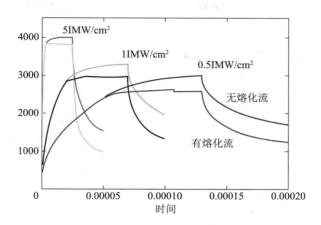

图 7.27 在不同的最大吸收强度值和不同的激光脉冲宽度（0.5MWcm²—130，1MWcm²—70，5MWcm²—25）条件下计算的在光束轴与铁材料的交界处的温度（上部的曲线为没有熔化流，下面的曲线为有熔化流）①（见彩图）

7.9 主导方程的求解

本节考虑采用确切的和数值的方法，在相关的边界条件下一般的主导方程（7.136）的解。本节讨论了采用数学工具对问题的近似求解，划分为 4 小节。前 4 小节（7.9.1.1 节、7.9.1.2 节、7.9.1.3 节和 7.9.1.4 节）给出了采用傅里叶理论解析求解一般主导方程的方法。7.9.1.5 节考虑了激光能量与材料的相互作用（采用短脉冲激光），并引入了求解超短脉冲与物质相互作用的热传递问题的电子-声子理论方法。7.10 节讨论了采用有限差分方法和有限元方法求解问题的近似解，并给出了发展的计算机求解法。

7.9.1 解析方法

已经针对傅里叶热交换方程的各种具体情况给出了许多解析解法。7.9.1.1 节通过将激光器定义为一个阶跃函数（恒定的加热），在简单的无限固体的情况下，对没有相变加热的情况给出了解析解。7.9.1.2 节求解了与 7.9.1.1 节类似的问题，但考虑了具有有限厚度的薄板。7.9.1.3 节讨论了与空间相关的激光脉冲加热的热交换方程的解析解。7.9.1.4 节考虑了采用激光脉冲进行时间相关的高斯脉冲加热的主导热传递方程的解析解。7.9.1.5 节考虑了对流边界条件下与时间相关的高斯激光脉冲加热的热传递方程的解析解。7.9.1.6 节描述了对时间相关的脉冲强度的加热分析，将汽化看作在烧蚀过程

---

① 原书有误，译者改。

中发生的排出现象。7.9.1.7 节给出了对脉冲激光加热过程的热分析，考虑了傅里叶传导和电子-声子动能理论方法。

7.9.1.1 没有相变：简单的无限的固体

在我们仔细研究这些细节前，先考虑在没有相变和半无限固体的情况下高能激光与金属相互作用这一最简单的情况。假设激光光束在非常大的区域是完全均匀的，因此我们有一个一维的情况。假设材料参数与温度无关，而且固体是均匀的、各向同性的、具有半无限的范围(图 7.28)。最后，假设没有相变，进入材料的能量的速率不足以导致熔化或汽化。

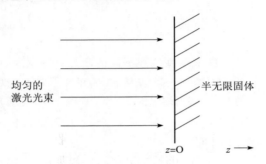

图 7.28 对半无限固体的均匀辐照

首先利用 ρ、c 和 K 是恒定的这一事实，重写一维的、z 方向的式(7.136)为

$$\frac{\partial^2 T(z,t)}{\partial z^2} - \frac{1}{\kappa}\frac{\partial T(z,t)}{\partial t} = -\frac{A}{K} \tag{7.151}$$

这里我们已经引入了热扩散率 $\kappa = K/(\rho c)$。我们采用 T 是相对材料的初始(或环境)温度的测量的惯例，这是可能的，因为式(7.136)和式(7.151)将 T 定义为一个加性的恒量。这样我们有一个当 $z\to\infty$ 时 $T\to 0$ 的边界条件。在前端($z=0$)的边界条件取决于我们对辐射和对流损耗的假设。可以证明，对大部分感兴趣的情况，在界面处，激光产生热的速率远大于对流和辐射损失，因此对于现在的计算忽略这些损失。因此，边界条件是在 $z=0$ 处没有热流，即

$$K\frac{\partial T}{\partial z}\bigg|_{z=0} = 0$$

现在考虑 A。I 表示在表面处的激光辐射的功率密度，I 的量纲是每单位面积的功率。传输到表面的辐射的功率密度是 $I(1-R)$。这样，作为 z 的函数的功率密度为

$$F = (1-R)Ie^{-4\pi kz/\lambda} \tag{7.152}$$

这遵循在电磁波中的能量 E^2 的传播事实。现在考虑长度为 dz、单位面积的单元体，得到每单位体积传递的功率

$$A = -\frac{\partial F}{\partial z} = (1-R)Ie^{-4\pi kz/\lambda} \tag{7.153}$$

出现负号是因为 $\partial F/\partial z$ 为由于辐射造成的每单位体积损失的功率，A 为由材料每单位吸收的功率。最后，定义吸收系数为

$$\alpha = \frac{4\pi k}{\lambda} \tag{7.154}$$

$1/\delta$ 为趋肤深度。因此，式(7.153)的形式为

$$A = (1-R)I(t)\alpha e^{\alpha z} \tag{7.155}$$

这里我们已经包括 I 随着时间变化的可能性。因此，需要求解的方程为

$$\frac{\partial^2 T}{\partial z^2} - \frac{1}{\kappa}\frac{\partial T}{\partial t} = -\frac{(1-R)I(t)\alpha e^{-\alpha z}}{K} \tag{7.156}$$

保持我们对热参数与温度无关的假设，我们进一步假设 R 与温度无关。式(7.155)对于与温度有关的 R 也是成立的，可以用来给出 $A(z, t, T)$。

对于金属，α 为非常大的数。如7.6节中看到的那样，k 在 $\lambda = 10\mu m$ 处的量级为100，因此 α 的量级是 $10^6 cm^{-1}$。因此，吸收出现在表面处的一个非常窄的层，这对于求解式(7.156)的均匀部分的解更加便利，即

$$\frac{\partial^2 T}{\partial z^2} - \frac{1}{\kappa}\frac{\partial T}{\partial t} = 0 \tag{7.157}$$

边界条件为在 $z=\infty$ 处 $T=0$，但在 $z=\infty$ 表面处有一定的流流入，则

$$-K\frac{\partial T}{\partial z}\bigg|_{z=0} = (1-R)I(t)$$

或定义

$$F(t) = (1-R)I(t) \tag{7.158}$$

$$-K\frac{\partial T}{\partial z}\bigg|_{z=0} = F(t) \tag{7.159}$$

首先分析 $F=F_0$（一个恒量）的情况，对于给定的与温度无关的材料特性，这对于一个连续的激光的辐照是适当的。注意，这里仅给出了解，有关细节参考关于热传导的许多优秀的教科书[3]，也请参考附录H中的例5，这里我们也给出了这一问题的详细求解。

半无限固体中的温度

在我们求解这一问题之前，我们构造了一个简单的问题以建立基础，并让那些已经脱离这些基本的数学问题的读者复习一下。

问题1：假设 Γ 表示方程为 $s=Re^{i\theta}$，$\theta_0 \leq \theta \leq 2\pi-\theta_0$ 的布朗维奇(Bromwich)轮廓图 a 的缺陷问题 BJPKQLA，即，Γ 是一个中心在 O，半径为 R 的一个圆弧。假定在 Γ 上我们有

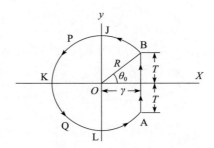

图(a) 布朗维奇围线

$$|f(s)| < \frac{M}{R^k}$$

式中：$k>0$，且 M 是恒定的。证明

$$\lim_{R\to\infty}\int_{\Gamma} e^{st}f(s)\,ds = 0$$

如果 Γ_1、Γ_2、Γ_3 和 Γ_4 分别表示 BJ、JPK、KQL 和 LA。我们有

$$\int_{\Gamma} e^{st}f(s)\,ds = \int_{\Gamma_1} e^{st}f(s)\,ds + \int_{\Gamma_2} e^{st}f(s)\,ds + \int_{\Gamma_3} e^{st}f(s)\,ds + \int_{\Gamma_4} e^{st}f(s)\,ds$$

则如果我们可以证明当 $R\to\infty$ 时在右边的每个积分接近于 0，我们将证明所需的结果。为此我们考虑这 4 个积分。

情况 1：在 Γ_1 或 BJ 上的积分：

因为 $s = Re^{i\theta}$，$\theta_0 \leq \theta \leq \pi/2$，沿着 Γ_1 我们有

$$I_1 = \int_{\Gamma_1} e^{st}f(s)\,ds = \int_{\theta_0}^{\pi/2} e^{Re^{i\theta}t} f(Re^{i\theta}) iRe^{i\theta} d\theta$$

则有

$$|I_1| \leq \int_{\theta_0}^{\pi/2} |e^{(R\cos\theta)t}||e^{i(R\sin\theta)t}||f(Re^{i\theta})||iRe^{i\theta}|d\theta \leq$$

$$\int_{\theta_0}^{\pi/2} e^{(R\cos\theta)t} |f(Re^{i\theta})| R\,d\theta \leq$$

$$\frac{M}{R^{k-1}} \int_{\theta_0}^{\pi/2} e^{(R\cos\theta)t} d\theta = \frac{M}{R^{k-1}} \int_{0}^{M} e^{(R\sin\phi)t} d\phi$$

这里，我们采用在 Γ_1 上的给定的条件 $|f(s)| \leq M/R^k$ 和变换 $\theta = \pi/2 - \phi$，$\phi_0 = \pi/2 - \theta_0 = \arcsin(\gamma/R) = \sin^{-1}(\gamma/R)$。

由于 $\sin\phi \leq \sin\phi_0 \leq \cos\theta_0 = \gamma/R$，最后一个积分小于或等于

$$\frac{M}{R^{k-1}} \int_{0}^{\phi_0} e^{\gamma t} d\phi = \frac{Me^{\gamma t}\phi_0}{R} = \frac{Me^{\gamma t}}{R}\sin^{-1}\frac{\gamma}{R}$$

但当 $R\to\infty$ 时，最后一个量近似为 0。例如，对于大的 R，有

$$\sin^{-1}(\gamma/R) \approx \gamma/R, \quad \text{因此} \lim_{R\to\infty} I_1 = 0$$

情况 II：在 Γ_2 或 JPK 上的积分

因为 $s=Re^{i\theta}$，$\pi/2\leq\theta\leq\pi$，沿着 Γ_2 或 JPK 我们有

$$I_2 = \int_{\Gamma_2} e^{st}f(s)\,\mathrm{d}s = \int_{\pi/2}^{\pi} e^{Re^{i\theta}t}f(Re^{i\theta})iRe^{i\theta}\,\mathrm{d}\theta$$

则和情况 1 一样，我们有

$$|I_2|\leq \frac{M}{R^{k-1}}\int_{\pi/2}^{\pi} e^{(R\cos\theta)t}\,\mathrm{d}\theta = \frac{M}{R^{k-1}}\int_{0}^{\pi/2} e^{-(R\sin\theta)t}\,\mathrm{d}\theta$$

令 $\theta=\pi/2+\phi$

对于 $0\leq\varphi\leq\pi/2$，$\sin\phi\geq 2\phi/\pi$，因此最后一个积分小于或等于

$$\frac{M}{R^{k-1}}\int_{0}^{\pi/2} e^{-2r\phi t/\pi}\,\mathrm{d}\phi = \frac{\pi M}{2tR^k}(1-e^{Rt})$$

当 $R\to\infty$ 时接近于 0，因此

$$\lim_{R\to\infty} I_2 = 0$$

情况 III：在 Γ_3 或 KQL 上的积分

这种情况可以类似于上述情况 II 那样的方式处理。

情况 IV：在 Γ_4 或 QL 上的积分

这种情况可以类似于上述情况 I 那样的方式处理。

问题 2：采用复逆公式得到具有分枝点的函数的拉普拉斯逆变换，即

$$\pounds^{-1}\left\{\frac{e^{-a\sqrt{s}}}{s}\right\} = ?$$

解：通过复逆公式并采用图 b，需要的拉普拉斯逆变换可表示为

$$F(t) = \frac{1}{2\pi i}\int_{\gamma-i\infty}^{\gamma+i\infty} \frac{e^{st-a\sqrt{s}}}{s}\,\mathrm{d}s \tag{1}$$

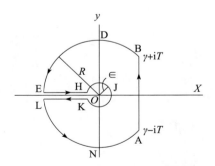

图(b)　有奇点的布朗维奇围线

由于 $s=0$ 是积分中的一个分枝点，我们考虑

$$\frac{1}{2\pi i}\oint_C \frac{e^{st-a\sqrt{s}}}{s}\,\mathrm{d}s = \frac{1}{2\pi i}\int_{AB} \frac{e^{st-a\sqrt{s}}}{s}\,\mathrm{d}s + \frac{1}{2\pi i}\int_{BDE} \frac{e^{st-a\sqrt{s}}}{s}\,\mathrm{d}s +$$

$$\frac{1}{2\pi i}\int_{EH}\frac{e^{st-a\sqrt{s}}}{s}ds + \frac{1}{2\pi i}\int_{HJK}\frac{e^{st-a\sqrt{s}}}{s}ds +$$

$$\frac{1}{2\pi i}\int_{KL}\frac{e^{st-a\sqrt{s}}}{s}ds + \frac{1}{2\pi i}\int_{LNA}\frac{e^{st-a\sqrt{s}}}{s}ds$$

其中 C 为包括线 AB($s=\gamma$)、原点为 O、半径为 R 的圆的弧 BDE 和 LNA 的轮廓，以及中心在 O、半径为 ε 的圆的圆弧 HJK。

因为积分的仅有的奇异点 $s=0$ 不在 C 内，按照柯西定理，在左边的积分为 0。此外，积分满足上述的问题 1 的条件，因此在取 $R\to\infty$ 的极限时，沿着 BDE 和 LNA 的积分近似于 0 时，有

$$F(t) = \lim_{\substack{R\to\infty\\ \varepsilon\to 0}}\frac{1}{2\pi i}\int_{AB}\frac{e^{st-a\sqrt{s}}}{s}ds = \frac{1}{2\pi i}\int_{\gamma-i\infty}^{\gamma+i\infty}\frac{e^{st-a\sqrt{s}}}{s}ds =$$

$$\lim_{\substack{R\to\infty\\ \varepsilon\to 0}}\frac{1}{2\pi i}\left\{\int_{EH}\frac{e^{st-a\sqrt{s}}}{s}ds + \int_{HJK}\frac{e^{st-a\sqrt{s}}}{s}ds + \int_{KL}\frac{e^{st-a\sqrt{s}}}{s}ds\right\} \tag{2}$$

沿着 EH，当 s 从 $-R\sim -\varepsilon$ 时，$s=xe^{\pi i}$，$\sqrt{s}=\sqrt{x}e^{\pi i/2}=i\sqrt{x}$，因此，有

$$\int_{EH}\frac{e^{st-a\sqrt{s}}}{s}ds = \int_{-R}^{-\varepsilon}\frac{e^{st-a\sqrt{s}}}{s}ds = \int_{R}^{\varepsilon}\frac{e^{-xt-ai\sqrt{x}}}{x}dx$$

类似地，沿着 KL，且 s 从 $-\varepsilon\sim -R$，x 从 $\varepsilon\sim R$，$s=xe^{-\pi i}$，$\sqrt{s}=\sqrt{x}e^{-\pi i/2}=-i\sqrt{x}$。这样，有

$$\int_{KL}\frac{e^{st-a\sqrt{s}}}{s}ds = \int_{-\varepsilon}^{-R}\frac{e^{st-a\sqrt{s}}}{s}ds = \int_{\varepsilon}^{R}\frac{e^{-xt+ai\sqrt{x}}}{x}dx$$

沿着 HJK，$s=\varepsilon e^{i\theta}$，有

$$\int_{HJK}\frac{e^{st-a\sqrt{s}}}{s}ds = \int_{\pi}^{-\pi}\frac{e^{i\theta t-a\sqrt{\varepsilon}e^{i\theta/2}}}{\varepsilon e^{i\theta}}i\varepsilon e^{i\theta}d\theta = i\int_{\pi}^{-\pi}e^{\varepsilon e^{i\theta}t-a\sqrt{\varepsilon}e^{i\theta/2}}d\theta$$

因此，(2) 变为

$$F(t) = -\lim_{\substack{R\to\infty\\ \varepsilon\to 0}}\frac{1}{2\pi i}\left\{\int_{R}^{\varepsilon}\frac{e^{-xt-ai\sqrt{x}}}{x}dx + \int_{\varepsilon}^{R}\frac{e^{-xt+ai\sqrt{x}}}{x}dx + i\int_{\pi}^{-\pi}e^{\varepsilon e^{i\theta}t-a\sqrt{\varepsilon}e^{i\theta/2}}d\theta\right\} =$$

$$-\lim_{\substack{R\to\infty\\ \varepsilon\to 0}}\frac{1}{2\pi i}\left\{\int_{\varepsilon}^{R}\frac{e^{xt}(e^{ai\sqrt{x}}-e^{-ai\sqrt{x}})}{x}dx + i\int_{\pi}^{-\pi}e^{\varepsilon e^{i\theta}t-a\sqrt{\varepsilon}e^{i\theta/2}}d\theta\right\} =$$

$$-\lim_{\substack{R\to\infty\\ \varepsilon\to 0}}\frac{1}{2\pi i}\left\{2i\int_{\varepsilon}^{R}\frac{e^{-xt}\sin a\sqrt{x}}{x}dx + i\int_{\pi}^{-\pi}e^{\varepsilon e^{i\theta}t-a\sqrt{\varepsilon}e^{i\theta/2}}d\theta\right\}$$

由于可以对积分号内求极限，我们有

$$\lim_{\varepsilon\to 0}\int_{\pi}^{-\pi}e^{\varepsilon e^{i\theta}t-a\sqrt{\varepsilon}e^{i\theta/2}}d\theta = \int_{\pi}^{-\pi}1 d\theta = -2\pi$$

因此，我们发现

$$F(t) = 1 - \frac{1}{\pi}\int_{0}^{\infty}\frac{e^{-xt}\sin a\sqrt{x}}{x}dx$$

这一结果可以写为误差函数。见以下的问题 3。

$$F(t) = 1 - \operatorname{erf}(a/2\sqrt{t}) = \operatorname{erfc}(a/2\sqrt{t})$$

问题3：证明

$$\frac{1}{\pi}\int_0^\infty \frac{e^{-xt}\sin a\sqrt{x}}{x}dx = \operatorname{erf}(a/2\sqrt{t})$$

令 $x = u^2$，所需的积分为

$$I = \frac{2}{\pi}\int_0^\infty \frac{e^{-u^2 t}\sin au}{u}du$$

相对 a 进行微分，有

$$\frac{\partial I}{\partial a} = \frac{2}{\pi}\int_0^\infty e^{-u^2 t}\cos au\, du = \frac{2}{\pi}\left(\frac{\sqrt{\pi}}{2\sqrt{t}}e^{-a^2/4t}\right) = \frac{1}{\sqrt{\pi t}}e^{-a^2/4t}$$

因此，利用 $a=0$ 时 $I=0$ 这一事实，有

$$I = \int_0^a \frac{1}{\sqrt{\pi t}}e^{-p^2/4t}dp = \frac{2}{\sqrt{\pi}}\int_0^{a/2\sqrt{t}} e^{-u^2}du = \operatorname{erf}(a/2\sqrt{t})$$

这样可以确定所需的结果。

现在我们已经学习了上述知识，采用图c，我们导出在半无限的固体中 $z \geq 0$ 时温度 $T(z, t)$ 的公式和解，初始温度为0，当在边界 $z=0$ 处保存恒定的热流（F_0）。

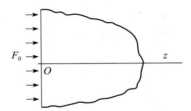

图(c) 热传递导致材料厚板表面和内部的温度变化

在这一厚板材料的理想情况下，我们应当代替在右边界处的热条件，即当 z 趋于无穷大时 T 趋于0，则边界值问题变为

(1) $\dfrac{\partial^2 T(z,t)}{\partial z^2} - \dfrac{1}{\kappa}\dfrac{\partial T(z,t)}{\partial t} = 0$　($z>0, t>0$)

(2) $T(z,0) = 0$　($z>0$)

(3) $-K\dfrac{\partial T(z,t)}{\partial z}\bigg|_{z=0} = F_0$　$\lim\limits_{z\to\infty}T(z,t) = 0$　$t>0$

令 $u(z, s)$ 是温度函数 $T(z, t)$ 相对于时间 t 的拉普拉斯变换，将式(1)和式(3)的方程式项进行变换，我们有在 $u(z, s)$ 必须满足的原始微分方程中的以下问题，因此我们可以写成

$$su(z,s) - T(z,0) = \kappa\frac{d^2 u(z,s)}{dz^2} \quad 或者 \quad \frac{d^2 u(z,s)}{dz^2} - \frac{s}{\kappa}u(z,s) = 0 \tag{3}$$

式中：

$$u(0,s) = \mathcal{L}\{T(0,t)\} = \frac{F_0}{s} \qquad (4)$$

$u = u(z, s)$ 是需要界定的。现在在新的拉普拉斯面中的边界条件变成了

$$-K\frac{\partial T(z,s)}{\partial z} = \frac{F_0}{s} \qquad \lim_{z \to \infty} T(z,s) = 0 \qquad (5)$$

求解式(4)，我们发现

$$u(z,s) = c_1 e^{\sqrt{s/k}z} + c_2 e^{-\sqrt{s/k}z} \qquad (6)$$

这样我们选择 $c_1 = 0$ 使 $z \to \infty$ 时 u 被界定，并且我们有

$$u(z,s) = c_2 e^{-\sqrt{s/k}z} \qquad (7)$$

由式(6)的边界条件和式(5)中所示，我们有 $c_2 = F_0\sqrt{\kappa}/Ks\sqrt{s}$，因此

$$u(z, s) = \frac{F_0\sqrt{\kappa}}{Ks\sqrt{s}} e^{-\sqrt{s/k}z}$$

因此，按照上述的问题 2 和 3，我们知道

$$\mathcal{L}^{-1}\left\{\frac{1}{\sqrt{s}} e^{-z\sqrt{s/\kappa}}\right\} = \frac{1}{\sqrt{\pi t}} e^{-z^2/(4\kappa t)}$$

在我们的 $u(z, s)$ 的公式中对于 $1/s$ 因子，有

$$T(z, t) = \frac{F_0}{K}\sqrt{\frac{\kappa}{\pi}} \int_{\tau=0}^{\tau=t} e^{-z^2/(4\kappa\tau)} \frac{d\tau}{\sqrt{\tau}} =$$

$$\frac{F_0 z}{K\sqrt{\pi}} \int_{z/(2\sqrt{\kappa t})}^{\infty} \frac{1}{\lambda^2} e^{-\lambda^2} d\lambda$$

其中第二个积分是从第一个积分通过替代 $\lambda = z/(2\sqrt{\kappa t})$ 得到的。在对最后一个积分部分积分时，我们发现

$$T(z, t) = \frac{F_0}{K\sqrt{\pi}} \left(2\sqrt{\kappa t} e^{-z^2/(4\kappa t)} - 2z \int_{z/(2\sqrt{\kappa t})}^{\infty} e^{-\lambda^2} d\lambda\right)$$

这是式(7.160)的结果。

对这一问题的解可表示为

$$T(z,t) = \frac{2F_0\sqrt{\kappa t}}{K} \text{ierf}[z/2\sqrt{\kappa t}] \qquad (7.160)$$

或

$$T(z, t) = \frac{2F_0}{K}\left\{\sqrt{\frac{\kappa t}{\pi}} e^{-z^2/4\kappa t} - \frac{z}{2}\text{erf}[z/2\sqrt{\kappa t}]\right\}$$

这里出现的函数是误差函数，它对于归纳某些特性和定义是有用的（见 Carslaw 和 Jaeger 第 3 章 II）[3]。

误差函数为

$$\mathrm{erf}(x) = \frac{2}{\sqrt{\pi}} \int_0^x e^{-l^2} \mathrm{d}l$$

$$\mathrm{erf}(0) = 0 \qquad \mathrm{erf}(\infty) = 1 \qquad \mathrm{erf}(-x) = -\mathrm{erf}(x)$$

误差补函数为

$$\mathrm{erfc}(x) = 1 - \mathrm{erf}(x) = \frac{2}{\sqrt{\pi}} \int_x^\infty e^{-l^2} \mathrm{d}l \qquad \mathrm{erfc}(0) = 1$$

误差补函数的积分为

$$\mathrm{ierfc}(x) = \int_x^\infty \mathrm{erfc}(l) \mathrm{d}l$$

或

$$\mathrm{ierfc}(x) = \frac{1}{\sqrt{\pi}} e^{-x^2} - x\,\mathrm{erfc}(x)$$

$$\mathrm{ierfc}(x) = \frac{1}{\sqrt{\pi}} e^{-x^2} - x + x\,\mathrm{erf}(x)$$

某些导数是有用的，有

$$\frac{\partial \mathrm{erf}(x)}{\partial x} = -\frac{\partial \mathrm{erfc}(x)}{\partial x} = \frac{2}{\sqrt{\pi}} e^{-x^2}$$

$$\frac{\partial^2 \mathrm{erf}(x)}{\partial x^2} = -\frac{\partial^2 \mathrm{erfc}(x)}{\partial x^2} = -\frac{4}{\sqrt{\pi}} x e^{-x^2}$$

$$\frac{\partial \mathrm{ierfc}(x)}{\partial x} = -\mathrm{erfc}(x)$$

$$\frac{\partial^2 \mathrm{ierfc}(x)}{\partial^2 x} = \frac{2}{\sqrt{\pi}} e^{-x^2}$$

现在我们可以证明满足边界条件。采用式(7.160)的第一个形式得到

$$\frac{\partial T}{\partial z} = \frac{2F_0 \sqrt{\kappa t}}{K} \left\{ -\mathrm{erfc}[z/(2\sqrt{\kappa t})] \right\} \frac{1}{2\sqrt{\kappa t}}$$

因为 $\mathrm{erfc}(0) = 1$，因此

$$\left.\frac{\partial T}{\partial z}\right|_{z=0} = -\frac{F_0}{K}$$

也可以证明式(7.160)满足式(7.157)。

通过设定 $z=0$，我们可以采用式(7.160)来说明在恒定的辐照下，前表面的温度特性为

$$T(0,t) = \frac{2F_0}{K}\sqrt{\frac{\kappa t}{\pi}} \tag{7.161}$$

作为一个例子,让我们计算在功率密度为 5kW/cm^2 时使铝的温度上升到其熔点所需的时间,即

$$K = 2.3\text{W/cm}^2$$
$$\kappa = 2.3\text{W/cm}^2$$
$$T = T_{\text{melt}} - T_{\text{Room}} \approx 600\text{°C}$$
$$F_0 = (1-R)I$$
$$(1-R) = 0.04$$
$$F_0 = 0.04 \times 5 \times 10^3 = 200\text{W/cm}^2$$

则 $t = (\pi K^2 T^2)/(4F_0^2 \kappa)$,由此得到 $t \approx 42\text{s}$。实际上,如这些计算表明,即使采用高功率激光器也很难熔化厚的铝板。

尽管式(7.160)是针对非常简单的情况导出的,它描述了激光热响应的非常重要的特征。首先,我们应当定义扩散长度,这对于进行数量级范围很宽的计算是有用的。热扩散长度 D 定义为

$$D = 2\sqrt{\kappa t} \tag{7.162}$$

严格地说,热扩散长度定义为温度降到其初始值的 $1/e$ 所需的距离,并在一定程度上取决于几何和边界条件。对于大多数用途,把它当作由式(7.162)的定义是足够简单的。例如,观察式(7.160),我们看到

$$T(D, t) = \frac{2F_0}{K}\left\{\sqrt{\frac{\kappa t}{\pi e}} - \frac{D}{2}\text{erfc}(1)\right\}$$

采用 erfc 表,我们得到:$\text{erfc}(1) \approx 0.1573$,如表7.2所列。

表7.2 误差函数及其补函数

Value x	Erf(x)	Erfc(x)
0	0	1
0.05	0.0563720	0.9436280
0.1	0.1124629	0.8875371
0.15	0.1679960	0.8320040
0.2	0.2227026	0.7772974
0.25	0.2763264	0.7236736
0.3	0.3286268	0.6713732
0.35	0.3793821	0.6206179
0.4	0.4283924	0.5716076
0.45	0.4754817	0.5245183

续表

Value x	Erf(x)	Erfc(x)
0.5	0.5204999	0.4795001
0.55	0.5633234	0.4366766
0.6	0.6038561	0.3961439
0.65	0.6420293	0.3579707
0.7	0.6778012	0.3221988
0.75	0.7111556	0.2888444
0.8	0.7421010	0.2578990
0.85	0.7706681	0.2293319
0.9	0.7969082	0.2030918
0.95	0.8208908	0.1791092
1	0.8427008	0.1572992
1.1	0.8802051	0.1197949
1.2	0.9103140	0.0896860
1.3	0.9340079	0.0659921
1.4	0.9522851	0.0477149
1.5	0.9661051	0.0338949
1.6	0.9763484	0.0236516
1.7	0.9837905	0.0162095
1.8	0.9890905	0.0109095
1.9	0.9927904	0.0072096
2	0.9953223	0.0046777
2.1	0.9970205	0.0029795
2.2	0.9981372	0.0018628
2.3	0.9988568	0.0011432
2.4	0.9993115	0.0006885
2.5	0.9995930	0.0004070
2.6	0.9997640	0.0002360
2.7	0.9998657	0.0001343
2.8	0.9999250	0.0000750
2.9	0.9999589	0.0000411

续表

Value x	Erf(x)	Erfc(x)
3	0.9999779	0.0000221
3.1	0.9999884	0.0000116
3.2	0.9999940	0.0000060
3.3	0.9999969	0.0000031
3.4	0.9999985	0.0000015
3.5	0.9999993	0.0000007

$$T(D, t) = \frac{2F_0}{K}\left\{\sqrt{\frac{\kappa t}{\pi e}} - \frac{D}{2}(0.1573)\right\}$$

由式(7.161),有

$$T(D, t) = T(0, t)\left\{\frac{1}{e} - 0.1573\sqrt{\pi}\right\}$$

因此

$$T(D,t) = 0.09T(0,t) \tag{7.163}$$

在这种情况下,$(1/e)T(0, t) \approx 0.37T(0, t)$。参考我们的辐照铝42s以达到熔点的例子,我们注意到在这一时间的扩散长度可表示为

$$D = 2\sqrt{0.9\times42} \approx 12\text{cm}$$

由式(7.163)和$T=600℃$的值,在进入材料的距离为D处的温度为$0.09\times 600℃$,或者大约高于由上述值所给出的环境温度以上大约$54℃$。

如图7.29所示,用图形说明式(7.160)的解。为了便利,通过引入$D=2\sqrt{\kappa t}$并简化为误差函数 erf 来重写该方程是便利的,因此

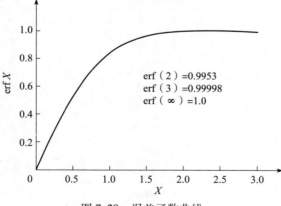

图7.29 误差函数曲线

$$T(z,t) = \frac{2F_0}{K}\left[\frac{D}{2\sqrt{\pi}}e^{z^2/D} - \frac{z}{2} + \frac{z}{2}\mathrm{erf}(z/D)\right]$$

现在令 $\eta = z/D$，且

$$T(z,t) = \frac{F_0 D}{K}\left[\frac{e^{-\eta^2}}{2\sqrt{\pi}} - \eta + \eta\,\mathrm{erf}(\eta)\right] \quad (7.164\text{a})$$

或等价地，采用 ierfc，我们可以将式(7.164a)写成

$$T(z,t) = \frac{F_0 D}{K}\mathrm{ierfc}(\eta) \quad (7.164\text{b})$$

最后，我们定义无量纲的温度 $\theta = TK/(F_0 D)$，即

$$\theta = \mathrm{ierfc}(\eta) \quad (7.164\text{c})$$

因此，误差补函数积分的曲线是在一个半无穷的表面上恒定的热流问题的解的图形。

现在，尽管式(7.164c)的图形(图7.30)非常适当地表示我们的问题的解，它没有实际地说明温度是怎样随着位置和时间变化的。对于这一用途，观察各个时间的温度轮廓并考察轮廓怎样随着温度变化是有用的。这些曲线可以通过调用 θ 和 η 的定义，并由 $\theta = \mathrm{ierfc}(\eta)$ 来快速产生，形式可写为

$$T = \left(\frac{2F_0\sqrt{\kappa}}{K}\right)\sqrt{t}\,\theta \quad (7.165\text{a})$$

$$z = 2\sqrt{\kappa}\sqrt{t}\,\eta \quad (7.165\text{b})$$

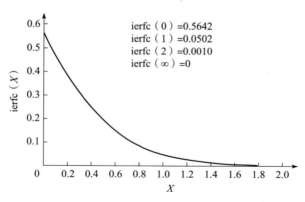

图 7.30　误差函数补函数的积分

因此，在一个给定的时间，$\theta = \mathrm{ierfc}(\eta)$ 根据式(7.164)伸缩，曲线的基本形状是不变的，但却按照参数的变化以一种方式或另一种方式拉伸，这一拉伸在时间上与 $\sqrt{t}$ 相关。对于铝，其曲线如图 7.31 所示。

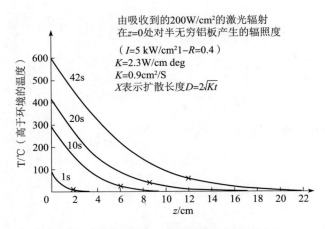

图 7.31 激光导致的铝的温升与深度的关系

我们也可以观察在一个固定的位置处温度随时间的变化,如式(7.161)所示,表面($z=0$)处的变化为 $T(0, t) \approx \sqrt{t}$。$z/(2\sqrt{\kappa t})$ 是非常小的,温度变化将接近于 $\sqrt{t}$。因此,在任何位置,在足够大的 t,$T \approx \sqrt{t}$。在固定的位置处的温度-时间轮廓,对于使 $z/(2\sqrt{\kappa t})$ 的时间不小的情况,是可以由式(7.160)计算的。对于上面采用的参数,对于铝而言,图 7.32 给出了某些结果。注意,在 $z=10$cm 时,远离"长时间"的温度轮廓,或在 40s 或 50s 处的 $\sqrt{t}$ 特性,此时表面已经开始熔化。

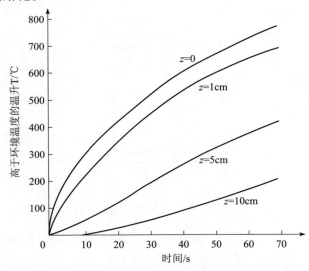

图 7.32 激光导致的铝的前表面的温升与时间的关系

我们现在转向某些数量级的论证，这样的论证可用于估计预期可以产生表面汽化的功率-脉冲宽度组合。

考虑一个简单的时间特性的激光脉冲，并均匀地辐照材料的表面，如图 7.33 所示。脉冲宽度是 t_p，其强度在与反射率组合时产生的吸收功率密度为 F_0。我们假设光学能量被吸收在表面处的一个非常薄的层。假设 D_p 是与时间 t_p 相关的扩散长度。

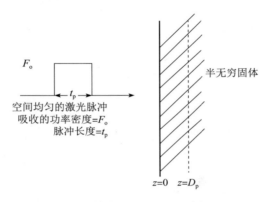

图 7.33　激光脉冲对一个半无穷固体的辐照

问题是在脉冲结束前是否会在表面产生显著数量的汽化。一种方法将是采用式(7.161)来计算在时间 t_p 的表面温度，并将它与汽化温度比较。然而，这将忽略熔化和汽化潜热的影响，但它们有重要的影响。我们在后面讨论有相变时的热流，对于现在的用途，我们可以通过考虑熔化和汽化一部分材料所需的能量来包括这些因素。关键是估计涉及的材料的厚度，在这一数量级的论证中我们简单地采用适于这一厚度的热扩散长度。因此，我们将汽化的准则设定为

$$\frac{F_0 t_p}{D_p} \geqslant \rho [c_s(T_m - T_0) + L_m + c_l(T_b - T_m) + L_v]$$

式中：ρ 为材料的密度；c_s 和 c_l 分别为固体和液体的比热；T_m 为熔点；T_b 为沸点；L_m 和 L_v 分别为熔化和汽化的热。注意，我们忽略了固体和液体之间的密度和热导率的差别，在这一粗略的变量中，这是适当的。如果分析数值，L_v 主导着不等式右边的表达式。例如，对于铝，$L_v = 10875 \text{J/g}$，其他所有的项的总贡献为 3.046J/g。由于论证是粗略的，通常取

$$\frac{F_0 t_p}{D_p} \geqslant \rho L_v$$

作为被一个脉冲汽化的准则。由于 $D_p = 2\sqrt{\kappa t_p}$，有

$$F_0 \geqslant \text{aprrox} \frac{2\sqrt{\kappa} L_v \rho}{\sqrt{t_p}} \qquad (7.166)$$

基于式(7.165a)和式(7.165b)的某些计算如图 7.34 所示，大部分金属落在所示的带内。对于一个给定的脉冲时间，在大于所示的带的功率密度上，预期汽化效应是重要的。表 7.3 列出了某些有用的热常数。

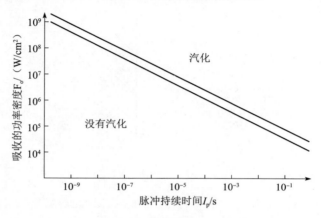

图 7.34 汽化的功率密度脉冲持续时间准则

在推导式(7.166)时，我们一直在寻找对于要汽化的一个热层，在一个给定的脉冲宽度上需要的功率密度。当然，相同的表达式告诉我们，对于一个固定的功率密度，汽化的脉冲时间是重要的。重写式(7.166)可以给出我们这一时间，即

$$t_p > \text{approx} \frac{K^2 T_{vap}^2 \pi}{4 F_0^2 \kappa} \qquad (7.167)$$

让我们将这与开始表面汽化所需的时间进行比较，通过采用用于半无限固体的表面中热流的解(式(7.161))，并求解前表面达到汽化温度的时间，来完成这一比较，有

$$T_{vap} = \frac{2 F_0}{K} \sqrt{\frac{\kappa t_{vap}}{\pi}}$$

或

$$t_{vap} = \frac{K^2 T_{vap}^2 \pi}{4 F_0^2 \kappa}$$

表 7.3 金属的热化学数据[1]

金属或合金	扩散系数[2] /(cm²/s)	导热系数[2] /(W/(cm·K))	导热系数[2] /(cal/(s·cm·K))	比热[2][3] /(J/(g·K))	比热[2][3] /(cal/(g·K))	密度 /(g/cm³)	固相线温度 /℃	液相线温度 /℃	熔化的热 /(J/g)	熔化的热 /(cal/g)	汽化温度 /℃	汽化的热 /(J/g)	汽化的热 /(cal/g)
Al	0.85	2.40	0.57	1.05	0.25	2.7		660	400	95.6	2520	10.875	2600
2024Al	0.60	1.732	0.414	1.0	0.24	2.77	502	638					
Ti	0.0636	0.216	0.0516	0.753	0.18	4.51		1670	324	77.3	3289	8790	2100
Ti (6Al, 4V)	0.051	0.19	0.0455	0.837	0.20	4.47	1537	1649					
Fe						7.86		1536	247	59.1	2862	6260	1496
304 不锈钢	0.0523	0.259	0.062	0.628	0.15	8.0	1399	1454					

[1] 数据由海军研究实验室的 R. L. Stegman 编辑;
[2] 这些值表示在室温和熔点之间的温度范围内的平均;
[3] 固体的

因此，在 $t_p = t_{vap}$ 时，这一计算预测在表面开始的汽化。例如，在 $F_0 = 10^6 W/cm^2$ 处，汽化在 $t_p \approx 10^{-5} \sim 10^{-6} s$ 时开始，这取决于金属的类型。在另一方面，对于汽化需要的一个热层，根据式(7.167)，$t_p \approx 10^{-3} s$，证明两个估计是有用的。在后面一节，我们讨论更正确的处理的特征，这考虑了在固液和液-汽界面动态传播的情况下的熔化的热和汽化的热。

7.9.1.2 没有相变：有限厚度的板

我们现在转向对于实际情况有用的另一个几何处理，称为一个有限厚度板的表面的辐照。假设平板在 x 和 y 方向的范围被取为无穷大的，并假设激光辐照度在整个表面($z=0$)是均匀的。因此，我们还是简化为一维的情况，如图 7.35 所示。板的厚度被取为 ℓ，与时间相关的吸收的能量密度为 $F(t)$，我们再次假设辐射被吸收在前表面的一个非常窄的层中，则我们希望求解的方程为

$$\frac{\partial^2 T(z,t)}{\partial z^2} - \frac{1}{\kappa}\frac{\partial T(z,t)}{\partial t} = 0$$

边界条件为

$$-K\left.\frac{\partial T(z,t)}{\partial z}\right|_{z=0} = F(t)$$

$$-K\left.\frac{\partial T(z,t)}{\partial z}\right|_{z=\ell} = 0$$

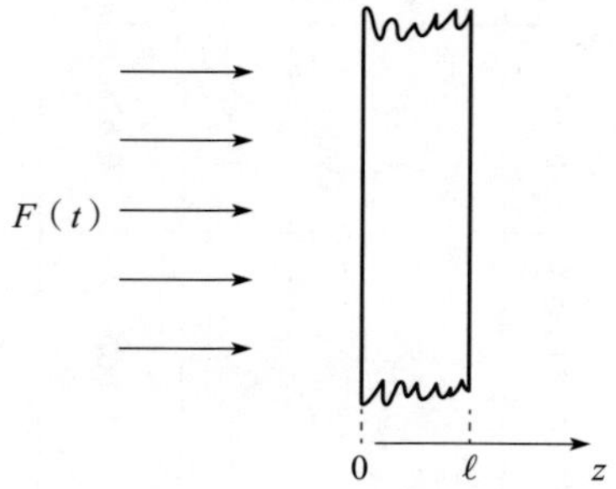

图 7.35 对有限厚度薄板的辐照

第二个边界条件表明：后表面是绝热的。我们在后面考察这一假设的结果。

正如我们对半无穷的板所示的那样，求解是复杂的。转到 $F(t) = F_0$ 的特殊情况，其解如下，可以类似于在情况 I 中的方法，采用拉普拉斯变换，或者通过假设 $T(z, t) = Z(z)U(t)$ 和给定的边界条件的变量分离方法，来得到一个一般的解。在拉普拉斯变换方法中，在拉普拉斯时间和空间平面中，原始微分方程可表示为

$$su(z,s) - T(x,0) = \kappa \frac{d^2 u(z,s)}{dz^2} \text{ 或者 } \frac{d^2 u(z,s)}{dz^2} - \frac{su(z,s)}{\kappa} = -\frac{F_0}{\kappa} \quad (7.168)$$

在边界条件下取拉普拉斯变换在拉普拉斯域中产生新的形式，即

$$\pounds\left\{-K\frac{\partial T(z,t)}{\partial z}\bigg|_{z=0}\right\} = \frac{\partial u(z,s)}{\partial z}\bigg|_{z=0} = \frac{F_0}{K_s}$$

$$\pounds\left\{-K\frac{\partial T(z,t)}{\partial z}\bigg|_{z=\ell}\right\} = \frac{\partial u(z,s)}{\partial z}\bigg|_{z=\ell} = 0$$

式(7.168)的一般解被写为

$$u(z,s) = c_1 \cosh\sqrt{s/\kappa}z + c_1 \sinh\sqrt{s/\kappa}z$$

采用新的边界条件组来求解 c_1 和 c_2，并取逆拉普拉斯变换来从 (z,s) 坐标变换到 (z,t) 坐标，并在给定的 s 上得到残差，然后计算残差的累加和并进行某些数学操作，我们得到解（读者应当自己完成这一练习）可表示为

$$T(z,t) = \frac{F_0 \kappa}{K\ell}t + \frac{F_0 \ell}{K}\left\{\frac{3(\ell-z)^2 - \ell^2}{6\ell} - \frac{2}{\pi^2}\sum_{n=1}^{\infty}\frac{(-1)^n}{n^2}e^{-\kappa n^2 \pi^2 t/\ell^2}\cos\left[\frac{n\pi(\ell-z)}{\ell}\right]\right\}$$
$$(7.169)$$

我们可以检查是否满足边界条件

$$\frac{\partial T(z,t)}{\partial z} = \frac{F_0 \ell}{K}\left\{\frac{-(\ell-z)}{\ell^2} - \frac{2}{\pi^2}\sum_{n=1}^{\infty}\frac{(-1)^n}{n^2}e^{-\kappa n^2 \pi^2 t/\ell^2}\frac{n\pi}{\ell}\sin\left[\frac{n\pi(\ell-z)}{\ell}\right]\right\}$$

现在 $\sin(n\pi) = 0$ 和 $\sin(0) = 0$，因此在 $z=0$ 和 $z=\ell$ 处 $\sum$ term 为 0，而且

$$\frac{\partial T(z,t)}{\partial z}\bigg|_{z=0} = -\frac{F_0}{K}$$

$$\frac{\partial T(z,t)}{\partial z}\bigg|_{z=\ell} = 0$$

类似地，正如读者可以验证的那样，热扩散方程得到满足。

让我们简要观察这一解，它包括在 t 中的一个线性项和一个"修正项"，如图 7.36 所示。换言之，所绘出的项为

$$D = \frac{3(\ell-z)^2 - \ell^2}{6\ell^2} - \frac{2}{\pi^2}\sum_{n=1}^{\infty}\frac{(-1)^n}{n^2}e^{-\kappa n^2 \pi^2 t/\ell^2}\cos\left[\frac{n\pi(\ell-z)}{\ell}\right]$$

让我们分析某些特殊的情况。例如，在 $z=0$ 处，有

$$T(0,t) = \frac{F_0 \kappa}{K\ell}t + \frac{F_0 \ell}{K}\left[\frac{1}{3} - \frac{2}{\pi^2}\sum_{n=1}^{\infty}\frac{1}{n^2}e^{-\kappa n^2 \pi^2 t/\ell^2}\right] \quad (7.170)$$

可以重写为

$$T(0,t) = \frac{F_0 \kappa}{K\ell}t + \frac{F_0 \ell}{K}D_{z=0}$$

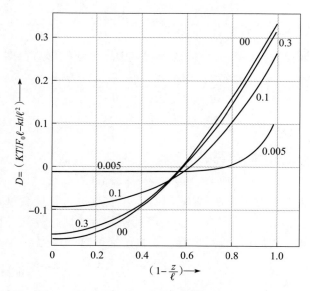

图 7.36 D 作为 $1-z/\ell$ 的函数(参见文献[3],113 页)

现在在 z 的一个固定值处 D 是 $\kappa t/\ell^2$ 的一个函数。如果 $\eta=\kappa t/\ell^2$,我们可以写为

$$T(0,t)=\frac{F_0\ell}{K}[\eta+D_{z=0}(\eta)] \quad (7.171)$$

图 7.37 给出了 $z=0$ 时 D 与 η 有怎样的关系,这是从前面的 D 与 $(1-z/\ell)$ 的图中(图 7.36)取出的。注意,在小的 η 处,即,在 $\kappa t\ll\ell^2$ 时,$D\approx 0$,因此前表面初始随着时间线性地加热,即

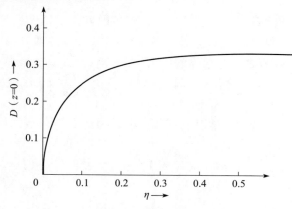

图 7.37 在 $z=0$ 处 D 与 η 的关系

$$T(0,t) = \frac{F_0 \kappa}{K\ell} t \qquad (7.172)$$

对于大的 t 值，或 $\kappa t \gg \ell^2$，$D_{z=0}$ 接近于大约为 0.33 的一个极限值。因此，在长的时间上，有

$$T(0,t) = \frac{F_0 \ell}{K}\left[\frac{\kappa t}{\ell^2} + 0.33\right] \qquad \kappa t \gg \ell^2 \qquad (7.173)$$

这里我们再次观察线性特性，但这次有一个加性的常数。如果我们有一个非常厚的板，我们得到与前面所述的吸收功率密度为 200W/cm^2 的铝前表面达到 600℃ 所需的时间。它表明式 (7.172) 的限制形式不是正确的，因为它忽略了在小的 η 处的 $D_{z=0}(\eta)$ 的特性，有必要采用完全的表达式。因此

$$\eta + D_{z=0}(\eta) = \frac{KT}{F_0 \ell}$$

假设 $\ell = 100\text{cm}$，因为我们从无穷大板的解知道，在 $T = 600℃$ 时，在前端上的扩散距离是 12cm，因此

$$\eta + D_{z=0}(\eta) = \frac{2.3 \times 600}{200 \times 100} = 0.069$$

由 $D_{z=0}$—η 图得到

在 $D \approx 0.065$ 处，$\eta \approx 0.004$

因此，我们的解是

$$\eta \approx 0.004 = \frac{\kappa t}{\ell^2}$$

由于 $\kappa \approx 0.9\text{cm}^2/\text{s}$，这给出了大约 44s 的时间，与半无穷大板的解合理地符合。

现在我们转向考虑后表面的温度，对于这种情况 $z = \ell$，因此式 (7.169) 简化为

$$T(z,t) = \frac{F_0 t \kappa}{K\ell} + \frac{F_0 \ell}{K}\left\{-\frac{1}{6} - \frac{2}{\pi^2}\sum_{n=1}^{\infty}\frac{(-1)^n}{n^2}e^{-\kappa n^2 \pi^2 t/\ell^2}\right\}$$

或像前面那样引入 η，有

$$T(\ell,t) = \frac{F_0 \ell}{K}[\eta + D_{z=\ell}(\eta)]$$

这里可以对后表面的温度做出假设，它们可能类似于我们对前表面温度所做的假设。将前表面温度与后表面温度进行比较是有趣的，对于 $\kappa t/\ell^2 \gg 1$ 的薄板，这有一个简单的形式。通过参考 D—$(1-z/\ell)$ 图（图 7.36），可以得出 $D_{z=\ell}(\infty)$ 和 $D_{z=0}(\infty)$，因此

对于 $\kappa t/\ell^2 \gg 1$, $T(0,t) - T(\ell,t) \approx 0.5\dfrac{F_0 \ell}{K}$

注意，在图7.36中，很快达到极限值，它们近似是在 $\kappa t/\ell^2 \gg 1$ 时达到的。作为一个数值例子，如果我们有0.3cm厚的铝，有

$$T(0,t) - T(\ell,t) \approx 13℃$$

对于上述我们所采用相同的数值，两个表面以相同的速率加热，但相差13℃的情况在 $t \approx l^2/\kappa \approx 0.1\text{s}$ 量级的时间开始，在这一时间，前表面的温度为大约35℃。

我们现在转向不同类型的加热输出。迄今我们已经讨论了连续的辐照。另一个简单的情况(是在一定条件下合理的近似)是短到足以当作一个delta函数的激光脉冲。再次考虑一个厚度为 l 的板，并假设能量沉积在近表面的一个非常薄的层。如前所述，F 指被材料吸收的部分，即激光功率密度必须乘以的光学吸收率。在这种情况下，我们求解的热扩散方程的边界条件为

$$-K\left.\dfrac{\partial T(z,t)}{\partial z}\right|_{z=0} = -K\left.\dfrac{\partial T(z,t)}{\partial z}\right|_{z=\ell} = 0$$

这里规定，在时间零点在平面 $z=0$ 内每单位面积瞬时释放 E_0 个单位能量，这类问题在Carslaw和Jaeger[3]中讨论，采用拉普拉斯变换方法最容易求解。对于我们现在的目的，引用的解为

$$T(z,t) = \dfrac{F_0 \kappa}{K\ell}\left\{1 + 2\sum_{n=1}^{\infty} \cos\left(\dfrac{n\pi z}{\ell}\right) e^{-\kappa n^2 \pi^2 t/\ell^2}\right\} \qquad (7.174)$$

在式(7.174)中，已经引入了在脉冲中每单位面积的能量 E_0。因此有

$$E_0 = \int_0^\infty F(t)\,\mathrm{d}t$$

对于考虑的情况，$F(t)$ 被看作一个delta函数。

式(7.174)是测量热参数时经常使用的一个方案的基础[49]，这一方案包括采用一个研究材料的薄板，采用非常短的激光脉冲均匀地照射其一个表面，并监控在背面产生的温升。如果知道 E_0，而且如果没有热损耗的假设是确实的，实验可能产生比热和热导率值。调整脉冲能量即 E_0，使产生的温升是小的，采用这一方式，比热和热导率的值实际上是材料的周边温度的表示。

为了观察怎样使用，将在后表面 $z=\ell$ 处的式(7.174)写为

$$T(z,t) = \dfrac{F_0 \kappa}{K\ell}\left\{1 + 2\sum_{n=1}^{\infty} (-1)^n e^{-\kappa n^2 \pi^2 t/\ell^2}\right\} \qquad (7.175)$$

如果引入一个特征时间 $t_c = \ell^2/\kappa\pi^2$，式(7.175)看起来与图7.38所示的曲线类似。这里，也引入了一个特征时间 $t_c = E_0\kappa/K\ell^2$，并绘出 T/T_c—t/t_c，或

$$\frac{T}{T_c} = 1 + 2\sum_{n=1}^{\infty}(-1)^n e^{-n^2 t/t_c} \quad (7.176)$$

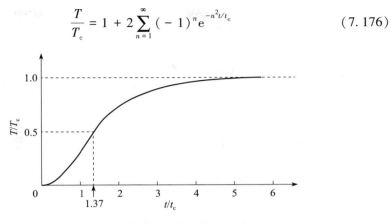

图 7.38 delta 函数热脉冲的归一化的后表面温度响应

实际上，实验包括监控与时间相关的温度，并将它与式(7.177)进行拟合。这可以非常容易地进行。首先，通过长期温升 T_∞ 得到比热，因为

$$\frac{T_\infty}{T_c} = 1$$

而且，在替代 T_c 后，有

$$T_\infty = \frac{E_0 \kappa}{Kl}$$

或因为 $\kappa = K/\rho c_p$，则

$$c_p = \frac{E_0}{T_\infty \rho \ell} \quad (7.177)$$

当然，这一测量比热的方法对于脉冲激光不是唯一的，这有时被称为薄板量热器。这种方法的精度取决于对 E_0 的了解，对于激光辐射这经常是难以确定的。在某些应用中，式(7.177)用来在已知比热时计算采用材料 o 从几个脉冲中实际吸收的能量 E_0。

脉冲激光测量方法尤其适于确定热扩散率。后表面温度上升的幅度取决于耦合到材料中的能量，这可能是难以精确地知道的。然而，后表面温度的时间相关性是与能量输入无关的，仅受扩散率 κ 的控制。从图 7.38 中可以看出一种从温度-时间轮廓中导出 κ 的方法，测量温度响应达到极限值的某一比例（如一半）所需的时间，让我们把这一时间称为 $t_{1/2}$，由式(7.176)可以从数值上证明

$$\frac{T}{T_c} = \frac{1}{2} = 1 + 2\sum_{n=1}^{\infty}(-1)^n e^{-n^2 t_{1/2}/t_c}$$

当 $\dfrac{t_{1/2}}{t_c}=1.37$ 时是满足的。

采用 $t_c=l^2/(\kappa\pi^2)$，得到

$$\kappa=\frac{1.37}{\pi^2}\frac{l^2}{t_{1/2}} \tag{7.178}$$

因此，由 $t_{1/2}$ 的一个测量，再结合样本的厚度，立刻可以得到热扩散率。如果知道 E_0，由这一实验可得到比热和扩散率值，因此，如果知道密度 ρ，由实验可得到热导率。

这一方法经常在温度非常高的场合（通常在 1000℃ 和以上的温度范围）应用。因为辐射损耗很大，在这些温度上，难以采用这些测量热导率的温度稳态方法。在激光强脉冲方法中，辐射损耗为 $T_\infty^4-T_0^4$，其中 T_0 是起始或周边温度（如由一个炉子建立的），T_∞ 的定义如上。可以通过调整 E_0 使这一辐射损耗变得非常小，因此 T_∞ 仅比 T_0 高几度。因为 E_0 精确的值是难以确定的，这些实验通常仅测量热扩散率，而不是热导率。

式（7.177）对板加热适用性的准则最终的评价，要关注对激光脉冲持续时间的限制。当然，没有一个激光脉冲是真正的 δ 函数。对于相对于后表面的响应时间是短的激光脉冲时间，我们的解是正确的，响应时间是 t_c 的量级，因此我们有准则

$$t_p \ll t_c$$

或

$$t_p \ll l^2/(\kappa\pi^2)$$

包括激光脉冲的时间相干性[50]的计算表明，如果 t_p 小于或等于 t_c 的大约 4%，δ 函数解的误差小于 2%。1mm 厚度的样本的 t_c 的某些典型值如表 7.4 所列。

表 7.4　1mm 厚的铝和不锈钢样片的扩散系数和特征时间

	$\kappa/(\mathrm{cm}^2/\mathrm{s})$	$t_p=l^2/(\kappa\pi^2)/\mathrm{ms}$
铝	0.85	1.2
不锈钢	0.05234	19

对于所谓的"正常模式"激光器，典型的激光脉冲长度是大约 $1/2\sim1\mathrm{ms}$，因此，对于 1mm 厚度的样本，这种方法对不锈钢非常精确，但对于铝不是非常好。较厚的样本将有所帮助，但这将使后表面的温度数值上升。如果我们的激光脉冲有 $20\mathrm{J/cm}^2$，且对接收的表面，我们采用较早提到的 $10.6\mu\mathrm{m}$ 的吸收

率，对于 1mm 的样本的后表面的期望温升如表 7.5 所列。

表 7.5 1mm 厚的铝和不锈钢样片经辐照度为 $20J/cm^2$ 的脉冲激光照射后背部的升温

	A	$E_0/(J/cm^2)$	$\rho/(g/cm^3)$	$c_p/(J/g\text{°C})$	$T_\infty = E_0/\rho c \ell /\text{°C}$
铝	0.04	0.8	2.7	1.05	2.8
不锈钢	0.4	8.0	8.0	0.628	16

我们看到需要采用具有相同数量的能量较短的激光脉冲。另一个解进行更详细的热流计算。在当前有关激光强脉冲技术的应用中通常采用对脉冲形状的剪裁和更详细的计算[51]。

7.9.1.3 与空间相关的激光脉冲加热的热传递方程的解析解

本节给出了具有与位置相关的强度的实际 Nd：YAG 高斯激光器引入的传导加热过程的分析。在 7.9.1.1 节，针对一个典型的连续波激光器的辐照和适当的边界条件得到了这一问题的解析解，现在我们关注脉冲激光辐照。当激光强度很低时，没有相变发生，激光吸收的唯一效果是对材料的加热。在金属中，激光辐照被"自由电子"吸收，在金属中的能量传递也是由于电子的热传导产生的。温度场采用标准的傅里叶热传导描述，对于具有与位置相关的强度的激光脉冲，对于这种形式的脉冲输入，傅里叶微分方程由式(7.124)描述。这一方程中的 $Q(x,y,z,t)$ 由 Drude-Zener 理论定义，这产生的表达式为[40]

$$Q(x,y,z,t) = Ae^{-\beta t}\mu I_{max}(x,y,t)e^{-\mu z} \tag{7.179}$$

式中：A 为表面吸收率；β 为时间脉冲参数；μ 为材料的吸收系数；$I_{max}(x,y,z,t)|_{z=0}$ 为在材料的表面处($z=0$)的最大激光辐射强度。根据 Sparks[52]，μ 与温度无关，而材料的表面吸收系数 $A=1-R$（其中 R 是表面反射率）是表面温度的线性函数，有

$$A = A_0 + A_1(T-T_0) \tag{7.180}$$

式中：A_0 为在室温或周边温度 T_0 下的表面吸收率，对于大部分工程材料，对于 Nd：YAG 激光波长，吸收因子几乎为 1。表面吸收率温度的相关性是由于事实上 A 正比于电子-声子碰撞频率，进而正比于晶格的温度。

对于金属和某些应用，在高于 Debye 温度的温度上，可以假设 $k(T)$ 和 $c(T)$ 不随着温度的变化而显著变化，ρ 是工件的材料的密度，$c(T)$ 是与温度有关的比热，$k(T)$ 是与温度有关的热导率，这些分析的细节见 7.7 节。

因此，假设在一个特定的时间间隔内有恒定的比热和热导率，式(7.124)可以简化为

$$k\left(\frac{\partial^2 T}{\partial z^2}\right) + \mu I_{\max}(x,y,t)\mathrm{e}^{-\mu z} = \rho c \frac{\partial T}{\partial t} \qquad (7.181)$$

在许多实际的情况下，激光聚焦光斑的横向大小与被加热的层相比是大的，热传导问题式(7.181)可以看作是一维的，可以采用 Carslaw 和 Jaeger[3] 给出的标准方法来求解。

不必针对完整的脉冲进行求解，因为方程是线性的，可以通过对时间指数的单独部分的解进行累加得到完整的解。重新编排式(7.181)得到

$$\frac{\partial^2 T(z,t)}{\partial z^2} + \frac{\mu I_{\max}}{k}\exp(-\mu z) = \frac{1}{\kappa}\frac{\partial T(z,t)}{\partial t} \qquad (7.182)$$

式中：热扩散率 $\kappa = k/(\rho c)$，具有下列边界条件，且 ($z>0$，$t>0$)

对于 $\lim\limits_{z \to \infty} T(z, t) = 0 \quad t>0$，$\left.\dfrac{\partial T(z,t)}{\partial z}\right|_{z=0} = 0$

$$T(z,t)|_{z \to \infty} = 0$$

$$T(z,0) = 0 \,(z>0)$$

可以采用拉普拉斯变换求解某些类型的具有两个或更多的独立变量的偏微分方程。为了求解式(7.182)，同 7.9 节一样，让我们详细说明在给定的边界条件和初始条件下，怎样采用一维热方程的拉普拉斯变换以及式(7.182)的均匀的方面求解微分方程，它们为

$$\frac{\partial^2 T}{\partial z^2} = \frac{1}{\kappa}\frac{\partial T}{\partial t} \qquad (7.183)$$

边界条件 $T(0, t) = F_0 \quad t>0$

初始条件 $T(z, 0) = 0 \quad z>0$

这是针对 7.9.1.1 节中连续波激光与目标材料的相互作用来做的。

式(7.183)的物理模型是 z 轴原点位于平板内横向轴正的一半的位置处的一个半无穷金属板。这一情况如图 7.39 所示。

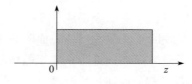

图 7.39 半无穷金属薄板

这种方法对热方程中的相关变量 $T(z, t)$ 相对于时间 t 进行拉普拉斯变换，结果，得到以变换变量的 z 为独立变量的原始微分方程(取决于拉普拉斯变换变量 s 和 z)。在针对变换变量求解原始的微分方程后，采用逆拉普拉斯变换

($£^{-1}$)恢复时间变化，因此可以得到所需的作为 z 和 t 的函数的解。请注意，如果拉普拉斯变换被应用在两变量的函数 $T(z, t)$ 的独立变量 t，变量 z 表现的像一个恒量。相应地，一个单个独立变量函数的变换变形规则也可用于一个双独立变量的函数。

采用表达式 $\overline{T}(z, s) = £\{T(z, t)\}$ 表示 $T(z, t)$ 相对于时间的拉普拉斯变换。

第一个变形的变换公式为

$$£\left\{\frac{\partial T(z,t)}{\partial t}\right\} = s\overline{T}(z,s) - T(z,0) \tag{7.184}$$

为了进一步开展处理，我们现在采用在时间 $t=0$ 时板的材料处于零温度的条件，因此 $T(z, 0) = 0$，结果有

$$£\left\{\frac{\partial T(z,t)}{\partial t}\right\} = s\overline{T}(z,s) \tag{7.185}$$

接着，因为 z 被当作一个恒量，有

$$£\left\{\frac{\partial T^2(z,t)}{\partial z^2}\right\} = \frac{\partial^2 \overline{T}(z,s)}{\partial z^2} \tag{7.186}$$

采用式(7.186)，当取热传导方程相对于 t 的拉普拉斯变换，并采用变换的线性性质时，得到

$$s\overline{T}(z,s) = \kappa\left[\frac{d^2 \overline{T}(z,s)}{dz^2}\right] \quad \text{对于} \quad \begin{matrix} z>0 \\ t>0 \end{matrix} \tag{7.187}$$

现在可以采用一个相对于 z 的原始的线性导数，这样 z 可以被看作仅有的独立变量。因此式(7.187)可以重写为

$$\frac{d^2 \overline{T}(z,s)}{dz^2} - \frac{s}{\kappa}\overline{T}(z,s) = 0 \tag{7.188}$$

式(7.188)有对于其辅助或特性方程有两个有差别的根的一般解，即

$$r^2 - \frac{s}{\kappa} = 0$$

$$r = \pm\sqrt{\frac{s}{\kappa}}$$

$$\overline{T}(z,s) = c_1 e^{(\sqrt{s/\kappa})z} + c_2 e^{-(\sqrt{s/\kappa})z} \tag{7.189}$$

因为对于 $z>0$ 和 $t>0$，温度是有限的，因此对于 $s \to +\infty$，我们有 $c_1 = 0$，这样，温度的拉普拉斯变换可表示为

$$\overline{T}(z,s) = c_2 e^{-\sqrt{s/\kappa}} = c_2 \exp[-(\sqrt{s/\kappa})z] \tag{7.190}$$

为了确定 c_2，我们可以采用板表面上的边界条件（需要 $T(0, t) = F_0$），由此有 $\pounds\{T(0, t)\} = F_0/s$。因此，解相对于时间 t 的拉普拉斯变换为

$$\overline{T}(z,s) = \frac{F_0}{s}\exp\left[-\sqrt{\frac{s}{\kappa}}z\right] \tag{7.191}$$

因此系数 $c_2 = F_0/s$。为了由式（7.191）恢复时间变换，有必要得到拉普拉斯函数的逆（$\pounds^{-1}$），即

$$\pounds^{-1}\{\overline{T}(z,s)\} = T(z,t) \tag{7.192}$$

这样的分析的结果在 7.9 节更详细地给出，这里我们仅使用这样的逆变换的结果得到

$$T(z,t) = F_0 \mathrm{erfc}\left(\frac{z}{2\sqrt{\kappa t}}\right) \tag{7.193}$$

其中误差函数 erf 再次定义为

$$\mathrm{erf}(z) = \frac{2}{\sqrt{\pi}}\int_0^s e^{-u^2}\mathrm{d}u \tag{7.194}$$

Carslaw 和 Jaeger[3] 将误差补函数 erfc 定义为

$$\mathrm{erfc}(z) = 1 - \mathrm{erf}(z) \tag{7.195}$$

式中：z 为独立变量；u 为哑变量。

继续前面的数学计算，基于式（7.182）的拉普拉斯变换和它相对于 t 的相关的边界条件和初始条件，代入边界和初始条件，并对一维的问题采用 z 方向，得到

$$\frac{\partial^2 \overline{T}(z,s)}{\partial t^2} - g^2 \overline{T}(z,s) = -\frac{I_{\max}(z,t)\exp[-\mu z]}{ks} \tag{7.196}$$

式中：$g^2 = s/\kappa$；$\overline{T}(z, s)$ 为变换变量，该问题有互补的和特定的解，在这里我们试图求解它们。式（7.196）是二阶线性非齐次微分方程，因此我们假设一般解的形式为

$$\overline{T}(z,s) = y_c + \overline{T}_p(z,s) \tag{7.197}$$

式中：y_c 为式（7.196）的解的齐次部分的一般解；$\overline{T}_p(z, s)$ 为满足式（7.196）的非齐次部分的任何特殊函数。

y_c 的解类似于我们在式（7.188）和式（7.189）的情况下得到的结果，因此利用其特性或辅助方程得到 y_c 的一般解为

$$r^2 - g^2 = 0$$
$$r = \pm g \tag{7.198}$$
$$y_c = c_1 \exp(-gz) + c_2 \exp(+gz)$$

为了得到式(7.196)的非齐次部分的具体的解，我们假设

$$\overline{T}_p(z,s) = A e^{-\mu z} \tag{7.199a}$$

则

$$\frac{\partial \overline{T}_p(z,s)}{\partial z} = -A\mu e^{-\mu z} \tag{7.199b}$$

且

$$\frac{\partial^2 \overline{T}_p(z,s)}{\partial z^2} = -A\mu^2 e^{-\mu z} \tag{7.199c}$$

通过将式(7.199c)代入式(7.196)，我们得到

$$-A\mu^2 e^{-\mu z} = -\frac{I_{\max}\mu}{ks} e^{-\mu z} \tag{7.200}$$

$$A = \frac{I_{\max}\mu}{ks} \frac{1}{(g^2 - \mu^2)}$$

因此，$\overline{T}_p(z,s)$的具体的解为

$$\overline{T}(z,s) = \frac{I_{\max}\mu}{ks} \exp(-\mu z) \tag{7.201}$$

现在，式(7.198)和式(7.201)的最后一项的累加是式(7.196)的一般解，被写为

$$\overline{T}(z,s) = y_c + \overline{T}_p(z,s) = c_1 \exp(-gz) + c_2 \exp(+gz) + \left(\frac{I_{\max}\mu}{ks}\right)\left(\frac{1}{(\mu^2 - g^2)}\right)\exp(-\mu z) \tag{7.202}$$

式中：c_1和c_2为任意的常数。将与式(7.182)相关的边界条件代入拉普拉斯变换面，表明

$$c_1 = \frac{I_{\max}\mu^2}{ksg(\mu^2 - g^2)} \text{ 且 } c_2 = 0$$

因此，在变换平面中式(7.196)的复数解为

$$\overline{T}(z,s) = -\frac{I_{\max}\mu}{ks}\left[\frac{\mu\exp[-gz]}{g(\mu^2-g^2)} - \frac{\exp[-\mu z]}{(\mu^2-g^2)}\right] \tag{7.203}$$

现在的问题是将式(7.203)的解(是两个s函数的乘积)求逆，有两种求逆的方法，第一种是卷积方法，第二种是将函数扩展到部分分式。采用第二种方法，通过式(7.203)的逆拉普拉斯变换得到的整体解是

$$T(z,t) = \frac{I_{max}\mu}{ks}\left\{-\frac{4}{\mu}\sqrt{\frac{\kappa t}{\pi}}\exp\left(-\frac{z^2}{4\kappa t}\right) - \left(\frac{1-\mu z}{\mu^2} - \frac{1+\mu z}{\mu^2}\right)\mathrm{erfc}\left(\frac{z}{2\sqrt{\kappa t}}\right) - \right.$$
$$\frac{1}{\mu^2}\left[\exp(\kappa\mu^2-t-\mu z)\mathrm{erfc}\left(\frac{z}{2\sqrt{\kappa t}} - \mu\sqrt{\kappa t}\right)\right] -$$
$$\frac{1}{\mu^2}\left[\exp(\kappa\mu^2-t-\mu z)\mathrm{erfc}\left(\frac{z}{2\sqrt{\kappa t}} + \mu\sqrt{\kappa t}\right)\right] -$$
$$\left.\frac{2}{\mu^2}\exp(-\mu z)\left[1-\exp(\kappa\mu^2 t)\right]\right\} \tag{7.204}$$

式中：$\mathrm{erfc}(z) = 1 - \mathrm{erf}(z) = \frac{2}{\sqrt{\pi}}\int_0^\infty e^{-u^2}du$ 是由式(7.194)和式(7.195)定义的，并且知道

$$\mathrm{ierfc}(z) = \int_z^\infty \mathrm{erfc}\xi d\xi = \frac{1}{\sqrt{\tau}}\exp(-z^2)\mathrm{erfc}(z) \tag{7.205}$$

式(7.204)的最终解是

$$T(z,t) = \frac{2I_{max}}{k}\sqrt{\kappa t}\,\mathrm{ierfc}\left(\frac{z}{2\sqrt{\kappa t}}\right) - \frac{I_{max}}{k\mu}\exp(-\mu z) +$$
$$\frac{I_{max}}{2k\mu}\left[\exp(\kappa\mu^2-t-\mu z)\mathrm{erfc}\left(\mu\sqrt{\kappa t} - \frac{z}{2\sqrt{\kappa t}}\right)\right] +$$
$$\frac{I_{max}}{2k\mu}\left[\exp(\kappa\mu^2-t+\mu z)\mathrm{erfc}\left(\mu\sqrt{\kappa t} + \frac{z}{2\sqrt{\kappa t}}\right)\right] \tag{7.206}$$

对于给定的光束功率强度，式(7.206)给出了在材料内的温度轮廓，如图7.40所示。

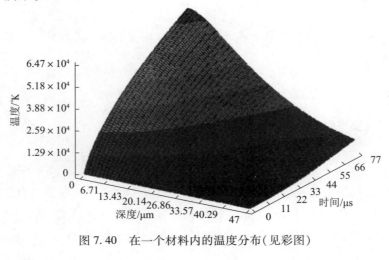

图 7.40　在一个材料内的温度分布（见彩图）

应当注意,在式(7.206)中,时间趋于无穷大,即
$$\lim_{t\to\infty}T(z,t)=\infty \tag{7.207}$$
对于温度分布,不存在稳态解。

在大多数考虑到对固体表面的激光加热的计算中,通常忽略温度与表面反射率的关系。如果我们设定 $A=0$,可以通过在式(7.206)中设定 $z=0$ 得到在激光光束的中心处表面上的温度随着时间的上升,即

$$T(0,t)=\frac{I_{\max}}{k\mu}\left[2\frac{\sqrt{\kappa\mu^2 t}}{\pi}+\exp(\kappa\mu^2 t)\,\text{erfc}(\mu\sqrt{\kappa t})-1\right] \tag{7.208}$$

式(7.208)的图形表示如图7.41所示。

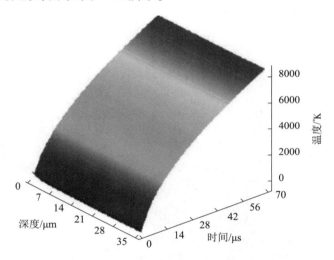

图 7.41　在材料的表面的温度分布(见彩图)

图 7.41 中的分布表示在与激光相互作用期间工件的表面温度,可以粗略地估计是否可以在表面上钻出孔或产生熔化。在 MathCAD 中编写作为不同材料的热特性(铅的热导率 $k=19.66$,$c_p=0.151$;钛的 $k=20.5$,$c_p=0.782$;304 不锈钢的 $k=41.84$,$c_p=0.418$)的函数的参数化程序,图 7.42 给出了这样的参数化研究的典型结果。

在 MathCAD 中编程时采用非常复杂的函数并不总是容易的。因此,为了获得类似的结果,可以首先简单地代入固体的热物理参数值,然后代入液体的参数值,并通过在两个不同的图上显示它们比较结果。这种方法在式(7.214)中采用,因为方程是非常复杂的。

进一步分析式(7.206),假设最大的吸收系数,假设 μ 趋于无穷大,得到结果可表示为

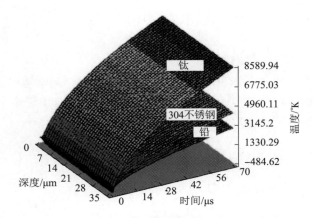

图 7.42 热特性的参数化研究(见彩图)

$$T(z,t) = \frac{2I_{\max}}{k}\sqrt{\kappa t}\,\mathrm{ierfc}\left(\frac{z}{2\sqrt{\kappa t}}\right) \quad (7.209)$$

式(7.209)的图形表示如图 7.43 所示。

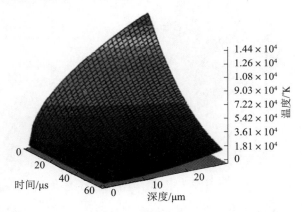

图 7.43 材料的温度分布相对于时间的关系(见彩图)

式(7.206)相对于 z 的微分可得到材料内的温度梯度为

$$\frac{\mathrm{d}}{\mathrm{d}z}T(z,t) = \frac{I_{\max}}{k}\exp(-\mu z) - \frac{I_{\max}}{k}\mathrm{erf}\left(\frac{z}{2\sqrt{\kappa t}}\right) + \\ \frac{I_{\max}}{2k}\exp(\kappa\mu^2 t - \mu z)\mathrm{erfc}\left(\mu\sqrt{\kappa t} - \frac{z}{2\sqrt{\kappa t}}\right) + \\ \frac{I_{\max}}{2k}\exp(\kappa\mu^2 t + \mu z)\mathrm{erfc}\left(\mu\sqrt{\kappa t} - \frac{z}{2\sqrt{\kappa t}}\right) \quad (7.210)$$

如图 7.44 所示，$dT(z, t)/dz$ 仅有在表面处为零，即，最大的温度在表面处。$dT(z, t)/dz$ 随着距离 z（深度用 μm 表示）的变化是 3 个不同的时间情况的函数，如图 7.45 所示。

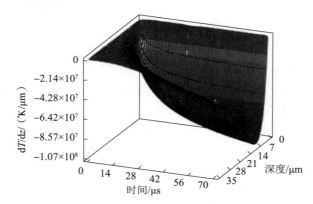

图 7.44　材料内的温度梯度分布相对于时间的关系（见彩图）

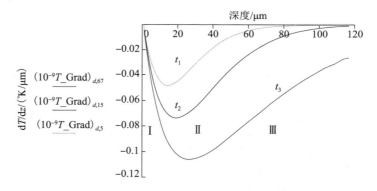

图 7.45　在不同的时间瞬时的材料内的温度梯度分布

如图 7.45 所示，曲线的斜率下降达到最大，然后增大以保持几乎为零，因为温度的轮廓变得与 z 几乎渐近。在这种情况下，$dT(z, t)/dz$ 相对于 z 的特性可以分解成 3 个区域，如图 7.45 所示。

在第一个区域，由于激光辐照得到的热超出了传导损耗，即，与传导损耗相比内能的增加要显著地高。在第二个区域，斜率有一个 $z=$ 最小值，在这种情况下，由于入射激光光束获得的能量与传导损耗平衡，即，材料的内能几乎保持恒量；在这种情况下，对应于这一点的距离 z 可以定义为均衡距离 $(z)_{eq}$（图 7.46），$dT(z, t)/dz$ 变成了 $(dT(z, t)/dz)_{min}$。在第三个区域，斜率增大到达到几乎为零。在这一区域，传导损耗是主导的，到外部场的能量增益是不显著的,随着距离的增大,内能减小。

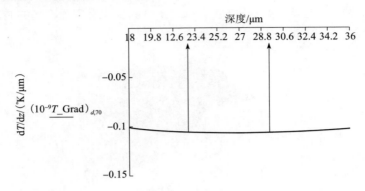

图 7.46 均衡距离

如图 7.46 所示的均衡距离的变化,可以规范化,即

$$(z\mu)_{eq} = C(\kappa\mu^2 t)_q^m \tag{7.211}$$

可以预期,加热时间的增大使无量纲的均衡距离增大,并因此使无量纲的均衡温度增大,可以定义为

$$\left(\frac{T(z,t)}{I_{max}/k\mu}\right)_{eq} = C(z\mu)_q^m \tag{7.212}$$

式中:C 为恒量;m 为功率。换言之,均衡温度被定义为 $dT(z, t)/dz$ 最小时的温度。

基于 Yilbas 和 Sami[53] 进行的研究,在对数尺度上,对于所有的材料和脉冲长度,均衡温度和均衡距离之间的关系是线性的。

如果脉冲宽度近似为 10^{-9} s,采用傅里叶方程的热传递过程分析变得无效。在这种情况下,加热过程是非均衡的。

如图 7.39 所示的半无穷媒质中,在 $T=0$,$t=0$ 时刻没有热流,且具有下面的式(7.213)中定义的热源时,即

$$I(z) = \varepsilon I_0(0) e^{-\mu z} \tag{7.213}$$

相同的问题的解是

$$T(z,t) = \frac{2I_{max}\sqrt{\kappa t}}{\mu k} \operatorname{ierfc}\left(\frac{z}{2\sqrt{\kappa t}}\right) - \frac{I_{max}}{k\mu^2}\exp(-\mu z) + \\ \frac{I_{max}}{2k\mu^2}\exp[\kappa\mu^2 t - \mu z]\operatorname{erfc}\left(\mu\sqrt{\kappa t} - \frac{z}{2\sqrt{\kappa t}}\right) + \\ \frac{I_{max}}{2k\mu^2}\exp[\kappa\mu^2 t + \mu z]\operatorname{erfc}\left(\mu\sqrt{\kappa t} + \frac{z}{2\sqrt{\kappa t}}\right) \tag{7.214}$$

如图 7.47 所示，式(7.214)的解与 Spark 对无限厚度板($l \gg \delta$)的解相同。

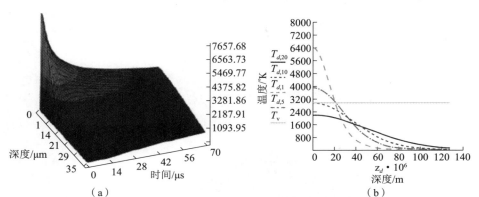

图 7.47　被激光辐照的具有最低的热物理参数值的材料的温度分布（见彩图）
(a) 温度与深度和时间的关系；(b) 采用式(7.214)计算的材料的温度或熔化与深度的关系。

让我们考虑温度分布相对于材料特性随着温度变化的差别的变化，这可以基于从文献中得到的对于最大和最小的热特性值的极端材料特性解析地确定。对于周边温度 T_a，热导率在 14.9~16.2 之间变化，在汽化温度 T_v 处为 32，热容 c_p 在 500~824 之间变化，密度 ρ 在 7870~8000g/m³ 之间变化。可以通过在由式(7.214)给出的解中代入最低值和最高值来确定与材料的热物理特性相关的差异。分析图 7.47 和图 7.48 可以得到熔化问题与材料的相关性可能有大约 50% 的估计误差的结论，在 7.9.2 节更详细地讨论熔化过程。

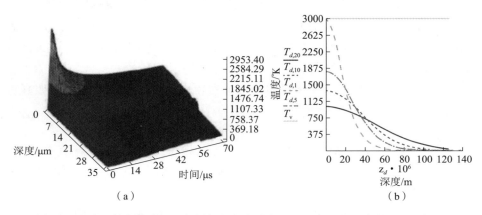

图 7.48　采用激光脉冲辐照的材料的温度分布可以进行热物理参数化（见彩图）
(a) 温度与深度和时间的关系；(b) 温度或熔化与深度的关系。

基于 Anisimov 和 Khokhlov[55]，在脉冲结束后的冷却率可以采用式(7.125)

来估计,并可图形化地表示,如图 7.49 所示。

$$V_{imp}C(z,t) = \frac{2AI_{max}}{\kappa}\left[\sqrt{\frac{\kappa}{tl_t}}\mathrm{ierf}\left(\frac{z}{2\sqrt{\kappa t}}\right) + \frac{z\mathrm{erfc}\left(\frac{z}{2\sqrt{\kappa t}}\right)}{2tl_t} + \sqrt{\frac{\kappa}{tl_t - t_p}}\mathrm{ierfc}\left(\mu\sqrt{\kappa t} - \frac{z}{2\sqrt{\kappa t}}\right) - \frac{z}{2(tl_t - t_p)}\mathrm{erfc}\left(\mu\sqrt{\kappa t} + \frac{z}{2\sqrt{\kappa t}}\right)\right]$$
(7.215)

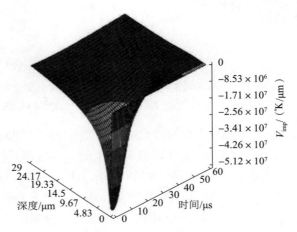

图 7.49 在激光脉冲结束后工件的冷却速率(见彩图)

7.9.1.4 与时间相关的高斯激光脉冲加热的热传递的解析解

本节给出了针对与时间相关的强度的实际 Nd：YAG 激光脉冲的传导受限加热过程的时间不稳定性分析。对这一问题的解析解是采用适当的边界条件得到的。

一个脉冲 Nd：YAG 激光器的输出可通过由两个指数函数相减来近似真正的输出形式来描述,这一解析形式可表示为

$$I_0 = I_{max}\left[\mathrm{e}^{(-\beta t)} - \mathrm{e}^{(-\gamma t)}\right] \quad (7.216)$$

对于金属和某些应用,在温度高于 Debye 温度时,可以假设 $k(T)$ 和 $c(T)$ 不随着温度变化。因此,假设对于一个具体的时间间隔,由恒定的比热和热导率,式(7.125)可以简化为

$$k\left(\frac{\partial^2 T}{\partial z^2}\right) + \exp\left[-(\beta t + \gamma t)\right] \cdot \mu I_{max}(x,y,t)_{z=0}\exp(-\mu z) = \rho c \frac{\partial T}{\partial t} \quad (7.217)$$

因为方程是线性的,没有必要针对完整的脉冲求解,可以通过针对时间指数的单独部分进行累加得到完整的解。重新编排式(7.217)得到

$$\frac{\partial^2 T}{\partial z^2} + \frac{\mu I_{max}}{k}\exp(-\mu z)\exp[-(\beta t + \gamma t)] = \frac{1}{\kappa}\frac{\partial T}{\partial t} \tag{7.218}$$

边界条件为

$$\left.\frac{\partial T}{\partial t}\right|_{z=0} = 0 \tag{7.219}$$

$$T(\infty, t) = 0 \tag{7.220}$$

$$T(z, 0) = 0 \tag{7.221}$$

对式(7.218)相对于 t 进行拉普拉斯变换，并代入式(7.220)的边界条件，得到

$$\frac{\partial^2 \overline{T}(z,s)}{\partial z^2} - g^2 \overline{T}(z,s) = \frac{-I_{max}\mu e^{-\mu z}}{k(s+\beta)} \tag{7.222}$$

式中：$\overline{T}(z, s) \cdot g^2 = s/\kappa$，$s$ 为变换变量，有互补的和特定的解

$$\overline{T}(z,s) = c_1\exp(-gz) + c_2\exp(-gz) + \frac{I_{max}\mu e^{-\mu z}}{k(s+\beta)(\mu^2-g^2)} \tag{7.223}$$

式中：c_1 和 c_2 为任意的恒量。代入式(7.219)和式(7.221)的边界方程，得到这些恒量，$c_2 = 0$ 和

$$c_1 = \frac{I_{max}\mu^2}{kg(s+\beta)(\mu^2-g^2)} \tag{7.224}$$

因此，在变换平面中的复数解为

$$\overline{T}(z,s) = -\frac{I_{max}\mu}{k(s+\beta)}\left[\frac{\mu\exp(-gz)}{g(g^2-\mu^2)} - \frac{\exp(-\mu z)}{(g^2-\mu^2)}\right] \tag{7.225}$$

现在的问题是将这一解求逆，这是两个 p-函数的乘积。有两种方法来进行求逆，第一种是卷积方法，第二种方法较简单，将函数扩展到部分分式。采用第二种方法，采用式(7.226)的逆拉普拉斯变换得到的完整解是

$$T(z,t) = \frac{I_{max}\mu}{2k}\frac{\kappa}{\beta+k\mu_0^2}\left\{i\mu\sqrt{\frac{\alpha}{\beta}}\exp(-\beta t)\left[\exp\left(iz\sqrt{\frac{\beta}{\kappa}}\right)\mathrm{erfc}\left(\frac{z}{2\sqrt{\kappa t}}+i\sqrt{\beta t}\right)\right] - \right.$$
$$\left[\exp\left(-iz\sqrt{\frac{\beta}{\kappa}}\right)\mathrm{erfc}\left(\frac{z}{2\sqrt{\kappa t}}-i\sqrt{\beta t}\right)\right] + \exp(\alpha\mu^2 t)\left[\exp(\mu z)\mathrm{erfc}\left(\frac{z}{2\sqrt{\kappa t}}+\mu\sqrt{\kappa t}\right)\right] -$$
$$\left.\left[\exp(-\mu z)\mathrm{erfc}\left(\frac{z}{2\sqrt{\kappa t}}-\mu\sqrt{at}\right)\right] - 2\exp(-\mu z)\left[\exp(\kappa\mu^2 t) - \exp(-\beta t)\right]\right\}$$
$$\tag{7.226}$$

采用关系 $\mathrm{erfc}(-z) = 2 - \mathrm{erfc}(z)$，给出解的形式为

$$T(z,t) = \frac{I_{max}\mu}{2k} \frac{\kappa}{\beta+k\mu_0^2} \left\{ i\mu\sqrt{\frac{\alpha}{\beta}} \exp(-\beta t) \left[\exp\left(iz\sqrt{\frac{\beta}{\kappa}}\right) \mathrm{erfc}\left(\frac{z}{2\sqrt{\kappa t}}+i\sqrt{\beta t}\right) \right] - \right.$$

$$\left[\exp\left(-iz\sqrt{\frac{\beta}{\kappa}}\right) \mathrm{erfc}\left(\frac{z}{2\sqrt{\kappa t}}-i\sqrt{\beta t}\right) \right] +$$

$$\exp(\alpha\mu^2 t) \left[\exp(\mu z) \mathrm{erfc}\left(\frac{z}{2\sqrt{\kappa t}}+\mu\sqrt{\kappa t}\right) \right] -$$

$$\left. \left[\exp(-\mu z) \mathrm{erfc}\left(\frac{z}{2\sqrt{\kappa t}}-\mu\sqrt{at}\right) \right] - 2\exp[(-\beta t+\mu z)] \right\} \quad (7.227)$$

注意：

$$i^{2m}\mathrm{erfc}(-z) = -i^{2m}\mathrm{erfc}(z) + \sum_{q=0}^{m} \frac{z^{2q}}{2^{2(m-q)-1}(2q)!(m-q)!}$$

$$i^{2m+1}\mathrm{erfc}(-z) = -i^{2m+1}\mathrm{erfc}(z) + \sum_{q=0}^{m} \frac{z^{2q+1}}{2^{2(m-q)-1}(2q+1)!(m-q)!}$$

在式(7.227)中计算的温度分布如图7.50和图7.51所示。

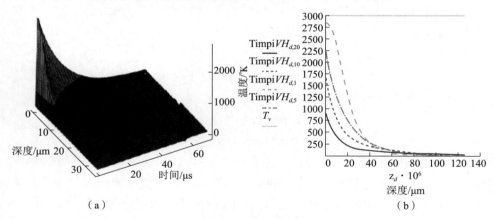

(a)　　　　　　　　　　　　　(b)

图7.50　材料的温度分布图(见彩图)

(a)在材料内(z轴)的温度分布相对于时间的关系；(b)在从激光脉冲开始的几个不同时间瞬间的温度和工件深度的关系，热物理参数的最高值采用式(7.227)计算。

可以通过对式(7.227)相对于脉冲的 t 微分得到出现脉冲最大值的时间，从数学上讲，必须找到使这一函数的一阶微分等于0的 t，这给出了最大时间 t_{max} 的条件为

$$t_{max} = \frac{\ln\left(\frac{\gamma}{\beta}\right)}{\gamma-\beta} \quad (7.228)$$

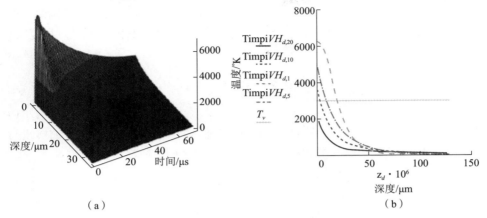

（a）　　　　　　　　　　　　（b）

图 7.51　材料的温度分布图（见彩图）

（a）在材料内（z 轴）的温度分布与时间的关系；（b）在从激光脉冲开始的几个不同时间瞬间的温度和工件深度的关系，热物理参数的最高值采用式（7.227）计算。

或

$$\sqrt{\beta t_{\max}} = \sqrt{\dfrac{\ln\left(\dfrac{\gamma}{\beta}\right)}{\dfrac{\gamma}{\beta}-1}} \qquad (7.229)$$

将式（7.229）代入式（7.227）得到了出现最大脉冲时的最大温度。求解式（7.227）和式（7.229）得到最大温度可能与最大脉冲幅度重合的条件，即

$$\sqrt{\beta t_{\max}} = 1.282 \ \text{和} \ \sqrt{\gamma/\beta} = 1.596$$

出现最大温度的时间是脉冲参数的一个函数，假定脉冲上升时间远大于 7.9.1 节描述的均衡时间 $C/\kappa\mu^2$。根据 Yilbas 等[41]，表面温度取决于在脉冲的初始阶段的吸收深度，吸收激光的能力取决于脉冲的形状。

脉冲参数 β 和 γ 的知识至少理论上允许基于激光系统物理学的推导调整激光脉冲，得到最希望的效果。

7.9.1.5　对流边界条件下采用与温度相关的高斯型激光脉冲加热的热传递的解析解

本节给出了一个具有与时间相关的实际的 Nd-YAG 激光脉冲产生的有限加热过程的传导时间和非稳态分析。在适当的边界条件下得到了这一问题的一个解析解。

一个 Nd-YAG 脉冲激光器的输出由两个指数函数相减得到近似的真实的输出描述，这一解析解可表示为

$$I = AI_{\max}[\exp(-\beta t) - \exp(-\gamma t)] \qquad (7.230)$$

对于金属和某些应用，在温度高于 Debye 温度时，可以假设 $k(T)$ 和 $c(T)$ 不随温度变化。因此，假设在一个特定的时间间隔内比热和热导率是恒定的，式(7.125)可以简化为

$$\rho c \frac{\partial T(z,t)}{\partial t} = k\left(\frac{\partial^2 T(z,t)}{\partial z^2}\right) + \exp(-\beta t) - \exp(-\gamma t)\left[A\mu I_{\max}(x,y,t)_{z=0}\exp(-\mu z)\right] \tag{7.231}$$

没有必要对完整的脉冲求解，因为可以通过将单个时间指数部分的解进行累加得到完整的解，这样方程是线性的。重新排列式(7.231)得到

$$\frac{\partial^2 T}{\partial z^2} + A\frac{\mu I_{\max}}{k}\exp(-\beta t) - \exp(-\gamma t)\exp(\mu z) = \frac{1}{\kappa}\frac{\partial T}{\partial t} \tag{7.232}$$

边界条件为

$$\left.\frac{\partial T}{\partial t}\right|_{z=0} = \frac{h}{k}\left[T(0,t) - T_0\right] \tag{7.233}$$

$$T(\infty, t) = 0 \tag{7.234}$$

$$T(z, 0) = 0 \tag{7.235}$$

可以通过累加时间指数脉冲的单个部分的解得到完整的解。应当注意，对于一个完整脉冲的解，周边温度被看作是 $0(T_0=0)$。因此，半脉冲的热传递为

$$\frac{\partial^2 T}{\partial z^2} + A\frac{\mu I_{\max}}{k}\exp\left[-(\beta t + \mu z)\right] = \frac{1}{\kappa}\frac{\partial T}{\partial t} \tag{7.236}$$

可以通过相对于 t 的拉普拉斯变换方法得到式(7.236)的解为

$$\frac{\partial^2 \overline{T}(z,s)}{\partial z^2} + \frac{AI_{\max}\mu\exp(-\mu z)}{k(s+\beta)} = \frac{1}{\kappa}\left[s\overline{T}(z,s) - T(z,0)\right] \tag{7.237}$$

式中：$\overline{T}(z, s)$，$T(z, 0) = 0$，s 为变换变量，有互补的和部分的解。

通过对式(7.237)进行逆拉普拉斯变换得到的完整的解为

$$T(z,t) = a_{10}\left\{\begin{array}{l} i\mu\sqrt{\dfrac{\kappa}{\beta}}\exp(-\beta t)\left[\begin{array}{l} l_1\exp\left(iz\sqrt{\dfrac{\beta}{\kappa}}\right)\mathrm{erfc}\left(\dfrac{z}{2\sqrt{\kappa t}} + i\sqrt{\beta t}\right) \\ l_2\exp\left(-iz\sqrt{\dfrac{\beta}{\kappa}}\right)\mathrm{erfc}\left(\dfrac{z}{2\sqrt{\kappa t}} - i\sqrt{\beta t}\right) \end{array}\right] \\ +\mu\sqrt{\kappa}\exp(\alpha\mu^2 t)\left[\begin{array}{l} l_3\exp(-\mu z)\mathrm{erfc}\left(\dfrac{z}{2\sqrt{\kappa t}} - \mu\sqrt{\beta t}\right) \\ l_4\exp(\mu z)\mathrm{erfc}\left(\dfrac{z}{2\sqrt{\kappa t}} + \mu\sqrt{\beta t}\right) \end{array}\right] \\ -w_1 l_5\exp\left(w_1\dfrac{z}{\sqrt{\kappa}}\right)\exp(w_1^2 t)\mathrm{erf}\left(\dfrac{z}{2\sqrt{\kappa t}} + w_1\sqrt{t}\right) \end{array}\right\} +$$

$$\left\{\begin{array}{l} \dfrac{a_{20}}{\beta+\kappa\mu^2}\exp(\alpha\mu^2 t)-\exp(-\beta t)\exp(-\mu z) \\ -\dfrac{a_{30}}{w_1}\left[\begin{array}{l}-\exp\left(w_1\dfrac{z}{\sqrt{\kappa}}\right)\exp(w_1^2 t)\,\mathrm{erf}\left(\dfrac{z}{2\sqrt{\kappa t}}+w_1\sqrt{t}\right) \\ \mathrm{erfc}\left(\dfrac{z}{2\sqrt{\kappa t}}\right)\end{array}\right]\end{array}\right\} \quad (7.238)$$

式中

$$a_{10}=\frac{-\mu I_{\max}\kappa(h+k\mu)}{k^2} \quad (7.239)$$

$$a_{20}=\frac{I_{\max}\kappa\mu}{k} \quad (7.240)$$

$$a_{30}=\frac{\sqrt{\kappa}\,h}{k}T_0 \quad (7.241)$$

在式(7.238)中计算的温度分布如图 7.52~图 7.55 所示。

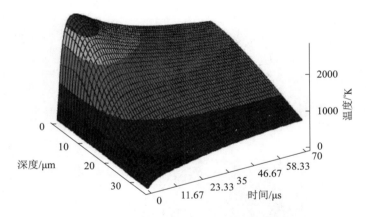

图 7.52 在从脉冲开始的几个不同时刻温度与工件温度的关系,热物理参数的最高值采用式(7.238)计算①(见彩图)

7.9.1.6 考虑汽化传递情况的主导热传递方程的解析解

本节给出了对加热过程的分析。在加热分析中,汽化被当作在烧蚀过程中发生的排出现象,基于将进行的讨论,仅能在激光参数的非常窄的范围内产生没有汽化的熔化。在标准的激光应用中两种相变(熔化和汽化)通常几乎同时发生。注意,汽化的潜热比熔化的潜热大 20~50 倍。

---

① 原书有误,译者改。

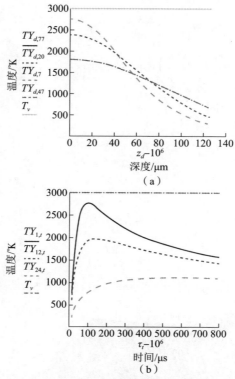

图 7.53 材料的温度分布图(见彩图)

(a)材料内(z 轴)几个不同时间瞬间的温度相对于时间的分布关系；(b)工件的几个不同深度处温度的瞬态分布，热物理参数的最高值采用式(7.238)计算①

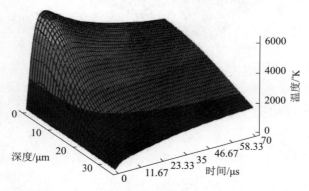

图 7.54 在材料内(z 轴)的温度分布相对于时间的关系，热物理参数的最低值采用式(7.238)计算(见彩图)

---

① 原书有误，译者改。

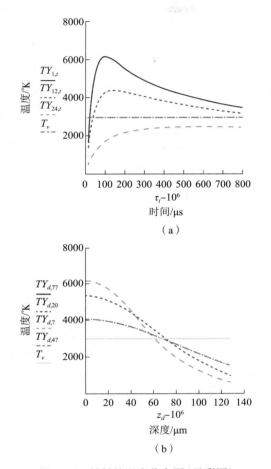

图 7.55 材料的温度分布图(见彩图)
(a)几个不同时间瞬间在材料内(z 轴)的温度分布相对于时间的关系、(b)在几个不同深度的
工件温度的瞬时分布,热物理参数的最低值采用式(7.238)计算①

因此,汽化在能量平衡中起着最重要的作用。为了简化我们的讨论,我们将假设汽化出现在真空中,且蒸汽不吸收激光能量。当蒸汽不吸收激光时,可以分别考虑凝结相和气相中的过程。这一问题的一个解析解是采用适当的边界条件得到的。在这种情况下,忽略了等离子生成、液体喷溅和核态沸腾。

固体或液体在任何高于 $0°K$ 的温度上汽化,汽化率强烈依赖于温度 T,这种相关性可表示为

---

① 原书有误,译者改。

$$V_n = V_0 \exp\left(\frac{U}{T}\right) \tag{7.242}$$

式中：V_n 为前端的汽化速率的法向分量，且

$$U = \frac{MH_v}{N_a k_B} \tag{7.243}$$

式中：H_v 为每单位质量的汽化的潜热；k_B 为玻尔兹曼常数；M 为原子质量；V_0 为一个恒量，它的值是在凝结相中声速的量级；N_a 为阿伏伽德罗常数。采用傅里叶微分方程，相变过程可以写为

$$\rho(T)\frac{\partial}{\partial t}\int_{T_0}^{T} c(T)\,dT = \frac{\partial}{\partial x}\left[k(T)\frac{\partial T}{\partial x}\right] + \frac{\partial}{\partial y}\left[k(T)\frac{\partial T}{\partial y}\right] + \frac{\partial}{\partial z}\left[k(T)\frac{\partial T}{\partial z}\right] + \\ [\rho(T)c(T)]V\frac{\partial T}{\partial z} + Q \tag{7.244}$$

式中：$\rho(T)$ 为工件材料的密度；$c(T)$ 为材料与温度有关的比热；$k(T)$ 为与温度有关的热导率；V 为退行速率，这是液体-蒸气界面的速率；$T=T(x,y,z)$ 为在材料中与时间相关的三维分布，t 为时间；T_0 为初始温度；x、y、z 为空间坐标。

$Q = Q(x,y,z,t)$ 为每单位时间每单位体积施加在固体上的热，由式(7.179)定义，取决于激光脉冲参数和受辐照的目标材料的光学特性。

Sparks[54]已经在式(7.151)中定义了作为表面温度的一个线性函数的材料吸收系数。由于实际的原因，假设吸收因子 A 为 1。A 与温度的相关性是由于事实上 A 正比于电子-声子碰撞频率，进而正比于晶格的温度。

表面的退行速率可以由在受辐照工件的自由表面处能量的平衡来表述，在这种情况下，在自由表面上的能量流可以写为

$$I_0 = \rho(T)V[c(T)T_s - H_v] \tag{7.245}$$

式中：

$$I_0 = I_{max}(1-R) \tag{7.246}$$

T_s 为表面温度；H_v 为汽化的潜热；R 为表面反射率。重新排列式(7.245)得到

$$V = \frac{I_0}{\rho(T)[c(T)T_s - H_v]} \tag{7.247}$$

对于金属和某些应用，在温度高于 Debye 温度时，可以假设 $k(T)$、$\rho(T)$ 和 $c(T)$ 不随温度显著变化。

因此，假设在一个特定的时间间隔内有恒定的比热和热导率，式(7.244)可以简化为

$$\rho c \frac{\partial T}{\partial t} = k\left(\frac{\partial^2 T}{\partial z^2}\right) + \rho c V \frac{\partial T}{\partial z} + \qquad (7.248)$$
$$I_{\max}(x,y,t)_{z=0}(1-R)\mu e^{-(\mu z + \beta t)}$$

应当注意,峰值功率强度 $I_{\max}$ 不随着时间变化。由于表面温度是与时间相关的,退行速率随着时间变化。这一结果是式(7.247)的非线性形式,不能采用拉普拉斯变换方法解析求解。

对于一个已知的表面温度,有一个唯一的退行速率值,因此可以采用迭代方法来解析求解式(7.248)。在我们的情况下,保持式(7.247)中的退行速率恒定使我们能解析地确定表面温度,而且在得到了表面温度后,可以采用式(7.247)来计算退行速率。这一程序可以重复,直到表面温度和退行速率收敛到正确的结果。重新编排式(7.248)得到

$$\frac{\partial^2 T}{\partial z^2} + \frac{V}{\kappa}\frac{\partial T}{\partial z} + \frac{\mu I_0}{k}e^{-\beta t}e^{-\mu z} = \frac{1}{\kappa}\frac{\partial T}{\partial t} \qquad (7.249)$$

式中:热扩散率 $\kappa = \dfrac{k}{\rho c}$,边界条件为

$$\begin{cases} \left.\dfrac{\partial T}{\partial t}\right|_{z=0} = \dfrac{\rho V L}{k} \\ T(z,t)\mid_{z\to\infty} = 0 \\ T(z,t)\mid_{t=0} = 0 \end{cases} \qquad (7.250)$$

我们可以应用拉普拉斯变换

$$\overline{T}(z,s) = \int_0^\infty T(z,t)\,e^{-st}\,dt \qquad (7.251)$$

式(7.249)相对于 t 进行拉普拉斯变换,并代入式(7.250)的边界条件,得到

$$\frac{\partial^2 \overline{T}(z,s)}{\partial z^2} + \frac{V}{\kappa}\frac{\partial \overline{T}(z,s)}{\partial z} - \frac{s}{\kappa}\overline{T}(z,s) = -\frac{I_0\mu}{k(s+\beta)}e^{(-\mu z)} \qquad (7.252)$$

式中:$\overline{T}(z,s)$ 和 s 为拉普拉斯平面内的变换变量,有一个包括互补的(齐次的)和特殊的(非齐次)部分的解

$$\overline{T}(z,s) = \overline{T}(z,s)_c + \overline{T}(z,s)_p \qquad (7.253)$$

式(7.253)的齐次部分 $\overline{T}(z,s)_c$ 为

$$\frac{\partial^2 \overline{T}(z,s)}{\partial z^2} + \frac{V}{\kappa}\frac{\partial \overline{T}(z,s)}{\partial z} - \frac{s}{\kappa}\overline{T}(z,s) = 0 \qquad (7.254)$$

齐次解的特征或辅助方程可以写为

$$r^2 + \frac{V}{\kappa}r - \frac{s}{\kappa} = 0 \tag{7.255}$$

式(7.255)有两个有差别的根，即

$$r_{1,2} = -\frac{V}{2\kappa} \pm \frac{\sqrt{V^2 + 4s\kappa}}{2\kappa} \tag{7.256}$$

由式(7.255)得到的齐次解为

$$\overline{T}(z,s)_c = c_1 e^{r_1 z} + c_2 e^{r_2 z} \tag{7.257}$$

或

$$\overline{T}(z,s)_c = e^{-\frac{V}{2\kappa}z} \left[c_1 e^{-\left(\frac{\sqrt{V^2+4s\kappa}}{2\kappa}\right)z} + c_2 e^{+\left(\frac{\sqrt{V^2+4s\kappa}}{2\kappa}\right)z} \right] \tag{7.258}$$

对于特殊解，可以得到指数解为

$$\overline{T}(z,s)_p = P_0 e^{-\delta z} \tag{7.259}$$

式中：P_0 为有些任意的恒定的系数。将由式(7.258)给出的 $\overline{T}(z,s)_p$ 代入式(7.252)，得到

$$P_0 \delta^2 e^{-\delta z} - \frac{V}{\kappa} P_0 \delta e^{-\delta z} - \frac{s}{\kappa} P_0 \delta e^{-\delta z} = H_0 e^{-\delta z} \tag{7.260}$$

式中：

$$H_0 = I_0 \frac{1}{(s+\beta)} \frac{\delta}{k} \tag{7.261}$$

$$P_0 = -\frac{H_0 \kappa}{s + V\delta - \kappa\delta^2} \tag{7.262}$$

将式(7.262)代入式(7.259)，并将式(7.258)代入式(7.253)，得到

$$\overline{T}(z,s) = e^{-\frac{V}{2\kappa}z} \left[c_1 e^{-\left(\frac{\sqrt{V^2+4s\kappa}}{2\kappa}\right)} + c_1 e^{-\left(\frac{\sqrt{V^2+4s\kappa}}{2\kappa}\right)} \right] - \frac{H_0 \kappa}{s+V\delta - \kappa\delta^2} e^{-\delta z} \tag{7.263}$$

现在定义

$$V_1 = V\delta - \kappa\delta^2 \tag{7.264}$$

并代入式(7.264)且采用边界式(7.250)，则 $c_2 = 0$，得到

$$\overline{T}(z,s) = c_1 e^{\frac{1}{2\kappa}[V+\sqrt{V^2+4s\kappa}]z} + \frac{I_0 \delta \kappa}{k} \frac{e^{-\delta z}}{(s+\beta)(S+V_1)} \tag{7.265}$$

我们可以在拉普拉斯面中采用式(7.250)的边界条件来计算 c_1，并定义

$$\varpi_1 = \frac{I_0 \delta \kappa}{k} \tag{7.266}$$

$$\frac{\partial \overline{T}(z,s)}{\partial z} = \left\{ -\frac{1}{2\kappa}\left[V+\sqrt{V^2+4s\kappa}\right]c_1 e^{\frac{1}{2\kappa}\left[V+\sqrt{V^2+4s\kappa}\right]z} - \frac{\delta\varpi_1\kappa e^{-\delta z}}{(s+\beta)(S+V_1)}\right\}_{z=0} = \frac{\rho VL}{ks} \quad (7.267)$$

由式(7.267)，有

$$c_1 = -\frac{2\delta\varpi_1\kappa}{(s+\beta)(s+V_1)(V+\sqrt{V^2+4s\kappa})} - \frac{2\kappa\dfrac{\rho VL}{k}}{s(V+\sqrt{V^2+4s\kappa})} \quad (7.268)$$

因此

$$\overline{T}(z,s) = \frac{2\delta\varpi_1\kappa e^{-\frac{1}{2\kappa}\left[V+\sqrt{V^2+4s\kappa}\right]}}{(s+\beta)(s+V_1)(V+\sqrt{V^2+4s\kappa})} + \frac{\varpi_1 e^{-\delta z}}{(s+\beta)(s+V_1)} + \overline{T}_{\text{mm}}(z,s) \quad (7.269)$$

式中：

$$\overline{T}_{\text{mm}}(z,s) = -2\kappa\rho VL\frac{e^{-\frac{1}{2\kappa}\left[V+\sqrt{V^2+4s\kappa}\right]}}{ks(V+\sqrt{V^2+4s\kappa})} \quad (7.270)$$

为了便于未来容易计算，我们定义 $H_1(s)$、$H_2(s)$ 和 $H_3(s)$ 为

$$H_1(s) = \frac{e^{-\frac{1}{2\kappa}\left[V+\sqrt{V^2+4s\kappa}\right]}}{(s+\beta)(s+V_1)(V+\sqrt{V^2+4s\kappa})} \quad (7.271)$$

$$H_2(s) = \frac{1}{(s+\beta)(s+V_1)} = \frac{1}{V_1-\beta}\left[\frac{1}{s+\beta} - \frac{1}{s+V_1}\right] \quad (7.272)$$

$$H_3(s) = \frac{e^{-\frac{1}{2\kappa}\left[V+\sqrt{V^2+4s\kappa}\right]}}{s(V+\sqrt{V^2+4s\kappa})} \quad (7.273)$$

采用这些定义的变量，式(7.269)变为

$$\overline{T}(z,s) = -2\kappa\mu\varpi_1 H_1(s) + \varpi_1 e^{-\mu z}H_2(s) - 2\kappa\frac{\rho VL}{k}H_3(s) \quad (7.274)$$

相应地，式(7.249)的解为

$$T(z,t) = \mathscr{L}^{-1}\{\overline{T}(z,s)\} \quad (7.275)$$

或

$$T(z,t) = -2\kappa\mu\varpi_1\mathscr{L}^{-1}\{H_1(s)\} + \varpi_1 e^{-\mu z}\mathscr{L}^{-1}\{H_2(s)\} - 2\kappa\frac{\rho VL}{k}\mathscr{L}^{-1}\{H_3(s)\}$$

$$(7.276)$$

为了得到函数的逆变换 $\mathscr{L}^{-1}\{H_1(s)\}$ 和 $\mathscr{L}^{-1}\{H_3(s)\}$，我们引入

$$p = V^2+4\kappa s \text{ 或 } dp = 4\kappa ds \text{ 和 } s = \frac{1}{4\kappa}(p-V^2)$$

因此

$$\pounds^{-1}\{H_1(s)\} = \frac{1}{2\pi i}\int_{c-i\infty}^{c+i\infty} e^{ts} H_1(s)\,ds \qquad (7.277)$$

或

$$\pounds^{-1}\{H_1(s)\} = \frac{1}{4\kappa}e^{-\left(\frac{Vz}{2\kappa}+\frac{V^2}{4\kappa}\right)} \frac{1}{2\pi i}\int_{\bar{c}-i\infty}^{\bar{c}+i\infty} \frac{e^{-\left(\frac{Vz}{2\kappa}+\frac{V^2}{4\kappa}\right)}}{\left(\frac{p}{4\kappa}-\frac{V^2}{4\kappa}+\beta\right)\left(\frac{p}{4\kappa}-\frac{V^2}{4\kappa}+\beta\right)(V+\sqrt{p})}\,dp \qquad (7.278)$$

式中

$$\bar{c} = 4\kappa c + V_2 \qquad dp = 4\kappa d\vartheta \qquad (7.279)$$

我们可以再一次进行变换，引入

$$\vartheta = \frac{1}{4\kappa}p \quad \text{或} \quad dp = 4\kappa d\vartheta \qquad (7.280)$$

在繁长的代数运算后，得到

$$\pounds^{-1}\{H_1(s)\} = \frac{1}{4\kappa}e^{-\left(\frac{Vz}{2\kappa}+\frac{V^2}{4\kappa}\right)} \frac{1}{2\pi i}\int_{c-i\infty}^{c+i\infty} \frac{4\kappa e^{-\left(\frac{z\sqrt{s}}{\sqrt{\kappa}}\right)} e^{\vartheta t}}{\left(\vartheta-\frac{V^2}{4\kappa}+V_1\right)(V+2\sqrt{\kappa}\sqrt{s})}\,d\vartheta \qquad (7.281)$$

式中：

$$\hat{c} = \bar{c}/4\kappa \qquad (7.282)$$

因此

$$\pounds^{-1}\{H_1(s)\} = 4\kappa e^{-\frac{V}{2\kappa}\left(z+t\frac{V}{2}\right)} \pounds^{-1}\{H_4(s)\} \qquad (7.283)$$

式中：

$$H_4(s) = \frac{4\kappa e^{-\left(\frac{z\sqrt{s}}{\sqrt{\kappa}}\right)} e^{\vartheta t}}{\left(\vartheta-\frac{V^2}{4\kappa}+\beta\right)\left(\vartheta-\frac{V^2}{4\kappa}+V_1\right)(V+2\sqrt{\kappa}\sqrt{s})} \qquad (7.284)$$

类似地，可以得到 $\pounds^{-1}\{H_3(s)\}$ 为

$$\pounds^{-1}\{H_3(s)\} = 4\kappa e^{-\frac{V}{2\kappa}\left(z+t\frac{V}{2}\right)} \pounds^{-1}\{H_7(s)\} \qquad (7.285)$$

式中：

$$H_7(s) = \frac{e^{-\left(\frac{z\sqrt{s}}{\sqrt{\kappa}}\right)}}{(\sqrt{\kappa}\sqrt{s}-V^2)(2\sqrt{\kappa}s+V)^2} \qquad (7.286)$$

或

$$H_7(s) = \frac{e^{-\left(\frac{z\sqrt{s}}{\sqrt{\kappa}}\right)}}{8\kappa\sqrt{\kappa}(\sqrt{s}-\xi)(\sqrt{s}+\xi)^2} \tag{7.287}$$

式中：

$$\xi = \frac{V}{2\sqrt{\kappa}} \tag{7.288}$$

引入部分分式并重新安排，得到

$$H_7(s) = \frac{1}{8V^2\sqrt{\kappa}}\left[\frac{e^{-\left(\frac{z\sqrt{s}}{\sqrt{\kappa}}\right)}}{(\sqrt{s}-\xi)} - \frac{e^{-\left(\frac{z\sqrt{s}}{\sqrt{\kappa}}\right)}}{(\sqrt{s}+\xi)} - \frac{e^{-\left(\frac{z\sqrt{s}}{\sqrt{\kappa}}\right)}}{\sqrt{\kappa}(\sqrt{s}+\xi)^2}\right] \tag{7.289}$$

从拉普拉斯逆变换注意到

$$\pounds^{-1}\left\{\frac{e^{-k\sqrt{s}}}{\sqrt{s}+s}\right\} = \frac{1}{\sqrt{\pi t}}e^{-\frac{k^2}{2t}} - ae^{ak}e^{a^2 t}\operatorname{erfc}\left(a\sqrt{t}+\frac{k}{2\sqrt{t}}\right) \tag{7.290}$$

式中：误差补函数被定义为

$$\operatorname{erfc}(z) = 1 - \operatorname{erfc}(z) = \frac{2}{\pi}\int_z^\infty e^{-u^2}du \tag{7.291}$$

因此

$$\pounds^{-1}\left\{\frac{e^{-\frac{z}{\sqrt{\kappa}}\sqrt{s}}}{\sqrt{s}-\xi}\right\} = \frac{1}{\sqrt{\pi t}}e^{-\frac{z^2}{2\kappa t}} + \frac{V}{2\sqrt{\kappa}}e^{\frac{V_z}{2\kappa}}e^{\frac{V^2}{4\kappa}t}\operatorname{erfc}\left(\frac{z}{2\sqrt{\kappa t}}+\frac{k}{2\sqrt{\kappa}}\sqrt{t}\right) \tag{7.292}$$

$$\pounds^{-1}\left\{\frac{e^{-\frac{z}{\sqrt{\kappa}}\sqrt{s}}}{\sqrt{s}+\xi}\right\} = \frac{1}{\sqrt{\pi t}}e^{-\frac{z^2}{2\kappa t}} - \frac{V}{2\sqrt{\kappa}}e^{\frac{V_z}{2\kappa}}e^{\frac{V^2}{4\kappa}t}\operatorname{erfc}\left(\frac{z}{2\sqrt{\kappa t}}+\frac{k}{2\sqrt{\kappa}}\sqrt{t}\right) \tag{7.293}$$

令 $\sqrt{s}+\xi = \sqrt{p}$，并采用逆拉普拉斯积分的定义，$\pounds^{-1}\left\{\dfrac{e^{-\frac{z}{\sqrt{\kappa}}\sqrt{s}}}{\sqrt{s}+\xi}\right\}$ 变为

$$\pounds^{-1}\left\{\frac{e^{-\frac{z}{\sqrt{\kappa}}\sqrt{s}}}{\sqrt{s}+\xi}\right\} = \frac{1}{\sqrt{\pi t}}e^{-\frac{z^2}{2\kappa t}}e^{\frac{V^2}{2\kappa t}}\operatorname{erfc}\left(\frac{z\sqrt{t}}{2\sqrt{\kappa}}+\frac{z}{2\sqrt{\kappa t}}\right)\left(1+\frac{Vz}{2\kappa}+\frac{V^2 t}{2\kappa}\right) - \frac{V\sqrt{t}}{\sqrt{\pi\kappa}}e^{-\frac{z^2}{4\kappa t}} \tag{7.294}$$

采用式(7.292)~式(7.294)，在简化之后，$H_3(s)$ 的逆拉普拉斯变换变为

$$\pounds^{-1}\{H_3(s)\} = \frac{1}{16\kappa V}\left[e^{\frac{V_z}{\kappa}}\operatorname{erfc}\left(\frac{z-Vt}{2\sqrt{\kappa t}}\right) - \left(1+\frac{Vz}{\kappa}+\frac{V^2 t}{\kappa}\right)\operatorname{erfc}\left(\frac{z+Vt}{2\sqrt{\kappa t}}\right)\right] + \frac{\sqrt{t}}{8\kappa\sqrt{\pi\kappa}}e^{-\frac{(z+Vt)z}{4\kappa t}} \tag{7.295}$$

令 $w_2^2 = \dfrac{V^2}{4\kappa}$，$k_1 = \dfrac{z}{\sqrt{\kappa}}$，$w_3^2 = \dfrac{V^2}{4\kappa} - V_1$ 和 $w_4 = \dfrac{V}{2\sqrt{\kappa}}$，则 $H_4(s)$ 变为

$$H_4(s) = \dfrac{1}{((\sqrt{s})^2 - w_2^2)((\sqrt{s})^2 - w_3^2)((\sqrt{s}) - w_4)} \dfrac{1}{2\sqrt{\kappa}} e^{-(k_1\sqrt{s})} \quad (7.296)$$

在采用部分分式展开后，$H_4(s)$ 变为

$$H_4(s) = \left[\dfrac{D_1}{(\sqrt{s} - w_2)} + \dfrac{D_2}{(\sqrt{s} - w_2)} \dfrac{D_3}{(\sqrt{s} - w_3)} \dfrac{D_4}{(\sqrt{s} - w_3)} + \dfrac{D_5}{(\sqrt{s} - w_4)} \right] \dfrac{1}{2\sqrt{\kappa}} e^{-(k_1\sqrt{s})}$$

$$(7.297)$$

式中：

$$D_1 = \dfrac{1}{2w_2(w_2^2 - w_3^2)(w_2 + w_4)} \quad (7.298)$$

$$D_2 = \dfrac{1}{2w_2(w_2^2 - w_3^2)(-w_2 + w_4)} \quad (7.299)$$

$$D_3 = \dfrac{1}{2w_3(w_3^2 - w_2^2)(w_3 + w_4)} \quad (7.300)$$

$$D_4 = \dfrac{1}{2w_3(w_3^2 - w_2^2)(-w_2 + w_4)} \quad (7.301)$$

$$D_5 = \dfrac{1}{(w_4^2 - w_2^2)(w_4^2 + w_3^2)} \quad (7.302)$$

在将式（7.298）~式（7.302）代入式（7.297）之后，拉普拉斯逆变换 $\pounds^{-1}\{H_4(s)\}$ 可以写为

$$\pounds^{-1}\{H_4(s)\} = \dfrac{1}{2\sqrt{\kappa}} \left\{ \begin{array}{l} D_1\left[\left(\dfrac{1}{\sqrt{\pi t}}\right)e^{-\frac{k_1^2}{4t}} + w_2 e^{-w_2 k_1} e^{w_2^2 t}\, \text{erfc}\left(-w_2 t + \dfrac{k_1}{2\sqrt{t}}\right)\right] + \\[2mm] D_2\left[\left(\dfrac{1}{\sqrt{\pi t}}\right)e^{-\frac{k_1^2}{4t}} - w_2 e^{-w_2 k_1} e^{w_2^2 t}\, \text{erfc}\left(w_2 t + \dfrac{k_1}{2\sqrt{t}}\right)\right] + \\[2mm] D_3\left[\left(\dfrac{1}{\sqrt{\pi t}}\right)e^{-\frac{k_1^2}{4t}} + w_3 e^{-w_3 k_1} e^{w_3^2 t}\, \text{erfc}\left(-w_3 t + \dfrac{k_1}{2\sqrt{t}}\right)\right] + \\[2mm] D_4\left[\left(\dfrac{1}{\sqrt{\pi t}}\right)e^{-\frac{k_1^2}{4t}} + w_2 e^{-w_3 k_1} e^{w_3^2 t}\, \text{erfc}\left(w_3 t + \dfrac{k_1}{2\sqrt{t}}\right)\right] + \\[2mm] D_5\left[\left(\dfrac{1}{\sqrt{\pi t}}\right)e^{-\frac{k_1^2}{4t}} + w_4 e^{-w_4 k_1} e^{w_4^2 t}\, \text{erfc}\left(w_4 t + \dfrac{k_1}{2\sqrt{t}}\right)\right] \end{array} \right\}$$

$$(7.303)$$

然而，由式(7.275)知道 $T(z,t)$ 可以写为

$$T(z,t) = \mathcal{L}^{-1}\{\overline{T}(z,s)\}$$
$$= -2\kappa\mu\varpi_1 e^{-\frac{V}{2\kappa}\left[z+\frac{V}{2\kappa}t\right]} \mathcal{L}^{-1}\{H_4(s)\} + \varpi_1 e^{-\mu z} \mathcal{L}^{-1}\{H_2(s)\} - \quad (7.304)$$
$$8\kappa^2 \frac{\rho V L}{\kappa} \mathcal{L}^{-1}\{H_3(s)\}$$

注意：

$$\mathcal{L}^{-1}\{H_2(s)\} = \frac{1}{V_1-\beta}(e^{-\beta t} - e^{-V_1 t}) \quad (7.305)$$

将式(7.298)~式(7.302)代入式(7.303)，得到

$$T(z,t) = \frac{\kappa\mu\varpi}{\sqrt{\kappa}} e^{-\frac{V}{2\kappa}\left(z+\frac{V}{2}t\right)} \begin{cases} \frac{1}{\sqrt{\pi t}} e^{-\frac{k_1^2}{4t}}[D_1+D_2+D_3+D_4] \\ D_1\left[w_2 e^{-w_2 k_1} e^{w_2^2 t} \operatorname{erfc}\left(-w_2\sqrt{t}+\frac{k_1}{2\sqrt{t}}\right)\right] + \\ D_2\left[w_2 e^{-w_2 k_1} e^{w_2^2 t} \operatorname{erfc}\left(w_2\sqrt{t}+\frac{k_1}{2\sqrt{t}}\right)\right] + \\ D_3\left[w_3 e^{-w_3 k_1} e^{w_3^2 t} \operatorname{erfc}\left(-w_3\sqrt{t}+\frac{k_1}{2\sqrt{t}}\right)\right] + \\ D_4\left[-w_3 e^{-w_3 k_1} e^{w_3^2 t} \operatorname{erfc}\left(w_3\sqrt{t}+\frac{k_1}{2\sqrt{t}}\right)\right] + \\ D_5\left[-w_4 e^{-w_4 k_1} e^{w_4^2 t} \operatorname{erfc}\left(w_4\sqrt{t}+\frac{k_1}{2\sqrt{t}}\right)\right] + \\ \frac{\varpi_1}{V_1-\beta} e^{-\mu z}[e^{-\beta t} - e^{-V_1 t}] \end{cases} - \quad (7.306)$$

$$\frac{\alpha\kappa L}{2k} e^{-\frac{V_2}{\kappa}} \operatorname{erfc}\left(\frac{z-Vt}{2\sqrt{\kappa t}}\right) - \left[\left(1+\frac{Vz}{\kappa}+\frac{V^2 t}{\kappa}\right)\operatorname{erfc}\left(\frac{z+Vt}{2\sqrt{\kappa t}}\right)\right] -$$

$$\frac{\rho V L \sqrt{\kappa t}}{k\sqrt{\pi}} e^{-\frac{(z+Vt)}{4\kappa t}}$$

知道 $D_1+D_2+D_3+D_4+D_5=0$，式(7.306)变为

$$T(z,t) = \sqrt{\kappa}\mu\varpi_1 e^{-\frac{V}{2\kappa}\left(z+\frac{V}{2}t\right)} \times$$

$$\left\{\begin{array}{l}\dfrac{e^{w_2^2 t}}{2(w_2^2-w_3^2)}\left[e^{-w_2 k_1}\dfrac{\mathrm{erfc}\left(w_2\sqrt{t}+\dfrac{k_1}{2\sqrt{t}}\right)}{w_2+w_4}+e^{-w_2 k_1}\dfrac{\mathrm{erfc}\left(w_2\sqrt{t}+\dfrac{k_1}{2\sqrt{t}}\right)}{w_4-w_2}\right]+\\[2mm]\dfrac{e^{w_3^2 t}}{2(w_3^2-w_2^2)}\left[e^{-w_3 k_1}\dfrac{\mathrm{erfc}\left(w_3\sqrt{t}+\dfrac{k_1}{2\sqrt{t}}\right)}{w_3+w_4}+e^{-w_3 k_1}\dfrac{\mathrm{erfc}\left(w_3\sqrt{t}+\dfrac{k_1}{2\sqrt{t}}\right)}{w_4-w_3}\right]+\\[2mm]D_5 w_4 e^{w_4^2 k_1}\mathrm{erfc}\left(w_4\sqrt{t}+\dfrac{k_1}{2\sqrt{t}}\right)\end{array}\right\}+$$

$$\dfrac{\varpi_1}{V_1-\beta}e^{-\mu z}\left[e^{-\beta t}-e^{-V_1 t}\right]-\dfrac{\alpha\kappa L}{2k}e^{\frac{Vz}{\kappa}}\mathrm{erfc}\left(\dfrac{z-Vt}{2\sqrt{\kappa t}}\right)-$$

$$\left[\left(1+\dfrac{Vz}{\kappa}+\dfrac{V^2 t}{\kappa}\right)\mathrm{erfc}\left(\dfrac{z+Vt}{2\sqrt{\kappa t}}\right)\right]-\dfrac{\rho VL}{\kappa}\dfrac{\sqrt{\kappa t}}{\sqrt{\pi}}e^{-\frac{(z+Vt)^2}{4\kappa t}} \quad (7.307)$$

为了得到式(7.307)的图形表示，让我们定义以下的变量，并将在后面在 MathCAD 程序中使用。

$$i=0\cdots N \quad z_i=\dfrac{h_t i}{N} \quad (7.308)$$

$$j=0\cdots L \quad t_j=\dfrac{\tau j}{L} \quad (7.309)$$

$$\tau_j=\kappa\mu^2 t \quad (7.310)$$

$$V^0=\dfrac{V}{\kappa\mu}\text{ 或 }V^0=1+\dfrac{V_1}{\kappa\mu^2} \quad (7.311)$$

$$\beta^0=\dfrac{1}{\kappa\mu^2}\beta \quad (7.312)$$

$$w_2=\dfrac{V^0}{4\kappa}-\beta^0 \quad (7.313)$$

$$w^3=\left(\dfrac{V^0-2}{2}\right)\kappa\mu^2 \quad (7.314)$$

$$w^4=\dfrac{V^0}{2}\sqrt{\kappa\mu} \quad (7.315)$$

$$D_5=\dfrac{1}{\beta^0(V^0-1)(\kappa\mu^2)^2}\text{ 或 }D_5=\dfrac{1}{\beta V_1} \quad (7.316)$$

可以采用 MathCAD 程序来完成计算，因此我们的函数 $T(z,t)$ 可以用 T_{ij} 的公式表示，并通过代替上述参数，我们可以得到

$$T_{i,j}(z,t) = \frac{-I_{\max}}{k\mu} \exp\left[\frac{-V^{0^2}}{2}\left(z_d - \frac{V^0}{2}\tau_t\right)\right] \times \left\{\frac{\exp\left[\frac{V^{0^2}}{4}(V^0-1)\right]t_j}{[V^0-(1+\beta^0)]}\right.$$

$$\left.\frac{\exp\left[\left[\frac{V^{0^2}}{4}-(V^0-1)\right]t_j\right]}{[V^0-(1+\beta^0)]}\left[\exp\left[-\left(\sqrt{\frac{V^0}{4}}-\beta\right)\right]z_i\frac{1-\mathrm{erf}\left[-\sqrt{\left(\frac{V^{0^2}}{4}-\beta^0\right)}\right]t_j}{\sqrt{V^{0^2}-\beta^0}+V^0}+\frac{z_i}{2\sqrt{t_j}}+\right.\right.$$

$$\left.\exp\left[\left(\sqrt{\frac{V^{0^2}}{4}}-\beta^0\right)z_i\right]\frac{1-\mathrm{erf}\left[\sqrt{\left(\frac{V^{0^2}}{4}-\beta^0\right)}t_j+\frac{z_i}{2\sqrt{t_j}}\right]}{(V^0-\sqrt{V^{0^2}-\beta^0})}\right]+$$

$$\frac{\exp\left[\left[\frac{V^{0^2}}{4}-(V^0-1)\right]t_j\right]}{[\beta^0-(V^0-1)]}\left[\exp\left[\left(\sqrt{\frac{V^{0^2}}{4}}-(V^0-1)\right)\right]\frac{1-\mathrm{erf}\left[-\sqrt{\left(\frac{V^{0^2}}{4}-(V^0-1)\right)}t_j+\frac{z_i}{2\sqrt{t_j}}\right]}{\sqrt{V^{0^2}-4(V^0-1)}+V^0}+\right.$$

$$\left.\exp\left[\left(\sqrt{\frac{V^{0^2}}{4}}-(V^0-1)\right)\right]\frac{1-\mathrm{erf}\left[\sqrt{\left(\frac{V^{0^2}}{4}-(V^0-1)\right)}t_j+\frac{z_i}{2\sqrt{t_j}}\right]}{-\sqrt{V^{0^2}-4(V^0-1)}+V^0}+\right.$$

$$\left.\frac{-1}{2\beta^0(V^0-1)}\exp\left[\frac{V^{0^2}}{4}t_j\right]\exp\left[\frac{V^0}{2}(z_i)\right]\left(1-\mathrm{erf}\left(\frac{V^0}{2}t_j+\frac{z_i}{2\sqrt{t_j}}\right)\right)\right]$$

$$\frac{\kappa\rho L}{2k}\left[\begin{array}{l}e^{V^0 z_i}\left(1-\mathrm{erf}\left(\frac{z_i-V^0 t_j}{2\sqrt{t_j}}\right)\right)-(1+V^0 z_1+V^{0^2}t_j)\left(1-\mathrm{erf}\left(\frac{z_i+V^0 t_j}{2\sqrt{t_j}}\right)\right)\\ +\frac{2V^0 t_j}{\sqrt{\pi}}\exp\left[-\left(\frac{V^{0^2}}{4\tau_i}-\frac{V^0 z_i}{2}+\frac{V^{0^2}t_j}{4}\right)\right]\end{array}\right]$$

$$\left[\frac{I_{\max}}{k\mu(V^0-1)-\beta_0}e^{-z_i}[\exp(e^{-\beta^0 t_j}-e^{-(V^0-1)t_j})]\right]$$

$$\tag{7.317}$$

$$E_{1_{i,j}} = \sqrt{\left(\frac{V^{0^2}}{4}-\beta^0\right)t_j + \frac{z_i}{2\sqrt{t_j}}} \tag{7.318}$$

$$E_{2_{i,j}} = \sqrt{\left[\frac{V^{0^2}}{4}-(V^0-1)\right]t_j + \frac{z_i}{2\sqrt{t_j}}} \tag{7.319}$$

$$E_{3_{i,j}} = \sqrt{V^{0^2}-4(V^0-1)} \tag{7.320}$$

$$E_{4_{i,j}} = e^{-\left[\sqrt{\frac{V^{0^2}}{4}-(V^0-1)}\right]z_1} \tag{7.321}$$

$$E_{5_{i,j}} = e^{-\left[\sqrt{(\frac{V^{0^2}}{4}-\beta^0)}\right]z_1} \tag{7.322}$$

$$E_{6_{i,j}} = \frac{V_0}{2}t_j + \frac{z_i}{2\sqrt{t_j}} \tag{7.323}$$

$$E_{7_{i,j}} = \frac{z_i + V^0 t_j}{2\sqrt{t_j}} \tag{7.324}$$

$$E_{8_{i,j}} = \frac{V^{0^2}}{4} - (V^0-1) \tag{7.325}$$

$$T(z,t) = \frac{-I_{\max}}{k\mu}\exp\left[\frac{-V^{0^2}}{2}\left(z_d - \frac{V^0}{2}\tau_t\right)\right] \times$$

$$\left[\frac{\exp(E_{8d,t})\tau_t}{[V^0-(1+\beta^0)]}\left[E_{5d,t}\frac{1-\mathrm{erf}(-\mathrm{Re}(E_{1d,t}))}{\sqrt{V^{0^2}-\beta^2}+V^0} + E_{5d,j}\frac{1-\mathrm{erf}(-\mathrm{Re}(E_{1d,t}))}{V^0-\sqrt{V^{0^2}-\beta^0}}\right]+\right.$$

$$\frac{e^{E_{8d,s}\tau_t}}{[\beta^0-(V^0-1)]}\left[E_{4d,t}\frac{1-\mathrm{erf}(-E_{2d,t})}{E_{3d,t}+V^0} + E_{4d,t}\frac{1-\mathrm{erf}(-E_{2d,t})}{-E_{3d,t}+V^0}\right]-$$

$$\frac{1}{2\beta^0(V^0-1)}\exp\left[\frac{V^{0^2}}{4}\tau_t\right]\exp\left[\frac{V^0}{2}z_d\right](1-\mathrm{erf}(E_{6d,t})) -$$

$$\frac{\kappa\rho L}{2k}\left[\begin{array}{l}e^{-V^0 z_d}\left(1-\mathrm{erf}\left(\frac{z_d-V^0\tau_t}{2\sqrt{\tau_t}}\right)\right)\\-(1-V^0 z_d + V^{0^2}\tau_t)(1-\mathrm{erf}(E_{7d,t}))\end{array}\right] +$$

$$\frac{2V^0\tau_t}{\sqrt{\pi}}\exp\left[-\left(\frac{V^{0^2}}{4\tau_t} - \frac{V^0 z_d}{2} + \frac{V^{0^2}\tau_t}{4}\right)\right] +$$

$$\left.\left[\frac{I_0}{k\mu}\frac{1}{(V^0-1)-\beta^0}\exp[-z_d(e^{-\beta^0\tau_t}-e^{-(V^0-1)\tau_t})]\right]\right.$$

$$\tag{7.326}$$

图 7.56 给出了相对于工件的深度和温度的温度分布,其中汽化表面的退行速度被估计为 33m/s。

图 7.56 给出了闭式解被限制在表面的烧蚀,没有考虑等离子体的形成和受辐照的工件喷溅的液体。

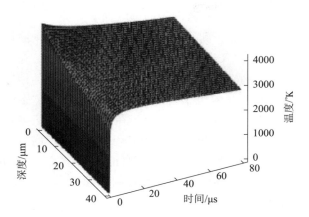

图7.56 工件的温度分布，考虑到采用式(7.326)计算的蒸发传递情况(见彩图)

在衬底材料表面附近的温度梯度相对于在表面以下一定深度的温度梯度有相对低的值，在这种情况下，在这一区域，与由于温度梯度噪声的衬底材料块表面附近的扩散热传递相比，由于吸收激光光束能量获得的内能变得更加重要。随着加热过程的推进，最小温度梯度点移向衬底材料的固体块。

在低于最小温度梯度点的区域，扩散能量的传输在衬底材料的内部起着重要的作用。

随着 β^0 的增大，功率密度有大的变化，然而，在表面区域温度的幅度没有显著的变化，这是因为汽化率随着能量密度的增大而增大。相应地，在表面处的对流边界条件抑制了高能量密度时在表面附近的温度升高。

7.9.1.7 采用动力学理论方法得到的热传递方程的解析解

本节通过考虑在本章后面的7.10节描述的傅里叶传导和电子-声子动力学理论方法来分析脉冲激光加热过程，介绍了一维动力学理论方法。更具体地说，本节聚焦于推导主导着高斯激光光束与材料相互作用的方程，这些方程的解析解是基于傅里叶热传导理论和采用拉普拉斯积分变换方法的动力学理论方法得到的。在本章的7.10节比较中采用傅里叶理论的解析解和动力学理论方法的闭式解，对根据动力学理论预测的加热的材料的温度分布与采用傅里叶理论得到的结果进行了比较。

与激光光束和材料相互作用相关的最有理论性的工作是基于利用傅里叶理论导出的经典热传导方程的解。业已证明，由于在该理论中做了一些假设，热传导的傅里叶理论不完全适用于短脉冲激光加热。

这些假设包括：

(1) 假设材料是连续的和均匀的。

（2）跨任何面的热流仅与在该面处的温度梯度有关。

第一个假设对于小于原子间间隔的距离不成立，第二个假设仅有在考虑到跨等热面的所有能量时才是成立的。

由于受激的电子和晶格处原子之间的碰撞产生金属中的传导。在衬底中的电子运动是随机的，这意味着电子从表面运动到体内，以及从体内运动到表面。此外，传递到晶格处能量的数量取决于在一个特定的区域内的电子能量分布。基于动力学理论考虑，Harrington（1967）证明，假定在这一距离上 $\partial T/\partial z$ 是恒定的，在 5 倍于电子平均自由路径内的电子贡献了总的能量传输的 98.5%。相应地，$q=-k(\partial T/\partial z)$ 的应用被限制在超过电子平均自由路径的 10 倍的面上，试图产生傅里叶方程。

此外，金属的吸收深度是 10 倍电子平均自由路径的量级，因此在空间增量($\Delta z \geq 10\lambda$)内，梯度 $\partial T/\partial z$ 不是均匀的，λ 是电子平均自由路径。在这种情况下，在傅里叶加热模型中被忽略的更高阶的梯度($\partial^3 T/\partial^3 z$)变得重要起来，傅里叶加热模型的有效性就成了问题。因此，有必要在微观尺度上分析激光导致的传导热。

在激光加热中，傅里叶方程的适用性被限制在采用较低功率的激光强度的情况[56]。

这是由于以下事实：

（1）在傅里叶热传导模型的分析中，通过一个给定平面的热流，看作是在该平面上的温度空间梯度的一个函数，这取决于在两个相继的、小间距的平面间温度梯度几乎保持恒定的假设。这些平面之间的距离是有限的，因此，在高功率激光强度下，被忽略的高阶项产生的误差变得重要起来。

（2）通过一个给定平面的热流取决于在材料中电子的能量分布，因此，材料不能看作是一个均匀的连续体。

因此，需要发展一个适于高功率激光加热过程的加热机理的新模型。在这种情况下，考虑到在电子的平均自由路径内的电子能量传输的动能理论可能是合适的。这种模型的基础是由 Yilbas[57]针对一维加热提出的，业已证明，采用这种新的模型做的预测与实验结果很吻合。他采用在金属中的电子运动来描述激光脉冲加热过程，加热过程是基于激发电子和晶格处的原子之间的碰撞产生的动能传递机理建立的。在这种情况下，传递到晶格处的电子的能量导致在碰撞过程中的晶格处振动幅度的增大。

对用于脉冲激光加热过程的傅里叶理论模型与电子动能理论方法进行了比较。对阶跃强度和指数衰减的强度脉冲预测了每种模型的温度场。对这项研究进行了扩展以包括用于高斯强度脉冲的电子动能理论方法。电子动能理论方法是基于电子和声子的运动的。

7.9.2 熔化过程

首先像以前一样考虑半无限薄板被熔化而使金属瞬间消除的情况，如图 7.57 所示。

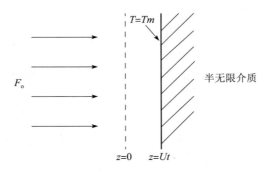

图 7.57　对半无穷的薄板的辐照，使金属瞬间消除

我们通过考虑沿着界面的运动来求解。为此，必须考虑热流方程，即

$$\frac{\partial^2 T(z,t)}{\partial z^2} = \frac{2}{\kappa}\frac{\partial T(z,t)}{\partial z} = 0 \quad (7.327)$$

回想到这是通过注明在一个单位体积内的热的累积率导出的

$$\rho c\frac{\partial T(z,t)}{\partial t} + \frac{\partial}{\partial z}\left(-K\frac{\partial T(z,t)}{\partial z}\right) = 0 \quad (7.328)$$

如果介质是运动的，则有一个以速率 V 流动的附加热量 ρcT，因此 $-K\frac{\partial T}{\partial z}$ 变成了 $-K\frac{\partial T}{\partial z} + V\rho cT$，由于这一结果，得到式（7.329a）

$$\rho c\frac{\partial T(z,t)}{\partial t} + \frac{\partial}{\partial z}\left(-K\frac{\partial T(z,t)}{\partial z} + V\rho cT(z,t)\right) = 0 \quad (7.329a)$$

或，为了简化，我们可以写成

$$\rho c\frac{\partial T}{\partial t} + \frac{\partial}{\partial z}\left(-K\frac{\partial T}{\partial z} + V\rho cT\right) = 0 \quad (7.329b)$$

假设在固体内部不产生热，该方程是成立的。假设 $\kappa = K/\rho c$，则由式（7.329b）得到

$$\frac{\partial T}{\partial t} - \kappa\frac{\partial^2 T}{\partial z^2} + V\frac{\partial T}{\partial z} = 0 \quad (7.330)$$

因此，通过在界面处建立我们的坐标系，并假设材料以相同的速率流动，至少可以找到稳态解，我们称材料流动率为 $-U$（U 是一个负数），其解是

$$T = T_m e^{-Uz'/\kappa} \tag{7.331}$$

式中：κ 为固体的扩散率；T_m 为熔化温度；z' 为距熔化前端的距离，且

$$\frac{\partial T(z',t)}{\partial t} - \kappa \frac{\partial^2 T(z',t)}{\partial z'^2} - U \frac{\partial T(z',t)}{\partial z'} = 0 \tag{7.332}$$

正如我们可以证明的那样，因为这是稳态的剖面，$\partial T/\partial t = 0$，或

$$\kappa \frac{\partial^2 T(z',t)}{\partial z'^2} + U \frac{\partial T(z',t)}{\partial z'} = 0 \tag{7.333}$$

在 $z'=0$ 时，$T=T_m$；当 $z'\to 0$ 时，$T(z',t)\to 0$。通过微分可以证明，式(7.330)是式(7.332)的解。

为了计算 U，采用能量平衡关系。F_0 必须使材料上升到 T_m（它的熔点），并注意到 T_m℃ 是高于环境的，并使材料熔化。因此，在 Δt 时间，进入厚度 $\Delta z'$（其中 $U=\Delta z'/\Delta t$）的能量可表示为

$$\frac{F_0 \Delta t}{\Delta z'} = L\rho + cT_m\rho \tag{7.334a}$$

或

$$F_0 = \rho[L+cT_m]U \tag{7.334b}$$

因此，可以写出稳态温度剖面为

$$T(z',t) = T_m \exp\left\{-\frac{z'}{\kappa}\left[\frac{F_0}{\rho(L+cT_m)}\right]\right\} \tag{7.335}$$

升华的定义：升华是固体不通过液态直接转化为气态的一个物理过程。在一个特定的温度下，升华的潜热是将单位质量的固体转化为气体需要的热量。例如，当冰升华为蒸汽时，在 0℃ 时所需的热量估计是等于 2838kJ/kg，这是在 0℃ 时冰的升华的潜热。在空气中冰和雪的晶体生长时，这一过程起着重要的作用，如图 7.58 所示。

这一过程与沉积过程相反。还应当记住，当一个物质从一种状态转换为另一种状态时，按照定义，在这一过程中增加或释放潜热。

式(7.335)中：$F_0/[\rho(L+cT_m)]$ 为熔化的前端的速率，这一解对于升华是适当的，此时 L 为升华的潜热，T_m 为升华温度。注意：这是半无穷薄板近似，不能用于估计穿透一个给定厚度的板的时间。

让我们考虑铝，$F_0=200\text{W}/\text{cm}^2$。取比以前的例子中更精确的熔点值（实际的熔点 660℃ 减去 20℃ 的室温）。如果我们加入其他参数值，T 将下降，如图 7.59 所示。

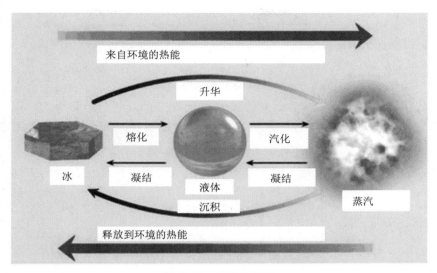

图 7.58 潜热的描述

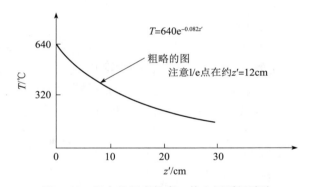

图 7.59 铝中的温度轮廓，使金属瞬间消除

作为另外一个例子，考虑有机玻璃。有机玻璃被 $10.6\mu m$ 的激光辐照快速烧蚀，这实质上是由升华过程烧蚀的。因为它耦合得非常好($A \approx 1.0$)，并有非常低的热扩散率($\kappa \approx 10^{-4} cm/s^2$)，它可以用于产生光束的"燃烧模式"，即，在给定点的烧蚀深度与在该点的入射能量密度成正比。我们可以通过采用热流概念理解，让我们采用式(7.330)，并将 L 解释为烧蚀热。因为 $c \approx J/(g \cdot ℃)$ 且 $T_m = 200℃$，$L \approx 1000 J/g$，对于一个粗略的计算，我们可以忽略 cT_m，密度为大约 $1.1 g/cm^3$，则有

$$T(z',t) \approx 200 e^{-9F_0 z'} \tag{7.336}$$

因为 $A \approx 1.0$，对于一个典型的功率密度(如 $5 kW/cm^2$)，有 $F_0 = 5 \times 10^3$，因此

$$T \approx 200 e^{-4.5 \times 10^4 z'} \tag{7.337}$$

温度剖面被限定在接近于烧蚀表面的一个非常窄的区域内,由式(7.334b)(忽略 cT_m),烧蚀率为

$$U \approx 4.5 \text{cm/s} \tag{7.338}$$

现在我们可以看出为什么有机玻璃对于监控光束剖面是有用的,以及为什么它可以提取光束中的非常精细的结构。在辐照时间 t 后,穿透深度为 $Ut = (F_0 t)/(\rho L)$,如果要使燃烧痕迹能揭示精细结构,与热扩散长度 $D = 2\sqrt{\kappa t}$ 相比,穿透深度 v_t 应当是大的。否则,热扩散将通过使能量在径向方向分布而"冲掉"图案。因此

$$2\sqrt{\kappa t} \ll \frac{F_0 t}{\rho L} \tag{7.339}$$

对于上面在 $t = 1/4$ s 时我们采用的数值,有 1cm 的深度,因此

$$2\sqrt{10^{-4} \times \frac{1}{4}} = 0.1\text{mm} \ll 1\text{cm} \tag{7.340}$$

我们可以看到满足准则。

让我们看一个称为采用激光辐照熔化一个材料薄板的更完整的问题。一个基本的问题是对熔化的材料发生了什么(现在我们忽略汽化问题),有两种情况非常满足数值解,它们是:①"完全保留的液体"情况,所有的液体都得到保留;②材料很快就消失的"完全烧蚀"情况。后一种情况可能对应于由于存在大的风流,将熔化的材料吹走了。

首先看完全烧蚀情况,如图 7.60 所示。T_2 是固体中的温度,在 $z=0$ 处的前端面首先被加热到熔点 T_m(高于环境温度),然后开始移到右端。S 表示作为时间的函数的位置。当 $S = l$ 时,过程已经结束,这一时间称为 t_f。把前端面开始熔化的时间定义为 t_m,场方程为

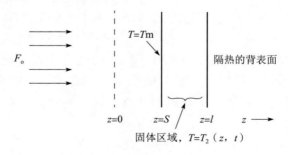

图 7.60 完全烧蚀的情况

对于 $0 \leq t \leq t_f$, $\dfrac{\partial^2 T_2}{\partial z^2} - \dfrac{1}{\kappa_2}\dfrac{\partial T_2}{\partial t} = 0$ (7.341)

边界条件为

对于 $0 \leq t \leq t_m$, $K_2 \dfrac{\partial T_2}{\partial z}\bigg|_{z=0} = -F_0$ (7.342)

对于 $t_m \leq t \leq t_f$, $K_2 \dfrac{\partial T_2}{\partial z}\bigg|_{z=S} = -F_0 + \rho L \dfrac{\mathrm{d}S}{\mathrm{d}t}$ (7.343)

对于 $0 \leq t \leq t_f$, $K_2 \dfrac{\partial T_2}{\partial z}\bigg|_{z=l} = 0$ (7.344)

$T_2(z, 0) = T_{20}$

$S\big|_{t \leq t_m} = 0$ (7.345)

上述边界条件是非线性的，解析形式的解是非常困难的，这是由于存在运动的边界，且出现在第二个边界条件中，这表明边界以由熔化的热量、热输入 F_0 和由热传导传递的热流决定的速率 $\mathrm{d}S/\mathrm{d}t$ 运动。

对于这一问题，必须保持一个关系：满足能量平衡。在单位面积内输入的总的能量是 $F_0 t_f$，因为材料被加热到 T_m 并被熔化，这一能量完全用于这一过程，因此

$$F_0 t_f = \rho(L + cT_m)$$ (7.346)

因为可以检查数值解，这是方便的。更重要的是，它给出了通过激光辐照使材料熔化需要的时间的一阶估计。

现在转到完全保留液体的情况，我们有以下的方程组，定义与上面的相同，只是下标 1 现在指熔化状态，下标 2 是固体状态（图 7.61），场方程为

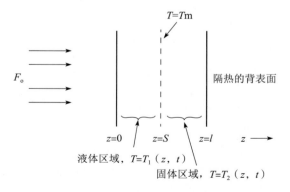

图 7.61 液体完全保留的情况

对于 $0 \leqslant t \leqslant t_f$(固体), $\dfrac{\partial^2 T_2}{\partial z^2} - \dfrac{1}{\kappa_2}\dfrac{\partial T_2}{\partial t} = 0$ (7.347a)

对于 $t_m \leqslant t \leqslant t_f$(液体), $\dfrac{\partial^2 T_1}{\partial z^2} - \dfrac{1}{\kappa_1}\dfrac{\partial T_1}{\partial t} = 0$ (7.347b)

边界条件是

对于 $0 \leqslant t \leqslant t_m, K_2 \dfrac{\partial T_2}{\partial z}\bigg|_{z=0} = -F_0$ (7.348a)

对于 $0 \leqslant t \leqslant t_f, K_1 \dfrac{\partial T_1}{\partial z}\bigg|_{z=0} = -F_0$ (7.348b)

对于 $t_m \leqslant t \leqslant t_f, K_1 \dfrac{\partial T_1}{\partial z}\bigg|_{z=S} - K_2 \dfrac{\partial T_2}{\partial z}\bigg|_{z=S} = -\rho L \dfrac{dS}{dt}$ (7.348c)

对于 $0 \leqslant t \leqslant t_f, K_2 \dfrac{\partial T_2}{\partial z}\bigg|_{z=i} = 0$ (7.348d)

对于 $t_m \leqslant t \leqslant t_f, T_2\big|_{z=S} = T_1\big|_{z=S} = T_m$ (7.348e)

初始条件为

$$T_2(z,0) = T_{20} \quad (7.349a)$$

$$S\big|_{t \leqslant t_m} = 0 \quad (7.349b)$$

这里我们不详细地讨论这一问题,而是转向更实际的但也更复杂的汽化的情况。对于液体完全保留的情况,保留的液体有一种屏蔽效应,这导致后端面到达熔化的时间比在防烧蚀模型中的要长。$F_0 \approx 2\text{kW/cm}^2$ 时熔化 0.2cm 厚的材料需要的典型的时间如表 7.6 所列。

表 7.6 在 $F_0 \approx 2\text{kW/cm}^2$ 的条件下熔穿厚度 0.2cm 的铝和不锈钢材料所需的时间

	烧蚀/s	保留/s
铝	0.32	0.37
不锈钢	4.0	4.5

7.9.3 熔化和汽化

我们现在不加推导地给出对于表面绝热的、受到均匀的、连续的辐照的材料薄板的某些结果[58],这些是一维计算。它假设熔化是完全在内部的,直到达到了汽化温度。这样的情况如图 7.62 所示。

这里 S_2 是液体-气体界面的位置,S_1 是固体-液体界面的位置,这一问题

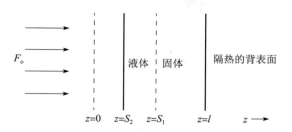

图 7.62 熔化和汽化，液体完全保留

是在海军研究实验室数值求解的[58]，我们给出结果，假设在每个相，热性质是与温度无关的。

在曲线中，定义

$$\alpha \hat{Q} = \frac{F_0 l}{\rho L \kappa_{\text{solid}}} \tag{7.350}$$

$$\tau = \frac{\kappa_{\text{solid}}}{l^2} \tag{7.351}$$

$$\theta = (T - T_m) c_{\text{solid}} / L \tag{7.352}$$

式中：L 为熔化的潜热；下标 0 为环境温度；$\omega = L_v / L$，其中 L_v 为汽化的潜热。

在这些方程中，T 被理解为以摄氏度为单位的，并且表示实际的温度。尽管允许液体和固体的热导率是不同的，假设比热是相同的。

注意，当 $F_0 \to 0$ 和 $F_0 \to \infty$ 时，得到一定的极限。对于 $F_0 \to 0$，没有发生汽化，熔化是小的，我们可以接近完全防烧蚀限。反之，当 $F_0 \to \infty$，所有的液体被汽化，t_f 为后端面被熔化的时间。

因此在这一极限中

对于 $F_0 \to \infty$，$F_0 t_f = \rho l [L + (T_m - T_0) c_{\text{solid}} + (T_v - T_m) c_{\text{liquid}} + L_v]$ (7.353)

式中：

对于 $F_0 \to 0$，$F_0 t_f = \rho l [L + (T_m - T_0) c_{\text{solid}}]$ (7.354)

极限值是由图 7.63~图 7.68 的曲线的渐近线表示的，图 7.65 采用 $\alpha \hat{Q} - \tau$ 曲线上的虚线表示。注意，在这些曲线图上，虚线是 45°的，或者斜率为 -1，这些是 log-log 曲线图，因此渐进线可以描述为

$$\log(\alpha \hat{Q}) = \log C - \log \tau_f \tag{7.355}$$

式中：当 $\alpha \hat{Q} \to \infty$ 时，$C \to C_\infty$；当 $\alpha \hat{Q} \to 0$ 时，$C \to C_0$。如果我们取式（7.355）的反对数，得到

$$\alpha \hat{Q} = \frac{C}{t_f} = C(\tau_f)^{-1} \tag{7.356}$$

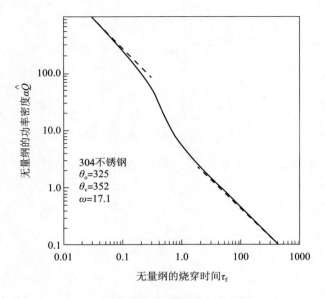

图 7.63 不锈钢的功率密度-烧穿时间

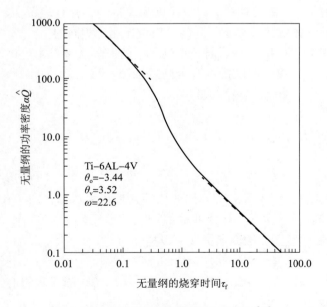

图 7.64 钛合金的功率密度-烧穿时间[58]

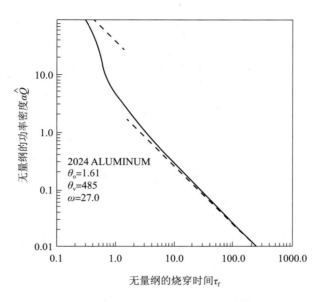

图 7.65　铝合金的功率密度-烧穿时间[58]

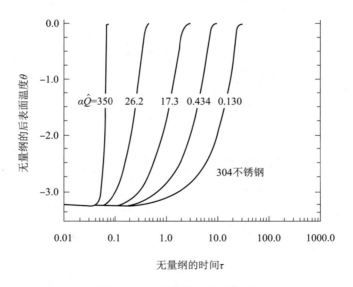

图 7.66　不锈钢的后表面温升

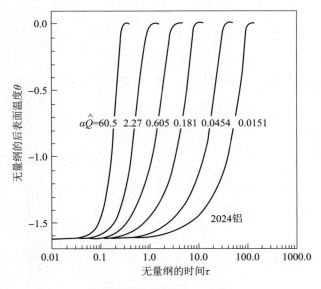

图 7.67　铝的后表面温升

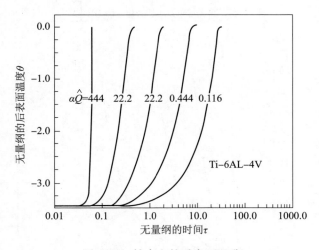

图 7.68　钛合金的后表面温升

代入式(7.350)中 $\alpha\hat{Q}$ 的定义和式(7.351)中 τ 的定义，得到

$$\frac{F_0 l}{\rho L \kappa_{\text{solid}}} = C \frac{l^2}{\kappa_{\text{solid}} \tau_{\text{f}}} \tag{7.357a}$$

或

$$F_0 \tau_{\text{f}} = \rho l L C \tag{7.357b}$$

通过比较上述的 $F_0 \rightarrow 0$ 和 $F_0 \rightarrow \infty$ 的极限，我们可以看到

$$C_0 = \frac{1}{L}[L+(T_m-T_0)c_{\text{solid}}] \tag{7.358}$$

$$C_\infty = \frac{1}{L}[L+(T_m-T_0)c_{\text{solid}}+(T_v-T_m)c_{\text{liquid}}+L_v] \tag{7.359}$$

除了这些曲线图（图 7.63~图 7.68）外，表 7.7 列出用于得到这些解的热参数的数值。

表 7.7 金属和合金的热特性

金属或合金	T_m/℃	T_v/℃	L/(cal/g)	L_v/(g/cql)	ρ/(g/cm³)	K_s/(cal/s-cm-℃)	K_Q/(cal/s-cm-℃)	c_s/(cal/g-℃)	c_Q/(cal/g-℃)	k_s/(cm²/s)	k_Q/(cm²/s)
304 不锈钢	1454	3000	65	1112	8.0	0.062	0.062	0.148	0.148	0.0523	0.0523
Ti (6AI, 4V)	1649	3285	94	2124	4.47	0.0455	0.0455	0.199	0.199	0.051	0.051
2024 铝	638	2480	95	2565	2.77	0.414	0.207	0.249	0.249	0.6	0.3

给出一个已知的 F_0，这些解是采用激光光束穿透一个金属样本需要时间的合理的估计。然而，在应用中，必须考虑光束的实际大小。如果扩散长度相对于光束半径是小的，或者如果时间达到，并包括穿透金属的时间 t_f，这些解对于在光束中心的效果是有用的，光束半径 $R > 2\sqrt{\kappa t_f}$，有

$$R > 2\sqrt{\kappa t_f} \tag{7.360}$$

采用参数 τ_f，对两边求平方，有

$$\tau_f = < \frac{1}{4\left(\frac{R}{l}\right)^2} \tag{7.361}$$

7.9.4 电子-声子解析解

动能理论实际上涉及当电子与具有不同能量的晶格原子相互作用时出现的动能传递机制。为了简化现象学，做出了某些有用的假设，包括热电子放射的缺失、稳态空间电荷的实现以及与温度无关的分子平均自由路径。由于在无穷远处存在电子源，在衬底上会出现总的电子流动，在电子-声子碰撞过程中，电子过量的能量的一部分被传递到晶格处的原子上，并假设这一部分能量在后续的碰撞过程中是恒定的。

在电子-声子碰撞过程中，当电子吸收入射的激光能量时，某些多余电子

的能量被传递到处在晶格位置的原子上。这一能量本身显现出原子振荡(声子)幅度的增大，结果，在晶格中邻近的原子被迫离开，到达新的平衡位置，并在这一过程中吸收这一多余的能量。在围绕原始碰撞位置附近的局部的区域中晶格位置处的原子最终处于平衡，可能到达一个台阶，并且它们的振荡能量增大。这一能量机制定义着当经受激光加热脉冲时，在固体衬底中的传导过程。从图 7.69 中 I 区传递到相同区域中晶格位置的原子的电子的能量数目，可以计算如下。

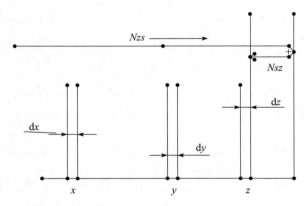

图 7.69 在金属表面附近($z=0$ 是表面)的电子运动

离开区域 I 的电子的数量是 $N_z A_z \overline{V_z} \mathrm{d}t$，其中 $A_z = \mathrm{d}x \mathrm{d}y$，$N_z$ 是从 $\mathrm{d}\xi$ 传递到 $\mathrm{d}z$ 的电子的数目密度，$\overline{V_z}$ 是在 $\mathrm{d}t$ 时刻进入 z 轴中的跨面积 A_z 的控制体积的平均电子速率。

由于晶格振荡造成的在一个方向中的 N 个原子的能量是 $E = N k_\mathrm{B} T$，这可以描述为声子的能量。可以通过电子的总的碰撞概率评估在材料中发生的电子和声子之间的碰撞数目。电子无碰撞地传输一个距离 z(其中 $z \parallel \lambda$，λ 是平均自由路径)的概率为 $\exp\left(-\dfrac{z}{\lambda}\right)$，一个电子在 $\mathrm{d}z$ 内刚好碰撞的概率是 $\mathrm{d}z/\lambda$。

通常，热导率是相对于在一个随机过程中通过均匀的介质传递的稳态热定义的。因此，在一个方向的热导率可以定义为

$$k = \frac{\overline{N V_z} k_\mathrm{B} \lambda}{6} \tag{7.362}$$

式中：N 为每单位体积的自由电子数。业已证明，对于高于 Debye 温度的温度，可以假定热导率是恒定的。在区域 I 中刚好碰撞的电子数是 $N \xi_z A_z \overline{V_z} \dfrac{\mathrm{d}\xi}{\lambda}$。

因此，在 $\mathrm{d}t$ 期间刚好在 $\mathrm{d}\xi$ 中碰撞的电子数目是

$$N\xi_z A_z \overline{V}_z \int_{-\infty}^{\infty} \exp\left(-\frac{|z-\xi|}{\lambda}\right) \frac{\mathrm{d}\xi}{\lambda} \frac{\mathrm{d}z}{\lambda} \qquad (7.363)$$

这可以在 $\mathrm{d}z$ 内碰撞之前传递到区域 II，其中 $\int_{-\infty}^{\infty} \exp\left(-\frac{|z-\xi|}{\lambda}\right) \frac{\mathrm{d}\xi}{\lambda} \frac{\mathrm{d}z}{\lambda}$ 是如文献[57]中描述的那样的电子-晶格处的原子碰撞的总的概率。

积分中的负号是由于在表面处产生一个镜像，这一镜像表示从自由表面反射的电子，在通过总的电子-声子碰撞期间的总能量传递可以写为

$$\Delta E_{z,t} = \int_{-\infty}^{\infty} \exp\left(-\frac{|z-\xi|}{\lambda}\right) \frac{\mathrm{d}z}{\lambda} \frac{\mathrm{d}\xi}{\lambda}(f) \cdot [E_{\xi,t} - E_{z,t}] \qquad (7.364)$$

式中：$E_{\xi,t}$ 和 $E_{z,t}$ 分别为在所考虑的区域（在 z 轴）处的电子和声子的能量；参数 f 为电子能量的百分率。假设在电子和分子之间的能量的传递率仅由电子的温度差和晶格振荡决定，如果在 $u(v,T) = N(v)\langle E \rangle = \frac{8\pi v^2}{c^3}\langle E \rangle$ 的晶格处的原子的温度是 $\Theta(\xi,t)$，则由于与电子的碰撞（电子释放它的额外能量的一部分 "f"），在 $\mathrm{d}z$ 内传递到晶格处的原子的能量是

$$N_{\xi z} A_z \overline{V}_z \frac{\mathrm{d}\xi}{\lambda} \frac{\mathrm{d}z}{\lambda} \exp\left(-\frac{|z-\xi|}{\lambda} f \cdot k_B | \Theta(\xi,t) - \Theta(z,t) |\right) \qquad (7.365)$$

将所有这些区域的贡献进行累加得到在区域 II 中的能量为

$$\Delta E_{z,t} = A_z \mathrm{d}z \mathrm{d}t \int_{-\infty}^{\infty} \frac{N_{\xi z} \overline{V}_z f \cdot k_B}{\lambda} \frac{1}{\lambda} \exp\left(-\frac{|z-\xi|}{\lambda}\right) |\Theta(\xi,t) - \Theta(z,t)| \mathrm{d}\xi \qquad (7.366)$$

在电子-声子碰撞期间，电子的额外能量的某一部分 f 被传递到声子。对于任何非弹性的碰撞，在任何区域内的能量守恒可以写成

进入区域的电子能量＝进入该区域的电子能量+传递到该区域的声子的能量
$$\qquad (7.367)$$

这给出

$$f = \frac{\text{输入电子能量} - \text{输出电子能量}}{\text{输入的额外电子能量}} \qquad (7.368\mathrm{a})$$

$$f = \frac{(E_{el})_{in} - (E_{el})_{out}}{(E_{el})_{in} - E_{photon}} \qquad (7.368\mathrm{b})$$

假设由能量守恒，$0 \leq f \leq 1$，其中 $(E_{el})_{excess} = (E_{el})_{in} - E_{photon}$，$E_{photon}$ 为声子平均能量。在一个足够大的能够有许多次碰撞的区域的等效 f 值接近于 1，这对应于实现热平衡。在单次碰撞的情况下，f 仅取决于碰撞粒子的质量，即

$$f = \frac{2M \cdot m}{(M+m)^2} \tag{7.369}$$

式中：M 和 m 分别为一个原子和一个电子的质量，代入适当的值表明，f 值的量级在 10^{-4}。假设 $c_s = 10^5 \text{cm/s}$（固体中的声速），能量最大的声子的能量仅为 0.01eV，但接近费米能级的电子的能量为几个电子伏，当这样的电子被散射时，在电子-声子碰撞时，它们的能量仅有部分释放。在现在的分析中，f 等于 10^{-4}，且假设在后续的碰撞中是一个恒量。通过一个均匀介质（金属）的激光光束的辐射通量密度的变化是由 $dI_z/dz = -\mu I_z(z)$ 给出的一个距离的函数，其中 μ 是吸收系数，负号表示由于吸收造成的光束辐射通量密度的减小，因为 μ 是个负的量。入射的激光光束的吸收发生在 z 轴。对定义的 dI_z/dz 进行积分，在衬底内侧的任何平面 z 处的入射光束的强度由 $I_z = I_0 \exp(-\mu z)$ 给出，其中 I_0 是入射辐射通量密度的峰值强度。对于在 z 处的一个小的部分 Δz，被吸收的能量的极限为

$$\frac{dI_z}{dz} = \frac{d}{dz}(\mu I_0 \exp(-\mu z)) \tag{7.370a}$$

或

$$I_z = -I_0 \frac{d}{dz} |f(z)| \tag{7.370b}$$

或

$$I_z = -I_0 f'(z) \tag{7.370c}$$

式中：$f'(z)$ 是吸收函数。由于考虑了图 7.69 的镜像情况，对于在表面处的电子的运动，对于所有的 z，激光光束将以 $-f'(z) = \frac{d}{dz}|\exp(-\mu|z|)|$ 的方式描述。采用激光光束的强度式（7.368a）和式（7.368b），在时间间隔 dt 内施加的外界能量的速率可表示为

$$\Delta E_{z,t}|_{abz} = I_0 \mu e^{-\mu z} A dt dz \tag{7.371}$$

在 dt 期间在材料的 dz 处增加的总的能量为

$$NA(E_{z,t+dt} - E_{z,t})dz = \Delta E_{z,t} + E_{z,t}|_{abs} \tag{7.372}$$

在时间 dt 内，在一个面积为 A 的单元 $\partial \xi$ 内吸收的总的能量的数量为 $-I_0 A dt d\xi f'(\xi)$，因为所有的光束能量是在 z 方向吸收的。必须允许在材料内电子的密度变化，具体地说，从 $d\xi$ 到 dz 传播的电子的数目与从 dz 到 $d\xi$ 传播的电子的数目是不同的。因此，在 dt 时间内从 $d\xi$ 传播到 dz 的电子被吸收的能量的百分比为 $-I_0 A dt d\xi f'(\xi) \frac{N_{\xi z}}{N_{\xi z} + N_{z\xi}}$。

在时间 dt 内在 $d\xi$ 内被吸收的平均能量为 $-I_0 \dfrac{f'(\xi)d\xi}{(N_{\xi z}+N_{z\xi})\overline{V}_z}$，这一电子从 dz 传播到 $d\xi$ 被吸收的总的能量是 $\displaystyle\int_z^\xi I_0 \dfrac{f'(\xi)d\xi}{(N_{\xi z}+N_{z\xi})\overline{V}_z}$。

在碰撞过程后，可以通过能量守恒得到在 dz 内的电子的最终温度，即：在碰撞后的总的电子能量 = 在 dt 时间内的总的电子能量 − 变化的能量

假设在所有的方向传播的概率是相同的，从而有

$$N_{\xi z}=N_{z\xi}=\frac{N}{6}$$

式中：N 为每单位体积的自由电子数目，因此，我们可以写成

$$\begin{aligned}\frac{\partial}{\partial t}(\rho c \Phi(z,t)) = &\int_{-\infty}^{\infty} \frac{fk}{\lambda^3}\exp\left(-\frac{|z-\xi|}{\lambda}\right)\Theta(\xi,t)d\xi - \\ &\int_{-\infty}^{\infty} \frac{fk}{\lambda^3}\exp\left(-\frac{|z-\xi|}{\lambda}\right)\Theta(\xi,t)d\xi + \\ &\int_{-\infty}^{\infty} \frac{I_0 f}{\lambda^2}\exp\left(-\frac{|z-\xi|}{\lambda}\right)\int_z^\xi f'(z)d\xi d\zeta\end{aligned} \quad (7.373)$$

及

$$\begin{aligned}&\int_{-\infty}^{\infty} \frac{fk}{\lambda^3}\exp\left(-\frac{|z-\xi|}{\lambda}\right)[\Theta(\xi,t)d\xi - f\Phi(z,t)d\xi] = \\ &\int_{-\infty}^{\infty} \frac{fk}{\lambda^3}\exp\left(-\frac{|z-\xi|}{\lambda}\right)(1-f)\Theta(\xi,t)d\xi + \\ &\int_{-\infty}^{\infty}(1-f)\exp\left(-\frac{|z-\xi|}{\lambda}\right)\int_z^\xi f'(z)d\xi d\zeta\end{aligned} \quad (7.374)$$

式(7.373)和式(7.374)是激光切削感兴趣的。在以下的分析中采用的求解的方式是：采用相对于 A 的傅里叶积分变换对微分方程式(3.373)和式(3.374)进行变换，最终的常微分方程可以更方便地进行处理。一个函数 $f(z)$ 的傅里叶变换被定义为[57]

$$F[f(z)] = \int_{-\infty}^{\infty}\exp(-\mathrm{i}\omega z)f(z)dz = F(\omega) \quad (7.375)$$

傅里叶逆变换可表示为

$$f(z) = \frac{1}{2\pi}\int_{-\infty}^{\infty} F(\omega)[\exp(-\omega z)d(\omega)] = F(\omega) \quad (7.376)$$

卷积分 $\displaystyle\int_{-\infty}^{\infty} f(\xi)g(z-\xi)d\xi$ 的傅里叶变换是变换 $F(\omega)\overline{g}(\omega)$ 的乘积，函数

$\exp\left(\dfrac{|z|}{\lambda}\right)$ 的变换是 $\dfrac{2\lambda}{1+\omega^2\lambda^2}$，对式(7.371)和式(7.372)运用傅里叶变换得到

$$(f+\omega^2\lambda^2)\frac{\partial}{\partial t}(\rho c\Phi)=-\omega^2 kf\overline{\overline{\Theta}}+I_0\delta f\frac{2\delta}{\delta^2+\omega^2} \qquad (7.377)$$

在变换域中与 $(i\omega)^2$ 的乘积对应于在实平面中的二阶微分。因此，对式(7.377)求逆得

$$\left(f-\frac{\lambda^2\mu^2}{\partial z^2}\right)\rho c\frac{\partial\Phi}{\partial t}=kf\frac{\partial^2\Phi}{\partial z^2}+I_0\mu f\exp(-\mu|z|) \qquad (7.378)$$

如果对于所有的 f 值忽略 $\left(\dfrac{\lambda^2\mu^2}{f\partial z^2}\right)\rho c\dfrac{\partial\Phi}{\partial t}$ 项，则式(7.376)变为

$$\rho c\frac{\partial\Phi}{\partial t}=k\frac{\partial^2\Phi}{\partial z^2}+I_0\mu\exp(-\mu|z|) \qquad (7.379)$$

这与式(7.182)所示的傅里叶热传导方程是相同的。看起来，对于热传导过程，电子动能理论方程比傅里叶方程要通用的多。新传导过程的模型在接近于表面发生吸收过程的区域是成立的，因此，可以预期，在这些区域获得的温度轮廓是成立的。

这一新方法的一个进一步的优势是：问题是由最终的方程和空间边界条件完全定义的，而且这些方程可以采用傅里叶变换方法来求解。

对于高斯强度脉冲，变换域中的式(7.377)是下面的式(7.380)，该方程还给出了电子动能理论方法的闭式解，如图 7.70 所示。

$$\Phi(z,t)=\frac{AI_0\mu}{\rho c}\left[\frac{1}{\beta(1-\mu^2\lambda^2)+\kappa\mu^2}\right]$$

$$\left\{\begin{aligned}&iu\sqrt{\frac{\kappa-\beta\lambda}{\beta}}\exp\left[-\frac{\beta\kappa t}{\kappa-\beta\lambda^2}\right]\exp\left[i|z|\sqrt{\frac{\beta}{\kappa-\beta\lambda^2}}\right]\operatorname{erfc}\left[\frac{|z|}{2\sqrt{\kappa t}}+i\sqrt{\frac{\beta\kappa t}{\kappa-\beta\lambda^2}}\right]-\\&\exp\left[i|z|\sqrt{\frac{\beta}{\kappa-\beta\lambda^2}}\right]\operatorname{erfc}\left[\frac{|z|}{2\sqrt{\kappa t}}-i\sqrt{\frac{\beta}{\kappa-\beta\lambda^2}}\right]+\\&\exp(\kappa\mu^2 t-\mu|z|)\operatorname{erfc}\left[\mu\sqrt{\kappa t}-\frac{|z|}{2\sqrt{\kappa t}}\right]-\\&\exp(\kappa\mu^2 t-\mu|z|)\operatorname{erfc}\left[\mu\sqrt{\kappa t}-\frac{|z|}{2\sqrt{\kappa t}}\right]-\\&2\exp\left[-\frac{\beta\kappa t}{\kappa-\beta\lambda^2}+\mu|z|\right]\end{aligned}\right\}$$

$$(7.380)$$

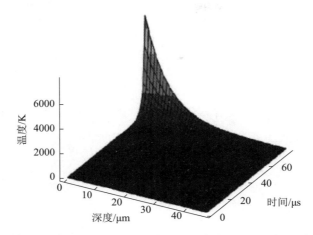

图 7.70 温度相对于样本的深度和时间的关系，采用电子动能
理论方法得到的闭式解（见彩图）

7.10 傅里叶方法和动能理论的比较

将式(7.182)给出的傅里叶关系和式(7.379)给出的动能理论方程的解析结果进行比较[1]，表明当满足 $\mu^2\lambda^2 \| 1$ 和 $\kappa \gg \beta\lambda^2$ 这两个条件时，两者是相同的。对于大部分材料，μ 和 λ 的幅度量级是相同的，由于 μ 的量级是 10^{-5}，λ 的量级为 10^{-8}，则 $\beta \| 10^{11}$，这一场景对应于激光微切削，激光脉冲的上升时间为皮秒级。假定 $I \| \mu^2\lambda^2$，通常 $\beta \| \dfrac{\kappa}{\lambda^2}$ 和式(7.378)简化为针对指数脉冲采用傅里叶理论得到的解析解。当"β"接近于 0 时，脉冲解简化为傅里叶加热方程式(7.182)的一个恒定强度的解析解。对两个脉冲长度，对 z 轴内的一定的距离，比较根据傅里叶理论和电子动能理论预测的温度梯度 $\partial\Phi/\partial z$，结果如图 7.71 所示，对于长的脉冲长度 $t_{\text{pulse}} = 6 \times 10^{-10}$ s，由两种理论得到的温度梯度预测是相似的。通常，在表面附近温度梯度显著降低，并达到最小值。

随着距离最小值点的距离的增大（进一步到达衬底的更深处），$\partial\Phi/\partial z$ 逐渐增大，在表面附近的 $\partial\Phi/\partial z$ 的下降是由于在这一区域温度的快速上升，在这种情况下，在表面附近由电子吸收的能量被转换成通过碰撞过程的衬底的内能的增大，这导致晶格处温度的显著增高，在吸收的能量、内能的增大和

---

[1] 原书有误，译者改。

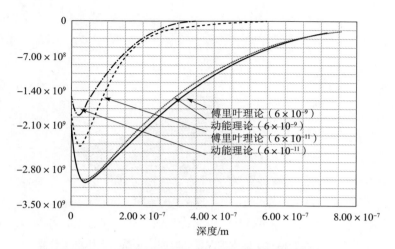

图 7.71　由傅里叶和动能理论预测的沿着轴的 dT/dz
（针对两个脉冲宽度：6×10^{-9}s 和 6×10^{-11}s）[57]

在最小温度梯度 $\partial \Phi/\partial z$ 点处的传导过程中得到了平衡。随着距离超越了最小值点，$\dfrac{\partial \Phi}{\partial z}$ 梯度逐渐增大，这揭示出由于声子弛豫造成的传导效应。然而，随着脉冲长度的缩短，$t_{\text{pulse}}<6\times10^{-10}$s，两种理论预测的温度梯度是显著不同的。与采用电子动能理论预测的结果比，傅里叶理论预测的温度梯度显著减小，两种理论的 $\partial \Phi/\partial z$ 梯度预测的差别是由于对于短激光加热脉冲的材料的温度响应。

总之，可以得到以下结论：在本项研究中，对于一维模型，采用傅里叶模型和动能理论方法预测的温度轮廓是可以相比的。通常，对于一维的加热情况，傅里叶理论和动能理论预测的温度轮廓是非常相似的。尽管对于短脉冲加热情况，傅里叶加热模型不能正确的预测温度，对于给定的材料存在平衡温度，由于激光辐照产生的内能的增大和传导损失之间出现了平衡。对于指数衰减的脉冲，电子动能理论方法得到的解析解，在 β 接近 0 时，简化为一个阶跃输入强度的解。此外，对于阶跃的点强度，在 $\mu^2\dfrac{\lambda^2}{f}\leqslant 1$ 时电子动能理论的闭式解接近于傅里叶解。当 $\beta\parallel 10^{11}$ 时，电子动能理论的结果与傅里叶理论的结果有显著的不同。

由于事实上在表面附近的电子吸收入射的激光能量，且激发的电子与晶格处的原子没有足够的碰撞将它们的多余的能量传播到表面区域，导致温度轮廓的不同。因此，在这一区域，晶格处的温度变得低于电子的温度，如图 7.71

（给出了在衬底内的电子温度分布）所示。因此，对于加热时间 $t_{\text{pulse}} < 6 \times 10^{-10}$ s 的情况，傅里叶理论不能精确预测在表面附近的温度上升。

7.11 有限差分方法

本节采用显式有限差分近似和相应的边界条件求解主导方程，给出并讨论了代表性的结果。为了求解一般的主导方程(7.124)，采用了有限差分方法，对主导方程的近似建模是基于在时间域的前向差分和在空间域的中心差分。有关的更详细的信息参见 Nowakowski[40]。

7.12 脉冲波激光辐照的效应

在本节和相关的小节，我们讨论脉冲激光的功率水平、材料的汽化效应和以前我们没有接触到的在火焰中的辐射的吸收效应。

7.12.1 脉冲波激光的功率水平

可以采用各种方式来产生短持续时间的高强度脉冲，通常这是通过对大的高容量电容进行放电注入电能产生一个大粒子数的反转实现的。在这些系统中，所有的能量是以爆发的形式产生的，持续时间非常短。我们不讨论产生这些脉冲的各种方法，但我们简单地注明了某些经常获得的值(Ready)[2]，如表 7.8 所列。

表 7.8 不同的脉冲激光得到的某些相同的值

激光类型	脉冲宽度	功率	每个脉冲的能量/J
红宝石(正常模式)	0.1ms	1~100kW	1~50
红宝石(Q开关)	10^{-8} s	1~100GW	1~10
红宝石(锁模)	10^{-11} s	0.1~1TW	0.1~1
CO_2 横向激励	10×10^{-6} s	100MW	100
CO_2 电子束激发	2×10^{-5} s	50MW	1000
CO_2 激波管气动激励	3×10^{-4} s	0.3MW	100

根据表 7.8，显然在 1cm^2 级别的宽波束面积内可以得到非常高的功率密度，尽管脉冲宽度非常短，在每个脉冲中的总的能量是很大的，可以获得的功率密度可以达到 10^{12} W/cm^2。

实际地说，通常仅对低于空气烧穿门限的功率密度感兴趣，因为在更高的功率密度上，能量永远到不了目标处，这些烧穿水平是波长、光斑尺寸和脉冲宽度的函数，也取决于空气中的污染物。在标准温度和压力下，在"干净"

的空气中，对于脉冲宽度为大约 10^{-6} s 和更宽的二氧化碳激光脉冲，典型的值为 10^9W/cm^2。在更短的脉冲宽度条件下，阈值略高，在 10^{-8} s 脉宽条件下为 10^{10}W/cm^2，在 10^{-10} s 脉宽条件下为 10^{11}W/cm^2。在红外区域，烧穿阈值按照频率的平方成比例地变化。

7.12.2 材料汽化效应

首先从目标汽化的观点出发讨论高功率密度激光脉冲对材料的效应，并且假设不会因蒸气而屏蔽到达汽化表面的辐射。在这种情况下，我们可以证明，除了到目标的热输入外，由于蒸汽气流的反冲，在目标的表面会产生强的压力，这一压力在激光脉冲时间内的积分对目标施加一个总的冲量，这可能会导致由于脉冲激光辐照在目标上产生的压力足以产生机械变化，如破裂和变形。

为了计算由于激光脉冲施加在表面上的压力，从考虑汽化过程入手。采用一维计算，因为在大多数感兴趣的情况下，光束的直径 R 大于在脉冲时间 t_p 内的热扩散长度，或

$$R \gg 2\sqrt{\kappa t_p} \tag{7.381}$$

我们应当避免考虑薄的目标，因此 l 与扩散长度相比也是大的，在这种情况下，我们可以计算前表面达到汽化温度 T_v 需要的时间 t_b，根据式（7.161）的半无穷板的结果，T_v 为

$$T_v = \frac{2F_0}{K}\sqrt{\frac{\kappa t_b}{\pi}} \tag{7.382a}$$

或

$$t_b = \frac{\pi K^2 T_v^2}{4F_0^2 \kappa} \tag{7.382b}$$

或者，因为 $\kappa = \dfrac{K}{\rho c}$，由式（7.382b）得到

$$t_b = \frac{\pi}{4}\frac{K\rho c T T_v^2}{F_0^2} \tag{7.382c}$$

采用这种方式运用式（7.161），我们忽略熔化的层，并假设 K、ρ 和 c 的值对于用于固体是适当的，这不像看起来那样粗略，因为在这些功率密度下，熔化层是非常薄的。

在表面上的材料达到沸点之后，表面开始以由所考虑的能量给出的速率 U_s 烧蚀，正如7.8节和7.9节所述，即

$$U_s = \frac{F_0}{\rho_s [c_{\text{solid}} T_m + L_m + c_{\text{liquid}}(T_v - T_m) + L_v]} \tag{7.383}$$

为了简化计算，我们取 $c_{\text{solid}} = c_{\text{liquid}} = c$，并通过与 L_v 相比忽略 L_m，则式(7.383)简化为

$$U_s = \frac{F_0}{\rho_s(L_v + cT_v)} \tag{7.384}$$

这里，我们对固体的密度采用 ρ_s，因此在由式(7.382c)给出的时间 t_b 之后，表面开始汽化，以 U_s 的速率变薄，由于动量守恒，有

$$U_v \rho_v = U_s \rho_s \tag{7.385}$$

式中：ρ_v 和 U_v 分别表示汽化物的密度和速率。因此，通过组合式(7.384)和式(7.385)有

$$U_v \rho_v = \frac{F_0}{L_v + cT_v} \tag{7.386}$$

为了观察在表面上施加的压强与密度和速率的关系，注意到在表面上的压强是汽化物产生的压强。为了计算这一压强，考虑在压强 P 下在时间 Δt 内运动 Δz 距离的粒子需要速率 V，压强（每单位面积的压力）必须等于动量（每单位面积）的变化率，因此

$$P = \frac{(\rho \Delta z) V}{\Delta t} \tag{7.387}$$

式中，$\rho \Delta z$ 为可由每单位面积的力 P 在时间 Δt 内使之达到速率 V 的每单位面积的质量，$V = \Delta z / \Delta t$，因此 $P = \rho V^2$。因此，在密度为 ρ_v、速率为 U_v 的特定情况下，给出相关的压强可表示为

$$P = \rho_v U_v^2 \tag{7.388}$$

如果知道 ρ_v 和 U_v，我们可以根据式(7.388)计算压强。然而，根据式(7.386)，我们仅能知道乘积 $\rho_v U_v$。我们需要可以简单地根据理想的气体定律得出

$$P = \rho_v \frac{R}{A} T_v \tag{7.389}$$

式中：R 为气体常数；A 为分子的重量。采用 C' 表示 R/A，并采用式(7.389)，则有

$$\rho_v U_v^2 = \rho_v C' T_v \tag{7.390}$$

或

$$U_v = \sqrt{C' T_v} \tag{7.391}$$

组合式(7.385)~式(7.389)，得到希望的关系为

$$P = \frac{F_0 \sqrt{C' T_v}}{L_v + cT_v} \tag{7.392}$$

由于金属的比热通常为 $3R/A$，我们可以采用 $(1/3)c$ 来近似 C'，得到

$$P = \frac{1}{\sqrt{3}} \frac{F_0 \sqrt{cT_v}}{L_v + cT_v} \tag{7.393}$$

最后，我们计算在脉冲期间产生的比冲，这是每单位面积的力乘以施加力的时间，得到

$$I_m = P(t_p - t_b) \tag{7.394}$$

或

$$I_m = \frac{1}{\sqrt{3}} \frac{F_0 \sqrt{cT_v}}{L_v + cT_v} \left(t_p - \frac{\pi}{4} \frac{K\rho c T_v^2}{F_0^2} \right) \tag{7.395}$$

至于单位，对于冲量用单位 dyne[①] · s，对于比冲用 dyne · s/cm² 是方便的，如果我们对能量密度采用 J/cm²，对于比热采用 J/(g·℃)，对于汽化热采用 J/g。这样有

$$I_m = \frac{J/cm^2}{\sqrt{J/g}} = cm^{-2}\sqrt{J \cdot g} = cm^{-2}\sqrt{10^7 erg \cdot g} \tag{7.396}$$

或

$$I_m = \sqrt{10^7} \, (\text{dyne} \cdot \text{s})/cm^2 \tag{7.397}$$

式中：dyne · s/cm² 这一单位称为 tap，因此，采用单位 tap 有

$$I_m = 1.83 \times 10^3 E_0 \frac{\sqrt{cT_0}}{[L_v + cT_v]} \left(1 - \frac{\pi}{4} \frac{K\rho c T_v^2}{E_0^2} t_p \right) \tag{7.398}$$

注意，式(7.398)针对在一个给定的脉冲宽度 t_p 的脉冲预测 E_0 的一个门限值，这是由于引入了用于汽化的准则，在脉冲结束之前必须开始汽化，否则就没有脉冲了，门限可表示为

$$\frac{\pi}{4} \frac{K\rho c T_v^2}{E_0^2} t_p = 1 \tag{7.399}$$

或

$$E_0 \mid_{th} = \frac{\sqrt{\pi}}{2} T_v \sqrt{K\rho c t_p} \tag{7.400}$$

这一汽化模型也预测，在非常大的 E_0 时，每单位面积的冲量与具有恒定的耦合系数的能量密度成正比，可表示为

---

① 1dyne = 10^{-5}N。

$$\left(\frac{I_\mathrm{m}}{E_0}\right)_\max = 1.83\times10^3 \frac{\sqrt{cT_v}}{(L_v+cT_v)} \tag{7.401}$$

这是汽化实质上相对于脉冲宽度是瞬间开始、在整个脉冲内产生汽化物的极限。

下面和图 7.72 给出了某些数值，E_0 的单位为 J/cm^2、t_p 的单位为 μs，因此 I_m 的单位为 tap。

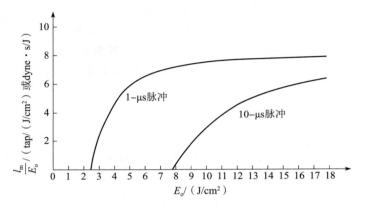

图 7.72 钛的耦合系数-能量密度

对于钛有

$$I_\mathrm{m} = 8.04 E_0\left[1-(6.23)\frac{t_\mathrm{p}}{E_0^2}\right] \tag{7.402}$$

对于铝有

$$I_\mathrm{m} = 6.49 E_0\left[1-(33.9)\frac{t_\mathrm{p}}{E_0^2}\right] \tag{7.403}$$

上述模型说明了涉及采用激光汽化产生冲量的原理。事实上，在预测门限值时，它给出了在试验测量的 1/2 之内的结果，考虑到事实上 T_v 或许不是源于手册上的、在大气压强下测量的值，而是要适于由激光产生的汽化产生的动态和高压情况的计算，对它进行了改进。在这种改进中，T_v 是由汽化的动力学模型确定的，这一模型预测 $U_\mathrm{s}=c_\mathrm{a}\exp[L_v/(R'T_v)]$，其中 c_a 是在固体中的声速，R' 是每克的气体常数。当这样做时，门限与理论吻合的非常好。然而，由于 t_p 是恒量，随着 E_0 的增大，实验表明产生的冲量不是无限增大，而是下降，这是由于汽化物和/或临近目标的被加热的空气对激光能量的吸收。我们现在考虑这一问题。

7.12.3 喷流中辐射的吸收效应

在一定的功率密度下，在目标上被汽化的材料产生的喷流变得足够热，喷流或者空气开始吸收激光的辐射，这一过程的开始还不能完全地理解，这些所谓的吸收波的激发是要开展大量研究的对象。对这一问题适当的处理，涉及要计算离子化的开始和电子对光的吸收率，还要考虑到在完全动态的意义下的级联过程和弛豫过程，在这里我们不涉及这一问题，而是观察某些粗略的模型，这些模型以半量化的方式表现出吸收过程的各种特征。

首先注意到，要将由于喷流的屏蔽(与辐射的波长相关)产生的材料表面的吸收解耦。由式(7.100a)回想到，在等离子体频率 ν_p 上，"自由电子"金属的反射率显著降低，从一个接近 1 的值降到实质上为 0。如果我们假设与喷流的耦合是由于光和电子的相互作用，式(7.100a)是成立的，采用自由电子的质量，得到

$$\nu_p = 8.97 \times 10^3 N^{1/2} \tag{7.404}$$

对于等离子体频率 ν_p(Hz)，当 N 的单位是每立方厘米电子数时，这可以按照对应的波长 λ_p 重写为

$$N = (1.12 \times 10^{13})/\lambda_p^2 \tag{7.405}$$

式中：λ_p 的单位为 cm。在一个给定的波长上，喷流是透明的，直到电子密度达到式(7.405)给出的值，这将是一个到喷流吸收和反射辐射并对材料产生屏蔽的条件的跃迁。对应 $10.6\mu m$ 的 CO_2 辐射，在达到 10^{19} 个电子/cm^3 的密度时开始屏蔽；对于 $1.06\mu m$(Nd 激光器)，在达到 10^{21} 个电子/cm^3 的密度时开始屏蔽；对于 $0.6943\mu m$(红宝石激光器)，在达到 2.3×10^{23} 个电子/cm^3 的密度时开始屏蔽。

当电子密度达到一个足够高的值时，光束与表面解耦，由于材料的汽化物喷出产生的压强将降低。为了了解对于给定的脉冲宽度在多大的能量密度水平上开始这一过程，我们简单地假设当前表面达到材料被完全离子化的温度时开始截至，应当预测一个上限。对于完全离子化的情况，显然是不需要的。例如，固体激光器的辐射在电子密度 $N \approx 10^{23} cm^{-3}$ 时产生屏蔽，但在 $10.6\mu m$，我们仅需要电子密度 $N > 10^{19} cm^{-3}$ 来产生屏蔽。为了简化，可以忽略假设熔化和汽化过程，并再次使用前表面温度上升的简单的表达式，即

$$T = \frac{2F_0}{K}\sqrt{\frac{\kappa t}{\pi}} \tag{7.406}$$

对于一个金属，典型的离子化温度为大约 75000℃，对于固体，采用简单的 K 和 k 值，对于钛，得到

$$F_0\sqrt{t} \approx 5.7\times 10^4 \mathrm{Ws}^{1/2}/\mathrm{cm} \tag{7.407}$$

采用 $E_0 = F_0 t$，这可以重写为

$$E_0 \approx 57\sqrt{t_{\mu s}} \tag{7.408}$$

式中：$t_{\mu s}$ 为单位为 μs。

图 7.73 给出了取自美国空军武器实验室的 Ridder 博士的某些数据（1.2μs 和 11μs 脉宽，1.06pm 辐照、钛靶）（Canavan 等[61]），标记"Anisimov 预测"的线是根据 7.12.2 节的汽化模型计算的，采用改进的方法来确定 T_v（这是首先在苏联进行的（Anisimov[55]）。实验数据与接近于门限的 E 值吻合的很好。注意，估计屏蔽开始的式（7.406）与这些数据是大致一致的，尽管有关屏蔽开始的实验是逐渐进行的，在图 7.73 上这条线被标注为 LSD。预测指基于激光在与目标上喷出的汽化物耦合时可能产生爆炸（就像光束穿过空气产生的冲击波一样），并在这一过程中吸收能量的思路的理论估计。在这一激光支持的起爆或 LSD 中，波是激光支持的吸收波的一种形式。我们在下面讨论这些波。

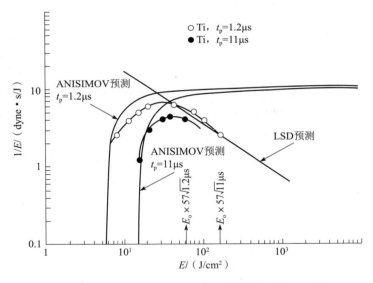

图 7.73 由 1.06μm 激光辐射传递给固体目标的比冲

在辐射与喷出的蒸汽（或许是空气）的耦合达到足够的水平时，吸收区开始表现出对耦合进它的能量的液体动力学拦阻效应。现在，我们忽略点火问题，在吸收区，激光光束通常以由传播介质决定的方式传播，也受到由激光馈送的功率和使功率耗散的弛豫过程的平衡。通常确定 3 种类型的激光支持的吸收波，对于 10.6μm 的辐射和处于标准的温度和压强的空气中的目标，它们表

现出的典型的功率水平和它们典型的传播速率如表 7.9 所列[61]。

表 7.9　出现三种激光支持的吸收波时典型的激光功率水平和传播速度

波的类型	激光通量的功率等级 /(W/cm²)	传播速率/(cm/s)
激光支持的爆轰波 LSD	10^7	10^5
激光支持的燃烧波 LSCW	10^4	10^3
等离子波	10^4	0

　　LSD 波作为一种冲击波来传播，即，以超声速传播，LSC 波的运动更慢，由于热传导，受到弛豫。等离子体是处于静止的，能量输入被再辐射，与到大气的对流损耗平衡。尽管在 7.12.1 节讨论这些效应，它们对连续辐照是成立的。因为脉冲激光是达到这一能量水平的最便利的器件，尤其对 LSD 波，通常在冲量效应下考虑吸收波。

　　液体动力学理论可以用于对这些波进行建模，问题是由苏联解决的（Raizer[62]）。由于液体动力学方程简化为非常简单的表达式，可以最方便地讨论爆轰波，因此我们更详细地考虑它们。然后对燃烧波给出一些评注。

　　我们可以通过考虑在爆轰前端的质量、动量和能量守恒，导出爆轰波的稳态表现。出于这一目的，我们不关注过程是怎么开始的，而是假设已经形成了爆轰波，而且正以稳定的速率传播，如图 7.74 所示，吸收区以稳定的速率 u 传播到右边，我们假设它非常薄，而且可以看作一个爆轰前端，因此 u 是爆轰速率。空气的温度密度等在非常短的距离 l 内非常快速地变化。注意，这种波以这种方式在空气中传播，因此，我们的结果是与目标材料无关的。

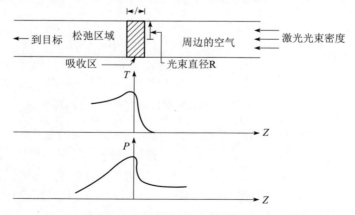

图 7.74　激光支持的爆轰波典型的温度和密度轮廓[60]

在这一讨论中,"在前端的后面"指图 7.74 中的吸收区左边的高温高压区。"在前端的前面"是图 7.74 的右边,指周围的空气条件。注意,我们已经给定了一定的半径 R 的光束,因此必须考虑横向的扩展。我们首先涉及一维问题,并假设爆轰前端简单地以平面波的形式传播。

在前端的后面,令 ρ、P 和 e 分别是密度、压强和每单位质量内能,ρ_0、P_0 和 e_0 是前端的前面相同的变量。定义相对于前端以爆轰速率 u 运动的坐标系的速率,则周围的空气以速率 u 运动到前端中,我们将 v 定义为高压气体离开前端的速度。我们现在可以写出跨爆轰前端的质量、动量和能量的守恒方程,这些方程是基于流的,它们是采用"每单位质量面积、每单位时间"的,质量方程为

$$\text{质量} \quad \rho_0 u = \rho v \tag{7.409}$$

动量守恒条件是由冲量引起的动量的变化引起的,新的冲量是力乘以时间,但以"每单位面积、每单位时间"表示,这变成了简单的压强。因为在这一流的概念中,质量为 ρv,力矩为 $(\rho v)v = \rho v^2$。因此有:

$$P - P_0 = -[(\rho v)v - (\rho_0 u)u] \tag{7.410}$$

而且,如果我们忽略比 P 小得多的 P_0,对于动量,有

$$\text{动量} \quad P + \rho v^2 = \rho_0 u^2 \tag{7.411}$$

根据相同的考虑,可以得到能量守恒条件。必须通过在气体上做的功 $(P_0 u - P v)$ 和从激光束吸收的能量 F 平衡在前端每侧的能量流的差异,$F = AI$,其中 A 是在吸收区气体的吸收率,因此有

$$\rho u \left(e + \frac{1}{2}v^2\right) - \rho_0 u \left(e_0 + \frac{1}{2}u^2\right) = P_0 u - P v + F \tag{7.412}$$

如果采用 $P_0 \approx 0$ 和 $e_0 \approx 0$,并从式(7.409)代入,得到,对于能量

$$e + \frac{1}{2}v^2 - \frac{1}{2}u^2 = -\frac{p}{\rho} + \frac{F}{\rho_0 u} \tag{7.413}$$

或

$$\text{能量} \quad e + \frac{P}{\rho} + \frac{1}{2}v^2 = \frac{1}{2}u^2 + \frac{F}{\rho_0 u} \tag{7.414}$$

我们的目的是使用这些守恒定律来预测前端后面的压强 P 和最终传输到目标的压强。现在假设 F 是已知的,当然,周边空气的密度 ρ_0 是已知的,因此,我们有 3 个方程和 5 个未知量 P、ρ、v、e 和 u,为了进行处理,我们需要调用某些气体状态方程,而且我们简单地假设理想气体律成立。因此,我们有

$$P = \rho R'T \tag{7.415}$$

式中:R' 为每单位质量的气体常数,或 $R' = R/M$,其中 M 为分子的重量。因

为在这一处理中假设波是在空气中的，$\mathcal{M}$ 是空气分子的平均重量，取空气的 $\mathcal{M}$ 为 $29.4/\mathrm{mol}$，给出 $R'=2.84\times10^6\mathrm{erg}/(\mathrm{g}\cdot\mathrm{℃})$，对于理想气体律，这是恒定的，对于处于 0℃ 的空气，$\rho_0=1.26\times10^{-3}\mathrm{g/cm^3}$，且一个大气压 $10^6\mathrm{dyne/cm^2}$。现在式(7.415)实质上产生了另一个未知量——温度 T，因此我们需要增加理想气体的能量的表达式，即

$$e=\frac{R'T}{\gamma-1}=\frac{P}{(\gamma-1)\rho} \tag{7.416}$$

式中：γ 为比热，$\gamma=c_p/c_v$。对于我们的用途，取 $\gamma=1.4$ 是合适的。

现在我们有 4 个方程：式(7.407)、式(7.409)、式(7.414)和式(7.425)，有 5 个未知量 P、ρ、v、e 和 u。为了得到最终的条件，我们采用爆轰的准则，即：在前端的后面的高压气体相对于前端的速率等于或大于局部声速。从直觉上讲这似乎是合理的，因为按照定义，爆轰波的传播是超过声速的。这一准则可以通过考虑这种情况的热力学来适当地导出，但我们在这里不这样做，读者可以参考(Ya. B. Zel' dovich 和 Yu P. Raizer)[63]。因为我们对在爆轰波中保持的 F（或 I）的最小值感兴趣，我们取 v 等于声速。对于理想的气体，声速是 $(\gamma P/\rho)^{1/2}$，因此最后的条件为

$$v^2=\frac{\gamma P}{\rho} \tag{7.417}$$

在讨论代数之前，我们分别汇集式(7.409)、式(7.411)、式(7.414)、式(7.425)和式(7.417)，有

质量　　$\rho_0 u=\rho v$

动量矩　　$P+\rho v^2=\rho_0 u^2$

能量　　$e+\dfrac{P}{\rho}+\dfrac{1}{2}v^2=\dfrac{1}{2}u^2+\dfrac{F}{\rho_0 u}$

理想气体的能量　　$e=\dfrac{P}{(\gamma-1)\rho}$

冲击后的速度　　$v^2=\dfrac{\gamma P}{\rho}$

组合式(7.409)和式(7.411)得到 u^2 和 v^2 的表达式为

$$u^2=\frac{P\rho}{\rho_0(\rho-\rho_0)} \tag{7.418}$$

$$v^2=\frac{P\rho_0}{\rho(\rho-\rho_0)} \tag{7.419}$$

现在采用式(7.415)和式(7.417)消除 v^2 和 ρ，这样可以得到

$$\frac{\rho}{\rho_0} = \frac{1+\gamma}{\gamma} \tag{7.420}$$

这是我们需要的一个方程，即采用已知量 ρ_0 和 γ 得到 ρ 的方程。现在我们可以通过利用式(7.417)消除 v^2，采用式(7.411)由 u 来得到 P

$$P = \frac{\rho_0 u^2}{1+\gamma} \tag{7.421}$$

我们需要另一个关系来完成求解，即用 F 来表述的 u，通过式(7.421)给出用 F 表示的 P，为了得到这样的表达式，我们采用式(7.414)，并采用式(7.416)来代替 e，因此，式(7.414)变成

$$\frac{P}{(1+\gamma)\rho} + \frac{P}{\rho} + \frac{1}{2}\frac{\gamma P}{\rho} = \frac{1}{2}u^2 + \frac{F}{\rho_0 u} \tag{7.422}$$

如果我们采用式(7.421)来消除 P，得到

$$\frac{u^2}{1+\gamma}\left[\frac{1}{(\gamma-1)}\frac{\rho_0}{\rho} + \frac{\rho_0}{\rho} + \frac{1}{2}\frac{\gamma\rho_0}{\rho}\right] = \frac{1}{2}u^2 + \frac{F}{\rho_0 u} \tag{7.423}$$

或

$$\left(\frac{\rho_0}{\rho}\right)\left(\frac{u^2}{1+\gamma}\right)\left[\frac{\frac{1}{2}\gamma(1+\gamma)}{\gamma-1}\right] = \frac{1}{2}u^2 + \frac{F}{\rho_0 u} \tag{7.424}$$

或

$$\frac{1}{2}\frac{\rho_0}{\rho}u^2\left(\frac{\gamma}{\gamma-1}\right) = \frac{1}{2}u^2 + \frac{F}{\rho_0 u} \tag{7.425}$$

如果我们采用 ρ/ρ_0 的式(7.420)，得到

$$\frac{1}{2}u^2\left(\frac{\gamma}{\gamma-1}\right) = \frac{1}{2}u^2 + \frac{F}{\rho_0 u} \tag{7.426}$$

最终得到

$$u^3\left(\frac{1}{\gamma^2-1}\right) = \frac{2F}{\rho_0} \tag{7.427}$$

或

$$u = \left\{\frac{2(\gamma^2-1)F}{\rho_0}\right\}^{1/3} \tag{7.428}$$

表示爆轰波的解的方程是

$$\frac{\rho}{\rho_0} = \frac{1+\gamma}{\gamma} \tag{7.429}$$

$$P = \frac{\rho_0 u^2}{1+\gamma} \tag{7.430}$$

$$u = \left[\frac{2(\gamma^2-1)F}{\rho_0}\right]^{1/3} \tag{7.431}$$

这3个方程和理想的气体律结合起来,表示激光支持的爆轰波传播的正则解。给定前端后面的温度,并由式(7.429)定义的 ρ,我们可以计算 P 和 u 以及支持它需要的 F。然而,这不能实际解决问题。我们希望的是发现:给定激光强度 I,是否能支持一个LSD波?为了回答这一问题,我们需要考虑激光辐照被吸收的距离。我们也需要比简单的平面波更实际的情况。

首先,我们注意到光束有一定的半径 R,而且可能发生横向扩张,径向扩张速率的幅度量级是声速 c_a。为了维持爆轰,我们必须用输入吸收区的能量来代替扩张的能量损耗。为了简化,我们假设所有的激光光束能量在距离 l 内被吸收(实际上光束的强度在 l 距离上仅降低到 $1/e$)。我们定义 Δt 为爆轰前端运动 l 距离的时间,或者 $\Delta t = l/u$,在这一时间径向膨胀量为 $c_a\Delta t$。现在 $\pi R^2 I \Delta t$ 是光束在圆柱体内沉积的能量($c_a\Delta t \ll R$),如图7.75所示,但在扩张后,在这一体积内的能量近似等于该体积乘以单位体积的内能 ρe。因此

$$\pi R^2 I \Delta t = \rho_0 e[\pi R^2 l + 2\pi R c_a \Delta t l] \tag{7.432}$$

因为 $\Delta t = l/u$,有

$$I\pi R^2 \approx \rho_0 eu\left[\pi R^2 + 2\pi R c_a \frac{l}{u}\right] \tag{7.433}$$

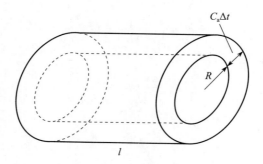

图7.75 通过膨胀吸收光束的能量的圆柱体

注意,$\gamma \approx 1.4$,式(7.429)预测 $\rho \approx 2\rho_0$,因此,采用 $\rho v = \rho c_a \equiv \rho_0 u$,$u \approx 2c_a$。因此,在经过一些代数处理后,有

$$\rho_0 eu \approx \frac{I}{1+l/R} \tag{7.434}$$

这一方程简单地表示我们必须将能量输入吸收体积内的速率,以便保持我们假设的进行爆轰波计算的条件,即平面波在一个 l 距离内传播,并使激光的

能量被吸收。因此，激光光束每单位面积的能量流为

$$F = \frac{I}{1+(l/R)} \tag{7.435}$$

最后，如果知道吸收长度 l，我们可以解决问题。为了计算 l，我们需要调用电离空气的某些模型，为此目的，假设自由电子吸收光，且来自单个的电离原子的电子是足够的。我们不推导需要的表达式，而是简单地引用它们。这里有两个关系，第一个被称为 Saha 方程[63]，它将原子中被电离的部分 α 与绝对温度 T 和单个原子的电离势能 J 联系起来，可表示为

$$\frac{\alpha^2}{1-\alpha} = 2\frac{g_1}{g_0}\frac{m}{\rho}\left(\frac{2\pi m_0 kT}{h^2}\right)^{3/2} e^{-J/kt} \tag{7.436}$$

式中：m 为原子的质量；m_0 为电子的质量；k 为玻尔兹曼常数；h 为普朗克常数；g_0 和 g_1 分别为原子的基态和它们的电离态的统计重量。采用已知的常数，Saha 方程给出了作为温度函数的电离度。

知道电离度，我们可以得到吸收长度。我们再次简单地引用关系[60]，假设光被逆 Bremsstrahlung 吸收，可表示为

$$\frac{1}{l} = \frac{4}{3}\left(\frac{2\pi}{3m_0 kT}\right)^{1/2} \frac{e^6 h^2}{m_0 c(h\nu)^3}\left(\frac{\rho^2 \alpha^2}{m^2}\right)(1-e^{-h\nu/hT}) \tag{7.437}$$

在感兴趣的温度上，对于 $10.6\mu m$ 的辐射（$h\nu/hT \| 1$），式(7.437)变成了

$$\frac{1}{l} = \frac{4}{3}\left(\frac{2\pi}{3m_0}\right)^{1/2} \frac{e^6 h^2}{m^2 m_0 c(h\nu)^2} \cdot \frac{\rho^2 \alpha^2}{(kT)^{3/2}} \tag{7.438}$$

式中：ν 为激光辐射的频率；c 为光速；e 为电子的电荷。通过组合方程式(7.437)和式(7.438)，我们可以采用温度 T、密度 ρ 和已知的参数计算 l。对于空气，J 的典型值是 13eV 量级；对于 O_2，J 的量级是 12.1eV；对于 N_2，是 15.6eV。因此，我们有作为 ρ 和 T 的函数的 l，即

$$l = f(\rho, T) \tag{7.439}$$

或因为 $\rho = \rho_0(1+\gamma)/\gamma \approx 2\rho_0$，我们可以借助于式(7.431)和式(7.435)得到 l 和 T 之间，即 I 和 T 之间的关系。典型的结果如图 7.76 所示。

这里，我们假设光束的半径为 10cm，重要的一点是在 I-T 关系中存在最小点，我们把这确定为保持 LSD 波需要的最小通量 I_m，并将它与在爆轰的前端处的高压区域的温度 T_m 联系起来。

接着我们可以使用我们的爆轰波关系，式(7.429)和式(7.430)与式(7.431)，得到前端后面的压强，或者等价地，借助于 $\rho \approx 2\rho_0$ 和理想气体律，由 T_m 得到压强。

我们转向在目标上的瞬间压强的计算。首先注意到径向扩张概念对燃烧波

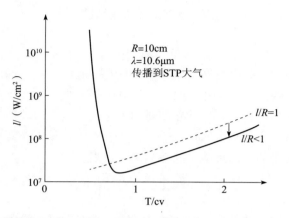

图7.76 激光支持的爆轰波的 I 和 T 之间的关系[60],这条曲线是基于气体状态方程的更实际的表达式而不是理想气体律绘出的,但理想的气体律给出了类似的结果

和爆轰波之间的差别施加了一个自然的准则,径向扩张的时间是 R/c_a,通过吸收区的时间是 V/u。如果保持爆轰条件,径向扩张时间必须大于传播时间,以便高压区域作为一个爆轰前端运动,而不会径向耗散,因此,$R/c_a > l/u$。我们已经注意到粗略地 $u \approx 2c_a$,因此 $R>l$,或 $l/R<1$ 是爆轰波的条件。如果 l 变得大于 R,吸收区是大的,径向方向中的弛豫是重要的,发生称为燃烧波的过程。这可以以类似于爆轰波的方式来处理,但液体动力学方程不是取式(7.409)、式(7.411)和式(7.413)的简单的形式。在本书中我们不涉及燃烧波。图7.76的解是针对爆轰波的,因此对于 $l/R<1$ 是成立的,极限 $l/R=1$ 在图中用虚线示出。

最后,计算由刚好足以保持一个爆轰波的强度为 I 的一个激光光束输送到目标上的冲量[61],光束的脉冲持续时间为 t_p,我们希望计算由于吸收区后面的"爆炸物"对目标的影响,这些在所有的方向的扩张会在目标上产生压强。为了验证这一效应,我们采用一个非常简单的模型,称为圆柱形扩张模型。我们考虑到吸收区在激光脉冲结束时已经传播了距离 Z,在这一时刻我们已经产生了一个半径等于光束半径 R,长度为 Z,压强 P_d 由式(7.430)和式(7.431)给出的高压气体圆柱体,$P=P_d$。这一圆柱体能够以估计为声速 c_a 的速度径向扩张。这样我们就通过在圆柱体从 R 扩张到目标的半径 R_T 期间,将扩张的圆柱体的压强在目标上产生的力进行积分,得到传送到目标上的冲量。如图7.77所示,模型由时间 $t=t_p$ 段的图形描述。

可以期望,如果 $Z \ll R$,且 $t_p \ll$ 径向扩张达到 R_T 或者达到大气压强所需的时间,该模型是成立的。我们也假设由于可以忽略目标汽化产生的冲量,即,

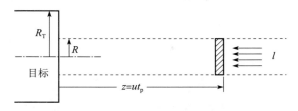

图 7.77　从一个激光支持的爆轰波传输到目标的脉冲的径向扩张模型

爆轰波是在激光脉冲的非常早的时刻形成的。

我们取径向扩张以恒定的温度进行，则 P 乘以圆柱体的体积 V 是一个恒量。由于我们的模型假设仅有圆柱体型扩张，我们有

$$Pr^2 = 常数 \tag{7.440}$$

式中：r 为圆柱体的半径，且 $R \leqslant r \leqslant R_T$。我们将需要这一关系来导出冲量，假设冲量为 I_m，并假设 F 是由于压强施加在目标上的力，可以得到

$$I'_m = \int_{t(r=R)}^{t(r=R_T)} F \mathrm{d}t \tag{7.441}$$

其中上界仅有在 $r=R_T$ 处 P 大于大气压强时才成立。由于径向扩张率为 c_a，由声速条件下理想气体的关系，有

$$c_a = \sqrt{\frac{\gamma P}{\rho}} \tag{7.442}$$

还有

$$\mathrm{d}t = \sqrt{\frac{\rho}{\gamma P}} \mathrm{d}r \tag{7.443}$$

因此

$$I'_m = \int_R^{R_T} F \sqrt{\frac{\rho}{\gamma P}} \mathrm{d}r \tag{7.444}$$

现在在任何时刻

$$F = (\pi r^2) P = \pi r^2 P \tag{7.445}$$

但是，由于 $r^2 P$ 是恒量，则我们可以由在 $r=R$ 处的初始压强 P_d 来评估 F，或

$$F = \pi R^2 P_d \tag{7.446}$$

现在，通过将式(7.444)的积分符号中的 F 取出，冲量变为

$$I'_m = \pi R^2 P_d \int_R^{R_T} \sqrt{\frac{\rho}{\gamma P}} \mathrm{d}r \tag{7.447}$$

再次调用 $r^2 P = \mathrm{constant}$，得到

$$r^2 P = P_d R^2 \tag{7.448}$$

或

$$P = P_d \frac{R^2}{r^2} \tag{7.449}$$

因此冲量为

$$I'_m = \pi R \sqrt{P_d} \int_R^{R_T} \sqrt{\frac{\rho}{\gamma}} r \mathrm{d}r \tag{7.450}$$

由式(7.429)，回想到 $\rho = \rho_0(1+\gamma)/\gamma$，这样得到

$$I'_m = \pi R \sqrt{\frac{P_d \rho_0 (1+\gamma)}{\gamma^2}} \left(\frac{R_T^2}{2} - \frac{R^2}{2} \right) \tag{7.451}$$

由于 $R < R_T$，忽略 $R^2/2$ 项。因此，比冲 I_m，即 I'_m 除以光束的面积 πR^2 为

$$I_m = \frac{I'_m}{\pi R^2} = \frac{R_T^2}{2R} \sqrt{P_d \rho_0} \frac{\sqrt{1+\gamma}}{\gamma} \tag{7.452}$$

回想到式(7.430)和式(7.431)中的 P_d 的表达式，并相对于 l 忽略 l/R，可以写为

$$I_m = \frac{R_T^2}{2R} \sqrt{\left(\frac{1+\gamma}{\gamma^2}\right) \rho_0 \left(\frac{\rho_0}{1+\gamma}\right) \left[\frac{2(\gamma^2-1)}{\rho_0} I\right]^{2/3}} \tag{7.453}$$

这简化为

$$I_m = \frac{R_T^2}{2R} \left\{ \frac{1}{\gamma} [2(\gamma^2-1)^{1/3}] \right\} \rho_0^{2/3} I^{1/3} \tag{7.454}$$

对于典型的 γ 值(如 $\gamma = 1.4$)，花括号内的表达式近似等于1，因此，式(7.454)简化为

$$I_m = \frac{R_T^2}{2R} \rho_0^{2/3} I^{1/3} \tag{7.455}$$

现在光束内的每单位面积的能量是 $E_0 = It_p$，将耦合系数 I_m/E_0 写为

$$\frac{I_m}{E_0} = \frac{R_T^2}{2R} \rho_0^{2/3} / (t_p^{1/3} E_0^{2/3}) \tag{7.456}$$

这是在图 7.73 中标注为激光支持爆轰预测的直线的方程，其计算是针对适于 1.2μs 的脉宽的参数完成的。

从式(7.445)可以看出激光支持的爆轰波的几个重要的结果。其中一个是在 E_0 变大时耦合系数减小，这告诉我们不能通过简单地增大激光光束内的能量在目标上产生任意大的冲量。事实上，当认为式(7.456)在 E_0 大时是正确的，汽化模型(见式(7.398)和图 7.73)的结果被应用在较低的 E_0 值，对于一个给定的脉冲宽度，有一个最佳的 E_0 值用于将最大的冲量传送到目标上。对

于如图 7.73 所示的 $1.2\mu s$ 的脉冲，E_0 的最佳值是大约 $22J/cm^2$，根据数据，这是合理的。当然，比冲 I_m 按照 $I_m/E_0^{1/3}$ 的规律变化。因此，较大的 E_0 将产生较大的 I_m。然而，I_m 随着 E_0 的这种缓慢的增大是一个将应力施加在一个材料上的非常无效率的方式。一个更好的方案或许是采用多个处于最佳 E_0 值的脉冲。

LSD 波的另一个结果是脉冲对目标材料的参数缺乏相关性，产生相同的与目标无关的冲量，这是与实验相符的，当 I 在能够形成 LSD 的范围内时，对于所有的目标材料，测得的冲量是相同的。图 7.78 给出了海军研究实验室采用的某些数据[64]，我们看到，按照汽化模型，在较低的功率密度时，I_m/E_0 与材料的类型有很强的相关性，而在较高的功率密度时，形成 LSD 的典型的 I_m/E_0 值对于所有的材料是相同的。然而，在这一范围内，存在与目标面积的相关性，对于铝，给出了与目标面积的相关性，这里可以看到采用式（7.445）预测的一般的特性。

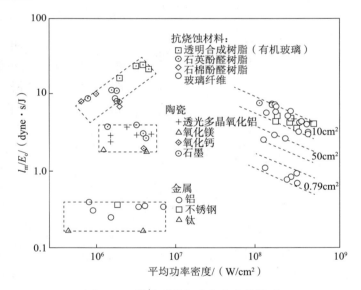

图 7.78　耦合系数与功率密度的关系

我们还没有考虑扩张的圆柱体达到大气压强时的半径，将这一半径称为 R_0，如上解释，P_r^2 是恒定的，因此有

$$P_0 R_0^2 = P_d R^2 \tag{7.457}$$

式中：P_0 为大气压强（$10^6 dyne/cm^2$），因此有

$$R_0 = R P_0^{-1/2} P_d^{1/2} \tag{7.458}$$

由式（7.419）和式（7.420），对于 P_d，变为

$$R_0 = RP_0^{1/2}\sqrt{\frac{\rho_0}{1+\gamma}\left[\frac{2(\gamma^2-1)t}{\rho_0}\right]^{2/3}} \quad (7.459)$$

涉及 γ 的因子接近于 1，因此

$$R_0 = RP_0^{1/2}\rho_0^{1/6}I^{1/3} \quad (7.460)$$

代入 $I = E_0/t_p$，得到

$$R_0 = RP_0^{1/2}\rho_0^{1/6}E_0^{1/3}t_p^{-1/3} \quad (7.461)$$

因此，如果 R_0 小于 R_T，采用 R_0 取代式（7.456）中的 R_T。对于尺寸大于 R_0 的目标，接收相同的冲量。

一个数值例证是有用的，假设 $E_0 = 1000\text{J/cm}^2$，$t_p = 100\mu\text{s}$，并假设光束半径是 1cm，功率密度 I 是大约 10^7W/cm^2，因此我们可以预期一个 LSD 波，我们取 $R_T = 5\text{cm}$ 的目标半径，由式（7.445）（$\rho_0 = 1.29\times10^{-3}\text{g/cm}^3$）得到

$$\frac{I_m}{E_0} = \frac{25}{2}(1.29\times10^{-3})/[(10^{-4})^{1/3}(10^{10})^{2/3}]\text{dyne}\cdot\text{s/erg}$$

$$\frac{I_m}{E_0} \approx 7\times10^{-7}\text{dyne}\cdot\text{s/erg}$$

或

$$\frac{I_m}{E_0} \approx 7\text{dyne}\cdot\text{s/J}$$

在这一例子中由式（7.461）给出的膨胀到大气压强的半径为

$$R_0 = (10^6)^{-1/2}(1.29\times10^{-3})^{1/6}(10^{10})^{1/3}(10^{-4})^{-1/3}$$

这里我们对 E_0 采用 erg/cm^2，则

$$R_0 \approx 15\text{cm}$$

因此，半径为 15cm 或更大的目标表现出最大的耦合系数 $(15/5)^2$ 乘以 7，或 65dyne·s/J。如果我们计算 I_m，我们有 63000dyne·s/cm^2，即 63000tap，这是由这一激光脉冲产生的最大比冲。由于这一冲量是在激光脉冲时间的时间量级内传送到目标的，这对应于近似为 $(6.3\times10^4)/10^{-4} \approx 6\times10^8\text{dyne}\cdot\text{cm}^2$ 的压强，或者 600 个大气压。

7.13 连续波激光辐照效应

激光系统的选择取决于具体的应用。首先，金属、半导体和介电材料的结构是非常多样化的。因为超短脉冲激光器可工作在非常高的强度上，它们可以采用非线性吸收，因此是用于对透明材料的激光加工处理的一个显而易见的选择，但这都取决于应用的技术指标要求。

可以按照采用的介质对激光进行最简单的划分，根据激光材料的状态可以划分为3个基本的类型：(1) 气体；(2) 液体；(3) 固体。

此外，所有类型的激光器可以工作在一个或两个时间模式：(1) 连续波模式；(2) 脉冲模式。在连续波模式中，激光光束是不间断地发射的。在脉冲模式下，如前所述，激光光束是周期性地发射的。

如果应用的目的是几十微米尺度的结构，纳秒激光器能提供足够的精度，而且通常有更大的吞吐率，因此，这使它成为优选的解决方案。然而，如果需要纳米尺度的特征，皮秒或飞秒激光系统是更好的选择。

对于纳秒激光系统，特征的分辨率一般受到热扩散长度 $l \approx \sqrt{\kappa \tau}$ 的限制，其中 κ 为材料的热扩散率，τ 为激光脉冲持续时间[65]。金属通常有高的热扩散率，因此必须采用较短的脉冲处理精密的微结构[66,67]。应当注意：纳秒激光处理是与热影响区域（一个围绕激光产生的孔的区域）相关的，在这一区域温度足够高，使材料能熔化（但不汽化），通过重新固化材料，这一区域的强度可能显著地降低。

激光器的输出可以是连续波或脉冲的。在脉冲工作模式下，可以实现更高的峰值功率，因为在一个短的脉冲期间释放在激光增益介质中存储的能量。激光烧蚀是通过激光光束辐照消除表面处的材料的过程，短脉冲激光烧蚀是有优势的，因为可以在非常短的时间内将材料加热到汽化的温度，这意味着没有时间将能量扩散到材料的更深部分，因此能量被集中在需要的地方。

对于足够低的功率通量，薄的表面层被加热到液体，但将保持在汽化温度之上，固-液界面将通过热传导缓慢地进入材料块，在铁中，典型的汽化速率为大约 10^{-2} cm/s，对于这种情况，功率通量可能为大约 10^{6} W/cm^2。

在某些更高的功率通量（$10^{6} \sim 10^{8}$ W/cm^2 之间）上，在由于热传导固-液界面扩散到材料中之前，薄的吸收表面层被加热到汽化温度。因此，采用连续的激光功率，厚度薄于 μ 的材料层将被连续地汽化，材料-空气界面将扩散到材料中，通常产生一个气体喷流，气体喷流也注入熔化的材料中，因此，随着所有的材料的汽化，孔的扩散率功能更快。

在更高的通量（$10^{9} \sim 10^{10}$ W/cm^2）下，在表面层被初步汽化之后，气体喷流被热电离化，并吸收被材料隔开的大部分入射辐射，表面层被超声喷流爆开，它的温度可能上升到超过 10^{5} K，对于特定的材料特性或者从一组预定的材料中选择的材料特性，它的压强超过 10^{3}。

正如本章的开始看到的那样，光包含能量。当光被材料吸收时，能量将加热材料。然而，材料得到热的速度越快，它散发热越快。如果耗热率高到等于受热率，则光不再使表面的温度升高。否则，表面继续获得热，它的温度继续上升。一个光束可以使材料达到的温度取决于光的强度和材料对热的响应速率和机理。

通常，热有3种运动的机理：热传导、热对流和辐射。热传导是当热在材料内传递时，通过原子彼此的碰撞和交换能量，热在原子之间传递；对流是通过移动储热的材料使热运动；辐射传热是通过电磁波的发射或吸收实现的。当一个表面暴露在死光下时，它受到辐照的加热。

对于强度相对低的连续波激光光束，仅有的效应是吸收电磁辐射产生的加热。吸收材料的温度上升，直到在吸收的功率和由于传导、对流和辐射造成的热损耗之间达到平衡。

自史前就已经知道，阳光可以使一个吸收表面变热，古希腊人就通过将聚焦的阳光穿过球形的充满水的瓶子或者凸的玻璃块来点火。阿基米德提出通过Syracuse港的反射来聚焦阳光，他希望能点燃敌方的舰队战船的绳、帆和船桅。

在地球表面的天顶点，太阳的功率通量密度大约为 $0.13W/cm^2$，这使得太阳炉能达到近3000℃的温度。如果被辐照的面积足够大，可以忽略横向热传导。黑体表面的辐射损耗可以由 Stefan-Boltzmann 定律给出。如果被辐照的面积足够大，可以忽略横向热传导。功率通量密度 σT^4，在 $T=3644K$ 时，对应于 $1kW/cm^2$。在一个3000K的表面上通过马赫数为1的气流的对流冷却仅为几百 W/cm^2。在 80~160km 的助推器关机高度处的压强上，可完全忽略对流冷却。显然，对于 $1\sim100kW/cm^2$ 的连续波激光通量密度，大部分材料的温度可以上升到熔点 T_m 和汽化温度 T_v 以上。1961年，在激光发展历史的早期，一个能量大于1J的聚焦的红宝石激光脉冲可以在一个刀片上穿一个孔。由两个非常简单的情况确定了对目标造成毁伤需要的通量的幅度和频率[68]。迄今我们已经给出的大部分分析也适用于连续波激光。

参考文献

1. Schriempf JT (1974) Response of materials to laser radiation a short course. NRL Report 7728, July 10, 1974. Department of Navy, Office of Naval Research Arlington, VA 22217
2. Ready JF (1971) Effects of high-power laser radiation. Academic Press, New York
3. Carslaw HS, Jaeger JC (1959) Conduction of heat in solids, 2nd edn. Clarendon Press, Oxford
4. Nowakowski KA (2005) Laser beam interaction with materials for microscale applications. PhD Dissertation, Worcester Polytechnic Institute, 22 November 2005
5. Ross D (1969) Lasers: light amplifiers and oscillators. Academic Press, New York, p 72
6. Wester R (2011) In: Poprawe R (ed) Tailored Light 2: laser application technology. New York, Springer Publication

7. Born M, Wolf E (1999) Principles of optics. Cambridge University Press, Cambridge
8. Zettili N (2009) Quantum mechanics, concept and applications, 2nd edn. Wiley, New York
9. John F (1971) Ready, effects of high-power laser radiation. Academic Press, New York
10. Wieting TJ, Schriempf JT (1972) Free electron theory and laser interaction with metals. Report of NRL Progress, June 1972, pp 1–13
11. Bonch-Bruevich AM, Imas YaA (1967) Zh Tekh Fiz 37:1917 (English transl.: Sov PhysTech Phys 12:1407 (1968))
12. Zhang SY, Ren YH, Lupke G (2003) Appl Opt 42(4):715
13. Romero LA, Dickey FM (1996) J Opt Soc Am A 13(4):751
14. Momma C, Nolte S, Kamlage G, von Alvensleben F, Tunnermann A (1998) Appl Phys A Mater Sci Process 67(5):517
15. Sanner N, Huot N, Audouard E, Larat C, Huignard JP, Loiseaux B (2005) Opt Lett 30(12):1479
16. Nemoto K, Nayuki T, Fujii T, Goto N, Kanai Y (1997) Appl Opt 36(30):7689
17. McLeod E, Hopkins AB, Arnold CB (2006) Opt Lett 31(21):3155
18. Heinemann S (1995) Opt Commun 119(5–6):613
19. Dickey FM, Holswade SC (eds) (2000) Laser beam shaping: theory and techniques. Marcel Dekker, New York
20. Bäuerle D (2000) Laser processing and chemistry. Springer, Berlin
21. Heller J, Bartha JW, Poon CC, Tam AC (1999) Appl Phys Lett 75(1):43
22. Toulemonde M, Unamuno S, Heddache R, Lampert MO, Hageali M, Siffert P (1985) Appl Phys A Mater Sci Process 36(1):31
23. Toulemonde M, Unamuno S, Heddache R, Lampert MO, Hageali M, Siffert P (1985) Appl Phys A Mater Sci Process 36(1):31
24. Arnold CB, Aziz MJ, Schwarz M, Herlach DM (1999) Phys Rev B 59(1):334
25. Weeber JC, Krenn JR, Dereux A, Lamprecht B, Lacroute Y, Goudonnet JP (2001) Phys Rev B 64(4):045411
26. Baeuerle D (2000) Laser processing and chemistry, 3rd edn. Springer, New York. ISBN 3-540-66891-8
27. Lide DR (2001) CRC handbook of chemistry and physics, 82nd edn. CRC, Boca Raton
28. Slusher RE, Eggleton BJ (2004) Nonlinear photonic crystals, 1st edn. Springer, Berlin
29. Ghofraniha N, Conti C, Ruocco G, Trillo S (2007) Phys Rev Lett 99(4):043903
30. Staudt W, Borneis S, Pippert KD (1998) Phys Status Solidi A Appl Res 166(2):743
31. Mori N, Ando T (1989) Phys Rev B 40(9):6175
32. Columbia (2005) Laser micromachining, 10 November 2005. www.mrl.columbia.edu
33. Lasag (1997) Operator's manual for KLS 126 laser source. LASAG Corporation, Switzerland
34. Semak V, Matsunawa A (1997) The role of recoil pressure in energy balance during laser materials processing. J Phys D Appl Phys 30:2541–2552
35. Bronski MT (2003) Development of a process characterization of Nd:YAG crystals. MS Thesis, Center for Holographic Studies and Laser micro-mechaTronics, Mechanical Engineering Department, Worcester Polytechnic Institute, Worcester, MA
36. Bonch-Bruevich AM, Imas YaA (1967) Zh Tekh Fiz 37:1917 (English transl.: Sov Phys Tech Phys 12:1407 (1968))
37. Nowak T (1990) Theoretical and experimental investigation of laser drilling in a partially transparent medium. MS Thesis, Center for Holographic Studies and Lasermicro-mechaTronics, Mechanical Engineering Department, Worcester Polytechnic Institute, Worcester, MA
38. Yilbas BS (1995) Study of liquid and vapor ejection processes during laser drilling of metals. J Laser Appl 7:147–152
39. Tokarev VN, Lunney JG, Marinea W, Sentis M (1995) Analytical thermal model of ultraviolet laser ablation with single-photon absorption in the plume. J Appl Phys 78(2):1241–1246
40. Yilbas BS, Yilbas Z, Akcakoyun N (1996) Investigation into absorption of the incident laser beam during Nd:YAG laser processing of metals. Opt Laser Technol 28(7):503–511

41. Yilbas BS, Yilbas Z, Sami M (1996) Thermal processes taking place in the bone during CO_2 laser irradiation. Opt Laser Technol 28(7):513–519
42. Tabor D (1991) Gases, liquids and solids and other states of matter, 3rd edn. Cambridge University Press, Cambridge, p 272
43. Bejan A (1993) Heat transfer. Wiley, New York, NY
44. Mazumder J, Steen WM (1980) Heat transfer model for cw laser material processing. J Appl Phys 51:941–947
45. Gordon R, Cobonpue J (1961) Heat transfer between a flat plate and jets of air impinging on it. Heat Transfer Pt. II:454–460, ASME, New York, NY
46. Niedrig R, Bostanjoglo O (1996) Imaging and modeling of pulse laser induced evaporation of metal films. J Appl Phys 81(1):480–485
47. Semak V, Damkroger B, Kemka S (1999) Temporal evaluation of the temperature filed in the beam interaction zone during laser material processing. J Phys D Appl Phys 32:1819–1825
48. Zohuri B (2015) Dimensional analysis and self-similarity methods for engineers and scientists. Springer Publishing Company, New York
49. Parker WJ, Jenkins RJ, Butler CP, Abbott GL (1961) J Appl Phys 32:1679
50. Heckman RC (1971) Thermal diffusivity finite pulse time corrections. Sandia Laboratories Research Report SC-RR-710280, May 1971
51. Schriempf JT (1972) Rev Sci Instrum 43:781
52. Sparks M (1975) Theory of laser heating of solids: metals. J Appl Phys 47(3):837–849
53. Yilbas BS, Sami M (1997) Liquid ejection and possible nucleate boiling mechanism in relation to the Laser drilling process. J Phys D Appl Phys 30:1996–2005
54. Sparks M (1975) Theory of laser heating of solids: metals. J Appl Phys 47(3):837–849
55. Anisimov SI, Khokhlov VA (1995) Instabilities in laser-matter interaction. CRC, Boca Raton, FL
56. Yilbas BS, Gbadebo SA, Sami M (2000) Laser heating: an electro-kinetic theory approach and induced thermal stresses. Opt Laser Eng 33:65–79
57. Yilbas BS, Arif AFM (2001) Material response to thermal loading due to short pulse laser heating. Int J Heat Mass Transfer 44:3787–3798
58. Nash GE, Thermal response calculation. Naval Research Laboratory, Washington, DC, unpublished data
59. Anisimov SI (1968) High Temp 6:110. Translated from Teplofizika Vysokikh Temperature 6:116 (1968). Original article submitted December 6, 1966
60. Nielsen PE, Canavan GH (1971) Laser absorption waves. Air Force Weapons Laboratory Laser Division Digest LRD-71-2, p 110, December 1971
61. Canavan GH, Nielsen PE, Harris RD (1972) Radiation of momentum transfer to solid targets by plasma ignition. Air Force Weapon Laboratory Laser Division Digest LRD-72-1, p 125, June 1972
62. Raizer YP (1965) Sov Phys JETP 21:1009
63. Zel'dovich YB, Raizer YP (1966) Physics of shock waves and high-temperature hydrodynamic phenomena. Academic Press, New York, p 346
64. Metz SM, Hettche LR, Stegman RL (1973) Intensity dependence of target response to high-intensity pulsed 10.6 μ laser radiation. In DOD Laser effects/hardening conference, Monterey, CA, 23–26 October 1973
65. Bäuerle D (2000) Laser processing and chemistry, 3rd edn. Springer, Berlin
66. Dausinger F, Lichtner F, Lubatschowski H (2004) Femtosecond technology for technical and medical applications. Springer, Berlin
67. Balling P (2006) In: Kane DM (ed) Laser cleaning II. World Scientific Publishing Company, Singapore, p 257
68. The American Physical Society (1987) Report to the American Physical Society of the Study Group on Science and Technology of Directed Energy Weapons. The American Physical Society

第8章　高能激光光束的大气传播

自 20 世纪 60 年代早期发明激光器以来，激光辐射在大气中的传播一直是一个投入大量研究的主题。由于激光源具有高的空间和时间相关性，它们在通信、定位、大地测量和远距离高能传输等应用方面是吸引人的。激光源广泛用于大气探测，尤其是大气的气体组分和污染物、大气的速率和洋流，以及陆地和海面的特征。

将高能激光系统用于军事作战并非没有挑战。在大气中、陆地上、水上和空间中，环境对系统的影响可能是显著的。理解和预测这样的应用以及高能激光系统的效应和脆弱性，可能是在设计系统、确定有意义的技术研究领域、发展作战使用方案和在战场上运用高能激光系统方面的重要的考虑。

8.1　引言

本章我们采用一维数学建模讨论材料对高能激光辐照的响应，并给出对于给定边界的不同情况的热传导偏微分方程的解。自 H. G. Wells 在 1898 年出版了"世界战争"以来，定向能武器就成为科幻文章和电影中的一个主题。在这一年代，可以在一定距离处瞬间毁伤或烧毁一个目标的"死光"概念是非常诱人的。在 Wells 构想了他的"热光"1 个多世纪之后，技术正在成熟到可以很快实际部署。

自 20 世纪 60 年代以来，高能激光武器一直在逐渐地演进，在这一发展过程中出现了一系列标志性的重要科学突破和工程里程碑事件。

对高能激光器的流行看法是构建一个大的激光器并使之瞄准目标，使目标被汽化，但这与一个真实的高能激光武器仅有较低的相似性。在建造真正有用和有效的高能激光武器方面涉及真正的技术和作战使用挑战。

一个激光武器系统使用如氟碘或氢碘激光器那样的高能激光器，要由一个易于移动的车辆携载所有必要的反应物和其他的材料。反应物气体与如氦那样的惰性气体混合储放，以便于装载，并提供近理想的气体特性。在使用柴油燃料和氧气产生热的高压流产生器中，也采用用于激光器的冷却水。除了氟产生器外，系统仅采用 4 个反应物气体储箱。

但采用激光作为一种武器有什么优势？它是否可能？你可以采用这样一种武器来挫败对手吗？这些问题是美国空军研究实验室定向能部需要回答的。这一项目正在发展定向能激光、微波技术和其他未来的武器系统，如机载激光武器和 PHaSR 激光步枪。

激光和其他定向能武器相对于常规的像炮弹和导弹那样的投射式武器有许多优势：

（1）武器的光输出可以以光速运动。

（2）武器可以精确地瞄准。

（3）它们的输出能量是可控的——高功率用于杀伤性的毁伤，低功率用于非杀伤性的毁伤。

高能激光光束在大气中的传播需要丰富的物理学基础知识，这对于海军的定向能研究项目是非常重要的。平均功率几百千瓦到兆瓦级的激光光束受到多种相互关联的线性和非线性现象的影响，如分子和气溶胶吸收与散射、大气湍流及热晕。气溶胶散射和吸收经常是高能激光传播的主要限制因素，具体地说，气溶胶吸收是引起热晕的一个主要因素。气溶胶的特性经常可以在可能采用与高能激光传播不太一致的、方法学过时的表格中找到，尤其是在高能激光的非线性条件下，气溶胶可能在高能激光交战期间改变其散射和吸收特性。在一个处于几千米的距离上的典型的定向能交战场景中，由于气溶胶散射，可能损耗近一半的激光功率。此外，海洋环境可由导致光束漂移和扩散的强湍流来表征。标准的自适应光学（见 8.4 节）方法不能补偿深的湍流的影响，这可能导致到达目标上的功率显著损失。因此，表征和理解高能激光光束和气溶胶的相互作用和深度湍流对光束传播的影响是重要的。

早期的试验表明，由于湍流的折射系数的不均匀性，在大气中的传播导致激光光束畸变，在距离源不远处，湍流使光波的相位波前畸变，并干扰空间相干性。

已经对大气湍流对激光传播的影响进行了全面的研究[1-10]，结果表明自适应光学系统将最终消除湍流导致的噪声[11-13]。

在现在采用连续波模式能够获得的较高的强度或几百千瓦的辐射功率下，大气中的激光光束传播受到另一种畸变源（由于作用在介质上的辐射导致的非均匀性）的阻滞[14-26]。加热是在辐射作用下引起大气中大气参数变化的一种机理，由于大气中气体和气溶胶的辐射吸收的结果，大气的温度和光学参数变化。即便在原始的均匀介质中，折射系数也可能规则地（当介质被具有规则的强度分布的辐射加热时）或者随机地（如果强度是空间和时间的随机函数）变化。

因此，由热导致的介质的光学参数的变化会造成辐射传播的变化，这一变化称为热晕。

热晕显现为激光光束的强的畸变，这是首先在吸收流质中的光束传播中被探测到的。计算的数据表明：尽管辐射受到大气的弱吸收，在沿着长的大气路径高能辐射的传播中也可以观察到类似的现象。这一结论激发了人们对大气中激光光束的热晕的兴趣。

现在可以得到几百篇讨论热晕的不同方面的出版物，大多数出版物涉及气溶胶和云中的热晕。发生热晕时，在较低的强度和比透明的大气层中有更大的变化性条件下，非线性的热效应变得显著起来。在文献[7, 19, 20]中总结了有关气溶胶中热晕的调研结果。

在文献[16-18]中讨论了在具有低的吸收和散射系数的透明的大气中的热晕，这些综述最关注的是在均匀介质中(在没有辐射时)的热晕的数值和实验仿真的结果。

大气传播路径的一个具体的特征是介质参数的规则的或随机的变化。在规则的变化中，风速的幅度和方向对于热晕是关键的，而在随机的变化中，风速和介质温度的湍流脉动是重要的。这里的某些信息是汇集的苏联科学院大气物理研究所进行的热晕理论和实验研究的结果，他们的研究主要针对在湍流大气中的热晕效应的预测和通过实验室仿真对湍流介质中的热晕计算程序的测试。在8.2节讨论了热的非线性和湍流的组合效应对激光光束的传播的影响。

苏联科学院所做的这些工作包括对湍流对光束传播的影响的理论研究，它们是通过采用各种摄动方法求解非线性方程来完成的。需要通过进一步研究，更好地洞悉假设均匀的介质中的热晕过程，具体而言，需要明确以下几点：当不能忽略介质的可压缩能力时，采用等压近似计算在经受辐照的介质中扰动的适用性；热晕分析的各种近似方法的适用性；初始强度分布效应和沿着热晕路径风速的规则变化的影响；热晕的稳定性。

8.2 大气中激光的传播

大气效应影响着几乎所有的高能激光系统(天基激光系统除外)的设计和性能，这些效应包括所有的光电系统那些共性效应，即，不透明的云的遮掩、散射和吸收造成的传输损耗，以及光学湍流引起的性能下降，也包括高能激光系统的独特效应，如由于分子和气溶胶吸收造成的热晕。

高能激光光束通过大气的传播，可能由于热晕造成严重的失焦或偏转[17]。热晕过程是由受大气中的分子和气溶胶成分吸收的激光能量部分造成的[27-28]。吸收的能量对大气进行局部加热，并导致大气密度降低，从而改变折射系数，折射系数变化导致激光光束的失焦或偏转。在存在横向风时，大气被加热的区域使光束路径偏折，文献[17]中对稳态的情况进行了分析。然而，经受热晕的光束的强度通常是时间和空间位置的函数，尤其在滞流区域，在那里等效的风速为0。

滞流区域，即，等效风速为0的区域，可能显著增强在大气层中高能激光光束的热晕。推导了通过一个滞流的吸收区域传播的聚焦的高能激光光束Strehl比的表达式。采用完全三维的和与时间相关的方式对在海洋大气中高能激光光束的传播进行数值建模，光束聚焦在一个遥远的目标上，通过使激光转到在风的方向产生了一个滞流区域，传输到目标上的激光功率被计算为回转速率的一个函数。对于考虑的参数，发现接近激光光源的一个滞流区域对传播效率有小的影响，而在接近目标的滞流区域则可能显著降低到达目标的功率。

滞流区域对于高能激光传播是非常重要的，由于没有对加热的空气的有效清除机制，热透镜的强度随着时间而增大。在这种情况下，失焦过程最终受热传导或弹性效应的限制。然而，等到这些过程变得有效时，光束可能已经严重降质了。

在实验室实验中采用一个通过包括CO_2气体吸收单元的10W的CO_2激光器观察了存在滞流区域时的热晕，对吸收单元进行操纵以模拟包括一个滞流区域的风的轮廓。这一实验也采用求解在等压区域中的与时间相关的热晕方程的代码进行了模拟[29]。

在大气层中，光束的传播和辐散可采用在真空中的情况进行近似，但增加了光束与大气组分的相互作用导致损失光子的特征。由于两个原因，光束的强度随着距离的增大而降低：发散导致光束尺寸增大，与大气的相互作用导致光束携带的能量降低。已经对第一个效应中进行了量化，我们将焦点放在第二个效应。光束中的光子可能以几种方式损失：① 它们可能被大气中的气体或粒子成分散射或吸收；② 可能由于大气中的密度的波动造成透镜效应而被偏折出光束；③ 在高的强度下，它们可能导致光束通过的大气被分解成吸收等离子体。本节考虑这些效应和相关的效应[30]。

自适应光学提供了在存在大气湍流时保持光束质量的方法。然而，并非在所有的情况下，这样的方法都适用或者完全有效。理想的自适应光学需要一个信标——一个来自目标的点源，这在某些系统或应用中是不能完全或者甚至部分实现的。此外，对于长的斜距或者近地平线的传播路径，总的湍流强度可能足够强，即使最好的自适应光学也不能完全补偿湍流。因此，由于大气湍流条件和自适应光学系统的能力有限，导致系统性能下降。本书的第6章更详细地讨论了自适应光学系统和反射镜共轭以及反射镜位移。

通过模拟和预测激光系统在特定的大气条件下的效能可以显著地提高系统性能。用于现有的常规光电系统的预测和决策辅助提供了高能激光系统的模型。一个涉及陆军、海军和空军的联合项目已经发展和交付了用于要关注大气效应的系统(包括低照度电视系统、被动红外导引头和激光制导弹药)的决策辅助系统。

针对机载激光武器的大气测量和建模项目进一步扩展了对大气效应对新型的高能激光系统的适用性的理解。高空云(卷云)和光学湍流对机载激光武器的效能和距离有基本的限制。

在项目的早期,认识到了湍流的变化性将导致机载激光武器性能的变化性。因此,启动了一个并行的空军研究实验室科学技术项目(由机载激光武器项目资金补充有限的核心科学技术资金)来分析大气测量和建模,这项工作已经演变为大气辅助决策项目。

用于空地应用的新型的高能激光系统会遭受比用于弹道导弹防御任务的机载激光武器更严重的性能变化性,这是大气边界层和天气与日周期变化对性能影响程度的结果。除了湍流外,在空地应用中需要对云场和气溶胶的整个范围进行建模。

云对光电和高能激光系统的一阶效应对到目标的视线产生影响,这一效应是通过无云的视线(CFLOS)统计进行量化的,尽管 CFLOS 是一个基本的概念,它对于军事问题有一定的独特性。此外,云随着季节和位置的变化显著地变化,因此需要对跨越在军事上有意义的区域的 CFLOS 气象学有坚实的理解。在定义和设计未来的高能激光系统时,需要更加切合实际的云和 CFLOS 的物理模型,尤其是考虑到虚拟工程、仿真和测试的重要性的日益增加。随着这些系统的部署,采用 CFLOS 概率来预测云的能力变得必要。这些能力需要改进对云的预测能力,包括改进卫星云遥感,采用数值气象模型。

尽管采用模型可以消除高能激光系统的某些大气效应,或者使大气效应最小化(如采用天基激光或者缩短激光武器到目标的距离),希望这些系统能够在更加宽泛定义的场景中是有效的,尤其在考虑附加的任务时。大气建模和决策辅助可显著地增强高能激光系统,并扩展它们的作战能力,就像是已经验证的大气决策辅助对相对简单的红外导引头那样的系统的效能的贡献一样。像用于机载激光武器的大气辅助决策项目一样,扩展的能力需要针对作战使用场景和新的高能激光系统的杀伤机理进行剪裁。在大气建模和决策辅助中的进展需要一个扩展的、长期的科学技术项目,因为军事上专门的大气模型需求是民用研究界不涉及的。此外,三军科学技术项目需要协调跨军种实验室的实验,以便有效地聚焦在这一困难的问题上。

8.2.1 云的描述

云是扩展到大气中的大量的可见的微小水滴或冰粒。雾基本上是到达地球表面的云，是在大气层内发生的物理过程的一个直接的表达。云的形成必须满足3个条件：① 必须提供足够的湿度；② 某种类型的抬升（或冷却）机制；③ 用于启动云生成过程的凝结或升华核。对于云的分类在国际上有一个世界上大多数国家接受的协定。对于云的国际分类的重要性无论怎么强调都不为过，因为这使得全世界云的观测标准化。

云划分为大类、类、种和品种，这一分类体系基本上是基于云的产生机制。尽管云是持续地处于一个形成和耗散过程中的，由于有许多可区别的特征，这使得分类成为可能。云的大类为：

(1) 卷云——薄的羽毛状的云。
(2) 卷积云——薄的棉花状或薄片状的云。
(3) 卷层云——非常薄的，薄片云。
(4) 高积云——像黑绵羊的云。
(5) 高层云——高的均匀的片状云。
(6) 乱层云——黑的、令人恐怖的雨云。
(7) 层积云——球形的大块或卷动的云。
(8) 层云——低的均匀的片状云。
(9) 积云——浓密的穹顶状的云。
(10) 积雨云——菜花状的塔云，在顶部有卷云的云幔。

有关云的进一步的信息和它们的数据库以及怎样将它们与气象学家预测云的覆盖和位置的能力耦合起来（这对于采用"战术"高能激光是必要的）的内容，见本章的文献[31]。

8.2.2 由气体和固体造成的激光光束的吸收和散射

在本章的较早部分，我们讨论了由气体和固体造成的光的吸收和散射。尽管大气主要由气体组成，也存在形式为悬浮的颗粒物的固体（水滴和尘或气溶胶），这些对激光光束传播的能量损耗都有贡献。在我们进行的基本讨论中，重点是光的单个光子与气体的单个分子的相互作用。现在我们的任务是将这一分析扩展到许多光子遭遇到气体的许多分子以及小的悬浮颗粒的情况。

分子：当一个光子遭遇到气体的一个分子时，它可能被吸收或散射，发生的概率可以用发生这样一个事件的横截面 σ 表示[32]，这一概念如图8.1所示。想象一个通过厚度为 dz 的大气传播的面积为 A 的一个激光光束，大气中每立方厘米有 N 个分子，在光束中的光子遭遇到的总的分子数是 $NAdz$，如果这些分子中的每个分子的等效大小或横截面为 σ，则被分子遮挡的面积是 $a = \sigma NA\mathrm{d}z$。因此，光束中的一个光子与一个分子碰撞，并由于吸收或散射受到损耗的概率是遮挡面积除以总的面积 $a/A = N\sigma \mathrm{d}z$。

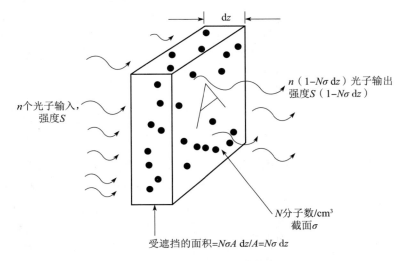

图 8.1　散射和吸收截面

这意味着，如果 n 个光子进入图 8.1 中所示的区域，从光束中损耗 $nN\sigma \mathrm{d}z$，由于光束强度 S 正比于光子的数目 n，在传播了 $\mathrm{d}z$ 距离后，强度降低了 $\mathrm{d}S = -SN\sigma \mathrm{d}z$。

式 $\mathrm{d}S = -SN\sigma \mathrm{d}z$ 在数学上是众所周知的，对于一个初始强度为 $S(0)$ 的光束的强度 $S(z)$ 的解，在传播了 z 距离后为 $S(z) = S(0)\mathrm{e}^{-N\sigma z}$，这称为 Bouguer 定律或 Lambert 定律。这一定律简单地阐述了光通过大气（或任何物质）的传播，它的强度随着传输距离指数下降，量 $N\sigma$ 过去用 K 表示，称为衰减系数，光束的强度降低到 $1/e$（大约 $1/3$）传播的距离为 $1/K$，称为吸收长度。乘积 $Kz = N\sigma z$[①] 称为光学深度，从吸收的观点看，这是光传播经过的介质的等效厚度的一个测度。

图 8.2 给出 $S(z)/S(0)$ 的曲线，这是光束的强度在传输了距离 z 后所占的百分比，是光学深度 Kz 的函数。可以从图 8.2 看到，对于远大于 $1/K$ 的数字，光束的大量能量将损耗。显然，我们必须选择一个激光器的参数，以使 K 尽可能小，等效传播距离 $1/K$ 尽可能大。

我们通过推导吸收律观察横截面积为 σ 的光子与单一类型的分子相互作用的概率。在大气中，存在许多类型（种类）的分子（N_2、O_2、CO_2 等）。与一

---

① 原书有误，译者改。

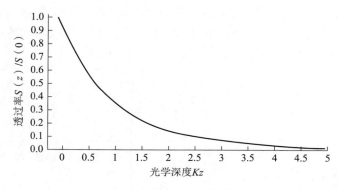

图 8.2 透过率——光学深度

种分子相互作用的概率与同另一种分子相互作用的概率无关，即，通过与一种类型的光子相互作用损耗的光子，可以叠加在通过与另一种类型的光子相互作用损耗的光子上。结果，归因于每种类型的分子的吸收系数可以简单地叠加：$K=K(N_2)+K(O_2)+K(CO_2)+\cdots$（等）。此外，每种类型的分子的吸收系数包括两部分：一个是光子的吸收，一个是对光子的散射：$K(CO_2)=K(CO_2\ 吸收)+K(CO_2\ 散射)$等①。

显然，在大气中的衰减可能是非常复杂的，不同种类的分子会产生各种贡献，相关的分布量和重要性可能随着经度、纬度、相对湿度和其他气象因素而变化，这些项与激光波长可能有不同的相关性，因为一个给定的波长可能不会被一种类型的分子吸收，但是可能会被另一种类型的分子强烈地吸收。

因此，不应惊奇，在这一领域已经发表了大量的文献，从对单个分子吸收的详细研究，到对在给定的气象条件下有多少光透过大气（作为频率的一个函数）的全面测量[33]。我们仅能触及表面，以对大气吸收和散射有一个一般的感受。

图 8.3 给出了在宽泛的波长范围内的大气衰减[33]，给出了用于传播激光的宽的窗口。然而，由于该图的比例尺，不能显现出大气传播窗口的非常精细的结构，因此在图 8.3 底部给出的是上半部分的一个窄的区域的放大显示。

由图 8.3 可以看到，即便似乎是在一个传播窗口之内，在特定的频率上也可能是窄的吸收带。因此，激光波长的选择对于传播可能是关键的。例如，最近对氘氟化学激光的输出频率的测量导致将一个波长从 3.7886μm 改变为 3.7902μm[33]。

---

① 原书有误，译者改。

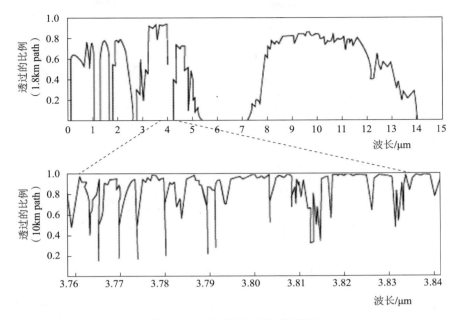

图 8.3 大气衰减与波长的关系

这一变化对于评估在海平面这一光有多少能穿透 10km 的路径（从大约 90%改变为大约 50%）是足够的。这是为什么最近自由电子激光器受到了明显关注的原因。与大多数输出频率是由产生光的活性材料决定的激光器不同，自由电子激光器是波长可调谐的，为通过调整实现有效的大气传播提供了较大的灵活性。

对于这一点，我们已经看到，激光光束的强度将按照 $S(z)=S(0)e^{Kz}$ 的规律随着距离的增大降低，其中 K 是衰减系数，是表示大气中存在的不同种类的成分的吸收和散射的一个累加项。给定 K 并知道距离 z 是给定的应用需要的。图 8.2 可以用于评估强度或亮度的下降，这一下降可以用于修正我们的真空中传播的结果，使我们能建立用于大气层内应用的目标毁伤的新准则。例如，如图 8.4 所示，为了在一个 3cm 孔径的准直光束中输运 $10^4 W/cm^2$ 的强度，需要 10kW 的激光功率。如果光束是在大气层传输的，且 K 的值使得经过一定距离后仅有 50%的强度被传输到目标上，我们应当采用 20kW 的激光器，因此，在衰减 50%后，我们有 10kW 的剩余功率满足在目标上的强度需求。另外，我们也可以选择一种具有不同波长的激光器，在这一波长衰减更小。

更远距离的战略应用导致更大的复杂性。决定着 K 的大气参数可能随着远距离路径而变化，因此 K 不是恒定的，而是随着距离变化。例如，在使用地基

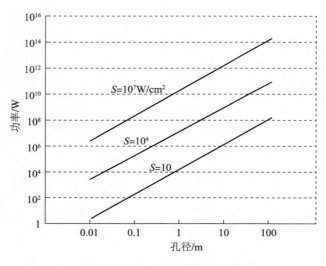

图 8.4 光束功率—孔径和强度

激光跟踪月球时就会出现这样的情况。在光束经过大气层时，正比于分子密度的 K 稳定地降低。最终，光束离开大气层，并它大部分传播距离在真空中。如果我们使用指数吸收率，采用的 K 适于海平面大气 z 且等于到月球的距离，将极大地过高估计光束的衰减！在与此类似的情况下，我们必须修正对衰减的处理方法，使 K 是 z 的函数。如果 K 是一个与 z 有关的变量，我们原始的方程 $dS(z)/dz=-KS$ 的解，变为

$$S(z) = S(0)\exp\left[-\int_{z=0}^{z=z} K(z)\,dz\right] \tag{8.1}$$

指数衰减律的这一"改进"版看起来是复杂的，但对它的解释是简单的。它指出：我们必须在路径长度上对 K 进行积分。实际上，我们将光束路径分解成许多小的部分，在每个小的部分，K 等效于是恒定的，可以采用指数衰减律。然后对每个小的路径部分的光学深度进行累加，得到总的衰减效果。在任何实际的情况中，这样做需要采用可以跟踪分子是怎样分布的以及它们的密度随高度变化的计算机模型，并可以使用这些数据计算与高度有关的衰减系数。然而，有一个可以解析地求解的具有合理精度的简化模型，并能给出与高度有关的光束衰减效应。

在较低的大气层(0～120km)，密度随高度指数变化[34]。这一结果是指数型的，可以采用统计力学导出。它假设温度大致与高度无关，且由于引力造成的加速度是恒定的。因此，在接近地球表面处最精确，因为这是吸收最大的区域。"指数型大气"对于"零阶"分析通常是适当的，也就是说，在高度 h 处

的分子的密度 $N(h)$ 是通过 $N(h) = N(0)\exp(-h/h_0)$ 与在海平面处的密度 $N(0)$ 联系起来的，其中恒量 h_0 为大约 7km。由于 $K = \sigma N$ 也与 N 成正比，我们可以在一阶近似上认为 $K(h) = K(0)\exp(-h/h_0)$。

注意，因为不同的大气组分有不同的分子重量，它们随着高度有不同程度的减轻。H_0 的 "7km" 值是所有组分的平均值。重量轻于平均值的组分较慢地减轻，而那些重于平均值的组分的重量更快地减轻。由于在一个给定的波长上，吸收可能与单一的组分种类有关，对于吸收而言，在一个特定的应用中，确切的尺度长度可能与标称值不同。

假设我们以某一角度 ϕ 向空中发射一束激光，如图 8.5 所示。通过简单的几何关系 $h = z\sin\phi$，将光束的高度 h 与它的斜距 z 和高低角 ϕ 联系起来。当 $\phi = 0$ 时，对于任何斜距 z，h 为 0，以当 $\phi = 90°$ 时，h 和 z 是相同的。采用 h 和 z 之间的关系，并假设 $K(h) = K(0)\exp(-h/h_0)$，我们可以评估到任何斜距 z 的光学深度，结果如图 8.6 所示。

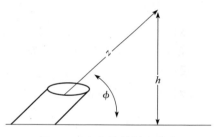

图 8.5　光束的斜距和高度

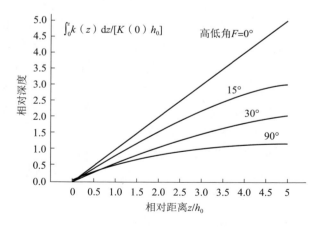

图 8.6　光学深度—斜距和高低角

图 8.6 给出了光学深度(归一化到 $K(0)h_0$)—斜距 z(归一化到 h_0)的曲线。在 $\phi=0$ 时,光束是水平传播的,大气密度是恒定的,正如我们所期望的,光学深度随着距离线性增大。在 $\phi=90°$ 时,光束直接向上传播,并快速离开大气层,在此之后,光学深度不再增大。

在中间角度上,光束在离开大气层前要传播越来越长的大气长度,因此,光学深度接近一个较高的极限值。对于小于 h_0(大气密度变化明显的高度)的距离,光学深度大致与高低角无关。

图 8.6 可以与我们针对真空传播的结果结合用来估计远距离应用的衰减和它对激光需求的影响。例如,回到我们希望攻击月球的情况,如果在海平面,在我们的激光频率上衰减系数是 0.1km^{-1},而且如果我们能够在月球在正头顶时射击月球,则按照图 8.6,光学深度是 $K(0)h_0$ 或 0.7。

由图 8.2 可以看出,对于这一光学深度,激光强度和亮度是在真空中的强度和亮度的大约 0.6 倍。因此,如图 8.7 所示,为了使到达目标的亮度达到给定的值,对激光的亮度需求,必须增大到 1/0.6 倍或者大约 1.7 倍。

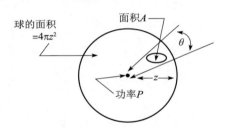

图 8.7 亮度的概念

小的粒子(气溶胶):对于这一点,我们观察激光光束由于构成大气中大部分的气体(分子)的衰减。接着我们必须考虑不可避免地悬浮在大气中(尤其是近地球表面处)的小的固体或液体溶胶的效应。例如,图 8.8 给出了作为在海平面上粒子半径的函数的悬浮粒子的数值密度,以及不同尺寸粒子的密度随高度的变化方式。当然,该图是构想的,因为实际的粒子尺寸分布可能有非常大的变化,这取决于当地的气候和风的条件。尺寸为 r 的粒子的密度的一个常用的数学表达式是 $r=ar^\alpha \exp(-br^\gamma)$,常数 a、b、α 和 γ 随着天气和其他条件变化。在 3.14 节可以找到代表性的值[35]。由图 8.8 可以看到几个重要的事情:① 超过 $1\mu m$ 的粒子是非常稀少的,而且很大程度上被限定在近地球表面的区域;② 粒子尺寸的范围可与工作在从可见光到远红外($0.4\sim 10\mu m$)的激光波长相比,当粒子尺寸与光的波长可比时,对固体粒子对光的吸收和散射的分析变得非常复杂。

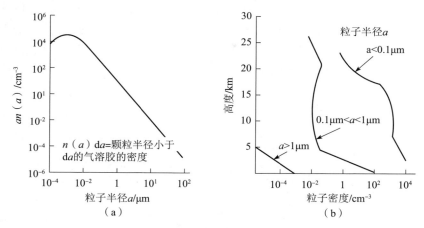

图 8.8 粒子尺寸分布和相对于高度的变化
(a)海平面粒子尺寸分布;(b)粒子密度相对于高度的变化。

按照其发明者(德国气象学家)的名字,相关的理论称为 Mie 散射理论,对这一理论展开讨论超出了本书的范围,但图 8.9 给出了其精髓。

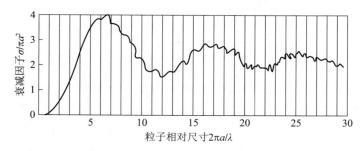

图 8.9 Mie 理论中由于气溶胶造成的衰减因子

图 8.9 比较了表征介电气溶胶(在这种情况下是水)产生的的实际衰减的横截面与它的物理尺寸 πa^2,表征产生的实际衰减的横截面是 $2\pi a/\lambda$ 的函数,其中 a 是气溶胶半径,λ 是光的波长。在横截面上有许多倾斜和凸缘,在粒子尺寸和光波长之间有反射谐振,但对于大部分情况,σ 的量级为 $2\pi a^2$,尤其当 a 远大于 λ 时。你可以大致地认为每个粒子的物理横截面对光衰减有 2 倍的贡献,因为它对衰减有 2 种方式(通过吸收和散射)的贡献。

对于各种不同类型的粒子(介电的和金属的),在文献中可以得到类似于图 8.9 的曲线。一般来说,它们表现出类似于图 8.9 所示的特性,当 $2\pi a/\lambda$ 趋近于 0 时,σ 趋近 0,但对于 $2\pi a/\lambda>1$,σ 在 $2\pi a^2$ 附近。如图 8.8 所示,气溶胶中大部分的尺寸是小于 1μm 的,我们可以得到气溶胶对光衰减的影响对于可见光（$\lambda = 0.4 \sim 0.7 \mu m$）激光而言大于对工作的红外波段（$\lambda = 1 \sim 10 \mu m$）激光的结论。图 8.10 给出了粒子相对尺寸 $2\pi a/\lambda$ 与波长和粒子尺寸的关系。图 8.10 可与图 8.9 一起用于估计气溶胶对光衰减的贡献。然而，必须强调：在实际的情况下，气溶胶的密度和类型每天都在变化。

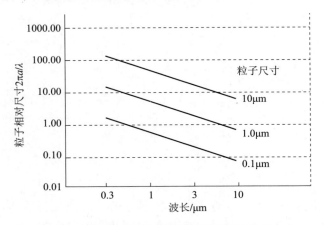

图 8.10　$2\pi a/\lambda$ 与波长和粒子尺寸的关系

因此，对激光器的运行使用需要考察具体的场所，且要增大光束亮度，从而满足在"恶劣情况"条件下的毁伤准则。

正如分子混合物的衰减系数可以通过累加每种构成分子贡献的系数来得到，当气溶胶悬浮在大气中时，总的衰减系数是分子和气溶胶单独贡献的累加。分子和气溶胶可能对衰减有大致相同量级的贡献，但是由于非常不同的原因造成的。衰减系数 K 是 σN，其中 σ 是衰减横截面，N 是衰减物的密度。分子有非常小的衰减横截面（$10^{-25} \sim 10^{-26} cm^2$），但它们的密度非常大（在海平面为 $3 \times 10^{19}/cm^3$）。相反，粒子有非常大的横截面（$\approx 3 \times 10^{-19} cm^2$），但它们的密度非常低（$1/cm^3$ 或更小）。可以在 1994 年出版的 P. E. Nielsen 的定向能武器效应一书中找到有关大气密度随高度的变化和它对能量吸收和散射的影响的细节，可以在互联网上找到并下载其 PDF 格式的电子版。本书的上面部分（8.2.1 节）是从他的书中拷贝的，对于这一主题，我们鼓励读者参考这本书，书中有更多的信息，如空气的折射系数的变化以及它对湍流和相干光束的影响。他的书中对自适应光学也有很好的阐述，他指出，如果了解沿着光束路径的大气的情况，就有可能发射一个具有某种形式的畸变的、经过湍流后变直的光束。

为了进一步讨论气溶胶吸收和在气溶胶中辐射传播的非线性效应，我们应当注意到气溶胶吸收是波长的一个正则函数。这一表述如图 8.12 所示，图 8.12

给出了针对大陆和海洋气溶胶的常规模型计算的衰减系数和吸收谱。

采用在 $\lambda = 0.55\mu m$ 波长处的衰减系数 α_0 进行光谱归一化,系数随着天气的变化在宽泛的范围内变化。在能见度 $S>25km$ 的透明大气中,系数是 $\alpha_0 < 0.15km^{-1}$。在高能激光的波长上由大陆气溶胶产生的吸收系数对于氪氟激光器($\lambda = 3.75\mu m$)是 $\alpha_{abs} < 0.002km^{-1}$;对于 CO 激光器($\lambda = 3.75\mu m$)是 $\alpha_{abs} < 0.003km^{-1}$;对于 CO_2 激光器($\lambda = 10.6\mu m$)是 $\alpha_{abs} < 0.006km^{-1}$,这近似是分子吸收系数的 1/10。同时,在 $\lambda = 0.69\mu m$ 和 $\lambda = 1.06\mu m$ 上,气溶胶吸收是可以与分子吸收相比的,即便在好的能见度情况下,在非线性热计算中应该考虑。同在分子吸收情况下一样,平均温度和折射系数变化仅取决于气溶胶吸收系数。

与分子吸收导致的加热不同,由于气溶胶颗粒的吸收导致的空气加热是不均匀的,会产生有热晕(即,粒子周围的温度升高)的区域,这一效应是由 Askaryano[37] 预测的,并且在文献[38]和文献[39]中得到了实验观测。可在文献[39]中得到散射导致的辐射衰减系数的变化(图 8.12),即

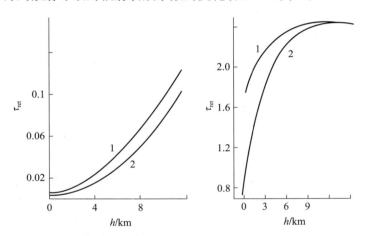

图 8.11　吸收的能量转换成热的转换时间 τ_{rel} 和参数 δ 决定着空气温度变化相对于高度(h)的函数的符号,当 $\delta<1$ 时,空气被加热,当 $\delta>1$,空气被冷却,1~30% H_2O,2~100% H_2O

$$\alpha_{att} = \alpha_{att}^0 [1+(\alpha_{abs}/\alpha_{att}^0)f^2(I_0,t)] \tag{8.2}$$

$$f(I_0,t) = \frac{dn}{dT}\frac{I_0}{\rho_0 c_{rel}}\sqrt{\frac{\sigma_{abs}t_1}{\lambda^2\chi}} \tag{8.3}$$

$$f_I = 9\int_{x=0}^{x=\infty} x\left\{\frac{\sin x - x\cos x}{x^3}\int_{\tau'=0}^{\tau'=\tau}\frac{I(\tau' t_0)}{I_0}\exp[-x^2(\tau-\tau')]d\tau'\right\}^2 dx \quad (8.4)$$

式中：α_{att} 为低光束强度时由散射导致的衰减系数；α_{abs} 为气溶胶吸收系数；σ_{abs} 为粒子吸收横截面；I 为辐射强度密度；n、ρ_0、c_{rel} 和 χ 分别为大气的折射系数、密度、热容量和热导率；λ 为光辐射的波长；$\tau=t/t_0$，$t_0=a^2/\chi$；a 为吸收粒子的半径。在时间 $t \gg t_0$，形式为 $I(t)=I_0$ 的 $I(t)$ 关系对于 $t \gg t_0$ 是成立的，由式(8.4)确定的时间 t_1 与冲量时间 t 成正比，即，$t_1=t\ln 2$。代入式(8.4)中的空气参数，有

$$f(I_0,t) = 10^{-3} I_0 \sqrt{(\sigma_{abs}(\lambda^2) \cdot 4t)} \quad (8.5)$$

式中：I_0 的单位为 W/cm^2；t 的单位为 s。

激光辐射场中水滴的汽化最近成了可能用于清除云和雾的一个研究焦点（图8.11）。

可以根据风速 ν_0 来估计使水滴汽化需要的辐射功率为

$$P = (\sigma_{abs}/\alpha_{abs})(\pi d\nu_0/4) q l L_v \quad (8.6)$$

式中：d 为光束直径；l 为要被汽化的云层的长度；q 为水的含量；L_v 为汽化的潜热。对于 $d=1$m，$\nu_0=5$m/s，$\sigma_{abs}/\alpha_{abs}=0.1$，$l=100$m 和 $q=1$g/m^3，功率 $P \approx 10^7$W。

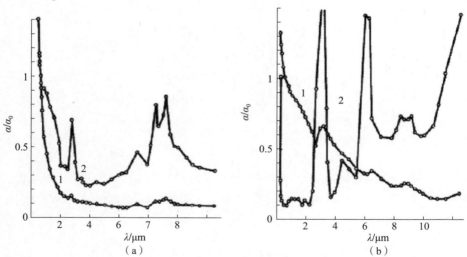

图8.12 由大气气溶胶产生的衰减系数 α_{att} 和吸收系数 α_{abs} 的光谱，分别采用大陆和海洋气溶胶模型（α_0 是波长 $\lambda=0.55$pm 上的衰减系数），在波长 $\lambda=3.00\mu$m 和 $\lambda=3.20\mu$m 上海洋气溶胶的 $\alpha_{abs}/\alpha_{abso}$ 分别为 0.33 和 0.22

根据上述估计，清除云需要高功率，即，激光光束仅能在清净的空气中有效地传输高功率。关于这样的分析更进一步的细节，参见 V. V. Vorob'ev 的一份报告[40]。

8.3 激光和热晕效应

至此，我们已经考虑的每项因素与激光的强度无关。例如，吸收使在给定的距离 z 处的强度降低为原强度的 $S(z)/S(0) = \mathrm{e}^{-Kz}$ 倍，与 $S(0)$ 无关，这意味着发射的强度 $S(z)$ 与激光器输出的强度 $S(0)$ 成正比。如果我们绘出作为 $S(0)$ 的一个函数的 $S(z)$ 曲线，这将是一条直线，如图 8.13(a) 所示。由于这一原因，我们迄今观察的传播效应被称为线性效应。

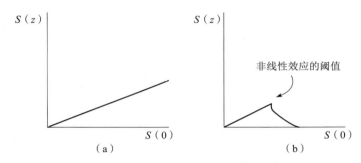

图 8.13 线性和非线性传播效应
(a) 线性传播；(b) 非线性传播。

随着强度的增大，通常发现，在某一点，$S(z)$ 与 $S(0)$ 之间的关系不再是线性的，其表现有一个突然的漂移，如图 8.13(b) 所示。

这通常出现在 $S(0)$ 超出了某一门限值时，此时，$S(z)$ 和 $S(0)$ 之间的关系可能是非常复杂的，根本不是线性的，因此说出现了非线性传播效应。非线性效应的物理原因是：当强度足够强时，光束实际上改变了它要传播通过的环境，使环境的物理特性发生了变化。例如，一个非常强的光束可能使路径中的气溶胶汽化，所遭到的由于气溶胶吸收和散射产生的劣化要比低强度光束遭受的劣化要轻。或者，它可能使这一路径中的大气电离，增大了对传播的吸收。不幸的是，大多数非线性效应使到目标上的强度需要增大而不是降低。在本节，我们考虑影响着传播(热晕和弯曲)和衰减(激励的散射、击穿和吸收波)的非线性效应。我们强调在武器应用中的光束传播中所需关注的那些效应。这里不考虑许多强度和功率适于其他应用的非线性效应，如激光聚变，或者对于从科学的观点洞察物质的结构非常感兴趣的情况。

确定的可能会影响高能激光传播的最主要的一个非线性现象是由于激光在传播过程中在大气中的沉积导致的热晕，光束能量的损耗是吸收的结果，这一能量被沉积在光束路径中，这会导致大气中的温升，这一温升改变大气的密度，改变折射系数，并可能严重地影响光束的传播，最终的结果是导致热晕，如图8.14所示。

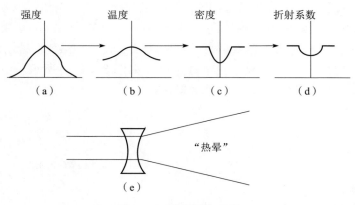

图 8.14 热晕的物理学

图 8.14(a)给出了从端处观察的一个典型的激光光束的强度轮廓：在中心的强度高于在边缘的强度(在边缘，强度降为0)。

通过传播光束的大气的温度表现出类似的轮廓，如图 8.14(b)所示。这是因为由于大气造成的能量吸收是一个线性效应，当强度增大时，被吸收的能量的数量是入射强度的一个恒定的百分比，也将增大。

吸收的能量将表现为温度的升高，但在恒定的(大气)压强下，热空气的密度低于冷空气的密度。温度的上升意味着密度的降低。因此，假设传播光束的大气的密度轮廓具有与强度的轮廓成反比的形式，如图 8.14(c)所示。这意味着，如图 8.14(d)所示在传播光束的大气中的折射系数反映了密度轮廓，因为$(n-1)$正比于密度(图 8.15)。

这一系列事件对光束的体积产生了影响，起到了发散透镜的作用，在边缘的光学密度比在中心的更大。如图 8.14(e)所示，这导致光束的热晕或其发散速率大于预期的那样的发散。

在实际的场景中，风会扫掠光束(自然产生的风，或者由于光束为了保持在目标上进行回转时光束和大气的相对运动产生的风)，这样的横切风导致热晕和光束弯曲，其物理原因如图 8.16 所示。图 8.16 中，我们从产生热晕的温度轮廓入手。当风穿过光束并引入冷空气时，温度轮廓的上风部分变得冷一

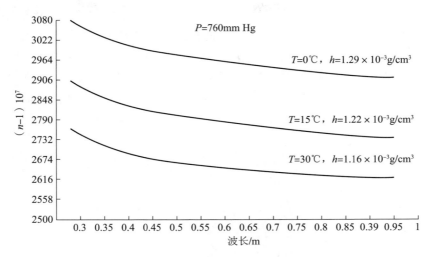

图 8.15 空气的折射系数与温度和波长的关系

些，下风部分变得热一些。实际上，风试图使热空气向下流动，这样，假设折射系数轮廓如图 8.16 所示，光束看起来像是插入它的一个光楔。

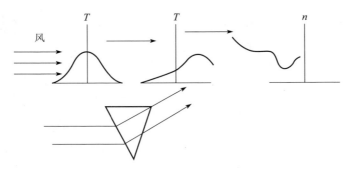

图 8.16 热晕的物理学

这一楔形导致光束如图 8.16 所示弯曲到风中。另一种观察它的方式可以是认为风使热晕的发散透镜偏置，这样光束仅能看到这一透镜的一半，弯曲到一个单一的方向。

观察图 8.14 和图 8.16，你可以想象对热晕和弯曲进行分析是非常困难的，这涉及气流、激光加热和温度与密度同大气的折射系数的关系。在任何实际的场景中，风速将沿着光束路径变化，光束热晕和弯曲同时发生。如图 8.17 所示，光束强度轮廓的最终畸变可能是非常复杂的，图 8.17 比较了存在这些效应时在目标上光束的强度和没有这些效应时光束强度。我们的目的是按照目标距离和禁止在门限以下运行使用的毁伤准则的情况下，确定热晕的门限、效应的幅度，以及通过采用自适应光学等技术加以应对的可能性。我们必须首先认识到热晕有一个脉宽门限，即便大气吸收能量而且其温度几乎立刻开始上升，也需要一定的时间来加热空气并使光束偏移，产生密度"洞"，如图8.14(c)所示。扰动在大气中传播的特征速度是声速 $a_c = 3 \times 10^4 \text{cm/s}$。因此，大气使半径为 w 的光束偏转并开始热晕的时间近似为 w/a_c。图8.18是形成热晕的时间曲线(作为光束半径的一个函数)。

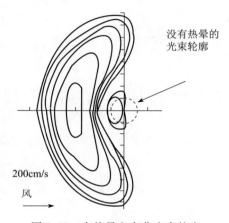

图8.17 有热晕和弯曲光束轮廓

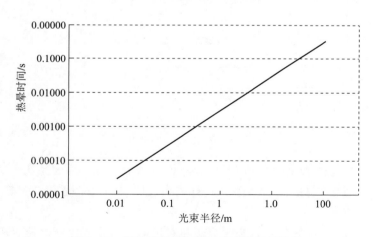

图8.18 开始热晕的时间与光束半径的关系

从图8.18可以看出：对于目的是在短的时间尺度(10^{-5}s或更短)上把所有的能量放置在目标上的脉冲激光，不太可能产生热晕。相反，如果与目标相互作用的时间需要几秒，则即使对光束半径相对大的战略应用，热晕有可能是一个问题。因此，我们必须考虑效应的幅度，看看对于任务的实现，热晕是否是一个严重的威胁。

所有非线性现象的量化分析是非常复杂和困难的,因为它取决于本身随着相互作用变化的光束强度。因此,对于任意强度分布的一个光束,需要一个建模了所有这些效应的计算机程序预测光斑尺寸和强度随着在目标上的时间的变化[42]。然而,通过观察现在存在确切解的简单的例子,可以得到相当深刻的理解。对处于一个风速为 v 的均匀的横向风中的光束情况进行了大量的研究,光束强度的轮廓随着半径以 $S(r) = S_0 \exp(-2r^2/w^2)$ 的形式变化[43],这样的光束可以通过一个热畸变因子 N_t 来表征[44],即

$$N_t = -\frac{(\mathrm{d}n/\mathrm{d}T)}{n\rho c_p} \times \frac{KSz^2}{vw} \tag{8.7}$$

N_t 的表达式中的第一个因子包括与传播激光的气体相关的参数,第二个因子包括与激光和激光的应用场景相关的参数。对(8.7)中各项有以下的解释:

(1) $\mathrm{d}n/\mathrm{d}T$ 是作为温度 T 函数的折射系数 n 的曲线的斜率,n 对 T 的相关性越大,当光束加热空气时,引入的透镜或光楔就越明显。

(2) c_p 是空气的热容(J/gK),ρ 是密度(g/cm³),它们的乘积 ρc_p 是使 1cm³ 的空气温度升高 1°吸收的能量的焦耳数。

(3) K 是空气的吸收系数(cm^{-1}),S 是激光强度(W/cm²),它们的乘积 KS 是每秒沉积在 1cm³ 的空气中的焦耳数。

(4) z 是到目标的距离,w 是光束半径,v 是风速。N_t 随着 z 的增大而增大,因为热透镜有更长的距离产生作用。它随着 v 和 w 的增大而减小。较热的风使光束冷却,或许甚至使被加热的空气吹离光束。由于在接近于光束的边缘处强度变化最大,较大的 w 使这些边缘效应的相对重要性降低,并使它们导致的热晕和弯曲效应减小。

随着 N_t 的增大,光束变得越来越畸变,它的强度的衰落如图 8.19 所示。由于 N_t 与光束强度 S 成正比,在畸变量较大时,不可能通过增大 S 来克服热晕效应。例如,如果 N_t 是 10,目标上的强度是没有热晕时的大约 0.1 倍。如果我们试图通过使 S 增大 10 倍来进行补偿,将把 N_t 增大到 100,因为它与 S 成正比。但在 N_t 为 100 时,相对强度是 0.001,使 S 增大 10 倍的总的效应是降低了在目标上的强度。这举例说明了非线性效应的一个更加不利的特征。修正它们的行动可能会产生与预想相反的效应,因为有许多影响着系统对输入的响应的反馈回路。

作为另一个例子,有趣的是:注意到当在存在热晕时,采用自适应光学(见 8.4 节)出现不稳定,原因如图 8.20 所示。

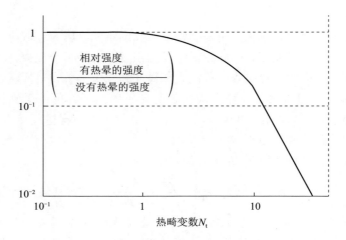

图 8.19 相对强度—畸变量

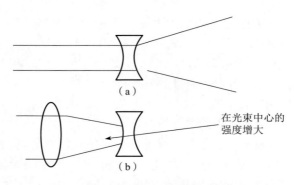

图 8.20 采用自适应光学的热晕不稳定性

在图 8.20(a)，我们看到：当热晕开始时，自适应光学系统感知到光束路径中插入了一个发散透镜，作为响应，系统试图发送一个会聚光束到透镜中（如图 8.20(b)所示），以使透镜的发散特性仅用于使光束变直。不幸的是，这会增大光束中心的强度，提高这一区域的温度，从而使发散透镜效应更加加重，导致进一步聚焦、进一步发散等。因此，负责自适应光学的算法必须能够适应于并补偿像热晕这样的非线性现象，以及湍流这样的线性现象，由于要同时应对这两种现象，这可能产生硬件和软件上的挑战。发展能够同时应对热晕和湍流的自适应光学方案，是一个正在研究的领域[43]。

如果我们想要避免应对热晕的复杂性，图 8.19 告诉我们畸变数必须是 1 或更小，从光束设计的观点来看，这意味着什么？图 8.21 给出了强度、距离、速度和光束半径在 $N_t=1$ 的约束下的关系，可按以下的方式使用曲线。

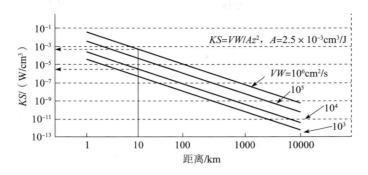

图 8.21 避免热晕的参数权衡

假设我们希望采用半径为 0.5m(50cm) 的光束攻击 10km 距离处的一个目标，且期望横向风速为 5mile/h（大约 200cm/s），则乘积 vw 是 $10^4 cm^2/s$。正如图上所绘出的线所示出的那样，如果畸变数保持小于 1，乘积 KS 必须小于或等于大约 $3 \times 10^{-6} W/cm^3$，如果我们知道光束强度需要为 $10^4 W/cm^2$ 以便满足我们的毁伤准则，这意味着对于没有热晕或弯曲的情况，吸收系数 K 必须小于 $3 \times 10^{-10} cm^{-1}$ ($3 \times 10^{-5} km^{-1}$)。因为在传播"窗口"内的吸收系数更可能是 $10^{-3} \sim 10^{-2} km^{-1}$，你可以看到，在没有热晕时我们不太可能完成这一任务[43]。在另一方面，如果目标是以 500mile/h 的速度运动的一架飞机，vw 增加到 $10^6 cm^2/s$，KS 增加到 $3 \times 10^{-4} W/cm^3$。在这些情况下，如果 K 小于 $3 \times 10^{-3} km^{-1}$，$10^4 W/cm^2$ 的激光可能完成这一任务，这是一个合理的值。

可以由图 8.21 观察在各种场景下避免热晕的似然度。当然，在实际的场景中，在整个路径中风不大可能是恒定的，光束轮廓可能不是高斯的，通过在沿着光束路径变化的因素上和光束前端上进行积分，可以计算等效的畸变数，正如在 K 不是一个恒量时我们进行 $K(z)dz$ 积分以获得光学深度一样。

Gebhardt（文献 16）描述了这一过程。在非常宽泛的实验条件下，相对强度随着畸变量变化（图 8.19）。这样的分析使你相信，需要考虑热晕的情况，比不用考虑的要多得多。对这一问题仅有的确定的解决方案是，使相互作用时间缩短到不能形成热晕（图 8.18）。然而，这一解决方案也会带来它本身的问题，因为在短的脉冲宽度下，毁伤目标需要的强度可能变得非常高，而且可能超过其他非线性效应（如激励散射和大气击穿）的门限。

总之，光束通过大气的传播是通过分子吸收和气溶胶与分子的散射造成的能量损耗实现的。对于低功率激光器，由于沿着传播路径的吸收产生的空气加热，会导致在光束轴向的折射系数的减小效应，这一效应使光束扩散，并使面辐射强度显著降低（相对于期望值），这是"热晕"现象，多年以来，这一直是很多理论和实验工作的主题[17,45]。

上述论证的结果是：正如我们所说的那样，光束以复杂的方式折射和失焦，这一效应称为热晕。针对大气传播，选择激光波长为弱大气吸收的波长，但残余的吸收和强的辐射可能导致热晕。每单位体积吸收的产生加热的能量是吸收常数、光束强度和时间的乘积，时间取决于光束通过大气的运动和由于对流(风)或传导产生的热传递。热晕的现象是在激光发明后不久在液体中观测到的，后来在固体和气体中也观测到了。由于全尺度大气测试的实际的困难性，大部分工作集中在实验室模拟和理论上。

为了分析热晕的效应，各个作者已经建立了计算模型和代码。考虑到我们对这一现象涉及的各个物理参数缺乏精确的了解，这些在自由场中沿着长的路径的计算结果的实验验证有很大的困难。

8.4 任务影响

将云对战术飞机任务的影响划分为对空对空任务的影响和对空对地任务的影响两个单独的类是方便的。现在有可能估计哪种云可能影响着两种不同任务的执行。例如，在战术激光应用于近距空中支援场景时，通常不关注高空云，但在高价值机载设备护航任务中对高空云是关注的。首先，强调一些可能受低空云影响的任务(表8.1)。

表8.1 几种可能受低空云影响的任务

低空云类型	云滴尺寸	可能受影响的任务
层云	100m~1mm	空中近距支援 进攻性防空
层积云	1mm+	侦察/战术搜索和救援，战略打击
雨层云	约1mm	空中遮断
积云	10mm 到 cm	空中战斗巡逻/

所有上述类型的云在它们的正常状态下不是光学透明的，一年中的时间和地理位置通常决定云的成分，即，云是否是由水滴和/或雪和冰晶组成的。然而，在某些层云中，存在绝对湿度最小的时间，这种条件导致了光学和物理上的"薄"云，而不论表面看起来如何。(注：报道的6/10或更多时间的云覆盖表明已经破坏了阴天条件，但在这种情况下云不是光学不透明的)。这些"薄"的云层允许作战者透过云层观察，因此有可能采用战术激光武器。层积云经常表现出蜂窝状的外观，可能有机会在云之间的缺口中采用战术激光。如

前所述，层积云不是非常"厚"的，垂直分布范围不大。

表 8.2 列出了中空云可能对执行不同的任务的影响。

表 8.2 几种可能受中空云影响的任务

中空云类型	云滴尺寸	可能受影响的任务
高层云	10~100m	TBM 拦截
高积云	1mm+	大型飞机自卫防御
雨层云	约 1mm+	小型飞机自卫防御
积云	10mm 到 cm	高价值目标"护航"
积雨云	10mm 到 cm+	近距空中支援

最后，高空云可能对安装在战斗机上的战术尺寸的激光有较直接的影响，如表 8.3 所列。

表 8.3 高空云的影响

高空云类型	云滴尺寸	可能受影响的任务
卷云	100m~1mm	TBM 拦截
卷层云	100m~1mm	大型飞机自卫防御
卷积云	1mm+	小型飞机自卫防御
积云	10mm 到 cm	高价值目标"护航"
积雨云	10mm 到 cm+	进攻性防空、侦察、空中战斗巡逻/

通过简要地讨论云的特性，可以看出，必须确定在战术交战区域内的云的分布，使作战者能够成功地采用高能激光武器。为了确定云的分布，必须有描述历史上的云覆盖的数据库。

8.5 自适应光学

自适应光学利用如果我们知道沿着光束路径的大气是什么样的，就可以发射以某种形式畸变的光束，并通过湍流使光束变直的事实。基本原理是简单的，如图 8.22 所示，在图 8.22 的上部，一个光束遇到了一个可以表示湍流的一个单元的透镜，这一透镜使光聚焦，因此它是会聚的，在图 8.22 的下部，引入了与第一个透镜相同的第二个透镜，位于距离第一个透镜 2 倍的焦距处，该透镜有为原始的透镜提供一个会聚光束的效果，然后将其聚焦回一个平行光束中，第二个透镜补偿第一个透镜，因此，总的结果是好像不存在第一个透镜。自适应光学背后的思路是以类似的方式补偿许多小的"透镜",我们需要做的是知道这里输出什么,并对光束进行补偿,采用这样的方式来混合其初始的参数,从而使光束传输的光学路径将混合的光束转换成不存在这一光学路径时的光束。

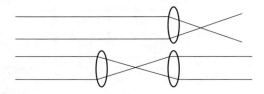

图 8.22　自适应光学原理

实现这一方法的实际的问题是知道这里输出什么,从而可以进行补偿,因为湍流是时刻变化的。我们需要一个获得对环境的实时反馈的途径,并采用这一信息来适当地调整光束。这是一个困难的任务,但不是不可能的,并已经得到了实验实现[44]。

图 8.23 从原理上说明了已经做的实验是怎么做的,这一技术的关键是采用一个可变形反射镜(有小的制动器在表面上下运动),使输出光束以某种方式产生畸变,并由湍流补偿这一畸变,从而在目标上产生近衍射限的光束,所需的畸变的程度是通过分析从目标上反射回来的光获得的,如图 8.23 中的虚线表示,这一光被反馈到一个补偿输出光束中返回光的质量的相位传感器中,输出光与返回光之间的差直接与沿着光束路径的湍流相关。一个计算机采用这一信息来给制动器提供指令,并使反射镜适当地变形。

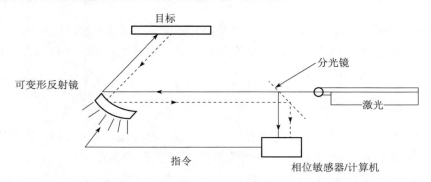

图 8.23　自适应光学实验

当然,有些实际的考虑会限制在实际的场景中完成自适应光学的能力。首先,需要的制动器的数目可能非常多,因为光束被分解成许多大小为 r_0 的小块,这样,反射镜表面必须分解成面积小于 πr_0^2 的小块。正如我们所见,远距离的传播需要大尺寸(1~10m)的反射镜。由于 r_0 通常是 5~10cm,反射镜必须分解成为 10 000 个小块,且要有相应数量的制动器,这些制动器必须能够足够快地产生必要的畸变度,以补偿连续变化的环境。通常,这需要反射镜表面的任何部分能够在 10^{-3}s 时间内运动 1~10μm,用于反射镜运动的这样的时间尺度是与湍流的环境从一个结构变化到另一个结构的频率相关的,运动的程度与光的波长相关,见 Pearson[44]。

总之,自适应光学给出了在存在大气湍流的情况下保持光束质量的途径。然而,这样的方法不能在所有的情况下适用或完全有效。理想的自适应光学需要一个信标——一个从目标发出的点光源,在某些系统或应用中,这是不能完全实现,甚至不能部分实现的。此外,对于远的斜距或者近地平线的传播路径,总的湍流强度可能足够强,以致即便最好的自适应光学也不能完全补偿湍流。因此,由于大气湍流条件,以及自适应光学系统有限的能力,系统性能将劣化。

通过在特定的大气条件下建模和预测激光系统效能的能力,可以显著地增强系统性能。现有的常规光电系统的预测和辅助决策工具为高能激光系统提供了模型。一个涉及美国陆军、海军和空军的联合项目,已经为关注大气效应的系统(包括低照度电视系统、被动红外导引头和激光制导弹药)发展和交付了辅助决策模型。

空军研究实验室是开发现在用于空军和海军气象支持人员的训练和攻击任务规划的目标截获气象软件(TAWS)的三军团队的牵头机构。对于红外导引头,TAWS 采用数值天气预报、真实世界目标模型和传感器特性定量预测锁定距离,这是通过目标、背景的热特性建模与大气传输建模,采用预测天气对目标对比度的影响的基于物理的模型实现的。TAWS 通过产生锁定距离与一天中的时间或攻击方位角的仿真支持攻击任务规划,正在当前的用于产生空中调度命令的任务规划系统中实现这一能力。系统能够在武器选择和攻击时间规划中考虑天气的影响,从而能降低由于天气原因而取消的概率、提高效能、降低暴露的风险以及节约成本。

用于机载激光武器的大气测量和建模项目扩展了对适于新的高能激光系统的大气效应的理解。高空云(卷云)和光学湍流对机载激光武器的效能和作用距离有基本的限制,在这一项目的早期,认识到湍流的变化性导致机载激光武器性能的变化性,为此启动了一个并行的空军研究实验室科学技术项目(由机载激光武器项目提供了有限的核心科学技术资金支持),分析大气测量和建模,这一工作演进成了大气辅助决策(ADA)项目。

从 1997—2000 年,ADA 项目的重点是获取战区湍流数据以验证基于 20 世纪 80 年代空军研究实验室的核心科学技术项目工作确定的机载激光武器的设计指标。目前，重点已经转向建模和预测。通过融合空军的数值天气模型和光学湍流模型，正在发展湍流（包括时间变化性）的三维预测。高空云是 ADA 模型的另一个焦点，更具体地说，机载激光武器性能预测需要卷云预测和激光传输改进的模型，空军研究实验室正在发展交付给机载激光武器的 ADA 项目集成商的模型和软件，实现一个可以部署的系统。

ADA 项目的初步目标是通过优化轨道布置支持机载激光武器的测试阶段，这一适度的目标可以采用现有的模型实现。更有雄心的目标是采用最大有效距离或所需的驻留时间定量预测性能，为了实现这一目标，需要长期的实验室核心科学技术项目的支持，改进湍流和卷云建模的现状。

新的用于空地应用的高能激光系统，将比用于导弹防御任务使命的机载激光武器遭受到更加严重的性能变化性，这是大气边界层及天气和昼夜周期对性能的影响程度的结果。除了湍流外，对于空地应用，需要对整个范围的云场和气溶胶进行建模。

云对光电和高能激光系统的一阶影响必将涉及目标的视线，这一效应是通过无云视线的统计（CFLOS）量化的，尽管 CFLOS 是一个基本的概念，它是针对军事问题的有些独特的概念。此外，云随着季节和位置的变化而显著地变化，因此，需要牢固地理解在具有军事意义的区域无云视线的统计涉及的气象学。在定义和设计未来的高能激光系统时，尤其在虚拟工程、仿真和测试的重要性日益提高的情况下，需要符合实际的云和 CFLOS 的物理模型。随着这些系统的部署，采用 CFLOS 概率来预测云的能力是必要的，这些能力需要改进当前预测云的能力，包括采用数值天气模型，改进对云的卫星遥感。

尽管对于某些高能激光系统采用某些运用模式可以消除大气效应或使大气效应最小化（如缩短天基激光或者机载激光武器到目标的距离），还是希望这些系统能够在定义的宽泛的多的场景中是有效的，尤其在考虑辅助的任务时。大气建模和辅助决策显著增强高能激光系统并扩展它们的作战使用能力，这与已经验证的大气辅助决策对相对较简单系统（如红外导引头）的效能的贡献很相似。像针对机载激光武器的大气辅助决策（ADA）项目一样，需要扩展的能力，以对新的高能激光系统的作战使用场景和杀伤力机理进行剪裁。在大气建模和辅助决策方面的进展，需要一个扩展的、长期的科学技术项目，因为对大气建模的需求是军用专用的，不能由民用研究界来解决。此外，三军科学技术项目需要协同跨军兵种的实验室的经验，从而能有效地聚焦在这一困难的问题上。

8.6 当前的计划

国防部目前有3个涉及高能激光的计划，即
(1) 机载激光武器(ABL)。
(2) 天基激光(SBL)。
(3) 战术高能激光(THEL)。

机载激光武器发展历史最长，1996年已经进入项目开发和风险降低阶段，大约2010年可以实现弹道导弹防御助推段防御系统的初始作战能力，接着要在以后的几年进行有进取心的测试计划。天基激光项目是一个设计在助推段毁伤目标的系统，仍然处于非常早期的阶段，还没有确定发展一个可作战系统的时间，要做出具备初始作战能力的决策起码也要20年。陆军战术高能激光系统(HELSTAR)是美国版本的战术高能激光武器，是正在考虑的一项新的项目。这一系统为陆军的增强型区域防空系统和其他应用提供高能激光武器能力。

这些系统中的每个系统具有对多个任务做出贡献的潜能，并能为作战者提供重要的技术优势。高能激光技术已经成熟到在以后几十年能够实现一系列的应用。然而，这些计划的一个共同的主线是需要更稳健的科学技术投入实现高效费比的作战能力。

对本章和以后的章节中所有的计划都有影响的关键的科学技术问题包括：瞄准和跟踪精度、光束控制和在战场环境或在恶劣的天气条件期间的光束传播。在激光武器情况下，必须理解针对各种目标的毁伤效应。更具体地说，它们关注的是[31]：

(1) 瞄准和跟踪精度：是将激光光束瞄准到希望的瞄准点并保持在目标上的瞄准点的能力。

(2) 光束控制：指形成光束并进行整形。取决于具体的激光器的特性，光束控制可能包括对光束进行初步的处理以对其整形，并消除不希望的离轴能量，或者可以包括波前整形和/或相位控制。

(3) 光束传播：描述光束在离开高能激光输出孔径后并通过战场环境传播到目标上的效应。平台的光学稳定性和光束与大气(分子和气溶胶粒子)的相互作用，主要决定到目标上的激光光束的质量。光束质量是高能激光能多有效地将其光形成在目标上所希望的光斑尺寸的测度。

(4) 杀伤力：定义毁伤特定的目标所需的总的能量和/或能流密度水平。激光能量必须有效地耦合到目标，它必须超过与具体的目标相关的毁伤阈值。激光输出功率和光束质量是确定一个高能激光是否有足够的能流密度毁伤一个特定目标的两个关键的因素，如图 8.24 所示。

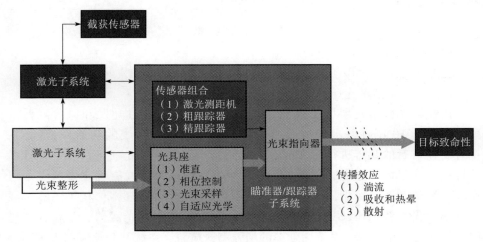

图 8.24　高能激光武器共性技术

参考文献

1. Tatarsky VI (1967) Wave propagation in the turbulent atmosphere. Nauka Publishers, Moscow (in Russian)
2. Gurvich S, Kon AI, Mironov VL, Khmelevtsov SS (1976) Laser radiation in the turbulent atmosphere. Nauka Publishers, Moscow (in Russian)
3. Rytov SM, Kravtsov YA, Tatarsky VI (1978) Introduction to the statistical physics, part 2. Nauka Publishers, Moscow (in Russian)
4. Semyonov A, Arsenyanf TI (1978) Fluctuations of electromagnetic waves on paths close to earth. Nauka Publishers, Moscow (in Russian)
5. Gochelashvi KS, Shishov VI (1981) Waves in randomly-inhomogeneous media, vol 1. Viniti Publishers, Moscow (in Russian)
6. Strohbeh JW (ed) (1978) Laser beam propagation in the atmosphere, Topics in applied physics. Springer, Berlin
7. Zuyev VI (1981) Propagation of laser radiation in the atmosphere. Radio i svyaz, Moscow (in Russian)
8. Ishimaruw A (1978) Wave propagation, and scattering in random media. Academic, New York
9. Akhmanov SA, Dyakov YE, Chirkin AS (1981) Introduction to the statistical radiophysics and optics. Nauka Publishers, Moscow (in Russian)
10. Mironov VL (1981) Propagation of a laser beam in the turbulent atmosphere. Nauka Publishers, Novosibirsk (in Russian)
11. Bakut PA, Ustinovn ND, Troitsky N, Sviridovz KN (1977) A rubezhnaya. Radioelectronika 1:3–29, 3, pp. 55-86 (in Russian)
12. Hardy JW (1978) Active optics: a new technology of the control of light. Proc IEEE 66 (6):651697
13. Lukin VP (1986) Atmospheric adaptive optics. Nauka Publishers, Novosibirsk (in Russian)

14. Raizer YP (ed) (1968) The effect of laser radiation. Collection of articles. Translated from English. Mir Publishers, Moscow (in Russian)
15. Akhmanovd SA, Krindacha P, Migulin V et al (1968) IEEE J Quantum Electron QE-4 (10):568–575
16. Gebhardt FG (1976) Appl Opt 15(6):1479–1493
17. Smith DC (1977) High power laser propagation, thermal blooming. Proc IEEE 65 (12):1679–1714
18. Gordin MP, Sokolov AV, Stielkov GM (1980) Ito gi nauki i tekhniki. Radiotekhnika 20:206–289, Viniti Publishers, Moscow
19. Zuyev VY, Kopytin YD, Kuzikovsky AV (1980) Nonlinear optic effects in aerosols. Nauka Publishers, Novosibirsk (in Russian)
20. Volkovitsky OA, Sedunov S, Semyonov LP (1982) Propagation of intensive laser radiation in clouds. Gidrometeoizdat Publishers, Leningrad (in Russian)
21. Goryachevf LV, Grigoryevv V, Kalinovsky V et al (1977) Quant Electron 4(4):907–909 (in Russian)
22. Averbakha VS, Betin A, Gapnov VA et al (1978) Radiojzika 8:1077–1106
23. Akhtyrchenko YV, Belyayev YB, Vysotsky YP et al (1983) Izv vuzov Fizika 26(2):5–13, Sov Phys J 26:105 (1983)
24. Glicler SL (1971) Appl Opt 10(3):644650
25. Sukhorukov P, Shljmilov EN (1973) Zh E T F 43(5):1029–1041
26. Loskutov VS, Strelkov GM (1984) Clearing of the polydispersed aerosol by the laser radiation. Proceedings of the all-union conference on propagation of the laser radiation in disperse media. Obninsk, Part 2, pp 162–163 (in Russian)
27. Brown RT, Smith DC (1975) J Appl Phys 46:402
28. Spangle P, Pefiano JR, Hafizi B (2007) Optimum wavelength and power for efficient laser propagation in various atmospheric environments. NRL/MR/6790-05-8907
29. Berger PJ, Ulrich PB, Ulrich JT, Gebhardt FG (1977) Appl Opt 16:345
30. Nielsen PE (1994) Effects of directed energy weapons. Philip E. Nielsen
31. Defense Science Board Task Force on High Energy Laser, Weapon System Applications, June 2001, Office of the Under Secretary of Defense For Acquisition, Technology, and Logistics. Washington, DC, 20301-3140
32. Mitchner M, Kruger CH Jr (1973) Partially ionized gases. Wiley Interscience, New York
33. Driscoll WG (ed) (1978) Handbook of optics. McGraw-Hill, New York, The upper portion of Figure 8.3 is based on a figure on p.115 of R. D. Hudson, Jr., Infrared Systems Engineering (New York: John Wiley and Sons, 1969). The lower, expanded portion of the figure is based on Figure 2 in Frederic G. Gebhardt, "High Power Laser Propagation, "Applied Optics 15, 1484 (1976). Gebhardt's paper is a good summary of many of the phenomena discussed in this chapter, at a somewhat higher level of technical detail
34. Reif F (1965) Fundamentals of statistical and thermal physics. McGraw-Hill, New York, Section 6.3
35. Zuev VE (1982) Laser beams in the atmosphere. Consultant's Bureau, New York
36. Born M, Wolf E (1975) Principles of optics, 5th edn. Pergamon Press, Oxford
37. Axaryan GA (1963) Zh E T F 45(9):810812 (in Russian). Sov Phys J ETP 18:555 (1964)
38. Burn VI, Chaporov DP (1975) Transparency dynamics of the solid aerosol in the interaction with the pulse radiation. Third all-union symposium on laser radiation propagation in the atmosphere. Abs. of Papers. Tom&: Institute of the Atmospheric Optics, pp 119–122 (in Russian).
39. Kolov VV, Chaporov DP (1983) Nonlinear distortion of the laser radiation in Haze. In: Zwev VY (ed) Problems of the atmospheric optics. Nauka Publishers, Novosibirsk, pp 3–12, in Russian

40. Vorobev VV (1991) Thermal blooming of laser beams in the atmosphere. The institute of Atmospheric Physics, U.S.S.R. Academy of Science. Prog Qmt Electr 15:1-152 (Pergamon Press plc)
41. Gebhardt FG (1976) High power laser propagation. Appl Opt 15:1484
42. Ulrich PB (1975) Numerical methods in high power laser propagation. AGARD conference proceedings No. 183, Optical Propagation in the Atmosphere, Paper No. 31, 27–31 October 1975
43. Bloembergen N, Patel CKN, Avizonis P, Clem RG, Hertzberg A, Johnson TH, Marshall T, Miller RB, Morrow WE, Salpeter EE, Sessler AM, Sullivan JD, Wyant JC, Yariv A, Zare RN, Glass AJ, Hebel LC, Pake GE, May MM, Panofsky WK, Schawlow AL, Townes CH, York H (1978) Report to The American Physical Society of the study group on science and technology of directed energy weapons. Rev Mod Phys 59(3 Part II), July 1978, Section 5.4.8.
44. Pearson JE (1976) Atmospheric turbulence compensation using coherent optical adaptive techniques. Appl Opt 15:622
45. Gebhardt FG (1976) High power laser propagation. Appl Opt 15(6):1479–1493

附录 A　泰勒级数短教程

泰勒(Taylor)级数主要用于在可以确定小的参数时来逼近函数，泰勒级数展开方法对于物理学中的许多应用是有用的，有时是以预料不到的方式应用。

A.1　泰勒级数展开和近似

在数学上，泰勒级数根据在函数的某一点处的导数值求得项的无限连加式表示一个函数，它是以英国数学家 Brook 泰勒的名字来命名的。如果级数是以零点为中心，这一级数也被称为麦克劳林级数，这是以苏格兰数学家 Colin Maclaurin 的名字命名的。采用有限数目的级数项来近似一个函数是一种常见的做法，泰勒级数可以被当作泰勒多项式的极限。

A.2　定义

泰勒级数是一个函数围绕一个点的级数展开。一维泰勒级数给出一个实函数围绕一个点 $x=a$ 的展开，可表示为

$$f(x)=f(a)+f'(a)(x-a)+\frac{f''(a)}{2!}(x-a)^2+\frac{f^{(3)}(a)}{3!}(x-a)^3+\cdots+\frac{f^{(n)}(a)}{n!}(x-a)^n+\cdots \tag{A.1}$$

如果 $a=0$，这一展开被称为麦克劳林级数。式(A.1)可以用更为紧凑的连加式表示为

$$\sum_{n=0}^{\infty}\frac{f^{(n)}(a)}{n!}(x-a)^n \tag{A.2}$$

式中：$n!$ 为 n 阶乘的数学符号；$f^{(n)}(a)$ 为在点 a 处估计的函数 f 的 n 阶导数。注意，f 的零阶导数定义为它本身，且 $(x-a)^0$ 和 $0!$ 按照数学定义被设定为等于1。

在点 $x=a$ 附近展开的某些常见函数的泰勒级数包括：

$$\frac{1}{1-x}=\frac{1}{1-a}+\frac{x-a}{(1-a)^2}+\frac{(x-a)^2}{(1-a)^2}+\frac{(x-a)^3}{(1-a)^3}+\cdots \tag{A.3a}$$

$$e^x=e^a\left\{1+(x-a)+\frac{1}{2}(x-a)^2+\frac{1}{6}(x-a)^3+\cdots\right\} \tag{A.3b}$$

$$\ln x = \ln a + \frac{x-a}{a} - \frac{(x-a)^2}{2a^2} + \frac{(x-a)^3}{3a^3} + \cdots \qquad (A.3c)$$

在任何微积分书中可以看到这些函数的导数。

也可以一个复变量的函数来定义泰勒级数。按照柯西(Cauchy)积分公式，一个复变量的函数可以写成

$$f(z) = \frac{1}{2\pi i}\int_C \frac{f(z')\,dz'}{z-z'} = \frac{1}{2\pi i}\int_C \frac{f(z')\,dz'}{(z'-z_0)-(z-z_0)}$$

$$= \frac{1}{2\pi i}\int_C \frac{f(z')\,dz'}{(z'-z_0)\left(1-\dfrac{z-z_0}{z'-z_0}\right)} \qquad (A.4)$$

在 C 的内部，有

$$\frac{|z-z_0|}{|z'-z_0|} < 1$$

因此，采用 $\dfrac{1}{1-t} = \sum\limits_{n=0}^{\infty} t^n$ 得到

$$f(z) = \frac{1}{2\pi i}\int_C \sum_{n=0}^{\infty} \frac{(z-z_0)^n f(z')\,dz'}{(z'-z_0)^{n+1}} = \frac{1}{2\pi i}\sum_{n=0}^{\infty}(z-z_0)^n \int_C \frac{f(z')\,dz'}{(z'-z_0)^{n+1}} \qquad (A.5)$$

对于导数采用柯西积分公式，有

$$f(z) = \sum_{n=0}^{\infty}(z-z_0)^n \frac{f^{(n)}(z_0)}{n!} \qquad (A.6)$$

A.3 麦克劳林级数展开和近似

在 $a=0$ 的特定情况下，泰勒级数也被称为麦克劳林级数，可表示为

$$f(0) + f'(0)x + \frac{f''(0)}{2!}x^2 + \frac{f'''(0)}{3!}x^3 + \cdots \qquad (A.7)$$

A.4 推导

可以采用以下方式推导麦克劳林/泰勒级数。

如果一个函数是解析的，它可以采用一个幂级数定义为

$$f(x) = \sum_{n=0}^{\infty} a_n x^n = a_0 + a_1 x + a_2 x^2 + a_3 x^3 + \cdots \qquad (A.8)$$

在 $x=0$ 处我们得到

$$f(0) = a_0 \qquad (A.9)$$

对函数进行微分，得到

$$f'(x) = a_1 + 2a_2 x + 3a_3 x^2 + 4a_4 x^3 + \cdots \quad (\text{A.10})$$

在 $x=0$ 处求得

$$f'(0) = a_1$$

再次对函数微分，得到

$$f''(x) = 2a_2 + 6a_3 x + 12a_4 x^2 + \cdots$$

在 $x=0$ 处求得

$$\frac{f''(0)}{2!} = a_2 \text{①}$$

对上式推广化，得到

$$a_n = \frac{f^n(0)}{n!} \text{②}$$

式中：$f^n(0)$ 为 $f(0)$ 的 n 阶导数。

在幂展开中代入 a_n 的值，得到

$$f(x) = f(0) + f'(0)x + \frac{f''(0)}{2!}x^2 + \frac{f'''(0)}{3!}x^3 + \cdots \quad (\text{A.11})$$

这就是泰勒级数的一种特殊情况（也称为麦克劳林级数）。

进一步推广，通过将 f 以更广义的形式写出，并允许有一个位移 a，有

$$f(x) = b_0 + b_1(x-a) + b_2(x-a)^2 + b_3(x-a)^3 + \cdots \quad (\text{A.12})$$

以类似于上面的方式进行推广，我们得到在 $x=a$ 处的估计为

$$b_n = \frac{f^n(a)}{n!} \quad (\text{A.13})$$

代入式（A.12），得到

$$f(x) = f(a) + f'(a)(x-a) + \frac{f''(a)}{2!}(x-a)^2 + \frac{f'''(a)}{3!}(x-a)^3 + \cdots \quad (\text{A.14})$$

这就是泰勒级数。

例子：任何多项式的麦克劳林级数是多项式本身。

$(1-x)^{-1}$ 的麦克劳林级数是几何级数

$$1 + x + x^2 + x^3 + \cdots \quad (\text{A.15})$$

因此，在 $a=1$ 处的 x^{-1} 的泰勒级数为

$$1 - (x-1) + (x-1)^2 - (x-1)^3 + \cdots \quad (\text{A.16})$$

通过对上述麦克劳林级数进行积分，我们得到 $\ln(1-x)$ 的麦克劳林级数，

---

① 原书有误，译者改。

② 原书有误，译者改。

其中 ln 表示自然对数，即

$$x+\frac{x^2}{2}+\frac{x^3}{3}+\frac{x^4}{4}+\cdots \tag{A.17}$$

相应地，在 $a=1$ 处的泰勒级数为

$$(x-1)-\frac{(x-1)^2}{2}+\frac{(x-1)^3}{3}-\frac{(x-1)^4}{4}+\cdots \tag{A.18}$$

在 $a=0$ 处，指数函数 e^x 的泰勒级数为

$$1+\frac{x^1}{1!}+\frac{x^2}{2!}+\frac{x^3}{3!}+\frac{x^4}{4!}+\frac{x^5}{5!}+\cdots=1+x+\frac{x^2}{2}+\frac{x^3}{6}+\frac{x^4}{24}+\frac{x^5}{120}+\cdots \tag{A.19}$$

上述展开是成立的，因为 e^x 相对于 x 的导数也是 e^x，且 $e^0=1$，这留下了在无限连加式中的分子中的 $(x-0)^n$ 项和分母中的 $n!$ 项。

A.5 收敛性

对于中心位于原点的一个满周期，正弦函数可由 7 阶泰勒多项式近似。

对于 $\log(1+x)$，泰勒多项式仅有在 $-1<x\leq 1$ 范围内能给出精确的近似。注意，对于 $x>1$ 的情况，较高阶的泰勒多项式是较差的近似。

通常，不需要泰勒级数是收敛的。更准确地说，具有收敛的泰勒级数的函数集是平滑函数的 Frechet 空间中的一个 Meager 集。尽管如此，对于许多实际上产生的函数，泰勒级数是收敛的。

函数 f 的一个收敛的泰勒级数的极限通常不需要等于函数值 $f(x)$，但在实际上经常等于 $f(x)$。例如，函数

$$f(x)=\begin{cases}e^{-1/x^2} & x\neq 0 \\ 0 & x=0\end{cases} \tag{A.20}$$

在 $x=0$ 处是不可微的，在这里它的所有导数为 0。相应地，$f(x)$ 的泰勒级数是 0。然而，$f(x)$ 不等于 0 函数，因此它不等于其泰勒级数。

如果在 a 的一个邻域，$f(x)$ 等于其泰勒级数，则说它在这一邻域是解析的。如果 $f(x)$ 在各处都等于其泰勒级数，则称它为整函数。指数函数 e^x 和三角函数 sine 和 cosine 是整函数的例子。不是整函数的函数的例子包括对数、三角函数 tangent 和它的逆 arctan，对于这些函数，如果 x 远离 a，则泰勒级数是不收敛的。

泰勒级数可以用于计算一个整函数在每个点的值，如果在某一个点，函数的值和它的导数的值是已知的。泰勒级数在整函数的应用包括：

(1) 级数的部分连加式（泰勒多项式）可用于整函数的近似，如果包括足够多的连加项，这些近似是好的近似。

(2) 采用级数表示可简化许多数学证明。

$\sin(x)$ 在点 $a=0$ 附近的一个 7 阶的多项式近似为

$$\sin(x) \approx x - \frac{x^3}{3!} + \frac{x^5}{5!} + \frac{x^7}{7!} \qquad (A.21)$$

该近似的误差不大于 $|x|^9/9!$。具体而言，对于 $-1<x<1$，误差小于 0.000 003。

对于自然对数函数 $\log(1+x)$，围绕 $a=0$ 的泰勒多项式近似仅有在 $-1<x\leqslant 1$ 区间才收敛到函数，在这一区间之外，较高阶的泰勒多项式是函数 $\log(1+x)$ 的较差的近似，这类似于 Runge 现象。

采用 n 阶泰勒多项式近似一个函数产生的误差称为余项或者残数，用函数 $R_n(x)$ 表示。可以用泰勒定理来获得余部大小的界。

附录 B 向量分析短教程

在激光物理和相关的电磁理论研究中，通过采用向量分析的符号可以显著地降低符号表示的复杂性。本节的目的是给出基本向量分析的简要但是全面的阐述，从而能理解方程中涉及的物理思想，并能了解处理电磁波和麦克斯韦方程需要的场的知识。

B.1 定义

在研究基本物理和初等物理时，要面临和理解几种量，尤其需要区别向量和标量。对于我们的用途，我们分别定义如下。

（1）标量。

标量是完全可由幅度来表征的量。标量的例子有质量、时间、体积等量。标量思想的一个简单扩展是标量场，即一个可以由在空间中的所有点处的幅度完全定义的有关位置的函数。

（2）向量。

向量是一个可由幅度和方向完全表征的量。我们可以引证的向量的例子包括：相对一个固定的原点的位置、速度、加速度、力等。向量可推广到向量场，向量场给出了一个可由在空间中的所有点处的幅度和方向完全定义的有关位置的函数。

也可以定义更复杂的量的类型，如张量。然而，对于我们的用途，标量和向量就足够了。

B.2 向量代数

向量代数与读者熟悉的标量代数非常类似。为了适应这一发展，采用向量表示是便利的，为此我们引入了一个三维直角坐标系，三维直角坐标系将采用3个变量 x、y、z 或者 x_1、x_2、x_3 来表示。相对于这一坐标系，一个向量可由其 x, y 和 z 分量来定义。因此，一个向量 V 是由其分量 V_x、V_y、V_z 分量定义的，其中 $V_x = |V|\cos\alpha_1$，$V_y = |V|\cos\alpha_2$ 和 $V_z = |V|\cos\alpha_3$，α 是 V 和适当的坐标轴之间的角度。标量 $|V| = \sqrt{V_x^2 + V_y^2 + V_z^2}$ 是向量 V 的幅度，或它的长度。在向量

场的情况下，每个分量被看作 X、Y 和 Z 的一个函数，在这一点应当强调，为了简化和便于理解，我们引入一个相对于直角坐标系的向量表示，事实上，所有的定义和运算是与具体的坐标系的选择无关的。

两个向量的累加被定义为其分量是原始向量的对应的分量的累加和的向量，因此，如果 C 是 A 和 B 的累加和，我们可以写成

$$C = A + B \tag{B.1}$$

且

$$C_x = A_x + B_x, \quad C_y = A_y + B_y, \quad C_z = A_z + B_z \tag{B.2}$$

向量累加和的这一定义完全等价于用于向量相加类似的平行四边形规则。

向量减是按照向量的负（是分量是原始向量对应的分量的负的向量）定义的，因此，如果 A 是一个向量，$-A$ 被定义为

$$(-A)_x = -A_x \quad (-A)_y = -A_y \quad (-A)_z = -A_z \tag{B.3}$$

减运算被定义为和负向量的相加，可以写成

$$A - B = A + (-B) \tag{B.4}$$

由于实数的相加符合结合律和交换律，向量相加（和相减）也符合结合律和交换律。采用向量符号可表示为

$$A + (B + C) = (A + B) + C = (A + C) + B = A + B + C \tag{B.5}$$

换言之，正如最后一个形式表示的那样，不需要圆括号。

现在考虑乘的过程，最简单的步骤是一个标量与一个向量的乘积，这样运算的结果是一个向量，每个分量是原始向量对应的分量的标量倍。如果 c 是一个标量且 A 是一个向量，乘积 cA 是一个向量 $B = cA$，定义为

$$B_x = cA_x \quad B_y = cA_y \quad B_z = cA_z \tag{B.6}$$

显然，如果 A 是一个向量场而 c 是一个标量场，则 B 是一个新的向量场，它不一定是原始场的一个恒定的倍数。

如果两个向量相乘，则有两种可能，称为这样乘的向量积和标量积。首先考虑标量积，我们注意到这一名称是由乘积的标量性导出的，尽管有时也使用另外的名称，内积或点积。标量积（写为 $A \cdot B$）的定义为

$$A \cdot B = A_x B_x + A_y B_y + A_z B_z \tag{B.7}$$

这一定义等价于另一个，或许是更熟悉的定义，即，原始向量幅度的乘积乘以这些向量之间夹角的余弦，如果 A 和 B 相互垂直，则

$$A \cdot B = 0$$

标量乘符合交换律，A 的长度为

$$|A| = \sqrt{A \cdot A}$$

两个向量的向量积是一个向量,它的另一个名称是外积或叉积,向量积被写为 $A \times B$,如果 C 是 A 和 B 的向量积,则 $C = A \times B$ 或

$$C_x = A_y B_z - A_z B_y \quad C_y = A_z B_x - A_x B_z \quad C_z = A_x B_y - A_y B_x \tag{B.8}$$

注:上述结果可以采用 $C = A \times B$ 的叉积的确定形式写为

$$\begin{vmatrix} c_x \\ c_y \\ c_z \end{vmatrix} \begin{vmatrix} \hat{i} \\ \hat{j} \\ \hat{k} \end{vmatrix} = \begin{vmatrix} \hat{i} & \hat{j} & \hat{k} \\ A_x & A_y & A_z \\ B_x & B_y & B_z \end{vmatrix} = \hat{i}(A_y B_z - A_z B_y) - \hat{j}(A_x B_z - A_z B_x) + \hat{k}(A_x B_y - A_y B_x) =$$

$$\hat{i}(A_y B_z - A_z B_y) + \hat{j}(A_z B_x - A_x B_z) + \hat{k}(A_x B_y - A_y B_x)$$

通过使等号两侧的量等于其适当的分量,我们得到式(B.8)中的结果。

重要的是注意到叉积与因子的次序有关,交换次序将产生一个负号,即

$$B \times A = -A \times B$$

相应地有

$$A \times A = 0$$

这一定义与下面是等价的:向量积是幅度的积乘以原始向量之间夹角的正弦,方向由右手螺旋规则给出(即,令 A 通过最小的可能角度旋转到 B,以这种方式旋转的右手螺旋将以垂直于 A 和 B 的方向前进,这一方向是 $A \times B$ 的方向)。

向量乘积采用行列式表示易于记忆。如果 $\hat{i}$、$\hat{j}$ 和 $\hat{k}$ 是单位向量,即,分别是在 x、y 和 z 方向中的单位幅度的向量,则

$$A \times B = \begin{vmatrix} \hat{i} & \hat{j} & \hat{k} \\ A_x & A_y & A_z \\ B_x & B_y & C_z \end{vmatrix} \tag{B.9}$$

如果这一行列式是采用通常的规则计算的,确切地说,结果是我们的叉积的定义。

前述的代数运算可以以多种方式进行组合,大多数这样获得的结果是显然的,然而,有 2 个三量乘积是足够重要的,其中一个是三量标量积,即

$$D = A \cdot B \times C = \begin{vmatrix} A_x & A_y & A_z \\ B_x & B_y & B_z \\ C_x & C_y & C_z \end{vmatrix} = -B \cdot A \times C \tag{B.10}$$

这一乘积在点积和叉积交换时或者三个向量循环排列(置换)时是不变的。

注意:圆括号是不需要的,因为一个标量和一个向量的叉积是没有定义的。

另一个有趣的发现是有关三量向量积的(如 $D = A \times (B \times C)$),通过重复地应用叉积的定义——式(B.8),我们发现

$$D = A \times (B \times C) = B(A \cdot C) - C(A \cdot B) \tag{B.11}$$

这经常被称为 back cab(后车)规则,应当注意,在叉积中,圆括号是重要的,没有它们,得不到乘积的良好定义。

在这一点,我们现在定义向量除,并试图对它的运算进行扩展,这一运算可以两种方式定义:

(1) 一个向量除以一个标量。
(2) 一个向量除以另一个向量。

一个向量除以一个标量可以定义为向量与标量的倒易的乘积。

如果两个向量是平行的,将一个向量除以另一个向量是可能的。换言之,有可能写出向量方程的一般解,这样可以实现类似于相除的运算。

考虑方程

$$c = A \cdot X \tag{B.12}$$

式中:c 为一个已知的标量;A 为一个已知的向量;X 为一个未知的向量。满足式(B.12)的一般解可表示为

$$X = \frac{cA}{A \cdot A} + B \tag{B.13}$$

式中:B 为垂直于 A 的任意向量,满足 $A \cdot B = 0$ 这一关系。上述步骤非常接近于将 c 除以 A,更确切地,我们已经发现了满足式(B.12)的向量的一般形式,这没有唯一的解,这一事实考虑了向量 B。采用这一方式,我们可以考虑向量方程

$$C = A \times B \tag{B.14}$$

式中:A 和 C 为已知向量;X 为一个未知的向量。这一方程的一般解是

$$X = \frac{C \times B}{A \cdot A} + kA \tag{B.15}$$

式中:k 为一个任意的标量。因此,按照式(B.15)的定义,X 非常接近于 C 与 A 的商数,标量 k 考虑了过程的唯一性。如果 X 需要满足式(B.12)和式(B.14),则如果存在这样的量,结果是唯一的,即

$$X = \frac{C \times B}{A \cdot A} + \frac{cA}{A \cdot A} \tag{B.16}$$

B.3 梯度

因为涉及微分和积分的某些扩展,我们现在考虑向量微积分。所有这些关

系的样本被称为是一个标量场的导数产生的一个特定的向量场。首先引入一个多变量函数的方向导数的概念是方便的，这是函数在特定方向的变化率。一个标量函数 φ 的方向导数通常由 $d\varphi/ds$ 表示；必须理解 ds 表示在考虑的方向的无穷小的位移，如果 ds 有分量 dx、dy、dz，则

$$\frac{d\varphi}{ds} = \lim_{\Delta s \to 0} \frac{\varphi(x+\Delta x, y+\Delta y, z+\Delta z)}{\Delta s}$$

$$= \frac{\partial \varphi}{\partial x}\frac{dx}{ds} + \frac{\partial \varphi}{\partial y}\frac{dy}{ds} + \frac{\partial \varphi}{\partial z}\frac{dz}{ds}$$

为了明确方向导数的概念，考虑一个两变量的标量函数。因此，$\varphi(x, y)$ 表示一个二维的标量场。我们可以将 φ 绘制为 x 和 y 的曲线，如图 B.1 所示的函数 $\varphi(x, y) = x^2 + y^2$ 那样。在点 $x_0 y_0$ 处的方向导数取决于方向。如果我们选择对应于 $dy/dx = -x_0/y_0$ 的方向，则我们得到

$$\frac{d\varphi}{ds}\bigg|_{x_0,y_0} = \frac{\partial \varphi}{\partial x}\frac{dx}{ds} + \frac{\partial \varphi}{\partial y}\frac{dy}{ds} = \left[\frac{\partial \varphi}{\partial x} + \frac{\partial \varphi}{\partial y}\frac{\frac{dy}{ds}}{\frac{dx}{ds}}\right] = \left[2x_0 - 2y_0 \frac{x_0}{y_0}\right] = 0 \quad (\text{B.17a})$$

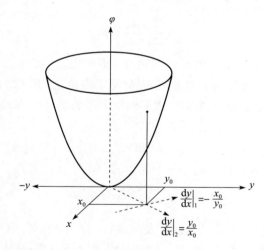

图 B.1 针对 x 和 y 绘出的函数 $\varphi(x, y) = x^2 + y^2$ 的三维图

另外，如果我们选择 $dy/dx = y_0/x_0$，得到

$$\frac{d\varphi}{ds}\bigg|_{x_0,y_0} = \left(2x_0 + 2\frac{y_0^2}{x_0}\right)\sqrt{\frac{x_0^2}{(x_0^2+y_0^2)}} = 2\left(x_0 + \frac{y_0^2}{x_0}\right)\sqrt{\frac{x_0^2}{x_0^2+y_0^2}} = 2\sqrt{\frac{(x_0^2+y_0^2)^2 x_0^2}{x_0^2(x_0^2+y_0^2)}} = 2\sqrt{x_0^2+y_0^2}$$

$$(\text{B.17b})$$

由于 $ds = \sqrt{(dx)^2+(dy)^2}$，作为第三种可能，选择 $dy/dx = \alpha$，则式(B.17b)可表示为

$$\left.\frac{d\varphi}{ds}\right|_{x_0,y_0} = \left(2x_0 + 2\frac{y_0^2}{x_0}\right)\sqrt{\frac{x_0^2}{(x_0^2+y_0^2)}} = \left(2x_0 + 2\frac{y_0^2}{x_0}\right)\sqrt{\frac{x_0^2}{x_0^2\left(1+\frac{y_0^2}{x_0^2}\right)}} = (2x_0 + 2\alpha y_0)(1+\alpha^2)^{1/2}$$

(B.17c)

为了得到 α 的值，我们将式(B.17c)相对于 α 进行微分，并设定它为 0，使之最大化或最小化，完成这些运算得到 $\alpha = y_0/x_0$，这意味着函数 $\varphi = x^2+y^2$ 的最大变化率的方向是径向。如果方向是沿径向向外的，则最大化是增速的最大化；如果是沿径向向内的，则下降率最大或增长率最小。在由 $dy/dx = -x_0/y_0$ 规定的方向，x^2+y^2 的变化率为 0，这一方向与圆 $x^2+y^2 = x_0^2+y_0^2$ 相切，显然，在这一曲线上，$\varphi = x^2+y^2$ 不变化。$d\varphi/ds$ 消失的方向给出了在经过考虑的点的 $\varphi = $ constant 的曲线，对于函数 x^2+y^2 这些线是圆，完全类似于在地形图上的轮廓线或等高线。图 B.2 给出了重绘的函数 $\varphi = x^2+y^2$ 的轮廓图。

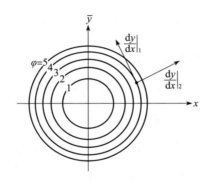

图 B.2 将图 B.1 的函数 $\varphi(x, y)$ 表示为二维的轮廓图

轮廓线的概念可以推广到一个三变量的函数，在这种情况下，面 $\varphi(x, y, z) = $ constant 被称为等高面或等势面。类似于图 B.2 的三维图是图形化地表示一个三维空间标量场的唯一的实际方式，一个标量函数的梯度可以定义如下。

注： 一个标量函数 φ 的梯度是一个向量，幅度是在考虑的点的最大方向导数，其方向是在该点的最大方向导数的方向。

显然，梯度的方向垂直于通过考虑的点的 φ 的等高面，梯度的最常用的符号是 ∇ 和 grad。采用梯度，方向导数可表示为

$$\frac{d\varphi}{ds} = |\mathbf{grad}\varphi|\cos\theta \qquad (B.18)$$

式中：θ 是 ds 的方向和梯度的方向之间的角度。如图 B.3 所示这一结果是显而易见的。如果我们将 ds 写成幅度 ds 的向量偏移，在式(B.18)可以写为

$$\frac{\mathrm{d}\varphi}{\mathrm{d}s} = \mathbf{grad}\varphi \cdot \frac{\mathrm{d}s}{\mathrm{d}s} \tag{B.19}$$

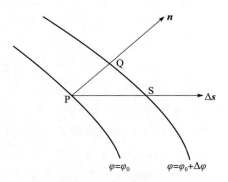

图 B.3　函数 $\varphi(x, y, z)$ 的两个水平的面，在 P 处的 $|\mathrm{grad}\varphi|$ 等于 $\Delta\varphi/\mathrm{PQ}$
在 PQ→0 的极限，dφ/ds 是对应的 $\Delta\varphi/\overline{\mathrm{PS}}$ 的极限

由这一方程我们可以得到在任何坐标系中的形式为 ds 的梯度的显式形式，在直角坐标系中，得到

d$\mathbf{s} = \mathbf{i}$d$x + \mathbf{j}$d$y + \mathbf{k}$dz，得到

$$\mathrm{d}\varphi = \frac{\partial\varphi}{\partial x}\mathrm{d}x + \frac{\partial\varphi}{\partial y}\mathrm{d}y + \frac{\partial\varphi}{\partial z}\mathrm{d}z$$

由这一方程和式(B.19)，有

$$\frac{\partial\varphi}{\partial x}\mathrm{d}x + \frac{\partial\varphi}{\partial y}\mathrm{d}y + \frac{\partial\varphi}{\partial z}\mathrm{d}z = (\mathbf{grad}\varphi)_x \mathrm{d}x + (\mathbf{grad}\varphi)_y \mathrm{d}y + (\mathbf{grad}\varphi)_z \mathrm{d}z$$

令方程两边的单独变量微分的系数相等，得到在直角坐标系中

$$\mathbf{grad}\varphi = \mathbf{i}\frac{\partial\varphi}{\partial x} + \mathbf{j}\frac{\partial\varphi}{\partial y} + \mathbf{k}\frac{\partial\varphi}{\partial z} \tag{B.20}$$

在一个更复杂的情况中，采用相同的做法。在球面极坐标系中，r、θ、ϕ 的定义如图 B.4 所示，有

$$\mathrm{d}\varphi = \frac{\partial\varphi}{\partial r}\mathrm{d}r + \frac{\partial\varphi}{\partial \theta}\mathrm{d}\theta + \frac{\partial\varphi}{\partial \phi}\mathrm{d}\phi \tag{B.21}$$

而且

$$\mathrm{d}\mathbf{s} = \mathbf{a}_r \mathrm{d}r + \mathbf{a}_\theta r\mathrm{d}\theta + \mathbf{a}_\phi r\sin\theta\mathrm{d}\phi \tag{B.22}$$

式中：$\mathbf{a}_r$、$\mathbf{a}_\theta$ 和 $\mathbf{a}_\phi$ 分别为在 r、θ 和 ϕ 方向的单位矢量。应用式(B.19)，并使独立变化的系数相等，得到在球坐标系中

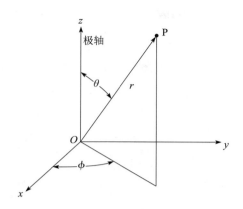

图 B.4　极坐标 r、θ 和 ϕ 的定义

$$\frac{d\varphi}{ds} = \mathbf{grad}\varphi \cdot \frac{d\mathbf{s}}{ds} = \mathbf{grad}\varphi \cdot \frac{\mathbf{a}_r dr + \mathbf{a}_\theta rd\theta + \mathbf{a}_\phi r\sin\theta d\phi}{ds}$$

$$\mathbf{grad}\varphi = \mathbf{a}_r \frac{\partial\varphi}{\partial r} + \mathbf{a}_\theta \frac{\partial\varphi}{\partial \theta} + \mathbf{a}_\varphi \frac{1}{r\sin\theta}\frac{\partial\varphi}{\partial\phi} \qquad (\text{B.23})$$

B.4　向量积分

尽管有涉及向量微分的其他方面，首先讨论向量积分是便利的。对于我们的用途，我们可以根据在积分中出现的微分特性考虑 3 类积分：

（1）线积分。

（2）面积分。

（3）体积分。

被积函数可以是一个向量场或者一个标量场，然而，被积函数和微分的组合产生了平凡的积分。最有趣的那些是一个向量的标量线积分、一个向量的标量面积分与向量和标量的体积分。

如果 $\mathbf{F}$ 是一个向量场，$\mathbf{F}$ 的线积分可写为

$$\int_{a(C)}^{b} \mathbf{F}(\mathbf{r}) \cdot d\mathbf{l} \qquad (\text{B.24})$$

式中：C 为完成积分沿着的曲线；a 和 b 分别为在曲线 C 上的初始和最终点。因为 $\mathbf{F} \cdot d\mathbf{l}$ 是一个标量，则显然线积分是一个标量。线积分的定义接近于定积分的黎曼（Riemann）定义，C 的 a 和 b 之间的线段被划分成大量的小的增量 Δl_i，对每个增量选择一个内点，并得到在该点 $\mathbf{F}$ 的值，得到每个增量与 $\mathbf{F}$ 的相应值的标量积，并对这些计算的结果进行累加。然后将线积分定义为当增量的数量变得无穷多，使每个增量趋于 0 时，这一累加和的极限。这一定义可

以紧凑地写成

$$\int_{a(C)}^{b} \boldsymbol{F}(\boldsymbol{r}) \cdot \mathrm{d}\boldsymbol{l} = \lim_{N \to \infty} \sum_{i=1}^{N} \boldsymbol{F}_i \cdot \Delta \boldsymbol{l}_i$$

注意到线积分通常不仅与端点 a 和 b 有关,而且与进行积分的曲线 C 有关,因为 $\boldsymbol{F}(\boldsymbol{r})$ 的幅度和方向与 $\mathrm{d}\boldsymbol{l}$ 的方向与 C 及其切线有关。围绕一个封闭的曲线的线积分是很重要的,因此有一个专门用于这一积分的特殊的符号,即

$$\oint_C \boldsymbol{F} \cdot \mathrm{d}\boldsymbol{l} \tag{B.25}$$

围绕一个封闭的曲线的积分通常不是 0;围绕任何曲线的线积分为 0 的一类向量是非常重要的。由于这种原因,经常遇到围绕未指定的闭合路径的线积分,例如

$$\oint \boldsymbol{F} \cdot \mathrm{d}\boldsymbol{l} \tag{B.26}$$

这一符号仅有在相当宽的限度内积分与轮廓 C 无关的情况下才是有用的,如果出现任何模糊性,规定积分所沿的轮廓是明智的。估计线积分的水平的方法是获得曲线的参数描述,并采用这一描述来将线积分表示为 3 个原始的一维积分的累加和。在最简单的情况下,这一程序也是冗长且繁重的。幸运的是,很少有必要采用这种方式来估计积分。正如我们在后面看到的那样,经常有可能证明线积分与端点之间的路径无关。在后一种情况下,可以选择一个简单的路径以简化积分。

如果 $\boldsymbol{F}$ 也是一个向量,$\boldsymbol{F}$ 的面积分被写为

$$\int_S \boldsymbol{F} \cdot \boldsymbol{n} \mathrm{d}a \tag{B.27}$$

式中:S 为进行积分的表面;$\mathrm{d}a$ 为在 S 上的一个有限的区域,$\boldsymbol{n}$ 为 $\mathrm{d}a$ 的一个单位法线,在 $\boldsymbol{n}$ 的选择上有双重模糊性,这是通过把 $\boldsymbol{n}$ 看做向外的法线(如果 S 是一个闭合的平面)解决的,如果 S 不是闭合的而且是有限的,则它有一个边界,法线的方向仅有在相对于沿着边界的任意正的方向才是重要的。法线的正方向是在有界的曲线的正方向旋转时沿着右手螺旋前进的方向,如图 B.5 所示。在一个封闭的表面上 $\boldsymbol{F}$ 的面积分有时可表示为

$$\oint_S \boldsymbol{F} \cdot \boldsymbol{n} \mathrm{d}a$$

对于面积分,有和线积分完全类似的评注。这一面积分显然是一个标量,它通常与表面 S 有关,与表面 S 无关的情况是非常重要的。面积分的定义是以可以与线积分相比的方式作出的,详细的公式留给问题部分。

如果 $\boldsymbol{F}$ 是一个矢量,φ 是一个标量,则我们感兴趣的两个体积分是

$$J = \int_\nu \varphi \mathrm{d}\nu, \quad \text{且} \quad \boldsymbol{K} = \int_\nu \boldsymbol{F} \mathrm{d}\nu \tag{B.28}$$

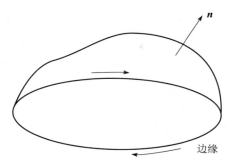

图 B.5 到表面的法线 n 与边界的传播方向的关系

显然，J 是一个标量，K 是一个向量。这些积分的定义很快简化为在三维中的黎曼·积分，只是在 K 中必须注意到对 F 的每个分量有一个积分。这些积分是足够熟悉的，不需要进一步注解。

B.5 散度

另一个重要的算子是散度算子，它本质上是一个派生的算子。向量 F 的散度写成 div$F$，被定义为：一个向量的散度是当由表面封闭的体积趋于 0 时它的每单位体积面积分的极限，即

$$\mathrm{div}\boldsymbol{F} = \lim_{V \to 0} \frac{1}{V} \oint_S \boldsymbol{F} \cdot \boldsymbol{n} \mathrm{d}a$$

这是一个标量点函数（标量场），它是在积分的表面的极限点处定义的，这一定义有几个优点：它与具体的坐标系选择无关，它可以用于找到在任何特定的坐标系中散度算子的显式形式。

在直角坐标系中，体单元 $\Delta x \Delta y \Delta z$ 为找到散度的显示形式提供了基础，如果平行的矩形边的一个角位于点 x_0、y_0、z_0，则有

$$F_x(x_0+\Delta x, y, z) = F_x(x_0, y, z) + \Delta x \left. \frac{\partial F_x}{\partial x} \right|_{x_0, y, z}$$

$$F_x(x, y_0+\Delta y, z) = F_x(x, y_0, z) + \Delta y \left. \frac{\partial F_y}{\partial y} \right|_{x, y_0, z} \quad (\text{B}.29)$$

$$F_x(x, y, z_0+\Delta z) = F_x(x, y, z_0) + \Delta z \left. \frac{\partial F_z}{\partial z} \right|_{x, y, z_0}$$

式中：Δx、Δy 和 Δz 中的较高阶的项已被略去。由于面元 $\Delta y \Delta z$ 垂直于 x 轴，$\Delta z \Delta x$ 垂直于 y 轴，$\Delta x \Delta y$ 垂直于 z 轴，散度的定义变为

$$\text{div}\boldsymbol{F} = \lim_{V \to 0} \frac{1}{\Delta x \Delta y \Delta z} \Big\{ \int F_x(x_0, y, z) \mathrm{d}y\mathrm{d}z +$$

$$\Delta x \Delta y \Delta z \frac{\partial F_x}{\partial x} + \int F_y(x, y_0, z) \mathrm{d}x\mathrm{d}z +$$

$$\Delta x \Delta y \Delta z \frac{\partial F_y}{\partial y} + \int F_z(x, y, z_0) \mathrm{d}x\mathrm{d}y +$$

$$\Delta x \Delta y \Delta z \frac{\partial F_z}{\partial z} - \int F_x(x_0, y, z) \mathrm{d}y\mathrm{d}z -$$

$$\int F_y(x, y_0, z) \mathrm{d}x\mathrm{d}z - \int F_z(x, y, z_0) \mathrm{d}x\mathrm{d}y \Big\} \quad (\text{B.30})$$

负号与最后三项有关，考虑到在这些情况下向外的法线位于负轴的方向，极限是容易取的，在直角坐标系中的散度是

$$\text{div}\boldsymbol{F} = \frac{\partial F_x}{\partial x} + \frac{\partial F_y}{\partial y} + \frac{\partial F_z}{\partial z} \quad (\text{B.31})$$

在球坐标系中，这一过程是类似的，体由坐标区间 Δr、$\Delta \theta$、$\Delta \phi$ 封闭，由于由坐标区间封闭的面积与坐标的值有关（在直角坐标系中不是这样），最好以显式的形式写出 $\boldsymbol{F} \cdot \boldsymbol{n} \Delta a$，即

$$\boldsymbol{F} \cdot \boldsymbol{n} \Delta a = F_r r^2 \sin\theta \Delta\theta \Delta\phi +$$
$$F_\theta r \sin\theta \Delta\phi \Delta r + F_\phi r \Delta r \Delta\theta \quad (\text{B.32})$$

由这一表达式，显然，$F_r r^2 \sin\theta$ 而不仅是 F_r，必须以泰勒级数展开。类似地，坐标区间乘积的系数必须展开在其他项中。进行这些展开并采用它们估计在散度定义中的面积分，得到

$$\text{div}\boldsymbol{F} = \lim_{V \to 0} \frac{1}{r^2 \sin\theta \Delta r \Delta\theta \Delta\phi} \Big\{ \frac{\partial}{\partial r}(F_r r^2 \sin\theta) \Delta r \Delta\theta \Delta\phi +$$

$$\frac{\partial}{\partial \theta}(F_\theta r \sin\theta) \Delta\theta \Delta r \Delta\phi + \frac{\partial}{\partial \phi}(F_\phi r) \Delta\phi \Delta r \Delta\theta \Big\} \quad (\text{B.33})$$

取极限，在球坐标系中的散度的显式表示为

$$\text{div}\boldsymbol{F} = \frac{1}{r^2} \frac{\partial}{\partial r}(r^2 F_r) + \frac{1}{r\sin\theta} \frac{\partial}{\partial \theta}(\sin\theta F_\theta) + \frac{1}{r\sin\theta} \frac{\partial F_\phi}{\partial \phi} \quad (\text{B.34})$$

假设体元和面元或者长度单元的形式是已知的，这种得到散度的显式形式的方法适用于任何坐标系。

散度的物理意义在流体力学的例子中是容易看出的。如果 V 是一个流体的作为位置函数的速度，ρ 是它的密度，则 $\oint_S \rho \boldsymbol{V} \cdot \boldsymbol{n} \mathrm{d}a$ 显然是每单位时间离开

由 S 封闭的体积的总液体量。如果流体是不可压缩的，面积分度量由面封闭的总的液体源，前面散度的定义表明，它可以被解释为每单位体积的源的强度的极限，或者是一个不可压缩的流体的源密度。

可以阐述并证明涉及散度的一个非常重要的定理。

散度定理：在一个体积 V 内的一个向量的散度的积分等于在封闭 V 的表面向量的法向分量的面积分，即

$$\int_V \mathrm{div} \boldsymbol{F} \mathrm{d}v = \oint_S \boldsymbol{F} \cdot \boldsymbol{n} \mathrm{d}a$$

考虑将体积进一步划分为大量的小的单元，假设第 i 个单元的体积为 ΔV_i 且由表面 S_i 封闭，显然

$$\sum_i \oint_{S_i} \boldsymbol{F} \cdot \boldsymbol{n} \mathrm{d}a = \oint_S \boldsymbol{F} \cdot \boldsymbol{n} \mathrm{d}a \quad (\mathrm{B}.35)$$

在左边的每个积分中，法线的方向朝向所考虑的体积的外面，因为向一个单元的外面对适当的相邻的单元是向内的，除了由表面 S 产生的外，式（B.35）左侧的所有项的贡献可以抵消，这样式（B.35）得到了证明。现在通过让单元的数目无穷大，以使每个单元的体积趋于零，则得到了散度定理为

$$\oint_{S_i} \boldsymbol{F} \cdot \boldsymbol{n} \mathrm{d}a = \lim_{\Delta V \to 0} \sum_i \left\{ \frac{1}{\Delta V_i} \oint_S \boldsymbol{F} \cdot \boldsymbol{n} \mathrm{d}a \right\} \Delta V_i \quad (\mathrm{B}.36)$$

在这一极限中，在 i 上的累加变成了在 V 内的一个积分，在 S_i 上的积分与在 ΔV_i 上的积分之比变成了 $\boldsymbol{F}$ 的散度。因此

$$\int_V \mathrm{div} \boldsymbol{F} \mathrm{d}v = \oint_S \boldsymbol{F} \cdot \boldsymbol{n} \mathrm{d}a \quad (\mathrm{B}.37)$$

这就是散度理论。我们应当会利用这一理论研究电磁定理和非常实际的积分计算。

B.6 旋度

第三个有意义的向量微分算子是旋度，一个向量的旋度被写为 **curlF**，可定义为：一个向量的旋度是它与向外的法线的叉积在一个封闭的面内的积分与由面所封闭的体积（当体积趋于零时）之比，即

$$\mathbf{curl}\boldsymbol{F} = \lim_{V \to 0} \frac{1}{V} \oint_S \boldsymbol{n} \times \boldsymbol{F} \cdot \mathrm{d}a \quad (\mathrm{B}.38)$$

这一定义和散度的定义之间显然有相似性，除了用向量积代替了向量与向外的法线的标量积之外，两者的定义是相同的。一个与此不同的但是等价的定义更加有用，这一定义是：在单位向量 $\boldsymbol{a}$ 的方向上的旋度 $\boldsymbol{F}$ 的分量是当封闭的垂直于 $\boldsymbol{a}$ 的面积趋于 0 时，每单位面积的线积分的极限，即

$$\boldsymbol{a} \cdot \mathbf{curl} \boldsymbol{F} = \lim_{S \to 0} \oint_C \boldsymbol{F} \cdot \mathrm{d}\boldsymbol{l} \tag{B.39}$$

其中封闭面 S 的曲线 C 在一个垂直于 $\boldsymbol{a}$ 的平面内。

通过考虑一个平面曲线 C 和由这一曲线在垂直于它所处的平面的方向位移一个距离 ξ 时扫掠的体积(图 B.6),容易看出这两个定义的等价性。如果 $\boldsymbol{a}$ 垂直于这一面,则取 $\boldsymbol{a}$ 与旋度的第一个定义(式(B.38))的点积,得到

$$\boldsymbol{a} \cdot \mathbf{curl} \boldsymbol{F} = \lim_{V \to 0} \frac{1}{V} \oint_S \boldsymbol{a} \cdot \boldsymbol{n} \times \boldsymbol{F} \cdot \mathrm{d}a$$

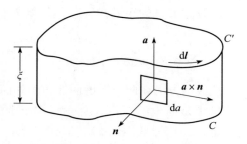

图 B.6 通过使平面曲线沿着其法线方向运动形成的体

因为对于所有封闭的表面(除了由 C 和 C' 封闭的窄带), $\boldsymbol{a}$ 平行于法线,仅需要考虑在这一表面的积分。对于这一表面,我们注意到 $\boldsymbol{a} \times \boldsymbol{n} \mathrm{d}a$ 正好是 $\xi \mathrm{d}\boldsymbol{l}$,其中 $\mathrm{d}\boldsymbol{l}$ 是沿着 C 的一个无穷小的偏移。因为,除了 $V = \xi S$ 外,体积分的极限为

$$\boldsymbol{a} \cdot \mathbf{curl} \boldsymbol{F} = \lim_{V \to 0} \frac{1}{\xi S} \oint_S \xi \boldsymbol{F} \cdot \mathrm{d}\boldsymbol{l}$$

在消去了 ξ 之后,这简化为我们的定义的第二种形式。可以在不采用这里采用的特殊的体积的情况下证明这一等价性,然而,这样做牺牲上面给出的证明的简单性。

在各种坐标系中旋度的形式可以按与散度的计算非常相同的方式进行计算。在直角坐标系中,体积单元 $\Delta x \Delta y \Delta z$ 是方便的。对于旋量的 x 分量,仅有垂直于 y 轴和 z 轴的面才有贡献。回想到 $\boldsymbol{j} \times \boldsymbol{k} = -\boldsymbol{k} \times \boldsymbol{j} = \boldsymbol{i}$,平行于旋量的 x 分量的面的非零贡献为

$$(\mathbf{curl} \boldsymbol{F})_x = \lim_{V \to 0} \frac{1}{V} \{ [-F_y(x,y,z+\Delta z) + F_y(x,y,z)] \Delta x \Delta y + $$
$$[F_z(x, y+\Delta y, z) + F_z(x,y,z)] \Delta x \Delta y \} \tag{B.40}$$

进行泰勒展开,并取极限,得到对于旋度的 x 分量为

$$(\mathbf{curl} \boldsymbol{F})_x = \frac{\partial F_x}{\partial y} - \frac{\partial F_y}{\partial z} \tag{B.41}$$

可以按相同的方式得到 y 和 z 分量，它们分别为

$$(\mathbf{curl}F)_y = \frac{\partial F_x}{\partial z} - \frac{\partial F_z}{\partial y}, \quad (\mathbf{curl}F)_z = \frac{\partial F_y}{\partial x} - \frac{\partial F_x}{\partial y} \tag{B.42}$$

如果注意到它刚好是一个 3×3 的行列式的扩展，在直角坐标系中的旋度的形式是容易记忆的，即

$$\mathbf{curl}F = \begin{vmatrix} \mathbf{i} & \mathbf{j} & \mathbf{k} \\ \frac{\partial}{\partial x} & \frac{\partial}{\partial y} & \frac{\partial}{\partial z} \\ F_x & F_y & F_z \end{vmatrix} \tag{B.43}$$

得到在其他坐标系中的旋度的形式仅略为复杂，留到问题部分。

正如散度一样，我们遇到了涉及旋度的一个重要的且有用的定律，称为 Stoke 定律。Stoke 定律：围绕一个封闭的曲线的线积分等于它在由曲线封闭的任何表面上的旋度的法向分量的积分，即

$$\oint_C \mathbf{F} \cdot \mathrm{d}\mathbf{l} = \int_S \mathbf{curl}F \cdot \mathbf{n} \mathrm{d}a \tag{B.44}$$

式中：C 为封闭表面 S 的一个封闭的曲线。

这一定律的证明非常类似于散度定律的证明。表面 S 被划分成大量的微元，第 i 个单元被称为 ΔS_i，封闭它的曲线是 C_i，由于这些单元中的每一个必须沿着相同的方向运动，显然，围绕 C_i 的线积分的累加和正是围绕封闭曲线的线积分，所有其他的贡献被抵消掉。因此

$$\oint_C \mathbf{F} \cdot \mathrm{d}\mathbf{l} = \sum_i \oint_{C_i} \mathbf{F} \cdot \mathrm{d}\mathbf{l}$$

在每个单元的面积趋于零、单元的数目变得无穷大时取极限，这一取极限的过程的结果是

$$\oint_C \mathbf{F} \cdot \mathrm{d}\mathbf{l} = \lim_{\Delta S_i \to 0} \sum_i \frac{1}{\Delta S_i} \oint_{C_i} \mathbf{F} \cdot \mathrm{d}\mathbf{l} \Delta S_i = \int_S \mathbf{curl}F \cdot \mathbf{n} \mathrm{d}a$$

这就是斯托克(Stoke)定律。这一定律，像散度定律一样，可用于发展电磁定理和估计积分。值得注意的是散度定律和 Stoke 定律实际上是部分积分。

B.7 向量微分算子 ∇

我们现在引入已经讨论的 3 种类型的向量微分(梯度、散度和旋度)的另外一种表示，这一表示采用向量微分算子 del，在直角坐标系中定义为

$$\nabla = \mathbf{i} \frac{\partial}{\partial x} + \mathbf{j} \frac{\partial}{\partial y} + \mathbf{k} \frac{\partial}{\partial z} \tag{B.45}$$

Del 是一个微分算子，它仅用作一个被微分的(x, y, z)的函数的前面，它是一个服从向量代数定律的向量*，采用 del，前述式(B.20)、式(B.31)和式(B.44)可以表示为

$$\mathbf{grad} = \nabla$$

$$\nabla \varphi = \boldsymbol{i} \frac{\partial \varphi}{\partial x} + \boldsymbol{j} \frac{\partial \varphi}{\partial y} + \boldsymbol{k} \frac{\partial \varphi}{\partial z} \qquad (\text{B.20})$$

$$div = \nabla \cdot$$

$$\nabla \cdot \boldsymbol{F} = \frac{\partial F_x}{\partial x} + \frac{\partial F_y}{\partial y} + \frac{\partial F_z}{\partial z} \qquad (\text{B.31})$$

$$\mathbf{curl} = \nabla \times$$

$$\mathbf{curl} = \nabla \times \boldsymbol{F} = \begin{vmatrix} \boldsymbol{i} & \boldsymbol{j} & \boldsymbol{k} \\ \frac{\partial}{\partial x} & \frac{\partial}{\partial y} & \frac{\partial}{\partial z} \\ F_x & F_y & F_z \end{vmatrix} \qquad (\text{B.44})$$

*注：它也是一个具有变换性的向量。

采用 del 表示的算子本身与坐标系的具体选择无关。任何可以采用直角坐标系表示证明的恒等式保持与坐标系的无关性。Del 可以用有适当的距离单元的非直角（曲线）正交坐标系的形式表示，类似于式(B.46)，但必须记住，在那些坐标系中的单位矢量本身是位置的函数的坐标系**中采用时，必须进行微分。

**注：在柱面和球坐标系中式(B.19)、式(B.44)和式(B.37)的结果为

$$\int_{a(C)}^{b} \nabla \varphi \cdot d\mathbf{l} = \int_{a}^{b} d\varphi = \varphi \big|_{a}^{b} = \varphi_b - \varphi_a \qquad (\text{B.19})$$

$$\int_{S} \nabla \times \boldsymbol{F} \cdot \boldsymbol{n} da = \oint_{S} \boldsymbol{F} \cdot \boldsymbol{n} da \qquad (\text{B.44})$$

$$\int_{V} \nabla \cdot \boldsymbol{F} dv = \oint_{S} \boldsymbol{F} \cdot \boldsymbol{n} da \qquad (\text{B.46})$$

这给出了一个函数的导数在一个 n 维区域的积分，对于 $n=1, 2, 3$，函数值本身在这一区域的$(n-1)$维界内。由于 del 算子服从向量代数规则，在涉及向量分析的计算中，采用它是便利的，因此我们应当采用 ∇ 来表示梯度、散度和旋度。应当注意，∇ 是一个线性算子，有

$$\nabla(a\varphi + b\psi) = a\nabla\varphi + b\nabla\psi$$

$$\nabla \cdot (a\boldsymbol{F} + b\boldsymbol{G}) = a\nabla \cdot \boldsymbol{F} + b\nabla \cdot \boldsymbol{G}$$

$$\nabla \times (a\boldsymbol{F} + b\boldsymbol{G}) = a\nabla \times \boldsymbol{F} + b\nabla \times \boldsymbol{G}$$

如果 a 和 b 是恒定的标量。

B.8 进一步的推导

梯度、散度和旋度算子可以用适当类型的场重复表示。例如,取标量场梯度的散度是有意义的。的确,这种组合算子是足够重要的,它有一个专门的名称——拉普拉斯(Laplace)算子。然而,取一个矢量场的散度的旋度是没有意义的,因为这样做涉及对一个标量取旋度,这是没有定义的。总共有 5 个二阶算子是有意义的,其中两个得到零。然而,所有这 5 个二阶算子在电磁场的研究中是非常重要的。

第一个是拉普拉斯算子,定义为一个标量场梯度的散度,通常写为 ∇^2,即

$$\nabla \cdot \nabla = \nabla^2$$

在直角坐标系中

$$\nabla^2 \varphi = \frac{\partial^2 \varphi}{\partial x^2} + \frac{\partial^2 \varphi}{\partial y^2} + \frac{\partial^2 \varphi}{\partial z^2} \tag{B.47}$$

这一算子在电子和热传递及激光对材料的效应中是非常重要的,在第 5 章中有讨论。

任何标量场的梯度的旋度为 0,这一论断可以通过在直角坐标系中写出来很容易地证明,如果标量场为 φ,则

$$\nabla \times (\nabla \varphi) = \begin{vmatrix} \boldsymbol{i} & \boldsymbol{j} & \boldsymbol{k} \\ \frac{\partial}{\partial x} & \frac{\partial}{\partial y} & \frac{\partial}{\partial z} \\ \frac{\partial \varphi}{\partial x} & \frac{\partial \varphi}{\partial y} & \frac{\partial \varphi}{\partial z} \end{vmatrix} = \boldsymbol{i} \left(\frac{\partial^2 \varphi}{\partial y \partial z} - \frac{\partial^2 \varphi}{\partial y \partial z} \right) + \cdots = 0 \tag{B.48}$$

这证明了原始的推断。采用算子表示

$$\nabla \times \nabla = 0$$

任何旋度的散度也是零,这一结果可以通过在直角坐标系中写出来证明,即

$$\nabla \cdot (\nabla \times \boldsymbol{F})^{①} = \frac{\partial}{\partial x} \left(\frac{\partial F_x}{\partial y} - \frac{\partial F_y}{\partial z} \right) + \frac{\partial}{\partial y} \left(\frac{\partial F_x}{\partial z} - \frac{\partial F_z}{\partial x} \right) + \cdots = 0 \tag{B.49}$$

其他两个可能的二阶算子是取一个向量场旋度的旋度或者散度的梯度,这里把在直角坐标系中的证明留作一个练习,即

$$\nabla \times (\nabla \times \boldsymbol{F}) = \nabla (\nabla \cdot \boldsymbol{F}) - \nabla^2 \boldsymbol{F}$$

---

① 原书有误,译者改。

这里，一个向量的拉普拉斯算子是直角坐标的分量，是原始向量的直角坐标分量的拉普拉斯。

另一种可以扩展应用向量的微分算子的方式，是将它们应用在两个向量和标量的各种乘积中，表 B.1 列出了微分算子和乘积的 6 种可能的组合，在直角坐标系中容易证明这些恒等式，这足以确保在任何坐标系中的有效性。一个函数的导数可以通过重复地运用表 B.1 中的恒等式来计算，根据向量代数和原始微分的规则容易记忆这些公式。在式（B.1.1.6）可能有仅有的模糊性，这里出现了 $\boldsymbol{F} \cdot \nabla$（不是 $\nabla \cdot \boldsymbol{F}$）。

表 B.1　微分向量

$\nabla \cdot \nabla \varphi = \nabla^2 \varphi$ ①	式（B.1.1.1）
$\nabla \cdot \nabla \boldsymbol{F} = 0$	式（B.1.1.2）
$\nabla \times \nabla \varphi = 0$	式（B.1.1.3）
$\nabla \times (\nabla \times \boldsymbol{F}) = \nabla(\nabla \cdot \boldsymbol{F}) - \nabla^2 \boldsymbol{F}$	式（B.1.1.4）
$\nabla(\varphi \psi) = (\nabla \varphi) \psi + \varphi \nabla \psi$	式（B.1.1.5）
$\nabla(\boldsymbol{F} \cdot \boldsymbol{G}) = (\boldsymbol{F} \cdot \nabla)\boldsymbol{G} + \boldsymbol{F} \times (\nabla \times \boldsymbol{F}) + (\boldsymbol{G} \cdot \nabla)\boldsymbol{F} + \boldsymbol{G} \times (\nabla \times \boldsymbol{F})$	式（B.1.1.6）
$\nabla \cdot (\varphi \boldsymbol{F}) = (\nabla \varphi) \cdot \boldsymbol{F} + \varphi \nabla \cdot \boldsymbol{F}$	式（B.1.1.7）
$\nabla \cdot (\boldsymbol{F} \cdot \boldsymbol{G}) = (\nabla \times \boldsymbol{F}) \cdot \boldsymbol{G} - (\nabla \times \boldsymbol{G}) \cdot \boldsymbol{F}$	式（B.1.1.8）
$\nabla \times (\varphi \boldsymbol{F}) = (\nabla \varphi) \times \boldsymbol{F} + \varphi \nabla \times \boldsymbol{F}$	式（B.1.1.9）
$\nabla \times (\boldsymbol{F} \times \boldsymbol{G}) = (\nabla \cdot \boldsymbol{G})\boldsymbol{F} - (\nabla \cdot \boldsymbol{F})\boldsymbol{G} + (\boldsymbol{G} \cdot \nabla)\boldsymbol{F} - (\boldsymbol{F} \cdot \nabla)\boldsymbol{G}$	式（B.1.1.10）

在电磁场理论或热传递中，采用函数的某些具体的形式通常是足够的，现在值得注意它们的各种导数。对于函数 $\boldsymbol{F} = \boldsymbol{r}$，有

$$\nabla \cdot \boldsymbol{r} = 3$$
$$\nabla \times \boldsymbol{r} = 0$$
$$(\nabla \cdot \boldsymbol{G})\boldsymbol{r} = \boldsymbol{G} \quad (\text{B.50})$$
$$\nabla^2 \boldsymbol{r} = 0$$

对于仅与距离 $r = |\boldsymbol{r}| = \sqrt{x^2 + y^2 + z^2}$ 有关的一个函数，有

$$\varphi(r) \text{ 或 } \boldsymbol{F}(r): \nabla = \frac{\boldsymbol{r}}{r} \frac{\mathrm{d}}{\mathrm{d}r} \quad (\text{B.51})$$

对于一个与标量变元 $\boldsymbol{A} \cdot \boldsymbol{r}$ 有关的函数（其中 $\boldsymbol{A}$ 为一个恒定的向量），有

$$(\boldsymbol{A} \cdot \boldsymbol{r}) \text{ 或 } \boldsymbol{F}(\boldsymbol{A} \cdot \boldsymbol{r}): \nabla = \boldsymbol{A} \frac{\mathrm{d}}{\mathrm{d}(\boldsymbol{A} \cdot \boldsymbol{r})} \quad (\text{B.52})$$

---

① 原书有误，译者改。

对于一个与变元 $R=r-r'$ 有关的函数（其中 r' 被看作一个常量），有

$$\nabla = \nabla_R \tag{B.53}$$

$$\nabla_R = i\frac{\partial}{\partial x} + j\frac{\partial}{\partial y} + k\frac{\partial}{\partial z}$$

其中 $R=Xi+Yj+Zk$，如果 r 被当作一个恒量，有

$$\nabla = -\nabla' \tag{B.54}$$

其中 $\nabla' = i\frac{\partial}{\partial x'} + j\frac{\partial}{\partial y'} + k\frac{\partial}{\partial z'}$。

散度定理和斯托克定理有几种扩展的可能，最有意义的是格林（Green）定理，即

$$\int_V (\psi \nabla^2 \varphi - \varphi \nabla^2 \psi) \mathrm{d}v = \oint_S (\psi \nabla\varphi - \varphi \nabla\psi) \cdot n \mathrm{d}a \tag{B.55}$$

这一定理是通过将散度定理应用于向量推导而来的，即

$$F = \psi \nabla\varphi - \varphi \nabla\psi$$

采用散度定理中的这一 F，我们得到

$$\int_V \nabla \cdot [\psi \nabla\varphi - \varphi \nabla\psi] = \oint_S (\psi \nabla\varphi - \varphi \nabla\psi) \cdot n \mathrm{d}a \tag{B.56}$$

采用一个向量的标量倍的散度的恒等式（表 1.1），得到

$$\nabla \cdot (\varphi \nabla\psi) - \nabla \cdot (\varphi \nabla\psi) = (\psi \nabla^2\varphi) - \varphi \nabla^2\psi \tag{B.57}$$

综合式（B.56）和式（B.57），得到格林定理。表 B.2 列出了其他的某些积分定理。

表 B.2　向量积分定理

$\int_S n \times \nabla\varphi \mathrm{d}a = \oint_S \varphi \mathrm{d}l$	式（B.1.2.1）
$\int_V \nabla\varphi \mathrm{d}v = \oint_S \varphi n \mathrm{d}a$	式（B.1.2.2）
$\int_V \nabla \times F \mathrm{d}v = \oint_S n \times F \mathrm{d}a$	式（B.1.2.3）
$\int_V (\nabla \cdot G + G \cdot \nabla) \mathrm{d}v = \oint_S F(G \cdot n) \mathrm{d}a$	式（B.1.2.4）

由此我们就结束了对向量分析简要的讨论。为了简洁起见，许多结果的证明放在习题中，而没有试图实现很严格的证明，这种方法是实用主义的：我们仅发展我们需要的，其他的则忽略。

B.9　小结

有 3 种不同类型的向量微分，可以采用称为 ∇ 的向量微分算子 del 和散

度、旋度来表示，即

$$\nabla \varphi = i\frac{\partial \varphi}{\partial x} + j\frac{\partial \varphi}{\partial y} + k\frac{\partial \varphi}{\partial z}$$

$$\nabla \cdot \boldsymbol{F} = \frac{\partial F_x}{\partial x} + \frac{\partial F_y}{\partial y} + \frac{\partial F_z}{\partial z}$$

$$\nabla \times \boldsymbol{F} = \begin{vmatrix} \boldsymbol{i} & \boldsymbol{j} & \boldsymbol{k} \\ \dfrac{\partial}{\partial x} & \dfrac{\partial}{\partial y} & \dfrac{\partial}{\partial z} \\ F_x & F_y & F_z \end{vmatrix}$$

Del 是一个线性算子，重复地运用它，或者运用到函数的乘积，得到可在直角坐标系中导出的、但是与坐标系无关的公式。它们可以采用向量代数和常微分规则来记忆。某些特定函数的导数是值得记忆的。有关微分的最重要的积分定理是

$$\int_{a(C)}^{b} \nabla \varphi \cdot \mathrm{d}\boldsymbol{l} = \varphi \big|_{a}^{b}$$

$$\int_{S} \nabla \times \boldsymbol{F} \cdot \boldsymbol{n}\mathrm{d}a = \oint_{C} \boldsymbol{F} \cdot \mathrm{d}\boldsymbol{l} \quad \text{（Stoke 定理）}$$

$$\int_{V} \nabla \cdot \boldsymbol{F}\mathrm{d}v = \oint_{S} \boldsymbol{F} \cdot \boldsymbol{n}\mathrm{d}a \quad \text{（散度定理）}$$

这是积分的泛函定理的推广。

B.10 例子和问题求解

例 1：采用例 1 示意图，令 $\boldsymbol{C} = \boldsymbol{A} - \boldsymbol{B}$，并采用点积表达式（B.7）计算 $\boldsymbol{C}$ 和它本身的点积。

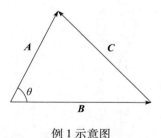

例 1 示意图

解：

$$\boldsymbol{C} \cdot \boldsymbol{C} = (\boldsymbol{A} - \boldsymbol{B}) \cdot (\boldsymbol{A} - \boldsymbol{B}) = -\boldsymbol{A} \cdot \boldsymbol{B} - \boldsymbol{A} \cdot \boldsymbol{B} + \boldsymbol{A} \cdot \boldsymbol{A} + \boldsymbol{B} \cdot \boldsymbol{B}$$

或

$$C^2 = A^2 + B^2 - 2AB\cos\theta$$

这就是余弦定理。

例 2：采用点积和叉积的定义

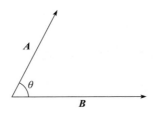

例 2 示意图 A

点积被定义为

$\boldsymbol{A} \cdot \boldsymbol{B} = AB\cos\theta$，结果是标量形式

叉积被定义为

$\boldsymbol{A} \times \boldsymbol{B} = AB\sin\theta \hat{\boldsymbol{n}}$，结果是向量形式

式中：$\hat{\boldsymbol{n}}$ 为瞄向垂直于 $\boldsymbol{A}$ 和 $\boldsymbol{B}$ 的平面方向的单位向量（长度为 1 的向量）。

证明：当 3 个向量共面时，在一般的情况下，点积和叉积满足分配律。

解：

（1）由例 2 示意图 B，我们有：$|\boldsymbol{B}+\boldsymbol{C}|\cos\theta_3 = |\boldsymbol{B}|\cos\theta_1 + |\boldsymbol{C}|\cos\theta_2$，乘以 $|\boldsymbol{A}|$，得到 $|\boldsymbol{A}||\boldsymbol{B}+\boldsymbol{C}|\cos\theta_3 = |\boldsymbol{A}||\boldsymbol{B}|\cos\theta_1 + |\boldsymbol{A}||\boldsymbol{C}|\cos\theta_2$，

因此 $\boldsymbol{A} \cdot (\boldsymbol{B}+\boldsymbol{C}) = \boldsymbol{A} \cdot \boldsymbol{B} + \boldsymbol{A} \cdot \boldsymbol{C}$（点积满足分配律）。

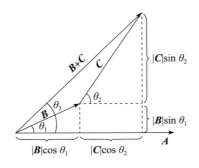

例 2 示意图 B

类似地：$|\boldsymbol{B}+\boldsymbol{C}|\sin\theta_3 = |\boldsymbol{B}|\sin\theta_1 + |\boldsymbol{C}|\sin\theta_2$，乘以 $|\boldsymbol{A}|\hat{\boldsymbol{n}}$，我们有 $|\boldsymbol{A}||\boldsymbol{B}+\boldsymbol{C}|\sin\theta_3\hat{\boldsymbol{n}} = |\boldsymbol{A}||\boldsymbol{B}|\sin\theta_1\hat{\boldsymbol{n}} + |\boldsymbol{A}||\boldsymbol{C}|\sin\theta_2\hat{\boldsymbol{n}}$

如果 $\hat{\boldsymbol{n}}$ 是瞄向页面外的单位矢量，则

$\boldsymbol{A} \times (\boldsymbol{B}+\boldsymbol{C}) = (\boldsymbol{A} \times \boldsymbol{B}) + (\boldsymbol{A} \times \boldsymbol{C})$（叉积满足分配律）。

（2）对于一般的情况，见 G. E. Hay 的向量和张量分析(第 1 章，第 7 节(点积)和第 8 节(叉积))。

例 3：叉积符合结合律吗?

$$(A \times B) \times C \neq A \times (B \times C)$$

解：三向量叉积一般不符合结合律。例如，假定 $A = B$，且 C 垂直于 A，正如例 3 示意图所示。则 $(B \times C)$ 指向页面外，且 $A \times (B \times C)$ 指向下方，幅度为 ABC，但 $(A \times B) = 0$，因此

$$(A \times B) \times C = 0 \neq A \times (B \times C)$$

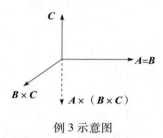

例 3 示意图

例 4：采用例 4 示意图得到一个立方体的对角面之间的夹角

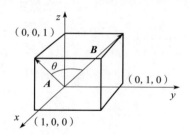

例 4 示意图

解：我们可以采用侧面 I 的一个立方体，并如例 4 示意图所示放置，一个角在原点处，对角面 A 和 B 是

$$A = 1\hat{x} + 0\hat{y} + 1\hat{z} \quad B = 0\hat{x} + 1\hat{y} + 1\hat{z}$$

因此，采用分量的形式为

$$A \cdot B = 1 \cdot 0 + 0 \cdot 1 + 1 \cdot 1$$

在另一方面，采用"抽象"的形式即

$$A \cdot B = AB\cos\theta = \sqrt{2} \cdot \sqrt{2} \cdot \cos\theta = 2\cos\theta$$

因此

$$\cos\theta = 1/2, \quad 或 \ \theta = 60°$$

当然，可以通过跨立方体的顶部沿一条对角线画线，更容易得到答案，完成等边三角形。但在几何条件不这样简单的情况下，这种比较点积的抽象和分量形式的方法不是得到解的一个非常有效的手段。

例 5：得到 $r=\sqrt{x^2+y^2+z^2}$ 的梯度（位置矢量的幅度）。

解：

$$\nabla r = \frac{\partial r}{\partial x}\hat{x} + \frac{\partial r}{\partial y}\hat{y} + \frac{\partial r}{\partial z}\hat{z}$$

$$= \frac{1}{2}\frac{2x}{\sqrt{x^2+y^2+z^2}}\hat{x} + \frac{1}{2}\frac{2y}{\sqrt{x^2+y^2+z^2}}\hat{y} + \frac{1}{2}\frac{2x}{\sqrt{x^2+y^2+z^2}}\hat{z}$$

$$= \frac{x\hat{x}+y\hat{y}+z\hat{z}}{\sqrt{x^2+y^2+z^2}} = \frac{\boldsymbol{r}}{r} = \hat{\boldsymbol{r}}$$

这有意义吗？它的意义是：在径向方向，距原点的距离会最快速地增大，在这一方向的增加率为 1。

例 6：假设向量的形式是：$\boldsymbol{V}_a = \boldsymbol{r} = x\hat{x}+y\hat{y}+z\hat{z}$，$\boldsymbol{V}_b = \boldsymbol{r} = \hat{z}$，和 $\boldsymbol{V}_c = \boldsymbol{r} = z\hat{z}$，计算它们的散度。

解：

$$\nabla \cdot \boldsymbol{V}_a = \frac{\partial}{\partial x}(x) + \frac{\partial}{\partial y}(y) + \frac{\partial}{\partial z}(z) = 1+1+1 = 3$$

正如期望的那样，这一函数有正的散度，

$$\nabla \cdot \boldsymbol{V}_b = \frac{\partial}{\partial x}(0) + \frac{\partial}{\partial y}(0) + \frac{\partial}{\partial z}(1) = 0+0+0 = 0$$

$$\nabla \cdot \boldsymbol{V}_c = \frac{\partial}{\partial x}(0) + \frac{\partial}{\partial y}(0) + \frac{\partial}{\partial z}(z) = 0+0+1 = 1$$

例 7：假设向量的形式是：$\boldsymbol{V}_a = \boldsymbol{r} = -y\hat{x}+x\hat{y}$，$\boldsymbol{V}_b = \boldsymbol{r} = x\hat{y}$，计算它们的旋度。

解：

$$\nabla \times \boldsymbol{V}_a = \begin{vmatrix} \hat{x} & \hat{y} & \hat{z} \\ \partial/\partial x & \partial/\partial y & \partial/\partial z \\ -y & x & 0 \end{vmatrix} = 2\hat{z}$$

$$\nabla \times \boldsymbol{V}_b = \begin{vmatrix} \hat{x} & \hat{y} & \hat{z} \\ \partial/\partial x & \partial/\partial y & \partial/\partial z \\ 0 & x & 0 \end{vmatrix} = \hat{z}$$

正如预期的那样，它们的旋度瞄向 $+z$ 方向（它们偶然具有零散度）。

附录 C 常微分和偏微分方程短教程

自然律是采用常微分和偏微分方程语言写成的。因此，实际上所有的科学和技术分支是采用这些方程建模的。本节的目的是帮助你理解这一庞大的学科涉及什么内容。本节是这一领域的导论，我们假设你熟悉基本的微积分和基本的线性代数。在全球范围内有常微分和偏微分方程的各种方式的导论性教程。这一学科常规的方法是介绍各种解析方法，使学生能够推导出某些简单问题的确切解。

本节我们在一定程度上介绍解析和计算方法，这样做的主要原因是，用于帮助科学家求解常微分和偏微分方程的计算机得到了很大的发展，目前已用于偏微分方程的所有实际应用中。因此，对这一主题的最新介绍，必须聚焦于适于计算机的方法。但这些方法经常依赖于对方程深度的解析洞察。因此，我们必须格外注意不能丢掉基本的解析方法，而是要寻求解析方法和计算方法之间的良好平衡。

C.1 微分方程

微分方程理论得到了很好的发展，用于研究它们的方法随着方程类型的变化有很大的变化。许多物理情况是由涉及的变量和它的变化率的方程进行数学表示的。例如，任何物体自然冷却的数学模型将物体的温度 T 与它的变化率联系起来，采用符号形式，我们可以写成

$$\frac{\mathrm{d}T}{\mathrm{d}t} = \alpha T + \beta \tag{C.1}$$

这样一个方程不能采用任何常规的积分方法相对于时间变量 t 直接进行积分，因为方程的右边涉及函数 T。我们需要一些新的方法来求解这类方程。一个涉及相关的变量 T 和它的导数的方程称为常微分方程，在以下几节我们讨论这些方程的求解方法。

C.1.1 定义

常微分方程是一个未知函数（也称为相关变量）是一个单独变量的函数的微分方程。在最简单的形式中，未知函数是一个实值或复值的函数，但更广义

地说，它可能是一个向量值或矩阵值；这对应于考虑一个针对一个单一的函数的常微分方程系统。常微分方程被进一步根据相关变量相对于方程中出现的独立变量的最高导数阶数进行分类。对于应用最重要的情况是一阶和二阶微分方程。在经典的文献中，也区分了相对于最高导数显式求解的微分方程和采用隐式形式的微分方程。

偏微分方程是未知函数是多个独立变量的函数的微分方程，涉及多变量函数的偏导数，阶是采用类似于常微分方程的情况定义的，但进一步划分成椭圆、双曲线和抛物线型方程是非常重要的，尤其对二阶线性方程。某些偏微分方程在独立变量的整个域内不能划入这些类，称它们是混合型的（见本附录C.2节）。

常微分方程和偏微分方程可大致划分为线性和非线性的。如果未知函数和它的导数表现为1次幂的形式（不允许有乘积项），则它是线性的，否则就是非线性的。线性方程的特性是它们的解构成了一个适当的函数空间的一个仿射子空间，形成了一个发展地更充分的线性微分方程理论。齐次（同次）线性微分方程是一个进一步的子类，其解空间是一个线性子空间，即任何一组解的累加或者解的乘积也是一个解。在一个线性微分方程中，未知函数的系数和它的导数可以是独立变量的（已知的）函数，如果这些系数是恒定的，则称为恒定系数线性微分方程。

显式求解非线性微分方程的方法非常少，这些方法通常涉及具有特定的对称性的方程。在长的时间区间内非线性微分方程可能表现出非常复杂的特性以及混沌特性。对于非线性微分方程，即便是解的存在性、唯一性和可扩展性等基本的问题和初始与边界值问题的适定性也是困难的问题，在特定的情况下，它们的解被看作是在数学理论中的巨大的进展（参阅纳维叶·斯托克斯(Navier-Stokes)存在性和平滑性）。

线性微分方程经常表现为非线性方程的近似，这些近似仅有在限定的条件下才是有效的。例如，简谐振荡方程是非线性摆动方程的一个近似，但仅有在振荡幅度小的条件下才是有效的（见下面的描述）。

C.1.2 常微分方程和偏微分方程的类型

在第一组例子中，假设 u 是 x 的一个未知函数，且 c 和 ω 是已知的常数。

(1) 非齐次一阶线性常系数常微分方程

$$\frac{\mathrm{d}u}{\mathrm{d}x} = cu + x^2$$

(2) 齐次二阶线性常微分方程

$$\frac{d^2 u}{dx^2} - x\frac{du}{dx} + u = 0$$

（3）描述简谐振荡的齐次二阶线性常系数常微分方程

$$\frac{d^2 u}{dx^2} + \omega^2 u = 0$$

（4）一阶非线性常微分方程

$$\frac{du}{dx} = u^2 + 1$$

（5）描述长度为 L 的摆的运动的二阶非线性常微分方程

$$g\frac{d^2 u}{dx^2} + L\sin u = 0$$

在下一组例子中，未知函数 u 取决于两个变量 x 和 t 或 x 和 y。

（6）齐次一阶线性偏微分方程

$$\frac{\partial u}{\partial t} + t\frac{\partial u}{\partial x} = 0$$

（7）齐次二阶线性常系数偏微分方程（椭圆型），拉普拉斯方程

$$\frac{\partial^2 u}{\partial x^2} + \frac{\partial^2 u}{\partial y^2} = 0$$

（8）三阶非线性偏微分方程，Korteweg-de Vries 方程

$$\frac{\partial u}{\partial t} = 6u\frac{\partial u}{\partial x} - \frac{\partial^3 u}{\partial x^3}$$

C.1.3 微分方程的分类

在开始阐述之前，我们需要介绍微分方程的一个简单的分类，以使我们以系统的方式增加问题的复杂性。为了讨论微分方程，我们应当采用类、阶和线性化进行分类。

C.1.4 采用类对微分方程进行分类

如果一个方程仅包括一个或多个相关变量相对于一个单独的独立变量的常导数，则称之为常微分方程，例如

$$\frac{dy}{dx} + 5y = e^x, \quad \frac{d^2 y}{dx^2} - \frac{dy}{dx} + 6y = 0, \quad \frac{dx}{dt}\frac{dy}{dt} = 2x + y \qquad (C.2)$$

是常微分方程。

注意，如果一个方程涉及一个或多个有两个或多个独立变量的相关变量的偏导数，则称之为偏微分方程，例如

$$\frac{\partial^2 u}{\partial x^2} + \frac{\partial^2 u}{\partial y^2} = 0, \quad \frac{\partial^2 u}{\partial x^2} = \frac{\partial^2 u}{\partial t^2} - 2\frac{\partial u}{\partial t}, \quad \frac{\partial u}{\partial y} = -\frac{\partial v}{\partial x} \qquad (C.3)$$

是偏微分方程。通常，n 阶导数被写成 $d^n y/dx^n$ 或 $y^{(n)}$。在大部分书中，Leibniz 表示是 dy/dx、d^2y/dx^2、d^3y/dx^3、$\cdots$，Prime 表示是 y'、y''、y'''、$\cdots$，有时是牛顿点表示：$\dot{y}$，$\ddot{y}$，$\dddot{y}$，$\cdots$。

C.1.5 采用阶数的微分方程分类

一个微分方程的阶是方程中的最高导数的阶，例如

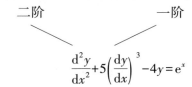

是一个二阶常微分方程。一阶常微分方程偶尔以微分形式写为

$$M(x,y)dx+N(x,y)dy=0$$

例如，如果我们假设 y 表示 $(y-x)dx+4xdy=0$ 中的相关的变量，则 $y'=dy/dx$，因此，通过除以微分 dx，我们得到另一种形式 $4xy'+y=x$。

通常，我们可以采用一般的形式采用一个相关变量来表示一个 n 阶的常微分方程，即

$$F(x,y,y',y'',\cdots,y^{(n)})=0 \tag{C.4}$$

式中：F 为 $n+2$ 个变量 x，y，y'，y''，$\cdots$，$y^{(n)}$ 的一个实值函数，其中 $y^{(n)}=\dfrac{d^n y}{dx^n}$。我们从实际和数学的观点做出假设，有可能采用剩余的 $n+1$ 个变量，针对最高的导数阶 $y^{(n)}$，求解具有式（C.4）形式的常微分方程。微分方程为

$$\dfrac{d^n y}{dx^n}=f(x,y,y',y'',\cdots,y^{(n)}) \tag{C.5}$$

式中：f 为实值的连续函数，称为式（C.4）的正则形式。因此，当它适于我们的用途时，我们应当采用正则形式 $\dfrac{dy}{dx}=f(x,y)$ 和 $\dfrac{d^2y}{dx^2}=f(x,y,y')$，表示一般的一阶和二阶常微分方程。例如，一阶方程 $4xy'+y=x$ 的正则形式是 $y'=(x-y)/4x$。

C.1.6 采用线性化对微分方程的分类

如果 F 对于 y，y'，y''，$\cdots$，$y^{(n)}$ 是线性的，则称 n 阶常微分式（C.4）是线性的，这意味着当式（C.4）为以下形式时，n 阶常微分方程是线性的，即

$$a_n(x)y^{(n)}+a_{n-1}(x)y^{(n-1)}+\cdots+a_1(x)y'+a_0(x)y-g(x)=0$$

或我们可以写为

$$a_n(x)\dfrac{d^n y}{dx^n}+a_{n-1}(x)\dfrac{d^{(n-1)}y}{dx^{(n-1)}}+\cdots+a_1(x)\dfrac{dy}{dx}+a_0(x)y-g(x)=0 \tag{C.6}$$

由式(C.6)我们看出，一个线性微分方程有两个特性：
(1) 相关的变量和它的所有导数是一阶的，即，涉及 y 的每一项的幂是1。
(2) 每个系数至多与独立变量 x 相关。
方程

$$(y-x)\mathrm{d}x+4x\mathrm{d}y=0, \quad y''-2y'+y=0 \text{ 和 } \frac{\mathrm{d}^3y}{\mathrm{d}x^3}+x\frac{\mathrm{d}y}{\mathrm{d}x}-5y=\mathrm{e}^x$$

分别是一阶、二阶和三阶常微分方程。注意，通过将它写成另外一种形式 $4xy'+y=x$，上面的第一个方程对于变量 y 是线性的。非线性常微分方程是非线性的。在线性方程中不能出现相关变量或者它的导数的非线性函数(如 $\sin y$ 或者 $\mathrm{e}^{y'}$)。因此

非线性项： 非线性项： 非线性项：
系数仅取决于 y 系数是 y 的函数   幂非1
↓   ↓   ↓

$$(1-y)y'+2y=\mathrm{e}^x, \quad \frac{\mathrm{d}^2y}{\mathrm{d}x^2}+\sin y=0 \quad \text{和} \quad \frac{\mathrm{d}^4y}{\mathrm{d}x^4}+y^2=0$$

分别是一阶、二阶和4阶常微分方程的例子。

C.1.7 初值问题

我们经常对求解在预定的边界条件(施加在未知的解 $y=y(x)$ 或它的导数上的条件)下的微分方程感兴趣。在某些包括 x_0 的区间 I，问题为：
在 $y(x_0)=y_0 \quad y'(x_0)=y_1, \cdots, y^{(n-1)}(x_0)=y_{n-1}$ 的条件下，求解

$$\frac{\mathrm{d}^ny}{\mathrm{d}x^n}=f(x,y,y',\cdots,y^{(n-1)}) \tag{C.7}$$

式中：$y_0, y_1, \cdots, y_{n-1}$ 为指定的任意实常数，称为初值问题。在一个单独的点 x_0 处，$y(x)$ 和它的前 $n-1$ 个导数的值 $y(x_0)=y_0, y'(x_0)=y_1, \cdots, y^{(n-1)}(x_0)=y_{n-1}$ 称为初始条件。

一阶和二阶初值条件：方程(C.7)给出的问题也称为 n 阶初值问题。例如在 $y(x_0)=y_0$ 的条件下，求解

$$\frac{\mathrm{d}y}{\mathrm{d}x}=f(x,y) \tag{C.8}$$

在 $y(x_0)=y_0, y'(x_0)=y_1'$ 的条件下，求解

$$\frac{\mathrm{d}^2y}{\mathrm{d}x^2}=f(x,y,y') \tag{C.9}$$

分别是一阶和二阶初值问题[5]。

例1： 一阶初值问题。容易证明 $y=c\mathrm{e}^x$ 是简单的一阶方程 $y'=y$ 在区间

$(-\infty, \infty)$ 内的单参数解的解族。如果我们规定一个初始条件,即 $y(0)=3$,然后代入 $x=0$、$y=3$,在解族中确定常数 $3=ce^0=c$。因此,$y=ce^x$ 是初值问题的一个解。

$$y'=y \quad y(0)=3$$

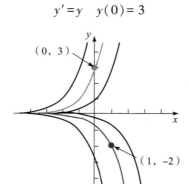

现在如果我们要求微分方程的一个解通过点 $(1,-2)$ 而不是 $(0,3)$,则 $y(1)=-2$ 将产生 $-2=ce$ 或者 $c=-2e^{-1}$。函数 $y=-2e^{x-1}$ 是初值问题的一个解。

例 2:二阶初值问题。在我们做这类问题之前,我们证明函数 $x=c_1\cos 4t$ 和 $x=c_2\sin 4t$(其中 c_1 和 c_2 是任意的常数或参数)是线性微分方程 $x''+16x=0$ 的解。

对于 $x=c_1\cos 4t$,相对于 t 的前两阶导数是 $x'=-4c_1\sin 4t$ 和 $x''=-16c_1\cos 4t$,代入 x'' 和 x,则有

$$x''+16x=-16c_1\cos 4t+16c_1\cos 4t=0$$

类似地,对于 $x=c_2\sin 4t$,我们有 $x''=-16c_2\sin 4t$,因此

$$x''+16x=-16c_2\sin 4t+16c_2\sin 4t=0$$

最后,可以直接证明解的线性组合,或两参数解族 $x=c_1\cos 4t+c_2\sin 4t$,也是微分方程的解。现在我们将任务转到二阶初值问题。

在这种情况下,我们想要得到初值问题的一个解

$$x''+16x=0, \quad x\left(\frac{\pi}{2}\right)=-2 \text{ 和 } x'\left(\frac{\pi}{2}\right)=1 \quad \text{(C.10)}$$

我们首先将 $x\left(\frac{\pi}{2}\right)=-2$ 应用到给定的解族:$c_1\cos 2\pi+c_2\sin 2\pi=-2$,因为 $\cos 2\pi=1$ 和 $\sin 2\pi=0$,我们得到 $c_1=-2$。我们接着将 $x'\left(\frac{\pi}{2}\right)=1$ 用于单参数解族 $x(t)=-2\cos 4t+c_2\sin 4t$,取微分并设定 $t=\pi/2$,以及 $x'\left(\frac{\pi}{2}\right)=18\sin 2\pi+$

$4c_2\cos 2\pi=1$,由此可以看出 $c_2=\dfrac{1}{4}$,因此 $x=-2\cos 4t+\dfrac{1}{4}\sin 4t$ 是(I)的解。

例3:一个初值问题可以有几个解。函数 $y=0$ 和 $y=1/16x^4$ 满足微分方程 $\mathrm{d}y/\mathrm{d}x=xy^{1/2}$ 和初始条件 $y(0)=0$,因此,初值问题:$\dfrac{\mathrm{d}y}{\mathrm{d}x}=xy^{1/2}$ 和 $y(0)=0$ 至少有2个解。如图所示,两个函数的图形都通过相同的点$(0,0)$。

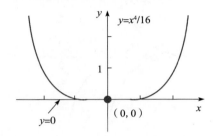

在安全限制内,可能非常相信大多数微分方程是有解的,而且初值问题的解可能是唯一的。

C.1.8 一阶线性微分方程

当微分方程对于相关变量和所有的导数是一阶时,称此微分方程是线性的。当式(C.6)中 $n=1$ 时,我们得到一个一阶线性微分方程。

定义1:可分离方程

一阶微分方程

$$\dfrac{\mathrm{d}y}{\mathrm{d}x}=g(x)h(y)$$

$$\dfrac{1}{h(y)}\mathrm{d}y=g(x)\mathrm{d}x \tag{C.11}$$

$$p(y)\mathrm{d}y=g(x)\mathrm{d}x$$

称为是可分离的或者具有可分离的变量,注意我们将 $\dfrac{1}{h(y)}$ 用 $p(y)$ 表示。

例如,方程 $\dfrac{\mathrm{d}y}{\mathrm{d}x}=y^2 x\mathrm{e}^{3x+4y}$ 和 $\dfrac{\mathrm{d}y}{\mathrm{d}x}=y+\sin x$ 分别是可分离的和不可分离的。在第一个方程中,我们可以将 $f(x,y)=y^2 x\mathrm{e}^{3x+4y}$ 分解为

$$\begin{array}{cc} g(x) & h(y) \\ \downarrow & \downarrow \end{array}$$
$$f(x,y)=(x\mathrm{e}^{3x})(y^2\mathrm{e}^{4y})$$

但在第二个方程中,无法将 $f(x,y)=y+\sin x$ 表示为一个 x 的函数乘以一个 y 的函数的乘积。

定义 2：线性方程

一阶微分方程

$$a_1(x)\frac{\mathrm{d}y}{\mathrm{d}x}+a_0(x)y=g(x) \qquad (\text{C}.12)$$

称为线性方程。

当 $g(x)=0$ 时，称线性方程是齐次的，否则它是非齐次的。

通过将式(C.12)①的两边除以系数 $a_1(x)$，我们得到线性方程的标准形式的一个更有用的形式为

$$\frac{\mathrm{d}y}{\mathrm{d}x}+P(x)y=f(x) \qquad (\text{C}.13)$$

式中：分别为 $P(x)=\dfrac{a_0(x)}{a_1(x)}$ 和 $f(x)=\dfrac{g(x)}{a_1(x)}$。我们现在求解在一个区间 I 内的式(C.13)①的解，其中函数 $P(x)$ 和 $f(x)$ 是连续的。为了求解式(C.13)①，我们注意到，这一解的一个性质是两个解的累加：$y=y_c+y_p$，其中 y_c 是以下形式的式(C.13)①的相关的齐次部分的一个齐次解(补解)，即

$$\frac{\mathrm{d}y}{\mathrm{d}x}+P(x)y=0 \qquad (\text{C}.14)$$

y_p 为非齐次部分的特解。为了看清这点，观察[15]

$$\frac{\mathrm{d}}{\mathrm{d}x}[y_c+y_p]+P(x)[y_c+y_p]=\underbrace{\left[\frac{\mathrm{d}y_c}{\mathrm{d}x}+P(x)y_c\right]}_{0}+\underbrace{\left[\frac{\mathrm{d}y_p}{\mathrm{d}x}+P(x)y_p\right]}_{(x)}=f(x)^{①}$$

现在齐次方程式(C.14)也是可分离的，这一事实使我们能够通过将式(C.14)写成 $\dfrac{\mathrm{d}y}{y}+P(x)\mathrm{d}x=0$ 的形式(相当于在两边都乘了 $\dfrac{\mathrm{d}x}{y}$)，再进行积分来得到 y_c。

$$\frac{\mathrm{d}x}{y}+P(x)\mathrm{d}x=0$$

针对 y 进行求解，得到 $y_c=c\mathrm{e}^{-\int P(x)\mathrm{d}x}$。为了便利，我们写为 $y_c=cy_1(x)$，其中 $y_1(x)=\mathrm{e}^{-\int P(x)\mathrm{d}x}$，接着将应用 $\mathrm{d}y_1/\mathrm{d}x+P(x)y_1=0$ 这一事实来确定 y_p。

现在我们采用一个称为参数变分法的步骤来得到式(C.13)①的特解。这里的基本思想是得到一个函数 u，使得 $y_p=u(x)y_1(x)=u(x)\mathrm{e}^{-\int P(x)\mathrm{d}x}$ 为式(C.13)①的一个解。换言之，我们对 y_p 的假设与 $y_c=cy_1(y)$ 相同，只是 c 被

---

① 原书有误，译者改。

"可变参数" u 来代替。将 $y_p = uy_1$ 代入方程式(C.13)[①]，得到

$$u\underbrace{\frac{dy_1}{dx}}_{\text{乘积规则}} + y_1\frac{du}{dx} + P(x)uy_1 = f(x) \quad \text{或} \quad u\underbrace{\left[\frac{dy_1}{dx} + P(x)y_1\right]}_{0}\frac{du}{dx} = f(x)$$

因此

$$y_1\frac{du}{dx} = f(x)$$

分离变量并积分得到

$$du = \frac{f(x)}{y_1(x)}dx \quad \text{和} \quad u = \int\frac{f(x)}{y_1(x)}dx$$

因为 $y_1(x) = e^{-\int P(x)dx}$，我们看到：$1/y_1(x) = e^{\int P(x)dx}$，因此

$$y_p = uy_1\left(\int\frac{f(x)}{y_1(x)}dx\right)e^{-\int P(x)dx} = e^{-\int P(x)dx}\int e^{\int P(x)dx}f(x)dx$$

且

$$y = \underbrace{ce^{-\int P(x)dx}}_{y_c} + \underbrace{e^{-\int P(x)dx}\int e^{\int P(x)dx}f(x)dx}_{y_p} \tag{C.15}$$

这里如果式(C.13)有一个解，它必须具有式(C.15)的形式。近似地，这是一个直接的求导数练习，以验证式(C.15)构成式(C.13)的一个单参数解族。

我们不需要记住式(C.15)中的公式，然而，你应当记住特殊项

$$e^{\int P(x)dx} \tag{C.16}$$

因为它被用于等价地但更容易地求解式(C.13)。如果将式(C.15)乘以式(C.16)，则有

$$e^{\int P(x)dx}y = c + \int e^{\int P(x)dx}f(x)dx \tag{C.17}$$

然后对式(C.17)进行微分，有

$$\frac{d}{dx}\left[e^{\int P(x)dx}y\right] = e^{\int P(x)dx}f(x) \tag{C.18}$$

得到

$$e^{\int P(x)dx}\frac{dy}{dx} + P(x)ye^{\int P(x)dx} = e^{\int P(x)dx}f(x) \tag{C.19}$$

将式(C.19)除以 $e^{\int P(x)dx}$ 得到式(C.13)[5]。

C.1.8.1 求解一阶线性方程的方法

建议的求解式(C.13)的方法实际上包括逆序工作的式(C.17)~(C.19)。

因为我们可以通过乘以 $e^{\int P(x)dx}$ 后积分来求解式(C.13)，我们称这一函数是微分方程的一个积分因子。下面归纳了求解这样的一阶微分方程的步骤：

（1）将形式为式(C.12)那样的一个线性方程放在式(C.13)那样的标准形式中。

（2）由标准形式确定 $P(x)$ 和积分因子 $e^{\int P(x)dx}$。

（3）将方程的标准形式乘以积分因子，最终方程的左边是积分因子和 y 的导数

$$\frac{d}{dx}[e^{\int P(x)dx} y] = e^{\int P(x)dx} f(x)$$

（4）将最后一个方程的两边进行积分。

例1：求解齐次线性微分方程

$$\frac{dy}{dx} - 3y = 0$$

解：这一线性方程可以通过对变量进行分离来求解。换言之，因为该方程已经为式(C.13)的标准形式，我们看到 $P(x) = -3$，因此积分因子是 $e^{\int(-3)dx} = e^{-3x}$，将方程乘以这一因子，并认识到

$$e^{3x}\frac{dy}{dx} - 3e^{3x}y = 0 \ \text{与}\ \frac{d}{dx}[e^{-3x}y] = 0 \ \text{相同}$$

将最后一个方程的两边积分得到 $e^{-3x}y = c$①，求解 y 使我们得到显式解 $y = ce^{3x}$，$-\infty < x < \infty$（图C.1）。

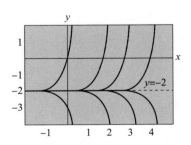

图 C.1　$y' - 3y = 6$ 的某些解[5]

例2：求解一个非齐次线性微分方程

---

① 原书有误，译者改。

$$\frac{dy}{dx}-3y=6$$

解：在上面的例1中解出了这一微分方程的相关的齐次方程，这一方程具有方程（C.13）的标准形式，积分因子仍然是 $e^{\int(-3)dx}=e^{-3x}$，将给定的方程乘以这一因子得到

$$e^{-3x}\frac{dy}{dx}-3e^{-3x}y=6e^{-3x}$$

这与 $\frac{d}{dx}[e^{-3x}y]=6e^{-3x}$ 相同。

将最后一个方程的两边积分得到

$$e^{-3x}y=-2e^{-3x}+c$$

或

$$y=-2+ce^{3x},-\infty<x<\infty$$

例2的最终解是两个解的累加 $y=y_c+y_p$，其中 $y_c=ce^{3x}$ 是例1中的齐次方程的解，$y_p=-2$ 是非齐次方程 $y'-3y=6$ 的一个特解。当你按照上面概括的求解步骤求解时，不需要关注一个线性一阶方程是齐次的还是非齐次的，一个非齐次方程的解实际上是 $y=y_c+y_p$。

例3：求解 $x\frac{dy}{dx}-4y=x^6e^x$ 的通解。

解：除以 x，我们得到标准形式

$$\frac{dy}{dx}-\frac{4}{x}y=x^5e^x \tag{C.20}$$

由这一形式，我们确定 $P(x)=-4/x$ 和 $f(x)=x^5e^x$，进一步观察到 P 和 f 是连续的，因此，积分因子为

$$e^{-4\int dx/x}=e^{-4\ln x}=e^{\ln x^{-4}}=x^{-4}$$

因为 $x>0$，我们可以采用 $\ln x$ 代替 $\ln|x|$。

这里，我们已经采用 $b^{\log_b^N}=N,N>0$，现在将式（C.20）乘以 x^{-4}，并将 $x^{-4}\frac{dy}{dx}-4x^5y=xe^x$ 重写为

$$\frac{d}{dx}[x^{-4}y]=xe^x$$

它是由在区间上定义的通解 $x^{-4}y=xe^x-e^x+c$ 或者 $y=x^5e^x-x^4e^x+cx^4$ 的积分推导出的。

注意：除了在第一个系数为 1 的情况之外，将式(C.12)转换为标准形式式(C.13)需要除以 $a_1(x)$，$a_1(x)=0$ 时 x 的值被称为方程的奇异点。奇异点可能有些麻烦，具体地说，在式(C.13)中，如果 $P(x)$（通过将 $a_0(x)$ 除以 $a_1(x)$ 得到）在这一点是不连续的，不连续性可能转移到微分方程的解[5]。

例 4：求解 $(x^2-9)\dfrac{\mathrm{d}y}{\mathrm{d}x}+xy=0$ 的通解。

解：我们将微分方程写成标准形式

$$\frac{\mathrm{d}y}{\mathrm{d}x}+\frac{x}{x^2-9}y=0 \qquad (\text{C.21})$$

并确定 $P(x)=x/(x^2-9)$，尽管 P 在 $(-\infty,-3)$，$(-3,3)$ 和 $(3,\infty)$ 区间是连续的，我们应当在第一个和第三个区间求解方程，在这些区间，积分因子是

$$\mathrm{e}^{\int x\mathrm{d}x/(x^2-9)}=\mathrm{e}^{\frac{1}{2}\int x\mathrm{d}x/(x^2-9)}=\mathrm{e}^{\frac{1}{2}\ln|x^2-9|}=\sqrt{x^2-9}$$

在将标准形式(C.21)乘以这一因子后，得到

$$\frac{\mathrm{d}}{\mathrm{d}x}[\sqrt{x^2-9}\,]=0$$

在两边进行积分将得到 $\sqrt{x^2-9}\,y=c$，因此，对于 $x>3$ 或者 $x<-3$，方程的通解是

$$y=\frac{c}{\sqrt{x^2-9}}$$

注意，在这一例子中 $x=3$ 和 $x=-3$ 是方程的奇异点，在这些点，在通解 $y=c/\sqrt{x^2-9}$ 中的每个函数是不连续的。

C.1.8.2 由积分定义的函数

某些简单函数的反导数属于初等函数，这些类型函数的积分被称为非初等的，误差函数和误差补函数是两种这样的函数。例如，根据微积分，我们知道 $\int \mathrm{e}^{x^2}\mathrm{d}x$ 和 $\int \sin x^2 \mathrm{d}x$ 是非初等积分，在应用数学中，某些重要的函数是采用这些非初等积分定义的。

1) 误差函数

误差函数和误差补函数可表示为

$$\mathrm{erf}(x)=\frac{1}{\sqrt{\pi}}\int_0^x \mathrm{e}^{-t^2}\mathrm{d}t \ \text{和}\ \mathrm{erfc}(x)=\frac{2}{\sqrt{\pi}}\int_0^\infty \mathrm{e}^{-t^2}\mathrm{d}t$$

因为 $\lim\limits_{x\to\infty}\mathrm{erf}(x)=(2/\sqrt{\pi})\int_0^\infty \mathrm{e}^{-t^2}\mathrm{d}t=1$，从上述关系看出：误差函数 $\mathrm{erf}(x)$ 和误差补函数 $\mathrm{erfc}(x)$ 之间的关系是 $\mathrm{erf}(x)+\mathrm{erfc}(x)=1$（图 C.2）。

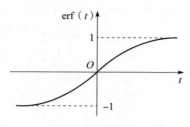

图 C.2　误差函数

例子：求解初值问题：$\dfrac{dy}{dx} - 2xy = 2$，$y(0) = 1$

解：因为方程已经是标准形式

$$\frac{dy}{dx}[e^{-x^2}] = 2e^{-x^2}$$

得到

$$y = 2e^{x^2}\int_0^x e^{-t^2} dt + ce^{x^2} \tag{C.22}$$

$$y = 2e^{x^2}\int_0^x e^{-t^2} dt + e^{x^2} = e^{x^2}[1 + \sqrt{\pi}\,\text{erfc}(x)]$$

图 C.3 给出了在 $(-\infty, \infty)$ 区间这一解的图，借助于如 Mathematica 那样的计算代数系统[7]，得到由式(C.22)定义的其他解族的成员。

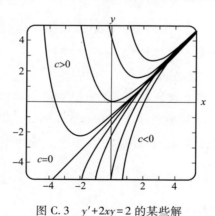

图 C.3　$y' + 2xy = 2$ 的某些解

2）狄拉克-德尔塔（Dirac Delta）函数

另一个便于处理的特种函数是德尔塔函数，定义为

$$\delta(t - t_0) = \lim_{a \to \infty} \delta_a(t - t_0)$$

后面的表达式，并不是一个函数，可以由两个特性来表征：

(1) $\delta(t-t_0) = \begin{cases} \infty & t = t_0 \\ 0 & t \neq t_0 \end{cases}$。

(2) $\int_0^\infty \delta(t-t_0)\mathrm{d}t = 1$。

单位脉冲 $\delta(t-t_0)$ 被称为狄拉克-德尔塔函数，有可能通过 $\pounds[\delta(t-t_0)] = \lim_{a\to 0}\pounds[\delta_a(t-t_0)]$ 这一假设来得到狄拉克-德尔塔函数的拉普拉斯变换[7]，见附录 E2.1 节。

3) Beta 函数

在数学中，Beta 函数也称为第一类欧拉积分，这是一个特种函数，定义为

$$B(x,y) = \int_0^1 t^{x-1}(1-t)^{y-1}\mathrm{d}t \quad (R_e(x), R_e(y) > 0)$$

Beta 函数是由欧拉和拉格朗日研究的，是由雅克·比奈（Jacques Binet）给出的名字，它的符号 B 是希腊字母 β 的大写。

4) 伽马（Gamma）函数

伽马函数的欧拉积分定义为

$$\Gamma(x) = \int_0^\infty t^{x-1}\mathrm{e}^{-t}\mathrm{d}t \tag{C.23}$$

积分的收敛要求 $x-1 > -1$ 或者 $x > 0$，递归关系为

$$\Gamma(x+1) = x\Gamma(x) \tag{C.24}$$

式（C.24）可以由式（C.23）通过部分积分得到。现在，当 $x=1$ 时，$\Gamma(1) = \int_0^\infty \mathrm{e}^{-t}\mathrm{d}t = 1$，因此，由式（C.24）给出

$$\Gamma(2) = 1\Gamma(1) = 1$$
$$\Gamma(3) = 2\Gamma(2) = 2 \cdot 1$$
$$\Gamma(4) = 3\Gamma(3) = 3 \cdot 2 \cdot 1$$
$$\vdots$$

在这种情况下，当 n 是一个正整数时，则有

$$\Gamma(n+1) = n!$$

由于这种原因，伽马函数经常被称为广义阶乘函数。

尽管积分形式的式（C.23）对于 $x<0$ 是不收敛的，可以证明，采用另外的定义，将伽马函数定义在所有的实数和复数，除了 $x=-n$，$n=0,1,2,\cdots$。结果，式（C.24）实际上对于 $x \neq -n$ 是有效的。$\Gamma(x)$ 被看作是一个实变量 x 的函数，曲线如图 C.4 所示。

5) 贝塞尔（Bessel）函数

在高等数学、物理学和工程中经常研究两类微分方程，即

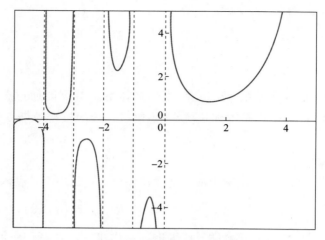

图 C.4　沿着实轴部分的 Gamma 函数

$$x^2 y''+xy'+(x^2-\nu^2)y=0 \quad (C.25)$$
$$(1-x^2)y''+2xy'+n(n+1)y=0 \quad (C.26)$$

它们分别称为贝塞尔方程和勒让德方程。在求解式(C.25)时,我们应当假设 $\nu \geq 0$,而在式(C.26)中,我们应当仅考虑 n 是一个非负整数的情况。因为我们寻求每个方程在 $x=0$ 附近的级数解,我们观察到原点是贝塞尔方程的一个奇异点,但是勒让德方程的一个寻常点。这里给出由 Zill 在参考文献[5]中给出的贝塞尔方程的解,它的系数 c_{2n} 可表示为

$$c_{2n}=\frac{(-1)^n}{2^{2n+\nu}n!\,(1+\nu)(2+\nu)\cdots(n+\nu)\Gamma(1+\nu)}=\frac{(-1)^n}{2^{2n+\nu}n!\,\Gamma(1+\nu+n)} \quad (C.27)$$

采用系数 c_{2n} 和 $r=\nu$,式(C.25)的一个级数解是 $y=\sum_{n=0}^{\infty}c_{2n}x^{2n+\nu}$,这一解通常由 $J_\nu(x)$ 表示,即

$$J_\nu(x)=\sum_{n=0}^{\infty}\frac{(-1)^n}{n!\,\Gamma(1+\nu+n)}\left(\frac{x}{2}\right)^{2n+\nu} \quad (C.28)$$

如果 $\nu \geq 0$,级数至少在区间 $[0,\infty)$ 内收敛。此外,对于第二个指数幂 $r_2=-\nu$,我们得到

$$J_{-\nu}(x)=\sum_{n=0}^{\infty}\frac{(-1)^n}{n!\,\Gamma(1-\nu+n)}\left(\frac{x}{2}\right)^{2n-\nu} \quad (C.29)$$

函数 $J_\nu(x)$ 和 $J_{-\nu}(x)$ 分别称为阶数为 ν 和 $-\nu$ 的一类贝塞尔函数。取决于 ν 的值,式(C.29)可以包括负指数幂,因此在 $(0,\infty)$ 收敛[5]。当 $\nu=0$ 时,显然式(C.28)和式(C.29)是相同的。如果 $\nu>0$ 且 $r_1-r_2=\nu-(-\nu)=2\nu$ 不是一个

负整数，$J_\nu(x)$和$J_{-\nu}(x)$是式（C.25）在$(0, \infty)$区间的线性无关的解，因此区间的通解是$y=c_1J_\nu(x)+c_2J_{-\nu}(x)$。但当$r_1-r_2=2\nu$是负整数时，可能存在式（C.25）的第二个级数解，在这种情况下，我们要区分两种可能性。当$\nu=m$负整数，由式（C.29）定义的$J_{-m}(x)$和$J_m(x)$不是线性独立的解。

可以证明$J_{-m}(x)$是$J_m(x)$的常数倍[见贝塞尔函数的特性（1）]。此外，当$r_1-r_2=2\nu$是奇或偶的正整数时，$r_1-r_2=2\nu$可以是一个正整数。在这种情况下，可以证明$J_\nu(x)$和$J_{-\nu}(x)$是线性独立的，在$(0, \infty)$上式（C.25）的通解可表示为

$$y=c_1J_\nu(x)+c_2J_{-\nu}(x) \quad \nu\neq 整数 \qquad (C.30)$$

$y=J_0(x)$和$y=J_1(x)$的曲线如图C.5所示。

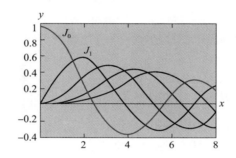

图C.5　$n=0,1,2,3,4$的一类Bessel函数

如果ν不是整数（$\nu\neq$整数），由线性组合定义函数

$$Y_\nu(x)=\frac{\cos\nu\pi J_\nu(x)-J_{-\nu}(x)}{\sin\nu\pi} \qquad (C.31)$$

函数$J_\nu(x)$是式（C.25）的线性无关的解。因此，式（C.25）的通解的另一个形式是$y=c_1J_\nu(x)+c_2Y_\nu(x)$，假设$\nu\neq$整数。随着$\nu\to m$，$m$是一个整数，式（C.31）具有0/0形式的不定情况。然而，由洛比塔（L'Hospital）规则可以证明存在$\lim_{\nu\to m}Y_\nu(x)$。此外，函数

$$Y_m(x)=\lim_{\nu\to m}Y_\nu(x)$$

$J_m(x)$为$x^2y''+xy'+(x^2-m^2)y=0$的线性无关解。因此，对于任何ν值，在$(0, \infty)$区间上式（C.25）的通解可以写为

$$y=c_1J_\nu(x)+c_2Y_\nu(x) \qquad (C.32)$$

$Y_\nu(x)$称为ν阶二类贝塞尔函数。图C.6给出了$Y_0(x)$和$Y_1(x)$的曲线。

通过确定$\nu^2=9$和$\nu=3$，从式（C.32）得出，在$(0, \infty)$区间上，方程$x^2y''+xy'+(x^2-m^2)y=0$的通解为$y=c_1J_3(x)+c_2Y_3(x)$。有时有可能对式（C.25）那样

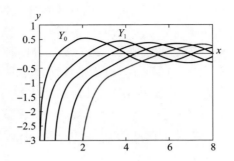

图 C.6　$n=0,1,2,3,4$ 的二类贝塞尔函数

形式的微分方程进行某些数学运算，并能求解为贝塞尔函数的形式。

例 1：我们有形式为 $mx''+ke^{-\alpha t}x=0$，$\alpha>0$ 的微分方程，可以采用贝塞尔函数方法得到这一方程的通解。这是在一个老化弹簧上的一个质量块的无阻尼运动问题。

解：如果我们采用变换 $s=\dfrac{2}{\alpha}\sqrt{\dfrac{k}{m}}$ 来改变变量，则有

$$s^2\dfrac{\mathrm{d}^2 x}{\mathrm{d}s^2}+s\dfrac{\mathrm{d}x}{\mathrm{d}s}+s^2 x=0$$

如果设定式(C.25)中的 $\nu=0$，可以认出这一方程，符号 x 和 s 分别起着 y 和 x 的作用。新的方程的通解可以 $x=c_1 J_0(s)+c_2 Y_0(s)$ 的形式给出。如果重新代入 s，$mx''+ke^{-\alpha t}x=0$ 的通解为

$$x(t)=c_1 J_0\left(\dfrac{2}{\alpha}\sqrt{\dfrac{k}{m}}\,e^{-\alpha\frac{t}{2}}\right)+c_1 Y_0\left(\dfrac{2}{\alpha}\sqrt{\dfrac{k}{m}}\,e^{-\alpha\frac{t}{2}}\right)$$

我们列出 m 阶 ($m=0,1,2,\cdots$) 的贝塞尔函数的更多的有用的特性：

(1) $J_{-m}(x)=(-1)^m J_m(x)$。

(2) $J_{-m}(-x)=(-1)^m J_m(x)$。

(3) $J_0(x)=\begin{cases}0 & m>0 \\ 1 & m=0\end{cases}$。

(4) $\lim\limits_{x\to 0} Y_m(x)=-\infty$

注意，性质(2)表明：如果 m 是一个偶整数，$J_m(x)$ 是一个偶函数，如果 m 是一个奇整数，则 $J_m(x)$ 是一个奇函数。图 C.6 中的 $Y_0(x)$ 和 $Y_1(x)$ 的曲线说明了性质(4)：在原点处是无界的。在式(C.31)中，最后一个事实是不明显的。由式(C.31)，或者采用求解奇异点 5 处附近的解的方法，可以证明：

$$Y_0(x) = \frac{2}{\pi} J_0(x) \left[\gamma + \ln \frac{x}{2} \right] - \frac{2}{\pi} \sum \frac{(-1)^k}{(k!)^2} \left(1 + \frac{1}{2} + \cdots + \frac{1}{k} \right) \left(\frac{x}{2} \right)^{2k}$$

其中 $\gamma = 0.57721566\cdots$ 是欧拉(Euler)常数。由于存在对数项，$Y_0(x)$ 在 $x=0$ 处是不连续的。

C.2 初值问题(IVP)

我们经常对求解规定的边界条件下的微分方程感兴趣，在未知的解 $y = y(x)$ 或者其导数上施加条件，在某些包括 x_0 的区间 I 中，问题是：

求解
$$\frac{d^n y}{dx^n} = f(x, y, y', \cdots, y^{(n-1)}) \tag{C.33}$$

条件
$$y(x_0) = y_0, \quad y'(x_0) = y_1, \cdots, y^{(n-1)}(x_0) = y_{n-1} \tag{C.34}$$

式中：y_1，y_2，$\cdots$，y_{n-1} 为任意规定的实常数，这被称为初值问题(IVP)。在一个点 x_0 处 $y(x)$ 的值和其 $n-1$ 个导数：$y(x_0) = y_0$，$y'(x_0) = y_1$，$y^{(n-1)}(x_0) = y_{n-1}$，称为初始条件。式(C.33)方程中给出的问题也称为 n 阶初值问题。例如：在 $y(x_0) = y_0$ 条件下，求解

$$\frac{dy}{dx} = f(x, y) \tag{C.35}$$

在 $y(x_0) = y_0$ 和 $y'(x_0) = y_1$ 条件下，求解

$$\frac{d^2 y}{dx^2} = f(x, y, y') \tag{C.36}$$

分别是一阶和二阶初值问题。这两个问题易于以几何的形式来解释。对于式(C.35)，我们要求解在包含 x_0 的区间 I 上的微分方程的解，使一个解的曲线通过规定的点 (x_0, y_0)，如图 C.7 所示。

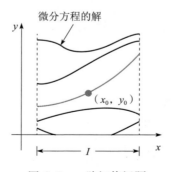

图 C.7 一阶初值问题

对于式(C.36)，我们想要求解曲线不仅通过 (x_0, y_0) 的微分方程的一个

解,而且在该点处的曲线的斜率是 y_1,如图 C.8 所示。独立的变量是时间 t 的物理系统,初始条件 $y(t_0)=y_0$ 和 $y'(t_0)=y_1$ 分别表示在起始时或者初始时刻 t_0 时一个物体的位置和速度。求解 n 阶初值问题经常限定使用一个给定微分方程的 n 参数解族来得到 n 个特定的参数,使方程最终的标准解满足 n 初始条件。

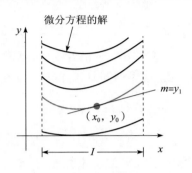

图 C.8 二阶初值问题

例 1:一阶初值问题:可以证明 $y=ce^x$ 是简单的一阶方程 $y'=y$ 在区间 $(-\infty, \infty)$ 上的一个单参数的解族。如果我们假设一个初值条件以使 $y(0)=3$,则将 $x=0$、$y=3$ 代入解族,得到常数 $3=ce^0=c$。因此,函数 $y=3e^x$ 是初值问题的一个解。

我们可以取 x 和 y 的另一个值集($y(1)=-2$),得到解族的另一个解集,这样 $y=-2e^{x-1}$,如图 C.9 所示。

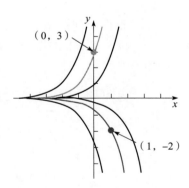

图 C.9 初值问题的解族

例 2:二阶初值问题:如果我们取另一个例子,使 $x=c_1\cos4t+c_2\sin4t$,我们可以观察到求解这一解族需要一个二值的初值问题。如果我们令 $x\left(\dfrac{\pi}{2}\right)=-2$

和 $x'\left(-\dfrac{\pi}{2}\right)=1$，则通过少量的数学推导，并进行一阶求导，我们将得到对 c_1 和 c_2 的解和解值为

$$\begin{cases} c_1=-2 & \text{对于} \quad t=\dfrac{\pi}{2} \\ c_2=\dfrac{1}{4} & \text{对于} \quad t=-\dfrac{\pi}{2} \end{cases}$$

解为 $x=-2\cos 4t+\dfrac{1}{4}\sin 4t$

总结初值问题，我们需要定义有效区间。首先我们考察一阶线性微分方程定理，这是一个非常重要的定理，尽管它不是实际针对它的最重要的方面使用的。

定理 1

考虑初值条件

$$y'+p(t)y=g(t), \quad y(t_0)=y_0$$

如果 $p(t)$ 和 $g(t)$ 是在开区间 $\alpha<t<\beta$ 上的一个连续函数，且区间包含初始条件 t_0，则在这一区间上，初值问题有一个唯一的解。

这一定理告诉我们，首先，对于一个一阶线性微分方程，一定存在一个解，更重要的是，该解是一个唯一的解。我们可能得不到解，但我们知道解是存在的，而且仅有一个。这是这一定理的一个非常重要的方面。

其次，如果在理论上区间是 $p(t)$ 和 $g(t)$ 为连续的最大的可能的空间。这意味着，对于一阶线性微分方程，我们不需要实际求解微分方程来得到有效的区间。还要注意到，有效区间仅部分取决于初始条件，该区间必须包含 t_0，但 y_0 的值，对有效区间没有影响。

例 1：不求解方程，确定以下初值问题的有效区间：

$$(t^2-9)y'+2y=\ln|20-4t| \qquad y(4)=-3$$

解：首先，为了使用理论来得到有效区间，我们必须以适当的形式写出微分方程，因此我们需要除以导数的系数，得到

$$y'+\dfrac{2}{t^2-9}y=\dfrac{\ln|20-4t|}{t^2-9}$$

接着，我们需要确定两个函数在哪里是不连续的。这使我们能够找到微分方程的所有可能的有效区间。因此，在 $t=\pm 3$ 处以及 $t=5$ 处 $p(t)$ 是不连续的，因为在这一点，有 0 的自然对数。注意，在这种情况下，我们不必担心负数的自然对数，因为要取绝对值。

现在，采用这些点我们可以把实数线划分为 $p(t)$ 和 $g(t)$ 是连续的 4 个区间，这 4 个区间是：$-\infty < t < -3$，$-3 < t < 3$，$3 < t < 5$，$5 < t < \infty$。

每个区间的端点是两个函数中至少有一个不连续的点，这保证在每个区间内两个函数是处处连续的。最后，我们确定初值问题的实际有效区间。实际有效区间是包括 $t_0 = 4$ 的区间。因此，初值问题的有效区间是：$3 < t < 5$。

在最后一个例子中，我们需要慎重，不能得出其他三个区间不能是有效区间的结论。通过改变初始条件，尤其是初值，我们可以使 4 个区间成为有效区间。第一个定理需要一个线性微分方程。对于一个一阶非线性微分方程有类似的定理，这一定理对于找到有效区间不像第一个定理那样有用。

该定理如下。

定理 2

考虑初值问题

$$y' = f(t, y), \quad y(t_0) = y_0$$

如果 $f(t, y)$ 和 $\dfrac{\partial f}{\partial y}$ 是在包括点 (t_0, y_0) 的某一矩形 $\alpha < t < \beta$，$\gamma < y < \delta$ 内是连续函数，则在包括在 $\alpha < t < \beta$ 中的某一区间 $t_0 - h < t < t_0 + h$ 内，有初值问题的唯一的解。

与第一个定理不同，这个定理不能实际用于找到有效区间。因此，我们知道在满足定理的条件时存在唯一的解，但我们实际上需要求解方程，以便确定其有效区间。注意，对于非线性微分方程，y_0 的值将影响有效区间。这里有一个例子说明，当不满足这一定理的条件时会产生什么问题。

例 2：对于以下的初值问题，确定所有的可能的解。

$$y' = y^{\frac{1}{5}} \quad y(0) = 0$$

解：首先，注意到这一微分方程不满足定理的条件

$$f(y) = y^{\frac{1}{5}} \quad \frac{\mathrm{d}f}{\mathrm{d}y} = \frac{1}{3y^{\frac{2}{3}}}$$

因此，函数在任何区间是连续的，但其导数在 $y = 0$ 处是不连续的，因此在包含 $y = 0$ 的任何区间是不连续的。为了使用这一定理，在包含 $y_0 = 0$ 的一个区间，函数及其导数都必须是连续的，这对于我们就是一个问题，因为 $y_0 = 0$。这一微分方程是可分离的，求解是非常简单的。

$$\int y^{-\frac{1}{5}} \mathrm{d}y = \int \mathrm{d}t$$

$$\frac{3}{2} y^{\frac{2}{3}} = t + c$$

采用初值条件得到 $c=0$，因此解为

$$\frac{3}{2}y^{\frac{2}{3}}=t$$

$$y^{\frac{2}{3}}=\frac{2}{3}t$$

$$y^2=\left(\frac{2}{3}t\right)^3$$

$$y(t)=\pm\left(\frac{2}{3}t\right)^{\frac{3}{2}}$$

这里我们已经得到了两个可能的解，两个解都满足微分方程和初始条件。对于初值问题也有第三个解，$y(t)=0$ 也是微分方程的解，且满足初始条件。

在这最后一个例子中我们有非常简单的初值问题，它仅不满足定理的一个条件，但它仍然有 3 个不同的解。前面的章节中所有的例子都满足这一定理的条件，对于初值问题有单一的唯一解。这一例子提醒我们，在微分方程领域，事情并不总有良好的表现。这是容易忘记的，因为大部分类型的微分方程涉及的问题是良好的，有良好的、可预测的表现。

下面给出最后一个例子，它说明线性和非线性微分方程之间的一个差别。

例3：确定以下的初值问题的有效区间，并给出它对 y_0 的值的相关性。

$$y'=y^2 \quad y(0)=y_0$$

解：在处理这一问题前，我们应当注意到微分方程是非线性的，满足定理 2 的两个条件，因此对 y_0 的每个可能的值，初值问题有唯一的解。

此外，注意到这一问题要求有效区间与 y_0 值的相关性，这说明线性和非线性微分方程之间的一个差别。对于线性微分方程，有效区间与 y_0 的值无关。对于非线性微分方程，正如我们在第二定理中指出的那样，有效区间可能取决于 y_0 的值。

因此，让我们求解初值问题，并给出某些有效区间。

首先注意到：如果 $y_0=0$，则 $y(t)=0$ 是解，且有一个有效区间 $-\infty<t<\infty$。

因此，对于问题的其他部分，假设 $y_0\neq 0$。现在微分方程是可分离的，我们求解它并得到一个通解。

$$\int y^{-2}\mathrm{d}y=\int \mathrm{d}t$$

$$-\frac{1}{y}=t+c$$

应用初值条件，得到

$$c = -\frac{1}{y_0}$$

其解为

$$-\frac{1}{y} = t + -\frac{1}{y_0}$$

现在我们有初值问题的一个解，我们可以开始得到有效区间。根据解我们可以看到仅有的问题是被零除的问题。

这导致了两个可能的有效区间：$-\infty < t < \frac{1}{y_0}$，$\frac{1}{y_0} < t < \infty$。

实际的有效区间将是包含 t_0 的区间。然而，这与 y_0 的值有关。如果 $y_0 < 0$，则 $\frac{1}{y_0} < 0$，因此第二个区间将包括 $t_0 = 0$。类似地，如果 $y_0 > 0$，则 $\frac{1}{y_0} > 0$，在这种情况下，第一个区间将包括 $t_0 = 0$。

这导致了以下可能的有效区间，取决于 y_0 的值。

如果 $y_0 > 0$，$-\infty < t < \frac{1}{y_0}$ 是有效区间；

如果 $y_0 = 0$，$-\infty < t < \infty$ 是有效区间；

如果 $y_0 < 0$，$\frac{1}{y_0} < t < \infty$ 是有效区间。

注意，在最终的形式中，如果 $y_0 = 0$，解也是有效的。

因此，这个例子给我们说明了线性和非线性微分方程的什么样的差别？

首先，正如在这一例子的求解过程中指出的那样，非线性微分方程的有效区间可能取决于 y_0 的值，线性微分方程的有效区间则与 y_0 的值无关。

其次，可以在不知道解的情况下由微分方程得到线性微分方程的有效区间。但对于非线性微分方程则不是这样，在最后一个例子中难以从微分方程看出其有效区间，为了得到有效区间，必须求解方程。

C.3 边界值问题(BVP)

在开始本节之前，需要明白，在这里我们仅仅触及边界值问题的表面，在边界值问题方面有足够的资料，我们可以专门开一门课。本节的目的是简要地介绍边界值问题的思路，并给出足够的信息，使我们能够处理某些基本的偏微分方程。

现在，我们首先要做的是对边界值问题做出定义。对于初值问题，我们有一个微分方程，而且我们规定解的值和在相同的点处的适当数目的导数(统称

为初始条件),例如,对于二阶微分方程,初始条件为
$$y(t_0)=y_0, \quad y'(t_0)=y'_0$$

对于边界值问题,有一个微分方程,我们规定在不同的点的函数和/或导数,我们称为边界值。这里,对于我们专门考察的二阶微分方程,可以采用的边界条件有

$$y(x_0)=y_0, \quad y(x_1)=y_1 \tag{C.37}$$

$$y'(x_0)=y_0, \quad y'(x_1)=y_1 \tag{C.38}$$

$$y'(x_0)=y_0, \quad y(x_1)=y_1 \tag{C.39}$$

$$y(x_0)=y_0, \quad y'(x_1)=y_1 \tag{C.40}$$

如上所述,我们专门考察二阶微分方程,我们也限制为线性微分方程。因此,对于我们这里的讨论,我们专门考察的微分方程的形式为

$$y''+p(x)y'+q(x)y=g(x) \tag{C.41}$$

和式(C.37)~式(C.40)给出的边界条件中的一个。我们偶然观察某些不同的边界条件,但微分方程总是以这一形式写出的。

正如我们很快看到的,我们了解的有关初值问题的很多事情在这里不再成立。当然我们可以在系数是恒定的或者系数不恒定的少数几种情况时求解式(C.41)。当我们从初始条件转到边界条件时,可能会出现变化(或许会出现问题)

第一个变化是在前面的几章我们看到的一个定义。在较早的章节中,我们说如果 $g(x)=0$,则对于所有的 x,微分方程是齐次的。这里,我们说:如果除了 $g(x)=0$ 外,我们还有 $y_0=0$ 和 $y_1=0$(无论我们采用什么样的边界条件),则边界值问题是齐次的。如果任何一个是非零的,我们称边界值问题是非齐次的。

现在重要的是:要记住,当我们说齐次(或非齐次)时,我们不仅是指微分方程本身,而且还指边界条件。

当我们要求解边界值问题时,我们要看到最大的变化。当求解线性初值问题时,在适当的条件下能保证唯一的解。我们仅针对一阶初值问题来考察这一思路,但这一思路可以扩展到更高阶的初值问题。在初值问题那一节,我们看到为了保证唯一的解,我们需要某些基本的连续性条件。对于边界值问题,即便对如果有初始条件而不是边界条件时能得到唯一解的好的微分方程,我们经常没有解,或者有无穷多的解。

在我们求解某些边界值问题前,我们先讨论为什么我们首先要谈及这些问题。在求解某些偏微分方程的过程中,我们也会遇到需要解决的边界值问题。事实上,求解过程的一大部分涉及边界值问题的求解。在这些情况中,边界条

件表示像一个棒的两端的温度或者流入/流出一个棒的两端的热流那样的东西，或者它们可能表示一个振动的弹簧的端点的位置。因此，边界条件实际上是在某些过程的边界的条件。

因此，为了解决这样的基本问题，我们要找到几种边界值问题的求解方法。注意，这实际并不是新的东西。我们知道怎样求解微分方程，我们也知道通过应用条件来找到常数，仅有的差别是这里我们应用边界条件而不是初始条件。

例 1：求解边界值问题：$y''+4y=0$，$y(0)=-2$，以及 $y\left(\dfrac{\pi}{4}\right)=10$。

解：这是一个简单的微分方程，其解采用通解的形式为

$$y(x)=c_1\cos(2x)+c_2\sin(2x)$$

现在我们需要做的是应用边界条件

$$-2=y(0)=c_1$$

$$10=y\left(\dfrac{\pi}{4}\right)=c_2$$

则解是：$y(x)=-2\cos(2x)+10\sin(2x)$。

我们在上面提到：某些边界值问题可能没有解或者有无穷多的解，这里我们也给出两个例子。下一个例子说明对边界值问题的小的变化能产生其他的可能。

例 2：求解边界值问题：$y''+4y=0$，边界条件为 $y(0)=-2$ 和 $y(2\pi)=-2$。

解：我们像第一个例子那样来处理相同的微分方程，从而有

$$y(x)=c_1\cos(2x)+c_2\sin(2x)$$

应用边界条件我们得到

$$-2=y(0)=c_1$$

$$-2=y(2\pi)=c_1$$

因此，在这种情况下，与前一个例子不同，两个边界条件都告诉我们必须有的条件，但两个边界条件都没有告诉我们有关的事情。然而，要记住：我们要求的是一个满足两个给定的边界条件的微分方程的解，以下的函数将能满足这一要求：

$$y(x)=-2\cos(2x)+c_2\sin(2x)$$

换言之，无论 c_2 值如何，我们都能得到一个解，因此，在这种情况下，这一边界值问题有无穷个解。有关的信息和例子参考网站：http://tutorial.math.lamar.edu/Classes/DE/BoundaryValueProblem.aspx。

C.3.1 二阶线性方程

由于两个主要原因，二阶线性方程对于研究微分方程非常重要。首先，线

性方程具有丰富的理论结构，具有一系列系统性的求解方法。此外，可以在非常基本的数学水平上理解这一结构的主要部分和这些方法。为了以尽可能简单的阐述来给出关键的思路，我们在本章描述了二阶方程。研究二阶线性方程的另一个原因是：它们对于认真地研究经典的数学物理领域是关键的。如果不能掌握二阶线性微分方程，就不能深入地研究流体力学、热传导、波运动或者电磁现象。

C.3.2 具有恒定系数的齐次线性方程

我们已经看到：形式为 $y'+ay=0$（其中 a 是一个恒量）的一阶微分方程在 $(-\infty, \infty)$ 区间内具有指数解 $y=c_1\mathrm{e}^{-ax}$。因此，自然要问到：在 $(-\infty, \infty)$ 区间内，对于像下面那样的齐次的线性高阶微分方程，是否存在指数解，即

$$a_n y^{(n)} + a_{n-1} y^{(n-1)} + \cdots + a_2 y'' + a_1 y' + a_0 y = 0 \tag{C.42}$$

式中：系数 a_i，$i=0, 1, \cdots, n$ 是实常数，且 $a_n \neq 0$。惊人的事实是：式（C.42）的所有的解是指数函数，或者是由指数函数构建的。

正如我们所说的那样，二阶常微分方程通常有齐次部分和非齐次部分，即

$$\frac{\mathrm{d}^2 y}{\mathrm{d}t^2} = f\left(t, y, \frac{\mathrm{d}y}{\mathrm{d}t}\right) \tag{C.43}$$

式中：f 为某类给定的函数，可以看作是二阶微分方程的非齐次部分；$\dfrac{\mathrm{d}^2 y}{\mathrm{d}t^2}=0$ 为二阶的特殊情况或者辅助形式，称为式（C.43）的齐次部分。这一方程有一个 y 那样的通解，包括非齐次和齐次两项的解，它们可以有由 y_c 表示的齐次部分的辅助或者补充解，以及由 y_p 表示的相同方程的非齐次部分的特解。这一解可表示为

$$y = y_c + y_p \tag{C.44}$$

通常，我们采用 t 来表示独立变量，因为时间通常是物理问题中的独立变量，但有时我们采用 x，而字母 y 用作相关的变量。如果 f 的形式可表示为

$$f\left(t, y, \frac{\mathrm{d}y}{\mathrm{d}t}\right) = g(t) - p(t)\frac{\mathrm{d}y}{\mathrm{d}t} - q(t)y = g(t) - p(t)y' - q(t)y \tag{C.45}$$

即如果 f 对于 y 和 y' 是线性的，方程（C.43）是线性常微分方程。在式（C.45）中，g、p 和 q 是独立变量而不是相关变量的特殊函数。这里我们可以将式（C.45）重写为

$$y'' + p(t)y' + q(t)y = g(t) \tag{C.46}$$

有时方程（C.46）可以写为

$$P(t)y'' + Q(t)y' + R(t)y = G(t) \tag{C.47}$$

而且如果 $P(t) \neq 0$，则我们可以将这一方程的两边同除 $P(t)$，并得到方程

(C.46)。在这种情况下,我们有

$$p(t)=\frac{Q(t)}{P(t)} \quad q(t)=\frac{R(t)}{P(t)} \quad g(t)=\frac{G(t)}{P(t)} \quad \text{(C.48)}$$

如果式(C.43)不是式(C.46)或者式(C.47)的形式,则称为非线性的。非线性方程的解析解的求解是不容易的,经常需要采用数值或几何方法求解。另外,有两类更特殊类型的二阶非线性方程,可以通过改变变量使之简化为一阶方程来求解。在大部分情况下,一个包括像式(C.43)、式(C.46)和式(C.47)那样类型的微分方程的初值问题涉及一组初始条件,如 $y(t_0)=y_0$ 和 $y'(t_0)=y'_0$,其中 y_0 和 y'_0 是给定的数。一个二阶方程的初始条件不仅要规定经过解的曲线必须通过的一个特定的点(t_0,y_0),而且要规定曲线在该点的斜率 y'_0。期望两个初始条件是一个二阶方程需要的是合理的,因为要得到一个解需要两个积分,每个积分产生一个任意的常数,对于确定这两个常数的值,两个初始条件是足够的。

如果在式(C.46)中的 $g(t)$ 项或者式(C.47)中的 $G(t)$ 项对于所有的 t 为零,则称二阶线性方程是齐次的。否则,称方程是非齐次的。这样,$g(t)$ 项或者 $G(t)$ 项有时称为是非齐次项。我们首先讨论齐次方程

$$P(t)y''+Q(t)y'+R(t)y=0 \quad \text{(C.49)}$$

首先我们关注 P、Q 和 R 是常量的特殊情况,在这种情况下式(C.49)变为

$$ay''+by'+cy=0 \quad \text{(C.50)}$$

我们称为辅助方程,这是式(C.43)和式(C.42)的一个非常特殊的情况。

如果我们尝试一个形式为 $y=e^{mt}$ 的解,则再将 $y'=me^{mt}$ 和 $y''=m^2e^{mt}$ 代入式(C.50),这一方程变为

$$am^2e^{mt}+bme^{mt}+ce^{mt}=0$$

或

$$e^{mt}(am^2+bm+c)=0$$

因为对于实的 t 值,$y=e^{mt}$ 总不为零,看起来这一指数函数可以满足微分方程式(C.50)的唯一的途径是将 m 选择为式(C.51)的二次方程的一个根,即

$$am^2+bm+c=0 \quad \text{(C.51)}$$

式(C.51)称为微分方程式(C.50)的辅助或者特性方程,有两个根,即

$$m_1=\frac{(-b+\sqrt{b^2-4ac})}{2a}$$

$$m_2=\frac{(-b-\sqrt{b^2-4ac})}{2a}$$

式(C.50)有 3 种类型的通解，对应于以下 3 种情况：

(1) m_1 和 m_2 是正实数，$(b^2-4ac)>0$。

(2) m_1 和 m_2 是正数且相等，$(b^2-4ac)=0$。

(3) m_1 和 m_2 是共轭的复数，$(b^2-4ac)<0$。

情况(1)：不同的实根。在假设辅助方程式(C.51)有两个不相等的实根 m_1 和 m_2 的情况下，我们得到两个解 $y_1(t)=e^{m_1 t}$ 和 $y_2(t)=e^{m_2 t}$。这些函数在 $(-\infty, +\infty)$ 区间内是线性无关的，因此构成了一个基本集。它符合式(C.50)的通解，在这一区间是

$$y = c_1 y_1(t) + c_2 y_2(t) = c_1 e^{m_1 t} + c_2 e^{m_2 t} \qquad (C.52)$$

例 1：求解满足初始条件 $y(0)=2$ 和 $y'(0)=-1$ 的方程 $y''-y=0$。

解：将例子中的微分方程与式(C.50)比较，我们看到 $a=1$，$b=0$ 和 $c=-1$。因此，我们寻找一个不仅满足例子中的问题，而且通过点 $(0, 2)$，并在该点有斜率 -1 的解。第一，解是具有两个不同的实根 $m_1=1$ 和 $m_2=-1$ 类型的解，这样我们有两个单独的解 $y_1(t)=c_1 e^t$ 和 $y_2(t)=c_2 e^{-t}$，通解为 $y=c_1 y_1(t)+c_2 y_2(t)=c_1 e^t + c_2 e^{-t}$ 的形式。第二，我们在这一通解中设定 $t=0$ 和 $y=2$，我们得到 $c_1+c_2=2$。接着，对通解求微分，有 $y'=c_1 e^t - c_2 e^{-t}$。然后，设定 $t=0$ 和 $y'=1$，得到 $c_1-c_2=-1$。通过求解 c_1 和 c_2，得到 $c_1=\dfrac{1}{2}$ 和 $c_2=\dfrac{3}{2}$。最后，将这些结果插入通解，我们有这个例子的最终解 $y=\dfrac{1}{2}e^t + \dfrac{3}{2}e^{-t}$。

例 2：求解满足初始条件 $y(0)=2$ 和 $y'(0)=3$ 的方程 $y''+5y'+6y=0$。

解：我们不是要解释所有的步骤，而是要说明所有的细节。假设 $y=e^{rt}$，则有

$$r^2+5r+6=(r+2)(r+3)=0$$
$$r_1=-2 \text{ 和 } r_2=-3$$
$$y=c_1 e^{-2t}+c_2 e^{-3t}$$

采用初始条件，我们有

$$\begin{cases} c_1+c_2=2 \\ -2c_1-3c_2=3 \end{cases}$$
$$\begin{cases} c_1=9 \\ c_2=-7 \end{cases}$$
$$y=9e^{-2t}-7e^{-3t}$$

该解的曲线如图 C.10 所示。

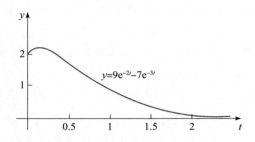

图 C.10　$y''+5y'+6y=0$，$y(0)=2$，$y'(0)=3$ 的解

情况（2）：相同的实根。当 $m_1=m_2$ 时，我们实质上仅获得一个指数解 $y_1(t)=e^{m_1 t}$。由二次公式我们得到 $m_1=-b/2a$，因为使 $m_1=m_2$ 的仅有的方式是使 $(b^2-4ac)=0$。该方程的第二个解是[5]

$$y_2 = e^{m_1 t} \int \frac{e^{2m_1 t}}{e^{2m_1 t}} dt = e^{m_1 t} \int dt = t e^{m_1 t} \tag{C.53}$$

在式（C.53）中，我们已经采用了 $-b/a=2m_1$ 这一事实，则通解是

$$y = c_1 e^{m_1 t} + c_2 t e^{m_1 t} \tag{C.54}$$

例 1：求解微分方程 $y''-10y'+25y=0$。

解：再次假设 $y=e^{mt}$，则我们有

$$m^2-10m+25=(m-5)^2=0$$
$$m_1=m_2=5$$

则

$$y = c_1 e^{5t} + c_2 t e^{5t}$$

情况（3）：复根。如果 m_1 和 m_2 是复的，则我们可以写成 $m_1=\alpha+i\beta$ 和 $m_2=\alpha-i\beta$，其中 α 和 $\beta>0$ 是实的，$i^2=-1$。在形式上，这种情况和情况（1）没有差别，因此

$$y = c_1 e^{(\alpha+i\beta)t} + c_2 e^{(\alpha-i\beta)t}$$

采用欧拉公式，我们有

$$e^{i\theta} = \cos\theta + i\sin\theta$$

式中：θ 为任何实数。由这一公式推得

$$e^{i\beta t} = \cos\beta t + i\sin\beta t \text{ 和 } e^{-i\beta t} = \cos\beta t - i\sin\beta t \tag{C.55}$$

这里我们采用 $\cos(-\beta t)=\cos\beta t$ 和 $\sin(-\beta t)=-\sin\beta t$。通过将式（C.55）中的两个方程首先相加、然后相减，我们分别得到

$$e^{i\beta t} + e^{-i\beta t} = 2\cos\beta t \text{ 和 } e^{i\beta t} - e^{-i\beta t} = 2i\sin\beta t$$

由于 $y=c_1e^{(\alpha+i\beta)t}+c_2e^{(\alpha-i\beta)t}$ 是式(C.50)的一个解，对于任何选择的常数 c_1 和 c_2，再给定选择 $c_1=c_2=1$ 和 $c_1=1$，$c_2=-1$，有两个解，即

$$y_1=c_1e^{(\alpha+i\beta)t}+c_2e^{(\alpha-i\beta)t} \text{ 和 } y_2=c_1e^{(\alpha+i\beta)t}-c_2e^{(\alpha-i\beta)t}$$

$$y_1=e^{\alpha t}(e^{i\beta t}+e^{-i\beta t})=2e^{\alpha t}\cos\beta t, \quad y_2=e^{\alpha t}(e^{i\beta t}-e^{-i\beta t})=2ie^{\alpha t}\sin\beta t$$

最后两个结果表明 $e^{\alpha t}\cos\beta t$ 和 $e^{\alpha t}\sin\beta t$ 是式(C.50)的实数解。此外，这些解构成了在 $(-\infty, \infty)$ 上一个基本集。这样，通解是

$$y=c_1e^{\alpha t}\cos\beta t+c_2e^{\alpha t}\sin\beta t=e^{\alpha t}(c_1\cos\beta t+c_2\sin\beta t) \tag{C.56}$$

例1：求解微分方程 $y''+4y'+7y=0$。

解：再次假设 $y=e^{mt}$，则我们有

$$m^2+4m+7=0$$

$$m_1=-2+i\sqrt{3} \text{ 和 } m_2=-2-i\sqrt{3}$$

则对于 $\alpha=-2$，$\beta=\sqrt{3}$，我们有

$$y=e^{-2t}(c_1\cos\sqrt{3}\,t+c_2\sin\sqrt{3}\,t)$$

C.3.3　线性齐次方程的基本解

在 C.3.2 节说明了怎样求解如式(C.50)那样形式的某些微分方程，即

$$ay''+by'+cy=0$$

式中：a、b 和 c 是常数。现在我们基于这些结果来得到所有二阶线性齐次方程的解的结构的清晰图像。

定理1

考虑初值问题

$$y''+p(t)y'+q(t)y=g(t), \quad y(t_0)=y_0 \text{ 和 } y'(t_0)=y'_0 \tag{C.57}$$

式中：p、q 和 g 在开区间 I 上是连续的，则这一问题有一个确切的解 $y=\phi(t)$，且在区间 I 内存在解，这强调3件事情：

（1）初值问题有一个解，换言之，存在一个解。

（2）初值问题仅有一个解，即，解是唯一的。

（3）解 ϕ 是在整个区间 I 内定义的，其中系数是连续的，至少可以两处可微的。

对于这些判定的某些问题，我们在 C.4.1 节的例子中已经看到了解，如 $y''-y=0$ 和初值 $y(0)=2$ 和 $y'(0)=-1$，它有解 $y=\dfrac{1}{2}e^t+\dfrac{3}{2}e^{-t}$。定理1表明这一解的确是初值问题的唯一的解。然而，对于式(C.57)那样形式的问题，对于这一解不可能写出一个有用的表达式。一阶和二阶线性方程之间有显著的差别，更多的信息请参见本附录，你可以找到某些独特的方法，如朗斯基

(Wronskian)行列式方法,或者简单地,朗斯基方法。这里我们给出简要版的叠加原理和采用以下方程形式的一些例子,即

$$y''+p(t)y'+q(t)y=0, \quad y(t_0)=y_0, \quad y'(t_0)=y_0' \qquad (C.58)$$

例1:求解式(C.58),其中 p 和 q 在包含 t_0 的开区间 I 内是连续的。

解:这一问题的解是由 Boyce 和 DiPrima 在本附录中的参考文献[5]中给出的,这一解可概括为

$$y=c_1 y_1(t)+c_2 y_2(t) \qquad (C.59)$$

其中 c_1 和 c_2 可表示为

$$c_1=\frac{y_0 y_2'(t_0)-y_0' y_2(t_0)}{y_1(t_0) y_2'(t_0)-y_1'(t_0) y_2(t_0)} \text{ 和 } c_2=\frac{-y_0 y_1'(t_0)-y_0' y_1(t_0)}{y_1(t_0) y_2'(t_0)-y_1'(t_0) y_2(t_0)}$$

$$c_1=\frac{\begin{vmatrix} y_0 & y_2(t_0) \\ y_0' & y_2'(t_0) \end{vmatrix}}{\begin{vmatrix} y_1(t_0) & y_2(t_0) \\ y_1'(t_0) & y_2'(t_0) \end{vmatrix}} \text{ 和 } c_2=\frac{\begin{vmatrix} y_1(t_0) & y_0 \\ y_1'(t_0) & y_0' \end{vmatrix}}{\begin{vmatrix} y_1(t_0) & y_2(t_0) \\ y_1'(t_0) & y_2'(t_0) \end{vmatrix}}$$

对于 c_1 和 c_2 的这些值,式(C.58)满足其初始条件和其中的微分方程。

例2:给定微分方程 $y''+5y'+6y=0$,得到 y_1 和 y_2 的朗斯基行列式。

解:这一微分方程的解是由 $y_1(t)=e^{-2t}$ 和 $y_2(t)=e^{-3t}$ 给出的,读者可以自己得到这两个答案的求解的细节,这两个函数的朗斯基行列式是

$$W=\begin{vmatrix} e^{-2t} & e^{-3t} \\ -2e^{-2t} & -3e^{-3t} \end{vmatrix}=-e^{-5t}$$

C.3.4 非齐次方程:不确定系数方法

现在如果我们回到式(C.46)并假设这一方程的非齐次方面,则有

$$L(y)=y''+p(t)y'+q(t)y=g(t) \qquad (C.60)$$

式中:p、q 和 g 为在开区间 I 上的连续函数。方程中 $g(t)=0$,p 和 q 与式(C.60)中相同,称为对应于式(C.60)的齐次方程,即

$$L(y)=y''+p(t)y'+q(t)y=0 \qquad (C.61)$$

以下两个结果描述非齐次的方程式(C.60)的解的结构,并为构造其通解提供了基础[5]。

定理I

如果 Y_1 和 Y_2 是非齐次方程式(C.60)的两个解,则它们的差 Y_1-Y_2 是对应的齐次方程式(C.61)的一个解。如果 y_1 和 y_2 是式(C.61)的一个基本解集,则

$$Y_1(t)-Y_2(t)=c_1 y_1(t)+c_2 y_2(t) \qquad (C.62)$$

式中：c_1 和 c_2 为确定的常数[6]。

这一定理的证明是由 Boyce 和 DiPrima 本附录中的参考文献[5]给出的。

定理 II

非齐次方程式(C.60)的通解可以写成

$$y = \phi(t) = c_1 y_1(t) + c_2 y_2(t) + Y(t) \qquad \text{(C.63)}$$

式中：y_1 和 y_2 为式(C.61)对应的齐次方程的基本解集；c_1 和 c_2 为任意常数；Y 为非齐次方程式(C.60)的某一特解[6]。

这一定理的证明由 Boyce 和 DiPrima 本附录中的参考文献[6]给出。定理 II 指出：为了求解非齐次方程式(C.60)，我们必须完成 3 个步骤：

(1) 得到对应的齐次方程的通解 $c_1 y_1(t) + c_2 y_2(t)$，这一解经常称为补解，可以由 $y_c(t)$ 表示。

(2) 得到非齐次方程的某一单解 $Y(t)$，这一解称为特解，由 $y_p(t)$ 表示。

(3) 将前两个步骤中得到的两个解相加，我们得到式(C.61)的解，表示为 $y(t) = y_c(t) + y_p(t)$。

我们介绍了怎样得到 $y_c(t)$ 解，至少当齐次方程(C.61)具有前面的章节中的恒定的系数时。因此，在下几段我们聚焦在怎样得到非齐次方程(C.61)的 $Y(t)$ 的特解。可以考虑以下的 2 种方法：

(1) 待定系数法。

(2) 参数变异法。

这些方法有某些优点也可能有某些缺点[6]。

C.3.4.1 待定系数法

待定系数法要求我们做出有关特解 $Y(t)$ 形式的初始假设，但仍没有规定系数。我们接着将假设的表达式代入式(C.60)，并试图确定系数满足该方程。如果我们是成功的，则我们得到了微分方程式(C.60)的解，我们可以用它来获得特解 $Y(t)$。如果我们不能确定系数，则意味着没有我们假设的形式的解。在这种情况下，我们可以修改初始假设并再次尝试。

待定系数法的主要优点是在做出 $Y(t)$ 形式的假设后，执行起来是简单的。它的主要局限性是它主要用于我们可以事先写出特解的正确形式的情况。由于这种原因，这种方法通常仅用于齐次方程有恒定的系数，而非齐次项限于相对少的函数类的情况。具体而言，我们仅考虑包括多项式、指数函数、正弦和余弦的非齐次项。尽管有这种局限性，不确定系数的方法对于具有重要应用的许多问题是有用的。然而，代数运算的细节是繁重的，对于实际的应用，计算机代数运算系统可能是非常有用的。我们采用几个简单的例子来说明非确定系数法，并归纳采用它的某些规则[5]。

例1：求解 $y''+3y'-4y=3e^{2t}$ 的特解。

解：寻找一个函数 Y，使组合 $Y''(t)-3Y'(t)-4Y(t)$ 等于 $3e^{2t}$。由于指数函数在微分后还重复自己，实现希望的结果最可能的方法是假设 $Y(t)$ 是 e^{2t} 与某一系数的乘积，即，$Y(t)=Ae^{2t}$，其中系数 A 仍然没有确定。为了得到 A，我们计算

$$Y'(t)^{①}=2Ae^{2t}, \quad Y''(t)=4Ae^{2t}$$

并替代微分方程中的 y、y' 和 y''，我们有

$$(4A-6A-4A)e^{2t}=3e^{t}$$

从而得到 $A=-1/2$，这样其特解是 $A=-\dfrac{1}{2}e^{2t}$。

例2：求解 $y''-3y'-4y=2\sin t$ 的一个特解。

解：假设 $Y(t)=A\sin t$，则我们有

$$-5A\sin t-3A\cos t=2\sin t$$
$$(2+5A)\sin t+3A\cos t=0 \tag{C.64}$$

函数 $\sin t$ 和 $\cos t$ 是线性相关的，因此如果系数 $2+5A$ 和 $3A$ 都是零，这样式（C.64）在某一个区间内是有效的。这些相互矛盾的要求意味着不能选择一个常数 A 使式（C.64）对于所有的 t 都成立。因此，我们涉及 $Y(t)$ 的假设是不充分的。式（C.64）中的余弦项的外观建议修改的原始假设，以在 $Y(t)$ 中包括余弦项，即

$$Y(t)=A\sin t+B\cos t$$

其中 A 和 B 是要确定的。这样

$$Y'(t)=A\cos t-B\sin t, \quad Y''(t)=-A\sin t-B\cos t$$

替代 y、y' 和 y''，有

$$(-A+3B-4A)\sin t+(-B-3A-4B)\cos t=2\sin t$$
$$A=-5/17, \quad B=3/17$$
$$Y(t)=-\dfrac{5}{17}\sin t+\dfrac{3}{17}\cos t$$

当方程的右侧是多项式时，也可以应用在前面的例子中说明的方法。因此，为了得到 $y''-3y'-4y=4t^2-1$ 的特解，我们从直觉上假设 $Y(t)$ 在一定程度上和非齐次项一样，是一个多项式，即 $Y(t)=At^2+Bt+C$。

总之，对于这种类型的求解非齐次微分方程的特解，我们概况如下：

（1）如果非齐次项 $g(t)$ 是一个指数函数，则 $Y(t)$ 与相同的指数函数成

---

① 原书有误，译者改。

正比。

对于 $y''+3y'-4y=3e^{2t}$，则 $Y(t)=Ae^{2t}$

(2) 如果非齐次项 $g(t)$ 是 $\sin\beta t$ 或 $\cos\beta t$，则 $Y(t)$ 是 $\sin\beta t$ 与 $\cos\beta t$ 的线性组合。

对于 $y''-3y'-4y=2\sin t$，则 $Y(t)=A\sin t+B\cos t$

(3) 如果非齐次项 $g(t)$ 是一个多项式，则假设 $Y(t)$ 是相同程度的一个多项式。

对于 $y''-3y'-4y=4t^2-1$，则 $Y(t)=At^2+Bt+C$

(4) 如果非齐次项 $g(t)$ 是这些类型的 2 个或 3 个函数的乘积

对于 $y''-3y'-4y=-8e^t\cos 2t$，则 $Y(t)=Ae^t\cos 2t+Be^t\sin 2t$

我们鼓励本书的读者参考本附录中的 Boyce 和 DiPrima 的参考文献[5]。

C.3.4.2 参数变异法

在 C.1.8 节中我们采用的求解一阶线性微分方程在一个区间内的特解的程序也适用于高阶线性方程。为了将如参数变异法那样的方法用于像式(C.60)那样的二阶线性微分方程。我们想要知道这一方法是否可以有效地用于式(C.60)那样的任意的方程

$$y''+p(t)y'+q(t)y=g(t) \tag{C.65}$$

式中：p、q 和 g 为给定的连续函数。下面给出的式(C.65)的齐次部分的通解由式(C.67)以式(C.65)的补解或特征解的形式给出，即

$$y''+p(t)y'+q(t)y=0 \tag{C.66}$$

$$y_c(t)=c_1y_1(t)+c_2y_2(t) \tag{C.67}$$

基于这一说明给出了在有恒定的系数时怎样求解式(C.66)的假设。如果式(C.67)的系数是变量 t 的函数，则我们必须采用二阶线性方程方法的级数解，以便得到 $y_c(t)$。

现在我们需要得到满足式(C.65)的非齐次部分的特解 $y_p(t)$，解的形式可表示为

$$y_p(t)=u_1(t)y_1(t)+u_2(t)y_2(t) \tag{C.68}$$

现在我们需要确定 $u_1(t)$ 和 $u_2(t)$，使式(C.68)变成非齐次部分式(C.65)而不是齐次方程式(C.66)的解。因此，我们将对式(C.68)进行微分，得到

$$y'_p(t)=u'_1(t)y_1(t)+u_1(t)y'_1(t)+u'_2(t)y_2(t)+u_2(t)y'_2(t) \tag{C.69}$$

$$y''_p(t)=u'_1(t)y'_1(t)+u_1(t)y''_1(t)+u'_2(t)y'_2(t)+u_2(t)y''_2(t) \tag{C.70}$$

考虑到我们设定涉及式(C.69)中的 $u'_1(t)$ 和 $u'_2(t)$ 等于 0，我们需要

$$u'_1(t)y_1(t)+u'_2(t)y_2(t)=0 \tag{C.71}$$

现在我们由式(C.68)~式(C.70)分别替代式(C.65)中的 y、y' 和 y''，在

重新排列最终的方程中的项后，得到

$$u_1(t)[y''_1(t)+p(t)y'_1(t)+q(t)y_1(t)]+$$
$$u_2(t)[y''_2(t)+p(t)y'_2(t)+q(t)y_2(t)]+ \quad (C.72)$$
$$u'_1(t)y'_1(t)+u'_2(t)y'_2(t)=g(t)$$

式(C.72)中的每个方括号中的表达式是零，因为 y_1 和 y_2 是齐次方程式(C.66)的解。因此，式(C.72)简化为

$$u'_1(t)y'_1(t)+u'_2(t)y'_2(t)=g(t) \quad (C.73)$$

按照克莱姆(Cramer)规则，系统

$$\begin{cases} u'_1(t)y_1(t)+u'_2(t)y_2(t) \\ u'_1(t)y'_1(t)+u'_2(t)y'_2(t)=g(t) \end{cases} \text{或} \begin{cases} y_1(t)u'_1(t)+y_2(t)u'_2(t) \\ y'_1(t)u'_1(t)+y'_2(t)u'_2(t)=g(t) \end{cases} \quad (C.74)$$

的解可由行列式表示

$$u'_1(t)=\frac{W_1}{W}=-\frac{y_2(t)g(t)}{W} \text{ 和 } u'_2(t)=\frac{W_2}{W}=-\frac{y_1(t)g(t)}{W} \quad (C.75)$$

式中：$W(y_1,y_2)$ 为 y_1 和 y_2 的朗斯基矩阵。注意，由 $W(y_1,y_2)$ 进行相除是允许的，因为 $y_1(t)$ 和 $y_2(t)$ 是解的基本集，因此朗斯基矩阵是非零的。

$$W(y_1,y_2)=\begin{vmatrix} y_1(t) & y_2(t) \\ y'_1(t) & y'_2(t) \end{vmatrix}, \quad W_1=\begin{vmatrix} 0 & y_2(t) \\ g(t) & y'_2(t) \end{vmatrix}, \quad W_2=\begin{vmatrix} y_1(t) & 0 \\ y'_1(t) & g(t) \end{vmatrix}$$

$$(C.76)$$

通过对式(C.75)进行积分，得到了函数 $u_1(t)$ 为

$$u_1(t)=-\int \frac{y_2(t)g(t)}{W(y_1,y_2)}dt+c_1, \quad u_2(t)=-\int \frac{y_1(t)g(t)}{W(y_1,y_2)}dt+c_2 \quad (C.77)$$

最后，将式(C.77)的结果代入式(C.68)，得到式(C.65)的通解，我们可以将结果归纳为以下的定理[5]。

定理 III

如果函数 p、q 和 g 在区间 I 上是连续的，且如果函数 y_1 和 y_2 是对应于非齐次方程(C.65)的齐次方程(C.66)的线性无关的解：

$$y''+p(t)y'+q(t)y=g(t)$$

则式(C.65)的一个特解可表示为

$$Y(t)=-y_1(t)\int \frac{y_2(t)g(t)}{W(y_1,y_2)}dt+y_2(t)\int \frac{y_1(t)g(t)}{W(y_1,y_2)}dt \quad (C.78)$$

通解是

$$y=c_1y_1(t)+c_2y_2(t)+Y(t) \quad (C.79)$$

如定理 II 规定的那样。

例 1：求解 $y''-4y'+4y=(x+1)e^{2x}$

解：补充项的辅助方程 $m^2-4m+4=(m-2)^2=0$，具有两个相同的根，因此我们有 $y=c_1e^{2x}+c_1xe^{2x}$，利用 $y_1=e^{2x}$ 和 $y_2=xe^{2x}$，下一步计算朗斯基矩阵[4]，有

$$W(e^{2x},xe^{2x})=\begin{vmatrix} e^{2x} & xe^{2x} \\ 2xe^{2x} & 2xe^{2x}+e^{2x} \end{vmatrix}=e^{4x}$$

由于给定的微分方程采用式(C.65)的形式（即，y'' 的系数为 1），则有 $f(x)=(x+1)e^{2x}$。由式(C.76)得到

$$W_1=\begin{vmatrix} 0 & xe^{2x} \\ (x+1)e^{2x} & 2xe^{2x}+e^{2x} \end{vmatrix}=-(x+1)xe^{4x}$$

$$W_2=\begin{vmatrix} e^{2x} & 0 \\ 2e^{2x} & (x+1)e^{2x} \end{vmatrix}=(x+1)xe^{4x}$$

因此，由式(C.75)，有

$$u_1'=-\frac{(x+1)xe^{4x}}{e^{4x}}=-x^2-x \qquad u_2'=-\frac{(x+1)xe^{4x}}{e^{4x}}=x+1$$

它服从 $u_1=-\frac{1}{3}x^3-\frac{1}{2}x^2$ 和 $u_2=\frac{1}{2}x^2+x$。因此

$$y_p=\left(-\frac{1}{3}x^3-\frac{1}{2}x^2\right)e^{2x}+\left(\frac{1}{2}x^2+x\right)xe^{2x}=\frac{1}{6}x^3e^{2x}+\frac{1}{2}x^2e^{2x}$$

和

$$y=y_c+y_p=c_1e^{2x}+c_2xe^{2x}+\frac{1}{6}x^3e^{2x}+\frac{1}{2}x^2e^{2x}$$

例 2：求解 $4y''+36y=\csc 3x$。

解：这里我们不花费时间来解释求解的细节，这留给读者，但我们给出了所有的步骤：

$$y''+9y=\frac{1}{4}\csc 3x$$

$$m^2+9=0, \quad \begin{cases} m_1=3i \\ m_2=-3i \end{cases}$$

补函数的复根为

$$y_c=c_1\cos 3x+c_2\sin 3x$$

$$\begin{cases} y_1=\cos 3x \\ y_2=\sin 3x \end{cases} 和 f(x)=\frac{1}{4}\csc 3x$$

朗斯基矩阵[5]为

$$W(\cos 3x, \sin 3x) = \begin{vmatrix} \cos 3x & \sin 3x \\ -3\sin 3x & 3\cos 3x \end{vmatrix} = 3$$

$$W_1 = \begin{vmatrix} 0 & \sin 3x \\ \frac{1}{4}\csc 3x & 3\cos 3x \end{vmatrix} = \frac{1}{4}, \quad W_2 = \begin{vmatrix} \cos 3x & 0 \\ -3\sin 3x & \frac{1}{4}\csc 3x \end{vmatrix} = \frac{1}{4}\frac{\cos 3x}{\sin 3x}$$

通过积分，我们得到

$$u_1' = \frac{W_1}{W} = -\frac{1}{4} \quad u_2' = \frac{W_2}{W} = \frac{1}{4}\frac{\cos 3x}{\sin 3x}$$

则有

$$u_1 = -\frac{1}{12}x \text{ 和 } u_2 = \frac{1}{36}\ln|\sin 3x|$$

因此，特解为：$y_p = -\frac{1}{2}x\cos 3x + \frac{1}{36}(\sin 3x)\ln|\sin 3x|$

在区间$(0, \pi/6)$的通解为[5]

$$y = y_c + y_p = c_1\cos 3x + c_2\sin 3x - \frac{1}{12}x\cos 3x + \frac{1}{36}(\sin 3x)\ln|\sin 3x|$$

例 3：求解 $y'' - y = \frac{1}{x}$。

解：辅助方程 $m^2 - 1 = 0$ 产生 $m_1 = -1$ 和 $m_2 = 1$[4]。因此 $y_c = c_x e^x + c_2 e^{-x}$，现在 $W(e^x, e^{-x}) = -2$，而且

$$u_1' = -\frac{e^{-x}(1/x)}{-2}, \quad u_1 = \frac{1}{2}\int_{x_0}^{x}\frac{e^{-t}}{t}dt$$

$$u_1' = -\frac{e^{-x}(1/x)}{2}, \quad u_1 = \frac{1}{2}\int_{-x_0}^{x}\frac{e^{-t}}{t}dt$$

$$u_2' = -\frac{e^{-x}(1/x)}{-2}, \quad u_2 = -\frac{1}{2}\int_{x_0}^{x}\frac{e^{-t}}{t}dt$$

由于事实上前述的积分是非基本的类型，我们写出

$$y_p = \frac{1}{2}e^x\int_{x_0}^{x}\frac{e^{-t}}{t}dt - \frac{1}{2}e^{-x}\int_{x_0}^{x}\frac{e^{-t}}{t}dt$$

而且

$$y = y_c + y_p = c_1 e^x + c_2 e^{-x} + \frac{1}{2}e^x\int_{x_0}^{x}\frac{e^{-t}}{t}dt - \frac{1}{2}e^{-x}\int_{x_0}^{x}\frac{e^{-t}}{t}dt$$

C.4 特征值与特征向量

本节我们快速地回顾线性代数，否则我们就不能完成本节和附录的微分方

程方面的工作。

我们从下面的内容开始。如果我们将 $n\times n$ 矩阵乘以一个 $n\times 1$ 向量,得到一个新的 $n\times 1$ 向量,换言之

$$A\eta = y$$

我们想要了解的是:是不是有可能发生下面的事情。不是由相乘仅得到一个新的向量,而是有可能得到方程

$$A\eta = \lambda\eta \tag{C.80}$$

换言之,矩阵相乘与将向量乘以一个常量相同是否有可能(至少对于一定的 λ 和 η)?当然,如果答案是"否",我们在这里可能就不讨论了。因此,这是有可能发生的,只是不是对任何 λ 或 η 都会发生这样的情况。如果我们正好有使之成立的 λ 和 η(它们总是成对出现的),则我们把 λ 称为 A 的特征,把 η 称为 A 的特征向量。

因此,我们怎么得到一个矩阵的特征值和特征向量?首先注意到:如果 $\eta = 0$,则对于任何 λ 值,式(C.14)成立,因此我们要做出这样的假设。现在开始步入正轨,我们将式(C.14)重写为

$$A\eta - \lambda\eta = 0$$
$$A\eta - \lambda I_n \eta = 0$$
$$(A - \lambda I_n)\eta = 0$$

注意,在提取 η 之前,加上一个适当尺寸的单位矩阵,这等价于将某一项乘以一个一,因此不会改变它的值。我们需要这样做,因为不这样的话,我们就要求矩阵 A 和一个常数 λ 的差,但不能这样运算。我们现在要求的是具有相同尺寸的两个矩阵的差,我们可以这样运算。

因此,通过这样的重写,我们看到

$$(A - \lambda I_n)\eta = 0 \tag{C.81}$$

等价于式(C.80)。为了得到一个矩阵的特征向量,我们需要求解一个齐次系统。事实上我们知道有一个确切的解($\eta = 0$),或者有无限多个非零解。由于已经指出,我们不想 $\eta = 0$,这意味着我们想要第二种情况。

知道这点使我们能够得到一个矩阵的特征值。由这一事实回想到仅有在系统中的矩阵是奇异时才能得到第二种情况,因此,我们需要确定能得到 λ 值满足

$$\det(A - \lambda I) = 0$$

一旦我们得到了特征值,我们就可以确定每个特征值的特征向量。让我们快速地考察几个有关特征值和特征向量的事实。

(1) 如果 A 是一个 $n×n$ 矩阵，则 $\det(A-\lambda I)=0$ 是一个 n 阶多项式，这一多项式称为特征多项式。

为了得到一个矩阵的特征值，我们需做的是求解一个多项式，假设我们保持 n 较小，这通常不会太坏。类似地，这一事实也告诉我们，对于一个 $n×n$ 矩阵 A，如果包括所有相同的特征值，我们有 n 个特征值。

(2) 如果 λ_1，λ_2，$\cdots$，λ_n 是 A 的特征值的完整的列表（包括所有相同的特征值），则

① 如果 λ 在列表中仅出现 1 次，则我们称 λ 是简单的。

② 如果 λ 在列表中出现了 $k>1$ 次，则我们称 λ 有 k 个重根。

③ 如果 λ_1，λ_2，$\cdots$，$\lambda_n(k\leq n)$ 是列表中的简单的特征值，且对应的特征向量为 $\boldsymbol{\eta}^{(1)}$，$\boldsymbol{\eta}^{(2)}$，$\cdots$，$\boldsymbol{\eta}^{(k)}$，则特征向量是线性无关的。

④ 如果 λ 是 $k>1$ 的特征值，则 λ 有从 1 到 k 的线性无关的特征向量。

当我们回到微分方程时，这些事实的有用性是明显的，因为我们想要线性无关的解。

对于那些接入网站的读者，我鼓励他们进入以下链接，以在 Paul 的在线数学注解（http://tutorial.math.lamar.edu/）上得到更多的信息。

现在我们观察几个例子，看看我们怎样实际得到特征值和特征向量。

例 1：求解矩阵

$$A = \begin{pmatrix} 2 & 7 \\ -1 & -6 \end{pmatrix}$$

的特征值和特征向量。

解：我们做的第一件事是得到特征值，这意味着我们需要的矩阵为

$$A - \lambda I = \begin{pmatrix} 2 & 7 \\ -1 & -6 \end{pmatrix} - \lambda \begin{pmatrix} 1 & 0 \\ 0 & 1 \end{pmatrix} = \begin{pmatrix} 2-\lambda & 7 \\ -1 & -6-\lambda \end{pmatrix}$$

具体地说，我们需要确定这一矩阵的行列式在哪里为零。

$$\det(A-\lambda I) = (2-\lambda)(-6-\lambda) + 7 = \lambda^2 + 4\lambda - 5 = (\lambda+5)(\lambda-1)$$

因此，对于这一矩阵我们有 2 个特征值，$\lambda_1=-5$ 和 $\lambda_2=1$，现在需要得到它们对应的特征向量。注意，根据上述的事实，2 个特征向量应当是线性无关的。

为了得到特征向量，我们简单地将每个特征值插入式（C.15）并求解。下面我们这样做。

$$\lambda_1 = -5$$

在这种情况下，我们需要求解系统

$$\begin{pmatrix} 7 & 7 \\ -1 & -1 \end{pmatrix} \boldsymbol{\eta} = \begin{pmatrix} 0 \\ 0 \end{pmatrix}$$

回想到，为了求解这一系统，我们要采用增广矩阵，即

$$\begin{pmatrix} 7 & 7 & 0 \\ -1 & -1 & 0 \end{pmatrix} \xRightarrow{\frac{1}{7}(R_1+R_2)} \begin{pmatrix} 7 & 7 & 0 \\ -1 & -1 & 0 \end{pmatrix}$$

进一步简化，我们得到了一个简单的方程

$$7\eta_1 + 7\eta_2 = 0 \Rightarrow \eta_1 = -\eta_2$$

这将产生无穷多的解，这是期望的特性。回想到我们要提取奇异的矩阵的特征值，因此我们得到无穷多的解。

注意到我们可以从原始的系统中确定这一点，但并不总是这样的情况。在 2×2 的情况下，我们可以从系统看到一个行是另一行的倍数，因此我们得到无穷多的解。根据这一点，在这些情况下，我们实际上不用求解系统。我们直接来到方程，在这一方程中我们可以使用两行中的任一行。

现在，我们回到特征向量，因为这是我们想要得到的。通常，特征向量是满足方程

$$\boldsymbol{\eta} = \begin{pmatrix} \eta_1 \\ \eta_2 \end{pmatrix} = \begin{pmatrix} -\eta_1 \\ \eta_2 \end{pmatrix}, \quad \eta_2 \ne 0$$

的任何向量。

我们实际不想要一个一般的特征向量，因此我们针对 η_2 提取一个值，得到一个具体的特征向量。我们可以选择任何值（除了 $\eta_2 = 0$），提取使特征向量"较好"的向量。注意，由于我们已经假设特征向量是非零的，我们必须选择一个不会给出零的值，这就是为什么我们在这种情况下避免 $\eta_2 = 0$。这一特征值的特征向量是

$$\boldsymbol{\eta}^{(1)} = \begin{pmatrix} -1 \\ 1 \end{pmatrix}, \quad 采用 \eta_2 = 1$$

现在我们对第二个特征值再这样做。

$$\lambda_2 = 1:$$

在这一部分我们比前一部分有所简化。我们需要求解系统

$$\begin{pmatrix} 1 & 7 \\ -1 & -7 \end{pmatrix} \boldsymbol{\eta} = \begin{pmatrix} 0 \\ 0 \end{pmatrix}$$

显然，这两行彼此是另一行的倍数，因此我们得到无穷多的解。我们可以选择任何一行进行处理。我们选择第一行，因为这避免了太多的负号。我们得到

$$\eta_1 + 7\eta_2 = 0, \quad \eta_1 = -7\eta_2$$

注意，我们可以针对两个变量中的任何一个求解。然而，我们集中在第二

个变量上，避免多次的分数运算，这样特征向量是

$$\boldsymbol{\eta}^{(2)} = \begin{pmatrix} -7 \\ 1 \end{pmatrix} \quad （采用 \eta_2 = 1）$$

总之，我们有

$$\lambda_1 = -5： \quad \boldsymbol{\eta}^{(1)} = \begin{pmatrix} -1 \\ 1 \end{pmatrix} ①$$

$$\lambda_2 = 1： \quad \boldsymbol{\eta}^{(2)} = \begin{pmatrix} -7 \\ 1 \end{pmatrix}$$

注意，正如预测的那样，两个特征向量是线性无关的。

C.5 特征值和特征函数

对于给定的方形矩阵 A，我们可以得到可以找到使

$$Ax = \lambda x$$

有非零解（即，$x \neq 0$）的 λ 值，则我们称 λ 为 A 的特征值，A 是它对应的特征向量。重要的是，回想到，为了使 λ 是一个特征值，我们必须能够得到方程的非零解。为了说明这一主题和边界值问题的直接关系，我们给出两个例子，并对它们进行了扩展。在这两个例子中，我们求解的齐次边界值问题（这是非常重要的）的形式为

$$y'' + \lambda y = 0, \quad y(0) = 0, \quad y(2\pi) = 0 \tag{C.82}$$

例 1：求解边界值问题

$$y'' + 4y = 0, \quad y(0) = 0, \quad y(2\pi) = 0$$

解：这里通解为

$$y(x) = c_1 \cos(2x) + c_2 \sin(2x)$$

应用边界条件，得到

$$0 = y(0) = c_1$$
$$0 = y(2\pi) = c_1$$

因此 c_2 是任意的，且解为 $y(x) = c_2 \sin(2x)$，在这种情况下将得到无限多的解。

例 2：求解以下边界值问题

$$y'' + 3y = 0 \quad y(0) = 0 \quad y(2\pi) = 0$$

解：在这种情况下，通解为

$$y(x) = c_1 \cos(\sqrt{3}x) + c_2 \sin(\sqrt{3}x)$$

---

① 原书有误，译者改。

采用边界条件得到
$$0 = y(0) = c_1$$
$$0 = y(2\pi) = c_2 \sin(\sqrt{3}x) \Rightarrow c_2 = 0$$
在这种情况下,我们发现两个常数为零,因此,解是 $y(x) = 0$。

在例1中,$\lambda = 4$,我们得到边界值问题的非平凡(即,非零)的解。在例2中,我们采用 $\lambda = 3$,唯一的解是平凡解(即,$y(x) = 0$)。因此,这一齐次边界值问题(也意味着边界条件为零),似乎表现出与上述的矩阵方程类似的特性。这里有的 λ 值给出边界值问题的非平凡解,有的 λ 的值仅接受平凡解。

这样,对于那些给出非平凡解的 λ 值,称为边界值问题的特征值,非平凡解称为对应于该给定的特征值的边界值问题的特征函数。我们现在已知,对于式(C.82)中给出的齐次边界值问题,$\lambda = 4$ 是一个特征值(特征函数 $y(x) = c_2 \sin(2x)$),$\lambda = 3$ 不是一个奇异值。

最终,我们试图确定对于式(C.82)是否有任何其他特征值,然而,在做这些之前,让我们首先简要地评价为什么在这一讨论中边界值问题对于齐次微分方程如此重要。下面,我们将求解齐次微分方程
$$y'' + \lambda y = 0$$
其两个不同的非齐次边界条件的形式为
$$y(0) = a, \quad y(2\pi) = b$$

例3:求解以下的边界值问题
$$y'' + 4y = 0, \quad y(0) = -2, \quad y(2\pi) = -2$$

解:通解的形式为
$$y(x) = c_1 \cos(2x) + c_2 \sin(2x)$$
应用边界条件后我们得到
$$-2 = y(0) = c_1$$
$$-2 = y(2\pi) = c_1$$

因此在这种情况下,与以前的例子不同,两个边界条件告诉我们:我们需要 $c_1 = -2$,但两个边界条件都没有告诉我们有关 c_2 的事情。记住,我们对微分方程的一个解要求的是满足两个给定的边界条件,能满足的函数为
$$y(x) = -2\cos(2x) + c_2 \sin(2x)$$

换言之,无论 c_2 的值如何,我们得到一个解,这样,在这种情况下,我们得到边界值问题的无穷多的解。

例4:求解边界值问题
$$y'' + 4y = 0, \quad y(0) = -2, \quad y(2\pi) = 3$$

解：我们有通解为
$$y(x) = c_1 \cos(2x) + c_2 \sin(2x)$$
边界条件给出
$$-2 = y(0) = c_1$$
$$3 = y(2\pi) = c_1$$

在这一情况下，我们有一组边界条件，每个需要不同的 c_1 值，满足边界条件。然而，这是不可能的，因此在这种情况下无解。

在这两个例子中，我们看到，通过简单地改变 a 和/或 b 的值，我们能够得到非平凡的解，或者无解。在特征值/特征函数的讨论中，我们需要存在解，确保有解的唯一的方式是要求边界条件也是齐次的。换言之，我们需要边界值问题是齐次的。这是我们进入特征值和特征函数主题前需要讨论的，这是一个更概念性的问题，帮助我们进行需要做的某些工作。

我们假设有一个二阶微分方程，且其特征多项式具有两个实的、不同的根，它们的形式为
$$r_1 = \alpha, \quad r_2 = -\alpha$$
则我们知道解为
$$y(x) = c_1 e^{r_1 x} + c_2 e^{-r_1 x} = c_1 e^{\alpha x} + c_2 e^{-\alpha x}$$
这一解是没有问题的，我们还是要重写上式。

我们将把上式分解为
$$y(x) = c_1 e^{\alpha x} + c_2 e^{-\alpha x} =$$
$$\frac{c_1}{2} e^{\alpha x} + \frac{c_1}{2} e^{\alpha x} + \frac{c_2}{2} e^{-\alpha x} + \frac{c_2}{2} e^{-\alpha x}$$

现在我们加上/减去下面的项（注意，我们将 c_1 和 $\pm\alpha$ "混合" 到新的项中），得到
$$y(x) = \frac{c_1}{2} e^{\alpha x} + \frac{c_1}{2} e^{\alpha x} + \frac{c_2}{2} e^{-\alpha x} + \frac{c_2}{2} e^{-\alpha x} + \left(\frac{c_1}{2} e^{-\alpha x} - \frac{c_1}{2} e^{-\alpha x} \right) + \left(\frac{c_2}{2} e^{\alpha x} - \frac{c_2}{2} e^{\alpha x} \right)$$

接着，重新排列式中的项有
$$y(x) = \frac{1}{2} (c_1 e^{\alpha x} + c_1 e^{-\alpha x} + c_2 e^{\alpha x} + c_2 e^{-\alpha x}) + \frac{1}{2} (c_1 e^{\alpha x} - c_1 e^{-\alpha x} - c_2 e^{\alpha x} + c_2 e^{-\alpha x})$$

最后，在括号中的量得到了分解，我们还移动分数的位置。这样，重新命名新的常数，我们得到
$$y(x) = (c_1 + c_2) \frac{e^{\alpha x} + e^{-\alpha x}}{2} + (c_1 - c_2) \frac{e^{\alpha x} - e^{-\alpha x}}{2} =$$

$$C_1 \frac{e^{\alpha x}+e^{-\alpha x}}{2}+C_2 \frac{e^{\alpha x}-e^{-\alpha x}}{2}$$

所有这一工作似乎是难以理解的和不必要的。然而，实际上有理由要这样做。事实上，至少部分上，你可能已经看到了理由。在我们的解中的两个"新的"函数是两个双曲函数。具体而言为

$$\cosh(x)=\frac{e^x+e^{-x}}{2}, \quad \sinh(x)=\frac{e^x-e^{-x}}{2}$$

因此，另一种写出特征多项式有两个形式为 $r_1=\alpha$，$r_2=-\alpha$ 的不同的实根，二阶微分方程的解的形式为

$$y(x)=C_1\cosh(\alpha x)+C_2\sinh(\alpha x)$$

对于我们看到的某些问题(实际上是大部分)具有这一形式的解，使我们的生活要容易得多。双曲线函数有我们可以利用的非常好的性质。

首先，因为我们后面需要，双曲线函数的导数是

$$\frac{d}{dx}(\cosh(x))=\sinh(x), \quad \frac{d}{dx}(\sinh(x))=\cosh(x)$$

现在我们快速观察这些函数的曲线(图 C.11)。

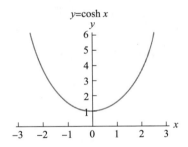

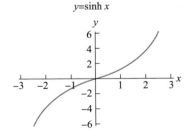

图 C.11 双曲函数曲线

注意 $\cosh(0)=1$ 和 $\sinh(0)=0$。由于我们经常涉及在 $x=0$ 处的边界条件，这些是有用的评估。

接着，或许是更重要的，注意到对于所有的 x，$\cosh(x) > 0$，因此双曲余弦将从不为零。类似地，我们可以看到仅有 $x = 0$ 时 $\sinh(0) = 0$。我们在我们的某些工作中使用这两个事实，因此我们不应忘记它们。

现在我们观察一个例子，看看我们怎样得到边界值问题的特征值/特征函数。

例5：对边界值问题

$$y'' + \lambda y = 0, \quad y(0) = 0, \quad y(2\pi) = 0$$

得到所有的特征值和特征函数。

解：本节我们从考察这一边界值问题开始，我们已经知道一个特征值($\lambda = 4$)，而且我们知道一个不是特征值的 λ 值($\lambda = 3$)。随着我们工作的深入，我们需要记住，如果我们得到该特定的 λ 值的边界值的非平凡解，我们将得到一个特定的 λ 值的特征值。

为了知道我们已经得到了所有的特征值，我们不能仅开始随机地尝试 λ 值观察我们是否得到了非平凡的解。幸运的是，有一种这样做的方式，还不是太差，这给出我们所有的特征值/特征函数。然而，我们要考虑 3 种情况。我们需要考虑的 3 种情况是：$\lambda > 0$，$\lambda = 0$，$\lambda < 0$。这些情况给出了我们可以施加边界条件的一个特定形式的解，观察我们是否能得到非平凡解。因此，我们先从以下 $\lambda > 0$ 的情况开始。

在这种情况下，我们从微分方程得到的特征多项式是

$$r^2 + \lambda = 0 \Rightarrow r_{1,2} = \pm\sqrt{-\lambda}$$

我们知道 $\lambda > 0$，这些根是复的，可以把它们写成 $\lambda_{1,2} = \pm i\sqrt{\lambda}$，则微分方程的通解为

$$y(x) = c_1 \cos(\sqrt{\lambda}\, x) + c_2 \sin(\sqrt{\lambda}\, x)$$

采用第一个边界条件，有

$$0 = y(0) = c_1$$

因此，考虑到此，并施加第二个边界条件，得到

$$0 = y(2\pi) = c_2 \sin(2\pi\sqrt{\lambda})$$

这意味着，必须有

$$c_2 = 0 \text{ 或 } \sin(2\pi\sqrt{\lambda}) = 0$$

然而，回想到我们想要非平凡的解，而且如果我们有第一种可能，我们得到所有的 $\lambda > 0$ 的值的平凡解。因此，我们假设 $c_2 \neq 2$，这意味着有

$$\sin(2\pi\sqrt{\lambda}) = 0 \Rightarrow 2\pi\sqrt{\lambda} = n\pi \quad n = 1, 2, 3, \cdots$$

换言之，考虑到事实上我们知道在哪里正弦为零，我们可以得到第二个方

程。还要注意到，因为我们假设 $\lambda>0$，我们知道 $2\pi\sqrt{\lambda}>0$，因此在这种情况下 n 仅是一个正整数。现在我们要做的是针对 λ 求解，对于这一边界值问题，我们有所有的正特征值，正特征值是

$$\lambda_n = \left(\frac{n}{2}\right)^2 = \frac{n^2}{4}, \quad n = 1, 2, 3, \cdots$$

对应于这些特征值的特征函数是

$$y_n(x) = \sin\left(\frac{nx}{2}\right), \quad n = 1, 2, 3, \cdots$$

注意，我们在特征值和特征函数上加了一个下标 n 表示每个给定的 n 值有一个特征值和特征函数的事实。此外，注意到我们去掉了特征函数上的 c_2。对于特征函数，我们仅对函数本身感兴趣，而不对它前面的常数感兴趣，因此我们通常去掉它。

我们现在转到第二种 $\lambda=0$ 情况。

在边界值问题的情况下变为

$$y'' = 0, \quad y(0) = 0, \quad y(2\pi) = 0$$

并将微分方程积分几次，得到通解

$$y(x) = c_1 + c_2 x$$

采用第一个边界条件得到

$$0 = y(0) = c_1$$

采用第二个边界以及第一个边界条件的结果，得到

$$0 = y(2\pi) = 2c_2\pi$$

这里，与第一种情况不同，我们不对怎样使之为零作出选择。如果 $c_2 = 0$，这为零。因此，对于这一边界值问题（这是重要的），如果我们有 $\lambda = 0$，仅有的解是平凡解，因此 $\lambda = 0$ 不能是这一边界值问题的特征值。

现在观察最后一个 $\lambda<0$ 的情况。

在这种情况下，特征方程和它的根与第一种情况相同。因此，我们知道

$$r_{1,2} = \pm\sqrt{-\lambda}$$

然而，因为这里我们假设 $\lambda<0$，有两个不同的实根，因此采用上述我们对这些类型不同的实根做的工作，我们知道通解是

$$y(x) = c_1\cosh(\sqrt{\lambda}\,x) + c_2\sinh(\sqrt{\lambda}\,x)$$

注意，这里我们可以采用解的指数形式，但如果这里使用解的双曲形式，我们的工作明显地更容易。现在，采用第一个边界条件得到

$$0 = y(0) = c_1\cosh(0) + c_2\sinh(0) = c_1(1) + c_2(0) = c_1 \Rightarrow c_1 = 0$$

采用第二个边界条件得到

$$0 = y(2\pi) = c_2 \sinh(2\pi\sqrt{-\lambda})$$

因为我们假设 $\lambda<0$，我们知道 $2\pi\sqrt{\lambda}\neq 0$，因此我们也知道 $\sinh(2\pi\sqrt{-\lambda})\neq 0$。因此，更像第二种情况，我们必须有 $c_2=0$。

因此，对于这一边界值问题（这也是重要的），如果我们有 $\lambda<0$，我们仅得到平凡解，没有负的特征值。

总之，我们有这一边界值问题的特征值/特征函数为

$$\lambda_n = \frac{n^2}{4}, y_n(x) = \sin\left(\frac{nx}{2}\right), n=1,2,3,\cdots$$

我们观察另一个略微不同的边界条件的例子。

例6：得到边界值问题

$$y'' + \lambda y = 0, \quad y'(0) = 0, \quad y'(2\pi) = 0$$

的所有的特征值和特征函数。

解：这里我们涉及导出的边界条件，这一工作与前面的例子大部分是相同的，因此这里不再详述。我们需要像前面的例子一样遍历所有3种情况，因此我们从第一个 $\lambda>0$ 情况开始。

这一微分方程的通解与前一个例子相同，因此有

$$y(x) = c_1\cos(\sqrt{\lambda}x) + c_2\sin(\sqrt{\lambda}x)$$

采用第一个边界条件得到

$$0 = y'(0) = \sqrt{\lambda}c_2 \Rightarrow c_2 = 0$$

这里我们假设 $\lambda>0$，因此仅有在 $c_2=0$ 时这为零。现在，第二个边界条件给出

$$0 = y'(2\pi) = -\sqrt{\lambda}c_1\sin(2\pi\sqrt{\lambda})$$

我们不想要平凡解，而且 $\lambda>0$，因此如果我们要求

$$\sin(2\pi\sqrt{\lambda}) \Rightarrow 2\pi\sqrt{\lambda}, \quad n=1,2,3,\cdots$$

我们仅得到非平凡解。

求解 λ，我们看到，得到的这一边界值问题的正的特征解与前面的例子得到的相同，即

$$\lambda_n = \left(\frac{n}{2}\right)^2 = \frac{n^2}{4}, n=1,2,3,\cdots$$

对应于这些特征值的特征方程为

$$y_n(x) = \cos\left(\frac{nx}{2}\right), n=1,2,3,\cdots$$

因此，对于这一边界值问题，对应于正的特征值的特征函数，我们得到正弦。

现在，对于第二种 $\lambda=0$ 的情况。

通解是：$y(x)=c_1+c_2x$。采用第一个边界条件，得到：$0=y'(0)=c_2$。采用这一结果，则通解是：$y(x)=c_1$，并注意到这平凡地满足第二个边界条件，$0=y'(2\pi)=0$。因此，与第一个例子不同，$\lambda=0$ 是这一边界值问题的一个特征值，而对应于这一特征值的特征函数是 $y(x)=1$。再次注意到我们去掉了特征函数的任意常数。

最后，对于第三种 $\lambda<0$ 的情况。

通解是

$$y(x)=c_1\cosh(\sqrt{-\lambda}\,x)+c_2\sinh(\sqrt{-\lambda}\,x)$$

采用第一个边界条件，得到

$$0=y'(0)=\sqrt{-\lambda}\,c_1\sinh(0)+\sqrt{-\lambda}\,c_2\cosh(0)=\sqrt{-\lambda}\,c_2\Rightarrow c_2=0$$

采用第二个边界条件得到

$$0=y'(2\pi)\sqrt{-\lambda}\,c_1\sinh(2\pi\sqrt{-\lambda})$$

正如前面的例子，我们再次知道 $2\pi\sqrt{-\lambda}\neq 0$，因此 $\sinh(2\pi\sqrt{-\lambda})\neq 0$。因此，必须有 $c_1=0$。对于这一边界值问题，没有负的特征值。

总之，对于这一边界值问题，将有特征值/特征函数为

$$\lambda_n=\frac{n^2}{4},\quad y_n(x)=\cos\left(\frac{nx}{2}\right),\quad n=1,2,3,\cdots,\quad \lambda_0=0,\quad y_0(x)=1$$

注意，如果允许对于第一种情况 n 的列表从零而不是 1 开始，实际上可以组合这些。这通常不会出现，但出现时我们要利用它。因此，对于这一边界值问题的"官方的"特征值/特征函数是

$$\lambda_n=\frac{n^2}{4},\quad y_n(x)=\cos\left(\frac{nx}{2}\right),\quad n=1,2,3,\cdots$$

对于能够接入网站的读者，我鼓励他们进入下列链接（http://tutorial.math.lamar.edu/），得到有关 Paul 的在线数学注解的更多的信息。

C.6　较高阶的微分方程

我们现在将注意力转向求解二阶或更高阶数的微分方程的解，但我们也提醒你，对于本书的目的，我们不需要了解超出二阶的微分方程的表现和它们的解。我们涉及的仅有的方程是热传导方程，这是具有初始和边界条件的二阶型的方程。因此，对理解和学习超出二阶的微分方程感兴趣的读者，应当参阅本

附录的参考文献[4]和参考文献[5]。

C.7 偏微分方程

本节讨论在工程和物理科学中的基本的偏微分方程，它适于标题包括傅里叶级数正交函数或者边界值问题的教程，它也可以用于格林函数或如拉普拉斯变换等变换方法的教程（见附录 E）。强调简单的模型（热流、振荡的弹簧和膜）。方程是根据物理原理认真地推导的，物理原理驱动着大部分数学主题，相当详细地推导了如变量分离方法、傅里叶级数、拉普拉斯变换和正交函数那样标准的主题。此外，这里有多种清晰阐述的主题，如傅里叶级数的微分和积分、逆拉普拉斯变换、斯图姆-刘维尔（Sturm-Liouville）特征函数的零点、瑞利商（Rayleigh）商、多维特征值问题、用于振荡的环形模的贝塞尔函数、非齐次问题的特征函数扩展、格林函数、傅里叶和拉普拉斯变换解、特征方法和数值方法；也包括某些感兴趣的可选的高等材料，如大的特征值的渐进展开、采用弗雷德霍姆择-定理（Frdeholm）替换的摄动频率计算以及冲击波的动力学等。

C.7.1 定义

偏微分方程描述一个未知的函数和它的偏微分之间的关系。偏微分方程经常出现在物理和工程的所有的领域。此外，近年来，我们看到在如生物学、化学、计算机科学（尤其在与图像处理和图形学相关的方面）与经济性（金融学）等领域，偏微分方程的应用显著增加。事实上，在数个独立的变量之间有相互作用的每个领域，我们都试图用这些变量来定义函数，并通过构建这些函数的方程建模各种过程。当在一个特定的点未知函数的值仅取决于在这一点的附近发生什么时，我们通常应当得到一个偏微分方程。

一个函数 $u(x_1, x_2, \cdots, x_n)$ 的偏微分方程的一般形式为

$$F(x_1, x_2, \cdots, x_n, u, u_{x_1}, u_{x_2}, \cdots u_{\bar{x}_n}, \cdots) = 0 \quad (\text{C.83})$$

式中：x_1，x_2，$\cdots$，x_n 为独立变量；u 为未知函数；u_{x_i} 为偏微分 $\dfrac{\partial u}{\partial u_{x_i}}$。该方程通常是由如初始条件或者边界条件那样的附加条件来补充的（如在常微分方程中经常看到的那样）。

偏微分方程的分析有许多方面。主导 19 世纪的常规途径是发展求解显式解的方法。由于偏微分方程在物理学的不同的分枝非常重要，能够求解新的一类偏微分方程的每个数学进展，都伴随着物理学的显著进步。因此，由哈密顿（Hamilton）发明的特征方法导致了在光学和分析力学上的显著进展。傅里叶方法使热传递和波传播能够得到求解，格林方法是针对电磁学的发展而发展的。由于数值方法的引入，能够采用计算机在一般的几何条件和任意的外部条件下

求解几乎每种类型的偏微分方程(至少在理论上,实际上仍然有大量的壁垒需要克服),最近50年,在偏微分方程方面出现了最显著的进步。

技术进步紧接着致力于理解解的结构的理论进步,目标是在实际计算前发现解的某些特性,有时甚至无需一个完成的解。偏微分方程的理论分析不仅是学术界感兴趣的,在许多应用上都很感兴趣。应当强调,仍然存在即使借助于超级计算机也不能求解的非常复杂的方程,在这些情况下我们可以做的是试图获得解的定性信息。此外,有与方程的公式化表征和它的相关条件相关的深度的、重要的问题。通常,方程源于物理或工程问题的模型,模型是否能导致一个可解的偏微分方程不是明显的。此外,在大部分情况下希望解是唯一的,而且在小的数据扰动下是稳定的。对方程的理论理解使我们能够检验是否满足这些条件。正如我们在后面看到的,有许多求解偏微分方程的方法,每种方法适用于某一类型的方程。因此,在求解之前对方程进行全面的分析是重要的。

偏微分方程有3种类型。对于一个两变量的函数 $T=T(x,y)$,一般的线性偏微分方程形式可表示为

$$a\frac{\partial^2 T(x,y)}{\partial x^2}+2b\frac{\partial^2 T(x,y)}{\partial x \partial y}+c\frac{\partial^2 T(x,y)}{\partial y^2}+d\frac{\partial T(x,y)}{\partial x}+e\frac{\partial T(x,y)}{\partial y}+fT(x,y)=A$$

(C.84)

式中:a、b、c、d、e、f、g 可能仅取决于 x 和 y。

椭圆　　　　如果 $b^2-4ac<0$①

双曲线　　　如果 $b^2-4ac>0$①

抛物线　　　如果 $b^2-4ac=0$①

例 C.1:假设 $T=T(x)$ 为一变量的函数,有

(1) 热方程

$$\frac{\partial T}{\partial t}=c\frac{\partial^2 T}{\partial x^2} \text{是抛物线型}$$

(2) 波方程

$$\frac{\partial^2 T}{\partial t^2}=a^2\frac{\partial^2 T}{\partial x^2} \text{是双曲线型}$$

(3) 拉普拉斯方程

$$\frac{\partial^2 T}{\partial x^2}+\frac{\partial^2 T}{\partial y^2}=0 \text{ 是椭圆型}$$

---

① 原书有误,译者改。

C.7.2 分类

我们在 C.7.1 节指出：偏微分方程经常被划分成不同的类型。事实上，存在几种这样的分类，其中一些在这里描述。

(1) 方程的解。

第一类是根据方程的阶划分的。阶定义为方程中的最高的导数的阶，如果最高的导数是 k 阶，例如，方程 $u_{tt}+u_{xxxx}=0$ 称为四阶方程。

(2) 线性方程。

另一种分类划分成两组：线性和非线性方程，如果在式(C.83)中 F 是未知函数 u 和它的导数的一个线性方程，则称该方程为线性的。例如，方程 $x^7 u_x + e^{xy} u_y + \sin(x^2+y^2)u = x^3$ 是一个线性方程，而 $u_x^2+u_y^2=1$ 是一个非线性方程。非线性方程经常进一步根据非线性的类型划分为子类。一般而言，当出现在更高阶的导数时，非线性性更严重。例如，以下两个方程都是非线性的：

$$u_{xx}+u_{yy}=u^3 \tag{C.85}$$

$$u_{xx}+u_{yy}=|\nabla u|^2 u \tag{C.86}$$

这里 $|\nabla u|$ 表示 u 的梯度的范式。尽管式(C.86)是非线性的，但它作为最高阶导数的一个函数仍然是线性的，这样的非线性称为准线性。但式(C.85)中的非线性仅在未知函数中，这样的方程经常称为是半线性的。

(3) 标量方程—方程系。

一个只有一个未知函数的单一的偏微分方程称为是标量方程。反之，一组具有一个未知函数的 m 个方程称为是一个有 m 个方程的方程系。

C.7.3 微分算子和叠加原理

一个函数必须能 k 次可微，以便成为一个 k 阶方程的解，由于这种原因，我们定义 $C^k(D)$ 为在 D 中 k 次连续可微的所有函数的集合。具体而言，我们在 D 中的连续函数集用 $C^0(D)$ 或 $C(D)$ 表示。在满足 k 阶偏微分方程的集合 C^k 中的一个函数称为偏微分方程的一个常规(或强)解。微分方程集之间的映射称为算子，一个算子 L 对一个函数 u 的运算将由 $L(u)$ 来表示。具体而言，我们在本书中涉及由偏微分定义的算子，这样的算子事实上是不同的 C^k 类之间的映射，称为微分算子。

一个线性算子满足

$$L[a_1 u_1 + a_2 u_2] = a_1 L[u_1] + a_2 L[u_2]$$

式中：a_1 和 a_2 为任意的常数；u_1、u_2 是称为线性函数的任意函数。一个线性微分方程自然地定义一个线性算子：该方程可以表示为 $L[u]=f$，其中 L 是一个线性算子，f 是一个给定的函数。一个形式为 $L(u)=0$ 的线性微分方程(其

中 L 是线性算子) 称为一个齐次方程。例如，定义算子 $L = \dfrac{\partial^2}{\partial x^2} - \dfrac{\partial^2}{\partial y^2}$。方程 $L[u] = u_{xx} - u_{yy} = 0$ 是齐次方程，而方程 $L[u] = u_{xx} - u_{yy} = x^2$ 是非齐次方程的一个例子。

C.8 热方程

我们从构建描述热能传递的热流方程开始。热能是由物质分子的激发产生的，这形成两个基本的过程以便热能的传送：

（1）传导。

这是由于邻近分子的碰撞产生的，一个分子的振荡动能传递到其最近邻，热能由此通过传导扩散，即使分子本身的位置并没有运动。

（2）对流。

除了传导之外，如果一个振荡的分子从一个区域运动到另一个区域，它将携带其热能运动，这种热能的运动被称为对流。

（3）辐射。

辐射是由一个源通过某种材料或者空间传送的能量。光、热和声是几种辐射的类型。在这里讨论的辐射的类型称为电离辐射，因为它可能产生物质中的带电粒子（离子），电离辐射是由不稳定的原子产生的。不稳定的原子与稳定的原子不同，因为它们有额外的能量或/和质量。

在我们实际求解偏微分方程之前或者开始讨论变量分离方法之前，我们要花费一点时间讨论在本章的后面求解的两个主要的偏微分方程。对于能够进入网站的读者，我鼓励他们进入 http://tutorial.math.lamar.edu/链接，从 Paul 在线数学注解中得到更多的信息。

我们涉及的第一个要求解的偏微分方程是热方程，它主导着一个物体中的热分布。我们要给出几种形式的热方程作为参考，但我们实际仅求解它们中的一种。

我们从一个长度为 L 的一维棒的温度开始，这意味着我们假设一个起点为 $x = 0$，终点为 $x = L$ 的棒。我们也假设在任何位置 x，在该处的横截面中的每个点的温度是恒定的。换言之，温度仅随 x 而变化，即，把棒当作是一维的。注意，对于这一假设，横截面的实际的形状（即，圆形、矩形等）没有什么影响。

注意，一维假设实际上并不是像初看起来那样糟糕。如果我们假设棒的横向面是完全绝缘的（即，没有热流过横向面），则热仅能在两端进入或离开棒。这意味着，热仅能从左流到右或从右流到左，因此产生了一个一维的温度分布。

横向面是完全绝缘的假设当然是不可能的，但有可能对横向面进行足够的绝热，使流过横向面的热流非常小（至少在一段时间内），我们可以认为横向面是完全绝热的。

现在，在我们写出第一种形式的热方程之前，先给出某些定义：

$u(x, t)=$ 在点 x 和任意时间 t 的温度；

$c(x)=$ 比热；

$\rho(x)=$ 比重；

$\varphi(x, t)=$ 热流；

$Q(x, t)=$ 每单位体积单位时间产生的热能。

我们或许应该先对这些量中的一些做出一些评注。

一个材料的比热 $c(x)>0$ 是使单位质量的材料升高一个单位温度所用的热能。正如所说明的那样，我们假设在整个棒内比热是不均匀的。还要注意到，实际上，比热取决于温度。然而，通常仅有在大的温差的情况（这与制成棒的材料有关）下，这才是个问题，因此我们假设，对于这一讨论的目的，温差没有大到足以影响我们的解。

比重 $\rho(x)$ 是材料每单位体积的质量，如比热一样，我们初始假设在整个棒内比重可能是不均匀的。

热流 $\varphi(x, t)$ 是每单位时间单位面积流到右边的热能的量。"流到右边"简单地告诉我们，如果对于某些 x 和 t，$\rho(x)>0$，则在该时间和位置，热流向右边。类似地，如果 $\rho(x)<0$，则在该时间和位置，热流向左边。

我们在上面定义的最终的量是 $Q(x, t)$，这用来表示外部的热能的源或热沉（即，从系统中获取热能）。如果 $Q(x, t)>0$，则在该时间和位置给系统增加热能，如果 $Q(x, t)<0$，则在该时间和位置，从系统获取热能。

采用这些量，热方程为

$$c(x)\rho(x)\frac{\partial u(x,t)}{\partial t}=-\frac{\partial \varphi(x,t)}{\partial x}+Q(x,t) \qquad (\text{C}.87)$$

尽管这是热方程的一个好的形式，但它不是我们实际可以求解的。在这种形式中，有两个未知的函数 u 和 φ，因此我们需要去掉它们中的一个。采用傅里叶定理我们可以容易地从这一方程中消除热流。

傅里叶定理指出

$$\varphi(x,t)=-K_0(x)\frac{\partial u(x,t)}{\partial t}$$

式中：$K_0(x)>0$ 为材料的热导率，并衡量着给定的材料传导热的能力。$K_0(x)$ 越大，材料的导热性能越好。正如注明的那样，热导率可以随着在棒中位置的变化而变化。此外，与比热很像，热导率可能随着温度变化，但我们假设，热的总的变化不这样大，这是一个问题，因此我们假设对于这里的目的，热导率不随着温度显著地变化。

傅里叶定理可以很好地建模我们对热流的理解。首先，我们知道如果在一个区域内的温度是恒定的，即 $\dfrac{\partial u(x,t)}{\partial x}=0$，则没有热流。

其次，我们知道，如果在一个区域有温差，热从该区域热的部分流向冷的部分。例如，如果右边较热，则我们知道热流向左边。当右边较热，则我们也知道 $\dfrac{\partial u(x,t)}{\partial x}>0$（即，随着我们移向右边，温度增高），我们也有 $\varphi(x,t)<0$，因此热流向左边。类似地，如果 $\dfrac{\partial u(x,t)}{\partial x}<0$（即，左边较热），则我们有 $\varphi(x,t)>0$，热流向右边。

最后，该区域中的温差越大（即，$\dfrac{\partial u(x,t)}{\partial x}$ 越大），则热流越大。

因此，如果我们将傅里叶定理插入式（C.87）中，我们得到热方程的形式为

$$c(x)\rho(x)\frac{\partial u(x,t)}{\partial t}=-\frac{\partial}{\partial x}\left(K_0(x)\frac{\partial u(x,t)}{\partial x}\right)+Q(x,t) \quad (\text{C.88})$$

注意，我们把负号放在导数的外面，消除已经在导数处的负号。然而，我们不能将热导率放在导数外面，因为它是 x 的一个函数，导数是相对于 x 的。

由于热特性和质量密度（比重）的非均匀性，式（C.88）的求解是非常困难的。因此，我们现在假设这些性质均是恒定的，即

$$c(x)=c,\quad \rho(x)=\rho,\quad K_0(x)=K_0$$

式中：c、ρ 和 K_0 现在都是固定的量。在这种情况下，我们通常说棒中的材料是均匀的。在这些假设下，热方程变成

$$c\rho\frac{\partial u}{\partial t}=K_0\frac{\partial^2 u}{\partial x^2}+Q(x,t) \quad (\text{C.89})$$

为了对热方程进行最后的简化，将两边除以 $c\rho$，并定义热扩散率为

$$k=\frac{K_0}{c\rho}$$

则热方程为

$$\frac{\partial u}{\partial t}=k\frac{\partial^2 u}{\partial x^2}+\frac{Q(x,t)}{c\rho} \quad (\text{C.90})$$

对于大部分人而言，这就是他们所谈的热方程所意味的，事实上，它将是我们要求解的方程。实际上，我们要求解没有外部源的式(C.90)，即 $Q(x,t)=0$，但当开始讨论变量的分离时，我们考虑这种形式。当实际开始求解热方程时，我们去掉源这一项。

既然已经得到了一维热方程，也需要转到初始和边界条件，以便求解问题。如果回到我们在前面的章节对常微分方程的求解，可以看到需要的条件的数目总是与方程中导数的最高阶数相匹配。

在常微分方程中也有相同的思路，只是现在也要注意我们相对地进行微分的变量。因此，对于已经得到的热方程，有一阶时间导数，需要1个初始条件，还有二阶的空间导数，因此需要2个边界条件。

我们这里使用的初始条件为

$$u(x,0)=f(x)$$

而且这里实际并不需要对此讨论过多，只是注明这仅告诉我们棒中的初始温度分布如何。

边界条件告诉我们在棒的边界处的温度和/或热流怎么样，其中有4个非常常见的边界条件。

我们可能有的第一类边界条件是规定的温度边界条件，也称为狄利克雷(Dirichlet)条件，规定的温度边界条件为

$$u(0,t)=g_1(x), \quad u(L,t)=g_2(x)$$

下一类边界条件是规定的热流，也称为钮曼(Neumann)条件。采用傅里叶定理可以写为

$$-K_0(0)\frac{\partial u(0,t)}{\partial x}=\varphi_1(t), \quad -K_0(L)\frac{\partial u(L,t)}{\partial x}=\varphi_1(t)$$

如果两个边界是完全绝热的，即，没有热流出边界，则这些边界条件简化为

$$\frac{\partial u(0,t)}{\partial x}=0, \quad \frac{\partial u(L,t)}{\partial x}=0$$

注意我们经常将这些特定的边界条件称为绝热边界，并省去了"完全的"部分。

第三类边界条件采用牛顿制冷定理，有时称为罗宾斯(Robins)条件。当棒处于运动的流体中，通常使用这一边界条件，注意对于这一目的，我们可以认为空气是流体。

这类边界条件的方程可表示为

$$-K_0(0)\frac{\partial u(0,t)}{\partial x}=H[u(0,t)-g_1(t)], \quad -K_0(0)\frac{\partial u(L,t)}{\partial x}=H[u(L,t)-g_2(t)]$$

式中：H 为由实验确定的一个正的量；$g_1(t)$ 和 $g_2(t)$ 为在分别的条件下液体周围的温度。

注意，两个条件与我们处在什么边界略微相关。在 $x=0$ 处，我们在右边有一个负号，而在 $x=L$ 处没有。为了观察这为什么，首先假设在 x 处 $u(0,t)>g_1(x)$，换言之，棒比周围的液体热，因此在 $x=0$ 处，热流（由方程的左侧给出）必须在左边，或者是负的，因为热从较热的棒流到较冷的周围的液体中。如果热流是负的，则我们需要在方程的右边有一个负号，确保它有正确的符号。

如果在 $x=0$ 处，棒比周围的液体冷，即，$u(0,t)<g_1(x)$，我们可以做出类似的论证，判断负号。我们把这留给读者来完成。

如果现在观察另一端 $x=L$，并再次假设棒比周围的液体热，或 $u(L,t)>g_2(x)$。在这种情况下，热流必须是向右的，或是正的，因此，我们不能有负号。最后，我们将留给读者来证明，在棒比周围的液体冷时，在 $x=L$ 处也不能有负号。

注意，这里我们实际不观察这些类型的边界条件。这些类型的边界条件趋于导致如本附录的第 3 节特征值和特征函数中例 5 的边界值问题。正如在该例子中看到的，经常难以得到特征值，也正如我们最终看到的那样，我们需要这些特征值。

重要的是，要注意到，我们也可以混合和匹配这些边界条件。例如，在一个边界有一个规定的温度，在另一个边界有一个规定的热流是没有错误的，因此并不总是期望在两边均有相同的边界条件。这一告诫是更重要的，因为一旦我们要求解热方程，我们要在每端有相同类型的条件，使问题得到一定的简化。

这里我们需要的最后一种类型的边界条件是周期性边界条件。周期性边界条件为

$$u(-L,t)=u(L,t), \quad \frac{\partial u}{\partial x}(-L,t)=\frac{\partial u}{\partial x}(L,t)$$

注意，对于这些边界条件，左边的边界趋向于是 $x=-L$ 而不是 $x=0$，正如我们在前一类条件中使用的那样。周期性边界条件自然地由一组特定的几何条件产生。

我们现在通过快速地观察热方程的二维和三维版来结束本节。然而，在进入这些内容之前，我们首先需要引入一些符号表示法。

del 算子定义为

$$\nabla = \frac{\partial}{\partial x}\boldsymbol{i} + \frac{\partial}{\partial y}\boldsymbol{j}, \quad \nabla = \frac{\partial}{\partial x}\boldsymbol{i} + \frac{\partial}{\partial y}\boldsymbol{j} + \frac{\partial}{\partial z}\boldsymbol{k}$$

这取决于我们处于二维或三维的情况。考虑把 del 算子当作一个以函数为变元（而不是像我们通常那样的以数值为变元）的函数，无论我们将任何函数插入到算子中，都产生该函数的偏微分。

例如，在三维情况下，我们有

$$\nabla f = \frac{\partial f}{\partial x}\boldsymbol{i} + \frac{\partial f}{\partial y}\boldsymbol{j} + \frac{\partial f}{\partial z}\boldsymbol{k}$$

当然这也是函数 $f(x, y, z)$ 的梯度。

del 算子使我们能够快速地写出一个函数的散度。再次采用一个三维的 $f(x, y, z)$ 的散度的例子，可以写成 del 算子和函数的点积，或

$$\nabla \cdot f = \frac{\partial f}{\partial x} + \frac{\partial f}{\partial y} + \frac{\partial f}{\partial z}$$

最后，我们观察一下表达式

$$\nabla \cdot (\nabla f) = \frac{\partial}{\partial x}\left(\frac{\partial f}{\partial x}\right) + \frac{\partial}{\partial y}\left(\frac{\partial f}{\partial y}\right) + \frac{\partial}{\partial z}\left(\frac{\partial f}{\partial z}\right)$$

这通常表示为

$$\nabla^2 f = \frac{\partial^2 f}{\partial x^2} + \frac{\partial^2 f}{\partial y^2} + \frac{\partial^2 f}{\partial z^2}$$

这称作拉普拉斯算子。二维版的当然更简单，没有第三项。

我们现在可以采用 del 算子和/或拉普拉斯算子的热方程的二维和三维版，假设采用了适当维度的版本。

式(C.83)的较高维度版是

$$c\rho \frac{\partial u}{\partial t} = -\nabla \cdot \boldsymbol{\varphi} + Q \tag{C.91}$$

注意比热 c 和比重 ρ 可能是不均匀的，因此可以是空间变量的函数。类似地，外部源项 Q 也可以是空间变量和时间的函数。

傅里叶定理的较高维数的版本是

$$\boldsymbol{\varphi} = -K_0 \nabla u$$

其中假设热导率 K_0 是空间变量的一个函数。

如果将这带入式(C.91)，我们得到一个具有源/热沉的非均匀的棒的热方程（即，热特性可以是空间变量的函数）

$$c\rho \frac{\partial u}{\partial t} = \nabla \cdot (K_0 \nabla u) + Q \tag{C.92}$$

如果现在假设比热、比重和热导率是恒定的（即，棒是均匀的），热方程变为

$$\frac{\partial u}{\partial t} = k\ \nabla^2 u + \frac{Q}{c\rho} \qquad (C.93)$$

这里将两边除以 $c\rho$ 得到拉普拉斯算子前的热扩散率 k。

二维或三维热方程的初始条件为

$$u(x, y, t) = T(x, y, t) \text{ 或 } u(x, y, z, t) = f(x, y, z)$$

这取决于我们所处的维度。

规定的温度边界变成了

$$u(x, y, t) = T(x, y, t) \text{ 或 } u(x, y, z, t) = f(x, y, z)$$

式中：(x, y) 或 (x, y, z) 取决于我们所处的维度，在我们规定温度的边界范围内变化。

规定的热流条件变成了

$$-K_0\ \nabla u \cdot \boldsymbol{n} = \varphi(t)$$

式中：左边为在沿着边界的点上估计的，$\boldsymbol{n}$ 是在表面上的向外的单位法向矢量。

牛顿制冷定理变成

$$-K_0\ \nabla u \cdot \boldsymbol{n} = H(u - u_B)$$

式中：H 为一个由实验确定的正的量；u_B 为在边界处的液体的温度。假设仅在沿着边界的点上估计。

这里我们没有周期性的边界条件，因为它们仅是在特殊的一维几何条件下产生的。

在这一点，我们或许也应该指出：实际上不求解式（C.93），而是求解在拉普拉斯方程一节介绍的它的一个特殊的情况。

对于能够进入网站的读者，我鼓励他们进入 http://tutorial.math.lamar.edu/ 链接，从 Paul 在线数学注解中得到更多的信息。

C.8.1 拉普拉斯变换

我们要求解的偏微分方程是二维拉普拉斯方程，即

$$\nabla^2 u = \frac{\partial^2 u}{\partial x^2} + \frac{\partial^2 u}{\partial y^2} = 0$$

在开始学习怎样求解它之前的一个自然的问题是：这一方程是自然产生的吗？答案是非常确定的！如果考虑二维热方程

$$\frac{\partial u}{\partial t} = k\ \nabla^2 u + \frac{Q}{c\rho}$$

可以看到：如果没有源的话，拉普拉斯方程对应于找到均衡的解（即，与时间无关的解）。因此，这是一个由物理情况形成的方程。

怎样求解拉普拉斯方程取决于二维物体的几何，我们首先针对由 $0 \leqslant x \leqslant L$，$0 \leqslant y \leqslant H$ 给出的矩形求解拉普拉斯方程，对于这种几何，具有 4 个边界条件的拉普拉斯方程是

$$\nabla^2 u = \frac{\partial^2 u}{\partial x^2} + \frac{\partial^2 u}{\partial y^2} = 0$$

$$u(0, y) = g_1(y), \quad u(L, y) = g_2(y)$$
$$u(x, 0) = f_1(x), \quad u(x, H) = f_2(x)$$
(C.94)

要注意的一个重要的事项是：与热方程不同，这里没有任何初始条件，两个变量都是空间变量，每个变量出现在二阶导数中，因此每个变量需要两个边界条件。

注意，尽管偏微分方程是线性和齐次的，边界条件仅是线性的，不是齐次的，这产生了一个问题，因为变量的分离需要齐次边界条件。

为了完全地求解拉普拉斯方程，我们事实上要求解 4 次，每次我们仅针对可能是非齐次的 4 个边界条件之一进行求解，而保留其他 3 个边界条件为齐次的。

4 个问题或许可以一个草图最好地表示，如图 C.12 所示。

现在，在求解了所有这 4 个问题之后，我们的原始系统式（C.94）的解为

$$u(x, y) = u_1(x, y) + u_2(x, y) + u_3(x, y) + u_4(x, y)$$

由于我们知道拉普拉斯方程是线性和齐次的，每一部分是拉普拉斯方程的一个解，它们的和是一个解。此外，这满足 4 个原始的边界条件的每一个。我们验证第一个，其余的留给读者去完成。

$$u(x, 0) = u_1(x, 0) + u_2(x, 0) + u_3(x, 0) + u_4(x, 0) = f_1(x) + 0 + 0 + 0 = f_1(x)$$

在这些情况的每一个情况中，唯一的非线性边界条件取代我们在几节前求解的热方程问题中的初始条件。我们对每个问题采用变量分离，并得到满足微分方程和 3 个齐次边界条件的解。采用分离原理我们得到问题的一个解，然后使用最终的边界条件确定问题中剩余的常数的值。这一过程与我们求解热方程时采用的过程在许多方面近乎相同。

这里我们针对 2 种情况进行求解，其余的 2 个留给读者完成。

例 1：求解偏微分方程的解：

$$\nabla^2 u_4 = \frac{\partial^2 u_4}{\partial x^2} + \frac{\partial^2 u_4}{\partial y^2} = 0$$

$$u_4(0, y) = g_1(y), \quad u_4(L, y) = 0$$

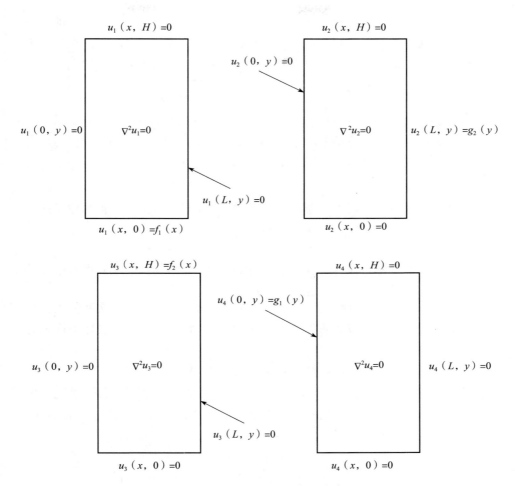

图 C.12 二维拉普拉斯方程求解要考虑的四个边界条件

$$u_4(x, 0) = 0, \quad u_4(x, H) = 0$$

解：首先假设我们的解采用变量分离方法，形式为

$$u_4(x, y) = h(x)\varphi(y)$$

对这一问题可以进行变量分离，并通过变量分离产生两个我们需要求解的常微分方程，即

$$\frac{\partial^2 h}{\partial x^2} - \lambda h = 0, \quad \frac{\partial^2 \varphi}{\partial y^2} - \lambda \varphi = 0$$

$$h(L) = 0, \quad \varphi(0) = 0, \quad \varphi(H) = 0$$

注意，这种情况与我们必须首先求解边界值问题的热方程不同。由于不知道 λ，我们不能仅采用一个边界条件求解第一个微分方程，因为 λ 的符号影

响解。

我们也注意到，在热方程求解的例 1 中求解了边界值问题，因此在这里不再求解。对特征值和特征函数的符号做一些变化，这里的边界值问题是

$$\lambda_n = \left(\frac{n\pi}{H}\right)^2 ; \quad \varphi_n(y) = \sin\left(\frac{n\pi y}{H}\right), \quad n = 1, 2, 3, \cdots$$

既然知道特征值，我们写下插入 λ 的第一个微分方程。

因为在上面的微分方程中的 $h(x)$ 的系数为正的，我们指定它的一个解是

$$h(x) = c_1 \cosh\left(\frac{n\pi x}{H}\right) + c_2 \sin\left(\frac{n\pi x}{H}\right)$$

然而，这实际上不适于处理 $h(L) = 0$ 的边界条件。因此，我们也注意到

$$h(x) = c_1 \cosh\left(\frac{n\pi(x-L)}{H}\right) + c_2 \sin\left(\frac{n\pi(x-L)}{H}\right)$$

也是一个解。通过将它插入到微分方程中并检验它实际上是一个解来进行验证。将唯一的边界条件应用到这一"偏移的"解得到

$$0 = h(L) = c_1$$

现在，第一个微分方程的解是

$$h(x) = c_2 \sinh\left(\frac{n\pi x}{H}\right)$$

这是我们采用这进一步能做的，因为我们仅有一个单一的边界条件。然而，这实际上不是一个问题，因为我们现在有足够的信息得到这一偏微分方程的解。这一偏微分方程的解是

$$u_n(x, y) = B_n \sinh\left(\frac{n\pi(x-L)}{H}\right) \sin\left(\frac{n\pi y}{H}\right), \quad n = 1, 2, 3, \cdots$$

分离原理告诉我们，偏微分方程的一个解是

$$u_4(x, y) = \sum_{n=1}^{\infty} B_n \sinh\left(\frac{n\pi(x-L)}{H}\right) \sin\left(\frac{n\pi y}{H}\right)$$

这一解将满足 3 个齐次边界条件。为了确定常数，我们需要做的是应用最终的边界条件

$$u_4(0, y) = g_1(y) = \sum_{n=1}^{\infty} B_n \sinh\left(\frac{n\pi(-L)}{H}\right) \sin\left(\frac{n\pi y}{H}\right)$$

现在，在前面我们求解的问题中，显然是某种类型的傅里叶级数，事实上它仍然是。这里的差别是：现在傅里叶正弦级数的系数是

$$B_n \sinh\left(\frac{n\pi(-L)}{H}\right)$$

而不仅仅是 B_n，我们可能更想采用正弦的正交性来导出用于 B_n 的公式，然而我们可能仍然要重新采用我们以前所做的工作，得到用于这里的系数的公式。

记住，傅里叶正弦级数仅仅是一系列系数（取决于 n）乘以正弦。我们看到，与我们首次涉及傅里叶级数时看到的相比，这次"系数"有些混乱。因此，可以采用与在 $0 \leqslant y \leqslant H$ 上的傅里叶正弦级数部分相同的公式得到系数，我们需要慎重对待系数。

$$B_n \sinh\left(\frac{n\pi(-L)}{H}\right) = \frac{2}{H}\int_0^H g_1(y)\sin\left(\frac{n\pi y}{H}\right) dy, \quad n = 1, 2, 3, \cdots$$

$$B_n = \frac{2}{H\sinh\left(\frac{n\pi(-L)}{H}\right)}\int_0^H g_1(y)\sin\left(\frac{n\pi y}{H}\right) dy, \quad n = 1, 2, 3, \cdots$$

与我们求解的其他问题相比，这次 B_n 的公式有些混乱，但实际上并不混乱。对于更复杂的例子和进一步的细节，我们建议读者参考网站：http://tutorial.math.lamar.edu/Classes/DE/LaplacesEqn.aspx。

参考文献

1. Richard Haberman. (1983) Elementary applied partial differential equations with fourier series and boundary value problems. 2nd Edition, Prentice-Hall, Inc
2. Erich Zauderer (1989) Partial differential equations of applied mathematics. 2nd Edition, John Wiley
3. Yehuda Pinchover and Jacob Rubinstein (2005) An introduction to partial differential equations. Cambridge University Press
4. Dennis G. Zill. A first course in differential equations with modeling applications. 7th Edition, Brooks/Cole Thomson Learning
5. Boyce We and Diprima Rc (2001) Elementary differential equations and boundary value problems. 7th Ed, John Wiley

附录 D　复变函数短教程

在研究激光物理和激光与物质的相互作用以及求解热传递和光学相关的物理学时，可以采用复变量符号显著降低符号表示的复杂性。本节的目的是简要全面地阐述基本的复变量分析，进一步引入求解热传递方程涉及的前沿物理思想，并介绍处理偏微分方程需要的场的知识，以便求解这样的复的边界值问题。本节的主要目的是这些对应用这一主题至关重要的理论部分的发展。本附录开始的复变量的基本分析取材自 Brown 和 Churchill 的"复变量及其应用"一书[1]，其余部分则取材自 Murry R. Spiegel 的"复变量理论和问题：保角映射及其应用导论"一书[2]，但根据本书要求解热扩散的边界值问题并用来理解激光光束与物质的相互作用的物理学的需要重新进行了编排。此外，在本附录中的各种文献(在本章的末尾提到的文献)给出了不同的例子和问题。

D.1　复数

一个复数是一个包括一个实部和虚部的数。它可以用 $a+ib$ 表示，其中 a 和 b 是实数，i 是标准的虚数单位，$i^2=-1$。复数包括原始的实部，但通过增加虚部进行了扩展，并相应地扩展了对加和乘的理解(图 D.1)。

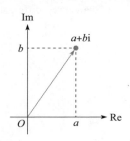

图 D.1　一个复数可以被图形化地表示为在一个图(称为复数平面图，表示复数平面)上形成一个向量的一对数

如果 $z=a+ib$，实部 a 表示 $\mathrm{Re}(z)$，虚部 b 表示 $\mathrm{Im}(z)$，通过把每个实数看作具有零虚部的一个复数，可以把复数(C)看作是实数(R)的扩展，实数 a 与

复数 $a+\mathrm{i}0$ 相同。具有零实部($\mathrm{Re}(z)=0$)的复数称为虚数,虚数通常用 $\mathrm{i}b$ 而不是 $0+\mathrm{i}b$ 表示。如果 b 等于1,该数用 i 表示,而不是用 $0+1\mathrm{i}$ 或 $1\mathrm{i}$ 表示。

在某些学科中(如电子工程中,i 是电流的符号),虚单位被写为 j,因此复数有时写成 $a+\mathrm{j}b$ 或 $a+b\mathrm{j}$。

D.2 分枝点和分枝线

假设给定了函数 $w=z^{1/2}$,进一步假设 z 绕着原点从点 A 开始形成了一个完整的圆环(逆时针,如图 D.2 所示)。我们有 $z=r\mathrm{e}^{\mathrm{i}\theta}$,$w=\sqrt{r}\,\mathrm{e}^{\mathrm{i}\theta/2}$,因此,在 A 处,$\theta=\theta_1$ 且 $w=\sqrt{r}\,\mathrm{e}^{\mathrm{i}\theta_1/2}$。在绕了一圈回到 A 后,$\theta=\theta_1+2\pi$ 且 $w=\sqrt{r}\,\mathrm{e}^{\mathrm{i}(\theta_1+2\pi)/2}=-\sqrt{r}\,\mathrm{e}^{\mathrm{i}\theta_1/2}$。因此,我们没有附上与开始时相同的 w 值。然而,通过再绕完整的一圈回到 A 处,亦即 $\theta=\theta_1+4\pi$,$w=\sqrt{r}\,\mathrm{e}^{\mathrm{i}(\theta_1+4\pi)/2}=\sqrt{r}\,\mathrm{e}^{\mathrm{i}\theta_1/2}$,我们又得到了与开始时相同的 w 值。通过假设从 $0\leqslant\theta\leqslant 2\pi$ 开始,我们可以把上述描述成我们处在多值函数 $z^{1/2}$ 的一个分枝,而如果 $2\pi\leqslant\theta\leqslant 4\pi$,我们在函数的另一个分枝。

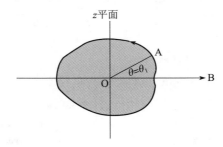

图 D.2 分枝点和分枝线

显然,函数的每一个分枝是单值的。为了保持函数的单值性,设定一个我们同意不跨越的人为的分界线,如 OB,其中 B 处于无穷远处(尽管可以使用从 O 开始的其他线),这一分界线(在图中着重画出)称为支割线,点 O 被称为一个分枝点。应当注意,绕着除 $z=0$ 的其他点的一个圆并不导致不同的值,因此 $z=0$ 是唯一的有限分枝点。

D.3 奇点

$f(z)$ 的一个不能分析的点被称为奇点或者 $f(z)$ 的奇点,存在各种类型的奇点。

D.3.1 孤立奇点 z_0

如果我们可以找到 $\delta>0$,使得环 $|z-z_0|=\delta$ 不包围除此之外的任何奇点

(即，存在一个不包含奇点的 z_0 的去心的 δ 邻域)，则点 $z=z_0$ 称为是一个孤立奇点，或者 $f(z)$ 的孤立奇点。如果找不到这样的 δ，我们称 z_0 是一个非孤立的奇点。

如果 z_0 不是一个奇点，而且我们可以找到使 $|z-z_0|=δ$ 不包围奇点的 $δ>0$，则我们称 z_0 是 $f(z)$ 的一个原点。

D.3.2 极点

如果我们可以找到一个正整数 n 使得 $\lim_{z \to z_0}(z-z_0)^n f(z)=A \neq 0$，则 $z=z_0$ 是一个 n 阶的极点，如果 $n=1$，z_0 被称为是一个简单极点。

例 1：$f(z)=\dfrac{1}{(z-2)^3}$ 在 $z=2$ 处有一个三阶极点。

例 2：$f(z)=\dfrac{3z-2}{(z-1)^2(z+1)(z-4)}$ 在 $z=1$ 处有二阶极点，在 $z=-1$ 和 $z=4$ 处有简单极点。

如果 $g(z)=(z-z_0)^n f(z)$，其中 $f(z_0) \neq 0$，且 n 是一个正整数，则 $z=z_0$ 被称为 $g(z)$ 的 n 阶零点。如果 $n=1$，z_0 被称为一个简单零点。在这种情况下，z_0 是函数 $1/g(z)$ 的 n 阶的极点。

D.3.3 分枝点 $f(z)=\ln(z^2+z-2)$

在 D.2 节中已经考虑的多值函数的分枝点是奇点。

例 1：$f(z)=(z-3)^{1/2}$ 在 $z=3$ 处有一个分枝点。

例 2：$f(z)=\ln(z^2+z-2)$ 在 $z^2+z-2=0$ 处，即，在 $z=1$ 和 $z=-2$ 处有分枝点。

D.3.4 可移除的奇点

如果存在 $\lim_{z \to z_0} f(z)$，则奇点 z_0 被称为是可移除的奇点。

例 1：由于 $\lim_{z \to z_0} \dfrac{\sin z}{z}=1$，奇点 $z=0$ 是 $f(z)=\dfrac{\sin z}{z}$ 的可移除的奇点。

D.3.5 本质奇点

一个奇点如果不是极点、分枝点或可移除的奇点，则称作是一个本质奇点。

例 1：$f(z)=e^{1/(z-2)}$ 在 $z=2$ 处有一个本质奇点。

如果一个函数是单值的，而且有一个奇点，则该奇点是一个极点或本质奇点。由于这种原因，一个极点有时也称为非本质奇点。等价地，如果我们不能找到任何正整数 n 使得 $\lim_{z \to z_0}(z-z_0)^n f(z)=A \neq 0$，$z=z_0$ 是一个本质奇点。

D.3.6 在无穷远处的奇点

这类在 $z=\infty$ 处的 $f(z)$ 的奇点与在 $w=0$ 处 $f(1/w)$ 奇点相同。

例1：函数 $f(z)=z^3$ 在 $z=\infty$ 处有一个三阶极点，因为 $f(1/w)=1/w^3$ 在 $w=0$ 处有一个三阶极点。

对于划分奇点的方法，采用有限级数（见本附录的文献[3]的第6章）。

D.4 正交族

在 $w=f(z)=u(x,y)+iv(x,y)$ 是解析时，单参数曲线族是正交的，即，一个曲线族的每根曲线（在图D.3中强调示出）与另一个曲线族中的每个曲线（在图D.3中用虚线示出）在相交点处是相互垂直的。

$$u(x,y)=\alpha, \quad v(x,y)=\beta \tag{D.1}$$

式中：α 和 β 是常数。

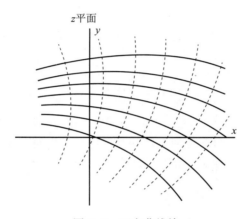

图 D.3 正交曲线族

在由平行于 u 轴的线组成的平面中对应的图像曲线也来自于正交族（图D.4）。

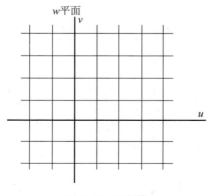

图 D.4 正交族

D.5 曲线

如果 $\phi(t)$ 和 $\psi(t)$ 是实变量 t 的实函数，假设在 $t_1 \leq t \leq t_2$ 是连续的，参数化方程为

$$z = x + iy = \phi(t) + i\psi(t) = z(t), \quad t_1 \leq t \leq t_2 \tag{D.2}$$

在 z 平面内定义加入点 $a = z(t_1)$ 和 $b = z(t_2)$ 的连续的曲线或弧(图 D.5)。

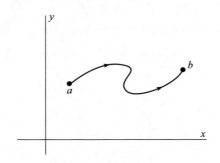

图 D.5 曲线的轮廓

如果 $t_1 \neq t_2$，而 $z(t_1) = z(t_2)$，即，$a = b$，端点相接位置重合，且称曲线是闭合的。一个不与它本身在任何部位相交的闭合曲线称为简单的闭合曲线。例如，图 D.6 的曲线是一个简单的闭合曲线，而图 D.5 不是。

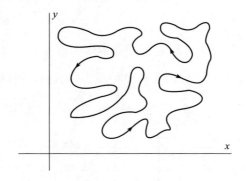

图 D.6 闭合曲线

如果 $\phi(t)$ 和 $\psi(t)$（因此还有 $z(t)$）在 $t_1 \leq t \leq t_2$ 有连续的导数，这一曲线经常称为平滑的曲线或弧。一个由有限数目的平滑弧组成的曲线称为分段的平滑曲线，或者有时称为轮廓。例如，一个方形的边界是分段平滑的曲线或轮廓。

除非另有定义，在提到曲线或简单的闭合曲线时，我们应当假设它是分段

平滑的。

D.6 复积分和柯西定理

本节中，我们引入柯西定理和复积分。这里有关解析函数的最引人注目的事实或许是：一个解析函数 $f(z)$ 在一个闭合的环 C 上的值表示在其内每个点的值。如果 z_0 是 C 内的一个点，则将 $f(z_0)$ 与 C 上的已知的 $f(z)$ 值之间的关系称为柯西积分公式。

D.6.1 复的线积分

令 $f(z)$ 为假设具有有限长度的一个曲线 C 的所有点处的函数（图 D.7），即，C 是一个可求积的曲线。

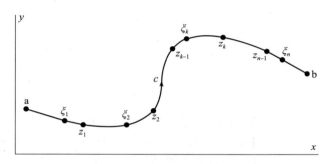

图 D.7 曲线 C

采用任意选择的点 z_1，z_2，$\cdots$，z_{n-1} 将 C 划分成 n 部分，并称 $a=z_0$，$b=z_n$，在连接 z_{k-1} 与 z_k（其中 $k=1$，2，$\cdots$，n）的每一部分选择一个点 ξ_k。累加和为

$$S_n = f(\xi_1)(z_1-a) + f(\xi_2)(z_2-z_1) + \cdots + f(\xi_n)(b-z_{n-1}) \tag{D.3}$$

写出 $z_k - z_{k-1} = \Delta z_k$，这变成了

$$S_n = \sum_{k=1}^{n} f(\xi_k)(z_k - z_{k-1}) = \sum_{k=1}^{n} f(\xi_k) \Delta z_k \tag{D.4}$$

让划分的部分的数目 n 以使最大的弦长 $|\Delta z_k|$ 接近于零方式增加，则累加和 S_n 接近于一个不取决于划分模式的极限，这一极限可表示为

$$\int_a^b f(z)\,dz \quad \text{或者} \quad \int_C f(z)\,dz \tag{D.5}$$

这称为 $f(z)$ 沿曲线 C 的复线积分或者简单地称为线积分，或者 $f(z)$ 沿曲线 C 从 a 到 b 的定积分。在这样的情况下，$f(z)$ 称为是沿着 C 可积分的。注意，如果 $f(z)$ 在一个区域 $\mathcal{R}$ 的所有的点是解析的，而且如果 C 是一个在 $\mathcal{R}$ 内的曲线，则 $f(z)$ 是沿着 C 可积分的。

D.6.2 实线积分

如果 $P(x, y)$ 和 $Q(x, y)$ 是在曲线所有点上连续的 x 和 y 的实函数，沿曲线 C 的 $Pdx+Qdy$ 的实线积分可以类似于上面所给的方式定义，可表示为

$$\int_C [P(x,y)dx + Q(x,y)dy] \quad 或 \quad \int_C Pdx + Qdy \qquad (D.6)$$

第二种表示用于简要地表示。如果 C 是平滑的且有参数方程 $x=\phi(t)$ 和 $y=\psi(t)$，其中 $t_1 \le t \le t_2$，式(D.6)的值可表示为

$$\int_{t_1}^{t_2} [P\{\phi(t),\psi(t)\}\phi'(t)dt + Q\{\phi(t),\psi(t)\}\psi'(t)dt]$$

如果 C 是分段平滑的，可以做出适当的修正，见下面的例子。

例子：计算积分 $\int_{(0,3)}^{(2,4)} (2y+x^2)dx + 3(3x-y)dy$，沿着

(1) 抛物线 $x=2t$, $y=t^2+3$；
(2) 从(0, 3)到(2, 3)，再从(2, 3)到(2, 4)的直线；
(3) 从(0, 3)到(2, 4)的直线。

解：(1) 在抛物线上的点(0, 3)和(2, 4)分别对应于 $t=0$ 和 $t=1$，则给出的积分表示为

$$\int_{t=0}^{1} \{2(t^2+3) + (2t)^2\}dt + \{2(2t) - (t^2+3)\}2tdt =$$

$$\int_{t=0}^{1} (24t^2 + 12 - 2t^3 - 6t)dt = 33/2$$

(2) 沿着从(0, 3)到(2, 3)的直线，$y=3$, $dy=0$，直线积分表示为

$$\int_{x=0}^{2} (6+x^2)dx + (3x-3)0 = \int_{x=0}^{2} (6+x^2)dx = 44/3$$

沿着从(2, 3)到(2, 4)的直线，$x=2$, $dx=0$，线积分表示为

$$\int_{y=3}^{4} (2y+4)0 + (6-y)dy = \int_{y=3}^{2} (6+x^2)dx = 5/2$$

则所需的值 = 44/3+5/2 = 103/6。

(3) 连接(0, 3)和(2, 4)的直线的方程是 $2y-x=6$，求解 x，有 $y=\dfrac{1}{2}(x+6)$，即 $x=2y-6$，则线积分表示为

$$\int_{y=3}^{4} \{2y+(2y-6)^2\}2dy + \{3(2y-6)-y\}dy =$$

$$\int_{3}^{8} (8y^2 - 39y + 54)dy = 97/6$$

采用 $y=\dfrac{1}{2}(x+6)$ 也可以得到结果。

D.6.3 实和复线积分之间的关系

如果 $f(z)=u(x,y)+iv(x,y)=u+iv$，复线积分式(D.7)可以用实线积分表示为

$$\int_C f(z)\mathrm{d}z = \int_C (u+iv)(\mathrm{d}x+i\mathrm{d}y) = \int_C u\mathrm{d}x - v\mathrm{d}u + i\int_C v\mathrm{d}x + u\mathrm{d}y \quad (\text{D.7})$$

由于这一原因，式(D.7)有时被当作复线积分的一个定义。

D.6.4 积分的特性

如果 $f(z)$ 和 $g(z)$ 是沿着 C 可积分的，则：

(1) $\int_C \{f(z)+g(z)\}\mathrm{d}z = \int_C f(z)\mathrm{d}z + \int_C g(z)\mathrm{d}z$。

(2) $\int_C Af(z)\mathrm{d}z = A\int_C f(z)\mathrm{d}z$，$A=$ 任何常数。

(3) $\int_{C_-} f(z)\mathrm{d}z = \int_C f(z)\mathrm{d}z$ [①]。

(4) $\int_{C_-} f(z)\mathrm{d}z = \int_a^m f(z)\mathrm{d}z + \int_m^b f(z)\mathrm{d}z$，点 a、b、m 在 C 上。

(5) $\left|\int_C f(z)\right| \leqslant ML$

式中：$\left|\int_C f(z)\right| \leqslant ML$，即，是在 C 上的 $\left|\int_C f(z)\right|$ 的界，L 是 C 的长度。

上述特性可以描述为各种其他的方式。例如，如果 T、U 和 V 是一个曲线上的相继的点。式(D.6)可以写为

$$\int_{\text{TUV}} f(z)\mathrm{d}z = -\int_{\text{VUT}} f(z)\mathrm{d}z$$

类似地，如果 C、C_1 和 C_2 分别表示从 a 到 b、a 到 m 和 m 到 b 的曲线，我们认为 $C=C_1+C_2$ 是自然的，并将式(D.7)写为

$$\int_{C_1+C_2} f(z)\mathrm{d}z = \int_{C_1} f(z)\mathrm{d}z + \int_{C_2} f(z)\mathrm{d}z$$

D.6.5 变量的变化

假设 $z=g(\xi)$ 是复变量 $\xi=u+iv$ 的一个连续函数。假设在 z 平面中的曲线 C 对应于在 ξ 平面中的曲线 C'，导数 $g'(\xi)$ 在 C' 上是连续的，则

$$\int_C f(z)\mathrm{d}z = \int_{C'} f\{g(\xi)\}g'(\xi)\mathrm{d}\xi \quad (\text{D.8})$$

如果 g 在一个包括曲线 C' 的区域内是解析的，这些条件是满足的。

D.6.6 简单的和多个连接的区域

如果在 R 中有简单的闭合曲线，则区域 R 称为是简单连接的，可收缩到

[①] 原书有误，译者改。

一个点且不离开 R。一个不是简单连接的区域 R 称为是多连接的。

例如，如图 D.8(a) 所示，假设 $\mathcal{R}$ 是阴影 $|z|<2$ 定义的区域，如果 Γ 是在 $\mathcal{R}$ 内的任何简单的闭合曲线（即，那些点在 $\mathcal{R}$ 中），我们看到它可以收缩到在 $\mathcal{R}$ 中的一个点，因此不离开 $\mathcal{R}$，这样 $\mathcal{R}$ 是简单连接的。另外，如图 D.8(b) 所示，如果 $\mathcal{R}$ 是由阴影 $1<|z|<2$ 定义的区域，则在 $\mathcal{R}$ 中有一个简单的闭合曲线 Γ，它不能不离开 $\mathcal{R}$ 收缩到一个点，因此 $\mathcal{R}$ 是多连接的。

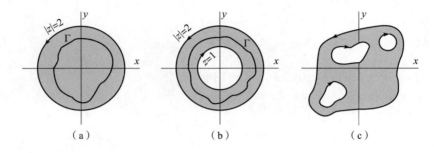

图 D.8　区域 $\mathcal{R}$ 的曲线

从直觉上，一个简单连接的区域是没有任何洞的，而一个多联通的区域是有洞的。因此图 D.8(b) 和图 D.8(c) 的多联通区域分别有 1 个和 3 个洞。

D.6.7　闭合曲线路径的方法的约定

如果对于在这一方向（且垂直于这一平面）行走的观察者该区域在左边，则闭合一个区域的边界 C 的路径沿着正的方向。由这一约定得到了在图 D.9(a)~(c) 中的箭头指示的方向。我们使用符号为 $\oint_z f(z)$。

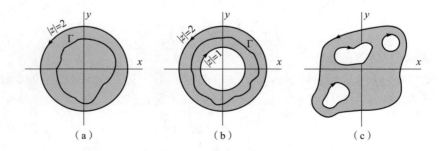

图 D.9　轮廓结构

为了表示 $f(z)$ 以正的方向绕边界 C 的积分，注意在环的情况下（图 D.9(a)），正的方向是逆时针方向。绕 C 的积分经常称为围线积分。

D.6.8 柯西定理

假设 $f(z)$ 在区域 $\mathcal{R}$ 内和它的边界 C 上是解析的，则

$$\oint_C f(z) = 0 \tag{D.9}$$

这一基本定理通常称为柯西积分定理或简称柯西定理，对于简单的和多联通区域都是成立的。它首先是通过采用格林定理，并增加 $f'(z)$ 在 $\mathcal{R}$ 内是连续的约束（见例1）。然而，古萨给出了一个消除了这一约束的证明。由于这种原因，当希望消除这一约束时，这一定理有时称为柯西-古萨定理（见例2~5）。

例1：如果 $f(z)$ 是解析的，且其导数 $f'(z)$ 在一个简单的闭合曲线的内部及其边界上的所有点是连续的，证明柯西定理 $\oint_z f(z) = 0$

解：如果 $f(z) = u + \mathrm{i}v$ 是解析的且有连续的导数，则

$$f'(z) = \frac{\partial u}{\partial x} + \mathrm{i}\frac{\partial u}{\partial x} = \frac{\partial v}{\partial y} + \mathrm{i}\frac{\partial v}{\partial y}$$

由此判定，偏微分① $\dfrac{\partial u}{\partial x} = \dfrac{\partial v}{\partial y}$，② $\dfrac{\partial v}{\partial x} = -\dfrac{\partial v}{\partial y}$ 在 C 之内和 C 上是连续的，因此，可以应用格林定理，且有

$$\oint_C f(z)\mathrm{d}z = \oint_C (u+\mathrm{i}v)(\mathrm{d}x+\mathrm{i}\mathrm{d}y) = \oint_C u\mathrm{d}x - v\mathrm{d}y + \mathrm{i}\oint_C v\mathrm{d}x + u\mathrm{d}y =$$

$$\iint_{\mathcal{R}} \left(-\frac{\partial v}{\partial x} - \frac{\partial u}{\partial y}\right)\mathrm{d}x\mathrm{d}y + \mathrm{i}\iint_{\mathcal{R}} \left(\frac{\partial u}{\partial x} - \frac{\partial v}{\partial y}\right)\mathrm{d}x\mathrm{d}y = 0$$

采用上述的柯西-黎曼方程①和②。

通过采用格林定理适用于多联通区域这一事实，我们可以在给定的对 $f(z)$ 的条件下，将结果扩展到多联通区域。柯西-古萨定理消除了对 $f'(z)$ 是连续的限制。

其他方法

注意到如果 $B(z, \bar{z}) = f(z)$ 与 $\bar{z}$ 无关，则 $\dfrac{\partial B}{\partial \bar{z}} = 0$，因此 $\oint_z f(z) = 0$，由格林定理的复数形式可以得到结果。

D.6.9 莫雷拉定理

假设 $f(z)$ 在一个简单联通区域 $\mathcal{R}$ 是连续的，并假设围绕 $\mathcal{R}$ 中的每个简单的闭合曲线

$$\oint_C f(z) = 0 \tag{D.10}$$

则 $f(z)$ 在 $\mathcal{R}$ 中是连续的。

这一莫雷拉定理,经常称为柯西定理的逆定理。它可以扩展到多联通区域。对于假设 $f'(z)$ 在 $\mathcal{R}$ 中是连续的证明,见例 1。对于消除这一限制的证明,见例 2。

例 1:假设 $f(z)$ 在 $\mathcal{R}$ 中有连续的导数,证明莫雷拉定理。

解:如果 $f(z)$ 在 $\mathcal{R}$ 中有一个连续的导数,则我们可以采用格林定理得到

$$\oint_C f(z)\,\mathrm{d}z = \oint_C u\,\mathrm{d}x - v\,\mathrm{d}y + \mathrm{i}\oint_C v\,\mathrm{d}x + u\,\mathrm{d}y =$$

$$\iint_C \left(-\frac{\partial v}{\partial x} - \frac{\partial u}{\partial y}\right)\mathrm{d}x\mathrm{d}y + \mathrm{i}\iint_C \left(\frac{\partial u}{\partial x} - \frac{\partial v}{\partial y}\right)\mathrm{d}x\mathrm{d}y$$

则如果围绕着 $\mathcal{R}$ 中的每个闭合的路径 C,$\oint_z f(z)=0$,必定有围绕 $\mathcal{R}$ 中的每个闭合的路径 C

$$\oint_C u\,\mathrm{d}x - v\,\mathrm{d}y = 0 \quad \text{和} \quad \oint_C v\,\mathrm{d}x - u\,\mathrm{d}y = 0$$

例 2:如果 $f(z)$ 在一个简单联通的区域 $\mathcal{R}$ 中是解析的,证明 $\int_a^b f(z)\,\mathrm{d}z$ 与连接 $\mathcal{R}$ 中的任意两个点的 $\mathcal{R}$ 中路径无关(图 D.10)。

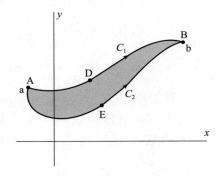

图 D.10 轮廓曲线 C_1 和 C_2

解:由柯西定理

$$\int_{\mathrm{ADBEA}} f(z)\,\mathrm{d}z = 0$$

或

$$\int_{\mathrm{ADB}} f(z)\,\mathrm{d}z + \int_{\mathrm{BEA}} f(z)\,\mathrm{d}z = 0$$

因此

$$\int_{\mathrm{ADB}} f(z)\,\mathrm{d}z = -\int_{\mathrm{BEA}} f(z)\,\mathrm{d}z = \int_{\mathrm{AEB}} f(z)\,\mathrm{d}z$$

因此
$$\int_{C_1} f(z)\,\mathrm{d}z = \int_{C_2} f(z)\,\mathrm{d}z = \int_a^b f(z)\,\mathrm{d}z$$
这产生需要的结果。

例 3：证明莫雷拉定理(柯西定理逆定理)：如果 $f(z)$ 在一个简单联通的区域 $\mathcal{R}$ 中是连续的，且如果在围绕区域 $\mathcal{R}$ 中每个简单的闭合曲线 C，$\oint_C f(z)\,\mathrm{d}z = 0$，则在 $\mathcal{R}$ 中 $f(z)$ 是连续的。

解：如果 $\oint_C f(z)\,\mathrm{d}z = 0$ 与 C 无关，根据上面的例 2，$F(z) = \int_a^z f(z)\,\mathrm{d}z$ 与连接 a 和 z 的路径无关，只要这一路径在 $\mathcal{R}$ 中。则通过推理，这与上述例 2 中采用的相同，因此 $F(z)$ 在 $\mathcal{R}$ 中是解析的，且 $F'(z) = f(z)$。而且，如果 $F(z)$ 是解析的，则 $F'(z)$ 也是解析的。因此 $f(z)$ 在 $\mathcal{R}$ 中是解析的。

例 4：假设 $f(z)$ 在由两个简单的闭合曲线 C_1 和 C_2 为界的区域 $\mathcal{R}$[图 D.11] 及 C_1 和 C_2 中是解析的，证明 $\oint_{C_1} f(z)\,\mathrm{d}z = \oint_{C_2} f(z)\,\mathrm{d}z$，其中 C_1 和 C_2 是在相对于其内部的正方向(图 D.11 中的逆时针①)遍历的。

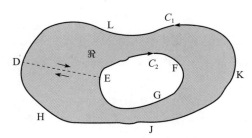

图 D.11　轮廓的路径

解：考虑横切线 DE，则由于 $f(z)$ 在区域 $\mathcal{R}$ 内是解析的，由柯西定理有
$$\int_{\mathrm{DEFGEDHJKLD}} f(z)\,\mathrm{d}z = 0$$
或
$$\int_{\mathrm{DE}} f(z)\,\mathrm{d}z + \int_{\mathrm{EFGA}} f(z)\,\mathrm{d}z + \int_{\mathrm{ED}} f(z)\,\mathrm{d}z + \int_{\mathrm{DFGKLD}} f(z)\,\mathrm{d}z = 0$$
因为
$$\int_{\mathrm{DE}} f(z)\,\mathrm{d}z = -\int_{\mathrm{ED}} f(z)\,\mathrm{d}z$$

---

① 原书有误，译者改。

$$\int_{DHJKLD} f(z)\,\mathrm{d}z = -\int_{EFGE} f(z)\,\mathrm{d}z = \int_{EGFE} f(z)\,\mathrm{d}z$$

例5：计算 $\oint_C \dfrac{\mathrm{d}z}{z-a}$，其中 C 是任何简单的闭合曲线 C，$z=a$ 在：

（1）C 的外部。

（2）C 的内部。

解：（1）如果 a 在 C 的外部，则 $f(z)=1/(z-a)$ 在 C 的内部和 C 上的任何地方是解析的。因此，由柯西定理 $\oint_C \dfrac{\mathrm{d}z}{z-a} = 0$（图 D.12）。

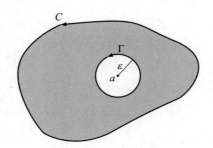

图 D.12　轮廓的结构

（2）假设 a 在 C 内部，$\varGamma$ 是半径为 ε 的一个环，中心位于 $z=a$ 处，因此 $\varGamma$ 在 C 内部[这是因为 $z=a$ 是一个内点]。由上面的例4，我们有

$$\oint_C \frac{\mathrm{d}z}{z-a} = \oint_\varGamma \frac{\mathrm{d}z}{z-a} \tag{D.11}$$

现在在 $\varGamma$ 上，$|z-a|=\varepsilon$ 或 $z-a=\varepsilon \mathrm{e}^{\mathrm{i}\theta}$，即，$z=a+\varepsilon \mathrm{e}^{\mathrm{i}\theta}$，$0\leqslant \theta \leqslant 2\pi$。因此，由于 $\mathrm{d}z=\mathrm{i}\varepsilon \mathrm{e}^{\mathrm{i}\theta}\mathrm{d}\theta$，式(D.11)的右边变成了

$$\int_{\theta=0}^{2\pi} \frac{\mathrm{i}\varepsilon \mathrm{e}^{\mathrm{i}\theta}\mathrm{d}\theta}{\varepsilon \mathrm{e}^{\mathrm{i}\theta}} = \mathrm{i}\int_{\theta=0}^{2\pi} \mathrm{d}\theta = 2\pi \mathrm{i}$$

这是所需要的值。

例6：计算 $\oint_C \dfrac{\mathrm{d}z}{(z-a)^n}$，$n=2,3,4,\cdots$，其中 $z=a$ 在简单的闭合曲线 C 内部。

解：如上面的例5，有

$$\oint_C \frac{\mathrm{d}z}{(z-a)^n} = \oint_\varGamma \frac{\mathrm{d}z}{(z-a)^n} = \int_{\theta=0}^{2\pi} \frac{\mathrm{i}\varepsilon \mathrm{e}^{\mathrm{i}\theta}\mathrm{d}\theta}{\varepsilon^n \mathrm{e}^{\mathrm{i}n\theta}} = \frac{\mathrm{i}}{\varepsilon^{n-1}} \int_{\theta=0}^{2\pi} \mathrm{e}^{(1-n)\mathrm{i}\theta}\mathrm{d}\theta =$$

$$\left. \frac{\mathrm{i}\varepsilon \mathrm{e}^{(1-n)\mathrm{i}\theta}\mathrm{d}\theta}{\varepsilon^{n-1}\varepsilon^n \mathrm{e}^{\mathrm{i}n\theta}} \right|_0^{2\pi} = \frac{1}{(1-n)\varepsilon^{n-1}}\left[\varepsilon^{2(n-1)\pi \mathrm{i}} - 1 \right] = 0$$

其中 $n \neq 1$。

D.6.10 柯西定理的某些结果

假设 $f(z)$ 在一个简单连接的区域 $\mathcal{R}$ 内是解析的，则以下定理成立。

定理 1 如果 a 和 z 是 $\mathcal{R}$ 中的任何两点，则

$$\int_z^a f(z)\,\mathrm{d}z \tag{D.12}$$

与 $\mathcal{R}$ 中的连接 a 和 z 的路径无关。

定理 2 如果 a 和 z 是 $\mathcal{R}$ 中的任何两点，且

$$G(z) = \int_a^b f(z)\,\mathrm{d}z \tag{D.13}$$

则 $G(z)$ 在 $\mathcal{R}$ 中是解析的，且 $G'(z) = f(z)$。有时上述表达式可以定义为

$$G(z) = \int_a^z f(\xi)\,\mathrm{d}\xi \tag{D.14}$$

定理 3 如果 a 和 z 是 $\mathcal{R}$ 中的任何两点，且 $F'(z) = f(z)$，则

$$\int_a^b f(z)\,\mathrm{d}z = F(b) - F(a) \tag{D.15}$$

这可以写成类似于初等积分的形式

$$\int_a^b f(z)\,\mathrm{d}z = F(z)\Big|_a^b = F(b) - F(a) \tag{D.16}$$

例子 $\int_{3\mathrm{i}}^{1-\mathrm{i}} 4z\,\mathrm{d}z = 2z^2 \Big|_{3\mathrm{i}}^{1-\mathrm{i}} = 2(1-\mathrm{i})^2 - 2(3\mathrm{i})^2 = 18 - 4\mathrm{i}$

定理 4 如果 $f(z)$ 在由两个简单的闭合曲线 C 和 C_1 [其中 C_1 在 C 内，如图 D.13 所示]所界定的区域和这些曲线上是解析的，则

$$\oint_C f(z)\,\mathrm{d}z = \oint_{C_1} f(z)\,\mathrm{d}z \tag{D.17}$$

其中 C 和 C_1 是以相对于其内部的正方向遍历的[图 D.14 中的逆时针方向]。

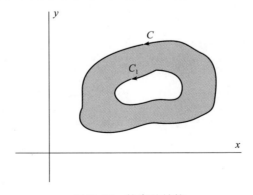

图 D.13 轮廓的结构

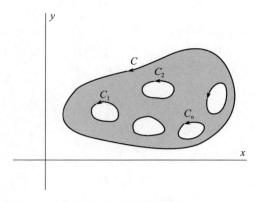

图 D.14　轮廓的结构

结果表明：如果我们希望沿着曲线 C 对 $f(z)$ 积分，我们可以等价地将 C 由任何曲线 C_1 代替，只要 $f(z)$ 是在 C 和 C_1 之间的区域解析的。

定理 5　如果 $f(z)$ 在由非交叠的简单的闭合曲线 C、C_1、C_2、C_3、$\cdots$、C_n（其中 C、C_1、C_2、C_3、$\cdots$、C_n 如图 D.13 所示在 C 内）所界定的区域和这些曲线上是解析的。则

$$\oint_C f(z)\,\mathrm{d}z = \oint_{C_1} f(z)\,\mathrm{d}z + \oint_{C_2} f(z)\,\mathrm{d}z + \oint_{C_3} f(z)\,\mathrm{d}z + \cdots + \oint_{C_n} f(z)\,\mathrm{d}z \quad (\text{D.18})$$

这是定理 4 的推广。

D.7　柯西积分公式和相关的定理

本节我们讨论柯西积分定理(用于积分是一个沿着闭合点 a 的围线 γ 的围线积分)和相关的其他定理。

D.7.1　柯西积分公式

如果 $f(z)$ 在一个简单的闭合曲线 C 内部及其上面是解析的，且 z_0 是 C 内的任意点(图 D.15)，则

$$f(z_0) = \frac{1}{3\pi \mathrm{i}} \oint_\gamma \frac{f(z)}{z - z_0}\,\mathrm{d}z \quad (\text{D.19})$$

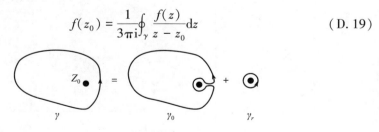

图 D.15　轮廓的结构

式中：积分为沿着包围点 z_0 的围线 γ 的一个围线积分。它可以通过考虑围线积分导出，即

$$\oint_\gamma \frac{f(z)}{z-z_0} \mathrm{d}z \tag{D.20}$$

其中将一个路径 γ_r 定义为围绕点 z_0 的无限小的逆时针的圆环，将路径 γ_0 定义为有一个切线（前向和逆向的分量补充对消）的围绕 z_0 的任意环，则总的路径是

$$\gamma = \gamma_0 + \gamma_r \tag{D.21}$$

因此

$$\oint_\gamma \frac{f(z)}{z-z_0} \mathrm{d}z = \oint_{\gamma_0} \frac{f(z)}{z-z_0} \mathrm{d}z + \oint_{\gamma_r} \frac{f(z)}{z-z_0} \mathrm{d}z \tag{D.22}$$

根据柯西积分定理，沿着不包围极点的任何路径的围线积分为 0。因此，上述方程的第一项为 0，因为 γ_0 不包围极点，我们有

$$\oint_\gamma \frac{f(z)}{z-z_0} \mathrm{d}z = \oint_{\gamma_r} \frac{f(z)}{z-z_0} \mathrm{d}z \tag{D.23}$$

现在，假定 $z = z_0 + r e^{\mathrm{i}\theta}$，因此 $\mathrm{d}z = \mathrm{i}r e^{\mathrm{i}\theta} \mathrm{d}\theta$，则有

$$\oint_\gamma \frac{f(z)}{z-z_0} \mathrm{d}z = \oint_{\gamma_r} \frac{f(z_0 + r e^{\mathrm{i}\theta})}{z-z_0} \mathrm{i}r e^{\mathrm{i}\theta} \mathrm{d}\theta = \oint_{\gamma_r} (z_0 + r e^{\mathrm{i}\theta}) \mathrm{i}\mathrm{d}\theta \tag{D.24}$$

但我们允许 r 收缩为 0，因此

$$\oint_\gamma \frac{f(z)}{z-z_0} \mathrm{d}z = \lim_{x \to 0} \oint_{\gamma_r} \frac{f(z_0 + r e^{\mathrm{i}\theta})}{z-z_0} \mathrm{i}r e^{\mathrm{i}\theta} \mathrm{d}\theta = \oint_{\gamma_r} f(z_0) \mathrm{i}\mathrm{d}\theta =$$

$$\mathrm{i}f(z_0) \oint_{\gamma_r} \mathrm{d}\theta = 2\pi \mathrm{i} f(z_0) \tag{D.25}$$

如果围绕 z_0 有多个环，则式(D.25)变成

$$f(z_0) = \frac{1}{2\pi \mathrm{i}} \oint_\gamma \frac{f(z)}{z-z_0} \mathrm{d}z$$

对于 $f(z)$ 的微分有类似的公式

$$\begin{aligned}
f'(z_0) &= \lim_{h \to 0} \frac{f(z_0 + h) - f(z_0)}{h} \\
&= \lim_{h \to 0} \frac{1}{2\pi \mathrm{i}h} \left[\oint_\gamma \frac{f(z) \mathrm{d}z}{z-z_0-h} - \oint_\gamma \frac{f(z) \mathrm{d}z}{z-z_0} \right] \\
&= \lim_{h \to 0} \frac{1}{2\pi \mathrm{i}h} \oint_\gamma \frac{hf(z) \mathrm{d}z}{(z-z_0-h)(z-z_0)} \\
&= \lim_{h \to 0} \frac{1}{2\pi \mathrm{i}h} \oint_\gamma \frac{f(z) \mathrm{d}z}{(z-z_0)^2}
\end{aligned} \tag{D.26}$$

再次迭代

$$f^n(z_0) = \frac{2}{2\pi i}\oint_\gamma \frac{f(z)\,dz}{(z-z_0)^3} \tag{D.27}$$

继续这一过程 n 次，我们有

$$f^n(z_0) = \frac{n!}{2\pi i}\oint_\gamma \frac{f(z)\,dz}{(z-z_0)^{n+1}} \quad n=1,2,3,\cdots$$

例1：如果 $f(z)$ 在一个简单联通的区域 $\mathcal{R}$ 的边界 C 内和 C 上是解析的，证明柯西积分公式

$$f(a) = \frac{1}{2\pi i}\oint_C \frac{f(z)}{z-a}\,dz$$

解：方法1　方程 $f(z)/(z-a)$ 在 C 内和 C 上是解析的，除了在点 $z=a$ 之外（图 D.16），按照 D.6 节定理 4，我们有

$$\oint_C \frac{dz}{z-a} = \oint_\Gamma \frac{dz}{z-a} \tag{D.28}$$

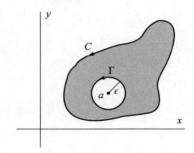

图 D.16　轮廓结构

这里我们可以选择 Γ 为一个中心位于 a 的一个半径为 ε 的环，则 Γ 的方程是 $|z-a|=\varepsilon$，或者 $z-a=\varepsilon e^{i\theta}$，其中 $0\leq\theta<2\pi$，代入 $z=a+\varepsilon e^{i\theta}$，$dz=i\varepsilon e^{i\theta}d\theta$，式（D.28）右边的积分变成了

$$\oint_\Gamma \frac{dz}{z-a} = \int_{\theta=0}^{2\pi} \frac{f(a+\varepsilon e^{i\theta})i\varepsilon e^{i\theta}}{\varepsilon e^{i\theta}} = i\int_{\theta=0}^{2\pi} f(a+\varepsilon e^{i\theta})\,d\theta$$

因此，由式（D.28）有

$$\oint_C \frac{dz}{z-a} = i\int_{\theta=0}^{2\pi} f(a+\varepsilon e^{i\theta})\,d\theta \tag{D.29}$$

取式（D.29）两边的极限，并利用 $f(z)$ 的连续性，有

$$\oint_\Gamma \frac{\mathrm{d}z}{z-a} = \lim_{\varepsilon \to 0} \mathrm{i} \int_{\theta=0}^{2\pi} f(a+\varepsilon \mathrm{e}^{\mathrm{i}\theta}) \mathrm{d}\theta = \mathrm{i} \int_{\theta=0}^{2\pi} \lim_{\varepsilon \to 0} f(a+\varepsilon \mathrm{e}^{\mathrm{i}\theta}) \mathrm{d}\theta = \quad (\text{D.30})$$

$$\mathrm{i} \int_{\theta=0}^{2\pi} f(a) \mathrm{d}\theta = 2\pi \mathrm{i} f(a)$$

因此，正如所需要的，有

$$f(a) = \frac{1}{2\pi \mathrm{i}} \oint_C \frac{f(z)}{z-a} \mathrm{d}z$$

方法 2 方法 1 的式(D.28)的右侧可以写为

$$\oint_\Gamma \frac{f(z)}{z-a} \mathrm{d}z = \oint_\Gamma \frac{f(z)-f(a)}{z-a} \mathrm{d}z + \oint_\Gamma \frac{f(a)}{z-a} \mathrm{d}z = \oint_\Gamma \frac{f(z)-f(a)}{z-a} \mathrm{d}z + 2\pi \mathrm{i} f(a)$$

如果我们可以证明

$$\oint_\Gamma \frac{f(z)-f(a)}{z-a} \mathrm{d}z = 0$$

所需的结果将成立。可以证明

$$\oint_\Gamma \frac{f(z)-f(a)}{z-a} \mathrm{d}z = \oint_\Gamma f'(a) + \oint_\Gamma \eta \mathrm{d}z = \oint_\Gamma \eta \mathrm{d}z$$

选择 Γ 很小以使对于在 Γ 上所有的点，我们有 $|\eta| < \delta/2\pi$，得到

$$\left| \oint_\Gamma \eta \mathrm{d}z \right| < \left(\frac{\delta}{2\pi}\right)(2\pi\varepsilon) = \varepsilon \text{ ①}$$

因此 $\oint_\Gamma \eta \mathrm{d}z = 0$，证毕。

例 2：如果在一个简单联通的区域 $\mathcal{R}$ 的边界 C 内和 C 上是解析的，证明

$$f'(a) = \frac{1}{2\pi \mathrm{i}} \oint_\Gamma \frac{f(z)}{(z-a)^2} \mathrm{d}z$$

解：如果 a 和 $a+h$ 在 $\mathcal{R}$ 内，有

$$\frac{f(a+h)-f(a)}{h} = \frac{1}{2\pi \mathrm{i}} \oint_C \frac{1}{h} \left\{ \frac{1}{z-(a+h)} - \frac{1}{(z-a)} \right\} f(z) \mathrm{d}z$$

$$= \frac{1}{2\pi \mathrm{i}} \oint_C \frac{1}{h} \left\{ \frac{f(z) \mathrm{d}z}{(z-(a+h))(z-a)} \right\}$$

$$= \frac{1}{2\pi \mathrm{i}} \oint_C \frac{f(z) \mathrm{d}z}{(z-a)^2} + \frac{1}{2\pi \mathrm{i}} \oint_C \frac{f(z) \mathrm{d}z}{(z-a-h)(z-a)^2}$$

如果可以证明最后一项近似为 0，结果为取 $h \to 0$ 的极限。

为了证明这点，我们利用如果 Γ 是在 $\mathcal{R}$ 内的一个半径为 ε 且中心位于 a

---

① 原书有误，译者改。

的环(图 D.17)，则

$$\frac{h}{2\pi i}\oint_C \frac{f(z)\mathrm{d}z}{(z-a-h)(z-a)^2} \to 0 \quad ①$$

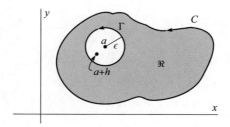

图 D.17　轮廓的结构

选择 h 的绝对值很小以使 $a+h$ 在 Γ 中，且 $|h|<\varepsilon/2$，按照论据 ($|z_1-z_2|\geqslant|z_1|-|z_2|$)，以及 Γ 有 $|z-a|=\varepsilon$ 这一方程的事实，有

$$|z-a-h|\geqslant|z-a|-|h|>\varepsilon-\varepsilon/2=\varepsilon/2$$

此外，由于 $f(z)$ 在 $\mathcal{R}$ 内是解析的，可以得到一个正的数 M，使 $|f(z)|<M$。

因为 Γ 的长度为 $2\pi\varepsilon$，有

$$\left|\frac{h}{2\pi i}\oint_\Gamma \frac{f(z)\mathrm{d}z}{(z-a-h)(z-a)^2}\right| \leqslant \frac{|h|}{2\pi}\frac{M(2\pi\varepsilon)}{(\varepsilon/2)(\varepsilon^2)} = \frac{2|h|M}{\varepsilon^2}$$

如果当 $h\to 0$ 方程的左边近似为 0，则完成了证明。观察到 $h\to 0$，结果等价于

$$\frac{\mathrm{d}}{\mathrm{d}a}f(a) = \frac{\mathrm{d}}{\mathrm{d}z}\left\{\frac{1}{2\pi i}\oint_C \frac{f(z)}{z-a}\mathrm{d}z\right\} = \frac{1}{2\pi i}\oint_C \frac{\partial}{\partial z}\left\{\frac{f(z)}{z-a}\right\}\mathrm{d}z$$

这是在积分符号下的微分的莱布尼兹(Leibniz)规则的围线积分的一个扩展。

例 3：证明在例 2 的条件下

$$f^{(n)}(a) = \frac{n!}{2\pi i}\oint_C \frac{f(z)}{(z-a)^{n+1}}\mathrm{d}z \quad n=0,1,2,3,\cdots$$

例 1 和例 2 的 $n=0$ 和 1 的情况分别给出 $f^{(0)}(a)=f(a)$ 和 $0!=1$。

解：为了确定 $n=2$ 的情况，我们采用 a 和 $a+h$ 在 $\mathcal{R}$ 内，得到

$$\frac{f'(a+h)-f'(a)}{h}$$

$$= \frac{1}{2\pi i}\oint_C\left\{\frac{1}{(z-a-h)^2}-\frac{1}{(z-a)^2}\right\}f(z)\mathrm{d}z$$

$$= \frac{2!}{2\pi i}\oint_C \frac{1}{(z-a)^3}f(z)\mathrm{d}z + \frac{h}{2\pi i}\oint_C \frac{3(z-a)-2h}{(z-a-h)^2(z-a)^3}f(z)\mathrm{d}z$$

---

① 原书有误，译者改。

如果可以证明最后一项近似为 0，结果为取 $h\to 0$ 的极限。类似于例 2 的证明，采用围绕 C 的积分等于围绕 Γ 的积分这一事实，有

$$\left|\frac{2}{2\pi\mathrm{i}}\oint_C \frac{3(z-a)-2h}{(z-a-h)^2(z-a)^3}f(z)\mathrm{d}z\right| \leqslant \frac{|h|}{2\pi}\frac{M(2\pi)}{(\varepsilon/2)^2(\varepsilon^3)} = \frac{4|h|M}{\varepsilon^4}$$

因为存在使 $|\{(3(z-a)-2h)f(z)\}|<M$ 的 M。

采用类似的方式，我们可以确定 $n=3,4,\cdots$ 的结果。结果等价于例 2 的最后一段

$$\frac{\mathrm{d}^n}{\mathrm{d}a^n}f(a) = \frac{\mathrm{d}^n}{\mathrm{d}a^n}\left\{\frac{1}{2\pi\mathrm{i}}\oint_C \frac{f(z)}{(z-a)}\mathrm{d}z\right\} = \frac{1}{2\pi\mathrm{i}}\oint_C \frac{\partial^n}{\partial a^n}\left\{\frac{f(z)}{(z-a)}\right\}\mathrm{d}z$$

例 4：如果在区域 $\mathcal{R}$ 内 $f(z)$ 是解析的，证明 $f'(z)$，$f''(z)$，$\cdots$ 在区域 $\mathcal{R}$ 内是解析的。

解：由例 2 和例 3 可得证。

例 5：计算

(1) $\oint_C \dfrac{\sin\pi z^2 + \cos\pi z^2}{(z-1)(z-2)}\mathrm{d}z$。

(2) $\oint_C \dfrac{\mathrm{e}^{2z}}{(z+1)^4}\mathrm{d}z$，$C$ 是圆环 $|z|=3$。

解：(1) 因为 $\dfrac{1}{(z-1)(z-2)} = \dfrac{1}{(z-2)} - \dfrac{1}{(z-1)}$，有

$$\oint_C \frac{\sin\pi z^2 + \cos\pi z^2}{(z-1)(z-2)}\mathrm{d}z = \oint_C \frac{\sin\pi z^2 + \cos\pi z^2}{(z-2)}\mathrm{d}z - \oint_C \frac{\sin\pi z^2 + \cos\pi z^2}{(z-1)}\mathrm{d}z$$

由柯西积分公式，分别采用 $a=2$ 和 $a=1$，有

$$\oint_C \frac{\sin\pi z^2 + \cos\pi z^2}{(z-2)} = 2\pi\mathrm{i}\{\sin\pi(2)^2 + \cos\pi(2)^2\} = 2\pi\mathrm{i}$$

$$\oint_C \frac{\sin\pi z^2 + \cos\pi z^2}{(z-1)} = 2\pi\mathrm{i}\{\sin\pi(1)^2 + \cos\pi(1)^2\} = -2\pi\mathrm{i}$$

因为 $z=1$ 和 $z=2$ 在 C 内部，$\sin\pi z^2 + \cos\pi z^2$ 在 C 内是解析的，则积分的值为

$$2\pi\mathrm{i} - (-2\pi\mathrm{i}) = 4\pi\mathrm{i}$$

(2) 假定 $f(z)=\mathrm{e}^{2z}$，且 $a=-1$，在柯西积分公式中

$$f^{(n)}(a) = \frac{n!}{2\pi\mathrm{i}}\oint_C \frac{f(z)}{(z-a)^{n+1}}\mathrm{d}z \qquad (\text{D.31})$$

如果 $n=3$，$f'''(z)=8\mathrm{e}^{2z}$，$f'''(-1)=8\mathrm{e}^{-2}$。因此式(D.31)变成了

$$8\mathrm{e}^{-2} = \frac{3!}{2\pi\mathrm{i}}\oint_C \frac{\mathrm{e}^{2z}}{(z+1)^4}\mathrm{d}z$$

由此，我们得到积分的值为 $8\pi i e^{-2}/3$。

例 6：证明多联通区域的柯西积分公式。

解：如图 D.18 所示，我们针对由简单的闭合曲线 C_1 和 C_2 界定的多联通区域给出了一个证明。易于扩展到其他的多联通区域。

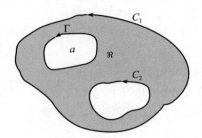

图 D.18　轮廓结构

构建一个中心在 $\mathcal{R}$ 内的任意点 a 处的一个圆环 Γ，使 Γ 整个位于 $\mathcal{R}$ 内中。假设 $\mathcal{R}'$ 包括 Γ 外的 $\mathcal{R}$ 内点集，则函数 $\dfrac{f(z)}{z-a}$ 在 $\mathcal{R}'$ 的边界的内部和上面是解析的。

因此由多联通区域的柯西定理，有

$$\frac{1}{2\pi i}\oint_{C_1}\frac{f(z)}{z-a}\mathrm{d}z - \frac{1}{2\pi i}\oint_{C_2}\frac{f(z)}{z-a}\mathrm{d}z - \frac{1}{2\pi i}\oint_{\Gamma}\frac{f(z)}{z-a}\mathrm{d}z = 0 \quad (\text{D.32})$$

但由简单联通区域的柯西积分公式，有

$$f(a) = \frac{1}{2\pi i}\oint_{\Gamma}\frac{f(z)}{z-a}\mathrm{d}z \quad (\text{D.33})$$

因此，由式（D.32）有

$$f(a) = -\frac{1}{2\pi i}\oint_{C_1}\frac{f(z)}{z-a}\mathrm{d}z - \frac{1}{2\pi i}\oint_{C_2}\frac{f(z)}{z-a}\mathrm{d}z \quad (\text{D.34})$$

如果 C 表示 $\mathcal{R}$ 的整个边界（适当地遍历，使一个围绕 C 运动的观察者总有 $\mathcal{R}$ 在它的左边），我们可以将式（D.34）写成

$$f(a) = \frac{1}{2\pi i}\oint_{C}\frac{f(z)}{z-a}\mathrm{d}z$$

采用类似的方式，我们可以证明其他的对于多联通区域成立的柯西积分公式，即

$$f^{(n)}(a) = \frac{n!}{2\pi i}\oint_{C}\frac{f(z)}{(z-a)^{n+1}}\mathrm{d}z \quad n = 0,1,2,3,\cdots$$

D.8 奇异性的分类

通过分析洛朗(Laurent)级数有可能对一个函数 $f(z)$ 的奇异性进行分类。对于这一目的，我们假设图 D.18 中 $R_2=0$，因此 $f(z)$ 在 C_1 内和 C_1 上是解析的（$z=a$ 处除外，除非另外说明，它是孤立的）。

D.8.1 极点

如果 $f(z)$ 具有 D.6.1 节式(D.5)的形式，其主要部分有有限的项为

$$\frac{a_{-1}}{z-a}+\frac{a_{-2}}{(z-a)^2}+\cdots+\frac{a_{-n}}{(z-a)^n}$$

式中：$a_{-n}\neq 0$，则 $z=a$ 称为是 n 阶的极点。如果 $n=1$，它称为是简单极点。

如果 $f(z)$ 在 $z=a$ 有一个极点，则 $\lim_{x\to a}f(z)=\infty$，见例 1。

例 1：证明一个解析函数不能界定在一个孤立的奇异点的邻域中。

解：假设 $f(z)$ 在一个半径为 r 的一个环内和环上是解析的（除了在中心 C 处的孤立的奇异点 $z=a$ 外），则根据洛朗理论，$f(z)$ 有一个洛朗展开

$$f(z)=\sum_{k=-\infty}^{\infty}a_k(z-a)^k \qquad (D.35)$$

式中：系数 a_k 由 D7.1 节的式(D.34)给出，具体而言

$$a_{-n}=\frac{1}{2\pi i}\oint_C\frac{f(z)}{(z-a)^{-n+1}}dz \quad n=1,2,3,\cdots \qquad (D.36)$$

如果对于一个常数 M，$|f(z)|<M$，即，如果 $f(z)$ 是有界的，则根据式(D.36)有

$$a_{-n}=\frac{1}{2\pi i}\left|\oint_C\frac{f(z)}{(z-a)^{-n+1}}dz\right|\leq \frac{1}{2\pi}r^{n-1}\cdot M\cdot 2\pi r=Mr^n$$

因此，因为 r 可能被减得任意小，我们有 $a_{-n}=0$，$n=1,2,3,\cdots$，即，$a_{-1}=a_{-2}=a_{-3}=\cdots=0$，且洛朗级数简化为一个关于 $z=a$ 的泰勒级数。这表明 $f(z)$ 在 $z=a$ 处是解析的，因此 $z=a$ 不是奇异的，与假设相反。这一矛盾表明 $f(z)$ 不能被限定在一个孤立的奇异值的邻域。

D.8.2 可移除的奇异点

如果一个单值函数 $f(z)$ 在 $z=a$ 处没有定义，但存在 $\lim_{x\to a}f(z)$，则 $z=a$ 称为一个可移除的奇异点。在这种情况下，我们定义在 $z=a$ 处 $f(z)$ 等于 $\lim_{x\to a}f(z)$。

例 1：如果 $f(z)=\dfrac{\sin z}{z}$，则 $z=0$ 是一个可移除的奇异点，$f(0)$ 没有定义，但 $\lim_{x\to 0}\dfrac{\sin z}{z}=1$。注意，在这种情况下：

$$\frac{\sin z}{z} = \frac{1}{z}\left\{z - \frac{z^3}{3!} + \frac{z^5}{5!} - \frac{z^7}{7!} + \cdots\right\} = 1 - \frac{z^2}{3!} + \frac{z^4}{5!} - \frac{z^6}{7!} + \cdots$$

D.8.3 实质的奇异点

如果 $f(z)$ 是单值的，则任何不是一个极点或者可消除奇异点的奇异点称为一个实质的奇异点。如果 $z=a$ 是 $f(z)$ 的一个实质的奇异点，洛朗展开的主体部分有无穷多项。

例1：因为 $e^{1/z} = 1 + \frac{1}{z} + \frac{1}{2!\,z^2} + \frac{1}{3!\,z^3} + \cdots$，$z=0$ 是实质的奇异点。

D.8.4 分枝点

当 z 描述关于 z_0 的闭合路径时，如果 $f(z)$ 的分枝是可互换的，点 $z=z_0$ 称为多指函数 $f(z)$ 的一个分枝点。由于一个多值函数的每个分枝是解析的，所有有关解析函数的定理都适用，尤其是泰勒定理。

例1：$f(z) = z^{1/2}$ 在 $z=1$ 的值为1的分枝，有一个形式为 $a + a_1(z-1) + a_2(z-a)^2 + \cdots$ 的泰勒级数，收敛半径 $R=1$（从 $z=1$ 到称为分枝点的最近的奇异点的距离）。

D.8.5 在无穷远处的奇异点

通过在 $f(z)$ 中令 $z=1/w$，我们得到函数 $f(1/w) = F(w)$，则在 $z=\infty$（无穷远处的点）处的奇异点的特性定义为与在 $w=0$ 处的 $F(w)$ 相同。

例1：$f(z) = z^3$ 在 $z=\infty$ 处有一个三阶的极点，因为 $F(w) = f(1/w) = 1/w^3$ 在 $w=0$ 处一个三阶的极点。类似地 $f(z) = e^z$ 在 $z=\infty$ 处有一个实质奇异点，因为 $F(w) = f(1/w) = e^{1/w}$ 在 $w=0$ 处有一个本质奇异点。

D.9 整体函数

一个在有限平面中的每处（即除 ∞ 外的每处）都是解析的函数称为是一个整体函数或者综合函数。函数 e^z、$\sin z$ 和 $\cos z$ 是整体函数。

一个整体函数可以由有一个收敛半径有限的泰勒函数（见附录A）表示。反过来，如果一个幂函数有一个有限的收敛半径，它表示一个整体函数。

注意，按照刘维尔定理，一个在每处（包括 ∞）解析的函数必须是一个恒量。

D.10 留数定理，积分的计算

在数学复分析领域，围线积分是一种计算沿着在复平面中的路径的积分的方法。

围线积分与留数的微积分（一种复分析方法学）密切相关[4]。围线积分的一种应用是计算不容易仅采用实变量方法的沿着实线的积分[5]。

围线积分方法包括：

（1）沿着在复平面中的一条曲线(一个围线)的复值函数的直接积分。

（2）应用柯西积分公式。

（3）应用留数定理。

可以采用一种方法或这些方法的组合，或各种有限的过程，得到这些积分或累加和。

D.10.1 留数

假设 $f(z)$ 在一个环 C 内部或其上面是单值和解析的，除了在选择为 C 的中心的点 $z=a$。这样，如前所述(洛朗理论和级数)，$f(z)$ 有一个关于 $z=a$ 的洛朗级数，可表示为

$$f(z) = \sum_{n=-\infty}^{\infty} a_n(z-a)^n = a_0 + a_1(z-a) + a_2(z-a)^2 + \cdots + \frac{a_{-1}}{z-a} + \frac{a_{-2}}{(z-a)^2} + \cdots \tag{D.37}$$

式中：

$$a_n = \frac{1}{2\pi i}\oint_C \frac{f(z)}{(z-a)^{n+1}}\mathrm{d}z, \quad n = 0, \pm 1, \pm 2, \pm 3, \cdots \tag{D.38}$$

在 $n=-1$ 的特殊情况下，根据式(D.38)，有

$$\oint_C f(z)\mathrm{d}z = 2\pi i a_{-1} \tag{D.39}$$

通常我们通过一项一项地积分并采用 D.6.9 的例 5 和例 6 的结果

$$\oint_C \frac{f(z)}{(z-a)^p}\mathrm{d}z = \begin{cases} 2\pi i & p = 1 \\ 0 & p = \text{integer} \neq 1 \end{cases} \tag{D.40}$$

来根据式(D.37)得到式(D.39)。

由于事实上式(D.39)仅涉及式(D.37)中的系数 a_{-1}，我们将 a_{-1} 称为 $f(z)$ 在 $z=a$ 处的留数。

D.10.2 留数的计算

为了得到函数 $f(z)$ 在 $z=a$ 处的留数，它可以从必须从围绕 $z=a$ 的 $f(z)$ 的洛朗展开的式(D.37)得到。然而，在 $z=a$ 是一个 k 阶极点的情况下，给出的 a_{-1} 的一个简单的公式为

$$a_{-1} = \lim_{z \to a} \frac{1}{(k-1)!}\frac{\mathrm{d}^{k-1}}{\mathrm{d}z^{k-1}}\{(z-a)^k f(z)\} \tag{D.41}$$

如果 $k=1$(单极点)，结果尤其简单，可表示为

$$a_{-1} = \lim_{z \to a}(z-a)f(z) \tag{D.42}$$

如果我们定义 0! = 1，这是式(D.41)的特殊的情况。

例1：如果 $f(z) = \dfrac{z}{(z-1)(z+1)^2}$，则 $z=1$ 和 $z=-1$ 分别是一阶和二阶的极点。

解：采用 $k=2$ 和式(D.41)与式(D.42)，有

在 $z=1$ 处的留数是 $\lim\limits_{z \to 1}(z-1)\left\{\dfrac{z}{(z-1)(z+1)^2}\right\} = \dfrac{1}{4}$

在 $z=-1$ 处的留数是 $\lim\limits_{z \to -1}\dfrac{1}{1!}\dfrac{\mathrm{d}}{\mathrm{d}z}\left\{(z+1)^2\left(\dfrac{z}{(z-1)(z+1)^2}\right)\right\} = -\dfrac{1}{4}$

如果 $z=a$ 是一个实质的奇异点，有时可以通过采用已知的级数展开得到留数。

例2：如果 $f(z) = \dfrac{z}{(z+2)(z-3)}$，则 $f(z)$ 有2个极点：1个一阶的极点 $z=-2$，1个二阶的极点 $z=3$。

解：采用 $k=2$ 和式(D.41)①与式(D.42)①，我们有

在 $z=-2$ 处的留数是 $\lim\limits_{z \to -2}(z+2)\left\{\dfrac{z}{(z+2)(z-3)^2}\right\} = -\dfrac{2}{25}$

在 $z=3$ 处的留数是

$$\lim_{z \to 3}\dfrac{1}{1!}\dfrac{\mathrm{d}}{\mathrm{d}z}\left\{(z-3)^2\left(\dfrac{z}{(z+2)(z-3)^2}\right)\right\} = -\dfrac{1}{4}$$

极点的阶经常是事先不知道的。

例3：如果 $f(z) = \mathrm{e}^{-1/z}$，则 $z=0$ 是一个实质奇异点。

解：根据已知的 e^u 的展开，对于 $u=-1/z$，得到

$$\mathrm{e}^{\dfrac{1}{z}} = 1 - \dfrac{1}{z} + \dfrac{1}{2!}\dfrac{1}{z^2} - \dfrac{1}{3!}\dfrac{1}{z^3} + \cdots$$

由此我们看到在 $z=0$ 处的留数是 $1/z$ 的系数，等于-1。

D.10.3 留数定理

假设 $f(z)$ 在一个简单的闭合曲线 C 的内部和上面(除了在 C 内的奇异点 a、b、c、…之外)是单值和解析的，留数由 a_{-1}、b_{-1}、c_{-1}、…给出(图D.19)，则留数定理指出

---

① 原书有误，译者改。

$$\oint_C f(z) = 2\pi\mathrm{i}(a_{-1} + b_{-1} + c_{-1} + \cdots) \tag{D.43}$$

即，围绕 C 的积分是在由 C 包围的奇异点处 $f(z)$ 的留数累加和的 $2\pi\mathrm{i}$ 倍。注意，式(D.43)是式(D.39)的一个推广。柯西定理和积分公式是这一定理的特殊情况。

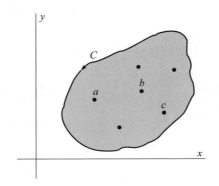

图 D.19　轮廓的结构

D.10.4　定积分的计算

定积分的计算经常是通过采用留数定理和适当的函数 $f(z)$ 与适当的闭合路径或围线 C 实现的，选择可能需要较高的技巧，以下的类型是实际上最常用的。

类型 I：$\int_{-\infty}^{\infty} F(x)\mathrm{d}x$，$F(x)$ 是一个有理函数。在这种情况下，考虑沿着一个围线 C 的 $\oint_C F(z)\mathrm{d}z$，C 包括一个沿着 x 轴从 $-R$ 到 $+R$ 的线和以此线做直径的 x 轴上的半圆(图 D.20)。然后假设 $R\to\infty$。如果 $F(x)$ 是一个偶函数，这可以用于 $\int_0^{\infty} F(x)\mathrm{d}x$ 的计算。见以下的例子。

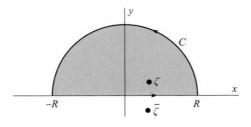

图 D.20　轮廓的结构

例1：如果对于 $z=Re^{i\theta}$（其中 $k>1$ 且 M 是常数），$\left|\int_C f(z)\mathrm{d}z\right| \leqslant ML$，证明 $\lim_{R\to\infty}\int_\Gamma F(z)\mathrm{d}z = 0$，其中 Γ 是在图 D.20 中给出的半径为 R 的半圆弧。

解：如果 $f(z)$ 沿着 C 是可积分的，则 $\left|\int_C f(z)\mathrm{d}z\right| \leqslant M$，其中 $|F(z)| \leqslant M$，即，M 是在 C 上 $|F(z)|$ 的一个上界，L 是 C 的长度。我们有

$$\left|\int_\Gamma f(z)\mathrm{d}z\right| \leqslant \frac{M}{R^k}\cdot\pi R = \frac{\pi M}{R^{k-1}}$$

因为弧 Γ 的长度是 $L=\pi R^2$。这样 $\lim_{R\to\infty}\int_\Gamma F(z)\mathrm{d}z = \lim_{R\to\infty}\frac{\pi M}{R^{k-1}} = 0$，因此 $\lim_{R\to\infty}\int_\Gamma F(z)\mathrm{d}z = 0$

例2：如果 $f(z)=\dfrac{1}{z^6+1}$，证明对于 $z=Re^{i\theta}$，$|F(z)| \leqslant M/R^k$，且 $k>1$。

解：如果 $z=Re^{i\theta}$，则 $|f(z)| = \left|\dfrac{1}{R^6 e^{6i\theta}+1}\right| \leqslant \dfrac{1}{|R^6 e^{6i\theta}|-1} = \dfrac{1}{R^6-1} \leqslant \dfrac{2}{R^6}$，如果 R 足够大（如 $R>2$），这样 $M=2$，$k=6$。

例3：计算 $\int_0^\infty \dfrac{\mathrm{d}x}{x^6-1}$。

解：考虑 $\oint_C \dfrac{\mathrm{d}x}{x^6-1}$，其中 C 是包括从 $-R$ 到 R 的线和半圆 Γ 的围线（图 D.21），以正向逆时针运动的闭合围线。由于当 $z=e^{i\pi/6}$、$z=e^{i3\pi/6}$、$z=e^{i5\pi/6}$、$z=e^{i7\pi/6}$、$z=e^{i9\pi/6}$、$z=e^{i11\pi/6}$ 时 $x^6-1=0$，有 $1/(x^6-1)$ 的简单极点。仅有极点 $e^{i\pi/6}$、$e^{i3\pi/6}$ 和 $e^{i5\pi/6}$ 在 C 内，则采用洛必达（L'Hospital）规则，有

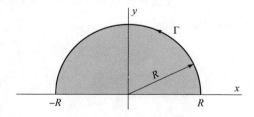

图 D.21 轮廓的结构

在 $e^{i\pi/6}$ 处的留数 $= \lim_{z\to e^{i\pi/6}}\left\{(z-e^{i\pi/6})\dfrac{1}{z^6+1}\right\} = \lim_{z\to e^{i\pi/6}}\dfrac{1}{6z^5} = \dfrac{1}{6}e^{-5i\pi/6}$

在 $e^{i3\pi/6}$ 处的留数 $= \lim_{z\to e^{i3\pi/6}}\left\{(z-e^{i3\pi/6})\dfrac{1}{z^6+1}\right\} = \lim_{z\to e^{i3\pi/6}}\dfrac{1}{6z^5} = \dfrac{1}{6}e^{-5i\pi/2}$

在 $e^{i5\pi/6}$ 处的留数 = $\lim\limits_{z \to e^{i5\pi/6}} \left\{ (z - e^{i5\pi/6}) \dfrac{1}{z^6 + 1} \right\} = \lim\limits_{z \to e^{i5\pi/6}} \dfrac{1}{6z^5} = \dfrac{1}{6} e^{-25i\pi/6}$

因此

$$\oint_C \dfrac{dx}{x^6 - 1} 2\pi i \left\{ \dfrac{1}{6} e^{-5i\pi/6} + \dfrac{1}{6} e^{-5i\pi/2} + \dfrac{1}{6} e^{-25i\pi/6} \right\} = \dfrac{2\pi}{3} \qquad (D.44)$$

即

$$\int_{-R}^{R} \dfrac{dx}{x^6 - 1} + \int_{\Gamma} \dfrac{dx}{x^6 - 1} = \dfrac{2\pi}{3} \qquad (D.45)$$

取 $R \to \infty$ 时式(D.44)的极限,并采用上述的例1和例2,有

$$\lim_{R \to \infty} \int_{-R}^{R} \dfrac{dx}{x^6 - 1} = \int_{-\infty}^{\infty} \dfrac{dx}{x^6 - 1} = \dfrac{2\pi}{3}$$

因为 $\int_{-\infty}^{\infty} \dfrac{dx}{x^6 - 1} = 2 \int_{0}^{\infty} \dfrac{dx}{x^6 - 1}$,则所求的积分的值为 $\pi/3$。

对于更多的例子和求解的问题,读者应当参阅本节的参考文献[1]和参考文献[2],尤其是推荐由 Murray R. Spiegel 写的文献,这些材料源于此。

类型 II:$\int_{0}^{2\pi} G(\sin\theta, \cos\theta) d\theta$,$G(\sin\theta, \cos\theta)$ 是 $\sin\theta$ 和 $\cos\theta$ 的一个有理函数。

假设 $z = e^{i\theta}$,$\sin\theta = \dfrac{e^{i\theta} - e^{-i\theta}}{2i} = \dfrac{z - z^{-1}}{2i}$,以及 $dz = ie^{i\theta} d\theta = dz/iz$。这给出的积分等价于 $\oint_C F(z) dz$,其中 C 是圆心在原点的单位圆(图 D.22),见以下的例子。

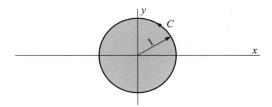

图 D.22 轮廓的结构

例 1:计算 $\int_{0}^{2\pi} \dfrac{d\theta}{3 - 2\cos\theta + \sin\theta}$

解:令 $z = e^{i\theta}$,则 $\sin\theta = \dfrac{e^{i\theta} - e^{-i\theta}}{2i} = \dfrac{z - z^{-1}}{2i}$,$\cos\theta = \dfrac{e^{i\theta} + e^{-i\theta}}{2i} = \dfrac{z + z^{-1}}{2i}$,以及 $dz = ie^{i\theta} d\theta = dz/iz$,因此

$$\int_0^{2\pi} \frac{d\theta}{3-2\cos\theta+\sin\theta} = \oint_C \frac{dz/iz}{3-2(z+z^{-1})/2+(z+z^{-1})/2i}$$

$$= \oint_C \frac{2dz}{(1-2i)z^2+6iz-1-2i}$$

其中 C 是圆心在原点的单位圆(图 D.22)。

$\dfrac{2}{(1-2i)z^2+6iz-1-2i}$ 的极点是简单极点,即

$$z = \frac{-6i\pm\sqrt{(6i)^2-4(1-20i)(-1-2i)}}{2(1-2i)} = \frac{-6i\pm 4i}{2(1-2i)} = 2-i, (2-i)/5$$

仅有 $(2-i)/5$ 在 C 内。

按照洛必达规则

$$\text{在}(2-i)/5 \text{ 处的留数} = \begin{cases} \lim\limits_{z\to(2-i)/5}\{z-(2-i)/5\}\left\{\dfrac{2}{(1-2i)z^2+6iz-1-2i}\right\} \\ \lim\limits_{z\to(2-i)/5}\dfrac{2}{2(1-2i)z+6i} = \dfrac{1}{2i} \end{cases}$$

则 $\oint_C \dfrac{2dz}{(1-2i)z^2+6iz-1-2i} = 2\pi i\left(\dfrac{1}{2i}\right) = \pi$ 为所需的值。

对于更多的例子和求解的问题,读者应当参阅本节的参考文献[1]和参考文献[2],尤其是推荐由 Murray R. Spiegel 写的文献,这些材料源于此。

类型 Ⅲ:积分类型 $I_1 = \int_{-\infty}^{\infty} R(x)\cos mx\,dx$ 或者 $I_2 = \int_{-\infty}^{\infty} R(x)\sin mx\,dx$,其中函数 $R(x) = P(x)/Q(x)$ 是在实轴上没有极点的一个有理函数,在分母中的多项式的阶数比分子中的多项式的阶数至少要大 1.

假设 $I = I_1 + iI_2 = \int_{-\infty}^{\infty} R(x)(\cos mx + i\sin mx)\,dx = \int_{-\infty}^{\infty} R(x)e^{imx}\,dx$,$m>0$,并考虑函数 $R(z)e^{imz}$。令 $\sum r$ 为 $R(z)e^{imz}$ 在上半平面中的留数的累加。则

$$I = \int_{-\infty}^{\infty} R(x)e^{imx}\,dx = 2\pi i\sum r$$

I_1 和 I_2 分别是 I 的实部和虚部。换言之

$$\int_{-\infty}^{\infty} R(x)\cos mx\,dx = \text{Re}\left\{2\pi i\sum r\right\}$$

$$\int_{-\infty}^{\infty} R(x)\sin mx\,dx = \text{Im}\left\{2\pi i\sum r\right\}$$

例 1:计算 $\int_{-\infty}^{\infty} \dfrac{\cos mx}{1+x^2}dx$。

解： 考虑相关的函数

$$\frac{e^{imz}}{1+z^2}$$

它在上半平面的仅有的极点是 $z=i$，它存在的留数是

在 $z=i$ 处的留数 $=\lim\limits_{z\to i}\left[(z-i)\dfrac{e^{imz}}{(z-i)(z+i)}\right]=\dfrac{e^{-m}}{2i}$

因此

$$\int_{-\infty}^{\infty}\frac{\cos mx}{1+x^2}dx=\text{Re}\left\{2\pi i\frac{e^{-m}}{2i}\right\}=\pi e^{-m}$$

类型Ⅳ： 积分 $I_1=\int_{-\infty}^{\infty}R(x)\cos mx\,dx$ 或 $I_2=\int_{-\infty}^{\infty}R(x)\sin mx\,dx$，其中相关的复函数 $f(z)$ 是在实轴上有简单的极点的亚纯函数，在中心处于 $z=0$ 的任何弧上均匀地近似为零，当弧的半径接近无穷大时，如图 D.23 所示。

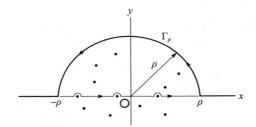

图 D.23　轮廓结构

假设当 z 在半径为 ρ 的圆弧 Γ 上时函数 $f(z)$ 满足不等式 $|f(z)|<K_\rho$，并假设 K_ρ 仅与 ρ 有关，这样对所有 Γ_ρ 上的 z，不等式成立，无论 z 的论据如何。如果当 $\rho\to\infty$ 时 $K_\rho\to 0$，则当 $\rho\to\infty$ 时 $f(z)$ 在 Γ_ρ 上均匀地近似为零。

如果允许 ρ 足够大，在上半平面上的所有极点落在图 D.23 所示的围线内。考虑相关的函数 $f(z)e^{imz}=f(z)\cos mx+f(z)\sin mx$。令 $\sum r$ 为落在上半平面（不包括在实轴上的）的所有极点上的 $f(z)e^{imz}$ 的留数的累加，$\sum r'$ 是在实轴上的所有极点上的 $f(z)e^{imz}$ 的留数的累加，则

$$\int_{-\infty}^{\infty}f(x)e^{imx}dx=2\pi i\left(\sum r+\frac{1}{2}\sum r'\right)$$

$$\int_{-\infty}^{\infty}f(x)\cos x\,dx=\text{Re}\left\{2\pi i\left(\sum r+\frac{1}{2}\sum r'\right)\right\}$$

$$\int_{-\infty}^{\infty}f(x)\sin x\,dx=\text{Im}\left\{2\pi i\left(\sum r+\frac{1}{2}\sum r'\right)\right\}$$

类型Ⅴ：积分 $\int_0^\infty x^{a-1} Q(x) dx$，其中 $Q(x)$ 在 z 平面内（除了在有限数目的极点上）的各处都是解析的，没有一个落在实轴的负半轴上。

解由以下定理给出。

定理：假设 $Q(z)$ 在 z 平面是解析的，除了在有限数目的极点外，没有一个在实轴的正半部分。如果当 $z \to 0$ 和 $z \to \infty$ 时 $z^a Q(z)$ 均匀收敛到零，则

$$\int_0^\infty x^{a-1} Q(x) dx = \frac{\pi}{\sin a\pi} \sum [(-z)^{a-1} Q(z) \text{ 在其所有的极点的留数}]$$

假设 $\arg z$ 取在区间 $(-\pi, \pi)$。

应当注意，除非 a 是一个整数，$(-z)^{a-1}$ 是一个采用定义公式 $a^z = e^{z \ln a}$ 的多值函数，它可表示为

$$(-z)^{a-1} = e^{(a-1)\ln(-z)} = e^{(a-1)[\ln|z| + i\arg(-z)]}, \quad -\pi < \arg z < \pi$$

类型Ⅵ：积分 $\int_0^\infty x^{-k} R(x) dx$，其中 $R(x)$ 是 z 的一个有理函数，在 $z=0$ 处和实轴的正半部分没有极点，k 不是一个整数。

为了确保这一积分收敛，有必要使它在 0 和无穷大处有适当的特性，这样 $\lim\limits_{x \to 0} x^{1-k} R(x) = 0$ 和 $\lim\limits_{x \to \infty} x^{1-k} R(x) = 0$ 是充分的。在评估积分时，我们采用相关的函数 $z^{-k} R(z)$（这是一个多值函数），采用的该函数的分枝是 $z^{-k} = e^{-k(\ln|z| + i\arg z)}$。

令 $\sum r$ 是在 $R(z)$ 的极点处 $z^{-k} R(z)$ 的留数的累加，积分计算公式为

$$\int_0^\infty x^{-k} R(x) dx = \frac{\pi e^{i\pi k}}{\sin \pi k} \sum r$$

假设 $z^{-k} = e^{-k(\ln|z| + i\arg z)}$。

对于上述不覆盖的积分的类型，采用留数方法计算，当可能时，通常在选择适当的围线和消除除了选择的围线部分之外的积分时需要有相当大的技巧。

D.10.5　留数积分的几个问题的求解

例1：如果对于 $z = R e^{i\theta}$，$|F(z)| \leq \dfrac{M}{R^k}$，其中 $k > 0$，且 M 是常数，证明

$$\lim_{R \to \infty} \int_\Gamma e^{imz} F(z) dz = 0$$

其中 Γ 是半圆弧（图 D.24）和 m 是一个正的常数。

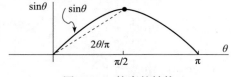

图 D.24　轮廓的结构

解：如果 $z = Re^{i\theta}$，且 $\int_\Gamma e^{imz} F(z) dz = \int_0^\pi e^{imRe^{i\theta}} F(Re^{i\theta}) iRe^{i\theta} d\theta$，则有

$$\left| \int_0^\pi e^{imRe^{i\theta}} F(Re^{i\theta}) iRe^{i\theta} d\theta \right| \leq \int_0^\pi \left| e^{imRe^{i\theta}} F(Re^{i\theta}) iRe^{i\theta} \right| d\theta$$

$$= \int_0^\pi \left| e^{imcos\theta - mRsin\theta} F(Re^{i\theta}) iRe^{i\theta} \right| d\theta$$

$$= \int_0^\pi e^{-mRsin\theta} \left| F(Re^{i\theta}) iRe^{i\theta} \right| d\theta$$

$$\leq \frac{M}{R^{k-1}} \int_0^\pi e^{-mRsin\theta} d\theta = \frac{2M}{R^{k-1}} \int_0^{\pi/2} e^{-mRsin\theta} d\theta$$

现在对于 $0 \leq \theta \leq \pi/2$，$\sin\theta \geq 2\theta/\pi$，正如我们可以根据图 D.24 从几何上得到的，或者通过考虑 $(\sin\theta)/\theta$ 的导数解析得到的，表明它是一个减函数。

随着 $R \to \infty$，这接近于 0，因为 m 和 k 是正的，所需的结果得到证明。

例 2：证明 $\int_0^\infty \frac{\cos mx}{x^2+1} dx = \frac{\pi}{2} e^{-m}$，$m > 0$。

解：考虑 $\oint_C \frac{e^{imz}}{z^2+1} dz$，其中 C 是图 D.25 的围线。积分在 $z = \pm i$ 有简单的极点，而且仅有 $z = i$ 在 C 内。

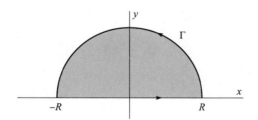

图 D.25 轮廓的结构

在 $z = i$ 处的留数是 $\lim_{z \to i} \left\{ (z-i) \frac{e^{imz}}{(z-i)(z+i)} \right\} = \frac{e^{-m}}{2i}$。

则

$$\oint_C \frac{e^{imz}}{z^2+1} dz = 2\pi i \left(\frac{e^{-m}}{2i} \right) = \pi e^{-m}$$

或

$$\int_{-R}^R \frac{e^{imx}}{x^2+1} dx + \int_\Gamma \frac{e^{imz}}{z^2+1} dz = \pi e^{-m}$$

即

$$\int_{-R}^{R}\frac{\cos mx}{x^2+1}dx + i\int_{-R}^{R}\frac{\sin mx}{x^2+1}dx + \int_{\Gamma}\frac{e^{imz}}{z^2+1}dz = \pi e^{-m}$$

因此

$$2\int_{0}^{R}\frac{\cos mx}{x^2+1}dx + \int_{\Gamma}\frac{e^{imz}}{z^2+1}dz = \pi e^{-m}$$

取 $R\to\infty$ 的极限，并采用例 1 来证明围绕 Γ 的积分接近 0，我们得到所需的结果。

例 3：证明 $\int_{0}^{\infty}\frac{\sin x}{x}dx = \frac{\pi}{2}$。

解：上述的例 2 的方法使我们考虑围绕图 D.26 的围线 e^{iz}/z 的积分。然而，因为 $z=0$ 在积分的路径上，而且因为我们不能通过一个奇异点积分，我们可以通过压缩在 $z=0$ 处的路径来修正围线，正如图 D.26 所示，我们称围线 C' 或 ABCDEFGHJA。

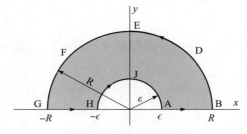

图 D.26　轮廓的结构

因为 $z=0$ 在 C' 之外，我们有

$$\int_{C'}\frac{e^{iz}}{z}dz = 0$$

或

$$\int_{-R}^{-\varepsilon}\frac{e^{ix}}{x}dx + \int_{HJA}\frac{e^{iz}}{z}dz + \int_{\varepsilon}^{R}\frac{e^{ix}}{x}dx + \int_{BDEFG}\frac{e^{iz}}{z}dz = 0$$

在第一个积分中用 $-x$ 代替 x，并将其与第三个积分组合，我们得到

$$\int_{\varepsilon}^{R}\frac{e^{ix}-e^{-ix}}{x}dx + \int_{HJA}\frac{e^{iz}}{z}dz + \int_{BDEFG}\frac{e^{iz}}{z}dz = 0$$

或

$$2i\int_{\varepsilon}^{R}\frac{\sin x}{x}dx = -\int_{HJA}\frac{e^{iz}}{z}dz - \int_{BDEFG}\frac{e^{iz}}{z}dz\text{①}$$

---

① 原书有误，译者改。

假设 $\varepsilon \to 0$ 和 $R \to \infty$。由上面的例 1，右边的第二个积分接近于 0，假设在右边的第一个积分中 $z = \varepsilon e^{i\theta}$，我们看到它接近于

$$-\lim_{\varepsilon \to 0} 2i \int_\pi^0 \frac{e^{i\varepsilon e^{i\theta}}}{\varepsilon e^{i\theta}} i\varepsilon e^{i\theta} d\theta = -\lim_{\varepsilon \to 0} \int_\pi^0 ie^{i\varepsilon e^{i\theta}} = \pi i$$

因为可以取积分符号下的极限，有

$$\lim_{\substack{R \to \infty \\ \varepsilon \to 0}} 2i \int_\varepsilon^R \frac{\sin x}{x} dx = \pi i \quad \text{或} \quad \int_0^\infty \frac{\sin x}{x} dx = \frac{\pi}{2}$$

例 4：证明：$\int_0^\infty \frac{x^{p-1}}{1+x} dx = \frac{\pi}{\sin p\pi}$，$0 < p < 1$。

解：考虑 $\int_C \frac{z^{p-1}}{1+z} dz$。因为 $z = 0$ 是一个分枝点，选择 C 为图 D.27 的围线，其中正的实轴是分枝线，其中 AB 和 GH 实际与 x 轴一致，但为了可视化目的，单独给出。

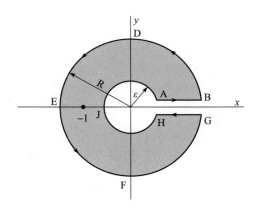

图 D.27　轮廓的结构

被积函数在 C 内有简单极点 $z = -1$。

在 $z = -1 = e^{i\pi}$ 的留数是 $\lim_{z \to -1} (z+1) \frac{z^{p-1}}{1+z} = (e^{i\pi})^{p-1} = e^{(p-1)i\pi}$，则 $\int_\Gamma \frac{z^{p-1}}{1+z} dz = 2\pi i e^{(p-1)i\pi}$，或忽略被积函数，则有

$$\int_{AB} + \int_{BDEFG} + \int_{GH} + \int_{HJA} = 2\pi i e^{(p-1)i\pi}$$

因此可以写为

$$\int_\varepsilon^R \frac{x^{p-1}}{1+x} dx + \int_0^R \frac{(Re^{i\theta})^{p-1} iRe^{i\theta}}{1+Re^{i\theta}} d\theta + \int_R^\varepsilon \frac{(xe^{2i\pi})^{p-1}}{1+xe^{2i\pi}} dx +$$

$$\int_0^R \frac{(\varepsilon e^{i\theta})^{p-1} i\varepsilon e^{i\theta}}{1+\varepsilon e^{i\theta}} d\theta = 2\pi i e^{(p-1)i\pi}$$

这里我们已经采用 $z = xe^{2\pi i}$ 作为沿着 GH 的被积函数，因为 z 的幅角在绕环 BDEFG 时增加 2π。

取 $\varepsilon \to 0$ 和 $R \to \infty$ 的极限，注意到第二个和第四个积分接近 0，我们得到

$$\int_0^\infty \frac{x^{p-1}}{1+x} dx + \int_\infty^0 \frac{e^{2i\pi(p-1)} x^{p-1}}{1+x} dx = 2\pi e^{(p-1)i\pi}$$

或

$$(1 - e^{2i\pi(p-1)}) \int_0^\infty \frac{x^{p-1}}{1+x} = 2\pi i\theta e^{(p-1)i\pi}$$

因此

$$\int_0^\infty \frac{x^{p-1}}{1+x} dx = \frac{2\pi i\theta e^{(p-1)i\pi}}{1 - e^{2i\pi(p-1)}} = \frac{2\pi i}{e^{p\pi i} - e^{-p\pi i}} = \frac{\pi}{\sin p\pi}$$

例 5：证明 $\Gamma(m) = 2\int_0^\infty x^{2m-1} e^{-x^2} dx$，$m > 0$。

解：如果 $t = x^2$，有

$$\Gamma(m) = \int_0^\infty t^{m-1} e^{-t} dt = \int_0^\infty (x^2)^{m-1} e^{-x^2} 2x dx = 2\int_0^\infty x^{2m-1} e^{-x^2} dx$$

如果 $\text{Re}\{m\} > 0$，结果成立。

例 6：证明 $\Gamma(z)\Gamma(1-z) = \dfrac{\pi}{\sin \pi z}$

解：我们首先对于 $0 < z < 1$ 的 z 的实值进行证明，通过解析延续，我们可以把它扩展到其他 z 值。

对于 $0 < m < 1$，我们有

$$\Gamma(m)\Gamma(1-m) = \left\{2\int_0^\infty x^{2m-1} e^{-x^2} dx\right\} \left\{2\int_0^\infty y^{1-2m} e^{-y^2} dy\right\} = 4\int_0^\infty x^{2m-1} y^{1-2m} e^{-(x^2+y^2)} dxdy$$

采用极坐标 (r, θ)，$x = r\sin\theta$，这变成为

$$4\int_0^{\pi/2} \int_{r=0}^\infty (\tan^{1-2m}\theta)(re^{-r^2}) dr d\theta = 2\int_0^{\pi/2} \tan^{1-2m}\theta d\theta = \frac{\pi}{\sin m\pi}$$

见上面的例 4，$x = \tan^2\theta$ 和 $p = 1 - m$。

例 7：证明 $\Gamma(z+1) = z\Gamma(z)$，并使用对于 $\text{Re}\{z\} > 0$ 的定义，我们采用 $\Gamma(z) = \int_0^\infty t^{z-1} e^{-t} dt$ 定义 Γ 函数。

解：由部分积分，如果 $\text{Re}\{z\} > 0$，有

$$\Gamma(z+1) = \int_0^\infty t^z e^{-t} dt = \lim_{M\to\infty} \int_0^M t^z e^{-t} dt$$

$$= \lim_{M\to\infty}\left\{ (t^z)(-e^{-t}) \Big|_0^M - \int_0^M (zt^{z-1})(-e^{-t}) dt \right\}$$

$$= z\int_0^\infty t^{z-1} e^{-t} dt = z\Gamma(z)$$

例 8：证明 $\Gamma\left(\dfrac{1}{2}\right) = 2\int_0^\infty e^{-u^2} du = \sqrt{\pi}$

解：由上面的例 5，令 $m = \dfrac{1}{2}$，我们有

$$\Gamma\left(\dfrac{1}{2}\right) = 2\int_0^\infty e^{-x^2} dx$$

由上面的例 6，有 $\left\{\Gamma\left(\dfrac{1}{2}\right)\right\}^2 = \pi$ 或 $\Gamma\left(\dfrac{1}{2}\right) = \sqrt{\pi}$

因为 $\Gamma\left(\dfrac{1}{2}\right) > 0$，因此得到所需的结果。

另一种方法：正如在例 6 中那样，有

$$\left\{\Gamma\left(\dfrac{1}{2}\right)\right\}^2 = \left\{2\int_0^\infty e^{-x^2} dx\right\}\left\{2\int_0^\infty e^{-y^2} dy\right\}$$

$$= 4\int_0^\infty \int_0^\infty e^{-(x^2+y^2)} dx dy$$

$$= 4\int_0^{\pi/2} \int_{r=0}^\infty r e^{-r^2} dr d\theta = \pi$$

由此：$\Gamma\left(\dfrac{1}{2}\right) = \sqrt{\pi}$

例 9：证明 $\int_0^\infty \sin x^2 dx = \int_0^\infty \cos x^2 dx = \dfrac{1}{2}\sqrt{\dfrac{\pi}{2}}$

解：$\oint_C e^{iz^2} dz = 0$，或我们可以写成（图 D.28）

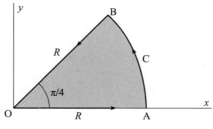

图 D.28　轮廓的结构

$$\int_{OA} e^{iz^2} dz + \int_{AB} e^{iz^2} dz + \int_{BO} e^{iz^2} dz = 0 \qquad (D.46)$$

现在在 OA 上，$z=x$（从 $x=0$ 到 $x=R$），在 AB 上，$z=Re^{i\theta}$（从 $\theta=0$ 到 $\theta=\pi/4$），在 BO 上，

$$\int_0^R e^{ix^2} dx + \int_0^{\pi/4} e^{iR^2 e^{2i\theta}} iRe^{i\theta} d\theta + \int_R^0 e^{ir^2 e^{i\pi/2}} e^{i\pi/4} dr = 0 \qquad (D.47)$$

即 $\quad \int_0^R (\cos x^2 + i\sin x^2) dx = e^{i\pi/4} \int_0^R e^{-r^2} dr - \int_0^{\pi/4} e^{iR^2\cos 2\theta - R^2\sin 2\theta} iRe^{i\theta} d\theta \quad (D.48)$

我们考虑 $R\to\infty$ 时式（D.48）的极限，右边的第一个积分变成（见上面的例 7）

$$e^{i\pi/4} \int_0^\infty e^{-r^2} dr = \frac{\sqrt{\pi}}{2} e^{i\pi/4} = \frac{1}{2}\sqrt{\frac{\pi}{2}} + \frac{i}{2}\sqrt{\frac{\pi}{2}}$$

式（D.48）的右边的第二个积分的绝对值是

$$\left| \int_0^{\pi/4} e^{iR^2\cos 2\theta - R^2\sin 2\theta} iRe^{i\theta} d\theta \right| \leq \int_0^{\pi/4} e^{-R^2\sin 2\theta} iRe^{i\theta} d\theta = \int_0^{\pi/4} e^{-R^2\sin 2\theta} d\theta$$

$$\leq \frac{R}{2} \int_0^{\pi/2} e^{-R^2\phi/\pi} d\phi = \frac{\pi}{4R}(1 - e^{-R^2})$$

其中我们已经采用了变换 $2\theta=\phi$ 和不等式 $\sin\phi \geq 2\phi/\pi$，$0 \leq \phi \leq \pi/2$（见上面的例 1）。这表明 $R\to\infty$ 时，在式（D.48）的右边的第二个积分接近于 0。这样，式（D.48）变为

$$\int_0^\infty (\cos x^2 + i\sin x^2) dx = \frac{1}{2}\sqrt{\frac{\pi}{2}} + \frac{1}{2}i\sqrt{\frac{\pi}{2}} \text{①}$$

因此等于我们有实部和虚部，正如所需要的

$$\int_0^\infty \cos x^2 dx = \int_0^\infty \sin x^2 dx = \frac{1}{2}\sqrt{\frac{\pi}{2}}$$

例 10：证明 $\int_0^\infty \frac{\cosh ax}{\cosh x} = \frac{\pi}{2\cos(\pi a/2)}$，其中 $|a|<0$。

解：考虑 $\int_C \frac{e^{az}}{\cosh z}$，其中 C 是顶点在 $-R$，R，$R+\pi i$ 和 $-R+\pi i$ 的矩形（图 D.29）。

$e^{az}/\cosh z$ 的极点出现在 $\cosh z=0$ 处，即，$z=\left(n+\dfrac{1}{2}\right)\pi$，$n=0$，$\pm 1$，$\pm 2$，…，由 C 所包围的仅有的极点是 $\pi i/2$。

---

① 原书有误，译者改。

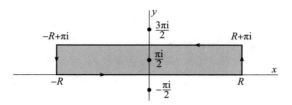

图 D.29 轮廓的结构

在 $z=\pi i/2$ 处 $e^{az}/\cosh z$ 的留数是

$$\lim_{z\to\pi i/2}(z-\pi i/2)\frac{e^{az}}{\cosh z}=\frac{e^{a\pi i/2}}{\sinh(\pi i/2)}=i\frac{e^{a\pi i/2}}{\sin(\pi/2)}=-ie^{a\pi i/2}$$

则按照留数定理

$$\int_C\frac{e^{az}}{\cosh z}dz=2\pi i(-ie^{a\pi i/2})=2\pi e^{a\pi i/2}$$

这可以写为

$$\int_{-R}^{+R}\frac{e^{ax}}{\cosh x}dx+\int_0^\pi\frac{e^{a(R+iy)}}{\cosh(R+iy)}idy+\int_{+R}^{-R}\frac{e^{a(x+\pi i)}}{\cosh(x+\pi i)}+$$

$$\int_0^\pi\frac{e^{a(R+iy)}}{\cosh(R+iy)}idy=2\pi e^{a\pi i/2} \quad (D.49)$$

当 $R\to\infty$ 时,在左边的第二个和第四个积分接近于0。为了证明,我们考虑第二个积分,因为

$$|\cosh(\sqrt{R+iy})|=\left|\frac{e^{R+iy}+e^{-R-iy}}{2}\right|\geq\frac{1}{2}[|e^{R+iy}|-|e^{-R-iy}|]$$

$$=\frac{1}{2}(e^R+e^{-R})\geq\frac{1}{4}e^R$$

我们有 $\left|\int_0^\pi\frac{e^{a(R+iy)}}{\cosh(R+iy)}idy\right|\leq\int_0^\pi\frac{e^{aR}}{\frac{1}{4}e^R}dy=4\pi e^{(a-1)R}$

当 $R\to\infty$ 时,右边的积分接近于0,因为 $|a|<1$。采用类似的方式,我们可以证明在式(D.49)左边的第二个和第四个积分接近于0。因此式(D.49)变为

$$\lim_{R\to\infty}\left\{\int_{-R}^{+R}\frac{e^{ax}}{\cosh x}dx+e^{a\pi i/2}\int_{-R}^{+R}\frac{e^{ax}}{\cosh x}dx\right\}=2\pi e^{a\pi i/2}$$

因为 $\cosh(x+\pi i)=-\cosh x$,因此

$$\lim_{R\to\infty}\int_{-R}^{+R}\frac{e^{ax}}{\cosh x}dx=\int_{-\infty}^{+\infty}\frac{e^{ax}}{\cosh x}dx=\frac{2\pi e^{a\pi i/2}}{1+e^{a\pi i}}=\frac{2\pi}{e^{a\pi i/2}+e^{-a\pi i/2}}=\frac{\pi}{\cos(\pi a/2)}$$

现在

$$\int_{-\infty}^{0} \frac{e^{ax}}{\cosh x} dx + \int_{0}^{+\infty} \frac{e^{ax}}{\cosh x} dx = \frac{\pi}{\cos(\pi a/2)}$$

在第一个积分中采用 $-x$ 代替 x，有

$$\int_{0}^{\infty} \frac{e^{-ax}}{\cosh x} dx + \int_{0}^{+\infty} \frac{e^{ax}}{\cosh x} dx = 2\int_{0}^{+\infty} \frac{e^{ax}}{\cosh x} dx = \frac{\pi}{\cos(\pi a/2)}$$

由此得到所需的结果。

例 11：证明 $\int_{0}^{\infty} \frac{\ln(x^2+1)}{x^2+1} dx = \pi \ln 2$。

解：考虑围绕包括从 $-R$ 到 R 的实轴和半径为 R 的半圆 Γ 的围线 C（图 D.30）的积分 $\oint_{C} \frac{\ln(z+i)}{z^2+1}$，在 C 内的仅有的极点 $\ln(z+i)/(z^2+1)$ 是简单的极点 $z=i$，留数是

$$\lim_{z \to i}(z-i)\frac{\ln(z+i)}{(z-i)(z+i)} = \frac{\ln(2i)}{2i}$$

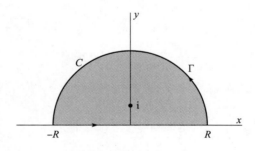

图 D.30　轮廓的结构

因此，按照留数定理

$$\oint_{C} \frac{\ln(z+i)}{z^2+1} dz = 2\pi i \left\{ \frac{\ln(2i)}{2i} \right\} = \pi \ln(2i) = \pi \ln 2 + \frac{1}{2}\pi^2 i \qquad (D.50)$$

采用对数的主值写出：$\ln(2i) = \ln 2 + \ln i = \ln 2 + \ln e^{\pi/2} = \ln 2 + \pi i/2$，结果可以写为

$$\int_{-R}^{R} \frac{\ln(x+i)}{x^2+1} dx + \int_{\Gamma} \frac{\ln(z+i)}{z^2+1} dz = \pi \ln 2 + \frac{1}{2}\pi^2 i$$

或

$$\int_{-R}^{0} \frac{\ln(x+i)}{x^2+1} dx + \int_{0}^{R} \frac{\ln(x+i)}{x^2+1} dx + \int_{\Gamma} \frac{\ln(z+i)}{z^2+1} dz = \pi \ln 2 + \frac{1}{2}\pi^2 i$$

在第一个积分中采用 $-x$ 代替 x，这可以写为

$$\int_{-R}^{0}\frac{\ln(i-x)}{x^2+1}dx + \int_{0}^{R}\frac{\ln(x+i)}{x^2+1}dx + \int_{\Gamma}\frac{\ln(z+i)}{z^2+1}dz = \pi\ln2 + \frac{1}{2}\pi^2 i$$

或，因为

$$\ln(i-x) = \ln(i+x) = \ln(i^2-x^2) = \ln(x^2+1) + \pi i$$

$$\int_{-R}^{0}\frac{\ln(x^2+1)}{x^2+1}dx + \int_{0}^{R}\frac{\pi i}{x^2+1}dx + \int_{\Gamma}\frac{\ln(z+i)}{z^2+1}dz = \pi\ln2 + \frac{1}{2}\pi^2 i$$

(D.51)

当 $R\to\infty$ 时，我们可以证明围绕 Γ 的积分接近于 0，因此在取实部时我们发现，正如所需要的

$$\lim_{R\to\infty}\int_{0}^{R}\frac{\ln(x^2+1)}{x^2+1}dx = \int_{0}^{\infty}\frac{\ln(x^2+1)}{x^2+1}dx = \pi\ln2$$

例 12：证明 $\int_{0}^{\frac{\pi}{2}}\ln\sin x\,dx = \int_{0}^{\frac{\pi}{2}}\ln\cos x\,dx = \frac{\pi}{2}\ln2$

解：假设在例 11 的结果中 $x=\tan\theta$，我们发现

$$\int_{0}^{\frac{\pi}{2}}\frac{\ln(\tan^2\theta+1)}{\tan^2\theta+1}\sec^2\theta\,d\theta = -2\int_{0}^{\frac{\pi}{2}}\ln\cos\theta\,d\theta = \pi\ln2$$

由此有

$$\int_{0}^{\frac{\pi}{2}}\ln\cos\theta\,d\theta = -\frac{1}{2}\pi\ln2 \qquad (D.52)$$

这确定了所需的结果的部分。假设在式（D.52）中 $\theta=\pi/2-\phi$，我们发现

$$\int_{0}^{\frac{\pi}{2}}\ln\sin\theta\,d\theta = -\frac{1}{2}\pi\ln2$$

参考文献

1. Brown JW, Churchill RV (2009) Complex variables and applications. 8th Edition, McGraw-Hill
2. Spiegel MR. Complex variables with an introduction to conformal mapping and its applications. Schaum's Outlines, McGraw-Hill
3. Euler's Formula and Taylor's Series - Wikipedia, the free encyclopedia

附录 E 傅里叶和拉普拉斯变换短教程

应当指出：这两个主题的深度远超过这里涉及的内容。事实上这两个主题都可以称为单独的教程，这里我们主要是为第5章和第6章提供有关傅里叶和拉普拉斯变换的基础知识，从而能求解某些边界值问题。我们并不涉及这两个主题的全部内容。本附录主要介绍需要微分和偏微分方程的更一般的求解方法的那些章节需要的基础内容。

E.1 傅里叶变换

在数学中，傅里叶变换（经常简写为 FT）是将一个实变量的一个复值函数变换为另一个函数的运算。在诸如信号处理那样的应用中，原始函数通常在时间域（通常称为时域），新函数的域通常称为频域，新函数本身称为原始函数的频域表示，它描述在原始函数中存在哪些频率，这类似于采用弹奏的单个音符来描述音乐旋律。事实上，傅里叶变换将一个函数分解成振荡函数。傅里叶变换指一个函数的频域表示和将一个函数变换到另一个函数的公式或过程。

傅里叶变换及其推广是傅里叶分析的主题。在这种特殊的情况下，时间和频率域是无界的线性连续体。有可能定义多变量函数的傅里叶变换，这对于对波运动和光学的物理研究是重要的。也有可能将傅里叶变换推广到如有限群那样的离散结构，采用快速傅里叶变换对这样的结构进行有效的计算，对于高速计算是必要的。

E.2 定义

可积函数 f 的傅里叶变换 $\mathbf{R} \to \mathbf{C}$ 有几种定义方法。本文采用的定义为

对于每个实数 ξ：$\hat{f}(\xi) = \int_{-\infty}^{\infty} f(x) e^{-2\pi i x \xi} dx$

当独立变量 x 表示时间（采用 SI 单位 s），变换变量 ξ 表示频率（Hz）。在适当的条件下，可以采用逆变换来由 $\hat{f}$ 重构 f，即

对于每个实数 x：$\hat{f}(x) = \int_{-\infty}^{\infty} f(\xi) e^{-2\pi i x \xi} d\xi$

对于其他常见的表示(包括使用角频率 ω 而不是频率 ξ 的表示),见以下的其他表示法。在欧几里得空间上的傅里叶变换是单独对待的,其中变量 x 经常表示位置,ξ 表示动量。

傅里叶变换的动机源于傅里叶级数研究。在傅里叶级数研究中,复杂的周期函数写成在数学上由正弦和余弦表示的简单波的累加和。由于正弦和余弦的性质,有可能通过一个积分恢复每个波的量。在许多情况下,希望采用欧拉公式 $e^{2\pi i\theta}=\cos2\pi\theta+i\sin2\pi\theta$ 来用基本波 $e^{2\pi i\theta}$ 写出傅里叶级数。这将简化涉及的许多公式,并给出一个能更逼近地表示本文下面定义的傅里叶级数公式。由正弦和余弦表示改变为复指数表示需要傅里叶系数为复值,对这个复数的一般的解释是,它给出了在函数中表示的波的幅度(或大小)与相位(或初角)。这种改变也需要负"频率"。如果 θ 采用秒来表示,则波 $e^{2\pi i\theta}$ 和 $e^{-2\pi i\theta}$ 将每秒完成一个周期,但在傅里叶变换中它们表示不同的频率。因此,频率不再度量每单位时间的周期数,但与之密切相关。

我们可以采用傅里叶级数导出以下的傅里叶变换。假定 f 是在某一区间 $[-L/2, L/2]$ 之外为零的函数,则对于任何 $T \geq L$,我们可以将 f 在区间 $[-T/2, T/2]$ 上用傅里叶级数展开,其中在 f 的傅里叶级数中波 $e^{2\pi inx/T}$ 的"量"(由 c_n 表示)可表示为

$$f \text{ 可表示为 } \hat{f}(n/T) = C_n = \int_{-T/2}^{T/2} e^{-2\pi inx/T} f(x) \, dx$$

$$f(x) = \frac{1}{T}\sum_{n=-\infty}^{\infty} \hat{f}(n/T) e^{2\pi inx/T}$$

如果令 $\xi_n = n/T$,且令 $\Delta\xi = (N+1)/T - n/T = 1/T$,则最后一个累加和变成黎曼累加和,即

$$f(x) = \sum_{n=-\infty}^{\infty} \hat{f}(\xi_n) e^{2\pi i x \xi_n} \Delta\xi$$

通过令 $T \to \infty$,这一黎曼累加和收敛到在 E.2 节给出的逆傅里叶变换的积分。在适当的条件下,这一论点可以是精确的(Stein 和 Shakarchi 2003)[6]。因此,正如在傅里叶变换情况一样,傅里叶变换可以看作一个度量在我们的函数中每个单独的频率有多少的一个函数,而且我们可以采用一个积分(或"连续的累加和")重新组合这些波以重建原始的函数。

图 E.1 给出了傅里叶变换能多好地度量在一个特定的函数中是否存在一个频率的视觉表示。函数 $f(t) = \cos(6\pi t) e^{-\pi t^2}$ 在 3Hz 振荡(如果 t 用秒度量)并且很快趋于 0。专门选择这一函数是为了容易绘出其实傅里叶变换。图 E.1(a) 包括它的曲线。为了计算 $\hat{f}(3)$,我们必须对 $e^{-2\pi i(3t)} f(t)$ 进行积分。图 E.1(b) 给

出了这一函数的实部和虚部的曲线。积分的实部总是正的，这是因为当 $f(t)$ 是负的时，$e^{-2\pi i(3t)}f(t)$ 的实部也是负的。因为它们以相同的速率振荡，当 $f(t)$ 是正的时，$e^{-2\pi i(3t)}$ 的实部也是正的。结果是当你对实部积分时，你得到了一个相对大的值(在这种情况下是 0.5)。另外，当你试图测量一个不存在的频率时，正如我们观察的那样，被积函数是足够振荡的，这样积分是非常小的。一般的情况可能比这有点更复杂，这是因为傅里叶变换度量在函数 $f(t)$ 中有多少单独的频率。

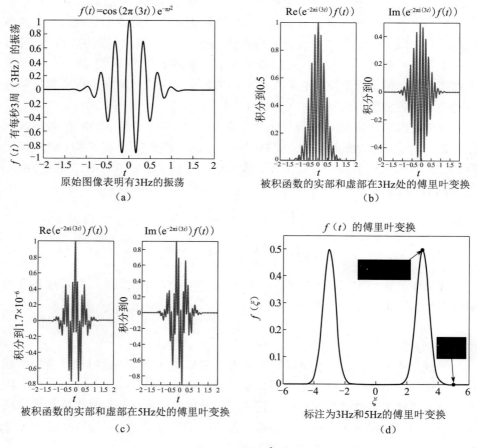

图 E.1　$f(t) = \cos(6\pi t)e^{-\pi t^2}$ 的傅里叶分析

E.3　周期函数

这是一个短的章节，我们仅需要简要地讨论我们进入本章的下一个主题前要涉及的一些思路。

我们需要讨论的第一个主题是周期函数,如果对于所有的 x: $f(x+T) = f(x)$ 是成立的,称该函数是周期性的(周期为 T)。

以下是有关周期函数的一些事实。

事实 1:如果 f 和 g 都是具有周期 T 的周期函数,则 $f+g$ 和 fg 也是。

这是足够容易证明的,证明

$$(f+g)(x+T) = f(x+T) + g(x+T) = f(x) + g(x) = (f+g)(x)①$$
$$(fg)(x+T) = f(x+T)g(x+T) = f(x)g(x) = (fg)(x)$$

我们中的大部分熟悉的两个周期函数是正弦和余弦,而且事实上我们在本章的其余部分规范地使用这两个函数。因此,我们采用以下事实来结束这里对周期函数的讨论。

事实 2:$\sin(\omega x)$ 和 $\cos(\omega x)$ 是具有周期 $T = \dfrac{2\pi}{\omega}$ 的周期函数。

E.4 奇函数和偶函数

如果
$$f(-x) = -f(x)$$
成立,则一个函数是奇函数。

如果
$$f(-x) = f(x)$$
成立,则一个函数是偶函数。

偶函数标准的例子是 $f(x) = x^2$ 和 $g(x) = \cos(x)$,奇函数标准的例子是 $f(x) = x^3$ 和 $g(x) = \sin(x)$。有关奇/偶函数的积分的事实对于我们的工作是有用的。

图 E.2 和图 E.3 给出的函数分别是奇函数和偶函数,但图 E.4 给出的函数既不是奇的也不是偶的。

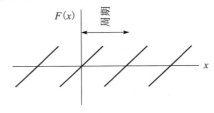

图 E.2 不同的函数的结构

---

① 原书有误,译者改。

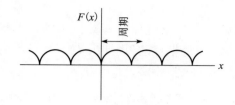

图 E.3　不同的函数的结构

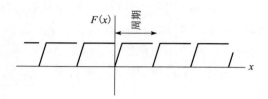

图 E.4　不同的函数的结构

在对应于一个奇函数的傅里叶级数中,仅出现正弦项。在对应于一个偶函数的傅里叶级数中,仅出现余弦项(或许是一个我们仍然当作余弦项的一个常数)。

事实 3:

如果 $f(x)$ 是一个偶函数,则

$$\int_{-L}^{L} f(x)\,\mathrm{d}x = 2\int_{0}^{L} f(x)\,\mathrm{d}x$$

如果 $f(x)$ 是一个奇函数,则

$$\int_{-L}^{L} f(x)\,\mathrm{d}x = 0$$

注意,这一事实仅在一个"对称"的区间(即,形式为 $[-L, L]$)成立,如果我们不在"对称"的区间内积分,则这一事实可能成立也可能不成立。

例 1:如果 $f(x)$ 是偶的,则有

$$A_n = \frac{2}{L}\int_{0}^{L} f(x)\cos\left(\frac{n\pi x}{L}\right)\mathrm{d}x$$

$$B_n = 0$$

解:(1) 由傅里叶级数我们知道

$$A_n = \frac{1}{L}\int_{-L}^{L} f(x)\cos\left(\frac{n\pi x}{L}\right)\mathrm{d}x$$

$$= \frac{1}{L}\int_{-L}^{0} f(x)\cos\left(\frac{n\pi x}{L}\right)\mathrm{d}x + \frac{1}{L}\int_{0}^{L} f(x)\cos\left(\frac{n\pi x}{L}\right)\mathrm{d}x$$

令 $x = -u$,有

$$\frac{1}{L}\int_{-L}^{0} f(x)\cos\left(\frac{n\pi x}{L}\right) dx = -\frac{1}{L}\int_{-L}^{0} f(-u)\cos\left(\frac{-n\pi u}{L}\right) du$$

$$= \frac{1}{L}\int_{0}^{L} f(-u)\cos\left(\frac{n\pi u}{L}\right) du$$

$$= -\frac{1}{L}\int_{0}^{L} f(u)\cos\left(\frac{n\pi u}{L}\right) du$$

按照一个偶函数的定义 $f(-u) = f(u)$。则通过再次代入 $x = -u$,我们得到

$$A_n = \frac{1}{L}\int_{-L}^{L} f(x)\cos\left(\frac{n\pi x}{L}\right) dx$$

$$= \frac{1}{L}\int_{0}^{L} f(u)\cos\left(\frac{n\pi u}{L}\right) du + \frac{1}{L}\int_{0}^{L} f(x)\cos\left(\frac{n\pi x}{L}\right) dx$$

$$= \frac{2}{L}\int_{0}^{L} f(x)\cos\left(\frac{n\pi x}{L}\right) dx$$

(2) 再次按照傅里叶级数,系数 B_n 可以定义为

$$B_n = \frac{1}{L}\int_{-L}^{L} f(x)\sin\left(\frac{n\pi x}{L}\right) dx \tag{E.1}$$

$$= \frac{1}{L}\int_{-L}^{0} f(x)\sin\left(\frac{n\pi x}{L}\right) dx + \frac{1}{L}\int_{0}^{L} f(x)\sin\left(\frac{n\pi x}{L}\right) dx$$

如果我们在式(E.1)的右边的第一个积分中做变换 $x = -u$,我们得到

$$\frac{1}{L}\int_{-L}^{0} f(x)\sin\left(\frac{n\pi x}{L}\right) dx = -\frac{1}{L}\int_{-L}^{0} f(-u)\sin\left(\frac{-n\pi u}{L}\right) du$$

$$= -\frac{1}{L}\int_{0}^{L} f(-u)\sin\left(\frac{n\pi u}{L}\right) du$$

$$= -\frac{1}{L}\int_{0}^{L} f(u)\sin\left(\frac{n\pi u}{L}\right) du \tag{E.2}$$

$$= -\frac{1}{L}\int_{0}^{L} f(x)\sin\left(\frac{n\pi x}{L}\right) dx$$

这里我们采用对于一个偶函数 $f(-u) = f(u)$ 这一事实,以及在最后一个步骤积分的哑变量 u 可以被任何其他符号代替。因此,由式(E.1),并使用式(E.2),有

$$B_n = \frac{1}{L}\int_{-L}^{L} f(x)\sin\left(\frac{n\pi x}{L}\right) dx = \frac{1}{L}\int_{-L}^{0} f(x)\sin\left(\frac{n\pi x}{L}\right) dx + \frac{1}{L}\int_{0}^{L} f(x)\sin\left(\frac{n\pi x}{L}\right) dx$$

$$= -\frac{1}{L}\int_{0}^{L} f(x)\sin\left(\frac{n\pi x}{L}\right) dx + \frac{1}{L}\int_{0}^{L} f(x)\sin\left(\frac{n\pi x}{L}\right) dx = 0$$

E.5 正交函数

这里我们需要讨论的最后的主题是正交函数。这一思路是我们在本章的其余部分和下一章涉及的偏微分方程的一个基本解法的组成部分。

让我们首先给出正交函数的定义。

如果

$$\int_a^b f(x)g(x)\,\mathrm{d}x = 0$$

成立,则称 $f(x)$ 和 $g(x)$ 在 $a \leqslant x \leqslant b$ 上是正交的。

如果对于每个 $a \leqslant x \leqslant b$, $f_i(x)$ 和 $f_j(x)$ 是正交的,则称一个非零函数集 $\{f_i(x)\}$ 在 $a \leqslant x \leqslant b$ 上是相互正交的(或者说是一个正交集)。换言之

$$\int_a^b f_i(x)f_j(x)\,\mathrm{d}x = \begin{cases} 0 & i \neq j \\ c > 0 & i = j \end{cases}$$

注意,在 $i=j$ 的情况下,对于第二个定义,我们知道我们将由积分得到一个正值,因为

$$\int_a^b f_i(x)f_j(x)\,\mathrm{d}x = \int_a^b [f_i(x)]^2\,\mathrm{d}x > 0$$

回想到当我们对一个正函数积分时,结果也是正的。

还应注意到非零要求是重要的,因为无论我们使用的其他函数如何,积分为零。

在我们讨论某些例子之前,我们需要一组三角公式来帮助我们计算某些积分,如

$$\sin\alpha\cos\beta = \frac{1}{2}[\sin(\alpha-\beta)+\sin(\alpha+\beta)]$$

$$\sin\alpha\sin\beta = \frac{1}{2}[\cos(\alpha-\beta)+\cos(\alpha+\beta)]$$

$$\cos\alpha\cos\beta = \frac{1}{2}[\cos(\alpha-\beta)+\cos(\alpha+\beta)]$$

现在讨论在后几节用到的一些例子。

例1:证明 $\left\{\cos\left(\dfrac{n\pi x}{L}\right)\right\}_{n=0}^{\infty}$ 在 $-L \leqslant x \leqslant L$ 上是相互正交的。

解:这不难证明,实际上我们需要做的是计算

$$\int_{-L}^{L} \cos\left(\frac{n\pi x}{L}\right)\cos\left(\frac{m\pi x}{L}\right)\mathrm{d}x$$

在开始计算这一积分之前,我们注意到被积函数是两个偶函数的乘积,因

此必须是偶的。这意味着我们可以采用上面的事实 3 将积分写为

$$\int_{-L}^{L} \cos\left(\frac{n\pi x}{L}\right) \cos\left(\frac{m\pi x}{L}\right) dx = 2\int_{0}^{L} \cos\left(\frac{n\pi x}{L}\right) \cos\left(\frac{m\pi x}{L}\right) dx$$

这样做有两个理由:第一个原因是有一个为零的极限使积分计算步骤略为容易,第二个原因在我们讨论了这一例子后再讨论。

现在,为了计算这一积分,我们实际上需要考虑以下 3 个情况。

情况 Ⅰ: $n = m = 0$

在这种情况下,积分非常容易,为

$$\int_{-L}^{L} dx = 2\int_{0}^{L} dx = 2L$$

情况 Ⅱ: $n = m \neq 0$

这一积分比第一种情况略难,但不是难得多(我们回想一个简单的三角公式),对于这种情况,积分为

$$\int_{-L}^{L} \cos^2\left(\frac{n\pi x}{L}\right) dx = \int_{0}^{L} \cos^2\left(\frac{n\pi x}{L}\right) dx = \int_{0}^{L} \left[1 + \cos\left(\frac{n\pi x}{L}\right)\right] dx$$

$$= \left(x + \frac{L}{2n\pi}\sin\left(\frac{2n\pi x}{L}\right)\right)\Big|_{0}^{L} = L + \frac{L}{2n\pi}\sin(2n\pi)$$

现在,我们需要回想到 n 是一个整数,因此 $\sin(2n\pi) = 0$,最终值为

$$\int_{-L}^{L} \cos^2\left(\frac{n\pi x}{L}\right) dx = 2\int_{0}^{L} \cos^2\left(\frac{n\pi x}{L}\right) dx = L$$

前两种情况实际上证明:如果 $n = m$,则积分不为零(正如它应当那样),且取决于 n(因此也取决于 m),我们得到积分的不同的值。现在我们需要处理第三种情况,这是重要的情况。

情况 Ⅲ: $n \neq m$[①]。

这是三种情况中"最难的",我们写出积分为

$$\int_{-L}^{L} \cos\left(\frac{n\pi x}{L}\right) \cos\left(\frac{m\pi x}{L}\right) dx = 2\int_{0}^{L} \cos\left(\frac{n\pi x}{L}\right) \cos\left(\frac{m\pi x}{L}\right) dx$$

在这种情况下,我们不能像前两种情况一样进行组合/简化。但我们可以知道已经得到了具有不同的自变量的两个正弦的积,这样我们可以采用上述的三角函数之一,将乘积分解为

---

① 原书有误,译者改。

$$\int_{-L}^{L} \cos\left(\frac{n\pi x}{L}\right) \cos\left(\frac{m\pi x}{L}\right) dx = 2\int_{0}^{L} \cos\left(\frac{n\pi x}{L}\right) \cos\left(\frac{m\pi x}{L}\right) dx$$

$$= \int_{0}^{L} \left[\cos\left(\frac{(n-m)\pi x}{L}\right) + \cos\left(\frac{(n+m)\pi x}{L}\right) \right] dx$$

$$= \left[\frac{L}{(n-m)\pi} \sin\left(\frac{(n-m)\pi L}{L}\right) + \frac{L}{(n+m)\pi} \sin\left(\frac{(n+m)\pi L}{L}\right) \right]$$

$$= \frac{L}{(n-m)\pi} \sin((n-m)\pi) + \frac{L}{(n+m)\pi} \sin((n+m)\pi) \text{\textcircled{1}}$$

现在，我们已经证明，如果 n 和 m 都是整数，$n-m$ 和 $n+m$ 也是整数，因此上面的两个正弦必须是零，这样我们得到

$$\int_{-L}^{L} \cos\left(\frac{n\pi x}{L}\right) \cos\left(\frac{m\pi x}{L}\right) dx = 2\int_{0}^{L} \cos\left(\frac{n\pi x}{L}\right) \cos\left(\frac{m\pi x}{L}\right) dx = 0$$

因此，我们已经证明如果 $n \neq m$，则积分为零，且如果 $n = m$，积分的值是正的常数。因此集是相互正交的。

在上述所有的工作中，我们在每一步保持两种形式的积分。通过保持两种形式的积分，我们能够证明不仅 $\left\{\cos\left(\frac{n\pi x}{L}\right)\right\}_{n=0}^{\infty}$ 在 $-L \leq x \leq L$ 上是相互独立的，而且在 $0 \leq x \leq L$ 上也是相互独立的。仅有的差别是当 $n = m$ 时积分的值，而且我们可由上面的工作得到这些值。

让我们观察另外的例子。

例 2：证明 $\left\{\sin\left(\frac{n\pi x}{L}\right)\right\}_{n=0}^{\infty}$ 在 $-L \leq x \leq L$ 和 $0 \leq x \leq L$ 上是相互正交的。

解：首先从这次开始知道我们证明在两个区间的正交性。第二，我们需要从设定 $n=1$ 开始，因为如果采用 $n=0$，第一个函数为零，我们不想在列表中出现零函数。

正如第一个例子，我们实际需做的是计算积分

$$\int_{-L}^{L} \sin\left(\frac{n\pi x}{L}\right) \sin\left(\frac{m\pi x}{L}\right) dx$$

在被积函数是两个奇函数的乘积时（因此必定是偶的），这意味着我们可以再次采用上述事实 3 将积分写成

$$\int_{-L}^{L} \sin\left(\frac{n\pi x}{L}\right) \sin\left(\frac{m\pi x}{L}\right) dx = 2\int_{0}^{L} \sin\left(\frac{n\pi x}{L}\right) \sin\left(\frac{m\pi x}{L}\right) dx$$

---

① 原书有误，译者改。

对于这里的积分，我们仅有两种情况。

对于 $n=m$，这与前面的例子的第二种情况非常相似，有

$$\int_{-L}^{L} \sin^2\left(\frac{n\pi x}{L}\right) dx = 2\int_0^L \sin^2\left(\frac{n\pi x}{L}\right) dx = \int_0^L \left[1 - \cos\left(\frac{2n\pi x}{L}\right)\right] dx$$

$$= \left[x - \frac{L}{2n\pi}\sin\left(\frac{2n\pi x}{L}\right)\right]\Bigg|_0^L = L - \frac{L}{2n\pi}\sin(2n\pi) = L$$

总之，得到

$$\int_{-L}^{L} \sin^2\left(\frac{n\pi x}{L}\right) dx = 2\int_0^L \sin^2\left(\frac{n\pi x}{L}\right) dx = L$$

对于 $n \neq m$，正如前面的例子，这可能略为困难，但是与前面的例子的第三种情况近似相同，因此我们不给出大量的细节，积分为

$$\int_{-L}^{L} \sin\left(\frac{n\pi x}{L}\right) \sin\left(\frac{m\pi x}{L}\right) dx$$

$$= 2\int_0^L \sin\left(\frac{n\pi x}{L}\right) \sin\left(\frac{m\pi x}{L}\right) dx$$

$$= \int_0^L \left[\cos\left(\frac{(n-m)\pi x}{L}\right) - \cos\left(\frac{(n+m)\pi x}{L}\right)\right] dx$$

$$= \left[\frac{L}{(n-m)\pi}\sin\left(\frac{(n-m)\pi x}{L}\right) - \frac{L}{(n+m)\pi}\sin\left(\frac{(n+m)\pi x}{L}\right)\right]\Bigg|_0^L$$

$$= \frac{L}{(n-m)\pi}\sin((n-m)\pi) - \frac{L}{(n+m)\pi}\sin((n+m)\pi)$$

正如前面的例子，我们知道 n 和 m 是整数，因此上述的两个正弦必须为零，所有这些结合到一起我们得到

$$\int_{-L}^{L} \sin\left(\frac{n\pi x}{L}\right) \sin\left(\frac{m\pi x}{L}\right) dx = 2\int_0^L \sin\left(\frac{n\pi x}{L}\right) \sin\left(\frac{m\pi x}{L}\right) dx = 0$$

因此，我们已经证明：如果 $n \neq m$，则积分为零，而且，如果 $n=m$，积分的值是正常数，因此集是相互正交的。

我们现在已经证明 $\left\{\sin\left(\frac{n\pi x}{L}\right)\right\}_{n=0}^{\infty}$ 在 $-L \leq x \leq L$ 和 $0 \leq x \leq L$ 上是相互正交的。

在本节我们需要讨论更多的例子。

例 3：证明 $\left\{\sin\left(\frac{n\pi x}{L}\right)\right\}_{n=0}^{\infty}$ 和 $\left\{\cos\left(\frac{n\pi x}{L}\right)\right\}_{n=0}^{\infty}$ 在 $-L \leq x \leq L$ 上是相互正交的。

解：这一例子与前面两个例子略有不同。这里我们想证明这两个集在

$-L \leq x \leq L$ 上是相互正交的。为此，需要证明 3 件事情。首先（实际上是第二），需要证明每个单独的集是相互正交的，这在前两个例子中已经证明了。需要证明的第三个事情是：如果我们从一个集中取一个函数，并从另一个集中取另一个函数，我们对它们积分得到零。

此外，注意到这次我们实际要做的仅是证明这两个集组合在一起在 $-L \leq x \leq L$ 区间不是相互正交的。你可能想在这一区间进行积分以证明它不总为零。

因此，注意我们这里需要计算一个积分，并没有更多的要做。要计算的积分是

$$\int_{-L}^{L} \sin\left(\frac{n\pi x}{L}\right) \cos\left(\frac{m\pi x}{L}\right) dx$$

在这种情况下，被积函数是一个奇函数（正弦）和一个偶函数（余弦）的积，因此积分是一个奇函数。因此，因为积分是在一个对称区间 $-L \leq x \leq L$ 内的，因此由上述事实 3，我们知道积分必须为零，或

$$\int_{-L}^{L} \sin\left(\frac{n\pi x}{L}\right) \cos\left(\frac{m\pi x}{L}\right) dx = 0$$

因此，在前面的例子中已经证明，在区间 $-L \leq x \leq L$ 上，两个集单独是相互正交的，这里我们已经证明对一个正弦和余弦的积积分得到零。因此，作为一个组合的集，它们也是相互正交的。

我们现在讨论的 3 个例子涉及正交性，应当注意到这里不是无中生有出来的随机例子。由于需要这些例子的结果，这里将结果归纳如下。

小结 I：

$\left\{\cos\left(\frac{n\pi x}{L}\right)\right\}_{n=0}^{\infty}$ 和 $\left\{\sin\left(\frac{n\pi x}{L}\right)\right\}_{n=0}^{\infty}$ 作为单独的集和作为一个组合集在 $-L \leq x \leq L$ 上是相互正交的。

$\left\{\cos\left(\frac{n\pi x}{L}\right)\right\}_{n=0}^{\infty}$ 在 $0 \leq x \leq L$ 区间是相互正交的。

$\left\{\sin\left(\frac{n\pi x}{L}\right)\right\}_{n=0}^{\infty}$ 在 $0 \leq x \leq L$ 区间是相互正交的。

我们也需要积分本身的结果，在 $-L \leq x \leq L$ 和 $0 \leq x \leq L$ 区间，因此在这里我们也对此进行小结，这样我们在需要时可以引用它们。

小结 II：

$$\int_{-L}^{L} \cos\left(\frac{n\pi x}{L}\right) \cos\left(\frac{m\pi x}{L}\right) dx = \begin{cases} 2L & n = m = 0 \\ L & n = m \neq 0 \\ 0 & n \neq m \end{cases}$$

$$\int_{-L}^{L} \cos\left(\frac{n\pi x}{L}\right) \cos\left(\frac{m\pi x}{L}\right) dx = \begin{cases} L & n = m \neq 0 \\ 0 & n \neq m \end{cases}$$

$$\int_{-L}^{L} \sin\left(\frac{n\pi x}{L}\right) \sin\left(\frac{m\pi x}{L}\right) dx = \begin{cases} L & n = m \\ 0 & n \neq m \end{cases}$$

$$\int_{-L}^{L} \sin\left(\frac{n\pi x}{L}\right) \cos\left(\frac{m\pi x}{L}\right) dx = 0$$

在小结之后，我们结束本节，并转向本附录的第二个主题——傅里叶级数。

E.6 傅里叶正弦级数

在本节开始涉及傅里叶级数。应当指出：这个主题跨越整个课程，在本节（以及下几节），我们非常简要地观察这一主题。这里的要点是为能够对偏微分方程进行基本的求解奠定基础。在这里并不会涉及傅里叶级数研究方面的许多主题。

因此，就此开始，当然我们不偏离傅里叶级数。回想一下我们的微积分课程是从观察泰勒级数入手的。对于泰勒级数，我们写出一个函数 $f(x)$ 的级数表示，对于某一 $x=a$，其级数项是 $x-a$ 的幂。采用某些条件，我们能够证明

$$f(x) = \sum_{n=0}^{\infty} \frac{f^{(n)}(a)}{n!}(x-a)^n$$

对于取决于函数本身的某些 R，级数在 $|x-a|$ 处收敛到 $f(x)$。这没有什么错误，但它需要在 $x=a$ 处存在所有阶的导数。或者，换言之，对于 $n=0$，1，2，…，存在 $f^{(n)}(a)$。此外，对于某些函数，R 的值可能是非常小的。这两个问题（和其他的问题）意味着这并不总是最佳的方式，或者写出一个函数的一个级数表示。在许多情况下，它工作的良好，没有理由需要不同类型的级数。然而，在有些情况下，优选或需要其他类型的级数。

本课程下几节对一个函数构建其他的级数表示。本章其余部分的最终目的是采用正弦和余弦写出一个函数的级数表示。

我们将通过假设函数 $f(x)$ 开始，我们想要写出一个奇函数（即，$f(-x) = f(x)$）的级数表示。由于 $f(x)$ 是奇的，应当能写出一个仅用正弦项（因为它们也是奇函数）的级数表示。

这里我们试图做的是将 $f(x)$ 写为傅里叶正弦级数的级数表示（在 $-L \leq x \leq L$ 上）

$$\sum_{n=1}^{\infty} B_n \sin\left(\frac{n\pi x}{L}\right)$$

这里要注明一些问题。

首先，在这一点，我们要假设级数表示在 $-L \leq x \leq L$ 上收敛到 $f(x)$。我们在后面的章节观察它是否实际收敛。然而，假设级数收敛到 $f(x)$，注意到，与泰勒级数不同，有趣的是，这一表示总是收敛到相同的区间，而且该区间与函数无关。

其次，级数表示不涉及正弦的幂（再次将此与泰勒级数对比），而是涉及具有不同的变量的正弦。

最后，正弦的变量 $\frac{n\pi x}{L}$ 似乎像是一个任意的选择。对于傅里叶正弦级数，变量不一定是这样，但有几个原因要这样选择。首先，当我们使用傅里叶级数（一般是，但不一定是傅里叶正弦级数）帮助求解某些基本的偏微分方程时，这是在下一章自然产生的变量。采用这一变量的下一个理由是，事实上，我们选择的函数集（在这种情况下是 $\left\{\sin\left(\frac{n\pi x}{L}\right)\right\}_{n=0}^{\infty}$）需要在给定的区间（在这种情况下是 $-L \leq x \leq L$）是正交的，并注意到在最后一节我们证明事实上它们是正交的。换言之，我们选择要处理的函数和我们要处理的区间是以某种方式连接在一起的。我们可以使用不同的变量，但也需要选择一个我们可以证明正弦（有不同的变量）是正交的区间。

因此，让我们由假设一个给定的奇函数 $f(x)$ 开始，事实上我们可以找到具有以上给定的形式的一个傅里叶级数，表示在 $-L \leq x \leq L$ 上的函数。这意味着，我们有

$$f(x) = \sum_{n=1}^{\infty} B_n \sin\left(\frac{n\pi x}{L}\right)$$

正如上面注明的那样，我们讨论是否可以这样做，而且是否级数表示事实上收敛到后面章节中的函数。在这一点，我们简单地假设它可以这样做。问题现在是怎样确定级数中的系数 B_n。

让我们从上面的级数入手，并将两边乘以 $\sin\left(\frac{m\pi x}{L}\right)$，其中 m 是一个在 $\{0, 1, 2, \cdots\}$ 内的一个固定的整数。换言之，我们将两边乘以我们要处理的正弦集中的任意正弦，这样做得到

$$f(x)\sin\left(\frac{m\pi x}{L}\right) = \sum_{n=1}^{\infty} B_n \sin\left(\frac{n\pi x}{L}\right) \sin\left(\frac{m\pi x}{L}\right)$$

现在，让我们在两边从 $x=-L$ 到 $x=L$ 进行积分。

$$\int_{-L}^{L} f(x)\sin\left(\frac{m\pi x}{L}\right) dx = \int_{-L}^{L} \sum_{n=1}^{\infty} B_n \sin\left(\frac{n\pi x}{L}\right) \sin\left(\frac{m\pi x}{L}\right) dx$$

在这一点，我们有一个小的问题要处理。我们由微积分知道一个有限的级数(通常称为有限累加和)的积分是积分的(有限)累加。换言之，对于有限的级数，我们可以交换积分和级数。然而，对于有限的级数，我们不能总这样做。对于无限级数的某些积分，我们不能讲积分和级数交换。对我们足够幸运的是，在这种情况下，我们实际上可能交换积分和级数。进行这一步并分解积分中的常数 B_n，得到

$$\int_{-L}^{L} f(x) \sin\left(\frac{m\pi x}{L}\right) dx = \int_{-L}^{L} \sum_{n=1}^{\infty} B_n \sin\left(\frac{n\pi x}{L}\right) \sin\left(\frac{m\pi x}{L}\right) dx$$

$$= \sum_{n=1}^{\infty} B_n \int_{-L}^{L} \sin\left(\frac{n\pi x}{L}\right) \sin\left(\frac{m\pi x}{L}\right) dx$$

现在，由 E.5 节回想到，我们可以证明 $\left\{\sin\left(\frac{n\pi x}{L}\right)\right\}_0^{\infty}$ 在 $-L \leq x \leq L$ 是正交的，即

$$\int_{-L}^{L} \sin\left(\frac{n\pi x}{L}\right) \sin\left(\frac{m\pi x}{L}\right) dx = \begin{cases} L & n = m \\ 0 & n \neq m \end{cases}$$

因此，这对我们意味着什么。正如我们涉及的级数中的各个 n 值，并计算积分的所有值(除了为 0 的积分外)。仅有的非零的积分出现在 $n = m$ 时，在这种情况下积分的值是 L。因此，在级数中仅有的非零项出现在我们有 $n = m$ 时，我们的方程变成了

$$\int_{-L}^{L} f(x) \sin\left(\frac{m\pi x}{L}\right) dx = B_m L$$

最后，我们需要做的是除以 L，我们有每个系数的方程

$$B_m = \frac{1}{L} \int_{-L}^{L} f(x) \sin\left(\frac{m\pi x}{L}\right) dx, m = 1, 2, 3, \cdots$$

接着，注意到因为我们要将两个奇函数进行积分，这一积分的被积函数是偶的，因此，我们也知道

$$B_m = \frac{2}{L} \int_{0}^{L} f(x) \sin\left(\frac{m\pi x}{L}\right) dx, m = 1, 2, 3, \cdots$$

总之，$-L \leq x \leq L$ 上的一个奇函数 $f(x)$ 的傅里叶正弦级数可表示为

$$f(x) = \sum_{n=1}^{\infty} B_n \left(\frac{n\pi x}{L}\right)$$

$$B_n = \frac{2}{L} \int_{0}^{L} f(x) \sin\left(\frac{n\pi x}{L}\right) dx, n = 1, 2, 3, \cdots$$

让我们快速观察一个例子。

例1：得到 $-L \leq x \leq L$ 上的函数 $f(x)=x$ 的傅里叶正弦级数。

解：首先，注意到我们要涉及的函数事实上是一个奇函数，因此有些事情是我们可以做的。这实际上是只是要计算 $f(x)=x$ 的系数。

这就是要做的工作，并注意到我们把积分的部分细节由读者去验证。不要忘记 n、L 和 π 是常数！

$$B_n = \frac{2}{L}\int_0^L f(x)\sin\left(\frac{n\pi x}{L}\right)dx = \frac{2}{L}\left(\frac{L}{n^2\pi^2}\right)\left(L\sin\left(\frac{n\pi x}{L}\right) - n\pi x\cos\left(\frac{n\pi x}{L}\right)\right)\bigg|_0^L$$

$$= \frac{2}{n^2\pi^2}(L\sin(n\pi) - n\pi L\cos(n\pi))$$

这些积分有时是有些困难的，尤其当我们使用一个一般的 L 作为区间的端点而不是一个具体的数时。

现在，利用 n 是一个整数这一事实，我们知道 $\sin(n\pi)=0$ 且 $\cos(n\pi)=(-1)^n$。因此，我们有

$$B_n = \frac{2}{n^2\pi^2}(n\pi L(-1)^n) = \frac{(-1)^{n+1}2L}{n\pi}, n=1,2,3,\cdots$$

则傅里叶级数是

$$x = \sum_{n=1}^{\infty}\frac{(-1)^{n+1}2L}{n\pi}\sin\left(\frac{n\pi x}{L}\right) = \frac{2L}{\pi}\sum_{n=1}^{\infty}\frac{(-1)^{n+1}}{n}\sin\left(\frac{n\pi x}{L}\right)$$

在这一点，我们或许应当指出：我们大部分（如果不是全部）工作是在一个一般的区间（$-L \leq x \leq L$ 或 $0 \leq x \leq L$）而不是具有具体的端点数的区间做的。这有几个原因，首先，它给出了适于任何区间的更一般的公式；第二，当我们进入这类工作时，也是在一般的区间进行的，因此我们现在也会适应于它们。

现在，发现一个奇函数的傅里叶正弦级数是好的，但由于某些原因我们想要得到一个非奇函数的傅里叶正弦级数时会怎么样？为了看看怎样做，我们必须做一个改变。上述的工作是在区间 $-L \leq x \leq L$ 做的。在函数不是奇的情况下，我们在区间 $0 \leq x \leq L$ 工作，这样做的原因是有点儿明显的。

因此，现在我们要做的是试图得到在区间 $0 \leq x \leq L$ 上的 $f(x)$ 的一个级数表示，即

$$\sum_{n=1}^{\infty}B_n\sin\left(\frac{n\pi x}{L}\right)$$

或者，换言之，

$$f(x) = \sum_{n=1}^{\infty}B_n\sin\left(\frac{n\pi x}{L}\right)$$

正如我们对在 $0 \leq x \leq L$ 上的傅里叶正弦级数所做的那样，我们假设级数事

实上收敛到 $f(x)$，我们在后面的章节讨论级数的收敛性。

有两个产生系数 B_n 的公式的方法，尽管我们看到它们实际上有些相同，只是从不同的视角观察。

第一种方法是忽略 $f(x)$ 是奇的这一事实，并采用与上面相同的方式处理，只是这次我们利用我们在 E.5 节证明的 $\left\{\sin\left(\dfrac{n\pi x}{L}\right)\right\}_{n=1}^{\infty}$ 也构成了在 $0 \leqslant x \leqslant L$ 上的一个正交集的事实，即

$$\int_0^L \sin\left(\frac{n\pi x}{L}\right) \sin\left(\frac{m\pi x}{L}\right) dx = \begin{cases} \dfrac{L}{2} & n = m \\ 0 & n \neq m \end{cases}$$

因此，如果我们这样做，我们需要做的是给我们的级数两边乘以 $\sin\left(\dfrac{m\pi x}{L}\right)$，从 0 到 L 积分，并交换积分和级数，得到

$$\int_0^L f(x) \sin\left(\frac{m\pi x}{L}\right) dx = \sum_{n=1}^{\infty} B_n \int_0^L \sin\left(\frac{n\pi x}{L}\right) \sin\left(\frac{m\pi x}{L}\right) dx \text{①}$$

现在，插入到积分，我们得到

$$\int_0^L f(x) \sin\left(\frac{m\pi x}{L}\right) dx = B_m \left(\frac{L}{2}\right)$$

在求解系数时我们得到

$$B_m = \frac{2}{L} \int_0^L f(x) \sin\left(\frac{m\pi x}{L}\right) dx \quad m = 1, 2, 3, \cdots$$

注意，这与我们在上面通过假设 $f(x)$ 是奇的并且在区间 $0 \leqslant x \leqslant L$ 得到的系数的第二种形式是相同的。事实上我们所得的系数是相同的实际上并不令人惊奇，在我们观察产生系数的第二种方法时会看到。在我们观察产生系数的第二种方法时，我们需要简要地观察另一个概念。给定一个函数 $f(x)$，我们定义 $f(x)$ 的奇扩展为新函数

$$g(x) = \begin{cases} f(x) & 0 \leqslant x \leqslant L \\ -f(-x) & -L \leqslant x \leqslant 0 \end{cases}$$

很容易看到，这是一个奇函数

$$g(-x) = f(-(-x)) = -f(x) = -g(x), \quad 0 < x < L$$

我们也可以知道在 $0 \leqslant x \leqslant L$ 上我们有 $g(x) = f(x)$。此外，还要注意到，如果 $f(x)$ 是一个奇函数，则我们事实上得到在 $-L \leqslant x \leqslant L$ 上 $g(x) = f(x)$。

---

① 原书有误，译者改。

让我们在进一步处理之前快速地观察几个奇的扩展。

例2：描述每个给定的函数的奇扩展：

(1) $f(x) = L-x$, $0 \leq x \leq L$。

(2) $f(x) = 1+x^2$, $0 \leq x \leq L$。

(3) $f(x) = \begin{cases} \dfrac{L}{2} & 0 \leq x \leq \dfrac{L}{2} \\ x - \dfrac{L}{2} & \dfrac{L}{2} \leq x \leq L \end{cases}$。

解：定义奇扩展并进行描述。

(1) 在 $0 \leq x \leq L$ 上 $f(x) = L-x$

这一函数的奇扩展为

$$g(x) = \begin{cases} f(x) & 0 \leq x \leq L \\ -f(-x) & -L \leq x \leq 0 \end{cases} = \begin{cases} L-x & 0 \leq x \leq L \\ -L-x & -L \leq x \leq 0 \end{cases}$$

以下是函数和它的奇扩展的图。注意到我们采用一个虚线表示奇"扩展"，使这一部分加上的奇扩展的函数明显可见。

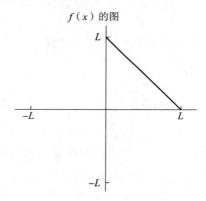

$f(x)$ 的图

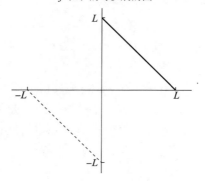

$f(x)$ 的奇扩展的图

(2) 在 $0 \leq x \leq L$ 上 $f(x) = 1+x^2$

首先注意到这显然是一个偶函数。然而,这不意味着我们不能定义它的奇扩展,这一函数的奇扩展是

$$g(x) = \begin{cases} f(x) & 0 \leq x \leq L \\ -f(-x) & -L \leq x \leq 0 \end{cases}$$

$$= \begin{cases} 1+x^2 & 0 \leq x \leq L \\ -1-x^2 & -L \leq x \leq 0 \end{cases}$$

原始函数和它的奇扩展的描述是:

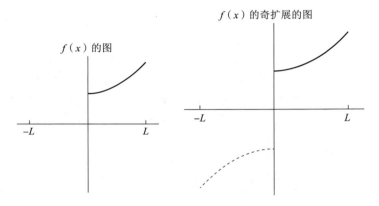

(3) $f(x) = \begin{cases} \dfrac{L}{2} & 0 \leq x \leq \dfrac{L}{2} \\ x-\dfrac{L}{2} & \dfrac{L}{2} \leq x \leq L \end{cases}$

让我们写出这一函数的奇扩展为

$$g(x) = \begin{cases} f(x) & 0 \leq x \leq L \\ -f(-x) & -L \leq x \leq 0 \end{cases} = \begin{cases} x-\dfrac{L}{2} & \dfrac{L}{2} \leq x \leq L \\ \dfrac{L}{2} & 0 \leq x \leq \dfrac{L}{2} \\ -\dfrac{L}{2} & -\dfrac{L}{2} \leq x \leq 0 \\ -\dfrac{L}{2} & -L \leq x \leq -\dfrac{L}{2} \end{cases}$$

原始函数和它的奇扩展的描述是:

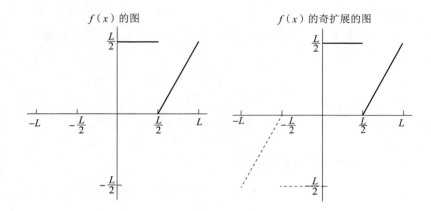

采用奇扩展的定义(和几个例子),我们现在考察得到在 $0 \leqslant x \leqslant L$ 上的一个函数 $f(x)$ 的傅里叶正弦级数的系数公式的第二种方法。首先,像上面那样给定一个定义其奇扩展的一个函数。在这一点,因为 $g(x)$ 是一个奇函数,我们知道在 $-L \leqslant x \leqslant L$ 上 $g(x)$(不是 $f(x)$)的傅里叶正弦级数是

$$g(x) = \sum_{n=1}^{\infty} B_n \sin\left(\frac{n\pi x}{L}\right), \quad B_n = \frac{2}{L}\int_0^L g(x)\sin\left(\frac{n\pi x}{L}\right) dx \quad n = 1,2,3,\cdots$$

然而,因为我们知道在 $0 \leqslant x \leqslant L$ 上 $g(x) = f(x)$,我们也可以看到只有在 $0 \leqslant x \leqslant L$ 上,有

$$f(x) = \sum_{n=1}^{\infty} B_n \sin\left(\frac{n\pi x}{L}\right), \quad B_n = \frac{2}{L}\int_0^L f(x)\sin\left(\frac{n\pi x}{L}\right) dx \quad n = 1,2,3,\cdots$$

因此,不管我们怎样得到公式,系数的公式是相同的,第二种方法判断为什么它们相同,因为它们是针对一个奇函数的傅里叶正弦级数导出的。

现在,让我们得到我们在例 2 中观察的每个函数的傅里叶正弦级数。

再次注意到,我们这里涉及的是一般的区间而不是右端点的具体的数,以得到这种形式的更一般的公式,而且因为我们在下一节将做这种类型的工作。

此外,我们再次离开实际的积分细节,直到读者验证了它。在大部分情况中,它涉及某些非常简单的积分,但通过在积分中出现的所有的常数(n,L,π 等)复杂化。

例 3:得到在 $-L \leqslant x \leqslant L$ 上的 $f(x) = L - x$ 的傅里叶正弦级数。

解:这里只是计算傅里叶正弦级数系数,它们是

$$B_n = \frac{2}{L}\int_0^L f(x)\sin\left(\frac{n\pi x}{L}\right) dx = \frac{2}{L}\int_0^L (L-x)\sin\left(\frac{n\pi x}{L}\right) dx$$

$$= \frac{2}{L}\left(-\frac{L}{n^2\pi^2}\right)\left[L\sin\left(\frac{n\pi x}{L}\right) - n\pi(x-L)\cos\left(\frac{n\pi x}{L}\right)\right]\Bigg|_0^L$$

$$= \frac{2}{L}\left[\frac{L^2}{n^2\pi^2}(n\pi - \sin(n\pi))\right] = \frac{2L}{n\pi}$$

在简化的过程中,不要忘记 n 是一个整数。

因此,采用系数我们得到这一函数的傅里叶正弦级数。

在下面的例子中,有趣的是注意到尽管我们在开始本节时仅观察奇函数,我们现在要得到在 $0 \leq x \leq L$ 上的一个偶函数的傅里叶正弦级数。然而回想到我们实际得到的是这一函数的奇扩展的傅里叶级数,因此这是可以的。

例 4:得到在 $0 \leq x \leq L$ 上的 $f(x) = 1 + x^2$ 的傅里叶正弦级数。

解:在这种情况下,系数是有些复杂的,事实上积分涉及对部分进行两次积分。求解系数的工作为

$$B_n = \frac{2}{L}\int_0^L f(x)\sin\left(\frac{n\pi x}{L}\right)dx = \frac{2}{L}\int_0^L (1+x^2)\sin\left(\frac{n\pi x}{L}\right)dx$$

$$= \frac{2}{L}\left(\frac{L}{n^2\pi^2}\right)\left[2L^2 n\pi(1+x^2)\cos\left(\frac{n\pi x}{L}\right) + 2Ln\pi x\sin\left(\frac{n\pi x}{L}\right)\right]\Bigg|_0^L$$

$$= \frac{2}{L}\left(\frac{L}{n^2\pi^2}\right)\left[(2L^2 - n^2\pi^2(1+L^2))\cos(n\pi) + 2L^2 n\pi\sin(n\pi) - (2L^2 - n^2\pi^2)\right]$$

$$= \frac{2}{n^3\pi^3}\left[(2L^2 - n^2\pi^2(1+L^2))(-1)^n - 2L^2 + n^2\pi^2\right]$$

正如上面注明的那样,系数不是最适当的,但这里是。这一函数的傅里叶正弦级数是

$$f(x) = \sum_{n=1}^{\infty} \frac{2}{n^3\pi^3}\left[(2L^2 - n^2\pi^2(1+L^2))(-1)^n - 2L^2 + n^2\pi^2\right]\sin\left(\frac{n\pi x}{L}\right)$$

在本节的最后一个例子中,我们将得到一个分段函数的傅里叶正弦级数,这必定将使积分复杂一些,但有时会出现这样的情况,因此我们需要能应对这样的情况。

例 5:得到在 $0 \leq x \leq L$ 上函数 $f(x) = \begin{cases} \dfrac{L}{2} & 0 \leq x \leq \dfrac{L}{2} \\ x - \dfrac{L}{2} & \dfrac{L}{2} \leq x \leq L \end{cases}$ 的傅里叶正弦级数。

解:系数的积分为

$$\int_0^{\frac{L}{2}} \sin\left(\frac{n\pi x}{L}\right) dx = -\left(\frac{L}{2}\right)\left(\frac{L}{n\pi}\right) \cos\left(\frac{n\pi x}{L}\right) \Big|_0^{\frac{L}{2}}$$

$$= \frac{L^2}{2\pi n}\left(1 - \cos\left(\frac{n\pi}{2}\right)\right) \int_{\frac{L}{2}}^{L}\left(x - \frac{L}{2}\right) \sin\left(\frac{n\pi x}{L}\right) dx$$

$$= \frac{L}{n^2\pi^2}\left[L\sin\left(\frac{n\pi x}{L}\right) - n\pi\left(x - \frac{L}{2}\right) \cos\left(\frac{n\pi x}{L}\right)\right] \Big|_{\frac{L}{2}}^{L}$$

$$= \frac{L}{n^2\pi^2}\left[L\sin(n\pi) - \frac{n\pi L}{2}\cos(n\pi) - L\sin\left(\frac{n\pi}{2}\right)\right]$$

$$= \frac{L^2}{n^2\pi^2}\left[\frac{n\pi(-1)^n}{2} + \sin\left(\frac{n\pi}{2}\right)\right]$$

注意，由于原始函数的分段性，我们需要分离地积分。让我们分别进行两个积分。

将所有这些放到一起，因此这一函数的傅里叶正弦级数是

$$f(x) = \sum_{n=1}^{\infty} \frac{L}{n\pi}\left[1 + (-1)^{n+1} - \cos\left(\frac{n\pi}{2}\right) + \frac{2}{n\pi}\sin\left(\frac{n\pi}{2}\right)\right] \sin\left(\frac{n\pi x}{L}\right)$$

正如前面两个例子已经证明的那样，这些系数可能是非常复杂，且经常是这样的情况，因此我们不能太激动。

E.7 傅里叶余弦级数

在本节我们要观察傅里叶余弦级数。我们像前面涉及的傅里叶正弦级数的章节那样开始。我们从假设初始处理的函数 $f(x)$ 是一个偶函数（即，$f(-x) = f(x)$）开始，我们想要采用余弦（也是偶的）写出在 $-L \leq x \leq L$ 上的这一函数的级数表示。换言之，我们要观察函数

$$f(x) = \sum_{n=0}^{\infty} A_n \cos\left(\frac{n\pi x}{L}\right)$$

这一级数称为傅里叶余弦级数，在这种情况下（与傅里叶正弦级数不同）我们从在 $n = 0$ 的级数表示开始，因为这一项不像正弦那样为零。此外，和傅里叶正弦级数一样，仅采用在余弦中的 $\frac{n\pi x}{L}$ 变量，因为这是我们在 E.8 节中涉及的变量。这里仅有的需求是我们使用的给定的函数集在我们处理的区间上是正交的。

也要注意，我们假设在这一点这一级数事实上收敛到在 $-L \leq x \leq L$ 上的 $f(x)$。在后面的章节，我们更详细地观察这一级数的收敛性。因此，为了确定

系数 A_n 的公式，我们采用 $\left\{\cos\left(\dfrac{n\pi x}{L}\right)\right\}\Big|_{n=0}^{\infty}$ 形成在 $-L \leqslant x \leqslant L$ 上的一个正交集，正如我们在 E.6 节说明的那样。在这一节，我们也导出了需要的公式，即

$$\int_{-L}^{L}\cos\left(\dfrac{n\pi x}{L}\right)\cos\left(\dfrac{m\pi x}{L}\right)\mathrm{d}x = \begin{cases} 2L & n = m = 0 \\ L & n = m \neq 0 \\ 0 & n \neq m \end{cases}$$

我们采用与 E.6 节中的几乎相同的方式得到系数的公式。我们从上述的表示开始，并给两边乘以 $\cos\left(\dfrac{m\pi x}{L}\right)$，其中 m 是 $\{0,1,2,3,\cdots\}$ 范围中的一个固定的整数。这样做得到

$$f(x)\cos\left(\dfrac{m\pi x}{L}\right) = \sum_{n=0}^{\infty} A_n \cos\left(\dfrac{n\pi x}{L}\right)\left(\dfrac{m\pi x}{L}\right)$$

接着，我们对两边从 $x=-L$ 到 $x=L$ 积分，正如在涉及傅里叶正弦级数时那样，再次可以交换积分和级数，有

$$\int_{-L}^{L} f(x)\cos\left(\dfrac{m\pi x}{L}\right)\mathrm{d}x = \int_{-L}^{L}\sum_{0}^{\infty} A_n \cos\left(\dfrac{n\pi x}{L}\right)\left(\dfrac{m\pi x}{L}\right)\mathrm{d}x$$

$$= \sum_{n=0}^{\infty} A_n \int_{-L}^{L}\cos\left(\dfrac{n\pi x}{L}\right)\left(\dfrac{m\pi x}{L}\right)\mathrm{d}x$$

我们现在知道在右边的所有积分是零，除了在 $-L \leqslant x \leqslant L$ 上的正交集的余弦集外。然而，我们需要对 m（或者是 n，取决于你想使用的字母）的值加以小心。因此在计算了所有积分后，我们得到系数的公式集：

$m=0$ 时，有

$$\int_{-L}^{L} f(x)\mathrm{d}x = A_0(2L) \Rightarrow A_0 = \left(\dfrac{1}{2L}\right)\int_{-L}^{L} f(x)\mathrm{d}x$$

$m\neq 0$ 时，有

$$\int_{-L}^{L} f(x)\cos\left(\dfrac{m\pi x}{L}\right)\mathrm{d}x = A_m(L) \Rightarrow A_m = \left(\dfrac{1}{L}\right)\int_{-L}^{L} f(x)\cos\left(\dfrac{m\pi x}{L}\right)\mathrm{d}x$$

总结上述，在 $-L \leqslant x \leqslant L$ 上的一个偶函数 $f(x)$ 的傅里叶余弦级数可表示为

$$f(x) = \sum_{n=0}^{\infty} A_n \cos\left(\dfrac{n\pi x}{L}\right), \quad A_n = \begin{cases} \left(\dfrac{1}{2L}\right)\int_{-L}^{L} f(x)\mathrm{d}x & n = 0 \\ \left(\dfrac{1}{L}\right)\int_{-L}^{L} f(x)\cos\left(\dfrac{n\pi x}{L}\right)\mathrm{d}x & n \neq 0 \end{cases}$$

最后，在我们处理一个例子之前，我们注意到因为 $f(x)$ 和余弦是偶的，且两个积分中的被积函数都是偶的，因此我们可以写出 A_n 的公式为

$$A_n = \begin{cases} \dfrac{1}{2L}\int_{-L}^{L} f(x)\,dx & n = 0 \\ \dfrac{1}{L}\int_{-L}^{L} f(x)\cos\left(\dfrac{n\pi x}{L}\right)dx & n \neq 0 \end{cases}$$

现在我们观察一个例子。

例 1：得到在 $-L \leq x \leq L$ 上的 $f(x) = x^2$ 的傅里叶余弦级数。

解：这里我们显然有一个偶函数，因此我们实际需要计算系数，它们有些复杂，因为我们需要对积分部分积分两次。我们把实际的积分细节留给读者去验证。

$$A_0 = \frac{1}{2L}\int_{-L}^{L} f(x)\,dx = \frac{1}{L}\int_{0}^{L} x^2\,dx = \frac{1}{L}\left(\frac{L^3}{3}\right) = \frac{L^2}{3}$$

$$A_n = \frac{1}{L}\int_{-L}^{L} f(x)\cos\left(\frac{n\pi x}{L}\right)dx = \frac{2}{L}\int_{0}^{L} x^2\cos\left(\frac{n\pi x}{L}\right)dx$$

$$= \frac{2}{L}\left(\frac{L}{n^3\pi^3}\right)\left(2Ln\pi\cos\left(\frac{n\pi x}{L}\right) + (n\pi x^2 - 2L^2)\sin\left(\frac{n\pi x}{L}\right)\right)\bigg|_{0}^{L}$$

$$= \frac{2}{n^3\pi^3}(2L^2 n\pi\cos(n\pi) + (n^2\pi^2 L^2 - 2L^2)\sin(n\pi))$$

$$= \frac{4L^2(-1)^n}{n^2\pi^2} \quad n = 1,2,3,\cdots$$

系数为

$$A_0 = \frac{L^2}{3} \text{ 和 } A_n = \frac{4L^2(-1)^n}{n^2\pi^2},\quad n = 1,2,3,\cdots$$

傅里叶余弦级数可表示为

$$f(x) = x^2 = \sum_{n=0}^{\infty} A_n\cos\left(\frac{n\pi x}{L}\right) = A_0 + \sum_{n=1}^{\infty} A_n\cos\left(\frac{n\pi x}{L}\right)$$

$$= \frac{L^2}{3} + \sum_{n=1}^{\infty} \frac{4L^2(-1)^n}{n^2\pi^2}\cos\left(\frac{n\pi x}{L}\right)$$

注意，我们经常从级数中拿去 $n = 0$ 项，正如这里我们做的那样，因为它几乎总是与其他系数不同的，它允许我们实际上将系数插入到级数中。

现在，正如我们在 E.6 节中做的那样，我们需要做什么以便得到非偶函数的傅里叶余弦级数。正如傅里叶正弦级数一样，当我们做这一变化时需要转向区间 $0 \leq x \leq L$ 而不是 $-L \leq x \leq L$，我们假设级数在这一点收敛到 $f(x)$，并留到在后面的章节讨论这一级数的收敛性。

正如我们对傅里叶正弦级数做的一样，我们可以通过工作两次得到系数，然而没有理由这样做。因此，尽管我们可以重做上述的工作得到系数的公式，我们直接采用第二种方法来得到系数。

在这种情况下，在实际处理之前，我们需要定义在 $-L \leqslant x \leqslant L$ 上的函数 $f(x)$ 的偶扩展。因此，给定一个函数 $f(x)$，我们定义这一函数的偶扩展为

$$g(x) = \begin{cases} f(x) & 0 \leqslant x \leqslant L \\ f(-x) & -L \leqslant x \leqslant 0 \end{cases}$$

这里所示的是一个足够简单的偶函数

$$g(-x) = f(-(-x)) = f(x) = g(x), \quad 0 < x < L$$

我们看到，在 $0 \leqslant x \leqslant L$ 上的 $g(x) = f(x)$，而且如果 $f(x)$ 已经是一个偶函数，我们得到在 $-L \leqslant x \leqslant L$ 上 $g(x) = f(x)$。

让我们观察某些函数，并且绘出该函数的偶扩展。

例 2：描绘每个给定的函数的偶扩展。

(1) $f(x) = L-x$，$0 \leqslant x \leqslant L$。

(2) $f(x) = x^3$，$0 \leqslant x \leqslant L$。

(3) $f(x) = \begin{cases} \dfrac{L}{2} & 0 \leqslant x \leqslant \dfrac{L}{2} \\ x - \dfrac{L}{2} & \dfrac{L}{2} \leqslant x \leqslant L \end{cases}$

解：(1) $f(x) = L-x$，$0 \leqslant x \leqslant L$

该函数的偶扩展是

$$g(x) = \begin{cases} f(x) & 0 \leqslant x \leqslant L \\ f(-x) & -L \leqslant x \leqslant 0 \end{cases} = \begin{cases} L-x & 0 \leqslant x \leqslant L \\ L+x & -L \leqslant x \leqslant 0 \end{cases}$$

这里是原始函数和它的偶函数的曲线。注意，我们采用虚线来对函数进行偶"扩展"，加上函数的那部分，从而我们得到偶扩展的描绘是

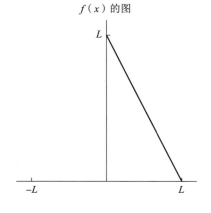
$f(x)$ 的图

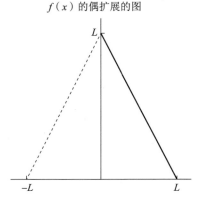
$f(x)$ 的偶扩展的图

(2) $f(x) = x^3$, $0 \leq x \leq L$

这一函数的偶扩展是

$$g(x) = \begin{cases} f(x) & 0 \leq x \leq L \\ f(-x) & -L \leq x \leq 0 \end{cases} = \begin{cases} x^3 & 0 \leq x \leq L \\ -x^3 & -L \leq x \leq 0 \end{cases}$$

函数和偶扩展的描绘是

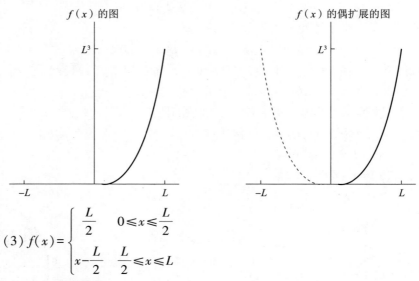

(3) $f(x) = \begin{cases} \dfrac{L}{2} & 0 \leq x \leq \dfrac{L}{2} \\ x - \dfrac{L}{2} & \dfrac{L}{2} \leq x \leq L \end{cases}$

这一函数的偶扩展是

$$g(x) = \begin{cases} f(x) & 0 \leq x \leq L \\ f(-x) & -L \leq x \leq 0 \end{cases} = \begin{cases} x - \dfrac{L}{2} & \dfrac{L}{2} \leq x \leq L \\ \dfrac{L}{2} & 0 \leq x \leq \dfrac{L}{2} \\ \dfrac{L}{2} & -\dfrac{L}{2} \leq x \leq 0 \\ -x - \dfrac{L}{2} & -L \leq x \leq -\dfrac{L}{2} \end{cases}$$

现在让我们考虑怎样使用一个函数的偶扩展来得到在 $0 \leq x \leq L$ 上的傅里叶余弦级数。

因此，给定一个函数 $f(x)$，我们令 $g(x)$ 是如上定义的偶扩展。现在，$g(x)$ 是在 $-L \leq x \leq L$ 上的一个偶函数，因此我们可以写下它的傅里叶余弦级数，即

$$g(x)=\sum_{n=0}^{\infty}A_n\cos\left(\frac{n\pi x}{L}\right), \quad A_n=\begin{cases}\dfrac{1}{L}\int_0^L f(x)\,\mathrm{d}x & n=0 \\ \dfrac{2}{L}\int_0^L f(x)\cos\left(\dfrac{n\pi x}{L}\right)\mathrm{d}x & n\neq 0\end{cases}$$

让我们观察几个例子。

例 3：得到在 $0\leqslant x\leqslant L$ 上的 $f(x)=L-x$ 的傅里叶余弦级数。

解：我们要做的是计算系数，因此这里要做的工作是

$$A_0=\frac{1}{L}\int_0^L f(x)\,\mathrm{d}x=\frac{1}{L}\int_0^L (L-x)\,\mathrm{d}x=\frac{L}{2}$$

$$A_n=\frac{2}{L}\int_0^L f(x)\cos\left(\frac{n\pi x}{L}\right)\mathrm{d}x=\frac{2}{L}\int_0^L (L-x)\cos\left(\frac{n\pi x}{L}\right)\mathrm{d}x$$

$$=\frac{2}{L}\left(\frac{L}{n^3\pi^3}\right)\left(n\pi(L-x)\sin\left(\frac{n\pi x}{L}\right)-L\cos\left(\frac{n\pi x}{L}\right)\right)\Big|_0^L$$

$$=\frac{2}{L}\left(\frac{L}{n^2\pi^2}\right)(-L\cos(n\pi)+L)$$

$$=\frac{2L}{n^2\pi^2}(1+(-1)^{n+1}) \quad n=1,2,3,\cdots$$

傅里叶余弦级数是

$$f(x)=L-x=\frac{L}{2}+\sum_{n=1}^{\infty}\frac{2L}{n^2\pi^2}(1+(-1)^{n+1})\cos\left(\frac{n\pi x}{L}\right) \text{①}$$

注意，正如我们在本节中的第一个例子中做的那样，我们在插入到系数中前去掉 A_0 项。

接着，我们得到一个奇函数的傅里叶余弦级数。这是可做的，因为我们实际得到了函数的偶扩展的傅里叶余弦级数。

例 4：得到在 $0\leqslant x\leqslant L$ 上的 $f(x)=x^3$ 的傅里叶余弦级数。

解：A_0 的积分足够简单，但其余项的积分是非常复杂的，因为它将需要部分的三次积分，我们把实际的积分的大部分细节留给读者去验核，这就是

$$A_0=\frac{1}{L}\int_0^L f(x)\,\mathrm{d}x=\frac{1}{L}\int_0^L x^3\,\mathrm{d}x=\frac{L^3}{4}$$

$$A_n=\frac{2}{L}\int_0^L f(x)\cos\left(\frac{n\pi x}{L}\right)\mathrm{d}x=\frac{2}{L}\int_0^L x^3\cos\left(\frac{n\pi x}{L}\right)\mathrm{d}x$$

---

① 原书有误，译者改。

$$= \frac{2}{L}\left(\frac{L}{n^4\pi^4}\right)\left(n\pi(n^2\pi^2 x^2 - 6L^2)\sin\left(\frac{n\pi x}{L}\right) + (3Ln^2\pi^2 x^2 - 6L^3)\cos\left(\frac{n\pi x}{L}\right)\right)\Big|_0^L$$

$$= \frac{2}{L}\left(\frac{L}{n^4\pi^4}\right)(n\pi L(n^2\pi^2 L^2 - 6L^2)\sin(n\pi)$$

$$+ (2L^3 n^2\pi^2 - 6L^3)\cos(n\pi) + 6L^3)$$

$$= \frac{2}{L}\left(\frac{L}{n^4\pi^4}\right)(2 + (n^2\pi^2 - 2)(-1)^n)$$

$$= \frac{6L^3}{n^4\pi^4}(2 + (n^2\pi^2 - 2)(-1)^{n+1}) \quad \text{对于 } n = 1,2,3,\cdots$$

这一函数的傅里叶余弦级数是

$$f(x) = x^3 = \frac{L^3}{4} + \sum_{n=1}^{\infty} \frac{6L^3}{n^4\pi^4}(2 + (n^2\pi^2 - 2)(-1)^{n+1})\cos\left(\frac{n\pi x}{L}\right)$$

最后，让我们快速地观察一个分段函数。

例 5：得到在 $0 \leq x \leq L$ 上的 $f(x) = \begin{cases} \dfrac{L}{2} & 0 \leq x \leq \dfrac{L}{2} \\ x - \dfrac{L}{2} & \dfrac{L}{2} \leq x \leq L \end{cases}$ 傅里叶余弦级数。

解：我们需要对每个系数的积分进行分解。系数为

$$A_0 = \frac{1}{L}\int_0^L f(x)\,dx = \frac{1}{L}\left[\int_0^{\frac{L}{2}} f(x)\,dx + \int_{\frac{L}{2}}^L f(x)\,dx\right]$$

$$= \frac{1}{L}\left[\int_0^{\frac{L}{2}} \frac{L}{2}\,dx + \int_{\frac{L}{2}}^L \left(x - \frac{L}{2}\right)dx\right] = \frac{1}{L}\left[\frac{L^2}{4} + \frac{L^2}{8}\right] = \frac{3L}{8}$$

$$A_n = \frac{2}{L}\int_0^L f(x)\cos\left(\frac{n\pi x}{L}\right)dx$$

$$= \frac{2}{L}\left[\int_0^{\frac{L}{2}} f(x)\cos\left(\frac{n\pi x}{L}\right)dx + \int_{\frac{L}{2}}^L f(x)\cos\left(\frac{n\pi x}{L}\right)dx\right]$$

$$= \frac{2}{L}\left[\int_0^{\frac{L}{2}} \frac{L}{2}\cos\left(\frac{n\pi x}{L}\right)dx + \int_{\frac{L}{2}}^L \left(x - \frac{L}{2}\right)\cos\left(\frac{n\pi x}{L}\right)dx\right]$$

为了计算稍简单些，让我们分别计算有

$$\int_0^{\frac{L}{2}} \frac{L}{2}\cos\left(\frac{n\pi x}{L}\right)dx = \frac{L}{2}\left(\frac{L}{n\pi}\right)\sin\left(\frac{n\pi x}{L}\right)\Big|_0^{\frac{L}{2}} = \frac{L}{2}\left(\frac{L}{n\pi}\right)\sin\left(\frac{n\pi}{2}\right) = \frac{L^2}{2n\pi}\sin\left(\frac{n\pi}{2}\right)$$

$$\int_{\frac{L}{2}}^{L}\left(x-\frac{L}{2}\right)\cos\left(\frac{n\pi x}{L}\right)\mathrm{d}x = \frac{L}{n\pi}\left(\frac{L}{n\pi}\right)\cos\left(\frac{n\pi x}{L}\right)+\left(x+\frac{n\pi x}{L}\right)\Big|_{\frac{L}{2}}^{L}$$

$$= \frac{L}{n\pi}\left(\frac{L}{n\pi}\cos(n\pi)-\frac{L}{2}\sin(n\pi)-\frac{L}{n\pi}\cos\left(\frac{n\pi}{2}\right)\right)$$

$$= \frac{L^2}{n^2\pi^2}\left((-1)^n-\cos\left(\frac{n\pi}{2}\right)\right)$$

将它们加在一起得到

$$A_n = \frac{2}{L}\left[\frac{L^2}{2n\pi}\sin\left(\frac{n\pi}{2}\right)+\frac{L^2}{n^2\pi^2}\left((-1)^n-\cos\left(\frac{n\pi}{2}\right)\right)\right]$$

因此，在经过所有这些工作后，傅里叶余弦级数是

$$f(x) = \frac{3L}{8}+\sum_{n=1}^{\infty}\frac{2L}{n\pi}\left[(-1)^n-\cos\left(\frac{n\pi}{2}\right)+\frac{n\pi}{2}\sin\left(\frac{n\pi}{2}\right)\right]\cos\left(\frac{n\pi x}{L}\right)$$

注意，正如傅里叶正弦级数那样，许多系数很难处理。

E.8 傅里叶级数

在前两节，我们已经观察了傅里叶正弦和余弦级数，现在我们考虑傅里叶级数。对于傅里叶级数，我们试图写出 $-L \leqslant x \leqslant L$ 上的 $f(x)$ 的级数表示为

$$f(x) = \sum_{n=0}^{\infty}A_n\cos\left(\frac{n\pi x}{L}\right)+\sum_{n=0}^{\infty}B_n\sin\left(\frac{n\pi x}{L}\right)$$

因此，一个傅里叶级数在某种形式上是傅里叶正弦和傅里叶余弦级数的组合。此外，像傅里叶正弦/余弦级数那样，我们不担心级数是否在这一点实际收敛到 $f(x)$。现在，我们只假设它收敛，我们在后面的章节讨论傅里叶级数的收敛性。

A_n 和 B_n 系数的公式采用与前两节相同的方式。我们利用较早证明的 $\left\{\cos\left(\frac{n\pi x}{L}\right)\right\}_{n=0}^{\infty}$ 和 $\left\{\sin\left(\frac{n\pi x}{L}\right)\right\}_{n=1}^{\infty}$ 在 $-L \leqslant x \leqslant L$ 上相互正交这一事实。我们也需要当我们证明两个集是相互正交时导出的公式，即

$$\int_{-L}^{L}\cos\left(\frac{n\pi x}{L}\right)\cos\left(\frac{m\pi x}{L}\right)\mathrm{d}x = \begin{cases} 2L & n=m=0 \\ L & n=m\neq 0 \\ 0 & n\neq m \end{cases}$$

$$\int_{-L}^{L}\sin\left(\frac{n\pi x}{L}\right)\sin\left(\frac{m\pi x}{L}\right)\mathrm{d}x = \begin{cases} L & n=m \\ 0 & n\neq m \end{cases}$$

$$\int_{-L}^{L} \sin\left(\frac{n\pi x}{L}\right) \cos\left(\frac{n\pi x}{L}\right) dx = 0$$

因此，我们从将上述级数的两边乘以 $\cos\left(\frac{m\pi x}{L}\right)$ 并从 $-L$ 到 L 进行积分开始，这样做，得到

$$\int_{-L}^{L} f(x) \cos\left(\frac{m\pi x}{L}\right) dx = \int_{-L}^{L} \sum_{n=0}^{\infty} A_n \cos\left(\frac{n\pi x}{L}\right) \cos\left(\frac{m\pi x}{L}\right) dx +$$

$$\int_{-L}^{L} \sum_{n=1}^{\infty} B_n \sin\left(\frac{n\pi x}{L}\right) \cos\left(\frac{m\pi x}{L}\right) dx$$

现在，正如我们在前两节中能够做的那样，我们可以交换积分和累加，得到

$$\int_{-L}^{L} f(x) \cos\left(\frac{m\pi x}{L}\right) dx = \sum_{n=0}^{\infty} A_n \int_{-L}^{L} \cos\left(\frac{n\pi x}{L}\right) \cos\left(\frac{m\pi x}{L}\right) dx +$$

$$\sum_{n=1}^{\infty} B_n \int_{-L}^{L} \sin\left(\frac{n\pi x}{L}\right) \cos\left(\frac{m\pi x}{L}\right) dx$$

我们现在可以利用正弦和余弦相互正交这一事实，在第二个级数中的积分将总是 0，而在第一个级数中积分在 $n \neq m$ 时为零，因此这简化为

$$\int_{-L}^{L} f(x) \cos\left(\frac{m\pi x}{L}\right) dx = \begin{cases} A_m(2L) & n = m = 0 \\ A_m(L) & n = m \neq 0 \end{cases}$$

求解 A_m 得到

$$A_0 = \frac{1}{2L} \int_{-L}^{L} f(x) dx$$

$$A_m = \frac{1}{L} \int_{-L}^{L} f(x) \cos\left(\frac{m\pi x}{L}\right) dx, \quad m = 1, 2, 3, \cdots$$

现在，再这样做一遍，只是这次两边乘以 $\sin\left(\frac{m\pi x}{L}\right)$，在两边从 $-L$ 到 L 进行积分并累加，得到

$$\int_{-L}^{L} f(x) \sin\left(\frac{m\pi x}{L}\right) dx = \sum_{n=0}^{\infty} A_n \int_{-L}^{L} \cos\left(\frac{n\pi x}{L}\right) \sin\left(\frac{m\pi x}{L}\right) dx +$$

$$\sum_{n=1}^{\infty} B_n \int_{-L}^{L} \sin\left(\frac{n\pi x}{L}\right) \sin\left(\frac{m\pi x}{L}\right) dx$$

在这种情况下，第一个级数中的积分总是零，而第二个在 $n \neq m$ 时为零，因此得到

$$\int_{-L}^{L} f(x) \sin\left(\frac{m\pi x}{L}\right) dx = B_m(L)$$

最后，求解 B_m 得到

$$B_m = \frac{1}{L}\int_{-L}^{L} f(x)\sin\left(\frac{m\pi x}{L}\right)dx, \quad m=1,2,3,\cdots$$

在前两节我们也利用了被积函数是偶的这一事实，得到采用从 0 到 L 的积分表示的第二种形式的系数。然而，在这种情况下，我们不知道 $f(x)$ 是偶的、奇的或者更可能非奇非偶。因此，这仅是傅里叶级数的系数的形式。

在开始例子之前，我们先回忆一下在本节使用的几个公式，正如在前两节已经做的那样。给定一个整数 n 则有

$$\cos(n\pi)=(-1)^n, \quad \sin(n\pi=0)$$

在我们做的所有的工作中，n 是一个整数，因此我们在问题中使用它们而不加以注明。

此外，不要忘记正弦是一个奇函数，即，$\sin(-x)=-\sin(x)$，余弦是一个偶函数，即 $\cos(-x)=\cos(x)$。在许多积分计算中我们也采用这些思路，而不加以注明。

傅里叶级数小结

令 $f(x)$ 满足条件：

(1) $f(x)$ 定义在区间 $c<x<c+2L$。

(2) $f(x)$ 和 $\dot f(x)$ 在 $c<x<c+2L$ 是区间连续的。

(3) $f(x+2L)=f(x)$，即，$f(x)$ 是周期性的，周期为 $2L$。

这样在每个连续的周围，我们有

$$f(x)=\frac{A_0}{2}+\sum_{n=1}^{\infty}\left[A_n\cos\left(\frac{n\pi x}{L}\right)+B_n\sin\left(\frac{n\pi x}{L}\right)\right] \tag{E.3}$$

式中：

$$\left.\begin{aligned}A_n &= \frac{1}{L}\int_{c}^{c+2L} f(x)\cos\left(\frac{n\pi x}{L}\right)dx\\ B_n &= \frac{1}{L}\int_{c}^{c+2L} f(x)\sin\left(\frac{n\pi x}{L}\right)dx\end{aligned}\right\} \tag{E.4}$$

在一个不连续的点，式(E.4)的左边被 $\frac{1}{2}\{f(x+0)+f(x-0)\}$ 代替，即，在该不连续点处的均值。

具有式(E.4)的系数的级数式(E.3)称为 $f(x)$ 的傅里叶级数。对于许多问题，$c=0$ 或者 $c=-L$，在这种情况下 $L=\pi$。

$f(x)$ 的有限傅里叶正弦变换被定义在 $0<x<L$，$f(x)$ 具有周期 2π，且式(E.3)和式(E.4)是简化的。

上述条件经常称为狄利克雷(Dirichlet)条件，是傅里叶级数收敛的充分条件(但不是必要条件)。

现在我们观察一个例子：

例1：求解在 $-L \leqslant x \leqslant L$ 上的 $f(x) = L-x$ 的傅里叶级数。

解：让我们采用系数公式进行计算，有

$$A_0 = \frac{1}{2L}\int_{-L}^{L} f(x)\,\mathrm{d}x = \frac{1}{2L}\int_{-L}^{L}(L-x)\,\mathrm{d}x = L$$

$$A_n = \frac{1}{L}\int_{-L}^{L} f(x)\cos\left(\frac{n\pi x}{L}\right)\mathrm{d}x = \frac{1}{L}\int_{-L}^{L}(L-x)\cos\left(\frac{n\pi x}{L}\right)\mathrm{d}x$$

$$= \frac{1}{L}\left(\frac{L}{n^2\pi^2}\right)\left(n\pi(L-x)\sin\left(\frac{n\pi x}{L}\right) - L\cos\left(\frac{n\pi x}{L}\right)\right)\bigg|_{-L}^{L}$$

$$= \frac{1}{L}\left(\frac{L}{n^2\pi^2}\right)(-2n\pi L\sin(-n\pi)) = 0, \quad n = 1,2,3,\cdots$$

$$B_n = \frac{1}{L}\int_{-L}^{L} f(x)\sin\left(\frac{n\pi x}{L}\right)\mathrm{d}x = \frac{1}{L}\int_{-L}^{L}(L-x)\sin\left(\frac{n\pi x}{L}\right)\mathrm{d}x$$

$$= \frac{1}{L}\left(\frac{L^2}{n^2\pi^2}\right)\left(L\sin\left(\frac{n\pi x}{L}\right) - n\pi(x-L)\cos\left(\frac{n\pi x}{L}\right)\right)\bigg|_{-L}^{L}$$

$$= \frac{1}{L}\left(\frac{L^2}{n^2\pi^2}\right)(2n\pi\cos(n\pi) - 2\sin(n\pi))$$

$$= \frac{2L(-1)^n}{n\pi}, \quad n = 1,2,3,\cdots$$

注意在这种情况下，我们对 $n=1, 2, 3, \cdots$ 有 $A_0 \neq 0$ 和 $A_n = 0$，偶尔发生这种情况。

$$f(x) = \sum_{n=0}^{\infty} A_n\cos\left(\frac{n\pi x}{L}\right) + \sum_{n=1}^{\infty} B_n\sin\left(\frac{n\pi x}{L}\right)$$

$$= A_0 + \sum_{n=1}^{\infty} A_n\cos\left(\frac{n\pi x}{L}\right) + \sum_{n=1}^{\infty} B_n\sin\left(\frac{n\pi x}{L}\right)$$

$$= L + \sum_{n=1}^{\infty} \frac{2L(-1)^n}{n\pi}\sin\left(\frac{n\pi x}{L}\right)$$

正如我们在前面的例子看到的，对 $n=1, 2, 3, \cdots$，有时我们得到 $A_0 \neq 0$ 和 $A_n = 0$。会不会发生这种情况取决于函数 $f(x)$，但经常不会发生这种情况。

让我们观察另一个例子。

例2：求解 $-L \leqslant x \leqslant L$ 上的 $f(x) = \begin{cases} L & -L \leqslant x \leqslant 0 \\ 2x & 0 \leqslant x \leqslant L \end{cases}$ 的傅里叶级数。

解：因为函数的分段性，求解系数的工作有些复杂，但我们继续进行

计算。

$$A_0 = \frac{1}{2L}\int_{-L}^{L} f(x)\,dx = \frac{1}{2L}\Big[\int_{-L}^{0} f(x)\,dx + \int_{0}^{L} f(x)\,dx\Big]$$

$$= \frac{1}{2L}\Big[\int_{-L}^{0} L\,dx + \int_{0}^{L} 2x\,dx\Big] = \frac{1}{2L}[L^2 + L^2] = L$$

$$A_n = \frac{1}{2L}\int_{-L}^{L} f(x)\cos\left(\frac{n\pi x}{L}\right) dx$$

$$= \frac{1}{L}\Big[\int_{-L}^{0} f(x)\cos\left(\frac{n\pi x}{L}\right) dx + \int_{0}^{L} f(x)\cos\left(\frac{n\pi x}{L}\right) dx\Big]$$

$$= \frac{1}{L}\Big[\int_{-L}^{0} L\cos\left(\frac{n\pi x}{L}\right) dx + \int_{0}^{L} 2x\cos\left(\frac{n\pi x}{L}\right) dx\Big]$$

在这一点,分别进行计算或许是较容易的。

$$\int_{-L}^{0} L\cos\left(\frac{n\pi x}{L}\right) dx = \left(\frac{L^2}{n\pi}\sin\left(\frac{n\pi x}{L}\right)\right)\Big|_{-L}^{0} = \frac{L^2}{n\pi}\sin(n\pi) = 0$$

$$\int_{0}^{L} 2x\cos\left(\frac{n\pi x}{L}\right) dx = \left(\frac{2L}{n^2\pi^2}\right)\left(L\cos\left(\frac{n\pi x}{L}\right) + n\pi\sin\left(\frac{n\pi x}{L}\right)\right)\Big|_{0}^{L}$$

$$= \left(\frac{2L}{n^2\pi^2}\right)(L\cos(n\pi) + n\pi\sin(n\pi) - \cos(0))$$

$$= \left(\frac{2L}{n^2\pi^2}\right)((-1)^n - 1)$$

因此,如果我们把所有这些放在一起,得到

$$A_n = \frac{1}{L}\int_{-L}^{L} f(x)\cos\left(\frac{n\pi x}{L}\right) dx$$

$$= \frac{1}{L}\Big[0 + \left(\frac{2L^2}{n^2\pi^2}\right)((-1)^n - 1)\Big]$$

$$= \frac{2L}{n^2\pi^2}((-1)^n - 1), \quad n = 1,2,3,\cdots$$

因此,我们已经得到了针对余弦的系数,现在我们需要考虑针对正弦的系数。

$$B_n = \frac{1}{L}\int_{-L}^{L} f(x)\sin\left(\frac{n\pi x}{L}\right) dx = \frac{1}{L}\Big[\int_{-L}^{0} L\sin\left(\frac{n\pi x}{L}\right) dx + \int_{0}^{L} 2x\sin\left(\frac{n\pi x}{L}\right) dx\Big]$$ ①

正如针对余弦的系数一样,分别进行计算或许是较容易的。

---

① 原书有误,译者改。

$$\int_{-L}^{0} L\sin\left(\frac{n\pi x}{L}\right)dx = \left(-\frac{L^2}{n\pi}\cos\left(\frac{n\pi x}{L}\right)\right)\Big|_{-L}^{0} = \frac{L^2}{n\pi}(-1+\cos(n\pi))$$

$$= \frac{L^2}{n\pi}((-1)^n - 1)$$

$$\int_{0}^{L} 2x\sin\left(\frac{n\pi x}{L}\right)dx = \left(\frac{2L}{n^2\pi^2}\right)\left(L\sin\left(\frac{n\pi x}{L}\right) + n\pi x\cos\left(\frac{n\pi x}{L}\right)\right)\Big|_{0}^{L}$$

$$= \left(\frac{2L}{n^2\pi^2}\right)(L\sin(n\pi) - n\pi L\cos(n\pi))$$

$$= \left(\frac{2L}{n^2\pi^2}\right)(-n\pi L(-1)^n) = -\frac{2L^2}{n\pi}(-1)^n \text{①}$$

因此，如果我们把所有这些放在一起，我们得到

$$B_n = \frac{1}{L}\int_{-L}^{L} f(x)\sin\left(\frac{n\pi x}{L}\right)dx = \frac{1}{L}\left[\frac{L^2}{n\pi}((-1)^n - 1) - \frac{2L^2}{n\pi}(-1)^n\right]$$

$$= \frac{1}{L}\left[\frac{L^2}{n\pi}(-1-(-1)^n)\right] = -\frac{L}{n\pi}(1+(-1)^n), \quad n = 1,2,3,\cdots$$

因此，在完成了上述工作后，傅里叶级数是

$$f(x) = \sum_{n=0}^{\infty} A_n\cos\left(\frac{n\pi x}{L}\right) + \sum_{n=1}^{\infty} B_n\sin\left(\frac{n\pi x}{L}\right)$$

$$= A_0 + \sum_{n=1}^{\infty} A_n\cos\left(\frac{n\pi x}{L}\right) + \sum_{n=1}^{\infty} B_n\sin\left(\frac{n\pi x}{L}\right)$$

$$= L + \sum_{n=1}^{\infty}\frac{2L}{n^2\pi^2}((-1)^n - 1)\cos\left(\frac{n\pi x}{L}\right) - \sum_{n=1}^{\infty}(1+(-1)^n)\sin\left(\frac{n\pi x}{L}\right)$$

正如我们在前面的例子中看到的，经常有相当的工作涉及这里涉及的积分计算。

下面观察某些傅里叶级数和它们与傅里叶余弦/正弦级数的关系。

例3：得到在$-L \leqslant x \leqslant L$上的$f(x) = x$的傅里叶级数。

解：让我们从A_n的积分开始

$$A_0 = \frac{1}{2L}\int_{-L}^{L} f(x)dx = \frac{1}{2L}\int_{-L}^{L} xdx = 0$$

$$A_n = \frac{1}{L}\int_{-L}^{L} f(x)\cos\left(\frac{n\pi x}{L}\right)dx = \frac{1}{L}\int_{-L}^{L} x\cos\left(\frac{n\pi x}{L}\right)dx = 0$$

在两种情况下，注意我们在区间$[-L, L]$上对一个奇函数积分（x是奇的，

---

① 原书有误，译者改。

余弦是偶的，因此乘积是奇的），因此我们知道这两个积分为零。

接着是 B_n 的积分

$$B_n = \frac{1}{L}\int_{-L}^{L} f(x)\sin\left(\frac{n\pi x}{L}\right)dx = \frac{1}{L}\int_{-L}^{L} x\sin\left(\frac{n\pi x}{L}\right)dx = \frac{2}{L}\int_{0}^{L} x\sin\left(\frac{n\pi x}{L}\right)dx$$

在这种情况下，我们在区间 $[-L,L]$ 对一个偶函数进行积分（x 和正弦都是奇的，因此乘积是偶的），因此我们可以如上那样"简化"积分，然而这样做的原因实际不是要简化积分。这样做可以注意到我们在傅里叶正弦级数那节已经进行了这一积分，因此在本节我们不需要重做这一积分。采用以前的结果我们得到

$$B_n = \frac{(-1)^{n+1} 2L}{n\pi}, \quad n = 1,2,3,\cdots$$

在这种情况下，傅里叶级数是

$$f(x) = \sum_{n=0}^{\infty} A_n \cos\left(\frac{n\pi x}{L}\right) + \sum_{n=1}^{\infty} B_n \sin\left(\frac{n\pi x}{L}\right) = \sum_{n=1}^{\infty} \frac{(-1)^{n+1} 2L}{n\pi}\sin\left(\frac{n\pi x}{L}\right)$$

如果你回头观察傅里叶正弦级数一节的例 1，我们采用相同的例子得到积分，你看到计算在 $-L \leqslant x \leqslant L$ 上的 $f(x) = x$ 的傅里叶正弦级数的例子。这里要注意的重要的事情是我们在该例子中得到的答案与我们在这里得到的答案相同。

然而，如果这样考虑，这应当是不令人惊奇的。在两种情况下，我们要使用在 $-L \leqslant x \leqslant L$ 上的奇函数，因为我们知道我们有一个奇函数，在傅里叶级数中的余弦的系数 A_n 涉及在一个对称的区间 $-L \leqslant x \leqslant L$ 上一个奇函数的积分，因此为零。因此，在这些情况下，在 $-L \leqslant x \leqslant L$ 上的一个奇函数的傅里叶余弦级数实际上是一个傅里叶级数的特殊情况。

然而，注意到当我们转到计算在 $-L \leqslant x \leqslant L$ 上的任何函数的傅里叶正弦级数时，我们应当不再期望得到相同的结果。通过将上述的例 1 和傅里叶正弦级数中的例 3 比较，你可以看到，在两个例子中，我们得到 $f(x) = x - L$ 的级数，然而得到非常不同的答案。

因此，在这种情况中为什么我们得到不同的答案？回想到当我们得到在 $0 \leqslant x \leqslant L$ 上一个函数的傅里叶正弦级数，我们实际得到在 $-L \leqslant x \leqslant L$ 上函数的奇扩展的傅里叶级数，并将结果限制到 $0 \leqslant x \leqslant L$。对于一个傅里叶级数，我们实际使用在 $-L \leqslant x \leqslant L$ 上的整个函数，而不是它的奇扩展。因此，我们不应当期望得到相同的结果，因为在每种情况下，我们实际上使用采用不同的函数（至少在区间的一部分）。

因此，如果一个奇函数的傅里叶正弦级数是傅里叶级数的一个特殊情况，

一个偶函数的傅里叶余弦也应当是傅里叶级数的一个特殊情况。让我们用一个例子来进行快速验核。

例 4：得到在 $-L \leq x \leq L$ 上 $f(x)=x^2$ 的傅里叶级数。

解：这里是 A_n 的积分，而且在这种情况下，因为两个函数和余弦都是偶的，我们将对一个偶函数进行积分，因此可以简化积分。

$$A_0 = \frac{1}{2L}\int_{-L}^{L} f(x)\,\mathrm{d}x = \frac{1}{2L}\int_{-L}^{L} x^2\,\mathrm{d}x$$

$$A_n = \frac{1}{L}\int_{-L}^{L} f(x)\cos\left(\frac{n\pi x}{L}\right)\mathrm{d}x$$

$$= \frac{1}{L}\int_{-L}^{L} x^2\cos\left(\frac{n\pi x}{L}\right)\mathrm{d}x = \frac{2}{L}\int_{0}^{L} x^2\cos\left(\frac{n\pi x}{L}\right)\mathrm{d}x$$

正如前面的例子那样，这两个积分是在傅里叶余弦级数中的例 1 中计算的，因此我们在这里不重新计算。系数是

$$A_0 = \frac{L^2}{3}, \quad A_n = \frac{4L^2(-1)^n}{n^2\pi^2}, \quad n=1,2,3,\cdots$$

接着，计算 B_n 的积分。

在这种情况下，函数是偶的，正弦是奇的，因此乘积是奇的，我们在 $-L \leq x \leq L$ 进行积分，积分为零。

傅里叶级数为

$$f(x) = \sum_{n=0}^{\infty} A_n\cos\left(\frac{n\pi x}{L}\right) + \sum_{n=1}^{\infty} B_n\sin\left(\frac{n\pi x}{L}\right)$$

$$= \frac{L^3}{3} + \sum_{n=1}^{\infty} \frac{4L^2(-1)^n}{n^2\pi^2}\cos\left(\frac{n\pi x}{L}\right)$$

正如我们在这一例子的开始建议的，这里的结果与傅里叶余弦级数一节中的结果相同，我们可以看到一个偶函数的傅里叶余弦级数只是傅里叶级数的一个特殊情况。

E.9 傅里叶级数的收敛性

在过去的几节，我们已经花费了大量的时间计算傅里叶级数，但我们避免讨论级数的收敛性这一主题。换言之，这一傅里叶级数收敛到在给定的区间中上的函数吗？

在这一节，我们涉及这一问题和与傅里叶级数相关的其他问题。在这一节，我们给出几个定理，但不去证明。总体上我们也不以在这一节中的例子的方式那样做。

在进入收敛性的主题之前,我们需要首先定义本节的其他部分遇到的一些项。首先,我们说 $f(x)$ 在 $x=a$ 有一个跳跃不连续性,如果函数在 $x=a$ 左边的极限用 $f(a^-)$ 表示,在 $x=a$ 右边的极限用 $f(a^+)$ 表示,两者都存在且 $f(a^-) \neq f(a^+)$。

接着,如果函数可以划分成几段,而且在每段上的函数和它的导数 $f'(x)$ 是连续的,则 $f(x)$ 是分段平滑的。然而,一个分段平滑函数可能是各处连续的,允许的仅有的不连续性是有限数目的跳跃不连续性。

让我们考虑函数

$$f(x) = \begin{cases} L & -L \leq x \leq 0 \\ 2x & 0 \leq x \leq L \end{cases}$$

我们得到 E.8 节的例 2 中的这一函数的傅里叶级数。下面是在定义函数的区间,即,这一函数在 $-L \leq x \leq L$ 上的图像。

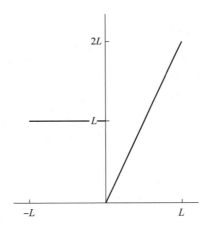

这一函数在 $x=0$ 处具有跳跃性的不连续性,因为 $f(0^-)=L \neq 0 = f(0^+)$,在区间 $-L \leq x \leq L$ 和 $0 \leq x \leq L$,函数和它的导数是连续的。因此,这是分段平滑函数的一个例子。注意,函数本身在 $x=0$ 处是不连续的,但因为这一不连续的点是一个跳跃性不连续性的点,函数仍然是分段平滑的。

最后一个我们需要定义的项是周期性的扩展。给定一个定义在某一区间(这里我们采用)$-L \leq x \leq L$ 上的函数 $f(x)$,这一函数的周期性的扩展是我们通过取这一函数在给定区间的图像,并把在给定区间上原函数的图复制到右边和左边,得到新函数。

或许最好看到在这一点的一个周期性扩展的一个例子,帮助使上述的词更清晰些。以下是我们上面观察的这一函数的周期性扩展图。

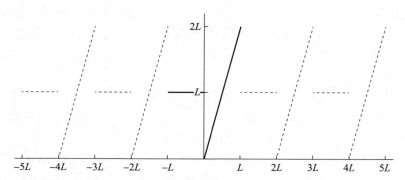

原始函数是在 $-L \leqslant x \leqslant L$ 区间中的实线。我们接着通过捡取这一段，并拷贝每个长度为 $2L$ 的区间到原图的右边和左边，得到这一函数的周期性扩展。这里给出了原始图像和两边的两组虚线。

注意，我们根据定义的周期性扩展得到的最终的函数事实上是一个等于在 $-L \leqslant x \leqslant L$ 上的原始函数的新的周期性函数。

采用这些定义，我们现在可以讨论傅里叶级数的收敛性。从傅里叶级数的收敛性开始，这是我们考虑了傅里叶正弦/余弦级数的收敛性后得到的直接结果。一个傅里叶级数的收敛性的定理：

假设 $f(x)$ 是在 $-L \leqslant x \leqslant L$ 上分段平滑的，$f(x)$ 的傅里叶级数将收敛到：

（1）如果周期性扩展是连续的，收敛到 $f(x)$ 的周期性扩展。

（2）如果周期性扩展在 $x=a$ 有一个跳跃性的不连续性，则收敛到两个一边极限的平均 $\frac{1}{2}[f(a^-)+f(a^+)]$。

要注意的第一个事情是：在区间 $-L \leqslant x \leqslant L$ 上，函数和其周期性扩展是相等的，因此在 $-L \leqslant x \leqslant L$ 上连续的地方，周期性扩展也是连续的，因此，在那些点，傅里叶级数事实上收敛到函数。在区间 $-L \leqslant x \leqslant L$ 中的傅里叶级数不收敛到该函数的点是函数有跳跃性不连续性的点。

让我们再考虑 E.8 节的例 2，在这一节我们得到下面的傅里叶级数

$$f(x) = \begin{cases} L & -L \leqslant x \leqslant 0 \\ 2x & 0 \leqslant x \leqslant L \end{cases}$$

在 $-L \leqslant x \leqslant L$ 上是

$$f(x) = L + \sum_{n=1}^{\infty} \frac{2L}{n^2 \pi^2}((-1)^n - 1)\cos\left(\frac{n\pi x}{L}\right) - \sum_{n=1}^{\infty} \frac{L}{n\pi}(1+(-1)^n)\sin\left(\frac{n\pi x}{L}\right)$$

我们现在知道在区间 $-L \leq x \leq 0$ 和 $0 \leq x \leq L$，函数和周期性扩展是连续的，因此在这两个区间上，傅里叶级数收敛到周期性扩展，因此收敛到函数本身。

在点 $x=0$，函数有一个跳跃性的不连续性，因此周期性扩展在这一点也有一个跳跃性的不连续性。这意味着，在 $x=0$ 处，傅里叶级数收敛到

$$\frac{1}{2}[f(0^-)+f(0^+)] = \frac{1}{2}[L+0] = \frac{L}{2}$$

在这一区间的两个端点 $x=-L$ 和 $x=L$，我们可以从上面的周期性扩展的图看到，周期性扩展有一个跳跃性的不连续性，因此傅里叶级数不收敛到函数而是极限的平均。

因此，在 $x=-L$ 处，傅里叶级数收敛到

$$\frac{1}{2}[f(-L^-)+f(-L^+)] = \frac{1}{2}[2L+L] = \frac{3L}{2}$$

在 $x=L$ 处，傅里叶级数收敛到

$$\frac{1}{2}[f(L^-)+f(L^+)] = \frac{1}{2}[2L+L] = \frac{3L}{2}$$

现在我们涉及傅里叶级数的收敛性，我们可以把我们的注意力转到傅里叶正弦/余弦级数的收敛性。首先，正如在 E.8 节注明的那样，在 $-L \leq x \leq L$ 上的一个奇函数的傅里叶正弦级数和在 $-L \leq x \leq L$ 上的一个偶函数的傅里叶余弦级数都是傅里叶级数的特殊的情况，我们知道这两个像一个傅里叶级数一样具有相同的收敛性。

接着，如果我们观察在 $0 \leq x \leq L$ 上的任何函数 $g(x)$ 的傅里叶正弦级数，则我们知道这是在该区间上的函数的奇扩展的傅里叶级数。因此，我们知道傅里叶级数在连续的地方收敛到在 $0 \leq x \leq L$ 上的奇扩展，在奇扩展有跳跃性的不确定性的地方收敛到极限的平均。然而，在 $0 \leq x \leq L$ 上，我们知道 $g(x)$ 和奇扩展是相同的，因此我们可以再次看到傅里叶正弦级数和傅里叶级数具有相同的收敛性。

类似地，我们可以通过一个类似的傅里叶余弦级数的引理，采用偶扩展来看看在 $0 \leq x \leq L$ 上的一个函数的傅里叶余弦级数也和傅里叶级数一样具有相同的收敛性。

这里我们想要简要地讨论的下一个主题是什么时候傅里叶级数是连续的。由傅里叶级数的收敛性定理我们知道，在函数是连续的地方，傅里叶级数收敛到函数，因此在那些点是连续的。傅里叶级数可能是不连续的地方是：如果在区间 $-L \leq x \leq L$ 存在一个跳跃性不连续性，或许是在端点，正如我们看到的那样，周期性扩展可能产生一个阶跃性不连续性。

因此，如果我们想要傅里叶级数在各处是连续的，我们需要确定函数在

$-L \leq x \leq L$ 中没有任何不连续性。此外,为了避免周期性产生跳跃性不连续性,我们需要 $f(-L)=f(L)$。通过这样做,当我们构成周期性扩展,图的两个端点匹配,因此我们避免在端点的跳跃性不连续。

下面是傅里叶级数的这些思路的小结。

假设 $f(x)$ 在 $-L \leq x \leq L$ 上是分段平滑的,$f(x)$ 的傅里叶级数是连续的,而且在 $-L \leq x \leq L$ 上收敛到 $f(x)$,假设 $f(x)$ 是连续的,且 $f(-L)=f(L)$。

现在,我们怎样使用这得到在 $-L \leq x \leq L$ 上的傅里叶正弦/余弦级数的类似的陈述。我们要做的第一件事是构成在 $-L \leq x \leq L$ 上的偶扩展。对于这一讨论的目的,我们称偶扩展 $g(x)$。正如我们看到的那样,当我们在傅里叶余弦级数一节描述几个偶扩展时,为了描述函数的偶扩展,我们必须两个都做。

$$g(0^-) = g(0^+), \quad g(-L) = g(L)$$

如果两个都不是真的,则 $g(x)$ 不是 $f(x)$ 的一个偶扩展。

这样,在构成偶扩展时我们在 $x=0$ 处不产生任何跳跃性不连续性,我们得到 $g(-L)=g(L)$。如果我们现在将上述定理应用在偶扩展上,我们看到偶扩展的傅里叶级数在 $-L \leq x \leq L$ 上是连续的。然而,因为偶扩展和函数本身在 $0 \leq x \leq L$ 上是相同的,则 $f(x)$ 的傅里叶余弦函数在 $0 \leq x \leq L$ 上必须也是连续的。

下面是对傅里叶余弦级数的讨论的小结。

假设 $f(x)$ 是在 $0 \leq x \leq L$ 上是分段连续的,$f(x)$ 的傅里叶级数是连续的,并在 $0 \leq x \leq L$ 上收敛到 $f(x)$ 上,假设 $f(x)$ 在 $0 \leq x \leq L$ 上是连续的。

注意,这里我们不需要对端点有任何需求,因为当我们转换到偶扩展时,它们是满足的。

对于一个傅里叶级数,我们需要更加慎重。此外,我们需要做的第一件事是形成在 $-L \leq x \leq L$ 上的奇扩展,让我们称其为 $g(x)$。我们知道,为了使它是奇扩展,则在 $-L \leq x \leq L$ 上的所有的点,必须满足 $g(-x)=-g(x)$,这是可能导致问题的因素。

正如我们在傅里叶级数一节中看到的,当我们形成奇扩展时,引入一个跳跃性不连续性是非常容易的。事实上,避免在这一点形成一个跳跃性不连续性的唯一的方式是要求 $f(0)=0$。

接着,当我们形成奇扩展时,在端点必须有 $g(-L)=-g(L)$ 的要求实际上保证我们引入一个跳跃性不连续性。此外,避免这样做的仅有的方式是要求 $0 \leq x \leq L$。

因此,利用这两个要求,我们得到一个连续的奇扩展,我们知道在 $-L \leq$

$x \leqslant L$ 上的奇扩展的傅里叶级数是连续的，因此傅里叶正弦级数在 $f(L)=0$ 上是连续的。

下面是傅里叶正弦级数的小结。

假设 $f(L)$ 在 $0 \leqslant x \leqslant L$ 上是分段光滑的，$f(x)$ 的傅里叶级数是连续的，而且在 $0 \leqslant x \leqslant L$ 收敛到 $f(x)$，假设 $f(x)$ 在 $0 \leqslant x \leqslant L$ 上是连续的，$f(0)=0$，且 $f(L)=0$。

这里要讨论的下一个主题是傅里叶级数的微分和积分。我们想要知道如果我们可以一项一项地对傅里叶级数微分，结果是函数的导数的傅里叶级数。类似地，我们想知道，如果我们可以一项一项地对傅里叶级数积分，并得到函数的积分的傅里叶级数。

注意，我们在这里不做更多的细节的讨论。所有我们实际准备做的是给出支配这里思路的定理，这样可以说我们理解了思路。

让我们从对傅里叶级数一项一项地进行微分的定理开始。

给定一个函数 $f(x)$，如果导数 $\dot{f}(x)$ 是分段平滑的，并且傅里叶级数是连续的，则可以一项一项地对傅里叶级数进行微分。微分的结果是 $f(x)$ 的导数的傅里叶级数。

$f(-L)=f(L)$，则一项一项地对傅里叶级数进行微分，结果是导数的傅里叶级数。

这一定理的一个主要条件是傅里叶级数是连续的，而且如上所述，我们也知道给出这一函数的条件。因此，如果我们将这加到定理中，得到定理的这种形式。

假设 $f(x)$ 是一个连续函数，它的导数 $\dot{f}(x)$ 是分段连续的，且 $f(-L)=f(L)$，则一项一项地对傅里叶级数进行微分，结果是导数的傅里叶级数。

对于傅里叶余弦/正弦级数，基本定理和傅里叶级数相同。需要的是傅里叶余弦/正弦级数是连续的，则可以一项一项地进行微分。这里我们给出的定理把傅里叶余弦/正弦级数是连续的条件融合到定理中。

让我们从傅里叶余弦级数开始。

假设 $f(x)$ 是一个连续函数且其导数 $\dot{f}(x)$ 是分段平滑的，则函数的傅里叶余弦级数可以一项一项地进行微分，结果是导数的傅里叶正弦级数。

接着是傅里叶正弦级数定理。

假设 $f(x)$ 是一个连续函数，其导数 $\dot{f}(x)$ 是分段平滑的，$f(0)=0$，$f(L)=0$，则函数的傅里叶正弦级数可以一项一项地进行微分，结果是导数的傅里叶余弦级数。

一项一项地对傅里叶级数进行积分的定理是简单的，因此有

假设 $f(x)$ 分段光滑的，则函数的傅里叶正弦函数可以一项一项地积分，结果是收敛到 $f(x)$ 的积分的一个收敛的无穷级数。

然而，注意到一项一项地积分得到的新的级数可能不是函数的积分的傅里叶级数。

E.10 半程傅里叶正弦和余弦级数

一个半程傅里叶余弦或正弦级数分别是仅有正弦项或仅有余弦项的级数。当希望一个半程级数对应于一个给定的函数时，函数通常是定义在区间 $(0, L)$ 中的（这是区间 $(-L, L)$ 的一半，因此被称为半程），则函数被规定为奇的或偶的，因此它是明确地定义在区间的另一半（即，$(-L, 0)$）的。在这种情况下，有

$$A_n = 0, B_n = \frac{2}{L}\int_0^L f(x)\sin\left(\frac{n\pi x}{L}\right)\mathrm{d}x \quad \text{半程正弦级数}$$

$$B_n = 0, A_n = \frac{2}{L}\int_0^L f(x)\cos\left(\frac{n\pi x}{L}\right)\mathrm{d}x \quad \text{半程余弦级数}$$

(E.5)

E.11 傅里叶级数的复形式

在复数的表示中，附录 E 中的 E.7 节的傅里叶级数方程式（E.3）和系数方程式（E.4）可以写为

$$f(x) = \sum_{n=-\infty}^{\infty} C_n \mathrm{e}^{\frac{in\pi x}{L}} = \sum_{n=-\infty}^{\infty} C_n\left[\cos\left(\frac{n\pi x}{L}\right) + \mathrm{i}\sin\left(\frac{n\pi x}{L}\right)\right]$$

$$C_n = \frac{1}{2L}\int_{-L}^{L} f(x)\mathrm{e}^{\frac{in\pi x}{L}}\mathrm{d}x$$

$$= \frac{1}{2L}\int_{-L}^{L} f(x)\left[\cos\left(\frac{n\pi x}{L}\right) - \mathrm{i}\sin\left(\frac{n\pi x}{L}\right)\right]\mathrm{d}x①$$

(E.7)

E.12 傅里叶级数的帕塞瓦尔（Parseval）恒等式

帕塞瓦尔恒等式指出

$$\frac{1}{L}\int_{-L}^{L}\{f(x)\}^2\mathrm{d}x = \frac{A_0^2}{2} + \sum_{n=1}^{\infty}(A_n^2 + B_n^2)$$

(E.8)

式中：A_n 和 B_n 由式（E.8）给出。

一个重要的结果是

---

① 原书有误，译者改。

$$\left.\begin{array}{l}\lim_{x\to\infty}\int_{-L}^{L}f(x)\sin\left(\dfrac{n\pi x}{L}\right)\mathrm{d}x = 0\\[2mm] \lim_{x\to\infty}\int_{-L}^{L}f(x)\cos\left(\dfrac{n\pi x}{L}\right)\mathrm{d}x = 0\end{array}\right\} \quad (\text{E.9})$$

这称为黎曼定理。

E.13 有限傅里叶定理

假设 $f(x)$ 满足条件：

（1）$f(x)$ 定义在区间 $c<x<c+2L$ 中。

（2）$f(x)$ 和 $\dot{f}(x)$ 在 $c<x<c+2L$ 区间是局部连续的。

（3）$f(x+2L)=f(x)$，即，$f(x)$ 是周期性的，周期为 $2L$。

则在每个连续的周期，有

$$f(x) = \frac{A_0}{2} + \sum_{n=1}^{\infty}\left[A_n\cos\left(\frac{n\pi x}{L}\right) + B_n\sin\left(\frac{n\pi x}{L}\right)\right] \quad (\text{E.10})$$

式中：

$$\left.\begin{array}{l}A_n = \dfrac{1}{L}\int_{c}^{c+2L}f(x)\cos\left(\dfrac{n\pi x}{L}\right)\mathrm{d}x\\[2mm] B_n = \dfrac{1}{L}\int_{c}^{c+2L}f(x)\sin\left(\dfrac{n\pi x}{L}\right)\mathrm{d}x\end{array}\right\} \quad (\text{E.11})$$

在一个不连续的点，式（E.11）的左边被 $\dfrac{1}{2}\{f(x+0)+f(x-0)\}$ 代替，即，在不连续的点的平均值。

具有系数式（E.11）的级数方程式（E.10）称为 $f(x)$ 的傅里叶级数。对于许多问题，$c=0$ 或 $c=-L$。在 $L=\pi$ 的情况下：

$f(x)$ 的有限傅里叶正弦变换定义在 $0<x<L$。$f(x)$ 的周期为 2π，且式（E.3）和式（E.4）是简化的。

上述条件称为狄利克雷条件，而且是傅里叶级数收敛的充分但不是必要的条件。

在 $0<x<L$ 上 $f(x)$ 的有限傅里叶正弦变换定义为

$$\mathbb{F}_{\text{sine}}(n) = \mathbb{F}_{\text{sine}}(f(x)) = \int_{0}^{L}f(x)\sin\left(\frac{n\pi x}{L}\right)\mathrm{d}x \quad (\text{E.12})$$

对于整数 n，$\mathbb{F}_{\text{sine}}(n)$ 的逆有限傅里叶正弦变换为

$$f(x) = \frac{2}{L}\sum_{n=1}^{\infty}\mathbb{F}_{\text{sine}}(n)\sin\frac{n\pi x}{L} \quad (\text{E.13})$$

在 $0<x<L$ 上 $f(x)$ 的有限傅里叶余弦变换定义为

$$\mathbb{F}_{\text{cosine}}(n) = \mathbb{F}_{\text{cosine}}(f(x)) = \int_0^L f(x)\cos\left(\frac{n\pi x}{L}\right)dx \qquad (\text{E.14})$$

对于整数 n，$\mathbb{F}_{\text{sine}}(n)$ 的逆有限傅里叶余弦变换是

$$f(x) = \frac{1}{L}\mathbb{F}_{\text{cosine}}(0) + \frac{2}{L}\sum_{n=1}^{\infty}\mathbb{F}_{\text{cosine}}(n)\cos\frac{n\pi x}{L} \qquad (\text{E.15})$$

例 1：确定（1）式（E.13）；（2）式（E.15）。

解：（1）如果 $f(x)$ 是在 $(-L, L)$ 中的一个奇函数，则

$$f(x) = \sum_{n=1}^{\infty} B_n \sin\left(\frac{n\pi x}{L}\right) \qquad (\text{E.16})$$

式中：

$$B_n = \frac{2}{L}\int_0^L f(x)\sin\left(\frac{n\pi x}{L}\right)dx \qquad (\text{E.17})$$

因此，有

$$\int_0^L f(x)\sin\left(\frac{n\pi x}{L}\right)dx = f_{\text{sine}}(n)$$

则 $B_n = \frac{2}{L}f_{\text{sine}}(n)$ 和式（E.16）可以按需要写为

$$f(x) = \frac{2}{L}\sum_{n=1}^{\infty}f_{\text{sine}}(n)\sin\left(\frac{n\pi x}{L}\right) \qquad (\text{E.18})$$

我们也可以写成 $f(x) = \mathbb{F}_{\text{sine}}^{-1}\{f_{\text{sine}}(n)\}$。

（2）如果 $f(x)$ 是在 $(-L, L)$ 中的偶函数，则

$$f(x) = \frac{A_0}{2} + \sum_{n=1}^{\infty}A_n\cos\left(\frac{n\pi x}{L}\right) \qquad (\text{E.19})$$

式中：

$$A_n = \frac{2}{L}\int_0^L f(x)\cos\left(\frac{n\pi x}{L}\right)dx \qquad (\text{E.20})$$

因此，有

$$\int_0^L f(x)\cos\left(\frac{n\pi x}{L}\right)dx = f_{\text{cosine}}(n)$$

则 $A_0 = \frac{2}{L}f_{\text{cosine}}(0)$ 和式（E.19）可以按需要写成

$$f(x) = \frac{1}{L}f_{\text{cosine}}(0) + \frac{2}{L}\sum_{n=1}^{\infty}f_{\text{cosine}}(n)\cos\left(\frac{n\pi x}{L}\right) \qquad (\text{E.21})$$

我们也可以写为 $f(x) = \mathbb{F}_{\text{cosine}}^{-1}\{f_{\text{cosine}}(n)\}$

例 2：求解在区间 $0<x<4$ 的 $f(x)=2x$，（1）有限傅里叶正弦变换；（2）有限傅里叶余弦变换。

解：（1）因为 $L=4$，有

$$f_{\text{sine}}(n) = \int_0^L f(x) \sin\left(\frac{n\pi x}{L}\right) dx = \int_0^4 2x\sin\left(\frac{n\pi x}{L}\right) dx$$

$$= \left\{ (2x)\left(\frac{-\cos(n\pi x/4)}{n\pi/4}\right) - (2)\left(\frac{-\sin(n\pi x/4)}{n^2\pi^2/16}\right) \right\} \Big|_0^4$$

$$= -\frac{32}{n\pi}\cos n\pi$$

（2）如果 $n>0$，则有

$$f_{\text{cosine}}(n) = \int_0^L f(x)\cos\left(\frac{n\pi x}{L}\right) dx = \int_0^4 2x\cos\left(\frac{n\pi x}{L}\right) dx =$$

$$\left\{ (2x)\left(\frac{-\sin(n\pi x/4)}{n\pi/4}\right) - (2)\left(\frac{-\cos(n\pi x/4)}{n^2\pi^2/16}\right) \right\} \Big|_0^4$$

$$= 32\left(\frac{\cos(n\pi)-1}{n^2\pi^2}\right)$$

如果 $n=0$，则有

$$f_{\text{cosine}}(n) = f_{\text{cosine}}(0) = \int_0^4 2x dx = 16$$

例 3：如果

（1） $\mathbb{F}_{\text{sine}}\{f(x)\} = 16(-1)^{n-1}/n^3$，$n=1, 2, 3, \cdots, 0<x<8$；

（2） $\mathbb{F}_{\text{cosine}}\{f(x)\} = \sin(n\pi/2/2n)$，$n=1, 2, 3, \cdots$，且 $\pi/2, 0<x<2\pi$。

求解 $f(x)$。

解：（1）根据上述例 1 的式（E.18），当 $L=8$ 时，我们有

$$f(x) = \mathbb{F}_{\text{sine}}^{-1}\left\{\frac{16(-1)^{n-1}}{n^3}\right\} = \frac{2}{8}\sum_{n=1}^{\infty}\frac{16(-1)^{n-1}}{n^3}\sin\frac{n\pi x}{8}$$

$$= \frac{1}{4}\sum_{n=1}^{\infty}\frac{16(-1)^{n-1}}{n^3}\sin\frac{n\pi x}{8}$$

（2）根据上述例 2 的式（E.21），当 $L=2\pi$ 时，我们有

$$f(x) = \mathbb{F}_{\text{sine}}^{-1}\left\{\frac{\sin(n\pi/2)}{2n}\right\} = \frac{1}{\pi} + \frac{2}{2\pi}\sum_{n=1}^{\infty}\frac{\sin(n\pi/2)}{2n}$$

$$= \frac{1}{\pi} + \frac{1}{2\pi}\sum_{n=1}^{\infty}\frac{\sin(n\pi/2)}{n}$$

E.14 傅里叶积分

假设 $f(x)$ 满足条件：

(1) 在每个有限区间 $-L \leq x \leq L$，$f(x)$ 满足狄利克雷条件（见附录 E 的 E.7 节）。

(2) $\int_{-L}^{L} |f(x)| \mathrm{d}x$ 收敛，即，$f(x)$ 在 $-\infty < x < \infty$ 中是绝对可积的。

则傅里叶积分定理指出

$$f(x) = \int_0^\infty \{A(\lambda)\cos\lambda x + B(\lambda)\sin\lambda x\} \mathrm{d}\lambda \quad (\text{E.22})$$

式中：

$$\left. \begin{array}{l} A(\lambda) = \dfrac{1}{\pi}\int_{-\infty}^{\infty} f(x)\cos\lambda x \mathrm{d}x \\ B(\lambda) = \dfrac{1}{\pi}\int_{-\infty}^{\infty} f(x)\sin\lambda x \mathrm{d}x \end{array} \right\} \quad (\text{E.23})$$

这可以等价地写为

$$f(x) = \frac{2}{\pi}\int_{\lambda=-\infty}^{\infty} f(u)\cos\lambda(x-u)\mathrm{d}u\mathrm{d}\lambda \quad (\text{E.24})$$

如果 x 是 $f(x)$ 的一个连续点，式(E.22)成立；如果是一个不连续点，正如在傅里叶级数的情况一样，我们必须用 $\dfrac{1}{2}\{f(x+0)+f(x-0)\}$。正如傅里叶级数一样，上述条件是充分的但不是必要的。式(E.22)和式(E.23)与傅里叶级数的式(E.3)和式(E.4)对应的结果的类似性是明显的。式(E.22)的右边有时称为 $f(x)$ 傅里叶积分展开。为了证明傅里叶积分定理，我们观察以下的例子。

例1： 采用傅里叶级数的极限形式对傅里叶积分定理进行有逻辑的证明。

解： 函数 $f(x)$ 的傅里叶级数

$$f(x) = \frac{A_0}{2} + \sum_{n=1}^{\infty}\left[A_n\cos\left(\frac{n\pi x}{L}\right) + B_n\sin\left(\frac{n\pi x}{L}\right)\right] \quad (\text{E.25})$$

式中：$A_n = \dfrac{1}{L}\int_{-L}^{L} f(u)\cos\left(\dfrac{n\pi u}{L}\right)\mathrm{d}u$ 和 $B_n = \dfrac{1}{L}\int_{-L}^{L} f(u)\sin\left(\dfrac{n\pi x}{L}\right)\mathrm{d}u$。

把这些系数带入式(E.25)并使用上述的 E.13 节中的例 1 的结果，我们得到

$$f(x) = \frac{1}{2L}\int_{-L}^{L} f(u)\mathrm{d}u + \frac{1}{L}\sum_{n=1}^{\infty} f(u)\cos\frac{n\pi}{L}(u-x)\mathrm{d}u \quad (\text{E.26})$$

如果我们假设 $\int_{-\infty}^{\infty} |f(u)| \mathrm{d}u$ 收敛，在 $L\to\infty$ 时式(E.26)的右边的第一项

接近于零，而其余部分看起来近似于

$$\lim_{L \to \infty} \frac{1}{L} \sum_{-\infty}^{\infty} \int_{-\infty}^{\infty} f(u) \cos \frac{n\pi}{L}(u-x) \mathrm{d}u \qquad (\text{E}.27)$$

最后一步不是严格的，这使得这一例子的证明是有逻辑的。令 $\Delta \alpha = \pi/L$，式(E.27)可以写为

$$f(x) = \lim_{\Delta \alpha \to 0} \sum_{n=1}^{\infty} \Delta \alpha f(n \Delta \alpha) \qquad (\text{E}.28)$$

其中，我们已经写出

$$f(\alpha) = \frac{1}{\pi} \int_{-\infty}^{\infty} f(u) \cos \alpha(u-x) \mathrm{d}u \qquad (\text{E}.29)$$

但极限式(E.28)等于

$$f(x) = \int_{0}^{\infty} f(\alpha) \mathrm{d}\alpha = \frac{1}{\pi} \int_{0}^{\infty} \mathrm{d}\alpha \int_{-\infty}^{\infty} f(u) \cos(u-x) \mathrm{d}\alpha \qquad (\text{E}.30)$$

这是傅里叶积分公式。

E.15 傅里叶积分的复形式

在复数表示法中，具有系数式(E.23)的傅里叶积分式(E.22)可以写成

$$\begin{aligned} f(x) &= \frac{1}{2\pi} \int_{\lambda=-\infty}^{\infty} \mathrm{e}^{\mathrm{i}\lambda x} \mathrm{d}\lambda \int_{u=-\infty}^{\infty} f(u) \mathrm{e}^{\mathrm{i}\lambda u} \mathrm{d}u \\ &= \frac{1}{2\pi} \int_{\lambda=-\infty}^{\infty} \int_{u=-\infty}^{\infty} f(u) \mathrm{e}^{\mathrm{i}\lambda(x-u)} \mathrm{d}u \mathrm{d}\lambda \end{aligned} \qquad (\text{E}.31)$$

为了证明，我们可以再次采用式(E.3)和式(E.4)，并借助有指数函数的欧拉公式定义式(E.4)中的余弦和正弦，级数式(E.3)采用形式为

$$f(x) = \sum_{n=-\infty}^{\infty} C_n \mathrm{e}^{\frac{\mathrm{i}n\pi x}{L}} \qquad (\text{E}.32)$$

系数 C_n 可以由 A_n 和 B_n 得到，但它们可以通过乘以 $\mathrm{e}^{\frac{\mathrm{i}n\pi x}{L}}$ 直接导出，并将它从 $-L$ 到 L 积分得到

$$C_n = \frac{1}{2L} \int_{-L}^{L} f(x) \mathrm{e}^{-\frac{\mathrm{i}n\pi x}{L}} \mathrm{d}x, \quad n = 0, \pm 1, \pm 2, \cdots \qquad (\text{E}.33)$$

注意：我们可以说 $f(x)$ 被求解为谐波(单元波) $C_n \mathrm{e}^{\frac{\mathrm{i}n\pi x}{L}}$ 的累加，幅度 C_n 对应于频率 n。

推导从观察当 $L \to \infty$ 时式(E.32)的展开的变化开始，我们首先将式(E.33)带入式(E.32)来代替 C_n，有

$$f(x) = \sum_{n=-\infty}^{\infty} e^{\frac{in\pi x}{L}} \int_{-L}^{L} f(x) e^{-\frac{in\pi x}{L}} dx$$

通过表示 $\omega_n = \dfrac{n\pi}{L}$ 和 $\Delta\omega_n = \omega_{n+1} - \omega_n = \dfrac{(n+1)\pi}{L} - \dfrac{n\pi}{L} = \dfrac{\pi}{L}$，上述的最后一个方程采用形式为

$$f(x) = \frac{1}{2\pi} \sum_{n=-\infty}^{\infty} e^{i\omega_n x} \Delta\omega_n \int_{-L}^{L} f(x) e^{-i\omega_n x} dx$$

可以证明，当 $L \to \infty$ 时，$\Delta\omega_n \to 0$，方程的极限形式是

$$f(x) = \frac{1}{2\pi} \int_{-\infty}^{\infty} e^{i\omega x} d\omega \int_{-\infty}^{\infty} f(x) e^{-i\omega x} dx \tag{E.34}$$

这里 $f(x)$ 表示为一个傅里叶积分。可以证明展开式（E.33）的有效性，证明在每个有限的区间上分段连续的函数 $f(x)$ 至多有有限数目的极值点，且积分 $\int_{-\infty}^{\infty} |f(x)| dx$ 收敛。

为了更好地比较傅里叶级数式（E.32）和系数式（E.33），我们可以将式（E.34）写为

$$f(x) = \int_{-\infty}^{\infty} C(\omega) f(x) e^{i\omega x} dx$$

式中：

$$C(\omega) = \frac{1}{2\pi} \int_{-\infty}^{\infty} f(x) e^{-i\omega x} dx$$

E.16 傅里叶变换

由式（E.31）可得，如果

$$f(\lambda) = \int_{-\infty}^{\infty} e^{-i\lambda u} f(u) du \tag{E.35}$$

则

$$f(u) = \frac{1}{2\pi} \int_{-\infty}^{\infty} e^{i\lambda u} f(\lambda) d\lambda \tag{E.36}$$

通过将 u 用 x 代替，得到 $f(x)$

$$f(x) = \frac{1}{2\pi} \int_{-\infty}^{\infty} e^{i\lambda x} f(\lambda) d\lambda \tag{E.37}$$

$f(x)$ 的这个函数称为 $f(x)$ 的傅里叶变换，有时写为 $f(\lambda) = \mathbb{F}\{f(x)\}$。函数 $f(x)$ 是 $f(\lambda)$ 的傅里叶逆变换，写为 $f(x) = \mathbb{F}^{-1}\{f(\lambda)\}$。我们也把式（E.37）称为对应于式（E.35）的逆公式。

注意，积分符号前面的常数可能是乘积为 $1/2\pi$ 的常数，如果它们每个都

被取为 $1/\sqrt{2\pi}$，我们得到所谓的对称形式。

E.17 有限和无限傅里叶正弦和余弦变换

（1）在 $0<x<L$ 内 $f(x)$ 的有限傅里叶正弦变换定义为

$$\mathbb{F}_{\text{sine}}(n) = \mathbb{F}_{\text{sine}}\{f(x)\} = \int_0^L f(x) \sin\left(\frac{n\pi x}{L}\right) dx$$

（2）对于整数 n，$\mathbb{F}_{\text{sine}}(n)$ 的有限傅里叶正弦逆变换为

$$f(x) = \frac{2}{L} \sum_{n=1}^{\infty} \mathbb{F}_{\text{sine}}(n) \sin\frac{n\pi x}{L}$$

（3）在 $0<x<L$ 内 $f(x)$ 的有限傅里叶余弦变换定义为

$$\mathbb{F}_{\text{cosine}}(n) = \mathbb{F}_{\text{cosine}}\{f(x)\} = \int_0^L f(x) \cos\left(\frac{n\pi x}{L}\right) dx$$

（4）对于整数 n，$\mathbb{F}_{\text{cosine}}(n)$ 的有限傅里叶余弦逆变换为

$$f(x) = \frac{1}{L}\mathbb{F}_{\text{cosine}}(0) + \frac{2}{L}\sum_{n=1}^{\infty} \mathbb{F}_{\text{cosine}}(n) \cos\frac{n\pi x}{L}$$

（5）在 $0<x<L$ 区间 $f(x)$ 的（无限）傅里叶正弦变换定义为

$$\mathbb{F}_{\text{sine}}(\lambda) = \mathbb{F}_{\text{sine}}\{f(x)\} = \int_0^{\infty} f(x) \sin(\lambda x) dx$$

$f(x)$ 称为 $\mathbb{F}_{\text{sine}}(\lambda)$ 的傅里叶正弦逆变换，可表示为

$$f(x) = \frac{2}{\pi} \int_0^{\infty} \mathbb{F}_{\text{sine}}(\lambda) \sin(\lambda x) d\lambda$$

（6）在 $0<x<\infty$ 区间 $f(x)$ 的（无限）傅里叶余弦变换定义为

$$\mathbb{F}_{\text{cosine}}(\lambda) = \mathbb{F}_{\text{cosine}}\{f(x)\} = \int_0^{\infty} f(x) \cos\left(\frac{n\pi x}{L}\right) dx$$

函数 $f(x)$ 称为 $\mathbb{F}_{\text{cosine}}(\lambda)$ 的傅里叶余弦逆变换，可表示为

$$f(x) = \frac{2}{\pi}\int_0^{\infty} \mathbb{F}_{\text{cosine}}(\lambda) \cos(\lambda x) d\lambda$$

例 1：

（1）得到 $f(x) = \begin{cases} 1 & |x|<a \\ 0 & |x|\geqslant a \end{cases}$ 的傅里叶变换。

（2）对于 $a=1$，绘出 $f(x)$ 和它的傅里叶变换的图像。

解：（1）$f(x)$ 的傅里叶变换是

$$f(\lambda) = \int_{-\infty}^{\infty} f(u) e^{-i\lambda u} du = \int_{-\infty}^{\infty} (1) e^{-i\lambda u} du = \frac{e^{-i\lambda u}}{-i\lambda}\Big|_{-a}^{+a}$$

$$= \left(\frac{e^{i\lambda a} - e^{-i\lambda a}}{i\lambda}\right) = 2\frac{\sin \lambda a}{\lambda}, \quad \lambda \neq 0$$

对于 $\lambda = 0$，我们得到 $f(\lambda) = 2a$。

（2）对于 $a = 1$，$f(x)$ 和 $f(\lambda)$ 的图像为

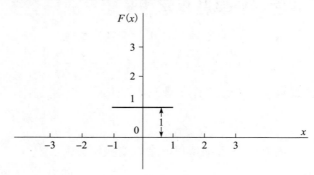

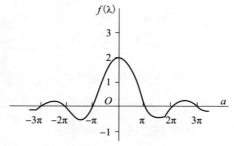

例2：采用上述例子（例1）的结果

（1）计算 $\int_{-\infty}^{\infty} \dfrac{\sin\lambda a\cos\lambda x}{\lambda} d\lambda$。

（2）推测 $\int_{-\infty}^{\infty} \dfrac{\sin u}{u} du$。

解：（1）根据傅里叶积分定理，如果

$$f(\lambda) = \int_{-\infty}^{\infty} f(u) e^{-i\lambda u} du，\ \text{则}\ f(x) = \frac{1}{2\pi}\int_{-\infty}^{\infty} f(u) e^{-i\lambda u} d\lambda$$

根据上述的例1，我们有

$$\frac{1}{2\pi}\int_{-\infty}^{\infty} \frac{\sin\lambda a}{\lambda} e^{i\lambda x} d\lambda = \begin{cases} 1 & |x| < a \\ 1/2 & |x| = a \\ 0 & |x| > a \end{cases} \quad (\text{E.38})$$

式（E.38）的左边等于

$$\frac{1}{2\pi}\int_{-\infty}^{\infty} \frac{\sin\lambda a\cos\lambda x}{\lambda} d\lambda + \frac{i}{2\pi}\int_{-\infty}^{\infty} \frac{\sin\lambda a\sin\lambda x}{\lambda} d\lambda \quad (\text{E.39})$$

式（E.39）的第二个积分的被积分项是奇的，因此积分是零。则根据式（E.38）

和式(E.39),我们有

$$\int_{-\infty}^{\infty} \frac{\sin\lambda a \cos\lambda x}{\lambda} d\lambda = \begin{cases} \pi & |x| < a \\ \pi/2 & |x| = a \\ 0 & |x| > a \end{cases} \quad (\text{E.40})$$

(2) 如果在(1)的结果中 $x=0$ 和 $a=1$,有

$$\int_{-\infty}^{\infty} \frac{\sin\lambda}{\lambda} d\lambda = \pi \quad \text{或} \quad \int_{0}^{\infty} \frac{\sin\lambda}{\lambda} d\lambda = \frac{\pi}{2}$$

例3:如果 $f(x)$ 是一个偶函数,表明

$$f(\lambda) = \int_{-\infty}^{\infty} f(u)\cos(\lambda u) du = 2\int_{0}^{\infty} f(u)\cos(\lambda u) du$$

$$f(u) = \frac{1}{\pi}\int_{-\infty}^{\infty} f(\lambda)\cos(\lambda u) d\lambda$$

有

$$f(\lambda) = \int_{-\infty}^{\infty} f(u) e^{-i\lambda u} du \quad (\text{E.41})$$

$$= \int_{-\infty}^{\infty} f(u)\cos(\lambda u) du - i\int_{-\infty}^{\infty} f(u)\sin(\lambda u) du$$

(1) 如果 $f(u)$ 是偶的,$f(u)\cos(\lambda u)$ 是偶的,$f(u)\sin(\lambda u)$ 是奇的,则在式(E.41)的右边的第二个积分是零,结果可以写为

$$f(\lambda) = 2\int_{0}^{\infty} f(u)\cos(\lambda u) du$$

(2) 根据(1),$f(-\lambda)=f(\lambda)$,这样 $f(\lambda)$ 是一个偶函数,则通过采用类似于(1)中的证明,可得到需要的结果。

对奇函数,有类似的结果,并且可以通过用正弦代替余弦来得到。

E.18 卷积定理

在区间 $-\infty < x < \infty$ 内,两个函数 $f(x)$ 和 $g(x)$ 的卷积定义为

$$f * g = \int_{-\infty}^{\infty} f(u)g(x-u) = h(x) \quad (\text{E.42})$$

下面是一个重要的结果,称为傅里叶变换的卷积定理。

定理:如果 $h(x)$ 是 $f(x)$ 和 $g(x)$ 的卷积,则

$$\int_{-\infty}^{\infty} h(x) e^{-i\lambda x} dx = \left\{\int_{-\infty}^{\infty} f(x) e^{-i\lambda x} dx\right\} \left\{\int_{-\infty}^{\infty} g(x) e^{-i\lambda x} dx\right\} \quad (\text{E.43})$$

或

$$\mathbb{F}\{f * g\} = \mathbb{F}(f)\mathbb{F}(g) \quad (\text{E.44})$$

也就是说 f 和 g 的卷积的傅里叶变换是 f 和 g 的傅里叶变换的乘积。

E.19 用于傅里叶积分的帕塞瓦尔等式

如果 $f(x)$ 的傅里叶变换是 $f(\lambda)$，则

$$\int_{-\infty}^{\infty} |f(x)|^2 \, dx = \frac{1}{2\pi} \int_{-\infty}^{\infty} |f(\lambda)|^2 \, d\lambda \qquad (E.45)$$

这称为傅里叶积分的帕塞瓦尔等式，对这进行推广是可能的。

E.20 傅里叶和拉普拉斯变换的关系

考虑函数：

$$f(t) = \begin{cases} e^{-xt}\Phi(t) & t > 0 \\ 0 & t < 0 \end{cases} \qquad (E.46)$$

则根据式（E.35），采用 y 代替 λ，我们看到 $f(t)$ 的傅里叶变换是

$$\mathbb{F}\{f(t)\} = \int_0^{\infty} e^{-iyt} e^{-xt} \Phi(t) \, dt = \int_0^{\infty} e^{-(x+iy)t} \Phi(t) \, dt, \quad t > 0 \qquad (E.47)$$

这里我们写为 $s = x + iy$，方程的右边是 $\Phi(t)$ 的拉普拉斯变换，结果给出了傅里叶变换和拉普拉斯变换的关系。它也给出了把 s 考虑为一个复变量 $x + iy$ 的需求。

可以进一步考虑这一关系，并注意到对于 $t < 0$，$f(t)$ 和 $g(t)$ 是 0，由式（E.42）给出 f 和 g 的卷积，可以写为

$$f(t) * g(t) = \int_0^t f(u) g(t-u) \, du = h(u) \qquad (E.48)$$

式（E.44）对应于

$$\pounds(f*g) = \pounds(f)\pounds(g) \qquad (E.49)$$

例 1：证明对于两个函数 $f(t)$ 和 $g(t)$，对于 $t > 0$，有 $f(t) * g(t) = g(t) * f(t)$。

解：令 $t - u = v$ 或 $u = t - v$，并对于 $t > 0$ 使用式（E.48），有

$$f(t) * g(t) = \int_0^t f(u) g(t-u) \, du = \int_0^t f(t-v) g(v) \, dv$$

$$= \int_0^t f(v) g(t-v) \, dv = g(t) * f(t)$$

E.21 傅里叶变换级数和基本小结

令 $f(x)$ 满足条件：
(1) $f(x)$ 定义在区间 $c < x < c + 2L$。
(2) $f(x)$ 和 $f'(x)$ 在 $c < x < c + 2L$ 内区间连续。

(3) $f(x+2L)=f(x)$,即,$f(x)$是周期性的,周期为$2L$。

则在每个连续性的周期,我们有

$$f(x) = \frac{A_0}{2} + \sum_{n=1}^{\infty} \left[A_n \cos\left(\frac{n\pi x}{L}\right) + B_n \sin\left(\frac{n\pi x}{L}\right) \right] \qquad (\text{E.50})$$

式中:

$$\left.\begin{array}{l} A_n = \dfrac{1}{L} \displaystyle\int_c^{c+2L} f(x) \cos\left(\dfrac{n\pi x}{L}\right) dx \\[2mm] B_n = \dfrac{1}{L} \displaystyle\int_c^{c+2L} f(x) \sin\left(\dfrac{n\pi x}{L}\right) dx \end{array}\right\} \qquad (\text{E.51})$$

具有系数式(E.51)的级数式(E.50)称作$f(x)$的傅里叶级数。对于许多问题,$c=0$或$c=-L$。在$L=\pi$的情况下,在区间$0<x<\pi$定义了有限傅里叶正弦变换,$f(x)$的周期2π,式(E.3)和式(E.4)得到简化。

上述条件经常称为狄利克雷条件,是傅里叶级数收敛的充分但非必要的条件。

在$0<x<L$区间的$f(x)$的有限傅里叶正弦变换定义为

$$\mathbb{F}_{\text{sine}}(n) = \mathbb{F}_{\text{sine}}(n)\{f(x)\} = \int_0^L f(x) \sin\frac{(n\pi x)}{L} dx$$

对于整数n,$\mathbb{F}_{\text{sine}}(n)$的有限逆傅里叶正弦变换为

$$f(x) = \frac{2}{L} \sum_{n=1}^{\infty} \mathbb{F}_{\text{sine}}(n) \sin\left(\frac{n\pi x}{L}\right)$$

在$0<x<L$区间的$f(x)$的有限傅里叶余弦变换定义为

$$\mathbb{F}_{\text{cosine}}(n) = \mathbb{F}_{\text{cosine}}(n)\{f(x)\} = \int_0^L f(x) \cos\frac{(n\pi x)}{L} dx$$

对于整数n,$\mathbb{F}_{\text{cosine}}(n)$的有限逆傅里叶余弦变换为

$$f(x) = \frac{1}{L}\mathbb{F}_{\text{cosine}}(0) + \frac{2}{L} \sum_{n=1}^{\infty} \mathbb{F}_{\text{cosine}}(n) \cos\left(\frac{n\pi x}{L}\right)$$

在$0<x<\infty$区间的$f(x)$的(无限)傅里叶正弦变换定义为

$$\mathbb{F}_{\text{sine}}(\lambda) = \mathbb{F}_{\text{sine}}\{f(x)\} = \int_0^{\infty} f(x) \sin(\lambda x) dx$$

则函数$f(x)$称为$\mathbb{F}_{\text{sine}}(\lambda)$的逆傅里叶正弦变换,可表示为

$$f(x) = \frac{2}{\pi} \int_0^{\infty} \mathbb{F}_{\text{sine}}(\lambda x) \sin(\lambda x) dx$$

在$0<x<\infty$区间的$f(x)$的(无限)傅里叶余弦变换定义为

$$\mathbb{F}_{\text{cosine}}(\lambda) = \mathbb{F}_{\text{cosine}}\{f(x)\} = \int_0^{\infty} f(x) \cos(\lambda x) dx$$

函数$f(x)$称为$\mathbb{F}_{\text{cosine}}(\lambda)$的逆傅里叶变换,可表示为

$$\mathbb{F}_{\text{cosine}}(\lambda) = \frac{2}{\pi} \int_0^{\infty} \mathbb{F}_{\text{cosine}}(\lambda) \cos(\lambda x) dx$$

E.22　傅里叶分析的更多的例子

例1：得到 $\partial T(x,t)/\partial x$ 的（1）有限傅里叶正弦变换和（2）有限傅里叶余弦变换，其中 $0<x<L$，$t>0$ 时 T 是 x 和 t 的一个函数。

解：（1）通过定义 $\partial T(x,t)/\partial x$ 的有限傅里叶正弦变换，即

$$\int_0^L \frac{\partial T(x,t)}{\partial x} \sin\left(\frac{n\pi x}{L}\right) dx = T(x,t)\sin\left(\frac{n\pi x}{L}\right)\Big|_0^L - \frac{n\pi}{L}\int_0^L T(x,t)\cos\left(\frac{n\pi x}{L}\right) dx$$

上述的第二个积分正是傅里叶余弦变换的定义，对于所有的 $n=1, 2, 3, \cdots$ 值和区间 $0<x<L$，第一个项近似为 0。

$$\mathbb{F}_{sine}\left\{\frac{\partial T(x,t)}{\partial x}\right\} = \int_0^L \frac{\partial T(x,t)}{\partial x} \sin\left(\frac{n\pi x}{L}\right) dx$$

$$= 0 - \frac{n\pi}{L}\int_0^L \frac{\partial T(x,t)}{\partial x}\sin\left(\frac{n\pi x}{L}\right) dx$$

$$= -\frac{n\pi}{L}\mathbb{F}_{cosine}\{T(x,t)\}$$

（2）有限傅里叶余弦变换是

$$\int_0^L \frac{\partial T(x,t)}{\partial x} \cos\left(\frac{n\pi x}{L}\right) dx = T(x,t)\cos\left(\frac{n\pi x}{L}\right)\Big|_0^L + \frac{n\pi}{L}\int_0^L T(x,t)\sin\left(\frac{n\pi x}{L}\right) dx$$

可以对区间 $0\leqslant x\leqslant L$ 评估第一项，第二个积分是对所有的 $n=1, 2, 3, \cdots$ 值和区间 $0<x<L$ 的傅里叶正弦变换的定义。

$$\mathbb{F}_{cosine}\left\{\frac{\partial T(x,t)}{\partial x}\right\} = \int_0^L \frac{\partial T(x,t)}{\partial x}\cos\left(\frac{n\pi x}{L}\right) dx$$

$$= \frac{n\pi}{L}\int_0^L \frac{\partial T(x,t)}{\partial x}\sin\left(\frac{n\pi x}{L}\right) dx + \frac{n\pi}{L}\int_0^L \frac{T(x,t)}{\partial x}\sin\left(\frac{n\pi x}{L}\right) dx$$

$$= \frac{n\pi}{L}\mathbb{F}_{sine}\{T(x,t)\} - \{T(0,t) - T(L,t)\cos n\pi\}$$

例2：针对函数 $\dfrac{\partial^2 T(x,t)}{\partial x^2}$ 得到上述例1的问题（1）和（2），其中 $0<x<L$，$t>0$ 时 T 是 x 和 t 的一个函数。

解：在上面的例1的结果中将 $T(x,t)$ 用 $\dfrac{\partial T(x,t)}{\partial x}$ 代替，有

$$\mathbb{F}_{sine}\left\{\frac{\partial^2 T(x,t)}{\partial x^2}\right\} = \mathbb{F}_{sine}\left\{\frac{\partial^2 T}{\partial x^2}\right\} = -\frac{n\pi}{L}\mathbb{F}_{cosine}\left\{\frac{\partial T}{\partial x}\right\}$$

$$= -\frac{n^2\pi^2}{L^2}\mathbb{F}_{sine}\{T\} + \frac{n\pi}{L}\{T(0,t) - T(L,t)\cos n\pi\}$$

$$\mathbb{F}_{\text{cosine}}\left\{\frac{\partial^2 T(x,t)}{\partial x^2}\right\} = \mathbb{F}_{\text{cosine}}\left\{\frac{\partial^2 T}{\partial x^2}\right\}$$

$$= -\frac{n^2\pi^2}{L}\mathbb{F}_{\text{sine}}\left\{\frac{\partial T}{\partial x}\right\} - \{T_x(0,t) - T_x(L,t)\cos n\pi\}$$

$$= \frac{n\pi}{L}\mathbb{F}_{\text{sine}}\{T(x,t)\} - \{T(0,t) - T(L,t)\cos n\pi\}$$

其中 T_x 表示相对于 x 的偏微分。

例3： 在 $0<x<\pi$ 区间将 $f(x) = \sin x$ 扩展为傅里叶余弦级数。

解： 一个仅包括正弦项的傅里叶级数是针对奇函数得到的。这里，我们扩展 $f(x)$ 的定义使它变成奇函数（下图的虚线部分），采用这一扩展，$f(x)$ 是在长度为 2π 的区间内定义的。取周期为 2π，有 $2L = 2\pi$，因此 $L = \pi$。

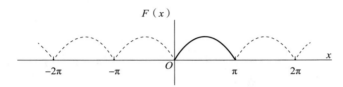

根据本附录的 E.3 节的例1 有 $B_n = 0$，而且对于 A_n，我们有分析为

$$A_n = \frac{2}{L}\int_0^L f(x)\cos\left(\frac{n\pi x}{L}\right)dx$$

$$= \frac{2}{\pi}\int_0^\pi \sin(x)\cos(nx)dx$$

$$= \frac{1}{\pi}\int_0^\pi [\sin(x+\pi x) + \sin(x+\pi x)]dx$$

$$= \frac{1}{\pi}\left\{-\frac{\cos(n+1)x}{n+1} - \frac{\cos(n-1)x}{n-1}\right\}\Big|_0^\pi$$

$$= \frac{1}{\pi}\left\{-\frac{1-\cos(n+1)\pi}{n+1} - \frac{\cos(n-1)\pi - 1}{n-1}\right\}$$

$$= \frac{1}{\pi}\left\{-\frac{1-\cos(n)\pi}{n+1} - \frac{\cos(n\pi)}{n-1}\right\}$$

$$= \frac{-2(1+\cos n\pi)}{\pi(n^2-1)}, \quad n \neq 1$$

对于 $n=1$，有

$$A_1 = \frac{2}{\pi}\int_0^\pi \sin x \cos x \, dx = \frac{2}{\pi}\frac{\sin^2 x}{2}\Big|_0^\pi = 0$$

对于 $n=0$，有

$$A_0 = \frac{2}{\pi}\int_0^\pi \sin x \mathrm{d}x = \frac{2}{\pi}(-\cos x)\Big|_0^\pi = \frac{4}{\pi}$$

$$f(x) = \frac{2}{\pi} - \frac{2}{\pi}\sum_{n=2}^\infty \frac{(1+\cos n\pi)}{n^2-1}\cos nx$$

则有

$$\frac{2}{\pi} - \frac{4}{\pi}\left(\frac{\cos 2x}{2^2-1} + \frac{\cos 4x}{4^2-1} + \frac{\cos 6x}{6^2-1} + \cdots\right)$$

例 4：证明对 $x \geq 0$，$\int_0^\infty \frac{\cos(\lambda x)}{\lambda^2+1}\mathrm{d}\lambda = \frac{\pi}{2}\mathrm{e}^{-x}$。

解：在傅里叶积分定理中令 $f(x) = \mathrm{e}^{-x}$，我们得到表达式

$$f(x) = \frac{2}{\pi}\int_0^\infty \cos(\lambda x)\mathrm{d}\lambda \int_0^\infty f(u)\cos(\lambda u)\mathrm{d}u$$

则有

$$\frac{2}{\pi}\int_0^\infty \cos(\lambda x)\mathrm{d}\lambda \int_0^\infty \mathrm{e}^{-u}\cos(\lambda u)\mathrm{d}u = \mathrm{e}^{-x}$$

因为 $\int_0^\infty \mathrm{e}^{-u}\cos(\lambda u)\mathrm{d}u = \frac{1}{\lambda^2+1}$，有

$$\frac{2}{\pi}\int_0^\infty \frac{\cos(\lambda x)}{\lambda^2+1}\mathrm{d}\lambda = \mathrm{e}^{-x} \quad \text{或者} \quad \int_0^\infty \frac{\cos(\lambda x)}{\lambda^2+1}\mathrm{d}\lambda = \frac{\pi}{2}\mathrm{e}^{-x}$$

例 5：求解积分方程 $\int_0^\infty f(x)\cos(\lambda x)\mathrm{d}x = \begin{cases} 1-\lambda & 0 \leq \lambda \leq 1 \\ 0 & \lambda > 1 \end{cases}$

解：令 $\int_0^\infty f(x)\cos(\lambda x)\mathrm{d}x = f(\lambda)$，并选择 $f(\lambda) = \begin{cases} 1-\lambda & 0 \leq \lambda \leq 1 \\ 0 & \lambda > 1 \end{cases}$

则按照傅里叶积分定理

$$f(x) = \frac{2}{\pi}\int_0^\infty f(x)\cos(\lambda x)\mathrm{d}x\mathrm{d}\lambda$$

$$= \frac{2}{\pi}\int_0^\infty (1-\lambda)\cos(\lambda x)\mathrm{d}x\mathrm{d}\lambda = \frac{2(1-\cos x)}{\pi x^2}$$

E.23 拉普拉斯变换

求解常微分和偏微分问题的一个强有力的方法是拉普拉斯变换，它将常微分方程变换成基本的代数表达式，后者可以再次变换成原始问题的解，这一方法称为"拉普拉斯变换方法"。采用一定的描述和随时间变化的量求解常微分方程和偏微分方程，如通过一个绝热的导体的热流方程。这些方程通常是与描

述在时间 $t=0$ 时系统的状态的初始条件耦合的。

假设 $f(t)$ 是 $t>0$ 条件下（时间）变量 t 的实变量或复变量函数，s 是一个实的或复的参数。我们把 $f(t)$ 的拉普拉斯变换定义为

$$f(s) = £\{f(t)\} = \int_0^\infty e^{-st} f(t) dt = \lim_{\tau \to \infty} \int_0^\tau e^{-st} f(t) dt \qquad (E.52)$$

这存在极限（作为一个有限），当有极限时，称积分式（E.52）是收敛的。如果不存在极限，称积分是发散的，没有 $f(t)$ 的拉普拉斯变换。符号 $£\{f(t)\}$ 用于表示 f 的拉普拉斯变换，积分是黎曼积分。

参数 s 在实线上或复平面上的某一域。我们适当地选择 s 确保拉普拉斯积分（式（E.52））的收敛性。在数学和技术意义上，s 的域是非常重要的。然而，在实际意义上，当求解微分方程时，s 的域通常被忽略。当 s 是复的，我们总是采用表达式 $s=x+iy$。

符号 $£$ 是拉普拉斯变换，它施加在函数 $f=f(t)$ 上，并产生一个新的函数 $f(s)=£\{f(t)\}$。

例1：如果 $t \geq 0$，$f(t) \equiv 1$，则

$$£\{f(t)\} = \int_0^\infty e^{-st} dt = \lim_{x \to \infty} \left(\left. \frac{e^{-st}}{-s} \right|_0^\tau \right) = \lim_{x \to \infty} \left(\frac{e^{-s\tau}}{-s} + \frac{1}{s} \right) \qquad (E.53)$$

当然假设 $s>0$（如果 s 是实的）。因此，有

$$£\{1\} = \frac{1}{s} \quad (s > 0) \qquad (E.54)$$

如果 $s \leq 0$，则积分将发散，没有拉普拉斯变换。如果取 s 是一个复的变量，在 $\mathrm{Re}(s)>0$ 的条件下进行相同的计算，得到 $£\{1\} = \frac{1}{s}$。事实上，我们只是证明在上述的计算中即便 s 是一个复变量，可以相同的形式处理积分。我们需要著名的欧拉公式（见附录 D）

$$e^{i\theta} = \cos\theta + i\sin\theta \qquad (E.55)$$

事实上 $|e^{i\theta}| = 1$，因此（忽略负号和积分的极限简化计算）对于任何不等于 0 的复数，$s = x+iy$，有

$$\int e^{st} dt = \frac{e^{st}}{s} \qquad (E.56)$$

为了证明（E.56），由欧拉公式有

$$\int e^{st} dt = \int e^{(x+iy)t} = \int e^{xt} \cos(yt) dt + i \int e^{xt} \sin(yt) dt$$

对这两个被积项进行双积分得到

$$\int e^{st} dt = \frac{e^{xt}}{x^2 + y^2}[(x\cos(yt) + y\sin(yt) - y\cos(yt))]$$

现在式(E.56)的右边可以表示为

$$\frac{e^{st}}{s} = \frac{e^{(x+iy)t}}{x + iy} = \frac{e^{xt}(\cos(yt) + i\sin(yt))(x - iy)}{x^2 + y^2}$$

$$= \frac{e^{xt}}{x^2 + y^2}[(x\cos(yt) + y\sin(yt)) + i(x\sin(yt) - y\cos(yt))]$$

这等于左边,这样式(E.56)成立。

进一步,对于复变量 s 如果取 $\mathrm{Re}(s) = x > 0$ 我们得到式(E.54)的结果,因为

$$\lim_{\tau \to \infty} |e^{-s\tau}| = \lim_{\tau \to \infty} e^{-x\tau} = 0$$

消除了式(E.54)中的极限。让我们采用前面的结果针对 ω(ω 是实的)计算 $\pounds\{\cos(\omega t)\}$ 和 $\pounds\{\sin(\omega t)\}$。

例2:我们从下面入手:

$$\pounds\{e^{i\omega t}\} = \int_0^\infty e^{st} e^{i\omega t} dt = \lim_{\tau \to \infty} \left.\frac{e^{(i\omega - s)t}}{i\omega - s}\right|_0^\tau = \frac{1}{s - i\omega}$$

因为假设 $\mathrm{Re}(s) = x > 0$ 时 $\lim_{\tau \to \infty} |e^{i\omega t} e^{-st}| = \lim_{\tau \to \infty} e^{-x\tau} = 0$。类似地,$\pounds\{e^{-i\omega t}\} = 1/s + i\omega$。因此,采用 $\pounds$ 的线性性,即,事实上被积项是线性算子。

$$\frac{\pounds(e^{i\omega t}) + \pounds(e^{-i\omega t})}{2} = \pounds\left(\frac{e^{i\omega t} + e^{-i\omega t}}{2}\right) = \pounds\{\cos(\omega t)\}$$

$$\pounds\{\cos(\omega t)\} = \frac{1}{2}\left(\frac{1}{s - i\omega} + \frac{1}{s + i\omega}\right) = \frac{s}{s^2 + \omega^2} \qquad (\text{E.57})$$

类似地

$$\pounds\{\sin(\omega t)\} = \frac{1}{2i}\left(\frac{1}{s - i\omega} - \frac{1}{s + i\omega}\right) = \frac{\omega}{s^2 + \omega^2} \quad (\mathrm{Re}(s) > 0) \quad (\text{E.58})$$

以多项式形式定义的函数的拉普拉斯变换是便于像下面那样处理的。

例3:假设图示:

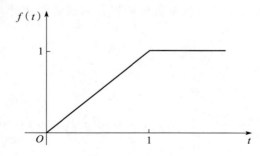

$$f(t) = \begin{cases} t & 0 \leq t \leq 1 \\ 1 & t > 1 \end{cases}$$

根据定义

$$\pounds(f(t)) = \int_0^\infty f(t)\mathrm{e}^{-st}\mathrm{d}t$$

$$= \int_0^1 t\mathrm{e}^{-st}\mathrm{d}t + \lim_{\tau \to \infty}\int_0^\tau \mathrm{e}^{-st}\mathrm{d}t$$

$$= \frac{t\mathrm{e}^{-st}}{-s}\bigg|_0^1 + \frac{1}{s}\int_0^1 \mathrm{e}^{-st}\mathrm{d}t + \lim_{\tau \to \infty}\frac{\mathrm{e}^{-st}}{-s}\bigg|_0^\tau$$

$$= \frac{1-\mathrm{e}^{-s}}{s^2} - \frac{(st+1)\mathrm{e}^{-st}}{s^2} + \lim_{\tau \to \infty}\left(-\frac{ts\mathrm{e}^{-st} + \mathrm{e}^{-st} + 1}{s^2}\right)$$

$$= \frac{1-\mathrm{e}^{-s}}{s^2} - \frac{(st+1)\mathrm{e}^{-st}}{s^2} + \frac{1}{s^2}$$

$$= \frac{2}{s^2} - \frac{\mathrm{e}^{-s}}{s^2} - \frac{\mathrm{e}^{-st}}{s} - \frac{\mathrm{e}^{-st}}{s^2}$$

例 4:假设 $f(t) = t$,计算 $\pounds\{f(t)\}$。

解:根据式(E.52)的定义我们有 $\pounds\{f(t)\} = \int_0^\infty \mathrm{e}^{-st}t\mathrm{d}t$。采用部分积分,并对 $s>0$ 使用 $\lim_{t \to \infty}t\mathrm{e}^{-st} = 0$,并按照例 1 的结果,得到

$$\pounds(t) = \frac{-t\mathrm{e}^{-st}}{s}\bigg|_0^\infty + \frac{1}{s}\int_0^\infty \mathrm{e}^{-st}\mathrm{d}t = \frac{1}{s}\pounds(t) = \frac{1}{s}\left(\frac{1}{s}\right) = \frac{1}{s^2}$$

例 5:假设 $f(t) = \{\mathrm{e}^{-3t}\}$,计算 $\pounds\{f(t)\}$。

解:根据式(E.52)的定义,有

$$\pounds\{f(t)\} = \int_0^\infty \mathrm{e}^{-st}\mathrm{e}^{-3t}\mathrm{d}t$$

或

$$\pounds\{f(t)\} = \int_0^\infty \mathrm{e}^{-st}\mathrm{e}^{-3t}\mathrm{d}t = \int_0^\infty \mathrm{e}^{-(st+3)t}\mathrm{d}t$$

$$= \frac{\mathrm{e}^{-(s+3)t}}{s+3}\bigg|_0^\infty = \frac{1}{s+3}, \quad s > -3$$

E.24 拉普拉斯变换是一个线性变换

对于函数的一个线性组合,可以写出

$$\int_0^\infty \mathrm{e}^{-st}[\alpha f(t) + \beta g(t)]\mathrm{d}t = \alpha\int_0^\infty \mathrm{e}^{-st}f(t)\mathrm{d}t + \beta\int_0^\infty \mathrm{e}^{-st}g(t)\mathrm{d}t$$

对于 $s>c$，两个积分项都是收敛的，因此有

$$£[\alpha f(t)+\beta g(t)]=\alpha £\{f(t)\}+\beta £\{g(t)\}=\alpha f(s)+\beta g(s) \quad (E.59)$$

由于式（E.59）给出的性质，称£ 算子为线性变换。例如，根据例1和例4，我们可以写出表达式

$$£\{1+t\}=£\{1\}+£\{t\}=\frac{1}{s}+\frac{1}{s^2}$$

采用下一个定理来说明某些以前例子的推广。可以理解，s 得到了充分的限制，确保使拉普拉斯变换 $\{e^{at}\}=\dfrac{1}{s-a}$ 收敛。

定理：某些基本函数的变换

(a) $£\{1\}=\dfrac{1}{s}$	
(b) $£\{t^n\}=\dfrac{n!}{s^{n+1}}\quad n=1,2,3,\cdots$	(c) $£\{e^{at}\}=\dfrac{1}{s}$
(d) $£\{\sin(\omega t)\}=\dfrac{\omega}{s^2+\omega^2}$	(e) $£\{\cos(\omega t)\}=\dfrac{s}{s^2+\omega^2}$
(f) $£\{\sinh(\omega t)\}=\dfrac{\omega}{s^2+\omega^2}$	(g) $£\{\cosh(\omega t)\}=\dfrac{s}{s^2+\omega^2}$

（1）存在拉普拉斯变换 $£\{f(t)\}$ 的充分条件。

定义拉普拉斯变换的积分不必是收敛的。例如，$£\{f(1/t)\}$ 和 $£\{f(e^{t^2})\}$ 不存在。保证 $£\{f(t)\}$ 存在的充分条件是 f 在 $[0,\infty)$ 是分段连续的，对于 $t>T$，f 是指数阶的。

（2）分段连续的定义。

如果一个函数 f 在 $[0,\infty)$ 上是连续的，在任何区间 $0\leq a\leq t\leq b$ 中，对于 $(t_{k-1}<t_k)$，至多有有限的点 t_k，$k=1,2,\cdots,n$，f 有有限的不连续性，且在每个开区间 $t_{k-1}<t<t_k$，如下图所示。

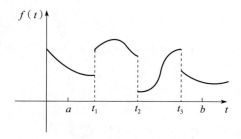

（3）指数阶。

如果存在常数 $£\{f(t)\}$，$M>0$ 和 $T>0$，使得对于所有的 $t>T$ 有 $|f(t)|\leq Me^{ct}$，则称函数 f 是指数阶的。

有关更多的细节,请读者参阅在本附录的结尾处列的拉普拉斯变换方面的书。

E.25 导数定理

为了求解微分方程,有必要知道一个函数$f(t)=f$的导数$f'(t)=f'$的拉普拉斯变换,$£\{f'\}$的价值是它可以用$£\{f(t)\}$表示。

导数定理
假设f在$(0,\infty)$内是连续的,且具有指数阶α,f'是在$(0,\infty)$内分段连续的,则
$$£\{f'(t)\}=s£\{f(t)\}-f(0)$$

正如在拉普拉斯变换或微分方程(常微分方程和偏微分方程书)中指出的那样,变换的目的是采用拉普拉斯变换求解这些类型的微分方程,为了这一目的,我们需要评估如$£\{dy/dt\}$或$£\{d^2y/dt^2\}$那样的量。例如,如果f'对于$t \geqslant 0$是连续的,则进行积分得到

$$£\{f'(t)\} = \int_0^\infty e^{-st}f'(t)dt = e^{-st}f(t)\big|_0^\infty + s\int_0^\infty e^{-st}f(t)dt$$
$$= -f(0) + s£\{f(t)\}$$

或

$$£\{f'(t)\} = s£\{f(t)\} - f(0) \qquad (E.60)$$

这里,我们假设随着$t\to\infty$,$e^{-st}f(t)\to 0$。类似地,借助于式(E.60)有

$$£\{f''(t)\} = \int_0^\infty e^{-st}f''(t)dt = e^{-st}f'(t)\big|_0^\infty + s\int_0^\infty e^{-st}f'(t)dt$$
$$= -f'(0) + s£\{f'(t)\} = s[sf(s) - f(0)] - f'(0)$$

或

$$£\{f''(t)\} = s^2 f(s) - sf(0) - f'(0) \qquad (E.61)$$

采用类似的方式可以证明[7]

$$£\{f'''(t)\} = s^3 f(s) - s f^2(0) - sf'(0) - f''(0) \qquad (E.62)$$

一个函数f的导数的递归变换显然是式(E.60)、式(E.61)和式(E.62)的结果。下面的定理给出了f的n阶微分的拉普拉斯变换,证明忽略[7]。

定理:一个微分的变换
如果$f, f', \cdots, f^{(n-1)}$在$[0,\infty)$区间,具有指数阶,而且是分段连续的,则
$$£\{f^n(t)\} = s^n f(s) - s^{n-1}f(0) - s^{n-2}f(1) - \cdots - f^{(n-1)}$$
其中$f(s) = £\{f(t)\}$。

我们现在由称为变换定理的定理来给出两个非常有用的结果,以确定拉普拉斯变换和它们的逆,第一个属于在s域中的变换,第二个属于在t域中的变换[4]。

第一变换定理

如果对于 $\mathrm{Re}(s)>0$,$f(s)=\pounds\{f(t)\}$,则
$$f(s-a)=\pounds\{e^{at}f(t)\}\{\text{实部},\mathrm{Re}(s)>a\}$$

证明:对于 $\mathrm{Re}(s)>0$,
$$f(s-a)=\int_0^\infty e^{-(s-a)t}f(t)\mathrm{d}t=\int_0^\infty e^{-st}e^{at}f(t)\mathrm{d}t=\pounds\{e^{at}f(t)\}$$

例1:对于 $f(t)=te^{at}$ 和 $t>0$,确定 $f(s)=\pounds\{f(t)\}$。

解:因为
$$\pounds\{t\}=\frac{1}{s},\quad \mathrm{Re}(s)>0$$
$$\pounds\{te^{at}\}=\frac{1}{(s-a)^2},\quad \mathrm{Re}(s)>0$$

则通常有
$$\pounds\{t^n e^{at}\}=\frac{n!}{(s-a)^{n+1}}\quad n=0,1,2,\cdots,\quad \mathrm{Re}(s)>0$$

这给出了一个有用的逆
$$\pounds^{-1}\left\{\frac{n!}{(s-a)^{n+1}}\right\}=\frac{1}{n!}t^n e^{at}$$

定理:某些基本函数的变换定理[4]

因为:$\pounds\{\sin(\omega t)\}=\dfrac{\omega}{s^2+\omega^2}$,则
$$\pounds\{e^{2t}\sin(\omega t)\}=\frac{3}{(s-2)^2+3^2}=\frac{3}{(s-2)^2+9}$$

通常,我们在以下的情况下对 $\mathrm{Re}(s)>a$ 定义:

(a) $\pounds\{e^{at}\sin(\omega t)\}=\dfrac{\omega}{(s-a)^2+\omega^2}$	(b) $\pounds\{e^{at}\cos(\omega t)\}=\dfrac{s-a}{(s-a)^2+\omega^2}$
(c) $\pounds\{e^{at}\cosh(\omega t)\}=\dfrac{s-a}{(s-a)^2+\omega^2}$	(d) $\pounds\{e^{at}\sinh(\omega t)\}=\dfrac{\omega}{(s-a)^2+\omega^2}$

例2:确定拉盖尔(Laguerre)多项式的拉普拉斯变换
$$L_n(t)=\frac{e^t}{n!}\frac{\mathrm{d}^n}{\mathrm{d}t^n}(t^n e^{-t})\quad n=0,1,2,\cdots$$

解:令 $y(t)=t^n e^{-t}$,则 $\pounds\{L_n(t)\}=\pounds\left(e^{-t}\dfrac{1}{n!}y^{(n)}\right)$

首先，我们通过上述的导数变换定理和第一变换定理并与例 1 结合，得到

$$\pounds\{y^{(n)}\} = s^n \pounds\{y\} = \frac{s^n n!}{(s+1)^{n+1}}$$

由第一变换定理，它满足

$$\pounds\{L_n(t)\} = \pounds\left\{e^t \frac{1}{n!} y^{(n)}\right\} = \frac{(s-1)^n}{(s+1)^{n+1}} \quad (\mathrm{Re}(s) > 1)$$

第二变换定理

对于 $\mathrm{Re}(s) > 0$，$f(s) = \pounds\{f(t)\}$，则

$$\pounds\{u_a(t) f(t-a)\} = e^{-as} f(s), \quad a \geqslant 0$$

这是由以下基本事实推导出的，即

$$\int_0^\infty e^{-st}[u_a(t)f(t-a)]\mathrm{d}t = \int_a^\infty e^{-st} f(t-a) \mathrm{d}t$$

并设定 $\tau = t - a$，右边的积分变成了

$$\int_a^\infty e^{-s(\tau+a)} f(\tau) \mathrm{d}\tau = e^{-as} \int_a^\infty e^{-st} f(t) \mathrm{d}t$$

例 3：确定下图的 $\pounds\{g(t)\}$：

$$g(t) = \begin{cases} 0 & 0 \leqslant t \leqslant 1 \\ (t-1)^2 & t \geqslant 1 \end{cases}$$

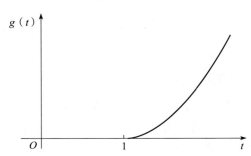

注意，$g(t)$ 是函数 $f(t) = t^2$ 延迟单位时间（$a=1$）。因此

$$\pounds\{g(t)\} = \pounds\{u_1(t)(t-1)^2\} = e^{-s} \pounds(t^2) = \frac{2e^{-s}}{s^3} \quad (\mathrm{Re}(s) > 0)$$

定理：某些特殊函数的平移变换定理[4]

（1）狄拉克-德尔塔函数。

对于 $t_0 > 0$，$\pounds[\delta(t-t_0)] = e^{-st_0}$

（2）贝塔（Beta）函数。

如果 $f(t) = t^{a-1}$，且 $g(t) = t^{b-1}$，a、$b > 0$，则

$$\pounds\{t^{a+b-1} B(a,b)\} = \pounds\{t^{a-1}\} \pounds\{t^{b-1}\} = \frac{\Gamma(a) \Gamma(b)}{s^{a+b}}$$

(3) 误差函数。

对于给定的 $t>0$ $\pounds\{\mathrm{erf}(\sqrt{t})\} = \dfrac{1}{s\sqrt{s+1}}$

(4) 伽马函数。

假设 $f(t) = t^p$，设定 $F(s) = \pounds\{f(t)\}$，容易看到 $F(s)$ 是对 $s>0$ 定义的，考虑新的变量 $r = st$，则我们有

$$\pounds\{f(t)\} = \int_0^\infty e^{-st} t^p dt = \frac{1}{s^{p+1}} \int_0^\infty e^{-r} r^p dr$$

这意味着

$$\pounds\{t^p\} = \frac{\Gamma(p+1)}{s^{p+1}}$$

其中伽马函数 $\Gamma(x)$ 定义为

$$\Gamma(x) = \int_0^\infty e^{-r} r^{x-1} dr$$

伽马函数的域是 $x>1$。采用部分积分，可以证明基本的公式

$$\Gamma(x+1) = x\Gamma(x), \quad x>1$$

这意味着(已知 $\Gamma(1) = 1$)

$$\Gamma(n+1) = n!, \quad n = 1, 2, 3, \cdots$$

相应地，我们有

$$\pounds\{t^n\} = \frac{n!}{s^{n+1}}, \quad n = 1, 2, 3, \cdots$$

E.26 逆拉普拉斯变换

如果 $f(s)$ 表示函数 $f(t)$ 的拉普拉斯变换，即，$\pounds\{f(t)\} = f(s)$，我们称 $f(t)$ 是 $f(s)$ 的逆拉普拉斯变换，并且写为 $f(t) = \pounds^{-1}(f(s))$。例如，由 E.25 节的例 1 和例 2 分别有

$$1 = \pounds^{-1}\left\{\frac{1}{s}\right\}, \quad t = \pounds^{-1}\left\{\frac{1}{s^2}\right\}, \quad e^{-3t} = \pounds^{-1}\left\{\frac{1}{s+3}\right\}$$

定理的类比：E.24 节中的某些基本函数的变换的逆变换如下。

定理：某些基本函数的变换的逆变换

(a) $1 = \pounds^{-1}\left\{\dfrac{1}{s}\right\}$	
(b) $t^n = \pounds^{-1}\left\{\dfrac{n!}{s^{n+1}}\right\}, \quad n = 1, 2, 3, \cdots$	(c) $e^{at} = \pounds^{-1}\left\{\dfrac{1}{s-a}\right\}$

续表

(d) $\sin(\omega t) = \pounds^{-1}\left\{\dfrac{\omega}{s^2+\omega^2}\right\}$	(e) $\cos(\omega t) = \pounds^{-1}\left\{\dfrac{s}{s^2+\omega^2}\right\}$
(f) $\sinh(\omega t) = \pounds^{-1}\left\{\dfrac{\omega}{s^2+\omega^2}\right\}$	(h) $\cosh(\omega t) = \pounds^{-1}\left\{\dfrac{s}{s^2+\omega^2}\right\}$

当评估逆变换时，经常出现考虑的 s 的一个函数并不与上述表中给出的拉普拉斯变换 $f(s)$ 的形式确切匹配，它可能通过乘一个和除一个适当的常数来"修整" s 的函数。

例1：评估：(1) $\pounds^{-1}\left\{\dfrac{1}{s^5}\right\}$，(2) $\pounds^{-1}\left\{\dfrac{1}{s^2+4}\right\}$

解：(1) 为了匹配在上表的(b)部分给出的形式，确定 $n+1=5$，或者 $n=4$，然后除以 $4!$，有

$$\pounds^{-1}\left\{\dfrac{1}{s^5}\right\} = \dfrac{1}{4!}\pounds^{-1}\left\{\dfrac{4!}{s^5}\right\} = \dfrac{1}{24}t^4$$

(2) 为了匹配在上表的(d)部分给出的形式，确定 $k^3=8$，因此 $k=2$，我们乘以和除以 2 来修正表达式，则有

$$\pounds^{-1}\left\{\dfrac{1}{s^2+4}\right\} = \dfrac{1}{2}\pounds^{-1}\left\{\dfrac{1}{s^2+4}\right\} = \dfrac{1}{2}\sin(2t)$$

E.27 逆拉普拉斯是一个线性变换

逆拉普拉斯变换也是一个线性变换，即，对于常数 α 和 β，有

$$\pounds^{-1}\{af(s)+\beta g(s)\} = a\pounds^{-1}\{f(s)\} + \beta\pounds^{-1}\{g(s)\} \quad (\text{E.63})$$

式中：f 和 g 为 f 和 g 的某些函数的变换，这扩展到拉普拉斯变换的任何有限的线性组合。

例1：评估 $\pounds^{-1}\left\{\dfrac{-2s+6}{s^2+4}\right\}$

解：首先采用逐项并使用式(E.63)和 E.26 节的例 1 中的步骤将 s 的给定的函数重写成两个表达式，我们有

$$\pounds^{-1}\left\{\dfrac{-2s+6}{s^2+4}\right\} = \pounds^{-1}\left\{\dfrac{-2s}{s^2+4}+\dfrac{6}{s^2+4}\right\} = -2\pounds^{-1}\left\{\dfrac{s}{s^2+4}\right\} + 6\pounds^{-1}\left\{\dfrac{1}{s^2+4}\right\} = -2\cos 2t + 3\sin 2t$$

例2：采用积分的部分分式方法，计算

$$\pounds^{-1}\left\{\dfrac{s^2+6s+9}{(s-1)(s-2)(s+4)}\right\}$$

解：存在独特的实常数 A、B 和 C，使

$$\frac{s^2+6s+9}{(s-1)(s-2)(s+4)} = \frac{A}{s-1} + \frac{B}{s-2} + \frac{C}{s+4}$$

$$= \frac{A(s-2)(s+4) + B(s-1)(s+4) + C(s-1)(s-2)}{(s-1)(s-2)(s+4)}$$

因为分母是相同的，分子是相同的，因此

$$s^2+6s+9 = A(s-2)(s+4) + B(s-1)(s+4) + C(s-1)(s-2) \quad (\text{E.64})$$

通过比较等式两边 s 的幂的系数，我们知道式（E.64）等价于在 3 个未知的 A、B 和 C 中的 3 个方程。然而，我们可以做分析并得到

$$s^2+6s+9 = A(s-2)(s+4) + B(s-1)(s+4) + C(s-1)(s-2)$$
$$= (A+B+C)s^2 + (2A+3B-3C)s + (-8A-4B+2C)$$

$$\begin{cases} A+B+C=1 \\ 2A+3B-3C=6 \\ -8A-4B+2C=9 \end{cases}$$

$$\begin{cases} A = -\dfrac{16}{5} \\ B = \dfrac{25}{6} \\ C = \dfrac{1}{30} \end{cases}$$

则我们得到

$$\frac{s^2+6s+9}{(s-1)(s-2)(s+4)} = \frac{16/5}{s-1} + \frac{15/6}{s-2} + \frac{1/30}{s+4} \quad (\text{E.65})$$

因此，由 $\mathcal{L}^{-1}$ 的线性性和 $e^{at} = \mathcal{L}^{-1}\left\{\dfrac{1}{s-a}\right\}$ 这一事实，我们有

$$\mathcal{L}^{-1}\left\{\frac{s^2+6s+9}{(s-1)(s-2)(s+4)}\right\} = -\frac{16}{5}\mathcal{L}^{-1}\left\{\frac{1}{s-1}\right\} + \frac{25}{6}\mathcal{L}^{-1}\left\{\frac{1}{s-2}\right\} + \frac{1}{30}\mathcal{L}^{-1}\left\{\frac{1}{s+4}\right\}$$

$$= -\frac{16}{5}e^t + \frac{25}{6}e^{2t} + \frac{1}{30}e^{-4t}$$

(E.66)

E.28 采用拉普拉斯变换求解常线性微分方程

由上述所给的一般的结果（导数的变换定理），$\mathcal{L}\{d^n y/dt^n\}$ 与 $y(s) = \mathcal{L}\{y(t)\}$ 和在 $t=0$ 时估计的 $y(t)$ 的 $n-1$ 阶导数有关。这一特性使拉普拉斯变换适于求解

微分方程有恒定的常数的线性初值问题,这样一个微分方程是 y、y'、y''、$\cdots$、$y^{(n)}$ 等项的一个线性组合。

$$a_n \frac{d^n y}{dt^n} + a_{n-1} \frac{d^{n-1} y}{dt^{n-1}} + \cdots + a_0 y = g(t)$$

$$y(0) = y_0, \quad y'(0) = y_1, \quad y''(0) = y_2, \cdots, \quad y^{(n-1)}(0) = y_{n-1}$$

式中:a_i,$i = 0$,1,$\cdots$,n 和 y_0、y_1、y_2、$\cdots$、y_{n-1} 是常数。由线性特性,这一线性组合的拉普拉斯变换是拉普拉斯变换的一个线性组合[7],即

$$a_n £\left\{\frac{d^n y}{dt^n}\right\} + a_{n-1} £\left\{\frac{d^{n-1} y}{dt^{n-1}}\right\} + \cdots + a_0 £\{g(t)\} \quad (\text{E.67})$$

由上述定理和式(E.67),有

$$a_n [s^n y(s) - s^{n-1} y(0) - \cdots - y^{(n-1)}(0)] +$$
$$a_{n-1} [s^{n-1} y(s) - s^{n-2} y(0) - \cdots - y^{(n-2)}(0)] + \cdots + a_0 y(s) = g(s) \quad (\text{E.68})$$

式中:$£\{y(t)\} = y(s)$ 和 $£\{g(t)\} = g(s)$。换言之,具有恒定系数的一个线性微分方程的拉普拉斯变换变成了 $y(s)$ 中的一个代数方程。如果我们求解符号 $y(s)$ 的一般变换的式(E.68),我们首先获得 $p(s)y(s) = q(s) + g(s)$,于是写出

$$y(s) = \frac{q(s)}{p(s)} + \frac{g(s)}{p(s)} \quad (\text{E.69})$$

式中:$p(s) = a_n s^n + a_{n-1} s^{n-1} + \cdots + a_0$;$q(s)$ 为 s 的一个阶数小于或等于 $n-1$ 的多项式,由系数 a_i,$i = 0$,1,$\cdots$,n 和初始条件 y_0、y_1、$\cdots$、y_{n-1} 的各个乘积组成;$g(s)$ 为 $g(t)$ 的拉普拉斯变换。通常我们将该表达式分解成两个或更多的部分分式,最后,原始初值问题的解 $y(t)$ 是 $y(t) = £^{-1}\{y(s)\}$。

下图归纳了这一过程[7]。

E.29 复逆变换公式

在附录 D 中描述了复变量分析和复逆变换公式,这里我们再简单地解释[3]。

如果 $f(s) = \mathcal{L}\{f(t)\}$，则 $\mathcal{L}^{-1}\{f(t)\}$ 可表示为

$$f(t) = \mathcal{L}^{-1}\{f(s)\} = \frac{1}{2\pi i}\lim_{T\to\infty}\int_{\gamma-iT}^{\gamma+iT} e^{st}f(s)ds \quad \text{(E.70)}$$

$$= \frac{1}{2\pi i}\lim_{T\to\infty}\int_{\gamma-iT}^{\gamma+i\infty} e^{st}f(s)ds, \quad t > 0$$

且对于 $t>0$，$f(t) = 0$。这一结果称为复逆积分或公式，也称为布朗维奇(Bromwich)逆公式。这一结果给出了获得给定函数 $f(s)$ 的逆拉普拉斯变换的直接意义。

在式(E.70)中的积分是沿着在复平面中的一条线 $s=\gamma$ 完成的，其中 $s=x+iy$。实数 γ 被选择为使 $s=\gamma$ 在所有奇异点(极点、分枝点或必要的奇异点)的右边，但是是任意的[3]。

例1：确定复逆变换公式的有效性

解：按照定义，有 $f(s) = \int_0^\infty e^{-su}f(u)du$，则

$$\lim_{T\to\infty}\frac{1}{2\pi i}\int_{\gamma-iT}^{\gamma+iT} e^{st}f(s)ds = \lim_{T\to\infty}\frac{1}{2\pi i}\int_{\gamma-iT}^{\gamma+iT}\int_0^\infty e^{-su}f(u)duds$$

假设 $s=\gamma+iy$，$ds=idy$，有

$$\lim_{T\to\infty}\frac{1}{2\pi}e^{\gamma t}\int_{-T}^{T} e^{iyt}dy\int_0^\infty e^{-iyu}[e^{-\gamma u}f(u)]du = \frac{1}{2\pi}e^{\gamma t}\begin{cases}2\pi e^{-\gamma t}f(t) & t>0\\ 0 & t<0\end{cases}$$

$$=\begin{cases}f(t) & t>0\\ 0 & t<0\end{cases}$$

由傅里叶积分定理，正如所需要的，有

$$f(t) = \frac{1}{2\pi i}\int_{\gamma-i\infty}^{\gamma+i\infty} e^{st}f(s)ds, \quad t > 0$$

注意：在上述证明中，假设是 $e^{-\gamma u}f(u)$ 在 $(0, \infty)$ 中绝对可积的，即，$\int_0^\infty e^{\gamma u}|f(u)|du$ 收敛，因此可以应用傅里叶积分定理。为了确保这一条件，$f(t)$ 是 γ 阶的指数，其中 γ 选择为使在复平面中的线 $s=\gamma$ 在 $f(s)$ 的所有的奇异点的右边。除了这一条件，γ 是任意的。

E.30 布朗维奇围线

实际上，积分式(E.70)是通过考虑围线积分方程计算的，即

$$\frac{1}{2\pi i}\oint_C e^{-st}F(s)ds \quad \text{(E.71)}$$

式中：C 为图 E.5 的围线。这一围线，有时称为布朗维奇围线，包括 AB 和中心在原点 O 处的半径为 R 的一个圆的弧 BJKLA。如果我们将圆弧 BJKLA 用 Γ 表示，由于 $T=\sqrt{R^2-\gamma^2}$，根据式（E.70）得出

$$f(t) = \lim_{T\to\infty} \frac{1}{2\pi i} \int_{\gamma-iT}^{\gamma+iT} e^{st} f(s) \, ds \qquad (\text{E.72})$$

$$= \lim_{T\to\infty} \left\{ \frac{1}{2\pi i} \oint_C e^{st} f(s) \, ds - \frac{1}{2\pi i} \int_{\Gamma} e^{st} f(s) \, ds \right\}$$

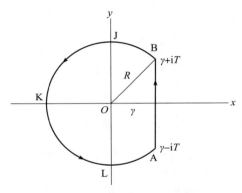

图 E.5　不同的函数的结构

例1：假设 Γ 表示布朗维奇围线的具有方程 $s=Re^{i\theta}$（$\theta_0 \leq \theta \leq 2\pi-\theta_0$）曲线部分 BJPKQLA，即，$\Gamma$ 是圆心位于 O 处的半径为 R 的圆的弧（图 E.6）。

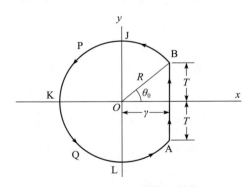

图 E.6　不同的函数的结构

解：假设在 Γ 上我们有

$$|f(s)| < \frac{M}{R^k}$$

式中：$k>0$ 且 M 为常数，表明

$$\lim_{R\to\infty}\int_\Gamma e^{st}f(s)\,ds = 0$$

如果 Γ_1、Γ_2、Γ_3 和 Γ_4 分别表示 BJ、JPK、KQL 和 LA 弧，我们有

$$\int_\Gamma e^{st}f(s)\,ds = \int_{\Gamma_1} e^{st}f(s)\,ds + \int_{\Gamma_2} e^{st}f(s)\,ds + \int_{\Gamma_3} e^{st}f(s)\,ds + \int_{\Gamma_4} e^{st}f(s)\,ds$$

$$= \int_{BJ} e^{st}f(s)\,ds + \int_{JPK} e^{st}f(s)\,ds + \int_{KQL} e^{st}f(s)\,ds + \int_{LA} e^{st}f(s)\,ds$$

这里我们需要证明的是当 $R\to\infty$ 时，右边的所有积分趋近于零，这样我们证明了所需的结果

$$\lim_{R\to\infty}\int_\Gamma e^{st}f(s)\,ds = 0$$

可以在本附录的文献[4]和文献[7]中找到这些分析的细节，感兴趣的读者可参阅[4,7]。

E.31 采用留数得到傅里叶逆变换

假设 $f(s)$ 的仅有的奇异点是位于线 $s=\gamma$ 的左边（对于某一恒定的 γ）的极点。进一步假设在式(E.46)中围绕 Γ 的积分当 $R\to\infty$ 时趋近于 0，则按照留数定理（见 E.30 节），我们可以把式(E.72)写成

$$f(t) = 在f(s) 的极点处的 e^{st}f(s) 的留数的累加和$$
$$= \sum 在 f(s) 的极点处的 e^{st}f(s) 的留数 \qquad (E.73)$$

例 1：假设 $f(s)$ 的仅有的奇异点是位于线 $s=\gamma$ 的左边（对于某一恒定的 γ）的极点。进一步假设 $f(s)$ 满足 E.30 节的例 1 中给出的条件。证明 $f(s)$ 的逆拉普拉斯变换可表示为

$f(t)=$ 在 $f(s)$ 的所有的极点上的 $e^{st}f(s)$ 的留数的累加和

解：我们有

$$\frac{1}{2\pi i}\oint_C e^{st}f(s)\,ds = \frac{1}{2\pi i}\int_{\gamma-iT}^{\gamma+iT} e^{st}f(s)\,ds + \frac{1}{2\pi i}\int_\Gamma e^{st}f(s)\,ds$$

式中：C 为上述的例 1 中的布朗维奇轮廓；Γ 为图 E.7 的圆弧 BJPKQLA。按照留数定理有

$$\frac{1}{2\pi i}\oint_C e^{st}f(s)\,ds = 在 C 内的 f(s) 的所有的极点上的 e^{st}f(s) 的留数的累加和 = \sum C 内的留数。$$

因此 $\dfrac{1}{2\pi i}\displaystyle\int_{\gamma-iT}^{\gamma+iT} e^{st}f(s)\,ds = \sum C 内的留数 \dfrac{1}{2\pi i}\int_\Gamma e^{st}f(s)\,ds$

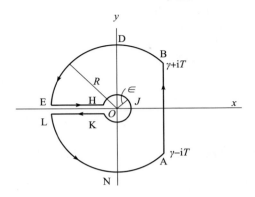

图 E.7 不同的函数的结构

取 $R \to \infty$ 的极限，我们由 E.30 节中的例 1 得到

$f(t) =$ 在 $f(s)$ 的所有的极点上的 $e^{st}f(s)$ 的留数的累加和

例 2：（1）证明 $f(s) = \dfrac{1}{s-2}$ 满足 E.30 节的例 1 中的条件。

（2）得到在极点 $s=2$ 上的 $\dfrac{e^{st}}{s-2}$ 的留数。

（3）通过采用复的逆公式计算 $\pounds^{-1}\left\{\dfrac{1}{s-2}\right\}$。

解：（1）对于 $s = Re^{i\theta}$，有

$$\left|\dfrac{1}{s-2}\right| = \left|\dfrac{1}{Re^{i\theta}-2}\right| \leqslant \dfrac{1}{|Re^{i\theta}-2|} = \dfrac{1}{R-2} < \dfrac{2}{R}$$

对于足够大的 R（例如，$R>4$）。因此，当 $k=1$、$M=2$ 时，满足在 E.30 节的例 1 中的条件，注意在推导上述时我们采用了 $|z_1-z_2| \leqslant |z_1|-|z_2|$ 这一结果。

（2）在极点 $s=2$ 处的留数是

$$\lim_{s\to 2}(s-2)\left(\dfrac{e^{st}}{s-2}\right) = e^{st}$$

（3）按照 E.31 节的例 1 和（1）和（2）部分的结果，我们看到

$\pounds^{-1}\left\{\dfrac{1}{s-2}\right\} = e^{st}f(s) = e^{2t}$ 的留数的累加和。

注意到在这种情况下布朗维奇轮廓选择为任何大于 2 的实数和围绕极点 $s=2$ 的轮廓。

例 3：得到 $f(s) = \dfrac{1}{s(s-a)}$ 的留数。

解：$f(s)$ 在 $s=0$ 和 $s=a$ 处有简单的极点，对于所有足够大的 $|s|$，$|f(s)| \leq M/|s|^2$，如果 $|s| \leq 2$，$|f(s)| \leq 2/|s|^2$。此外

$$s=0 \text{ 处的留数} = \lim_{s \to 0} s e^{ts} f(s) = \lim_{s \to 0} \frac{e^{ts}}{s-a} = \frac{1}{a}$$

$$s=a \text{ 处的留数} = \lim_{s \to a} (s-a) e^{ts} f(s) = \lim_{s \to a} \frac{e^{ts}}{s} = \frac{e^{at}}{a}$$

因此

$f(t) = $ 在 $f(s)$ 的所有极点处 $e^{ts}f(s)$ 的留数的累加和

$$f(t) = \frac{1}{a}(e^{at} - 1)$$

当然，在这种情况下 $f(s)$ 可以采用部分分式分解或者卷积方法求逆。

例 4：求解 $f(s) = \dfrac{1}{s(s^2+a^2)^2}$。

解：可以采用部分分式分解并写为

$$f(s) = \frac{1}{s(s^2+a^2)^2} = \frac{1}{s(s-ai)^2(s+ai)^2}$$

则 $f(s)$ 在 $s=0$ 处有一个简单的极点，在 $s = \pm ai$ 处有二阶的极点。

$$s=0 \text{ 处的留数} = \lim_{s \to 0} s e^{ts} f(s) = \lim_{s \to 0} \frac{e^{ts}}{(s^2+a^2)^2} = \frac{1}{a^4}$$

$$s=ai \text{ 处的留数} = \lim_{s \to ai} \frac{d}{ds}[(s-ai)^2 e^{ts} f(s)] = \lim_{s \to ai} \frac{d}{ds}\left(\frac{e^{ts}}{s(s+ai)^2}\right) = \frac{it}{4a^3} e^{iat} - \frac{1}{2a^4} e^{iat}$$

类似地，有

$$s=-ai \text{ 处的留数} = \lim_{s \to -ai} \frac{d}{ds}[(s+ai)^2 e^{ts} f(s)]$$

$$= \lim_{s \to -ai} \frac{d}{ds}\left(\frac{e^{ts}}{s(s-ai)^2}\right) = \frac{-it}{4a^3} e^{-iat} - \frac{1}{2a^4} e^{-iat}$$

$f(t) = $ 在 $f(s)$ 的所有极点处 $e^{ts}f(s)$ 的留数的累加和。

$$\text{Residue}(0) + \text{Residue}(ai) + \text{Residue}(-ai)$$

$$= \frac{1}{a^4} + \left(\frac{it}{4a^3} - \frac{1}{2a^4} e^{iat}\right) + \left(\frac{-it}{4a^3} e^{-iat} - \frac{1}{2a^4} e^{-iat}\right)$$

$$= \frac{1}{a^4} + \frac{1}{4a^3}(e^{iat} - e^{-iat}) - \frac{1}{2a^4}(e^{iat} - e^{-iat})$$

$$= \frac{1}{a^4}\left(1 - \frac{a}{2} t\sin at - \cos at\right) = f(t)$$

E.32 围绕 Γ 的积分的充分条件

式(E.73)的结果的有效性取决于在式(E.72)中的围绕 Γ 的积分当 $R\to\infty$ 时趋近于零这一假设。在以下应用这一假设正确的一个充分条件[3]。

定理：如果我们可以得到常数 $M>0$、$k>0$，使得在 Γ（其中 $s=Re^{i\theta}$）上

$$|f(s)| < \frac{M}{R^k} \tag{E.74}$$

则随着 $R\to\infty$，$e^{st}f(s)$ 的围绕 Γ 的积分趋于零，即

$$\lim_{R\to\infty}\int_\Gamma e^{st}f(s)\,\mathrm{d}s = 0 \tag{E.75}$$

如果 $f(s)=p(s)/q(s)$（$p(s)$ 和 $q(s)$ 是多项式，且 $p(s)$ 的阶数低于 $q(s)$ 的阶数）。见以下的例子。

例 1：假设 $f(s)=p(s)/q(s)$，其中 $p(s)$ 和 $q(s)$ 是多项式，且 $p(s)$ 的阶数低于 $q(s)$ 的阶数），证明 $f(s)$ 满足 E.30 节的例 1 的条件。

解：假设

$$p(s) = a_0 s^m + a_1 s^{m-1} + \cdots + a_m$$
$$q(s) = b_0 s^n + b_1 s^{n-1} + \cdots + b_n$$

其中 $a\ne 0$，$b\ne 0$ 和 $0\le m\le n$。则如果 $s=Re^{i\theta}$，我们有

$$f(s) = \left|\frac{p(s)}{q(s)}\right| = \left|\frac{a_0 s^m + a_1 s^{m-1} + \cdots + a_m}{b_0 s^n + b_1 s^{n-1} + \cdots + b_n}\right| = \left|\frac{a_0 R^m e^{mi\theta} + a_1 R^{m-1} e^{(m-1)i\theta} + \cdots + a_m}{b_0 R^n e^{ni\theta} + b_1 R^{n-1} e^{(n-1)i\theta} + \cdots + b_n}\right|$$

$$= \left|\frac{a_0}{b_0}\right|\frac{1}{R^{n-m}}\left|\frac{1+\left(\dfrac{a_1}{a_0 R}\right)e^{-i\theta}+\left(\dfrac{a_2}{a_0 R^2}\right)e^{-2i\theta}+\cdots+\left(\dfrac{a_m}{a_0 R^2}\right)e^{-mi\theta}}{1+\left(\dfrac{b_1}{b_0 R}\right)e^{-i\theta}+\left(\dfrac{b_2}{b_0 R^2}\right)e^{-2i\theta}+\cdots+\left(\dfrac{b_n}{b_0 R^2}\right)e^{-ni\theta}}\right|$$

假设 A 表示 $|a_1/a_0|$，$|a_2/a_0|$，$\cdots$，$|a_m/a_0|$ 的最大值。
假设 B 表示 $|b_1/b_0|$，$|b_2/b_0|$，$\cdots$，$|b_n/b_0|$ 的最大值。
则对于 $R=A+1$，有

$$\left|1+\frac{a_1}{a_0 R}e^{-i\theta}+\frac{a_2}{a_0 R^2}e^{-2i\theta}+\cdots+\frac{a_m}{a_0 R^m}e^{-mi\theta}\right| \le 1+\frac{A}{R}+\frac{A}{R^2}+\cdots+\frac{A}{R^m} \le$$

$$1+\frac{A}{R}\left(1+\frac{1}{R}+\frac{1}{R^2}+\cdots\right) \le 1+\frac{A}{R-1} < 2$$

此外，对于 $R>2B+1$，有

$$\left|1 - \frac{b_1}{b_0 R}e^{-i\theta} + \frac{b_2}{b_0 R^2}e^{-2i\theta} + \cdots + \frac{b_m}{b_0 R^2}e^{-ni\theta}\right|$$

$$\geq 1 - \left|\frac{b_1}{b_0 R}e^{-i\theta} + \frac{b_2}{b_0 R^2}e^{-2i\theta} + \cdots + \frac{b_m}{b_0 R^2}e^{-ni\theta}\right|$$

$$\geq 1 + \left(\frac{1}{R} + \frac{1}{R^2} + \cdots + \frac{B}{R^n}\right) \geq 1 + \frac{B}{R}\left(1 + \frac{1}{R} + \frac{1}{R^2} + \cdots\right) \geq 1 - \frac{B}{R-1} \geq \frac{1}{2}$$

因此，对于大于 $A+1$ 或 $2B+1$ 的 R，有

$$f(s) \leq \left|\frac{a_0}{b_0}\right| \cdot \frac{1}{R^{n-m}} \cdot \frac{1}{2} \leq \frac{M}{R^k}$$

式中：M 是任何大于 $2|a_0/b_0|$ 且 $k=n-m \geq 1$，这证明了需要的结果。

E.33 在分支点情况下布朗维奇轮廓的修正

如果 $f(s)$ 有分支点，如果对布朗维奇轮廓进行适当的修正，可以对上述结果进行扩展。例如，如果 $f(s)$ 仅在 $s=0$ 处有一个分支点，则我们采用图 E.7 的轮廓。在图 E.5 中，BDE 和 LNA 表示中心位于原点 O 的半径为 R 的一个圆的代表性的弧，而 HJK 是中心位于 O 的一个半径为 ε 的圆的弧。对于在这种情况下逆拉普拉斯变换计算的细节，请见具有分支点的函数的逆拉普拉斯变换的例子。

例 1：通过采用复逆变换公式求解 $\mathcal{L}^{-1}\left\{\frac{e^{-a\sqrt{s}}}{s}\right\}$。

解：通过采用复逆变换公式，需要的逆拉普拉斯变换可表示为

$$f(t) = \frac{1}{2\pi i}\int_{\gamma - i\infty}^{\gamma + i\infty}\frac{e^{st - a\sqrt{s}}}{s}ds \qquad (E.76)$$

因为 $s=0$ 是被积分项的一个分支点，考虑

$$\frac{1}{2\pi i}\oint_C \frac{e^{st-a\sqrt{s}}}{s}ds = \frac{1}{2\pi i}\int_{AB}\frac{e^{st-a\sqrt{s}}}{s}ds + \frac{1}{2\pi i}\int_{BDE}\frac{e^{st-a\sqrt{s}}}{s}ds + \frac{1}{2\pi i}\int_{ER}\frac{e^{st-a\sqrt{s}}}{s}ds +$$

$$\frac{1}{2\pi i}\int_{HJK}\frac{e^{st-a\sqrt{s}}}{s}ds + \frac{1}{2\pi i}\int_{KL}\frac{e^{st-a\sqrt{s}}}{s}ds + \frac{1}{2\pi i}\int_{LNA}\frac{e^{st-a\sqrt{s}}}{s}ds$$

式中：C 为包括线 AB（$s=\gamma$）、中心位于原点 O 的一个半径为 R 的圆的圆弧 BDE 和 LNA 以及中心位于 O 的一个半径为 ε 的圆的弧 HJK 的轮廓。

因为被积分项的唯一的奇点 $s=0$ 不在 C 内，按照柯西定理，左边的积分为 0。另外，积分项满足 E.30 节的例 1 的条件，因此 $R\to\infty$ 时沿 BDE 和 LNA 的积分的极限趋近为零，即

$$f(t) = \lim_{\substack{R\to\infty\\ \varepsilon\to 0}} \frac{1}{2\pi i}\int_{AB} \frac{e^{st-a\sqrt{s}}}{s} ds = \frac{1}{2\pi i}\int_{\gamma-i\infty}^{\gamma+i\infty} \frac{e^{st-a\sqrt{s}}}{s} ds \qquad (E.77)$$

$$= \lim_{\substack{R\to\infty\\ \varepsilon\to 0}} \frac{1}{2\pi i}\left\{\int_{EH} \frac{e^{st-a\sqrt{s}}}{s} ds + \int_{HJK} \frac{e^{st-a\sqrt{s}}}{s} ds + \int_{KL} \frac{e^{st-a\sqrt{s}}}{s} ds\right\}$$

沿着 EH，$s = xe^{\pi i}$，$\sqrt{s} = \sqrt{xe^{\pi i/2}} = i\sqrt{x}$，当 s 从 $-R$ 变化到 $-\varepsilon$ 时，x 从 R 变化到 ε。因此有

$$\int_{EH} \frac{e^{st-a\sqrt{s}}}{s} ds = \int_{-\varepsilon}^{-R} \frac{e^{st-a\sqrt{s}}}{s} ds = \int_{R}^{\varepsilon} \frac{e^{-xt-ai\sqrt{x}}}{x} dx$$

类似地，沿着 KL，$s = xe^{\pi i}$，$\sqrt{s} = \sqrt{xe^{\pi i/2}} = -i\sqrt{x}$，当 s 从 $-\varepsilon$ 变化到 $-R$，x 从 ε 变化到 R。这样

$$\int_{KL} \frac{e^{st-a\sqrt{s}}}{s} ds = \int_{-\varepsilon}^{-R} \frac{e^{st-a\sqrt{s}}}{s} ds = \int_{\varepsilon}^{R} \frac{e^{-xt+ai\sqrt{x}}}{x} dx$$

沿着 HJK，$s = e^{i\theta}$，有

$$\int_{HJK} \frac{e^{st-a\sqrt{s}}}{s} ds = \int_{\pi}^{-\pi} \frac{e^{\varepsilon e^{i\theta}t - a\sqrt{\varepsilon}e^{i\theta/2}}}{s} \varepsilon e^{i\theta} d\theta$$

$$= i\int_{\pi}^{-\pi} e^{\varepsilon e^{i\theta}t - a\sqrt{\varepsilon}e^{i\theta/2}} d\theta$$

因此式（E.77）变成

$$f(t) = -\lim_{\substack{R\to\infty\\ \varepsilon\to 0}} \frac{1}{2\pi i}\left\{\int_{R}^{\varepsilon} \frac{e^{-xt-ai\sqrt{x}}}{x} dx + \int_{\varepsilon}^{R} \frac{e^{-xt+ai\sqrt{x}}}{x} dx + i\int_{\pi}^{-\pi} e^{\varepsilon e^{i\theta}t - a\sqrt{\varepsilon}e^{i\theta/2}} d\theta\right\}$$

$$= -\lim_{\substack{R\to\infty\\ \varepsilon\to 0}} \frac{1}{2\pi i}\left\{\int_{\varepsilon}^{R} \frac{e^{-xt}(e^{ai\sqrt{x}} - e^{-ai\sqrt{x}})}{x} dx + i\int_{\pi}^{-\pi} e^{\varepsilon e^{i\theta}t - a\sqrt{\varepsilon}e^{i\theta/2}} d\theta\right\}$$

$$= -\lim_{\substack{R\to\infty\\ \varepsilon\to 0}} \frac{1}{2\pi i}\left\{2i\int_{\varepsilon}^{R} \frac{e^{-xt}\sin a\sqrt{x}}{x} dx + i\int_{\pi}^{-\pi} e^{\varepsilon e^{i\theta}t - a\sqrt{\varepsilon}e^{i\theta/2}} d\theta\right\}$$

因为可以在积分符号内取极限，有

$$\lim_{\varepsilon\to 0}\int_{\pi}^{-\pi} e^{\varepsilon e^{i\theta}t - a\sqrt{\varepsilon}e^{i\theta/2}} d\theta = \int_{-\pi}^{\pi} l d\theta = -2\pi$$

因此，得到

$$f(t) = 1 - \frac{1}{\pi}\int_{0}^{\infty} \frac{e^{-xt}\sin a\sqrt{x}}{x} dx$$

这可以写为（见下面的例 2）

$$f(t) = 1 - \text{erf}\left(\frac{a}{2\sqrt{t}}\right)\text{erfc}\left(\frac{a}{2\sqrt{t}}\right)$$

例 2：证明 $\dfrac{1}{\pi}\int_0^\infty \dfrac{e^{-xt}\sin a\sqrt{x}}{x}dx = \mathrm{erf}\left(\dfrac{a}{2\sqrt{t}}\right)$，因此得到了在前面的例 1 中的最后的结果。

解：令 $x = u^2$，需要的积分变为

$$I = \dfrac{2}{\pi}\int_0^\infty \dfrac{e^{-u^2 t}\sin au}{u}du$$

然后相对于 a 进行积分，有

$$\dfrac{\partial I}{\partial a} = \dfrac{2}{\pi}\int_0^\infty e^{-u^2 t}\cos(au)du = \dfrac{2}{\pi}\left(\dfrac{\sqrt{\pi}}{2\sqrt{t}}e^{-a^2/4t}\right) = \dfrac{1}{\sqrt{\pi t}}e^{-a^2/4t}$$

因此，利用当 $a=0$ 时 $I=0$ 的事实，有

$$I = \int_0^a \dfrac{1}{\sqrt{\pi t}}e^{-p^2/4t}dp = \dfrac{2}{\sqrt{\pi}}\int_0^{a/2\sqrt{t}} e^{-u^2}du = \mathrm{erf}(a/2\sqrt{t})$$

这样就得到了需要的结果。

E.34 无穷多奇点的情况

如果我们想得到具有无穷多的孤立奇点的函数的逆拉普拉斯变换，可以采用上述方法[3]。在这样的情况下，布朗维奇轮廓的曲线部分被选择为半径为 R_m，这样，通过取 $m\to\infty$ 时的适当的极限，可以得到需要的逆拉普拉斯变换。

E.35 具有无穷多奇点的函数的逆拉普拉斯变换

我们给出具有无穷多的奇点的函数的例子，首先得到留数，然后得到这样的函数的逆拉普拉斯变换。

例 1：得到 $f(s) = \dfrac{\cosh x\sqrt{s}}{s\cosh\sqrt{s}}$ 的所有奇点，$0 < x < 1$。

解：由于存在 $\sqrt{s}$，看起来 $s = 0$ 似乎是一个分枝点，然而并不是这样，注意到

$$f(s) = \dfrac{\cosh x\sqrt{s}}{s\cosh\sqrt{s}} = \dfrac{1 + (x\sqrt{s})^2 2! + (x\sqrt{s})^4 4! + \cdots}{s\{1 + (\sqrt{s})^2/2! + (\sqrt{s})^4/4! + \cdots\}}$$

$$= \dfrac{1 + x^2 s/2! + x^4 s^2/4! + \cdots}{s\{1 + s/2! + s^2/4! + \cdots\}}$$

由上式，证明在 $s=0$ 处没有分枝点。然而，在 $s=0$ 处有一个简单的极点。函数 $f(s)$ 也有由方程

$$\cosh\sqrt{s} = \frac{e^{\sqrt{s}} + e^{-\sqrt{s}}}{2} = 0$$

的根给出的无穷多个极点。这些极点出现在

$$e^{2\sqrt{s}} = -1 = e^{\pi i + 2k\pi i}, \quad k = 0, \pm 1, \pm 2, \cdots$$

由此, $\sqrt{s} = \left(k + \dfrac{1}{2}\right)\pi i$, 或 $s = -\left(k + \dfrac{1}{2}\right)^2 \pi^2$。

因此, $f(s)$ 在 $s = 0$ 和 $s = s_n$ 处有简单极点, 其中 $s_n = -\left(n - \dfrac{1}{2}\right)^2 \pi^2$, $n = 1$, 2, 3, …

例 2: 求解 $\mathcal{L}^{-1}\left\{\dfrac{\cosh x\sqrt{s}}{s\cosh\sqrt{s}}\right\}$, 其中 $0 < x < 1$。

解: 所需的逆拉普拉斯变换可以通过采用图 E.6 的布朗维奇轮廓来界定, AB 被选择为落在所有的极点右边, 如上面的例 1 中看到的, 这些极点为 (图 E.8)

$s = 0$ 和 $s = s_n$, 其中 $s_n = -\left(n - \dfrac{1}{2}\right)^2 \pi^2$, $n = 1$, 2, 3, …

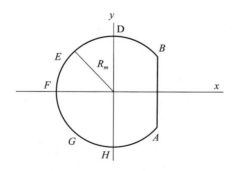

图 E.8　不同的函数的结构

我们选择布朗维奇轮廓以使曲线部分 BDEFGHA 是圆心位于原点的一个圆, 其半径为

$$R_m = m^2 \pi^2$$

式中: m 为一个正整数。这一选择确保轮廓不通过任何极点。

我们现在得到在极点处的留数

$$\frac{e^{st}\cosh x\sqrt{s}}{s\cosh\sqrt{s}}$$

我们有

在 $s=0$ 处的极点为

$$\lim_{s\to 0}(s-0)\left\{\frac{e^{st}\cosh x\sqrt{s}}{s\cosh x\sqrt{s}}\right\}=1$$

在 $s_n=-\left(n-\dfrac{1}{2}\right)^2\pi^2$，$n=1,2,3,\cdots$ 处的留数为

$$\lim_{s\to 0}(s-s_n)\left\{\frac{e^{st}\cosh x\sqrt{s}}{s\cosh\sqrt{s}}\right\}=\lim_{s\to 0}\left\{\frac{(s-s_n)}{\cosh\sqrt{s}}\right\}\lim_{s\to 0}\left\{\frac{e^{st}\cosh x\sqrt{s}}{s\cosh\sqrt{s}}\right\}$$

$$=\lim_{s\to 0}\left\{\frac{1}{(\sinh\sqrt{s})(1/2\sqrt{s})}\right\}=\lim_{s\to 0}\left\{\frac{e^{st}\cosh x\sqrt{s}}{s\cosh\sqrt{s}}\right\}$$

$$=\frac{4(-1)^n}{\pi(2n-1)}e^{-(n-1/2)^2\pi^2 t}\cos\left(n-\frac{1}{2}\right)\pi x$$

如果 C_m 是图 E.6 的轮廓，则

$$\frac{1}{2\pi i}\oint_{C_m}\frac{e^{st}\cosh x\sqrt{s}}{s\cosh\sqrt{s}}\mathrm{d}s=1+\frac{4}{\pi}\sum_{n=1}^{m}\frac{(-1)^n}{(2n-1)}e^{-(n-1/2)^2\pi^2 t}\cos\left(n-\frac{1}{2}\right)\pi x$$

取 $m\to\infty$ 的极限并注意到围绕 Γ_m 的积分趋近于 0，我们得到

$$\pounds^{-1}\left\{\frac{\cosh x\sqrt{s}}{s\cosh\sqrt{s}}\right\}=1+\frac{4}{\pi}\sum_{n=1}^{m}\frac{(-1)^n}{(2n-1)}e^{-(n-1/2)^2\pi^2 t}\cos\left(n-\frac{1}{2}\right)\pi x$$

$$=1+\frac{4}{\pi}\sum_{n=1}^{m}\frac{(-1)^n}{(2n-1)}e^{-(2n-1)^2\pi^2 t/4}\cos\left(\frac{(2n-1)\pi x}{2}\right)$$

例3：求解 $\pounds^{-1}\left\{\dfrac{\sinh sx}{s^2\cosh sa}\right\}$，其中 $0<x<a$。

解：函数 $f(s)=\dfrac{\sinh sx}{s^2\cosh sa}$ 在 $s=0$ 处和下列 s 值处有极点，即

$$s=s_k=-\left(\pi-\frac{1}{2}\right)\pi i/a,\quad k=0,\pm 1,\pm 2,\cdots$$

由于存在 s^2，看起来似乎 $s=0$ 是一个二阶极点。然而，通过观察近 $s=0$ 的点，有

$$f(s)=\frac{\sinh sx}{s^2\cosh sa}=\frac{sx+(sx)^3/3!+(sx)^5/5!+\cdots}{s\{1+(sa)^2/2!+(sa)^4/4!+\cdots\}}$$

$$=\frac{x+s^2x^3/3!+s^4x^5/5!+\cdots}{s^2\{1+(sa)^2/2!+(sa)^4/4!+\cdots\}}$$

我们看到 $s=0$ 是一个阶数为 1 的极点，即一个简单极点。极点 s_k 也是简单极点。

对 $s=0$ 处的处理与上述的例 2 相同,我们得到在这些极点处 $\mathrm{e}^{st}f(s)$ 的留数。

在 $s=0$ 处的留数为

$$\lim_{s\to 0}(s-0)\left\{\frac{\mathrm{e}^{st}\sinh sx}{s^2\cosh sa}\right\} = \left\{\lim_{s\to 0}\frac{\sinh sx}{s}\right\}\left\{\lim_{s\to 0}\frac{\mathrm{e}^{st}\sinh sx}{s^2\cosh sa}\right\} = x$$

采用洛比达法则,在 $s=s_k$ 处的留数为

$$\lim_{s\to s_k}(s-s_k)\left\{\frac{\mathrm{e}^{st}\sinh sx}{s^2\cosh sa}\right\} = \left\{\lim_{s\to s_k}\frac{s-s_k}{\cos sa}\right\}\left\{\lim_{s\to s_k}\frac{\mathrm{e}^{st}\sinh sx}{s^2}\right\}$$

$$= \left\{\lim_{s\to s_k}\frac{1}{a\sinh sa}\right\}\left\{\lim_{s\to s_k}\frac{\mathrm{e}^{st}\sinh sx}{s^2}\right\}$$

$$= \frac{1}{a\mathrm{i}\sin(k+1/2)\pi} \cdot \frac{\mathrm{e}^{(k+1/2)\pi\mathrm{i}t/a}\mathrm{i}\sin(k+1/2)(\pi x/a)}{-(k+1/2)^2\pi^2/a^2}$$

$$= -\frac{a(-1)^k\mathrm{e}^{(k+1/2)\pi\mathrm{i}t/a}\mathrm{i}\sin(k+1/2)(\pi x/a)}{\pi^2(k+1/2)^2}$$

通过采用与上面的例 2 中采用的类似的处理,得到的留数具有我们需要的结果。

$$\mathcal{L}^{-1}\left\{\frac{\sin sx}{s^2\cosh sa}\right\} = x - \frac{a}{\pi^2}\sum_{k=-\infty}^{\infty}\frac{(-1)^k\mathrm{e}^{(k+1/2)\pi\mathrm{i}t/a}\mathrm{i}\sin(k+1/2)(\pi x/a)}{(k+1/2)^2}$$

$$= x - \frac{2a}{\pi^2}\sum_{k=1}^{\infty}\frac{(-1)^k\cos(k-1/2)(\pi t/a)\sin(k+1/2)(\pi x/a)}{(k+1/2)^2}$$

$$= x + \frac{8a}{\pi^2}\sum_{k=1}^{\infty}\frac{(-1)^k}{(k+1/2)^2}\sin\frac{(2k-1)\pi x}{2a}\cos\frac{(2k-1)\pi x}{2a}$$

E.36 具有分枝点的函数的逆拉普拉斯变换

例 1: 令 $f(s)=\dfrac{p(s)}{q(s)}$,其中 $p(s)$ 和 $q(s)$ 分别是 n 自由度和 m 自由度的多项式(没有相同的根),且 $q(s)$ 在 $z_1, z_2, \cdots, z_m$ 处有简单根,则 $f(s)$ 在每个 $s=z_k$ 处有简单极点,并写为

$$f(s) = \frac{a_ns^n+a_{n-1}s^{n-1}+\cdots+a_0}{b_ms^m+b_{m-1}s^{m-1}+\cdots+b_0} = \frac{a_n+\dfrac{a_{n-1}}{s}+\cdots+\dfrac{a_0}{s}}{s^{m-n}\left(b_m+\dfrac{b_{m-1}}{s}+\cdots+\dfrac{b_0}{s^m}\right)} \quad (a_n, b_m\neq 0)$$

解: 足够观察到,对于适度大的 $|s|$,有

$$\left|a_n + \frac{a_{n-1}}{s} + \cdots + \frac{a_0}{s^n}\right| \leq |a_n| + |a_{n-1}| + \cdots + |a_0| = c_1$$

$$\left|b_m + \frac{b_{m-1}}{s} + \cdots + \frac{b_0}{s^m}\right| \geq |b_m| - \frac{|b_{m-1}|}{|s|} - \cdots - \frac{|b_0|}{|s^m|} \geq \frac{|b_m|}{2} = c_2$$

因此

$$|f(s)| \leq \frac{c_1/c_2}{|s|^{m-n}}$$

因此，按照上面的例1，我们有

$$\mathrm{Res}(z_k) = \frac{\mathrm{e}^{z_k t} p(z_k)}{q'(z_k)}, \quad k = 1, 2, \cdots, m$$

以及

$$f(t) = \sum_{k=1}^{m} \frac{p(z_k)}{q'(z_k)} \mathrm{e}^{z_k t}$$

参考文献

1. Fourier Transformation - Wikipedia, the free encyclopedia
2. Spiegel MR. Fourier analysis with applications to boundary value problem. Schaum's Outline, McGraw Hill
3. Spiegel MR. Laplace transforms. Schaum's Outline, McGraw Hill
4. Schiff JL (1991) The laplace transform, theory and applications. Springer
5. Gerald K (1994) A Friendly Guide to Wavelets. Birkhäuser, ISBN 0-8176-3711-7
6. Elias S, Rami S (2003) Fourier analysis: an introduction. Princeton University Press, ISBN 0-691-11384-X
7. Dennis Z. (2001) A first course in differential equations with modeling applications. 7th Edition, Brooks/Cole Thomson Learning

附录 F 电磁学短教程

电磁力是自然界的 4 种基本的相互作用之一，其余 3 种是强力、弱力和引力相互作用，它是导致带电粒子之间的相互作用的力，产生电磁力的区域称为电磁场（图 F.1）。

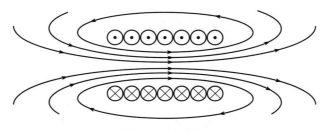

图 F.1 电磁场

电磁力是导致在日常生活中遇到的许多现象（除了引力之外）的原因。普通物质的形态是在物质内的单个分子之间的分子间的相互作用力的结果。电磁力也是将电子和质子保持在原子内的力，电子和质子是分子的构成组元，这主导着涉及化学的、由于围绕原子做轨道运动的电子之间的相互作用导致的过程。

F.1 麦克斯韦方程和电磁波的电场

尽管麦克斯韦方程是 100 多年前提出的，电磁学的主题并非是不变的。现代物理（和工程）中许多涉及时变电磁场，在这种情况下麦克斯韦位移电流起着关键作用。麦克斯韦方程包括表征在介质中的任何点处的电磁场需要的所有的信息。

为了理解材料对高能激光光束的响应，需要考虑激光能量与材料的耦合效应。因此，对于入射到一个划分成两个半无限的介质的表面的光，我们首先需要知道光学反射率 R 和透过率 T。为了理解反射率，我们必须使用电磁波理论的某些一般的结果。

对于电磁场，在产生电磁波的源处、在它们在介质中传播到的任何点以及在它们接收或吸收的负载处，它们必须满足 4 个麦克斯韦方程。由于电磁场必须满足涉及4个未知变量的4个耦合的麦克斯韦方程，我们首先获得一个用一个未知变量表示的方程。对于其他的变量可以得到类似的方程。我们把这些方程称为一般的波方程。可以证明，由时变源产生的场是以球面波的形式传播的。然而，在一个远离辐射源的小的区域，球面波可以由一个平面波来近似，此时所有的场量在与其传播方向相垂直的一个平面内，相应地，一个平面波在其传播方向上没有任何场分量。

我们首先求解一个在不受限的介电介质中的一个平面波，并说明该波是以在自由空间中的光速传播的。我们接着考虑一个有限传导介质的一般的情况。我们证明波的衰减是它在传导介质中传播时能量损失的结果。最后，我们引入了当平面波离开一种介质进入另一种介质时的反射与透过概念。

F.2 用于电场和磁场的波方程

在没有电荷或电流的空间区域，麦克斯韦方程为

$$\left.\begin{array}{l}(1)\ \nabla \cdot \boldsymbol{E}=0,\quad (3)\ \nabla \times \boldsymbol{E}=-\dfrac{\partial \boldsymbol{B}}{\partial t}\\ (2)\ \nabla \cdot \boldsymbol{E}=0,\quad (4)\ \nabla \times \boldsymbol{B}=\mu_0\varepsilon_0-\dfrac{\partial \boldsymbol{E}}{\partial t}\end{array}\right\} \quad (\text{F.1})$$

式中：$\boldsymbol{E}$ 为电场；$\boldsymbol{B}$ 为磁场；μ_0 为 Biot-Savart 定理常数 $4\pi \times 10^7 \text{N}/\text{A}^2$，称为自由空间介电常数；$\varepsilon_0$ 为 Coulomb 定理常数 $8.85 \times 10^{-12} \text{C}^2/(\text{N} \cdot \text{m}^2)$，称为自由空间介电常数。

式(F.1)构成了用于 $\boldsymbol{E}$ 和 $\boldsymbol{B}$ 的一组耦合的一阶偏微分方程，它们可以对(3)和(4)运用旋度来解耦，即

$$\begin{cases}\nabla \times (\nabla \times \boldsymbol{E}) = \nabla(\nabla \cdot \boldsymbol{E}) - \nabla \times \left(-\dfrac{\partial \boldsymbol{B}}{\partial t}\right) = -\dfrac{\partial}{\partial t}(\nabla \times \boldsymbol{B}) = -\mu_0\varepsilon_0 \dfrac{\partial^2 \boldsymbol{E}}{\partial t^2}\\ \nabla \times (\nabla \times \boldsymbol{B}) = \nabla(\nabla \cdot \boldsymbol{B}) - \nabla \times \left(\mu_0\varepsilon_0 - \dfrac{\partial \boldsymbol{E}}{\partial t}\right) = \mu_0\varepsilon_0 \dfrac{\partial}{\partial t}(\nabla \times \boldsymbol{E}) = -\mu_0\varepsilon_0 \dfrac{\partial^2 \boldsymbol{B}}{\partial t^2}\end{cases}$$

或，因为 $\nabla \cdot \boldsymbol{E} = 0$ 和 $\nabla \cdot \boldsymbol{B} = 0$

$$\nabla^2 \boldsymbol{E} = \mu_0\varepsilon_0 \dfrac{\partial^2 \boldsymbol{E}}{\partial t^2}, \quad \nabla^2 \boldsymbol{B} = \mu_0\varepsilon_0 \dfrac{\partial^2 \boldsymbol{B}}{\partial t^2} \quad (\text{F.2})$$

式(F.2)是 $\boldsymbol{E}$ 和 $\boldsymbol{B}$ 之间的分离性的证明，但它们是二阶的[1]。在真空中，$\boldsymbol{E}$ 和 $\boldsymbol{B}$ 的每个直角坐标分量满足三维波方程，即

$$\nabla^2 f = \dfrac{1}{v^2} \dfrac{\partial^2 f}{\partial t^2} \quad (\text{F.3})$$

这支持通常采用直角坐标形式的标准的波方程，这类似于弹簧上的小扰动

的经典波方程，其中 v 表示由文献[1]给出传播速度，即

$$v = \sqrt{\frac{T}{\mu}} \tag{F.4}$$

式中：μ 为每单位长度的质量，这一方程用来求解所有具有式(F.5)

那样形式的函数的解，如在文献[1]中在 z 传播方向的例子。

$$f(z,t) = g(z-vt) \tag{F.5}$$

这一数学推导可以是在两个不同的时刻($t=0$ 和后续的 t 时刻)的波形，波上的每个点形成了向右的 vt 位移，其中 v 为速度，如图 F.2 所示。

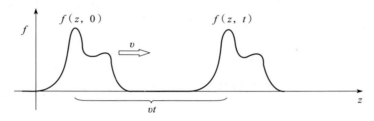

图 F.2　在 z 方向的传播

这样我们可以看到麦克斯韦方程意味着空的空间支持电磁波的传播速度为

$$v = \frac{1}{\sqrt{\mu_0 \varepsilon_0}} = 3.00 \times 10^8 m/s = c$$

这是确切的光速 c[1]，麦克斯韦为此也感到震惊，他写道："波几乎不能避免在相同介质中的横向起伏的光的干涉，这是电和磁现象的原因"。

F.3　正弦波

在所有可能的波的形式中，正弦形式是我们最熟悉的。图 F.3 给出了在 $t=0$ 时刻的这一函数。正弦形式的波可表示为

$$f(z,t) = A\cos[k(z-vt)+\delta] \tag{F.6}$$

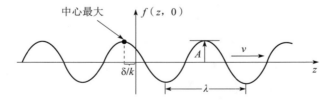

图 F.3　一个正弦波的传播

式中：A 为波的幅度(它是正的，表示相对于平衡点的最远位移)；余弦的自变

量为相位；δ 为相位常数，可以给任何整数乘以 2π 加上 δ，而不会改变 $f(z,t)$ 值，通常采用 $0 \leq \delta < 2\pi$ 范围内的值。称为曲线上的中心最大点的点出现在 $z=vt-\delta/k$，此时相位为 0。如果 $\delta=0$，中心最大值在 $t=0$ 时通过原点，更具体地说，δ/k 是中心最大值（即整个波）被"延迟"的距离。最后，k 是波数，它与波长的关系为

$$\lambda = \frac{2\pi}{k} \tag{F.7}$$

当 z 推进 $2\pi/k$ 时，余弦经历一个完整的周期。

随着时间推移，整个波串以速度 v 向右传播。在任何给定的点 z，弹簧上下振动，在一个周期内经历一个完整的往复过程。

$$T = \frac{2\pi}{kv} \tag{F.8}$$

如果现在引入频率 ν 作为每单位时间振荡的次数，可表示为

$$\nu = \frac{1}{T} = \frac{kv}{2\pi} = \frac{v}{\lambda} \tag{F.9}$$

对于我们的用途，以角频率 ω 的形式写出式（F.6）更好，这样的表示类似于均匀的圆周运动的情况，表示每单位时间扫掠的半径的数目，即

$$\omega = 2\pi\nu = kv \tag{F.10}$$

这样，正弦波的新的形式用 ω 而不是 v 来表示，即

$$f(z,t) = A\cos(kz - \omega t + \delta) \tag{F.11}$$

如果 k 和 ω 向左运动，则式（F.11）可以写成[1]

$$f(z,t) = A\cos(kz + \omega t + \delta) \tag{F.12}$$

这对应于我们前面讨论的 δ/k 应当表示波延迟的距离的说法，因为波现在是向左运动的，延迟意味着移向右边。在 $t=0$ 时刻，波看起来如图 F.4 所示，而且因为余弦是偶函数，我们可以将式（F.12）写成

$$f(z,t) = A\cos(-kz - \omega t + \delta) \tag{F.13}$$

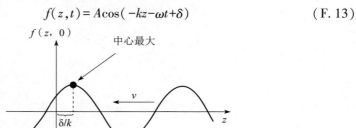

图 F.4　传播到左边的正弦波

比较式(F.12)和式(F.13)，我们得到的结论是：可以简单地切换 k 的符号得到一个沿着相反的方向行进的具有相同的幅度、相位常数、频率和波长的波。

根据在附录 D 复变函数中的欧拉公式，有

$$e^{i\theta} = \cos\theta + i\sin\theta \tag{F.14}$$

我们可以将式(F.11)写为

$$f(z,t) = \text{Re}[Ae^{i(kz-\omega t+\delta)}] \tag{F.15}$$

式中：$\text{Re}[\xi]$ 为任何复数（如 ξ）的实部。引入复的波函数，即

$$\tilde{f}(z,t) = \tilde{A}e^{i(kz-\omega t)} \tag{F.16}$$

式中：引入的复幅度 $\tilde{A} = Ae^{i\delta}$ 包含相位常数，实际的波函数是 $\tilde{f}$ 的实部。

$$f(z,t) = \text{Re}[\tilde{f}(z,t)] \tag{F.17}$$

已知 $\tilde{f}$，求解 f 是一件简单的事情。

例 1：组合两个正弦波 f_1 和 f_2。

解：写出函数 f_3 为

$$f_3 = f_1 + f_2 = \text{Re}(\tilde{f}_1) + \text{Re}(\tilde{f}_2) = \text{Re}(\tilde{f}_1 + \tilde{f}_2) = \text{Re}(\tilde{f}_3)$$

其中 $\tilde{f}_3 = \tilde{f}_1 + \tilde{f}_2$。当它们具有相同的频率和波数时，可以简单地将对应的复的波函数相加，然后取实部。

$$\tilde{f}_3 = \tilde{A}_1 e^{i(kz-\omega t)} + \tilde{A}_2 e^{i(kz-\omega t)} = \tilde{A}_3 e^{i(kz-\omega t)}$$

式中：

$$\tilde{A}_3 = \tilde{A}_1 + \tilde{A}_2 \quad \text{或者} \quad \tilde{A}_3 e^{i\delta_3} = \tilde{A}_1 e^{i\delta_1} + \tilde{A}_2 e^{i\delta_2}$$

现在，我们得到 A_3 和 δ_3 为

$$(A_3)^2 = (A_3 e^{i\delta_3})(A_3 e^{-i\delta_3}) = (A_1 e^{i\delta_1} + A_2 e^{i\delta_2})(A_1 e^{-i\delta_1} + A_2 e^{-i\delta_2})$$

$$= (A_1)^2 + (A_2)^2 + A_1 A_2 (e^{i\delta_1} e^{-i\delta_2} + e^{-i\delta_1} e^{i\delta_2}) = (A_1)^2 + (A_2)^2 + A_1 A_2 \cos(\delta_1 - \delta_2)$$

$$A_3 = \sqrt{(A_1)^2 + (A_2)^2 + A_1 A_2 \cos(\delta_1 - \delta_2)}$$

$$A_3 e^{i\delta_3} = A_3(\cos\delta_3 + i\sin\delta_3) = A_1(\cos\delta_1 + i\sin\delta_1) + A_2(\cos\delta_2 + i\sin\delta_2)$$

$$= (A_1 \cos\delta_1 + A_2 \cos\delta_2) + i(A_1 \sin\delta_1 + A_2 \sin\delta_2)$$

$$\tan\delta_3 = \frac{A_3 \sin\delta_3}{A_3 \cos\delta_3} = \frac{A_1 \sin\delta_1 + A_2 \sin\delta_2}{A_1 \cos\delta_1 + A_2 \cos\delta_2}$$

$$\delta_3 = \tan^{-1}\left(\frac{A_1 \sin\delta_1 + A_2 \sin\delta_2}{A_1 \cos\delta_1 + A_2 \cos\delta_2}\right)$$

正如我们看到的那样，仍然具有相同的频率和波长的合并的波可表示为

$$f_3(z,t) = A_3 \cos(kz - \omega t + \delta_3)$$

F.4 波的极化

极化,也称为波极化,是在一个电磁场(EM 场)中的电通量的线的朝向的一种表示。极化可以是恒定的,即,在所有的时间处于一个特定的朝向,极化也可以是随着每个波周期旋转的。

极化影响着红外、可见光、紫外、甚至 X 射线波长的电磁场的传播。在一般的可见光中,有数个处于随机的极化(偏振)角的波分量,当这样的光通过一个特定的滤光片时,滤光片阻止除了具有确定的极化的光。当两个偏振片的放置方式使一个光线通过它们,透过的光的数目取决于偏振滤光片相对于它们的角度。当两个滤光片的朝向使它们能使光沿着相同的方向偏振时,大部分光透过。当滤光片朝向与偏振光成 90°角度的方向时,透过的光最少(图 F.5),其矢量形式如图 F.6 所示。

图 F.5 偏振(极化)波

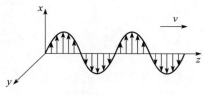

垂直偏振

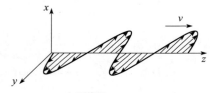

水平偏振

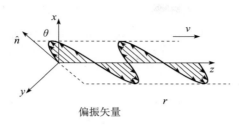

偏振矢量

图 F.6　偏振(极化)波的矢量形式

电磁波被认为是电场和磁场的振动彼此垂直且与传播的方向垂直的横波(图 F.7),这两个场相对于时间和空间以正弦的形式变化。通常,仅表示出电场相对于传播的方向,因为探测器(眼睛、感光胶片、CCD 等)是与电场相互作用的。

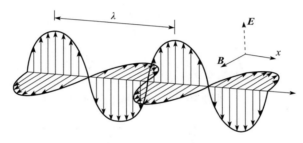

图 F.7　电磁波的传播

可见光仅占整个电磁波谱的一小部分。具有较短波长和更高能量的电磁波包括紫外光、X 射线和伽马射线。具有较长波长和较低能量的电磁波包括红外光、微波和无线电与电视波。表 F.1 给出了典型的辐射和它们的波长范围。

表 F.1　辐射的类型—波长范围

辐射的类型	波长范围
伽马射线	<1pm
X 射线	1nm~1pm
紫外	400~1nm
可见光	750~400nm
红外	2.5mm~750nm
微波	1~25mm
无线电波	>1mm

电磁波的偏振(极化)指它的电场 E 的朝向。当电场 E 的方向相对于传播

方向随时间以非常快的尺度随机变化时，这样的波被看作是非偏振（极化）的。

在线偏振（极化）波的情况下，电场矢量相对于传播方向有固定的朝向，如图 F.8 所示。

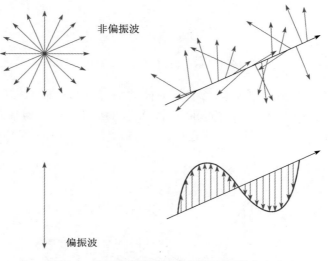

图 F.8　偏振和非偏振电磁波的电场的方向

电磁波的偏振（极化）可以通过吸收、散射和双折射产生。

线偏振（极化）器是仅允许平行于一定方向（称为偏振（极化）轴）的电场分量通过的器件。任何通过这样的偏振（极化）器的电磁波被偏振（极化）到偏振（极化）轴的方向。在离开偏振（极化）器之后，波的偏振（极化）（E 场方向）不变化，这样的波被看作时线偏振（极化）的。

如果线偏振光通过第二个偏振片，波离开第二个偏振片时透过的强度 $I(\theta)$ 由马吕斯定理给出。

处于一个特定的偏振（极化）状态的电磁波波束在两个不同的介质的界面处反射（和折射）的方式可以用来确定固体的折射系数。

具体而言，对于一个特定的界面，有一个称为布儒斯特角的特定的入射角，这一角度与材料的折射系数相关，在这一角度，与入射平面平行的偏振光的折射系数为 0。因此，如果入射光是非偏振的，且以布儒斯特角入射在材料上，在布儒斯特角上的反射光的强度在理论上为 0。

所提出的实验采用由反射产生的偏振，这是由于它的简单性，但也可使用其他的偏振方法。

当一束光以布儒斯特落在 M 反射镜上时，反射光束是线偏振的。采用第二个旋转反射镜 M′，可以检验马吕斯定理。如果反射镜 M′围绕 PP′轴旋转，反射的 P′S′光束的强度在 2 个最小值和 2 个最大值之间的变化。当第二个光束像第一个光束一样以布儒斯特角入射时，S′P′光束有最小的值（图 F.9）。

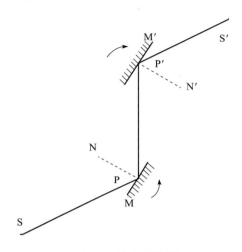

图 F.9　反射造成的偏振

采用可见光和反射镜的实验是由布儒斯特在一个多世纪之前完成的，大量的实验室重复了这一实验。

迄今还进行了一些实验以便验证红外波段的现象，这种效应对于紫外和伽马射线是同样成立的。值得回忆 1969 年的一篇与这类实验相关的论文：用于近红外的可旋转的偏振器，R M. Lambert 等，J. Phys. E：Sci. Instrum. 2 799-801 doi：10.1088/0022-3735/2/9/311。

偏振是所有的激光光束的一种重要的固有的光学特性。布儒斯特窗、反射相位延迟器和吸收薄膜反射器都利用偏振的优势。另一方面，它也可能导致某些麻烦，有时在忽视时会产生不可预测的结果。由于事实上所有激光源表现出某种程度的偏振性，理解偏振效应对于适当地规定组件的特性是必要的。以下给出了偏振的基本定义，并介绍了最经常遇到的偏振的类型。

光是横的电磁波，这意味着电场和磁场矢量指向与波的传播方向垂直的方向（图 F.10）。当一个给定的波链的所有的电场矢量位于一个平面内时，称波是平面的或者线偏振的，这一平面的朝向是偏振的方向。

非偏振光指对于所有的方向电场朝向是均匀分布的波集（图 F.11）。尽管每个单独的波链可能是线偏振的，当所有的波一起平均时，没有偏好的偏振方向。

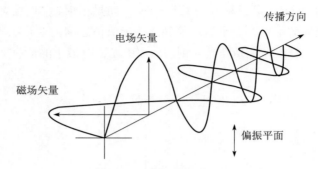

图 F.10　偏振矢量的定义

图 F.11　非偏振光

随机偏振光是平面偏振的光,但偏振方向是未知的,可能随时间变化。随机偏振导致光学系统的问题,因为某些组件是对偏振敏感的,如果偏振状态随时间变化,则组件的透过、反射和/或吸收特性也随时间变化。

偏振是一个有方向和幅度的矢量。像任何矢量一样,它作为正交分量的累加定义在任意坐标系。如图 F.12 所示,我们看到一个指向我们坐标系的轴的 45°角处的一个平面偏振波。因此,当我们在这一坐标系中描述时,它有相等的 x 和 y 分量。如果我们在这些分量中引入 90°的相位差(或者 1/4 波长),结果是电场矢量有固定的幅度,但它们的方向随着我们沿着波列向下移动而变化(图 F.13)。这样的波称为圆偏振的,因为当它经过一个固定的点时,偏振矢量的尖端的轨迹是一个圆。

如果我们有两个具有不相等的幅度和 1/4 波相位差的波列,则结果是椭圆偏振的,当它经过一个固定的点时,偏振矢量尖端的轨迹是一个椭圆,长轴和短轴的比称为偏振的椭圆度比。

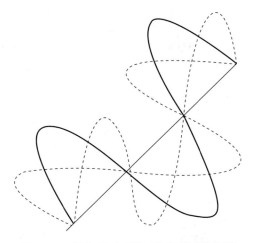

图 F.12　指向相对于轴 45°的平面偏振波

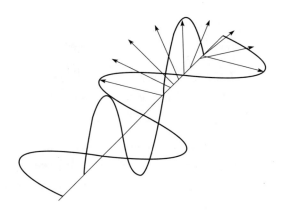

图 F.13　圆偏振波

当要求光学镀膜用于非垂直入射时,总是要指出偏振方向。如果你不确定怎样确定你的源的偏振状态,请联系应用工程师得到帮助。

当光以非垂直的角度入射到一个光学表面(如一个分束镜)时,反射和投射特性取决于偏振。在这种情况下,我们使用的坐标系是由包含输入和反射光束的平面决定的。偏振矢量位于这一平面中的光称为 p-偏振,偏振垂直于这一平面的光称为 s-偏振。输入偏振的任何任意的状态可以表示为这些 s 和 p 分量的矢量累加。为了理解 s 和 p 偏振的意义,分析图 F.14,图 F.14 给出了入射到一个 ZnSe 表面上的一个波长为 $10.6 \mu m$ 的光的 s 和 p 分量的表面反射率与入射角的关系。注意,尽管 s 分量的反射率随着角度的增大而稳定地增大,p 分量起初在 67°时降为 0,然后增大,p 反射率降低为 0 的角度称为布儒斯特角,人们以多种方式运用这一布儒斯特效应,得到偏振组件或者没有透过损耗的未镀膜的窗口(如布儒斯特窗口)。

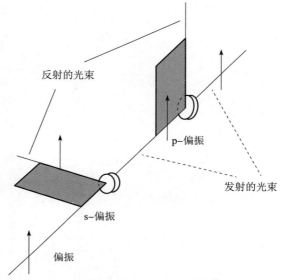

图 F.14 对于 s-偏振,输入偏振垂直于包括输入和输出光束的平面(用彩色表示),对于 p-偏振,输入偏振平行于包括输入和输出光束的平面(用彩色表示)(见彩图)

p 反射率降低为 0 的角度为布儒斯特角,可以由 $\theta_B = \tan^{-1}(n)$ 来计算,其中 θ_B 是布儒斯特角,n 是材料的折射系数。在激光切削应用中以及本书中考虑的激光武物质的相互作用方面,偏振态是非常重要的。图 F.15 对偏振做了归纳。

线偏振具有恒定的幅度和方向　随机偏振的方向随时间变化　径向偏振光包含的偏振矢量在光束的径向　圆偏振具有恒定的幅度,但方向矢量描述一个圆　椭圆偏振随时间的轨迹成为一个椭圆

图 F.15　偏振小结

迄今我们知道,如果波沿着向下的方向(z方向)运动,则称之为横向的,因为其位移(在绳子或细线的情况下)垂直于传播的方向,如果相对于平衡位置的位移沿着传播的方向,则称之为纵波。声波是在空气中的压缩波,是纵

波，电磁波是横波。

F.5 单色平面波

我们现在关注频率为 ω 的正弦波，在可见光波段，每个不同的频率对应于不同的颜色，这样的波被称为单色波（表 F.2）。我们进一步假设波是在 z 方向移动的，与 x 或 y 无关，这些称为平面波[3]，因为场在每个垂直于传播方向的平面是均匀的（图 F.16），我们对此是感兴趣的，磁场和电磁的复数形式可表示为

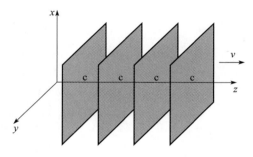

图 F.16 平面波的传播

$$\tilde{E}(z,t) = \tilde{E}_0 e^{i(kx-\omega t)} \quad \text{和} \quad \tilde{B}(z,t) = \tilde{B}_0 e^{i(kx-\omega t)} \tag{F.18}$$

表 F.2 电磁波谱

电磁波谱		
频率/Hz	类型	波长/m
10^{22}		10^{-13}
10^{21}	伽马射线	10^{-12}
10^{20}		10^{-11}
10^{19}		10^{-10}
10^{18}	X 射线	10^{-9}
10^{17}		10^{-8}
10^{16}	紫外	10^{-7}
10^{15}	可见光	10^{-6}
10^{14}	红外	10^{-5}
10^{13}		10^{-4}
10^{12}		10^{-3}
10^{11}		10^{-2}

续表

电磁波谱		
频率/Hz	类型	波长/m
10^{10}	微波	10^{-1}
10^{9}		10^{0}
10^{8}	电视,调频	10^{1}
10^{7}		10^{2}
10^{6}	调幅	10^{3}
10^{5}		10^{4}
10^{4}	射频	10^{5}
10^{3}		10^{6}

可见光范围		
频率/Hz	颜色	波长/m
1.0×10^{15}	近紫外	3.0×10^{-7}
7.5×10^{14}	最短的可见蓝色	4.0×10^{-7}
6.5×10^{14}	蓝色	4.6×10^{-7}
5.6×10^{14}	绿色	5.4×10^{-7}
5.1×10^{14}	黄色	5.9×10^{-7}
4.9×10^{14}	橙色	6.1×10^{-7}
3.9×10^{14}	最长的可见的红色	7.6×10^{-7}
3.0×10^{14}	近红外	1.0×10^{-6}

式中:$\tilde{\boldsymbol{E}}_0$ 和 $\tilde{\boldsymbol{B}}_0$ 为复幅度[1]。当然,物理场是 $\tilde{\boldsymbol{E}}$ 和 $\tilde{\boldsymbol{B}}$ 的实部。现在,$\tilde{\boldsymbol{E}}$ 和 $\tilde{\boldsymbol{B}}$ 的波方程是由麦克斯韦方程导出的。然而,麦克斯韦方程的每一个解(在空间中)必须服从波方程,反之则不成立,麦克斯韦方程给 $\tilde{\boldsymbol{E}}_0$ 和 $\tilde{\boldsymbol{B}}_0$ 施加了额外的约束。具体而言,因为 $\nabla \cdot \boldsymbol{E}=0$ 和 $\nabla \cdot \boldsymbol{B}=0$,它服从

$$(\tilde{E}_0)_z = (\tilde{B}_0)_z = 0 \tag{F.19}$$

这是因为 $\tilde{\boldsymbol{E}}$ 的实部与虚部的差别仅是用余弦替代了正弦,如果前者服从麦克斯韦方程,后者也服从,因此 $\tilde{\boldsymbol{E}}$ 也是这样[1]。式(F.19)也表明,电磁波是横波,电场和磁场垂直于传播的方向。此外,法拉第定理,$\nabla \times \boldsymbol{E}=-\partial \boldsymbol{B}/\partial t$ 意味着电场和磁场幅度之间的关系

$$-k(\tilde{E}_0)_y = \omega(\tilde{B}_0)_x, \quad -k(\tilde{E}_0)_x = \omega(\tilde{B}_0)_y \tag{F.20}$$

或者,采用紧凑形式的复数表示,我们有

$$\tilde{\boldsymbol{B}}_0 = \frac{k}{\omega}(\hat{\boldsymbol{z}} \times \tilde{\boldsymbol{E}}_0) \tag{F.21}$$

由式(F.21)，显然，$\boldsymbol{E}$ 和 $\boldsymbol{B}$ 是同相位和相互垂直的，它们的(实)幅度的关系是

$$B_0 = \frac{k}{\omega}E_0 = \frac{1}{c}E_0 \tag{F.22}$$

麦克斯韦方程的第 4 个方程，$\nabla \times \boldsymbol{B} = \mu_0 \varepsilon_0 (\partial \boldsymbol{E}/\partial t)$，并不产生一个独立的条件，它简单地简化为式(F.20)。

我们可以容易地推广到在任意的方向中运动的单色平面波，为了便于表示，引入指向传播的方向的传播(或波)矢量 $\boldsymbol{k}$，其中幅度是波数 k，点积 $\boldsymbol{k} \cdot \boldsymbol{r}$ 是在图 F.17 中的 kz 的适当的推广，因此我们有

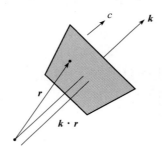

图 F.17 $\boldsymbol{k} \cdot \boldsymbol{r}$ 的标量积

$$\tilde{\boldsymbol{E}}(\boldsymbol{r},t) = \tilde{E}_0 e^{i(\boldsymbol{k} \cdot \boldsymbol{r} - \omega t)} \hat{\boldsymbol{n}}$$

$$\tilde{\boldsymbol{B}}(\boldsymbol{r},t) = \frac{1}{c}\tilde{E}_0 e^{i(\boldsymbol{k} \cdot \boldsymbol{r} - \omega t)}(\hat{\boldsymbol{k}} \times \hat{\boldsymbol{n}}) = \frac{1}{c}(\hat{\boldsymbol{k}} \times \tilde{\boldsymbol{E}}) \tag{F.23}$$

式中：$\hat{\boldsymbol{n}}$ 为极化(偏振矢量)。因为 $\boldsymbol{E}$ 是横向波，有

$$\hat{\boldsymbol{n}} \cdot \hat{\boldsymbol{k}} = 0 \tag{F.24}$$

$\boldsymbol{B}$ 的横向性自动地服从式(F.23)，在一个单色的平面波中的、具有传播矢量 $\boldsymbol{k}$ 和极化(偏振)矢量 $\boldsymbol{n}$ 的实际的(实的)电场和磁场是

$$\boldsymbol{E}(\boldsymbol{r},t) = E_0 \cos(\boldsymbol{k} \cdot \boldsymbol{r} - \omega t + \delta)\hat{\boldsymbol{n}} \tag{F.25}$$

$$\boldsymbol{B}(\boldsymbol{r},t) = \frac{1}{c}E_0 \cos(\boldsymbol{k} \cdot \boldsymbol{r} - \omega t + \delta)(\hat{\boldsymbol{k}} \times \hat{\boldsymbol{n}}) \tag{F.26}$$

例 1：如果 $\boldsymbol{E}$ 指向 x 方向，$\boldsymbol{B}$ 指向 y 方向，求解式(F.21)。

解：写出

$$\tilde{\boldsymbol{E}}(z,t) = \tilde{E}_0 e^{i(\boldsymbol{k} \cdot \boldsymbol{r} - \omega t)}\hat{\boldsymbol{x}} \quad , \quad \tilde{\boldsymbol{B}}(z,t) = \frac{1}{c}\tilde{E}_0 e^{i(\boldsymbol{k} \cdot \boldsymbol{r} - \omega t)}\hat{\boldsymbol{y}}$$

或取实部，我们有（图 F.18）

$$\boldsymbol{E}(z,t) = E_0\cos(kz-\omega t+\delta)\hat{\boldsymbol{x}}$$

$$\boldsymbol{B}(z,t) = \frac{1}{c}E_0\cos(kz-\omega t+\delta)\hat{\boldsymbol{y}} \quad (\text{F.27})$$

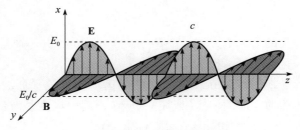

图 F.18 例 1 的解的描述

例 2：写出：幅度为 E_0、频率为 ω、且相位角为零的单色平面波的（实的）电场和磁场。（1）在 $-x$ 方向运动和在 z 方向极化（偏振）；（2）在从原点到点 (I, I, I) 的方向运动，偏振平行于 xz 平面，在每种情况下，绘出波，并给出 $\boldsymbol{k}$ 和 $\boldsymbol{n}$ 的确切的直角坐标分量。

解：（1）我们可以从以下开始，即

$$\boldsymbol{k} = \frac{\omega}{c}\hat{\boldsymbol{x}}, \quad \boldsymbol{k}\cdot\boldsymbol{r} = \left(-\frac{\omega}{c}\hat{\boldsymbol{x}}\right)\cdot(x\hat{\boldsymbol{x}}+y\hat{\boldsymbol{y}}+z\hat{\boldsymbol{z}}) = \frac{\omega}{c}x, \quad \boldsymbol{k}\cdot\hat{\boldsymbol{n}} = -\hat{\boldsymbol{x}}\times\hat{\boldsymbol{z}}$$

$$\boldsymbol{E}(x,t) = E_0\cos\left(\frac{\omega}{c}x+\omega t\right)\hat{\boldsymbol{z}}, \quad \boldsymbol{B}(x,t) = \frac{E_0}{c}\cos\left(\frac{\omega}{c}x+\omega t\right)\hat{\boldsymbol{y}}$$

（2）我们有

$$\boldsymbol{k} = \frac{\omega}{c}\left(\frac{\hat{\boldsymbol{x}}+\hat{\boldsymbol{y}}+\hat{\boldsymbol{z}}}{\sqrt{3}}\right), \quad \hat{\boldsymbol{n}} = \frac{\hat{\boldsymbol{x}}-\hat{\boldsymbol{z}}}{\sqrt{2}}(\text{因为} \hat{\boldsymbol{n}} \text{平行于} xz \text{平面，它必须有} \alpha\hat{\boldsymbol{x}}+\beta\hat{\boldsymbol{z}} \text{的形式；}$$

因为 $\hat{\boldsymbol{n}}\cdot\hat{\boldsymbol{k}} = 0$，$\beta = -\alpha$；而且因为它是一个单位矢量，$\alpha = 1/\sqrt{2}$ 1）

$$\boldsymbol{k}\cdot\boldsymbol{r} = \frac{\omega}{\sqrt{3}c}(\hat{\boldsymbol{x}}+\hat{\boldsymbol{y}}+\hat{\boldsymbol{z}})\cdot(x\hat{\boldsymbol{x}}+y\hat{\boldsymbol{y}}+z\hat{\boldsymbol{z}}) = \frac{\omega}{\sqrt{3}c}(x+y+z)$$

$$\hat{\boldsymbol{k}}\times\hat{\boldsymbol{n}} = \frac{1}{\sqrt{6}}\,|\,\hat{\boldsymbol{x}}\hat{\boldsymbol{y}}\hat{\boldsymbol{z}}11110-1\,| = \frac{1}{\sqrt{6}}(-\hat{\boldsymbol{x}}+2\hat{\boldsymbol{y}}-\hat{\boldsymbol{z}})$$

因此，我们有最终解为

$$\boldsymbol{E}(x,y,z,t) = E_0\cos\left[\frac{\omega}{\sqrt{3}c}(x+y+z)-\omega t\right]\left(\frac{\hat{\boldsymbol{x}}-\hat{\boldsymbol{z}}}{\sqrt{2}}\right)$$

$$\boldsymbol{B}(x,y,z,t) = E_0\cos\left[\frac{\omega}{\sqrt{3}c}(x+y+z)-\omega t\right]\left(\frac{-\hat{\boldsymbol{x}}+2\hat{\boldsymbol{y}}-\hat{\boldsymbol{z}}}{\sqrt{3}}\right)$$

例2的解的示意图如图 F.19 所示。

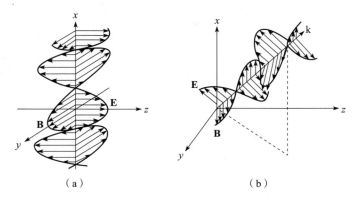

图 F.19　例2的解的示意图

F.6　边界条件：介电界面的反射和投射（折射）

一个波在两个具有不同介电常数的介质的界面处反射和折射（传输）的重要问题是一个边界值问题，从物理原理上讲等同于涉及导体的时间谐波问题。例如，如果一个介质是真空，且一个平面波入射到第二个（介电）介质上，平面波的入射谐波产生形成它本身的场的振荡的偶极子时间谐波（或者偶极子电流）[2]。然而，电流的强度是事先未知的，因此这是问题的实质。尽管这一问题是一个边界值问题，它是非常简单的，因为具有大的对称性和简单的几何。它可以通过在入射平面波上仅叠加两个其他的平面波（一个反射的和一个投射的（或折射的））来求解，几何关系如图 F.20 所示，平面 $z=0$ 被取做两个介质（标记为1和2）之间的界面。

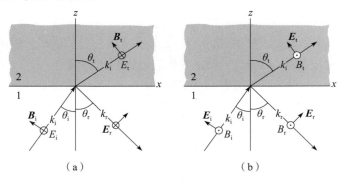

图 F.20　在介电界面处的反射和折射
（a）垂直于入射平面的电矢量；（b）平行于入射平面的电矢量

采用矢量传播常数 k_i，入射场为

$$E_i = Ae^{ik_i \cdot r}, \quad B_i = (k_i/k) \times E_i \tag{F.28}$$

这里，B_i 是通过假设的 E_i 由 $\nabla \times E_i = ikB_i$ 导出的，z 是到平面 $z=0$ 的法线，而矢量 k_i 定义一个入射平面，不失一般性，可以取为 $x-z$ 平面。我们现在推测其他两个平面的存在，证明这些足以求解边界值问题。这些反射和透射的波的幅度 E_r 和 E_t 分别为[2]

反射的 $\quad E_r = Re^{ik_r \cdot r}, \quad B = (k_r/k) \times E_r \tag{F.29}$

透射的 $\quad E_t = Te^{ik_t \cdot r}, \quad B_t | = (k_t/k) \times E_t \tag{F.30}$

在这一时刻，必须把矢量 k_r 和 k_t 看作在方向上是任意的，因为尽管 k_i 是在 $x-z$ 平面，我们不能假设对于 k_r 和 k_t 也是这样的。波矢量的幅度 $k_i = |k_i|$ 是与两个介质的折射系数 n_1 和 n_2 以及 $k = \omega/c$ 相关的，即

$$k_i = k_r = n_1 k$$
$$k_t = n_2 k \tag{F.31}$$

考虑说明 E 和 B 的切向分量是连续的边界条件，我们必须满足以下两个步骤：

（1）如果式（F.29）、式（F.30）和式（F.31）中的 3 个场的切向分量在 $z=0$ 处是匹配的，显然由指数给出的空间相关性。然而，这是一个必要而不是充分条件。

（2）矢量系数 A、R 和 T 必须是确定的。

第一个条件，3 个场的空间变动必须在 $z=0$ 处是相同的导致了方程

$$(k_i \cdot r)_{z=0} = (k_r \cdot r)_{z=0} = (k_t \cdot r)_{z=0} \tag{F.32}$$

由式（F.32）中的第一个等式得到 $k_{ix} = k_{rx}x + k_{ry}y$。对于这一对所有的 x 和 y 成立的条件，我们必须有 $k_{ry}=0$，说明 k_r 在入射平面内，且 $k_{ix}x = k_{rx}x$。类似地，由式（F.32）中的第二个等式，k_t 也必须在这一平面内，因此 k_i、k_r、k_t 都是共面的。此外，由图 F.20 给出的几何条件，我们有，根据 $k_{ix} = k_{rx}$，$k_i \sin\theta_i = k_r \sin\theta_r$。或者，因为 $k_i = k_r$，则我们可以写出方程

$$\sin\theta_i = \sin\theta_r \tag{F.33}$$

入射角等于反射角。类似地，由 k_{ix} 的等式和 k_{tx} 得到

$$k_i \sin\theta_i = k_t \sin\theta_t$$

或者，采用式（F.31），有

$$\frac{\sin\theta_i}{\sin\theta_t} = \frac{n_2}{n_1} \tag{F.34}$$

式（F.34）称为是折射的斯涅尔定理。式（F.33）和式（F.34）的条件是非

常一般的，与波场的详细的矢量特性无关。它们对于标量波的反射和折射是成立的。这些条件本身并不保证 E 和 B 的切向跨边界的连续性。为了满足这些条件，应当分析场的偏振的更多指标[2]。为了便利，我们考虑任意入射极化是垂直于入射平面的偏振波和平行于入射平面的偏振波的线性组合的一般情况。反射的和投射的波具有类似的偏振，这两种情况可由图 F.20(a) 和 (b) 描述。

首先考虑 E 垂直于入射面（即在 y 方向）的情况。矢量系数 A、R 和 T 变成了标量，采用下标 $\perp$ 表示这种情况，即

$$E_{\mathrm{i}\perp} = A_\perp \mathrm{e}^{\mathrm{i} k_{\mathrm{i}} \cdot r}$$
$$E_{\mathrm{r}\perp} = A_\perp \mathrm{e}^{\mathrm{i} k_{\mathrm{r}} \cdot r} \qquad (\mathrm{F}.35)$$
$$E_{\mathrm{t}\perp} = A_\perp \mathrm{e}^{\mathrm{i} k_{\mathrm{t}} \cdot r}$$

则根据在边界处的 E 的切向分量的连续性，有

$$A_\perp + R_\perp = T_\perp \qquad (\mathrm{F}.36)$$

在 B 的切向分量 ($B_{\mathrm{ix}} = -A_\perp \cos\theta_\mathrm{i}$，$B_{\mathrm{rx}} = R_\perp \cos\theta_\mathrm{r}$，$B_{\mathrm{tx}} = -T_\perp \cos\theta_\mathrm{t}$) 上的条件也考虑了 $\cos\theta_\mathrm{i} = -\theta_\mathrm{r}$，则有

$$n_1(A_\perp - R_\perp)\cos\theta_\mathrm{i} = n_2 T_\perp \cos\theta_\mathrm{t} \qquad (\mathrm{F}.37)$$

针对比值 $R_\perp/A_\perp$ 和 $T_\perp/A_\perp$ 求解式 (F.36) 和式 (F.37)，我们发现，采用斯涅耳定理，有

$$\frac{R_\perp}{A_\perp} = \frac{1 - \dfrac{\tan\theta_\mathrm{i}}{\tan\theta_\mathrm{r}}}{1 + \dfrac{\tan\theta_\mathrm{i}}{\tan\theta_\mathrm{r}}} = -\frac{\sin(\theta_\mathrm{i} - \theta_\mathrm{t})}{\sin(\theta_\mathrm{i} + \theta_\mathrm{t})}$$

$$\frac{T_\perp}{A_\perp} = \frac{2}{1 + \dfrac{\tan\theta_\mathrm{i}}{\tan\theta_\mathrm{t}}} = \frac{2\cos\theta_\mathrm{i}\sin\theta_\mathrm{t}}{\sin(\theta_\mathrm{i} + \theta_\mathrm{t})} \qquad (\mathrm{F}.38)$$

对于第二种情况，偏振的入射波平行于入射平面，我们采用式 (F.28) 中的 $A_\parallel = |A|$，而且，类似地，在式 (F.29) 和式 (F.30) 中有 $R_\parallel = |R|$ 和 $T_\parallel = |T|$，边界条件产生

$$\cos\theta_\mathrm{i}(A_\parallel - R_\parallel) = \cos\theta_\mathrm{t} T_\parallel$$
$$n_1(A_\parallel - R_\parallel) = n_2 T_\parallel$$

这些方程导致的结果为

$$\frac{R_\parallel}{A_\parallel} = \frac{\tan(\theta_\mathrm{i} - \theta_\mathrm{t})}{\tan(\theta_\mathrm{i} + \theta_\mathrm{t})}$$

$$\frac{T_\parallel}{A_\parallel} = \frac{2\cos\theta_i \sin\theta_t}{\sin(\theta_i+\theta_t)(\theta_i-\theta_t)} \tag{F.39}$$

除了上述的讨论，还有两个现象值得注意。考虑在入射平面中的偏振情况，我们看到，由式(F.39)，对于 $\theta_i+\theta_t=\pi/2$，$R_\parallel/A_\parallel$ 为 0。将这一条件带入斯涅耳定律，采用 $\sin\theta_t = \sin(\pi/2-\theta_i) = \cos\theta_i$，我们看到入射角 θ_B（称为布儒斯特角）的定义为

$$\tan\theta_B = \frac{n_2}{n_1} \tag{F.40}$$

如果具有任意偏振的波入射在一个介电界面上，它可以被看作是平行于入射平面和垂直于入射平面的偏振波的线性组合。在布儒斯特角处，平行分量不会被反射，因此反射波是垂直于入射平面的分量，即振动垂直于入射面的浅偏振光。这一效应可以成为制备使非偏振的辐射波束偏振的器件的基础。

第二个现象是总的内部反射造成的。在图 F.20(a)或(b)，假设折射系数 n_1 大于 n_2，则根据斯涅耳定律，$\sin\theta_t = (n_1/n_2)\sin\theta_i$ 总是大于 θ_i。则有某些 θ_i 值，对于 $\theta_t=\pi/2$，称为 θ_{int}，这一角度定义为

$$\sin\theta_{\text{int}} = \frac{n_2}{n_1}$$

因为，通常

$$E_t = T e^{ikn_2(x\sin\theta_t + z\cos\theta_t)} \tag{F.41}$$

对于 $\theta_t=\pi/2$，在第二个介质中没有波，与 z 的相关性消失。现在如果 $\theta_i > \theta_{\text{int}}$，则根据斯涅耳定律，$\sin\theta_t$ 大于 1，这样 $\cos\theta_t$ 是虚的，即

$$\cos\theta_t = \sqrt{1-\left(\frac{n_1}{n_2}\right)\sin^2\theta_i} = i\sqrt{\left(\frac{n_1}{n_2}\right)^2\sin^2\theta_i - 1}$$

式(F.32)变为

$$E_t = T e^{-kn_2 z\sqrt{(n_1/n_2)^2\sin^2\theta_i - 1}} e^{ikn_2 x\sin\theta_t}$$

这对应于一个作为 z 的函数指数衰减的波，它作为 x 的一个函数传播，传播常数为 $kn_2\sin\theta_t$，这样的波是一个表面波的原型。

有趣的问题是：当一个波从一个透明的介质传输到另一个介质（如空气到水或者玻璃到塑料）时会发生什么？正如在一个弦上的波一样，我们期望得到一个反射波和一个透射波。细节取决于电动力学方程式(F.1)（麦克斯韦方程）的边界条件

$$\left.\begin{array}{l} (1)\ \varepsilon_1 E_1^\perp = \varepsilon_2 E_x^\perp, \quad (3)\ E_1^\parallel = E_2^\parallel \\ (2)\ B_1^\perp = B_2^\perp, \quad (4)\ \dfrac{1}{\mu_1}B_1^\parallel = \dfrac{1}{\mu_2}B_2^\parallel \end{array}\right\} \tag{F.42}$$

这些方程将电场和磁场与两个线性介质之间的界面的左边和右边联系起来。在以下的章节中，我们采用它们来导出主导着电磁波的反射和折射的定律。

F.7 物质中的电磁波

在前面的章节中已经讨论了麦克斯韦方程的某些解，本节扩展了对电磁波的讨论。因为大部分感兴趣的区域是没有电荷的，它假设电荷密度 $\rho=0$。此外，假设线性的各向同性（相对于方向不变），这具有关系可表示为

$$\begin{cases} D=\varepsilon E \\ B=\mu H \\ J=\sigma E \end{cases} \quad (F.43)$$

式中：D 为电流密度（c/m^2）；E 为电场（N/C）；ε 为介质的介电常数（$C^2/N \cdot m^2$）或等价地（F/m）；B 为磁场（T）；H 为磁场强度（A/m）；μ 为材料内的迁移率（$m^2/V \cdot s$）；J 为电流密度（A/m^2）；σ 为材料的电导率（S/m）；ρ 为电荷密度（C/m^3）。

其中：A 为安培；C 为库伦；N 为牛顿；F 为法拉第；S 为西门子；T 为特斯拉。

F.7.1 物质中的电磁波

在物质的内部，但没有自由电荷或自由电流的区域，麦克斯韦方程变成了

$$\left.\begin{array}{l}(1)\ \nabla \cdot D=0, \quad (3)\ \nabla \times E=-\dfrac{\partial B}{\partial t} \\ (2)\ \nabla \cdot B=0, \quad (4)\ \nabla \times H=-\dfrac{\partial D}{\partial t}\end{array}\right\} \quad (F.44)$$

如果介质是线性的和均匀的（ε 和 μ 在不同的点是不变化的），即

$$D=\varepsilon E, \quad H=\frac{1}{\mu}B \quad (F.45)$$

麦克斯韦方程简化为

$$\left.\begin{array}{l}(1)\ \nabla \cdot E=0, \quad (3)\ \nabla \times E=-\dfrac{\partial B}{\partial t} \\ (2)\ \nabla \cdot B=0, \quad (4)\ \nabla \times B=\mu\varepsilon\dfrac{\partial E}{\partial t}\end{array}\right\} \quad (F.46)$$

这与类似的在真空中的式（F.1）的显著的区别仅在于用 $\mu\varepsilon$ 代替 $\mu_0\varepsilon_0$。这在数学上是显然的，然而物理含义是惊人的[4]。随着波传输通过物质，场使分子被极化和磁化，最终的（振荡的）双极子产生它们的电场和磁场。这些对原有的场进行组合的方式，形成一个具有相同的频率但速度不同的一个单一的

波,这一非同寻常的做法是造成透明现象的原因,这是介质的线性的非常非凡的结果[4]。观察式(F.45)方程组,显然,电磁波在一个线性均匀介质中传播速度可表示为

$$v = \frac{1}{\sqrt{\varepsilon\mu}} = \frac{c}{n} \quad (\text{F.47})$$

式中:

$$n = \sqrt{\frac{\varepsilon\mu}{\varepsilon_0 \mu_0}} \quad (\text{F.48})$$

为材料的折射系数。对于大部分材料,μ 非常接近于 μ_0。因此

$$n \approx \sqrt{\varepsilon_r} \quad (\text{F.49})$$

式中:ε_r 为介电常数,或者也称为相对介电常数[1],它等于 $\varepsilon_r = \varepsilon/\varepsilon_0$。因为 ε_r 几乎总是大于 1 的,光在物质中以更慢的速度传播,这是从光学中知道的事实[1]。

F.7.2 在法向入射时的反射和透射

假设 xy 平面构成了两个线性介质之间的边界。一个在 z 方向传播、在 x 方向偏振、频率为 ω 的平面波从左接近界面(图 F.21),有

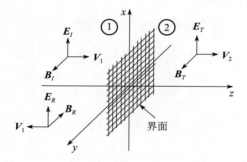

图 F.21 法向入射波

$$\left.\begin{aligned}\widetilde{\boldsymbol{E}}(z,t) &= \widetilde{\boldsymbol{E}}_{0\mathrm{I}} \mathrm{e}^{\mathrm{i}(k_1 z - \omega t)} \hat{\boldsymbol{x}} \\ \widetilde{\boldsymbol{B}}_1(z,t) &= \frac{1}{v_1} \widetilde{\boldsymbol{B}}_{0\mathrm{I}} \mathrm{e}^{\mathrm{i}(k_1 z - \omega t)} \hat{\boldsymbol{y}}\end{aligned}\right\} \quad (\text{F.50})$$

它产生一个传播回介质的左边(1)的反射波,即

$$\left.\begin{aligned}\widetilde{\boldsymbol{E}}_{\mathrm{R}}(z,t) &= \widetilde{\boldsymbol{E}}_{0\mathrm{R}} \mathrm{e}^{\mathrm{i}(k_1 z - \omega t)} \hat{\boldsymbol{x}} \\ \widetilde{\boldsymbol{B}}_{\mathrm{R}}(z,t) &= \frac{1}{v_1} \widetilde{\boldsymbol{B}}_{0\mathrm{R}} \mathrm{e}^{\mathrm{i}(k_1 z - \omega t)} \hat{\boldsymbol{y}}\end{aligned}\right\} \quad (\text{F.51})$$

并产生一个透射波，即

$$\left.\begin{array}{l}\tilde{E}_\mathrm{T}(z,t)=\tilde{E}_{0\mathrm{T}}\mathrm{e}^{\mathrm{i}(k_2z-\omega t)}\hat{x}\\ \tilde{B}_\mathrm{T}(z,t)=\dfrac{1}{v_2}B_{0\mathrm{T}}\mathrm{e}^{\mathrm{i}(k_2z-\omega t)}\hat{y}\end{array}\right\} \quad (\mathrm{F}.52)$$

这在介质的右边(2)是连续的。注意，式(F.51)要求在 B_R 中为负号，这是由于波印廷矢量指向电磁波传播的方向。

根据边界条件式(F.42)，在 $z=0$ 时，在左边的组合场 $E_\mathrm{I}+E_\mathrm{R}$ 和 $B_\mathrm{I}+B_\mathrm{R}$，必须加入到右边的场 $\tilde{E}_\mathrm{T}$ 和 $\tilde{B}_\mathrm{T}$ 中。在这种情况下，没有垂直于这个表面的分量，因此(1)和(2)是平凡的。然而，(3)要求

$$\tilde{E}_{0\mathrm{I}}+\tilde{E}_{0\mathrm{R}}=\tilde{E}_{0\mathrm{T}} \quad (\mathrm{F}.53)$$

而(4)指出

$$\frac{1}{\mu_1}\left(\frac{1}{v_1}\tilde{E}_{0\mathrm{I}}-\frac{1}{v_1}\tilde{E}_{0\mathrm{R}}\right)=\frac{1}{\mu_2}\left(\frac{1}{v_2}\tilde{E}_{0\mathrm{T}}\right) \quad (\mathrm{F}.54)$$

或

$$\tilde{E}_{0\mathrm{I}}-\tilde{E}_{0\mathrm{R}}=\beta\tilde{E}_{0\mathrm{T}} \quad (\mathrm{F}.55)$$

式中：

$$\beta\equiv\frac{\mu_1 v_1}{\mu_2 v_2}=\frac{\mu_1 n_2}{\mu_2 n_1} \quad (\mathrm{F}.56)$$

式(F.53)和式(F.55)易于用入射幅度求解输出幅度，即

$$E_{0\mathrm{R}}=\left(\frac{1-\beta}{1+\beta}\right)\tilde{E}_{0\mathrm{I}},\quad E_{0\mathrm{T}}=\left(\frac{2}{1+\beta}\right)\tilde{E}_{0\mathrm{I}} \quad (\mathrm{F}.57)$$

这些结果非常类似于在一个弹簧上的波。的确，如果介电常数 μ 接近于它们在真空中的值(记住，它们是针对大部分介质的)，则 $\beta=\dfrac{v_1}{v_2}$，我们有[1]

$$E_{0\mathrm{R}}=\left(\frac{v_2-v_1}{v_2+v_1}\right)\tilde{E}_{0\mathrm{I}},\quad E_{0\mathrm{T}}=\left(\frac{2v_2}{v_2+v_1}\right)\tilde{E}_{0\mathrm{I}} \quad (\mathrm{F}.58)$$

在这种情况下，正如以前一样，如果 $v_2>v_1$，反射的波是同相的；如果 $v_2<v_1$，是不同相的。实的幅度之间的关系是

$$E_{0\mathrm{R}}=\left(\frac{v_2-v_1}{v_2+v_1}\right)E_{0\mathrm{I}},\quad E_{0\mathrm{T}}=\left(\frac{2v_2}{v_2+v_1}\right)E_{0\mathrm{I}} \quad (\mathrm{F}.59)$$

或采用折射系数[1]

$$E_{0\mathrm{R}}=\left(\frac{n_1-n_2}{n_1+n_2}\right)E_{0\mathrm{I}},\quad E_{0\mathrm{T}}=\left(\frac{2n_1}{n_1+n_2}\right)E_{0\mathrm{I}} \quad (\mathrm{F}.60)$$

根据由 D. Griffiths[1] 给出的强度（每单位面积平均功率）的定义，我们应当问有多大部分的入射功率被反射，有多大部分的功率透射？

$$I = \frac{1}{2}\varepsilon v E_0^2 \quad (F.61)$$

如果 $\mu_1 = \mu_2 = \mu_0$，则反射的强度与入射的强度之比是

$$R \equiv \frac{I_R}{I_I} = \left(\frac{E_{0R}}{E_{0I}}\right)^2 = \left(\frac{n_1 - n_2}{n_1 + n_2}\right)^2 \quad (F.62)$$

而透射的强度与入射的强度之比是

$$T \equiv \frac{I_T}{I_I} = \frac{\varepsilon_2 v_2}{\varepsilon_1 v_1}\left(\frac{E_{0T}}{E_{0I}}\right)^2 = \frac{4n_1 n_2}{(n_1 + n_2)^2} \quad (F.63)$$

R 称为反射系数，T 称为透射系数，它们分别度量反射和透射的入射能量的部分。注意到这当然需要能量守恒[1]，即

$$R + T = 1 \quad (F.64)$$

例如，当光从空气（$n_1 = 1$）传播到玻璃（$n_2 = 1.5$）中，$R = 0.04$，且 $T = 0.96$。不应惊奇的是，大部分光是透射的[1]。

例 1：计算确切的反射和投射系数，而不假设 $\mu_1 \mu_2 = \mu_0$。确认 $R + T = 1$。

解：由式（F.62），我们用 $R = \left(\dfrac{E_{0R}}{E_{0I}}\right)^2$ 来替代式（F.57）的结果，其中 $\beta = \dfrac{\mu_1 v_1}{\mu_2 v_2}$，并使用式（F.63），$T = \dfrac{\varepsilon_2 v_2}{\varepsilon_1 v_1}\left(\dfrac{E_{0T}}{E_{0I}}\right)^2$，这导致 $T = \beta\left(\dfrac{2}{1+\beta}\right)^2$，这是式（F.57）。注意

$$\frac{\varepsilon_2 v_2}{\varepsilon_1 v_1} = \frac{\mu_1}{\mu_2}\frac{\varepsilon_2 v_2}{\varepsilon_1 v_1}\frac{v_2}{v_1} = \frac{\mu_1}{\mu_2}\left(\frac{v_1}{v_2}\right)^2 = \frac{\mu_1 v_1}{\mu_2 v_2} = \beta$$

$$R = \frac{1}{(1+\beta)^2}[4\beta + (1-\beta^2)] = \frac{1}{(1+\beta)^2}(4\beta + 1 - 2\beta + \beta^2)$$

$$= \frac{1}{(1+\beta)^2}(1 + 2\beta + \beta^2) = 1$$

例 2：在写出式（F.51）和式（F.52）时，假设是反射的和透射的波沿着 x 方向具有和入射波相同的偏振，证明必须是这样。[提示：假设发射的和反射的波的偏振矢量是 $\hat{n}_T = \cos\theta_T \hat{x} + \sin\theta_T \hat{y}$ 和 $\hat{n}_R = \cos\theta_R \hat{x} + \sin\theta_R \hat{y}$，并从边界条件证明 $\theta_T = \theta_R = 0$]。

解：式（F.43）被 $\tilde{E}_{0I}\hat{x} + \tilde{E}_{0R}\hat{n} = \tilde{E}_{0T}\hat{n}_T$ 和式（F.55）$\tilde{E}_{0I}\hat{y} - \tilde{E}_{0R}(\hat{z} \times \hat{n}_R) = \beta\tilde{E}_{0T}(\hat{z} \times \hat{n}_T)$ 代替。

第一个方程的 y 分量是 $\tilde{E}_{0R}\sin\theta_R = \tilde{E}_{0T}\sin\theta_T$；第二个的 x 分量是 $\tilde{E}_{0R}\sin\theta_R = \beta\tilde{E}_{0T}\sin\theta_T$。对这两个进行比较，我们得出 $\sin\theta_R = \sin\theta_T = 0$，因此 $\theta_T = \theta_R = 0$。

F.7.3 倾斜入射时的反射和透射

F.7.2 节讨论的是法向入射时的反射和透射，即，当入射波以 90°的入射角入射到界面时的反射和透射[1]。在本附录的文献 1 中，David Griffiths 也讨论了更一般的倾斜入射，满足边界条件的入射波以任意角 θ_1 入射，这里我们仅写出了他的结论，关于更多的细节，我们鼓励读者参考 David Griffiths 的书的第 386 页 9.3.3 节[1]。尽管入射角 $\theta_1 = 0$ 是倾斜入射的特例，但在本书中我们不针对高能激光与物质的相互作用的某些情况进行单独讨论。Griffiths 的讨论是基于具有这样的入射角的单色波进行的，如图 F.22 所示。

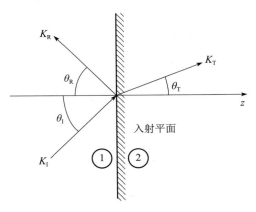

图 F.22　斜角入射

假设一个单色平面波(入射波)从左边接近，即

$$\tilde{E}_1(r,t) = \tilde{E}_{0I}e^{i(k\cdot r - \omega t)}, \quad \tilde{B}_1(r,t) = \frac{1}{v_1}(\tilde{k} \times \tilde{E}_I) \quad (\text{F.65})$$

并产生一个反射波，形式为

$$\tilde{E}_R(r,t) = \tilde{E}_{0R}e^{i(k_R\cdot r - \omega t)} \text{ 和 } \tilde{B}_R(r,t) = \frac{1}{v_1}(\hat{k}_R \times \tilde{E}_R) \quad (\text{F.66})$$

还有一个发射波集，形式为

$$\tilde{E}_T(r,t) = \tilde{E}_{0T}e^{i(k_R\cdot r - \omega t)} \text{ 和 } \tilde{B}_T(r,t) = \frac{1}{v_1}(\hat{k}_T \times \tilde{E}_T) \quad (\text{F.67})$$

所有这三个波具有相同的频率 ω，这是针对源(激光光束、闪光灯，或产生任何入射光束的任何光源)对所有的波确定的，3 个波数是通过式(F.68)关联起来的。

$$k_I v_1 = k_R v_1 = k_T v_2 = \omega \quad \text{或} \quad k_I = k_R = \frac{v_2}{v_1} k_T = \frac{n_1}{n_2} k_T \tag{F.68}$$

现在必须采用边界条件式(F.42)将在介质(F.1)中的组合场，$\tilde{E}_I + \tilde{E}_R$ 和 $\tilde{B}_I + \tilde{B}_R$，与介质(F.2)中的场 $\tilde{E}_T$ 和 $\tilde{B}_T$ 结合起来。这些都采用一般的结构。对上述所有3个平面波方程，当 $z=0$ 时，对该平面上的所有的点以及在所有的时间，边界条件应当成立；否则，在 x 中的略微的变化破坏等式(见下面的例1)[1]。在这种情况下，时间因子已经是相等的，事实上，我们可以把这当作透射和反射频率必须与入射频率匹配的一个独立的确认。迄今，对于空域情况，我们有

$$\text{当} z=0 \text{时}, \boldsymbol{k}_I \cdot \boldsymbol{r} = \boldsymbol{k}_R \cdot \boldsymbol{r} = \boldsymbol{k}_T \cdot \boldsymbol{r} \tag{F.69}$$

更显式地，对于所有的 z 和 y，有

$$x(k_I)_x + y(k_R)_x + y(k_R)_y = x(k_T)_x + y(k_T)_y \tag{F.70}$$

但仅有在分量分别相同时式(F.70)才成立，因为如果 $x=0$，得到

$$(k_I)_y = (k_R)_y = (k_T)_y \tag{F.71}$$

而 $y=0$ 给出

$$(k_I)_x = (k_R)_x = (k_T)_x \tag{F.72}$$

可以调整轴，使得 $\boldsymbol{k}$ 位于 xy 平面(即，$(k_I)_y = 0$)，根据式(F.71)，$\boldsymbol{k}_R$ 和 $\boldsymbol{k}_T$ 也位于 xy 平面。结论：

（1）第一定律：入射、反射和透射波矢量来自一个平面(称为入射平面)，该平面也包括到表面的法线(这里是 z 轴)。

同时，式(F.72)意味着

$$k_I \sin\theta_I = k_R \sin\theta_R = k_T \sin\theta_T \tag{F.73}$$

式中：θ_I 为入射角；θ_R 为反射角；θ_T 为透射角，更通用地，称为折射角，所有这些角都是相对于法线测量的(图F.22)，根据式(F.68)，有

（2）第二定律：入射角等于反射角

$$\theta_I = \theta_T \tag{F.74}$$

这是反射定律。

（3）至于透射角，有第三定律

$$\frac{\sin\theta_T}{\sin\theta_I} = \frac{n_1}{n_2} \tag{F.75}$$

这是折射定律或斯涅耳定律。

这就是几何光学的3个基本定律，显然在这几个定律中很少涉及实际的电动力学：我们还没有使用任何具体的边界条件。现在我们要注意指数因子(它们被取消了)，给定式(F.69)，边界条件式(F.42)变为[1]

$$\left.\begin{array}{l}(1)\ \varepsilon_1(\tilde{E}_{0I}+\tilde{E}_{0R})_z = \varepsilon_2(\tilde{E}_{0T})_z \\ (2)\ (\tilde{B}_{0I}+\tilde{B}_{0R}) = (\tilde{B}_{0T})_z \\ (3)\ (\tilde{E}_{0I}+\tilde{E}_{0R})_{x,y} = (\tilde{E}_T)_{x,y} \\ (4)\ \dfrac{1}{\mu_1}(\tilde{B}_{0I}+\tilde{B}_{0R})_{x,y} = \dfrac{1}{\mu_2}(\tilde{B}_{0T})_{x,y}\end{array}\right\} \quad (F.76)$$

其中在每种情况下 $\tilde{B}_0 = (1/v)\hat{k}\times\tilde{E}_0$。最后 2 个(3)和(4)表示 x 方向和 y 方向的一对方程。

假设入射波的偏振是平行于入射平面(图 F.23 中的 xz 平面),反射波和透射波也在这一平面内偏振(见 F.7.2 节的例 2)。在一个例子中展示,以分析垂直于入射平面的偏振的情况(见下面的例 2)。则(1)解读为

$$\varepsilon_1(-\tilde{E}_{0I}\sin\theta_I + \tilde{E}_{0R}\sin\theta_R) = \varepsilon_2(-\tilde{E}_{0T}\sin\theta_T) \quad (F.77)$$

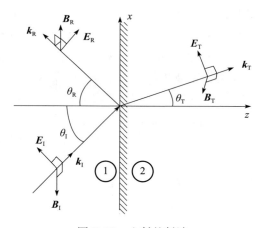

图 F.23 入射的斜波

(2) 不增加任何东西($0=0$),因此磁场没有 z 分量;
(3) 变为[1]

$$\tilde{E}_{0I}\cos\theta_I + \tilde{E}_{0R}\cos\theta_R = \tilde{E}_{0T}\cos\theta_T \quad (F.78)$$

(4) 指出

$$\frac{1}{\mu_1 v_1}(\tilde{E}_{0I} - \tilde{E}_{0R}) = \frac{1}{\mu_2 v_2}(\tilde{E}_{0T}) \quad (F.79)$$

给定反射和折射定律,式(F.76)和式(F.79)简化为

$$\tilde{E}_{0I} - \tilde{E}_{0R} = \beta\tilde{E}_{0T} \quad (F.80)$$

式中:

$$\beta \equiv \frac{\mu_1 v_1}{\mu_2 v_2} = \frac{\mu_1 n_2}{\mu_2 n_1} \quad (F.81)$$

式(F.78)指出

$$\tilde{E}_{0I} + \tilde{E}_{0R} = \alpha \tilde{E}_{0T} \quad (F.82)$$

式中:

$$\alpha = \frac{\cos\theta_T}{\cos\theta_I} \quad (F.83)$$

针对反射和透射幅度求解式(F.80)和式(F.82),得到[1]

$$\tilde{E}_{0R} = \left(\frac{\alpha-\beta}{\alpha+\beta}\right)\tilde{E}_{0I}$$
$$\tilde{E}_{0T} = \left(\frac{2}{\alpha+\beta}\right)\tilde{E}_{0I} \quad (F.84)$$

对于在入射平面中的偏振的情况,这些称为菲涅尔(Fresnel)方程。(有其他两个菲涅尔方程,当偏振垂直于入射平面时,它们给出反射和透射幅度)。注意,透射的波总是与入射的波同相位,如果 $\alpha>\beta$,反射的波与入射波同相位,如果 $\alpha<\beta$ 反射的波与入射波相位相差 180°。

注意,在反射波的相位中有不可避免的模糊性。Davis Griffiths[1]在他的书的第 9 章中已经使用了这一惯例,这反映在这里,并在图 F.23 中采用,$\tilde{E}_R$ 的正向"向上",这与某些教科书(但不是全部)是一致的。改变偏振矢量的符号等价于 180°的像移。

投射的和反射的波的幅度取决于入射角 α,因为 α 是 θ_I 的一个函数,即

$$\alpha = \sqrt{\frac{1-\sin^2\theta_T}{\cos^2\theta_I}} = \frac{\sqrt{1-[(n_1/n_2)\sin\theta_I]^2}}{\cos\theta_I} \quad (F.85)$$

在法向入射($\theta_I=0$)的情况下,$\alpha=1$,而且我们恢复了式(F.57)。在掠入射($\theta_I=90$)时,α 偏离,波是完全反射的(在夜间在湿路上驾驶的人对这一事实比较熟悉)。有趣的是,有一个中间角 θ_B(称为布儒斯特角),在这一角度上,反射波完全消失[1]。因为垂直于入射平面偏振的波表现出没有反射分量,处于布儒斯特角的任何入射光束产生一个偏振完全平行于界面的反射光束,这就是为什么具有垂直的传输轴的偏振眼镜,能帮助减弱在水平面上的强光[1]。

根据式(F.84),这出现在当 $\alpha=\beta$ 时,或者

$$\sin^2\theta_B = \frac{1-\beta^2}{(n_1/n_2)^2-\beta^2} \quad (F.86)$$

对于典型的情况 $\mu_1\approx\mu_2$,因此 $\beta\approx n_2/n_1$,$\sin^2\theta_B\approx\beta^2/(1+\beta^2)$,因此

$$\tan\theta_B \approx \frac{n_2}{n_1} \tag{F.87}$$

图 F.24 给出了从空气（$n_1 = 1.0$）入射到玻璃（$n_2 = 1.5$）上的光的透射的和反射的幅度和 θ_1 的关系。（在图 F.24 中，负数表示反射波与入射波的相位相差 180°，幅度本身是绝对值。）

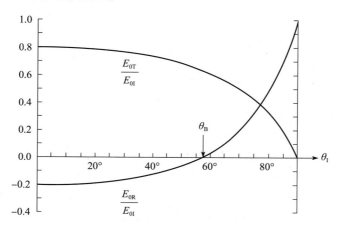

图 F.24　透射和反射的幅度

入射到表面上的每单位面积的功率是 $\boldsymbol{S} \cdot \boldsymbol{z}$，因此，入射强度为

$$I_I = \frac{1}{2}\varepsilon_1 v_1 E_{0I}^2 \cos\theta_I \tag{F.88}$$

而反射和透射强度为

$$I_I = \frac{1}{2}\varepsilon_1 v_1 E_{0I}^2 \cos\theta_I \quad , \quad I_T = \frac{1}{2}\varepsilon_2 v_2 E_{0I}^2 \cos\theta_T \tag{F.89}$$

（这里的余弦是因为我们在讨论每单位面积的界面的平均功率，界面处于到波前的一个角度处。）[1]。平行于入射平面的偏振波的反射和透射系数为

$$R \equiv \frac{I_R}{I_I} = \left(\frac{E_{0R}}{E_{0I}}\right)^2 = \left(\frac{\alpha-\beta}{\alpha+\beta}\right)^2 \tag{F.90}$$

$$T \equiv \frac{I_T}{I_I} = \frac{\varepsilon_2 v_2}{\varepsilon_1 v_1}\left(\frac{E_{0T}}{E_{0I}}\right)^2 \frac{\cos\theta_T}{\cos\theta_I} = \alpha\beta\left(\frac{2}{\alpha+\beta}\right)^2 \tag{F.91}$$

图 F.25 给出了它们与入射角的关系（对于空气/玻璃界面）。R 是自然反射的入射能量部分，它在处于布儒斯特角处为 0；T 是透射的部分，它在处于 θ_B 处为 1。注意，$R+T=1$ 是能量守恒需要的：到达表面上的一个特定的区域的每单位时间的能量等于每单位时间离开该区域的能量。

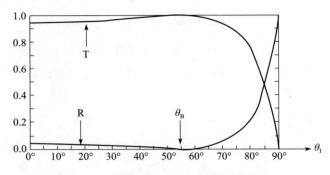

图 F.25　偏振波的反射和透射系数曲线

例1： 假设 $Ae^{iax}+Be^{ibx}=Ce^{icx}$，对于某些非零的常数 A、B、C、a、b、c 和所有的 x，证明 $a=b=c$ 和 $A+B=C$。

解： 对于所有的 x，$Ae^{iax}+Be^{ibx}=Ce^{icx}$，因此（采用 $x=0$），$A+B=C$。
求导 $iaAe^{iax}+ibBe^{ibx}=icCe^{icx}$，因此（采用 $x=0$），$aA+bB=cC$。
再次求导 $-a^2Ae^{iax}-b^2Be^{ibx}=-c^2Ce^{icx}$，因此（采用 $x=0$），$a^2A+b^2B=c^2C$。

$$a^2A+b^2B=c(cC)=c(aA+bB)$$

或者

$$(A+B)(a^2A+b^2B)=(A+B)c(aA+bB)=cC(aA+bB)$$

或者

$$a^2A^2+b^2AB+a^2AB+b^2B^2=(aA+bB)^2=a^2A^2+2abAB+b^2B^2$$

或者

$(a^2+b^2-2ab)AB=0$，或 $(a-b)^2AB=0$。但 A 和 B 是非零的，因此 $a=b$。
因此，$(A+B)e^{iax}=Ce^{icx}$，$a(A+B)=cC$，或者 $aC=cC$，因为 $C\neq 0$，$a=c$。
结论：$a=b=c$。

例2： 分析极化（偏振）垂直于入射平面的偏振的情况（即，图 F.22 中的 y 方向中的电场）。施加边界条件式（F.76），并获得 $\tilde{E}_{0R}$ 和 $\tilde{E}_{0T}$ 的菲涅尔方程。绘出作为 $\beta=n_2/n_1=1.5$ 的函数的 $(\tilde{E}_{0R}/\tilde{E}_{0I})$ 和 $(\tilde{E}_{0T}/\tilde{E}_{0I})$。（注意，对于这一 β，反射波总是有 180° 相位差）。这里给出的是对任何 n_1 和 n_2 没有布儒斯特角（起偏角）的情况，$\tilde{E}_{0R}$ 总不为零（除非 $n_1=n_2$ 和 $\mu_1=\mu_2$，在这种情况下，两种介质是在光学上不可区分的）。确认你的菲涅耳方程简化到在法向入射时适当的形式。计算反射和投射系数，并检查它们加起来是否为 1。

解： 我们从以下关系入手

$$\begin{cases} \tilde{\boldsymbol{E}} = \tilde{E}_{0I} e^{i(\boldsymbol{k}_I \cdot \boldsymbol{r} - \omega t)} \hat{\boldsymbol{y}} \\ \tilde{\boldsymbol{B}} = \dfrac{1}{v_1} \tilde{E}_{0I} e^{i(\boldsymbol{k}_I \cdot \boldsymbol{r} - \omega t)} (-\cos\theta_1 \hat{\boldsymbol{x}} + \sin\theta_1 \hat{\boldsymbol{z}}) \end{cases}$$

$$\begin{cases} \tilde{\boldsymbol{E}}_R = \tilde{E}_{0R} e^{i(\boldsymbol{k}_R \cdot \boldsymbol{r} - \omega t)} \hat{\boldsymbol{y}} \\ \tilde{\boldsymbol{B}}_I = \dfrac{1}{v_1} \tilde{E}_{0R} e^{i(\boldsymbol{k}_R \cdot \boldsymbol{r} - \omega t)} (-\cos\theta_1 \hat{\boldsymbol{x}} + \sin\theta_1 \hat{\boldsymbol{z}}) \end{cases}$$

$$\begin{cases} \tilde{\boldsymbol{E}}_T = \tilde{E}_{0T} e^{i(\boldsymbol{k}_T \cdot \boldsymbol{r} - \omega t)} \hat{\boldsymbol{y}} \\ \tilde{\boldsymbol{B}}_T = \dfrac{1}{v_1} \tilde{E}_{0T} e^{i(\boldsymbol{k}_T \cdot \boldsymbol{r} - \omega t)} (-\cos\theta_1 \hat{\boldsymbol{x}} + \sin\theta_1 \hat{\boldsymbol{z}}) \end{cases}$$

边界条件为

$$\begin{cases} (1)\ \varepsilon_1 E_1^\perp = \varepsilon_2 E_2^\perp, & (3)\ E_1^\parallel = E_2^\parallel \\ (2)\ B_1^\perp = B_2^\perp, & (4)\ \dfrac{1}{\mu_1} B_1^\parallel = \dfrac{1}{\mu_2} B_2^\parallel \end{cases}$$

如图 F.26 所示

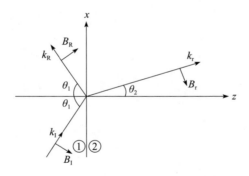

图 F.26　电磁波的反射和折射示意图

[注意：在 $z=0$ 处，$\boldsymbol{k}_I \cdot \boldsymbol{r} - \omega t = \boldsymbol{k}_R \cdot \boldsymbol{r} - \omega t = \boldsymbol{k}_T \cdot \boldsymbol{r} - \omega t$，因此，在应用边界条件时，可以去掉所有的指数因子]。

边界条件(1)：$0 = 0$(微不足道的)；边界条件(3)：$\tilde{E}_{0I} + \tilde{E}_{0R} = \tilde{E}_{0T}$。

边界条件(2)：

$$\frac{1}{v_1} \tilde{E}_{0I} \sin\theta_1 + \frac{1}{v_1} \tilde{E}_{0R} \sin\theta_1 = \frac{1}{v_2} \tilde{E}_{0T} \sin\theta_2 \Rightarrow \tilde{E}_{0I} + \tilde{E}_{0R} = \left(\frac{v_1 \sin\theta_2}{v_2 \sin\theta_1} \right) \tilde{E}_{0T}$$

但是在父假设中，按照折射定律，该项为 1，因此这与(2)相同。

边界条件(4)：

$$\frac{1}{\mu_1}\left[\frac{1}{v_1}\widetilde{E}_{0I}(-\cos\theta_1)+\frac{1}{v_1}\widetilde{E}_{0R}(-\cos\theta_1)\right]=\frac{1}{\mu_2 v_2}\widetilde{E}_{0T}(-\cos\theta_1)$$

或者，我们可以写成

$$\widetilde{E}_{0I}-\widetilde{E}_{0R}=\left(\frac{\mu_1 v_1 \sin\theta_2}{\mu_1 v_1 \sin\theta_1}\right)\widetilde{E}_{0T}$$

假设

$$\alpha\equiv\frac{\cos\theta_2}{\cos\theta_1}\quad 和 \quad \beta\equiv\frac{\mu_1 v_1}{\mu_2 v_2}$$

则我们有

$$\widetilde{E}_{0I}-\widetilde{E}_{0R}=\alpha\beta\widetilde{E}_{0T}$$

求解 $\widetilde{E}_{0R}$ 和 $\widetilde{E}_{0T}$：由于 $2\widetilde{E}_{0I}=(1+\alpha\beta)\widetilde{E}_{0T}$ 或者 $\widetilde{E}_{0T}=\left(\frac{2}{1+\alpha\beta}\right)\widetilde{E}_{0I}$ 和 $\widetilde{E}_{0R}=\widetilde{E}_{0T}-\widetilde{E}_{0I}=\left(\frac{2}{1+\alpha\beta}-\frac{1+\alpha\beta}{1+\alpha\beta}\right)\widetilde{E}_{0I}$，则我们有 $\widetilde{E}_{0T}=\left(\frac{1-\alpha\beta}{1+\alpha\beta}\right)\widetilde{E}_{0I}$。由于 α 和 β 是正的，$\frac{2}{(1+\alpha\beta)}$ 也是正的，因此透射波与入射波同相位，而且（实的）幅度与 $E_{0T}=\left(\frac{2}{1+\alpha\beta}\right)E_{0I}$ 有关。如果 $\alpha\beta<1$，反射波与入射波同相位同相位，如果 $\alpha\beta>1$，则反射波与入射波相位相差 $180°$。（实的）幅度与 $E_{0R}=\left(\frac{1-\alpha\beta}{1+\alpha\beta}\right)E_{0I}$ 有关。这些是极化（偏振）垂直于入射平面时的菲涅尔方程。图 F.27 为极化（偏振）垂直于入射平面时的菲涅尔反射幅度和入射幅度与入射角关系，注意 $\alpha\beta=\beta\frac{\sqrt{1-\sin^2\theta_2}}{\cos\theta_1}=\beta\frac{\sqrt{1-\frac{1}{\beta^2}\sin^2\theta_1}}{\cos\theta_1}=\frac{\sqrt{\beta^2-\sin^2\theta}}{\cos\theta}$，其中 θ 是入射角，因此，对于 $\beta=1.5$ 的情况，$\alpha\beta=\frac{\sqrt{2.25-\sin^2\theta}}{\cos\theta}$。

这里有一个布儒斯特角吗？$E_{0R}=0$ 意味着 $\alpha\beta=1$，因此

$$\alpha=\frac{\sqrt{1-(v_2/v_1)^2\sin^2\theta}}{\cos\theta}=\frac{1}{\beta}=\frac{\mu_2 v_2}{\mu_1 v_1}\quad 或 \quad 1-\left(\frac{v_2}{v_1}\right)^2\sin^2\theta=\left(\frac{\mu_2 v_2}{\mu_1 v_1}\right)\cos^2\theta$$

因此 $1=\left(\frac{v_2}{v_1}\right)^2\left[\sin^2\theta+(\mu_2/\mu_1)\cos^2\theta\right]$

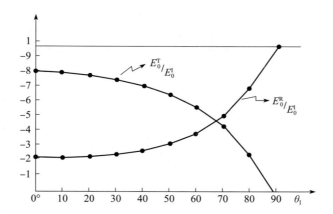

图 F.27 极化（偏振）垂直于入射平面时的菲涅尔反射幅度和入射幅度与入射角关系

因为 $\mu_1 \approx \mu_2$，这意味着 $1 \approx (v_2/v_1)^2$，这仅对于光学不可区分的介质才是成立的，在两个介质在光学上不可分时当然是没有反射，但在这种情况下在任何角度都没有反射，而不仅仅在一个特殊的"布儒斯特角"才没有反射。如果 μ_2 与 μ_1 显著不同，相对速度是刚好适当的，有可能得到这种情况下的布儒斯特角为

$$\left(\frac{v_2}{v_1}\right)^2 = 1 - \cos^2\theta + \left(\frac{\mu_2}{\mu_1}\right)\cos^2\theta \Rightarrow \cos^2\theta = \frac{(v_1/v_2)^2 - 1}{(\mu_2/\mu_1)^2 - 1} = \frac{(\mu_2\varepsilon_2/\mu_1\varepsilon_1) - 1}{(\mu_2/\mu_1)^2 - 1}$$

但是介质是非常特殊的，采用相同的标记，对于一个给定的界面，δ_R 或者总是 0，或者总是 π，它并不在改变 θ 时切换，像入射平面中的偏振那样。特别是，如果 $\beta = 3/2$，则 $\alpha\beta > 1$，因为 $\beta = 1.5$，$\beta^2 - \sin^2\theta = 2.25 - \sin^2\theta > \cos^2\theta$，或者 $2.25 > \sin^2\theta + \cos^2\theta = 1.0$，所以 $\alpha\beta = \frac{\sqrt{1-\sin^2\theta}}{\cos\theta} > 1$。通常，对于 $\beta > 1$，$\alpha\beta > 1$，因此 $\delta_R = \pi$。对于 $\beta < 1$，$\alpha\beta < 1$，且 $\delta_R = 0$。在法向入射时，$\alpha = 1$，因此菲涅尔方程简化为 $E_{0T} = \left(\frac{2}{1+\beta}\right)E_{0I}$ 和 $E_{0R} = \left(\frac{1-\beta}{1+\beta}\right)E_{0I}$，这与式（F.57）一致。

反射和透射系数：$R = \left(\frac{E_{0R}}{E_{0I}}\right)^2 = \left(\frac{1-\alpha\beta}{1+\alpha\beta}\right)^2$。参考式（F.91），有

$$T = \frac{\varepsilon_2 v_2}{\varepsilon_1 v_1}\alpha\left(\frac{E_{0T}}{E_{0I}}\right) = \alpha\beta\left(\frac{2}{\alpha+\beta}\right)^2$$

因此

$$R + T = \frac{(1-\alpha\beta)^2 + 4\alpha\beta}{(1+\alpha\beta)^2} = \frac{1 - 2\alpha\beta + \alpha^2\beta^2 + 4\alpha\beta}{(1+\alpha\beta)^2} = \frac{(1+\alpha\beta)^2}{(1+\alpha\beta)^2} = 1$$

例3：金刚石的折射系数为2.42，对于空气/金刚石界面绘出如图 F.28 所示的类似于图 F.27 的菲涅尔反射幅度和入射幅度与入射角的关系图（假设 $\mu_1 = \mu_2 = \mu_0$）。具体地，计算（1）在法向入射角处的幅度；（2）Brewster 角；（3）反射和透射幅度相等时的"交叉"角。

解：由式（F.81），我们看到 $\beta = 2.42$；由式（F.85），$\alpha = \dfrac{\sqrt{1-(\sin\theta/2.42)^2}}{\cos\theta}$，

$\theta = 0 \Rightarrow \alpha = 1$；由式（F.86），$\Rightarrow \left(\dfrac{E_{0R}}{E_{0I}}\right) = \dfrac{\alpha-\beta}{\alpha+\beta} = \dfrac{1-2.42}{1+2.42} = -\dfrac{1.42}{3.42} = -0.415$

$$\left(\dfrac{E_{0T}}{E_{0I}}\right) = \dfrac{2}{\alpha+\beta} = \dfrac{2}{3.42} = 0.585$$

由式（F.87），$\theta_B = \tan^{-1}(2.42) = 67.5°$。

$$E_{0R} = E_{0T} \Rightarrow \alpha - \beta = 2, \alpha = \beta + 2 = 4.42$$

以及

$$(4.42)^2 \cos^2\theta = 1 - \sin^2\theta/(2.42)^2$$
$$(4.42)^2(1-\sin^2\theta) = (4.42)^2 - (4.42)^2 \sin^2\theta = 1 - 0.171\sin^2\theta$$
$$19.5 - 1 = (19.5 - 0.17)\sin^2\theta$$
$$18.5 = 19.3\sin^2\theta$$
$$\sin^2\theta = 18.5/19.3 = 0.959$$
$$\sin\theta = 0.979$$
$$\theta = 78.3°$$

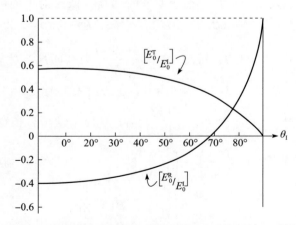

图 F.28 空气/金刚石界面的菲涅尔反射幅度和入射幅度与入射角的关系图

F.8 吸收和色散

电磁波存储的能量、能量流和耗散的功率是针对一个频率色散吸收介质采用复的介电常数 $\tilde{\varepsilon}$ 和磁导率 $\tilde{\mu}$ 导出的。当 $\tilde{\varepsilon}$ 和 $\tilde{\mu}$ 不仅是频率的函数而且是所有的损耗因子（如碰撞频率等）的已知函数时，表明这是可能的。这一推导不限于具有小的损耗的介质。

在物理学和电子工程中，色散最经常指波传播的与频率相关的效应。然而，注意到，在物理科学中，对"色散"有几种用法。在存在色散时，波速不是唯一地定义的，导致了相速和群速的差别。众所周知的相速色散效应是可以在棱镜和彩虹中观察到的光的折射与颜色的相关性。

色散关系描述像波长、频率、速度、折射系数和衰减系数那样的波的性质的相互关系。除了与几何和材料相关的色散关系外，还有将传播和衰减的频率相关性关联起来的克拉莫-克若尼（Kramers-Kronig）关系。

色散可能是由于几何边界条件（如波导、浅水）或者由于波与传输介质的相互作用产生的。

F.8.1 导体中的电磁波

前面的章节规定自由电荷密度 ρ_f 和自由电流密度 J_f 为零，此后要基于这一假设进行预测。当讨论通过真空或绝缘材料（如玻璃或纯水）时，这样一个限制是完全有理由的。但在导体的情况下，我们不能单独地控制电荷的流动，而且通常 J_f 一定不是 0。事实上，根据欧姆定律，在一个导体中的自由电流密度与电场成正比可表示为

$$J_f = \sigma E \tag{F.92}$$

采用式（F.92），线性介质的麦克斯韦方程假设形式为

$$\begin{aligned}&(1)\ \nabla \cdot \boldsymbol{E} = \frac{1}{\varepsilon}\rho_f, \quad (3)\ \nabla \times \boldsymbol{E} = \frac{\partial \boldsymbol{B}}{\partial t} \\ &(2)\ \nabla \cdot \boldsymbol{B} = 0, \quad\quad (4)\ \nabla \times \boldsymbol{B} = \mu\sigma \boldsymbol{E} + \mu\varepsilon\frac{\partial \boldsymbol{E}}{\partial t}\end{aligned} \tag{F.93}$$

现在，自由电荷的连续性方程为

$$\nabla \cdot \boldsymbol{J}_f = -\frac{\partial \rho_f}{\partial t} \tag{F.94}$$

结合欧姆定律和高斯定律（1），对于一个均匀的线性介质，得到

$$\frac{\partial \rho_f}{\partial t} = -\sigma(\nabla \cdot \boldsymbol{E}) = -\frac{\sigma}{\varepsilon}\rho_f \tag{F.95}$$

由此有

$$\rho_f(t) = e^{-(\sigma/\varepsilon)}\rho f(0) \tag{F.96}$$

因此，任何初始的自由电流密度 $\rho_f(0)$ 在特征时间 $\tau \equiv \varepsilon/\sigma$ 内消散。这反映了类似于如果你将某些自由电荷放在一个导体上它流出边缘的事实。时间常数 τ 负责度量一个导体有多"好"：对于一个"完美的"导体，$\sigma = \infty$，$\tau = 0$；对于一个"好的"导体，τ 远比问题中的其他相关的时间要小(在振荡系统中，这意味着 $\tau \ll 1/\omega$)；对于一个"差"的导体，τ 远大于问题中的特征时间($\tau \gg 1/\omega$)[5]。N. Ashby 指出，对于一个好的导体，τ 非常短(对于铜，是 10^{-19}s，而碰撞之间的时间是 $\tau_c = 10^{-14}$s)。问题是欧姆定律本身在短于 τ_c 的尺度上不再成立，实际上，自由电荷在一个好的导体中耗尽所用的时间是 τ_c 量级，不是 τ。此外，参考文献[6]表明场和电流要用甚至更长的时间来达到平衡。但这些都与我们现在的目的无关，在导体中的自由电荷密度最终会耗尽，这一过程确切需要多长时间并不重要。

现在，我们对这一瞬态表现并不感兴趣，我们等待任何累积的电荷消失，从此开始 $\rho_f = 0$，且有

$$\left.\begin{array}{l}(1)\ \nabla \cdot \boldsymbol{E} = 0, \quad (3)\ \nabla \times \boldsymbol{E} = \dfrac{\partial \boldsymbol{B}}{\partial t} \\ (2)\ \nabla \cdot \boldsymbol{B} = 0, \quad (4)\ \nabla \times \boldsymbol{B} = \mu\sigma \boldsymbol{E} + \mu\varepsilon \dfrac{\partial \boldsymbol{E}}{\partial t}\end{array}\right\} \tag{F.97}$$

这些与非导体介质的对应的方程(式(F.46))的差别仅在于在(4)中加上的最后一项。对(3)和(4)应用卷曲，我们得到 $\boldsymbol{E}$ 和 $\boldsymbol{B}$ 的修正的波方程为

$$\nabla \boldsymbol{E} = \mu\varepsilon \frac{\partial^2 \boldsymbol{E}}{\partial t^2} + \mu\sigma \frac{\partial \boldsymbol{E}}{\partial t}, \quad \nabla \boldsymbol{B} = \mu\varepsilon \frac{\partial^2 \boldsymbol{B}}{\partial t^2} + \mu\sigma \frac{\partial \boldsymbol{B}}{\partial t} \tag{F.98}$$

这些方程仍然采用平面波解，即

$$\tilde{\boldsymbol{E}}(z,t) = \tilde{\boldsymbol{E}}_0 e^{i(kz-\omega t)}, \quad \tilde{\boldsymbol{B}}(z,t) = \tilde{\boldsymbol{B}}_0 e^{i(kz-\omega t)} \tag{F.99}$$

但这次"波数" $\tilde{k}$ 是复的，即

$$\tilde{k}_2 = \mu\varepsilon\omega^2 + i\mu\sigma\omega \tag{F.100}$$

因为易于通过将式(F.99)插入到式(F.98)中来进行检查。取平方根，有

$$\tilde{k} = k + i\kappa \tag{F.101}$$

式中：

$$k \equiv \omega\sqrt{\frac{\varepsilon\mu}{2}\left[\sqrt{1+\left(\frac{\sigma}{\varepsilon\omega}\right)^2}+1\right]}^{1/2}, \quad \kappa \equiv \omega\sqrt{\frac{\varepsilon\mu}{2}\left[\sqrt{1+\left(\frac{\sigma}{\varepsilon\omega}\right)^2}-1\right]}^{1/2} \tag{F.102}$$

$\tilde{k}$ 的虚部导致了波的衰减(随着 z 的增大，幅度减小)，有

$$\boldsymbol{E}(z,t) = \boldsymbol{E}_0 e^{-\kappa z} e^{i(kz-\omega t)}, \quad \boldsymbol{B}(z,t) = \boldsymbol{B}_0 e^{-\kappa z} e^{i(kz-\omega t)} \tag{F.103}$$

使幅度降低到 1/e(大约 1/3)的所用的距离称为趋肤深度,即

$$d \equiv \frac{1}{\kappa} \tag{F.104}$$

它是波穿透到导体中多远的一个度量[1]。同时,$\tilde{k}$ 的实部以一般的方式决定着波长、传播速度和折射系数,即

$$\lambda = \frac{2\pi}{k}, \quad \upsilon = \frac{\omega}{k}, \quad n = \frac{ck}{\omega} \tag{F.105}$$

对于任何 $\tilde{E}_0$ 和 $\tilde{B}_0$,衰减的平面波(式(F.103))满足修正的波方程(F.98)。但麦克斯韦方程(F.97)进一步施加了约束,这用来确定 E 和 B 的相对幅度、相位和偏振。和以前一样,麦克斯韦方程中的式(1)和式(2)消除了任何 z 分量:因为场是横向的。我们也可以调整我们的轴,以使 E 沿着 x 方向偏振,有

$$\tilde{E}(z,t) = \tilde{E}_0 e^{-\kappa z} e^{i(kz-\omega t)} \hat{x} \tag{F.106}$$

这样由麦克斯韦方程的式(3)得到

$$\tilde{B}(z,t) = \frac{\tilde{k}}{\omega} \tilde{E}_0 e^{-\kappa z} e^{i(kz-\omega t)} \hat{y} \tag{F.107}$$

麦克斯韦方程的式(4)说明了相同的事情:电场和磁场是相互垂直的。像任何复数一样,$\tilde{k}$ 可以采用模和相位表示[1]

$$\tilde{k} = K e^{i\phi} \tag{F.108}$$

式中:

$$K = |\tilde{k}| = \sqrt{k^2 + \kappa^2} = \omega \sqrt{\varepsilon\mu \sqrt{1 + \left(\frac{\sigma}{\varepsilon\omega}\right)^2}} \tag{F.109}$$

而且

$$\phi \equiv \tan^{-1}(\kappa/k)$$

根据式(F.104)和式(F.107),复幅度 $\tilde{E}_0 = E_0 e^{i\delta_E}$ 和 $\tilde{B}_0 = B_0 e^{i\delta_B}$ 是通过

$$B_0 e^{i\delta_B} = \frac{K e^{i\phi}}{\omega} e^{i\delta_E} \tag{F.110}$$

联系起来的。显然,电场和磁场不再是同相的,事实上

$$\delta_B - \delta_E = \phi \tag{F.111}$$

磁场滞后于电场[1]。同时,E 和 B 的(实幅度)的关系是

$$\frac{B_0}{E_0} = \frac{K}{\omega} \sqrt{\varepsilon\mu \sqrt{1 + \left(\frac{\sigma}{\varepsilon\omega}\right)^2}} \tag{F.112}$$

最后,(实)电场和磁场是

$$\left.\begin{array}{l}\boldsymbol{E}(z,t)=E_0\mathrm{e}^{-kz}\cos(kz-\omega t+\delta_E)\hat{\boldsymbol{x}}\\ \boldsymbol{B}(z,t)=B_0\mathrm{e}^{-kz}\cos(kz-\omega t+\delta_E+\phi)\hat{\boldsymbol{y}}\end{array}\right\} \quad (\text{F}.113)$$

这些场如图 F.29 所示。

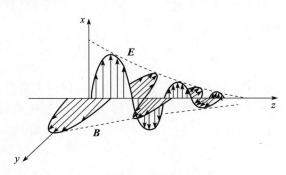

图 F.29 电场和磁场的表示

例 1：假设将某些自由电荷嵌入一块玻璃中。电荷流动到表面大约要用多长时间？

银是一种优良的导体，但是昂贵。假设你正在设计一个工作在 1010Hz 的微波实验，要使银的涂层做得多厚？

求解工作在 1MHz 的无线电波在铜中传播的波长和速度，比较在空气（或真空）中的对应的值。

解：由式（F.96）$\Rightarrow \tau = \varepsilon/\sigma$，$\varepsilon = \varepsilon_0 \varepsilon_r$，由式（F.49），我们有 $\varepsilon_r \approx n^2$，而且对于玻璃，折射系数通常大约为 1.5，因此 $\varepsilon \approx (1.5)^2 kt = 8.85 \times 10^{-12} \text{C}^2/\text{Nm}^2$。$\sigma = 1/\rho \approx 10^{-12} (\Omega \cdot \text{m})$（见表 F.3），则 $\tau = (2 \times 10^{-11})/10^{-12} = 20\text{s}$（但不同类型的玻璃的电阻有显著的变化，因此这一答案可能在每个方向有 100 倍的偏差）。

对于银，$\rho = 1.59 \times 10^{-8}$（见表 F.3），$\varepsilon \approx \varepsilon_0$，因此 $\omega\varepsilon = 2\pi \times 10^{10} \times 8.85 \times 10^{-12} = 0.56$。

$\sigma = 1/\rho = 6.25 \times 10^7 (\Omega \cdot \text{m})^{-1} \gg \omega\varepsilon$，趋肤深度（式（F.104））为

$$d = \frac{1}{\kappa} \approx \sqrt{\frac{2}{\omega\sigma\mu}} = \sqrt{\frac{2}{2\pi \times 10^{10} \times 6.25 \times 10^7 \times 4\pi \times 10^{-7}}} = 6.4 \times 10^{-7}\text{m} = 6.4 \times 10^{-4}\text{mm}$$

我们将银板放在大约 0.001mm 的深度，将它做得更厚没有意义，因为场不会穿透到更深的深度。

对于铜，由表 F.3 可得

$\sigma = 1/(1.68 \times 10^{-8}) \approx 6 \times 10^7 (\Omega \cdot \text{m})^{-1}$，$\omega\varepsilon_0 = (2\pi \times 10^6) \times (8.85 \times 10^{-12}) = 5.56 \times 10^{-5}$。因为 $\sigma \gg \omega\varepsilon$，由式（F.103）有

$$k \approx 2\pi\sqrt{\frac{2}{\omega\sigma\mu_0}} = 2\pi\sqrt{\frac{2}{2\pi\times 10^6\times 6\times 10^7\times 4\pi\times 10^{-7}}} = 4\times 10^{-7}\text{m} = 0.4\text{mm}_{\circ}$$

由式(F.103),传播速度是 $v = \frac{\omega}{k} = \frac{\omega}{2\pi}\lambda = \lambda\nu = (4\times 10^{-4})\times 10^6 = 400\text{m/s}$。在真空中,$\lambda = \frac{c}{\nu} = \frac{3\times 10^8}{10^6} = 300\text{m}$; $v = c = 3\times 10^8 \text{m/s}$(但实际上,在一个好的导体中,与波长相比,趋肤深度如此小,以至于"波长"和"传播速度"的概念失去了它的意义)。

图 F.3 电阻率/($\Omega \cdot$m)(所有的值是在 1 个大气压,200°C 的条件下得到的)。[7]

材料	电阻率	材料	电阻率
导体		半导体	
银	1.59×10^{-8}	盐水(饱和)	4.4×10^{-2}
铜	1.68×10^{-8}	锗	4.4×10^{-1}
金	2.21×10^{-8}	金刚石	2.7
铝	2.65×10^{-8}	硅	2.5×10^3
铁	9.61×10^{-7}	绝缘体	
水银	9.58×10^{-7}	水(纯)	2.5×10^5
镍	1.00×10^{-6}	木材	$10^8 \sim 10^{11}$
锰	1.44×10^{-6}	玻璃	$10^{10} \sim 10^{14}$
石墨	1.4×10^{-5}	石英(熔融)	$\sim 10^{15}$

F.8.2 在一个导电表面的反射

边界条件被用来分析在两个介电之间的一个界面上的反射和折射(在存在自由电荷和电流时不成立)。我们有更一般的关系(式(F.114)),

$$\left.\begin{array}{l}(1)\ \varepsilon_1 E_1^{\perp} - \varepsilon_2 E_2^{\perp} = 0, \quad (3)\ E_1^{\parallel} - E_2^{\parallel} = 0 \\ (2)\ B_1^{\perp} - B_2^{\perp} = 0, \quad (4)\ \frac{1}{\mu_1}B_1^{\parallel} \frac{1}{\mu_2}B_2^{\parallel} = \boldsymbol{K}_f \times \hat{\boldsymbol{n}}\end{array}\right\} \quad (\text{F.114})$$

在(4)中,有附加的表面电流项 $\boldsymbol{K}_f$[1]。在这种情况下,σ_f(不要与电导率混淆)是表面自由电荷,$\boldsymbol{K}_f$ 是表面自由电流,$\hat{\boldsymbol{n}}$(不要与波的偏振混淆)是一个垂直于表面的单位矢量(从介质②瞄向介质①。对于欧姆导体($\boldsymbol{J}_f = \sigma\boldsymbol{E}$),没有表面自由电流,因为这需要在边界处有无限的电场[1]。

假设 xy 平面构成了一个非导电的线性介质(①)和一个导体(②)之间的边

界，一个在 z 方向传播、在 x 方向偏振的单色平面波从左入射，如图 F.23 所示，有

$$\widetilde{\boldsymbol{E}}_1(z,t) = \widetilde{E}_{0\mathrm{I}} \mathrm{e}^{\mathrm{i}(k_1 z - \omega t)} \hat{\boldsymbol{x}}, \quad \widetilde{\boldsymbol{B}}_1(z,t) = \frac{1}{v_1} \widetilde{B}_{0\mathrm{I}} \mathrm{e}^{\mathrm{i}(k_1 z - \omega t)} \hat{\boldsymbol{y}} \qquad (\mathrm{F}.115)$$

这一入射波产生了下面的一个反射波[1]，即

$$\widetilde{\boldsymbol{E}}_\mathrm{R}(z,t) = \widetilde{E}_{0\mathrm{R}} \mathrm{e}^{\mathrm{i}(k_1 z - \omega t)} \hat{\boldsymbol{x}}, \quad \widetilde{\boldsymbol{B}}_\mathrm{R}(z,t) = \frac{1}{v_1} \widetilde{B}_{0\mathrm{R}} \mathrm{e}^{\mathrm{i}(k_1 z - \omega t)} \hat{\boldsymbol{y}} \qquad (\mathrm{F}.116)$$

传播回介质（①）的左边，透射波为

$$\widetilde{\boldsymbol{E}}_\mathrm{T}(z,t) = \widetilde{E}_{0\mathrm{T}} \mathrm{e}^{\mathrm{i}(k_1 z - \omega t)} \hat{\boldsymbol{x}}, \quad \widetilde{\boldsymbol{B}}_\mathrm{T}(z,t) = \frac{1}{v_1} \widetilde{B}_{0\mathrm{T}} \mathrm{e}^{\mathrm{i}(k_1 z - \omega t)} \hat{\boldsymbol{y}} \qquad (\mathrm{F}.117)$$

当它穿透到导体中时会衰减。

按照边界条件式(F.114)，在 $z=0$ 处，在介质（①）内的组合波必须加入在介质（②）中的波中，因为在两边 $E^\perp = 0$，边界条件(1)产生 $\sigma_f = 0$。因为 $B^\perp = 0$，(2)自动地满足。同时，由(3)给出

$$\widetilde{E}_{0\mathrm{I}} + \widetilde{E}_{0\mathrm{R}} = \widetilde{E}_{0\mathrm{T}} \qquad (\mathrm{F}.118)$$

而且(4)($K_f = 0$)指出

$$\frac{1}{\mu_1 v_1}(\widetilde{E}_{0\mathrm{I}} - \widetilde{E}_{0\mathrm{R}}) - \frac{\widetilde{k}_2}{\mu_2 \omega} \widetilde{E}_{0\mathrm{T}} = 0 \qquad (\mathrm{F}.119)$$

或

$$\widetilde{E}_{0\mathrm{I}} - \widetilde{E}_{0\mathrm{R}} = \widetilde{\beta} \widetilde{E}_{0\mathrm{T}} \qquad (\mathrm{F}.120)$$

式中：

$$\widetilde{\beta} \equiv \frac{\mu_1 v_1}{\mu_2 \omega} \widetilde{k}_2 \qquad (\mathrm{F}.121)$$

它满足

$$\widetilde{E}_{0\mathrm{R}} = \left(\frac{1-\widetilde{\beta}}{1+\widetilde{\beta}}\right) \widetilde{E}_{0\mathrm{I}}, \quad \widetilde{E}_{0\mathrm{T}} = \left(\frac{2}{1+\widetilde{\beta}}\right) \widetilde{E}_{0\mathrm{I}} \qquad (\mathrm{F}.122)$$

这些结果在形式上与在非导体之间的界面上应用（式(F.57)）得到的结果相同，但这种相似性是有欺骗性的，因为 $\widetilde{\beta}$ 现在是一个复数。

对于一个完美的导体（$\sigma = \infty$），$k_2 = \infty$（式(F.102)），因此 $\widetilde{\beta}$ 是无穷的，而且

$$\widetilde{E}_{0\mathrm{R}} = -\widetilde{E}_{0\mathrm{I}}, \quad \widetilde{E}_{0\mathrm{T}} = 0 \qquad (\mathrm{F}.123)$$

在波是完全反射的情况下，有 180°的相移。（这是为什么良好的导体能制成好的反射镜的原因。实际上，你将一块玻璃的背面镀上薄的银镀膜，玻璃并没有对反射做出什么贡献，它只是支撑银薄膜，并避免它失去光泽。因为在光学频

率上银的趋肤深度为 100Å 量级，不需要非常厚的银层）。

例1：计算空气-银界面上的光的反射系数（$\mu_1=\mu_2=\mu_0$，$\varepsilon_1=\varepsilon_0$，$\sigma=6\times10^7$ $(\Omega\cdot m)^{-1}$，在光学频率上（$\omega=4\times10^{15}\mathrm{s}^{-1}$））。

解：根据式（F.122），$R=\left|\dfrac{\tilde{E}_{0R}}{\tilde{E}_{0I}}\right|^2=\left|\dfrac{1-\tilde{\beta}}{1+\tilde{\beta}}\right|^2=\left(\dfrac{1-\tilde{\beta}}{1+\tilde{\beta}}\right)\left(\dfrac{1-\tilde{\beta}^*}{1+\tilde{\beta}^*}\right)$，其中 $\tilde{\beta}^*$ 是 $\tilde{\beta}$ 的复共轭，且 $\tilde{\beta}=\dfrac{\mu_1 v_1}{\mu_2 \omega}\tilde{k}_2=\dfrac{\mu_1 v_1}{\mu_2 \omega}(k_2+\mathrm{i}\kappa_2)$（式（F.101）和式（F.121））。因为银是一个良好的导体（$\sigma\gg\varepsilon\omega$），式（F.102）简化为 $\kappa_2\approx k_2\approx\omega\sqrt{\dfrac{\varepsilon_2\mu_2}{2}}\sqrt{\dfrac{\sigma}{\varepsilon_2\omega}}=\sqrt{\dfrac{\sigma\omega\mu_2}{2}}$，因此

$$\tilde{B}=\dfrac{\mu_1 v_1}{\mu_2\omega}\sqrt{\dfrac{\sigma\omega\mu_2}{2}}(1+\mathrm{i})=\mu_1 v_1\sqrt{\dfrac{\sigma}{2\mu_2\omega}}(1+\mathrm{i})$$

现在假设

$$\gamma\equiv\mu_1 v_1\sqrt{\dfrac{\sigma}{2\mu_2\omega}}=\mu_0 c\sqrt{\dfrac{\sigma}{2\mu_0\omega}}=c\sqrt{\dfrac{\sigma\mu_0}{2\omega}}$$

$$=(3\times10^8)\sqrt{\dfrac{(3\times10^7)(4\pi\times10^{-7})}{2\times(4\times10^{15})}}=29$$

$$R=\left(\dfrac{1-\gamma-\mathrm{i}\gamma}{1+\gamma+\mathrm{i}\gamma}\right)\left(\dfrac{1-\gamma+\mathrm{i}\gamma}{1+\gamma-\mathrm{i}\gamma}\right)=\dfrac{(1-\gamma)^2+\gamma^2}{(1+\gamma)^2+\gamma^2}=0.93$$

显然 93% 的光被反射。

F.8.3 介电常数与频率的相关性

在前面的章节中，我们看到电磁波通过物质的传播由材料的 3 个性质主导，这 3 个性质与以下常数相关：

（1）介电常数 ε。

（2）磁导率 μ。

（3）电导率 σ。

实际上，这些参数中的每个参数在某种程度上与考虑的波的频率相关。如果介电常数是真正的常数，则在透明介质中的折射系数 $n\approx\sqrt{\varepsilon_r}$ 也是常数。但在光学界众所周知，n 是波长的函数（图 F.30 给出了典型的玻璃的折射率与波长的关系）。棱镜或雨滴使蓝光比红光弯曲的程度更大，并将白光色散成彩虹的颜色，这一现象称为色散。进一步推广，只要波的速度取决于其频

率，经过的传播介质就是色散的。导体有时就是色散介质，见式（F.102）和式（F.103）。

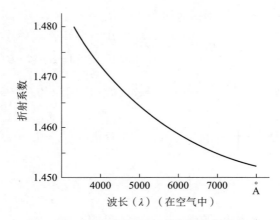

图 F.30　典型的玻璃的折射率与波长的关系

由于不同频率的波在色散介质中以不同的速度运动，由各种频率构成的波形在传播时形状改变。一个尖锐波峰的波通常会被平坦化，其中每个正弦分量以原始的波速（或相速）运动，即

$$v = \frac{\omega}{k} \tag{F.124}$$

波包作为一个整体（"包络"）以所谓的群速运动[8]，相关的更多的信息见本书附录 G。

$$v_g = \frac{d\omega}{dk} \tag{F.125}$$

图 F.31 给出了这两个波速的典型的描述。

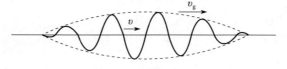

图 F.31　相速和群速

本书的目的是采用在介电物质中电子的表现的简化模型讨论在非导体中 ε 与频率的相关性。在非导体中，电子被束缚在特定的分子中[1]，实际的结合力可能是非常复杂的，但我们可以把每个电子想象为在一个假想的力为 k_{spring} 的弹簧的末端（图 F.32）。

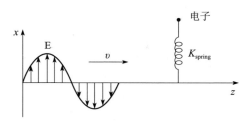

图 F.32 电子的运动

$$F_{\text{binding}} = k_{\text{spring}} x = -m\omega_0^2 x \quad (\text{F.126})$$

式中：x 为相对于平衡点的位移；m 为电子的质量；ω_0 为自然振荡频率 $\sqrt{k_{\text{spring}}/m}$。利用泰勒级数在有足够小的位移的平衡点附近将势能展开，我们有

$$U(x) = U(0) + xU'(0) + \frac{1}{2}x^2 U''(0) + \cdots$$

第一项是一个常量，没有动力学意义（可以总是调整势能的零点，以使 $U(0)=0$）；第二项自动地消失，因为 $dU/dx = -F$，而且按照平衡的特性，在该点的力为 0；第三项是具有力常数 $k_{\text{spring}} = -d^2 U/dx^2 \big|_0$ 的一个弹簧的势能（对于一个稳定平衡点，二阶导数是负的）。只要位移是小的，级数中的较高阶的项可以忽略[1]。同时，在电子中假设有某些阻尼力，即

$$F_{\text{damping}} = -my\frac{dx}{dt} \quad (\text{F.127})$$

阻尼必须与速度的方向相反，使它与速度成正比是实现的最简单的方式。这里我们不关心导致阻尼的原因，如振荡的电荷辐射以及辐射抽走的能量。

在频率为 ω 的电磁波中，极化在 x 方向（图 F.32），电子受到一个驱动力

$$F_{\text{driving}} = qE = qE_0 \cos(\omega t) \quad (\text{F.128})$$

式中：q 为电子的电荷；E_0 为在电子所处的位置 z 点的波的幅度。如果我们仅关注在一点，这一点使最大的 E 出现在 $t=0$，则按照牛顿第二定律我们有

$$m\frac{d^2 x}{dt^2} = F_{\text{total}} = F_{\text{binding}} + F_{\text{damping}} + F_{\text{driving}}$$

$$m\frac{d^2 x}{dt^2} + my\frac{dx}{dt} + m\omega_0^2 = qE_0 \cos(\omega t) \quad (\text{F.129})$$

我们的模型则将电子描述为一个以频率 ω 推进的阻尼谐振子（假设更大质量的原子核保持静止）[1]。

如果我们将其当做一个复方程的实部，式（F.129）较易于处理，即

$$\frac{d^2 \tilde{x}}{dt^2} + \gamma \frac{d\tilde{x}}{dt} + \omega_0^2 \tilde{x} = \frac{q}{m} E_0 e^{-i\omega t} \tag{F.130}$$

在稳定状态下，系统以驱动频率振荡，即

$$\tilde{x}(t) = \tilde{x}_0 e^{-i\omega t} \tag{F.131}$$

将式(F.131)插入式(F.130)，我们得到

$$\tilde{x}_0 = \frac{q/m}{\omega_0^2 - \omega^2 - i\gamma\omega} E_0 \tag{F.132}$$

偶极子矩是

$$\tilde{p}(t) = q\tilde{x}(t) = \frac{q/m}{\omega_0^2 - \omega^2 - i\gamma\omega} E_0 e^{-i\omega t} \tag{F.133}$$

的实部。分母中的虚项意味着 p 与 E 是不同相的，滞后一个角度 $\tan^{-1}[\gamma\omega/(\omega_0^2 - \omega^2)]$，当 $\omega \ll \omega_0$ 时这非常小，当 $\omega \gg \omega_0$，增大到 π。

通常，在一个给定的分子中处于不同的位置的电子表现出不同的自然频率和阻尼系数。我们说在每个分子中有具有频率 ω_j 和阻尼 γ_j 的 f_j 个电子。如果每单位体积内有 N 个分子，极化 P 由下式的实部给出，即

$$\tilde{P} = \frac{Nq^2}{m} \left(\sum_j \frac{f_j}{\omega_j^2 - \omega^2 - i\gamma_j\omega} \right) \tilde{E} \tag{F.134}$$

这直接应用到稀薄气体情况，对于更稠密的物质，要根据克劳修斯-莫索提方程，对理论略为修改。注意，我们不应将一个介质的"极化" P 和一个波的"偏振"混淆，它们用相同的词，但有完全无关的意义。

现在我们将电极化率定义为 P 和 E 之间的比例常数（具体地，$P = \varepsilon_0 \chi_e E$）[1]。在现在的情况下，$P$ 不正比于 E（严格地说，这不是一个线性介质），因为在相位上有差别。然而，复的极化 P 正比于复场 E，这表明我们引入了一个复极化率 $\tilde{\chi}_e$，有

$$P = \varepsilon_0 \tilde{\chi}_e E \tag{F.135}$$

从这些我们得出物理极化是 $\tilde{P}$ 的实部的结论，正像物理场是 $\tilde{E}$ 的实部一样。具体而言，$\tilde{D}$ 和 $\tilde{E}$ 之间的比例系数是复介电常数 $\tilde{\varepsilon} = \varepsilon_0(1 + \tilde{\chi}_e)$，在这一模型中复介电常数是

$$\tilde{\varepsilon}_r = 1 + \frac{Nq^2}{m\varepsilon_0} \sum_j \frac{f_j}{\omega_j^2 - \omega^2 - i\gamma_j\omega} \tag{F.136}$$

最初，虚部是可以忽略的，然而，当 ω 非常接近于谐振频率 ω_j 之一时，正如我们看到的那样，虚部起着重要的作用。在一个色散介质中，对一个给定的频率，波方程为

$$\nabla^2 \widetilde{\boldsymbol{E}} = \widetilde{\varepsilon}\mu_0 \frac{\partial^2 \widetilde{\boldsymbol{E}}}{\partial t^2} \qquad (\text{F}.137)$$

同前面一样,这给出了平面波解

$$\widetilde{\boldsymbol{E}}(z,t) \equiv \widetilde{\boldsymbol{E}}_0 \mathrm{e}^{\mathrm{i}(\widetilde{k}z-\omega t)} \qquad (\text{F}.138)$$

其复波数为

$$\widetilde{k} \equiv \sqrt{\widetilde{\varepsilon}\mu_0}\omega \qquad (\text{F}.139)$$

采用实部和虚部写出 $\widetilde{k}$

$$\widetilde{k} = k + \mathrm{i}\kappa \qquad (\text{F}.140)$$

式(F.138)变成了

$$\widetilde{\boldsymbol{E}}(z,t) = \widetilde{\boldsymbol{E}}_0 \mathrm{e}^{-\kappa z} \mathrm{e}^{\mathrm{i}(kz-\omega t)} \qquad (\text{F}.141)$$

显然,波是衰减的,因为阻尼吸收能量[1]。因为强度正比于 E^2,因此正比于 $\mathrm{e}^{-2\kappa z}$,量

$$\alpha \equiv 2\kappa \qquad (\text{F}.142)$$

称为吸收系数。同时,波数是 ω/k,折射系数是

$$n = \frac{ck}{\omega} \qquad (\text{F}.143)$$

然而,在现在的情况下,k 和 κ 对电导率没有贡献,它们是由我们的阻尼谐振子的参数决定的。对于气体,式(F.136)中的第二个项是小的,我们可以通过在二项式展开 $\sqrt{1+\varepsilon} \approx 1 + \frac{1}{2}\varepsilon$ 的第一项来近似平方根,则有

$$\widetilde{k} = \frac{\omega}{c}\sqrt{\widetilde{\varepsilon}_r} \approx \frac{\omega}{c}\left[1 + \frac{Nq^2}{2m\varepsilon_0}\sum_j \frac{f_j}{\omega_j^2 - \omega^2 - \mathrm{i}\gamma_j\omega}\right] \qquad (\text{F}.144)$$

或

$$n = \frac{ck}{\omega} \approx 1 + \frac{Nq^2}{m\varepsilon_0}\sum_j \frac{f_j(\omega_j^2 - \omega^2)}{(\omega_j^2 - \omega^2)^2 - \mathrm{i}\gamma_j^2\omega^2} \qquad (\text{F}.145)$$

以及

$$\alpha = 2\kappa \approx \frac{Nq^2\omega^2}{m\varepsilon_0 c}\sum_j \frac{f_j\gamma_j}{(\omega_j^2 - \omega^2)^2 - \mathrm{i}\gamma_j^2\omega^2} \qquad (\text{F}.146)$$

Griffiths[1]已经绘出了在一个谐振峰附近的折射系数和吸收系数。在大部分时间,折射系数随着频率的增大而逐渐增大,与我们在光学方面的经验一致(图 F.30)。然而,在一个谐振峰的最近邻域,折射系数显著下降,由于这一表现是非典型的,这称为异常色散。注意,异常色散区域(在图 F.33 中,$\omega_1 < \omega < \omega_2$)与最大吸收区域一致,事实上,该材料在这一频率范围内实际上是不透

明的，原因是我们现在将电子驱动到它们"喜好的"频率上，它们振荡的幅度是相对大的，相应地有大量的能量被阻尼机制而耗散。

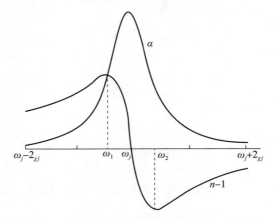

图 F.33 在一个谐振峰附近的折射系数和吸收系数的曲线

在图 F.33 中，在谐振峰上面，n 小于 1，这表明波速超过 c，这没有理由惊奇，因为能量不是以波速，而是以群速运动的（见下面的例 1）。此外，该曲线不包括累加中的其他项的贡献，加上了一个相对恒定的"背景"，在某些情况下，保持在谐振峰的两侧 $n>1$。

如果同意离开谐振峰，阻尼可以忽略，折射系数的公式简化为

$$n = 1 + \frac{Nq^2}{m\varepsilon_0} \sum_j \frac{f_j}{\omega_j^2 - \omega^2} \tag{F.147}$$

对于大部分物质，自然频率 ω_j 以非常混沌的方式扩散在整个频谱内。但对于透明的材料，最近的显著的谐振峰通常位于紫外波段，因此 $gw<\omega_j$。在这种情况下

$$\frac{1}{\omega_j^2 - \omega^2} = \frac{1}{\omega_j^2}\left(1 - \frac{\omega^2}{\omega_j^2}\right)^{-1} \approx \frac{1}{\omega_j^2}\left(1 + \frac{\omega^2}{\omega_j^2}\right)$$

式（F.147）的形式为

$$n = 1 + \left(\frac{Nq^2}{m\varepsilon_0} \sum_j \frac{f_j}{\omega_j^2}\right) + \omega^2\left(\frac{Nq^2}{2m\varepsilon_0} \sum_j \frac{f_j}{\omega_j^4}\right) \tag{F.148}$$

或者，采用真空中的波长（$\lambda = 2\pi c/\omega$），有

$$n = 1 + A\left(1 + \frac{B}{\lambda^2}\right) \tag{F.149}$$

这称为柯西公式。式中：常数 A 为折射系数；B 为色散系数。在光学区，柯西方程对于大部分气体合理地适用。

在这里 Griffiths[1]的确不能描述在非导体介质中的色散的全部。然而，这说明了电子的阻尼谐波运动可能是折射系数与频率相关的原因，并解释了为什么 n 最初是 ω 的一个缓变的增函数，但偶尔有"异常"的出乎意料的下降。

例1： 假设阻尼可以忽略（$\gamma_j = 0$），计算由式（F.141）和式（F.144）描述的群速 $\left(v_g = \dfrac{d\omega}{dk}\right)$，表明即便在 $v > c$ 时，$v_g < c$。

解：

$$k = \frac{\omega}{c}\left[1 + \frac{Nq^2}{2m\varepsilon_0}\sum_j \frac{f_j}{(\omega_j^2 - \omega^2)}\right], \quad v_g = \frac{d\omega}{dk} = \frac{1}{(dk/d\omega)}$$

$$\frac{d\omega}{dk} = \frac{1}{c}\left[1 + \frac{Nq^2}{2m\varepsilon_0}\sum_j \frac{f_j}{(\omega_j^2 - \omega^2)} + \omega\sum f_j \frac{-(-2\omega)}{(\omega_j^2 - \omega^2)^2}\right]$$

$$= \frac{1}{c}\left[1 + \frac{Nq^2}{2m\varepsilon_0}\sum_j f_j \frac{(\omega_j^2 + \omega^2)}{(\omega_j^2 - \omega^2)^2}\right]$$

$$v_g = c\left[1 + \frac{Nq^2}{2m\varepsilon_0}\sum f_j \frac{(\omega_j^2 + \omega^2)}{(\omega_j^2 - \omega^2)^2}\right]$$

因为在方括号中的第二项是负的，$v_g < c$，而

$$v = \frac{\omega}{k} = c\left[1 + \frac{Nq^2}{2m\varepsilon_0}\sum \frac{f_j}{(\omega_j^2 - \omega^2)^2}\right]^{-1}$$

大于 c 或小于 c，这取决于 ω。

F.9 导体中的电磁波

在我们以前对物质中的电磁波的讨论中，我们已经假设没有自由电荷（$\rho_{\text{free}} = \rho_f$）或自由电流（$J_{\text{free}} = J_f$），存在的仅有的电荷是介电体中的束缚电荷。当涉及导体时，在施加外部电场时，有大量的电子自由运动。在导体中仍然有束缚电荷（在一个导体中的原子通常仅贡献一个或两个传导电子），但我们发现（在一个好的导体中），场与自由电荷和电流的相互作用主导一切。

在一个服从欧姆定律的欧姆材料中，我们可以写出

$$J(r, t) = \sigma_c E(r, t) \tag{F.150}$$

式中：σ_c 为导电材料的电导率（不要与表面电荷密度搞错！），$\sigma_c = 1/\rho_c$，我们取导体内部是均匀的（ρ_c 为金属导体的电阻率，量纲为欧姆·米）。对于由于这些电流在导体中可以积累的自由电荷，由电荷守恒我们知道

$$\nabla \cdot J(r, t) = -\frac{\partial \rho_f}{\partial t} \tag{F.151}$$

因此在这样一个导体内部，我们可以假设线性的/均匀的/各向同性的导电介质

具有介电系数 ε 和磁导率 μ。将这与物质中的电场的高斯定律 $\nabla \cdot (\varepsilon \boldsymbol{E}(\boldsymbol{r}, t)) = -\dfrac{\partial \rho_{\mathrm{f}}}{\partial t}$ 相结合，得到自由电荷分布多快地耗尽。记住，麦克斯韦方程总是将电荷和电流划分成对于求解场方便的自由的和受束缚的电荷（或电流），但是我们不一定要这样做。现在将这些关系带入式（F.151），我们可以写出

$$\frac{\partial \rho_{\mathrm{f}}}{\partial t} = \nabla \cdot (\varepsilon \boldsymbol{E}(\boldsymbol{r}, t)) = -\frac{\sigma_c}{\varepsilon}[(\varepsilon \boldsymbol{E}(\boldsymbol{r},t))] = -\frac{\sigma_c}{\varepsilon}\rho_{\mathrm{f}} \quad (\mathrm{F.152})$$

或

$$\frac{\partial \rho_{\mathrm{f}}}{\partial t} = -\frac{\sigma_c}{\varepsilon}\rho_{\mathrm{f}} \quad (\mathrm{F.153})$$

这个一阶微分方程的解是

$$\rho_{\mathrm{f}}(t) = \rho(0)\exp(-\sigma_c t/\varepsilon) = \rho(\boldsymbol{r}, t=0)\mathrm{e}^{-t/\tau_{\mathrm{relax}}} \quad (\mathrm{F.154})$$

这是指数型的阻尼函数，这也告诉我们：堆积在导体中的任何电荷都在一个时间常数 $\tau_c = \varepsilon/\sigma_c$ 内耗尽（由于电荷的相互排斥），"时间常数" 表示初始密度降低到原始值的 $1/\mathrm{e}$（约 37%）时需要的时间。对于一个完美的导体（$\sigma_c \to \infty$），时间常数趋于 0，意味着电荷密度瞬间耗尽。对于一个"良好"的导体（如铜），电导率通常在 $10^8 (\Omega \cdot \mathrm{m})^{-1}$ 量级，时间常数为大约 $10^{-19}\mathrm{s}$，这实际上远小于在构成导体的原子的电子之间碰撞的典型时间，为 τ_c 约 10^{-14}。对于高于 $1/\tau_c$ 的频率，欧姆定律开始不成立，因此这里 τ_c 是重要的时间常数。因此，假设涉及线性/均匀/各向同性导电介质，对于本讨论的其他部分是一个有效的假设，我们假设涉及好的导体和处于或低于光学频率（$10^{15}\mathrm{Hz}$，推动了欧姆定律的使用，但这样做的结果并不好）。换言之，我们应当有 $\omega \ll \sigma_c/\varepsilon$，或者 $\varepsilon\omega/\omega_c \ll 1$。这样，这一假设使我们的计算非常容易。

注意，对通过导体的电磁波进行进一步分析，我们可写出传导材料的电导率 σ 的符号为 σ_c，因为我们知道这的确不是表面电荷密度的情况。

现在再次假设一个由线性、均匀、各向同性的导电材料构成的导体，导电材料的电导率为 ε，磁导率为 μ，涉及 $\rho_{\mathrm{f}} = 0$，这意味着自由电荷扩散的非常快，且 $\boldsymbol{J}(\boldsymbol{r}, t) = \sigma \boldsymbol{E}(\boldsymbol{r}, t)$，这也意味着 $\boldsymbol{J}(\boldsymbol{r}, t) \neq 0$，则我们可以写出在这样的导体中的麦克斯韦方程为

$$\nabla \cdot \boldsymbol{E}(\boldsymbol{r}, t) = \frac{\rho(\boldsymbol{r}, t)}{\varepsilon}$$

$$\nabla \cdot \boldsymbol{B}(\boldsymbol{r}, t) = 0$$

$$\nabla \times \boldsymbol{E}(\boldsymbol{r}, t) = -\frac{\partial \boldsymbol{B}(\boldsymbol{r}, t)}{\varepsilon}$$

并采用欧姆定律的关系 $\boldsymbol{J}(r,t) = \sigma \boldsymbol{E}(r,t)$，我们有第 4 个麦克斯韦方程为

$$\nabla \times \boldsymbol{B}(r,t) = \mu \boldsymbol{J}(r,t) + \mu\varepsilon \frac{\partial \boldsymbol{E}(r,t)}{\partial t} = \mu\sigma \boldsymbol{E}(r,t) + \mu\varepsilon \frac{\partial \boldsymbol{E}(r,t)}{\partial t}$$

(式(F.154)的解)。

由于电荷总是守恒的，因此在导体内的连续性方程是一个一阶的齐次微分方程(如式(F.151b)那样)，其解由式(F.154)给出，如图 F.34 所示，这是一个阻尼指数曲线。

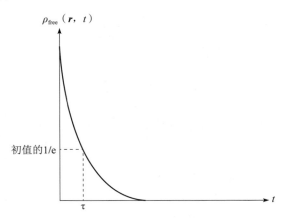

图 F.34　自由密度耗散—特征时间

例 2：计算铜的电荷弛豫时间。

解：假设对铜有数据为

$$\rho_{Cu} = 1/\sigma_{Cu} = 1.68 \times 10^{-8} \Omega \cdot m \Rightarrow \sigma_{Cu} = 1/\rho_{Cu} = 5.95 \times 10^{7} \text{西门子/米}$$

如果我们假设对于金属铜 $\varepsilon_{Cu} \approx 3\varepsilon_0 = 3 \times 8.85 \times 10^{-8} F/m$，则

$$\tau_{Cu}^{relax} = (\varepsilon_{Cu}/\sigma_{Cu}) = \rho_{Cu}\varepsilon_{Cu} = 4.5 \times 10^{-19} s$$

并且：$v_{thermal}^{Cu} \approx \sqrt{3k_B T/m_e} \approx 12 \times 10^5 m/s$，因此我们得到 $\tau_{Cu}^{coll} \approx 3.2 \times 10^{-13} s$。

因此计算的纯铜中的电荷弛豫时间 $\tau_{Cu}^{relax} = 4.5 \times 10^{-19} s$ 远小于计算的纯铜中的碰撞时间 $\tau_{Cu}^{coll} \approx 3.2 \times 10^{-13} s$。此外，实验测量的电荷弛豫时间是 τ_{Cu}^{relax}(实验)$\approx 4.0 \times 10^{-19} s$，这比计算的电荷弛豫时间 $\tau_{Cu}^{relax} \approx 4.5 \times 10^{-19} s$ 大约大一半。

这里的问题是(微观上)欧姆定律在这样短的时间尺度上超出了其适用范围！这里有另外两个事实：电导率和磁导率都是与频率相关的量(即，$\varepsilon = \varepsilon(\omega)$ 和 $\sigma = \sigma(\omega)$)，这在与短时间尺度、瞬态型的现象相关的较高的频率($f = 2\pi/\omega \sim 1/\tau_{relax}$)上更加重要！

因为事实上如果我们想要等待一个短的时间(例如，Δt 约 $1 ps = 10^{-12} s$)，

则任何在 $t=0$ 时导体内累积的初始的自由电荷密度 $\rho_{\text{free}}(r, t=0)$ 被耗尽，由这一时间开始，可以安全地假设 $\rho_{\text{free}}(r, t)=0$。

因此，在许多个电荷弛豫时间常数后，例如 $20\tau_{\text{relax}} \leqslant \Delta t \approx \Delta t \approx 1\text{ps}=10^{-12}\text{s}$，则对于一个导体，麦克斯韦方程变成了（从此开始，$\rho_{\text{free}}(r, t \geqslant \Delta t)=0$）对于一个电荷平衡的导体的新的麦克斯韦方程组，即

$$\nabla \cdot \boldsymbol{E}(r,t) = \frac{\rho(r,t)}{\varepsilon}$$

$$\nabla \cdot \boldsymbol{B}(r,t) = 0$$

$$\nabla \times \boldsymbol{E}(r,t) = -\frac{\partial \boldsymbol{B}(r,t)}{\varepsilon}$$

$$\nabla \times \boldsymbol{B}(r,t) = \mu \boldsymbol{J}(r,t) + \mu\varepsilon \frac{\partial \boldsymbol{E}(r,t)}{\partial t} = \mu\sigma \boldsymbol{E}(r,t) + \mu\varepsilon \frac{\partial \boldsymbol{E}(r,t)}{\partial t}$$

$$\nabla \times \boldsymbol{B}(r,t) = \mu \boldsymbol{J}(r,t) + \mu\varepsilon \frac{\partial \boldsymbol{E}(r,t)}{\partial t} = \mu\left(\sigma \boldsymbol{E}(r,t) + \varepsilon \frac{\partial \boldsymbol{E}(r,t)}{\partial t}\right)$$

现在因为这些方程是不同于以前推导的在自由空间和/或在线性的/均匀的/各向同性的非导电材料中的单色平面电磁波（仅有式（F.4）改变），我们重新导出 $\boldsymbol{E}$ 和 $\boldsymbol{B}$ 的波方程。正如前面那样，我们对式（F.3）和式（F.4）采用叉积运算，并采用以下矢量等式，得到

$$\nabla \times (\nabla \times \boldsymbol{E}) = (\nabla \cdot \boldsymbol{E})\nabla - (\nabla \cdot \nabla)\boldsymbol{E} + (\boldsymbol{E} \cdot \nabla)\nabla - (\nabla \cdot \nabla)\boldsymbol{E}$$

$$\nabla \times (\nabla \times \boldsymbol{E}) = -\frac{\partial}{\partial t}(\nabla \times \boldsymbol{B}) = \nabla(\nabla \cdot \boldsymbol{E})^0 - \nabla^2 \boldsymbol{E} = -\frac{\partial}{\partial t}\left(\mu\sigma \boldsymbol{E} + \mu\varepsilon \frac{\partial \boldsymbol{E}}{\partial t}\right)$$

$$= \nabla^2 \boldsymbol{E} = \mu\varepsilon \frac{\partial^2 \boldsymbol{E}}{\partial t^2} + \mu\sigma \frac{\partial \boldsymbol{E}}{\partial t}$$

$$\nabla \times (\nabla \times \boldsymbol{B}) = \mu[\sigma(\nabla \times \boldsymbol{E})] + \varepsilon \frac{\partial}{\partial t}(\nabla \times \boldsymbol{E}) = \nabla(\nabla \cdot \boldsymbol{B}) - \nabla^2 \boldsymbol{B} = \mu\sigma \frac{\partial \boldsymbol{B}}{\partial t} - \mu\varepsilon \frac{\partial^2 \boldsymbol{B}}{\partial t^2}$$

$$= \nabla^2 \boldsymbol{B} = \mu\varepsilon \frac{\partial^2 \boldsymbol{B}}{\partial t^2} + \mu\sigma \frac{\partial \boldsymbol{B}}{\partial t}$$

可以写为

$$\nabla^2 \boldsymbol{E}(r,t) = \mu\varepsilon \frac{\partial^2 \boldsymbol{E}(r,t)}{\partial t^2} + \mu\sigma \frac{\partial \boldsymbol{E}(r,t)}{\partial t}$$

和

$$\nabla^2 \boldsymbol{B}(r,t) = \mu\varepsilon \frac{\partial^2 \boldsymbol{B}(r,t)}{\partial t^2} + \mu\sigma \frac{\partial \boldsymbol{B}(r,t)}{\partial t}$$

注意：在一个导体中的 $\boldsymbol{E}$ 和 $\boldsymbol{B}$ 的和三维波方程有一个具有一个单一的时

间导数的附加项，这类似于一个与速率有关的阻尼项，如对于一个机械谐波振荡器。

上述波方程的一般解通常是振荡方程的形式，在电磁波的传播方向的一个阻尼项（即，一个指数衰减项，例如，与上述波方程相关的 $\boldsymbol{E}$ 和 $\boldsymbol{B}$ 的复平面波型的解），具有的一般形式为

$$\widetilde{\boldsymbol{E}}(z,t) = \widetilde{\boldsymbol{E}}_0 e^{i(\widetilde{k}x-\omega t)} \quad \widetilde{\boldsymbol{B}}(z,t) = \boldsymbol{B}_0 e^{(\widetilde{k}z-\omega t)} = \left(\frac{\widetilde{k}}{\omega}\right)\hat{k}\times\widetilde{\boldsymbol{E}}(z,t) = \frac{1}{\omega}\hat{k}\times\widetilde{\boldsymbol{E}}(z,t) \tag{F.155}$$

这具有与频率相关的复的波数：$\widetilde{k}(\omega) = k(\omega) + i\kappa(\omega)$。

其中，$k(w) = \mathrm{Re}(\widetilde{k}(w))$ 且 $k(w) = f_m(\widetilde{k}(w))$ 在正的 $+\hat{z}$ 方向的对应的复矢量是 $\widetilde{\boldsymbol{k}} = \widetilde{k}(\omega)\widetilde{\boldsymbol{k}} = \widetilde{k}(\omega)\hat{z}$，即 $\widetilde{k}(\omega) = [k(\omega) + i\kappa(\omega)]\hat{z}$。

我们将 $\widetilde{\boldsymbol{E}}(z,t) = \widetilde{\boldsymbol{E}}_0 e^{i(\widetilde{k}x-\omega t)}$ 和 $\widetilde{\boldsymbol{B}}(z,t) = \widetilde{\boldsymbol{B}}_0 e^{i(\widetilde{k}z-\omega t)}$ 插入到它们的上述相应的波方程，并由每个波方程得到复的 $\widetilde{k}(\omega)$ 和 ω 之间的相同的特征方程（色散关系），我们得到关系为

$$\widetilde{k}^2(\omega) = \mu\varepsilon\omega^2 + i\mu\sigma\omega \tag{F.156}$$

因此，因为 $\widetilde{k}(\omega) = k(\omega) + i\kappa(\omega)$，则

$$\widetilde{k}^2(\omega) = [k(\omega) + i\kappa(\omega)]^2 = k^2(\omega) - \kappa^2(\omega) + 2ik(\omega)\kappa(\omega) = \mu\varepsilon\omega^2 + i\mu\sigma\omega \tag{F.157}$$

如果我们暂时抑制复的 $\widetilde{k}(\omega)$ 与 ω 的相关性，这一关系变成了

$$\widetilde{k}^2(\omega) = (k+i\kappa)^2 = k^2 - \kappa^2 + 2ik\kappa = \mu\varepsilon\omega^2 + i\mu\sigma\omega \tag{F.158}$$

我们可以求解这一关系，确定

$$k(\omega) = \mathrm{Re}(\widetilde{k}(\omega))$$
$$\kappa(\omega) = \mathrm{Im}(\widetilde{k}(\omega))$$

首先，通过将其实部和虚部分离将这一关系分离为两个关系，即

$$\widetilde{k}^2(\omega) = (k+i\kappa)^2 = k^2 - \kappa^2 + 2ik = i\mu\sigma\omega \tag{F.159}$$

现在我们有两个分离的独立的方程：$k^2 - \kappa^2 = \mu\varepsilon\omega^2$ 和 $2k\kappa = \mu\sigma\omega$，而且我们有两个未知项，如 k 和 κ。因此，同时求解这两个方程我们得到

$$\kappa = \frac{1}{2}\mu\sigma\omega/k$$

$$k^2 - \kappa^2 = k^2 - \left(\frac{1}{2}\mu\sigma\omega/k\right)^2 = k^2 - \frac{1}{k^2}\left(\frac{1}{2}\mu\sigma\omega\right)^2 = \mu\varepsilon\omega^2 \tag{F.160}$$

然后乘以 k^2 并重新排列各项，得到

$$k^4 - (\mu\varepsilon\omega^2)k^2 - \left(\frac{1}{2}\mu\sigma\omega\right)^2 = 0 \tag{F.161}$$

为了求解该方程，我们令 $x \equiv k^2$，$a \equiv 1$，$b \equiv -(\mu w \omega^2)$ 和 $c \equiv -\left(\frac{1}{2}\mu\sigma\omega\right)^2$，则式（F.161）简化为 $ax^2+bx+c=0$ 这样的二次方程，其根为

$$x = \frac{-b \pm \sqrt{b^2-4ac}}{2a} \quad \text{或} \quad k^2 = \frac{1}{2}\left[+(\mu\varepsilon\omega^2) \mp \sqrt{(\mu\varepsilon\omega^2)^2 + 4\left(\frac{1}{2}\mu\sigma\omega\right)^2}\right]$$

$$k = \frac{1}{2}(\mu\sigma\omega^2)\left[1 \mp \sqrt{1+4\frac{(\mu^2\sigma^2\omega^2)}{4(\mu^2\varepsilon^2\omega^4)}}\right]$$

$$= \frac{1}{2}(\mu\sigma\omega^2)\left[1 \mp \sqrt{1+\frac{(\sigma^2)}{(\varepsilon^2\omega^2)}}\right] = \frac{1}{2}(\mu\sigma\omega^2) \times \left[1 \mp \sqrt{1+\left(\frac{\sigma}{\varepsilon\omega}\right)^2}\right]$$

现在我们可以看到，在物理基础上（$k^2>0$），我们必须选择+符号，因此

$$k^2 = \frac{1}{2}(\mu\sigma\omega^2)\left[1 + \sqrt{1+\left(\frac{\sigma}{\varepsilon\omega}\right)^2}\right]$$

因此

$$k = \sqrt{k^2} = \omega\sqrt{\frac{\varepsilon\mu}{2}}\left[1+\sqrt{1+\left(\frac{\sigma}{\varepsilon\omega}\right)^2}\right]^{1/2} = \omega\sqrt{\frac{\varepsilon\mu}{2}}\left[\sqrt{1+\left(\frac{\sigma}{\varepsilon\omega}\right)^2}\right]^{1/2} \quad （\text{F.162}）$$

在针对 k（或者等价地针对 k^2）求解之后，我们可以采用我们的两个原始的关系（例如，$k^2-\kappa^2=\mu\varepsilon\omega^2$）求解 κ，则有

$$\kappa^2 = k^2 - \mu\varepsilon\omega^2 = \frac{1}{2}(\mu\varepsilon\omega^2)\left[\sqrt{1+\left(\frac{\sigma}{\varepsilon\omega}\right)^2}\right] - \mu\varepsilon\omega^2\left[\sqrt{1+\left(\frac{\sigma}{\varepsilon\omega}\right)^2} - 1\right]$$

因此，我们得到

$$k(\omega) = \mathrm{Re}(\tilde{k}(\omega)) = \omega\sqrt{\frac{\varepsilon\mu}{2}}\left[\sqrt{1+\left(\frac{\sigma}{\varepsilon\omega}\right)^2} + 1\right]^{1/2}$$

$$\kappa(\omega) = \mathrm{Im}(\tilde{k}(\omega)) = \omega\sqrt{\frac{\varepsilon\mu}{2}}\left[\sqrt{1+\left(\frac{\sigma}{\varepsilon\omega}\right)^2} - 1\right]^{1/2} \quad （\text{F.163}）$$

注意，$\tilde{k}$ 的虚部部分，$\kappa(\omega)=\mathrm{Im}(\tilde{k}(\omega))$ 导致了单色平面电磁波随着 z 增大的指数衰减和阻尼，即

对于电场 $\tilde{\bm{E}}(z,t) = \tilde{\bm{E}}_0 e^{-\kappa z} e^{i(kz-\omega t)}$

对于磁场 $\tilde{\bm{B}}(z,t) = \tilde{\bm{B}}_0 e^{-\kappa z} e^{i(kz-\omega t)} = \frac{1}{\omega}\tilde{k} \times \tilde{\bm{E}}_0 e^{-\kappa z} e^{i(kz-\omega t)}$ （F.164）

对于选择的任何 $\tilde{\bm{E}}_0$，这些解（式（F.164））满足上述波方程。

$\bm{E}$ 和 $\bm{B}$ 被衰减和减小到它们在 $z=0$ 处的初始值的 $1/e = e^{-1} = 0.3679$ 的特征距离称为趋肤距离，$\delta_{\mathrm{skindepth}} = \delta_{\mathrm{sc}} = 1/\kappa(\omega)$，而且 SI 单位的量纲为米。

$$\delta_{sc}(\omega) = \frac{1}{\kappa(\omega)} = \frac{1}{\omega\sqrt{\frac{\varepsilon\mu}{2}}\left[\sqrt{1+\left(\frac{\sigma}{\varepsilon\omega}\right)^2}-1\right]^{1/2}} \Rightarrow \begin{matrix} \widetilde{E}(z=\delta_{sc},t) = \widetilde{E}_0 e^{-1} e^{i(kz-\omega t)} \\ \widetilde{B}(z=\delta_{sc},t) = \widetilde{B}_0 e^{-1} e^{i(kz-\omega t)} \end{matrix}$$

$\widetilde{k}$ 的实部,即,$k(\omega) = \text{Re}(\widetilde{k}(\omega))$ 确定了空间波长 $\lambda(\omega)$,导体中的单色电磁波的传播速度 $v(\omega)$(图 F.29)和折射系数,即

$$\lambda(\omega) = \frac{2\pi}{k(\omega)} = \frac{2\pi}{\text{Re}(\widetilde{k}(\omega))}$$

$$v(\omega) = \frac{\omega}{k(\omega)} = \frac{\omega}{\text{Re}(\widetilde{k}(\omega))}$$

$$n(\omega) = \frac{\omega}{v(\omega)} = \frac{ck(\omega)}{\omega} = \frac{c\text{Re}(\widetilde{k}(\omega))}{\omega}$$

上述的平面波解满足任何选择的 $\widetilde{E}_0$ 的波方程。正如我们以前看到的那样,这里可以类似地证明,麦克斯韦方程式(F.1)和式(F.2)($\nabla \cdot \boldsymbol{E} = 0$ 和 $\nabla \cdot \boldsymbol{B} = 0$)排除了在 $+\hat{z}$ 方向中传播的电磁波的 $\boldsymbol{E}$ 和 $\boldsymbol{B}$ 的任何(纵向的)z 分量 $\Rightarrow \boldsymbol{E}$ 和 $\boldsymbol{B}$ 是纯粹的横波。

例如,如果我们考虑,在一个传导介质中在 $+\hat{z}$ 方向传播的线偏振的单色平面电磁波(如 $\widetilde{\boldsymbol{E}}(z,t) = \widetilde{\boldsymbol{E}}_0(z,t) e^{-\kappa z} e^{i(kz-\omega t)} \hat{\boldsymbol{x}}$),则

$$\widetilde{\boldsymbol{B}}(z,t) = \frac{1}{\omega}\widetilde{\boldsymbol{k}} \times \widetilde{\boldsymbol{E}}(z,t) = \left(\frac{\widetilde{k}}{\omega}\right)\widetilde{E}_0 e^{-\kappa z} e^{i(kz-\omega t)} \hat{\boldsymbol{y}} = \left(\frac{k+i\kappa}{\omega}\right)\widetilde{E}_0 e^{-\kappa z} e^{i(kz-\omega t)} \hat{\boldsymbol{y}}$$

$$\Rightarrow \widetilde{\boldsymbol{E}}(z,t) \perp \widetilde{\boldsymbol{B}}(z,t) \perp AZ \quad (+AZ = \text{传播方向})$$

(F.165)

复的波数 $\widetilde{k} = k + i\kappa = Ke^{i\phi_k}$,其中:$K = |\widetilde{k}| = \sqrt{k^2+\kappa^2}$,而且 $\phi_k = \tan^{-1}(\kappa/k)$,如图 F.35 所示,

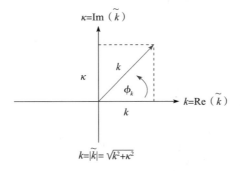

图 F.35 在复 $\widetilde{k}$ 平面中

则我们看到

$$\tilde{E}(z,t) = \tilde{E}_0 e^{-\kappa z} e^{i(kz-\omega t)} \text{ 有 } \tilde{E}_0 = E_0 e^{i\delta_E}$$

而且,由 $\tilde{B}(z, t) = \tilde{B}_0 e^{-\kappa z} e^{i(kz-\omega t)} \hat{y} = \dfrac{\tilde{k}}{\omega} \tilde{E}_0 e^{-\kappa z} e^{i(kz-\omega t)} \hat{y}$,有

$$\tilde{B}_0 e^{-i\delta_B} = \dfrac{\tilde{k}}{\omega} \tilde{E}_0 = \dfrac{K e^{i\phi_k}}{\omega} E_0 e^{i\delta_E}$$

因此,我们看到

$$B_0 e^{-i\delta_B} = \dfrac{K e^{i\phi_k}}{\omega} E_0 e^{i\delta_E} = \dfrac{K}{\omega} E_0 e^{i(\delta_E+\phi_k)} = \dfrac{\sqrt{k^2+\kappa^2}}{\omega} E_0 e^{i(\delta_E+\phi_k)}$$

即,在一个导体内,E 和 B 彼此不再是同相的。

E 和 B 的相位是:$\delta_B = \delta_E + \phi_k$。

我们也看到:$\delta\varphi_{B-E} \equiv \delta_B - \delta_E = \phi_k$,磁场滞后于电场。

我们也看到

$$\dfrac{B_0}{E_0} = \dfrac{K}{\omega} = \left[\varepsilon\mu\sqrt{1+\left(\dfrac{\sigma}{\varepsilon\omega}\right)^2}\right] \neq \dfrac{1}{c}$$

与在一个导电介质中传播的线偏振单色平面电磁波相关的实际的物理 E 场和 B 场是指数衰减的,即

$$E(z,t) = \text{Re}(\tilde{E}(z,t)) = E_0 e^{-\kappa z} \cos(kz-\omega t+\delta_E) \hat{x}$$

$$B(z,t) = \text{Re}(\tilde{B}(z,t)) = B_0 e^{-\kappa z} \cos(kz-\omega t+\delta_B) \hat{y}$$

$$= B_0 \cos(kz-\omega t+\{\delta_E+\phi_k\}) \hat{y}$$

$$\dfrac{B_0}{E_0} = \dfrac{K(\omega)}{\omega} = \left[\varepsilon\mu\sqrt{1+\left(\dfrac{\sigma}{\varepsilon\omega}\right)^2}\right]^{1/2} \qquad (\text{F.166})$$

$$K(\omega) \equiv |\hat{k}(\omega)| = \sqrt{k^2(\omega)+\kappa^2(\omega)} = \omega\left[\varepsilon\mu\sqrt{1+\left(\dfrac{\sigma}{\varepsilon\omega}\right)^2}\right]^{1/2}$$

$$\delta_B = \delta_E + \phi_k, \quad \hat{k}(\omega) = [k(\omega)+i\kappa(\omega)]\hat{z}$$

$$\phi_k(\omega) = \tan^{-1}\left(\dfrac{\kappa(\omega)}{k(\omega)}\right), \quad \tilde{k}(\omega) = |\tilde{k}(\omega)| = k(\omega)+i\kappa(\omega)$$

在一个导体中的趋肤深度是

$$\delta_{sc}(\omega) \equiv \dfrac{1}{\kappa(\omega)} = \dfrac{1}{\omega\sqrt{\dfrac{\varepsilon\mu}{2}}\left[\sqrt{1+\left(\dfrac{\sigma}{\varepsilon\omega}\right)^2}-1\right]^{1/2}} = E \text{ 和 } B \text{ 场降到它们的初始值的}$$

$1/e = e^{-1} = 0.3679$ 的距离

例 3：在 1010kHz 的微波频率（这是一个常见的微波频率）上精细的银的趋肤深度是多少？假设银的电导率为 $g = 10^{10}$ Hz。

解：趋肤深度可表示为

$$\delta = \sqrt{\frac{2}{\mu_0 \omega g}} = \sqrt{\frac{2}{(2\pi \times 10^{10})(4\pi \times 10^{-7})(3 \times 10^3)}} = 9.2 \times 10^{-5} \text{cm}$$

因此，在微波频率上，在银中的趋肤深度是非常小的，相应地，在一个纯银的组件和一个覆银铜的组件之间的性能差异是可以忽略的。

例 4：对于海水的情况，我们计算趋肤深度时 1m 的频率。对于海上，$\mu = \mu_0$，且 $g \approx 4.3 \text{S/m}$。

解：对应于给定的趋肤深度的频率的表达式为

$$\omega = \frac{2}{g\mu_0 \delta^2} = \frac{2}{4.3 \times 4\pi \times 10^{-7} \delta^2} = \frac{3.70 \times 10^5}{\delta^2} (\text{s}^{-1})$$

这样得到

$$f = 58 \times 10^3 \text{Hz}$$

或者，对于 1m 的趋肤深度，频率为 60kHz。如果一艘潜艇装备一个非常敏感的接收机，而且如果采用一个非常强大的发射机，有可能与一个潜入水中的潜艇通信。然而，必须采用低频，即便出现非常严重的信号衰减。在 5 倍趋肤深度（在上面的计算情况下，为 5m），仅剩下初始电场的 1/100 和仅有 0.01% 的入射功率。

参考文献

1. David Griffiths "Introduction to electrodynamics", 3rd Edition, Prentice Hall, 1999.
2. Leonard Eyges, "The Classical Electromagnetic Field" Dover Publication, 1972.
3. J. R. Reitz, F. J. Milford, and R. W. Christy, "Foundations of Electromagnetic Theory", 3rd Edition, Section 17-5, Addison Wesley, 1979.
4. M. B. James and D. J. Griffiths, *Am. J. Physics*, **60**, 309 (1992).
5. N. Ashby, *Am. J. Phys.* **43**, 553 (1975).
6. H. C. Ohanian, *Am. J. Phys.* **51**, 1020 (1983).
7. Handbook of Chemistry and Physics, 78th edition. (Boca Raton: CRC Press, Inc., 1997).
8. Francis A. Jenkins, "Fundamentals of Optics", McGraw-Hill Science/Engineering/Math; 4th edition December 3, 2001.

附录 G 光学短教程

物理学的一个主要目的,是理解光的性质,尤其在激光及其与材料的相互作用的情况下。由于光的复杂性,很难全面实现这一目的。但这一复杂性也意味着光可以用于许多应用场合,包括光的干涉,以及材料对激光辐射的响应和激光与物质尤其是与金属材料的相互作用。

G.1 光作为一个波

如果我们可以考虑波的反射和折射定律,并给出折射系数的某些物理意义,并聚焦到麦克斯韦电磁理论,对于理解材料对激光辐射的响应的激光与物质的相互作用,是大有好处的。惠更斯波理论基于使我们在知道波前现在的位置时能告知该波前在未来任何时间处于什么位置的几何构造,这一构造基于惠更斯原理,即:

球形波波前上的每一点都是一个次级球面波的子波源。在 t 时刻,波前的新的位置是这些二次子波的一个面(即子波波面的包络就是该时刻总的波动的波面)。

图 G.1 给出了惠更斯原理的一个简单的例子,在图 G.1 中,在真空中传播到右边的一个平面波的波前现在的位置由垂直于页面的平面 ab 确定。则问题是:在 Δt 以后的时刻,波前是什么?

我们假设在平面 ab(点)上的几个点当作在 $t=0$ 时辐射的空间二次子波的源。在时间 Δt,所有这些空间子波的半径增大到 $c\Delta t$,这里 c 是在真空中光的速度。我们画出在时间 Δt 时与这些子波相切的平面 de。这一平面表示在 Δt 时平面波的波前,它平行于平面 ab,距离平面 ab 的垂直距离是 $c\Delta t$。

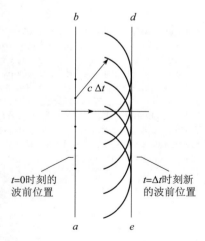

图 G.1 平面波在真空中的传播满足惠更斯原理

G.2 光的折射

采用惠更斯原理可以分析的另一个现象是光的折射，即，光束从一个介质传播到另一个介质（在该介质中光的速度是不同的）时光束方向的变化，这可以采用如图 G.2 所示的波前图来评估。在 $t=0$ 时，波前 he 刚好与两个介质之间的界面接触。我们假设在新的介质中光速 v_2 小于在第一个介质中的光速 v_1，因此在相同的时间间隔内，在界面中产生的二阶子波比在第一个介质中的子波传播较短的距离。在 $t=0$ 时刻，当波前 he 的端点 h 到达边界时，端点 e 仍然相距 ec 距离。

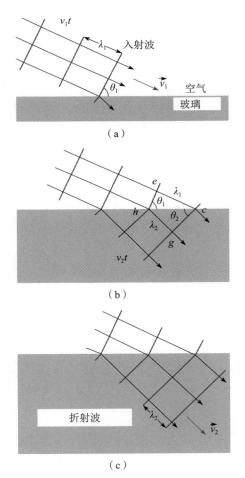

图 G.2　在介质 1 和 2 的界面处平面波的折射服从惠更斯原理，(a)~(c) 表示折射的三个相继的阶段

由于在第一种介质中光的速度是 v_1，端点 e 需要 $t=\dfrac{ec}{v_1}$ 的时间以光速到达界面。在这一时间周期，波前的端点 h 传播到 g，这里 hg 短于 ec。显然，

$$ec = v_1 t, \quad hg = v_2 t$$

接近的波前和两个介质之间的界面之间的角度 θ_1 称为波前的入射角，这一角度等于入射的光线与到界面的法线之间的角度，如图 G.3 所示。

出射的波前和它所传播通过的两个介质之间的界面之间的夹角 θ_2 称为折射角，这一角度等于出射的波束与法线的夹角。

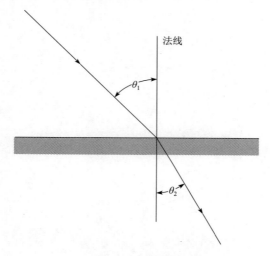

图 G.3　折射的光线

如图 G.2 所示，我们看到

$$\sin\theta_1 = \frac{ec}{hc} = \frac{v_1 t}{hc}$$

和

$$\sin\theta_2 = \frac{hg}{hc} = \frac{v_2 t}{hc}$$

因此

$$\frac{\sin\theta_1}{\sin\theta_2} = \frac{v_1}{v_2} \tag{G.1}$$

由式(G.1)，我们可以得出入射角的正弦和折射角的正弦等于在两个介质中的光速之比的结论。式(G.1)被称为斯涅尔定律(在 17 世纪由荷兰天文学家威里布里德·斯涅尔(Willebrord)发现之后)。

在自由空间中的光速 c 和在一个特定的介质中的光速 v 的比被称为介质的折射系数,其符号为 n,写为

$$n = \frac{c}{v} \tag{G.2}$$

由于 $v_1 = c/n_1$,$v_2 = c/n_2$,其中 n_1 和 n_2 是两个介质的折射系数。式(G.1)表示的斯涅尔定律可以写成另外的形式,即

$$n_1 \sin\theta_1 = n_2 \sin\theta_2 \tag{G.3}$$

表 G.1 列出了数种物质的折射率值,折射率值越大,在进入或离开该介质时光弯折的程度越大。

表 G.1　几种物质的折射系数

物质	n	物质	n
空气	1.00003	玻璃	1.63
苯	1.50	丙三醇	1.47
二硫化碳	1.63	冰	1.31
金刚石	2.42	石英	1.46
乙醇	1.36	水	1.34
冕牌玻璃	1.52		

G.3　波方程

波方程是由如声、电磁和流体动力学产生的波(如声波、光波和水波)的一个重要的二阶线性微分方程。在历史上,Jean le Rond d'Alember,Leonhard Euler,Dainiel Bernoul 和 Joseph-Louis Lagrange 研究过如乐器那样的振荡弦的问题(图 G.4)。

图 G.4　一个可建模为波方程的通过一个具有固定端点的弦(细绳)传播的脉冲[3]

波方程是双曲偏微分方程的一个典型例子,在其最简单的例子中,波方程指一个标量函数 $u = (x_1, x_2, \cdots, x_n, t)$,满足

$$\frac{\partial^2 u}{\partial t^2} = c^2 \nabla^2 u \tag{G.4}$$

式中:∇^2 为(空间)拉普拉斯算子;c 为等于波的传播速度的一个固定的常量,这称为非色散方程。对于在 20℃ 的空气中的一个声波,这一常数为大约 343m/s

(声速)。对于弦的振荡,速度可能在非常宽泛的范围内变化,这取决于弦的线性密度和在它上面的张力。对于一个螺旋形弹簧,速度可以慢到1m/s。对于更实际的波的微分方程,允许波传播的速度随着波的频率变化,这一现象称为色散。在这样的情况下,c必须由相速来代替,即

$$v_\mathrm{p} = \frac{\omega}{k} \quad (\mathrm{G}.5)$$

式中:ω 为角频率;k 为波数。

G.3.1 光学中的频散(色散)

在光学中,频散是一个波的相速与其频率相关(或者当群速与频率相关时)的现象,具有这样性质的介质称为频散介质。频散有时称为色散,强调其与波长的相关性;或称为群速扩散(GVD),强调群速的作用。

最熟悉的频散的例子或许是彩虹,频散导致白光在空间上分离到不同波长(不同的颜色)的分量。然而,频散也有许多其他效应:例如,GVD 导致脉冲在光纤中的频散,在长距离传播时导致信号变差;此外,群速扩展和非线性效应之间的对消导致了孤波。频散通常由波长来描述,但它也可能发生在任何与一个介质相互作用的,或通过一个非均匀的几何(如一个波导)的波上(图G.5),如声波。

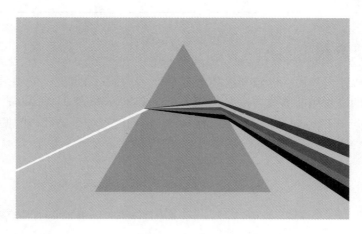

图 G.5 在一个棱镜中,材料频散(折射系数与波长相关)导致不同的颜色以不同的角度折射,将白光分光成彩虹(见彩图)

通常有两类造成频散的源:材料频散和波导频散。材料频散源于材料对波与频率相关的响应,例如,材料频散导致在透镜中产生不希望的色差,或在棱镜中的颜色的分离。波导频散出现在由于几何原因导致波在波导(如光纤)中

的速度与频率相关时,这一频散与构成波导的材料导致的光学相关性无关。更一般地,"波导"频散可能出现在通过非均匀的结构(如一个光子晶体)传播的波,波被限制在或者没限制在相同的区域。通常,可能出现这两种类型的频散,尽管它们不是严格意义上加性的。这些组合效应导致在电信光纤中的信号变差,因为在信号不同的分量之间到达时间的延迟的变化,会导致在时间上使信号被"抹掉"。

G.3.2 光学中的材料频散

材料频散可能是光学应用中希望的或不希望的效应,由玻璃棱镜造成的光的频散被用来构建光谱仪和光谱辐射计。全息光栅也被用于光谱仪和光谱辐射计,因为它们允许更精确地识别波长。然而,在透镜中,频散导致色差,这是不希望的效应,可能使显微镜、望远镜和摄影物镜的图像降质。

在一个给定的均匀介质中一个波的相速可表示为

$$v = \frac{c}{n}$$

式中:c 为在真空中的光速;n 为介质的折射系数。

通常,折射系数是光的频率 f 的函数,因此 $n=n(f)$,相对于波的波长 $n=n(\lambda)$。材料的折射系数与波长的相关性通常由经验公式柯西或塞耳迈耶尔(Sellmeier)方程来描述。

由于克拉莫-克若尼(Kramers-Kronig)关系,折射系数的实部与波长的相关性与材料的吸收相关,由折射系数的虚部(也称为消光系数)描述。具体来说,对于非磁材料 $(\mu=\mu_0)$,在克拉莫-克若尼关系中出现的磁化系数 χ 是电磁化系数 $\chi_e=n^2-1$。

在光学中频散的最常见的结果是采用棱镜将白光分离成一个颜色谱。由斯涅尔定律可以看出,在棱镜中的光的折射角与棱镜材料的折射率相关。因为折射率随着波长变化,光被折射的角度也随着波长变化,导致颜色的角度分离,这称为角度色散。

对于可见光,最透明的材料(如玻璃)有

$$1 < n(\lambda_{\text{red}}) < n(\lambda_{\text{yellow}}) < n(\lambda_{\text{blue}})$$

或

$$\frac{dn}{d\lambda} < 0$$

即,折射率 n 随着波长的增大而减小。在这种情况下,称介质具有正常色散。然而,如果折射率随着波长增大而减小,介质具有异常色散(图 G.6)。

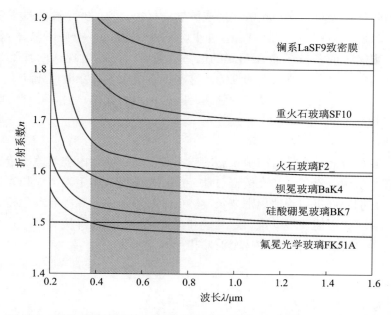

图 G.6 各种玻璃的折射系数-波长的变化(可见光的波长在阴影范围内)

在这样的材料与空气或真空(折射率约 1)中,斯涅尔定律预测与法线成 θ 角入射的光以 $\arcsin(\sin\theta/n)$ 角度折射。因此,具有较高的折射率的蓝光比红光弯曲的更多,导致著名的彩虹图案(图 G.5)。

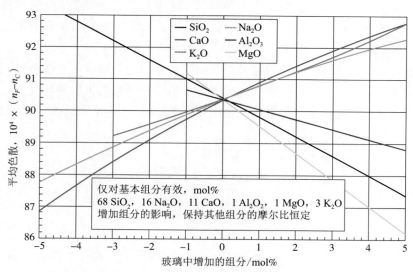

图 G.7 增加选择的组分对特定基的玻璃的平均色散的影响
(对 $\lambda = 486\text{nm}$(蓝色)n_F 有效,对 $\lambda = 656\text{nm}$(红色)n_C 有效)(见彩图)

G.3.3 相速

一个波的相速(或当作为一个矢量时,是相位速率)是在空间中传播的波的相位的速率,这是传播波的任何一个相位分量的相位的速率。对于这样一个分量,任何给定的波的相位(如浪尖)似乎以相速传播。相速用波长 λ 和周期 T 表示为

$$v_p = \frac{\lambda}{T}$$

或,等价地,采用波的角频率和波数表示为

$$v_p = \frac{\omega}{k}$$

在一个色散介质中,相速随着频率变化,不必与波的群速相同,这是幅度(称为波的包络)传播的变化速率。

在一定的情况下(如异常色散),电磁辐射的相速,可能超过在真空中的速度,但这并不表明任何超光速的信息或能量传递。这在理论上可以由 Arnold Summerfield 和 Leon Brillouin 等物理学家描述(图 G.8)。

图 G.8 在深水表面的周期重力波的相速,黑点以相速运动,它位于一个固定的波相位上;图中给出了浪尖的情况

G.3.4 群速

一个波的群速是波的幅度的整个形状(称为波的调制或包络)通过空间传播的速度。

例如,想象如果一块儿石头被扔进一个非常安静的池塘的中间会发生什么?当石头击中水的表面时,出现一个圆形的波的图案,它很快变成了一个具有一个静态的中心的波的圆环,逐渐扩张的波环是波群,在波群中可以区分以不同的速度运动的不同波长的单个子波,较长波长的子波运动的速度比波群作为一个整体的传播速率要快,但当它们接近前缘时它们就消失了。较短波长的子波的传播速率较慢,当它从波群的后缘边界出现的同时,它就开始逐渐消失。

群速 v_g 定义为

$$v_g = \frac{\partial \omega}{\partial k}$$

式中:ω 为波的角频率;k 为波数。

函数 $\omega(k)$ 给出了作为 k 的一个函数的 ω，称为色散关系。如果 ω 直接正比于 k，则群速确切地等于相速。否则，波的包络在波传播时畸变。这一"群速色散"是在信号通过光纤传播时和在设计高功率的短脉冲的激光器时的一个重要的效应。

注：上述对群速的定义仅对波包是有用的，波包是位于实际空间和频率空间的一个脉冲。因为处于不同频率的波在色散介质中以不同的相速传播，对于一个大的频率范围（在空间中的一个窄的包络），在传播时将使观察到的脉冲改变形状，这使群速成为不明显的或者无用的量（图 G.9）。

图 G.9　在深水表面上的重力波群的频率色散（见彩图）

注：红点以相速运动，绿点以群速传播。在深水的情况下，相速是群速的 2 倍。当从图 G.9 的左边到右边运动时，红点超过了两个绿点。

新的波似乎出现在一个波速的后端，幅度逐渐增大，直到它们处于群的中心，并在波群的前端消失。对于表面重力波，在大部分情况下水粒子远小于相速。

G.3.4.1　物理解释

群速经常被当作携载能量或信息的一个波的速率。在大部分情况下，这是准确的，群速可被看作波形的信号速率。然而，如果波是通过一个吸收介质传播的，这并不总是成立。自 20 世纪 80 年代起，各种实验已经验证了通过特殊准备的材料的激光脉冲的群速可以远超过真空中的光速。然而，在这种情况下，超光速通信是不可能的，因为信号速度仍低于光速。也有可能将群速降低到 0，使脉冲停止，或使之具有负的群速，使脉冲似乎在向后传播。然而，在所有这些情况下，光子继续在介质中以期望的光速传播。

在光谱相对于折射系数快速地变化的区域中出现异常色散。因此，在这些区域出现负的群速值。异常的色散在实现向后传播和超光速的光方面起着基础作用。异常的色散也可被用于产生处于不同的方向的群速和相速。表现出大的异常色散的材料允许光的群速超过 c 和/或变成负的。

G.3.4.2　历史

将群速与一个波的相速区分开来的想法是哈密尔顿（W. R. Hamilton）在 1839 年首次提出的，1877 年 Rayleigh 在他的"声的理论"中首次全面地论述。

G.3.4.3　物质波群速

1905 年阿尔伯特·爱因斯坦（Albert Einstein）首次解释了光的波粒二象性。

Louis de Broglie 假设任何粒子应当表现出这样的二象性，他得出的结论是（但在现在可能是有疑问的），粒子的速率应当等于相应的波的群速。德布罗意推测，如果对于光已经知道的波粒二象性方程，对于任何粒子都是成立的，则他的假设是成立的。这意味着

$$v_\mathrm{g} = \frac{\partial \omega}{\partial k} = \frac{\partial(E/\hbar)}{\partial(p/\hbar)} = \frac{\partial E}{\partial p}$$

式中：E 为粒子的总的能量；p 为它的动量；$\hbar$ 为简化的普朗克常量。

对于一个自由的非相对论粒子，有

$$v_\mathrm{g} = \frac{\partial E}{\partial p} = \frac{\partial}{\partial p}\left(\frac{1}{2}\frac{p^2}{m}\right) = \frac{p}{m} = v$$

式中：m 为粒子的质量；v 为速率。

此外，在狭义相对论中，我们发现

$$v_\mathrm{g} = \frac{\partial E}{\partial p} = \frac{\partial}{\partial p}\left(\sqrt{p^2c^2 + m^2c^4}\right) = \frac{pc^2}{\sqrt{p^2c^2 + m^2c^4}}$$

$$= \frac{p}{m\sqrt{(p/(mc))^2 + 1}} = \frac{p}{m\gamma} = \frac{mv\lambda}{m\gamma} = v$$

式中：m 为粒子的静止质量；c 为在真空中的光速；γ 为洛伦兹因子；v 为不考虑波特性时粒子的速率。

群速（等于电子的速率）不应与相速（等于电子的频率与它的波长的积）混淆。

在相对论和非相对论量子物理中，我们可以确定一个粒子的波函数的群速和粒子的速率。量子力学非常精确地验证了这一假设，对于大到分子的粒子，显式地给出了这一关系。

G.4 角频率

在物理学中，角频率 ω（也指角速率、径向速率、圆频率、轨道频率和弧度频率）是旋转速率的一个标量度量。角频率（或角速率）是作为矢量的角速率的幅度，角频率矢量 ω 有时用作矢量的角速率的同义词。

在 SI 单位中，角频率用每秒弧度来度量，量纲为 s^{-1}，因为弧度是无量纲的。

一周等于 2π 弧度，因此

$$\omega = \frac{2\pi}{T} = 2\pi f = \frac{|v|}{|\gamma|} \tag{G.6}$$

式中：ω 为角频率或角速率（s^{-1}）；T 为周期（s）；f 为原始频率（Hz）；v 为围

绕旋转轴的一个点的切向速率(m/s)；r 为旋转半径(m)。

因此，角频率是原始频率简单的倍数。然而，在许多应用中，优先采用角频率，因为它避免了过多地出现 π。事实上，它被应用在许多涉及周期性现象的物理学领域，如量子力学和电动力学(图 G.10)。

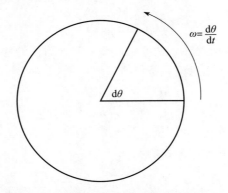

图 G.10　角频率是一个物体围绕其轴旋转的有多快的一个度量

例如：

$$a = -\omega^2 x$$

采用"原始的"每秒周频率，这一方程是

$$a = -4\pi^2 f^2 x$$

当涉及小的振荡时，或者在阻尼可以忽略时，另一个经常遇到的表达式是

$$\omega^2 = \frac{k}{m}$$

式中：k 为弹簧常数；m 为物体的质量。

这称为自然频率。

在一个 LC 电路中的角频率也可以定义为电容(用法拉第来度量)乘以电路的电感(用亨利度量)的倒数的平方根。

$$\omega = \sqrt{\frac{1}{LC}}$$

G.5　波数

在物理科学中波数是波的正比于波长的倒数的一个量。它可以定义为每单位长度的波长数，即，$1/\lambda$（λ 为波长），或定义为 $2\pi/\lambda$，有时称为角波数或圆波数，或简单地，波数。

对于电磁辐射，波数正比于频率和光子能量。

因为如此，波数被用作光谱仪中的能量的一个单位。在 SI 单位制中，波数用米的倒数（m^{-1}）单位表示，但在光谱仪中，通常用厘米的倒数（cm^{-1}）来度量波数。对于电磁波这一特殊的情况，有

$$k = \frac{2\pi}{\lambda} = \frac{2\pi\nu}{v_p} = \frac{\omega}{v_p} = \omega\sqrt{\mu\varepsilon} = \frac{E}{\hbar c}$$

式中：v 为波的频率；v_p 为波的相速（如果它在真空中传播，$v_p = c$）；ω 为波的角频率；E 为波的能量；$\hbar = \dfrac{h}{2\pi}$ 为简化的普朗克常数；c 为在真空中的光速；角度波数为波矢量的幅度。

对于物质波这种特殊的情况，如一个电子波，在非相对论近似下，有

$$k \equiv \frac{2\pi}{\lambda} = \frac{p}{\hbar} = \frac{\sqrt{2mE}}{\hbar}$$

式中：p 为粒子的动量矩；m 为粒子的质量；E 为粒子的动能；$\hbar$ 为简化的普朗克常数。

参考文献

1. Holliday D, Resnick R, Walker J. (2005) Fundamentals of physics. 7th edition, John Wiley
2. Jenkins FA (2001) Fundamentals of optics. McGraw-Hill Science/Engineering/Math; 4th edition
3. Wave Equation—Wikipedia, the free encyclopedia

附录 H 热传导短教程

物理学(在我们的情况下是激光及其与材料的相互作用)的主要目标之一是理解光的性质。由于光性质的复杂性,这一目标是非常难以全面实现的,但这一复杂性也意味着光可以用于许多应用,包括光的干涉,以及材料对激光辐射的响应和激光与物质(更具体地,金属材料)的相互作用。这就涉及具有非常复杂的形式的热传导方程,因此我们需要从传导、对流和辐射方面来讨论热传递。表 H.1 概括了本章所涉及的主要概念。

表 H.1 热传递所涉及的主要概念

概念	说明
黑体	表面发生率为 1 的物体,这样的物体发射它可以发射的所用的热辐射(像理论描述的那样),吸收 100% 的热辐射,大部分物理物体的表面发射率小于 1,因此不具有黑体表面特性
密度,ρ	每单位体积的质量。在热传递问题中,密度和比热一起确定一个物体每单位温升可以存储多大的能量,它的单位是 kg/m^3
辐射能量	由一个物体每单位时间(和每单位面积)辐射的热,对于一个黑体,这是由斯特番-玻尔兹曼关系 $\sigma * T^4$ 给出的
灰体	辐射由一个等价的黑体辐射的热能量的一部分的物体。按照定义,灰体的表面发射率小于 1,表面反射率大于 0
热通量,q	热流的速率,单位是 W/m^2
内能,e	每单位体积的材料存储的内能的测度,对于大部分热传递问题,这一能量仅包括热能,存储在一个物体内的热能的量由温度决定
辐射角系数,F_{12}	离开物体 1 的表面的能量中到达物体 2 的表面的比例,这是由几何因素决定的,换言之,F_{12} 是从物体 1 的表面看到的物体 2 的部分,值在 0~1 之间,这一量也称为辐射形状因子,它是无量纲的
热产生率	描述一个物体产生热的速率的函数,通常这一新产生的热传导到物体的边界,并通过对流和或辐射热传递传到外界,单位是 W/m^3
比热,c	表示一个物体每单位质量温度每升高一度可以存储的能量的材料性质,单位是 $J/kg \cdot K$

续表

斯特番-玻尔兹曼常数，σ	在热辐射传递中采用的比例常数，值是 $5.669\times10^{-8}\mathrm{W/m^2\cdot K^4}$。对于一个黑体，辐射的热通量由 σ 和绝对温度的 4 次幂的乘积给出
表面发射率	一个物体与理想黑体相比的相对辐射功率，换言之，发射的热辐射与该物体是一个黑体相比所占的比例。按照定义，一个黑体的表面发射率为 1。发射率也等于吸收系数，或入射到一个物体上的热量被吸收的比例。
热导率，k	描述在给定的温差下一个物体中的热流的速率的材料性质，单位是 $\mathrm{W/m\cdot k}$
热扩散率，α	描述热通过一个物体扩散的速率的材料性质，它是物体的热导率和比热的函数，高的热导率增大物体的热扩散率，因为热能够跨物体更快地传导。高的比热降低物体的热扩散率，因为热完全被存储为物体的内能，而不是被传导出去，它的单位是 $\mathrm{m^2/s}$

H.1 热传导的傅里叶定律

当在一个物体内存在温度梯度时，热能从温度高的区域流到温度低的区域。这一现象称为可由傅里叶定律(根据法国物理学家 Joseph Fourier 来命名)描述的传导热传递，即

$$q = -k\nabla T$$

这一方程决定着一个给定的温度轮廓 T 和热导率 k 的热通量矢量 q，负号确保热向着温度梯度下降的方向流动。

(1) 热方程(温度的确定)。

在一个物体内的温度轮廓取决于其内部的热产生速率、它存储热的容量以及它将热传导到边界(在边界将热传递到周围的环境)的速率。在数学上，这是从热方程及其边界条件着手的。热方程可表示为

$$\nabla^2 T - \frac{1}{\alpha}\frac{\partial T}{\partial t} = -\frac{1}{k}q_{\mathrm{gen}}$$

边界条件是描述物体上的温度 T 或者通过物体的所有边界的热通量 q 的方程，即

$$T(\Omega_a) = T_{\mathrm{prescribed}}$$
$$q(\Omega_b) = q_{\mathrm{prescribed}}$$
$$\Omega_a \cup \Omega_b = \Omega$$

在热方程中，每单位体积产生的功率由 q_{gen} 来表示。热散率 α 与热导率 k、比热 c 以及密度 ρ 的关系是

$$\alpha = \frac{k}{\rho c}$$

对于稳态问题,热方程简化为

$$\nabla^2 T = -\frac{1}{k} q_{\text{gen}}$$

(2) 热方程的推导。

热方程是针对物体内的一个小的单元由能量守恒导出的,即

| 传导进去的热 | + | 在内部产生的热 | = | 传导的热 | + | 在内部存储的能量的变化 |

我们可以将传导进的热和传导出的热合并为"总的传导出的热",得到

| 总的传导出去的热 | = | 在内部产生的热 | − | 在内部存储的能量的变化 |

从数学上,这一方程表示为

$$\nabla^2 \cdot \boldsymbol{q} = q_{\text{gen}} - \frac{\mathrm{d}e}{\mathrm{d}t}$$

内能 e 的变化与物体通过升高温度存储热的能力相关,即

$$\frac{\mathrm{d}e}{\mathrm{d}t} = \rho c \frac{\mathrm{d}T}{\mathrm{d}t}$$

可以由上述方程采用热传导的傅里叶定律代替 $\boldsymbol{q}$,得到热方程为

$$\nabla \cdot (-k \nabla T) = q_{\text{gen}} - \rho c \frac{\mathrm{d}T}{\mathrm{d}t}$$

$$-k \nabla^2 T + \rho c \frac{\partial T}{\partial t} = q_{\text{gen}}$$

$$\nabla^2 T - \frac{1}{\alpha} \frac{\partial T}{\partial t} = -\frac{1}{k} q_{\text{gen}}$$

H.1.1 热传递:传导、对流、辐射

这里我们简要地定义并解释传导、对流和辐射等各个热传递条件。

H.1.1.1 传导

如果一个绝热的固体的不同部分处于不同的温度,热将从热的部分传导到冷的部分,直到最终都达到相同的温度。这里,"绝热的"意味着该固体不能与外部世界交换热。

从实验上讲,对于大部分物质,在任何点处的热通量变化率(即,温度随着位置的变化有多快的变化)正比于温度梯度。为了举例说明,考虑沿着一个一端加热的薄棒的热流动,并假设棒绝热包覆,因此所有的热沿着棒流动,没有从表面逃出。沿着棒流动的热通量的单位是每秒有多少焦耳流过棒中的一个固定的点,从而得到

$$\frac{\mathrm{d}Q}{\mathrm{d}t} \propto \frac{\mathrm{d}T}{\mathrm{d}x}$$

式中：Q 的单位为 J；T 的单位为 K；x 为距离棒底端的距离，单位为 m。则热流率的单位是 J/s（或 W）。由这一方程显见，如果以一个稳定的速率给棒的一端供热，并从另一端流出，温度分布最终设定为 $\mathrm{d}T/\mathrm{d}x$ 等于常量，从棒的一端到另一端呈线性流动。

由实验也发现一个横截面积 2 倍的棒在处于相同的温差时携载 2 倍的热流（对于电流也是这样的，但记住，对一个水管中的水不是这样，"热流"显然表现得不像一个黏性的液体）。

这样就有可能定义一个热导率 κ，对于一个特定的材料，对给定的温度梯度 $\mathrm{d}T/\mathrm{d}x$，跨一个面积 $A(\mathrm{m}^2)$ 的热流为

$$\frac{\mathrm{d}Q}{\mathrm{d}t} = \kappa A \frac{\mathrm{d}T}{\mathrm{d}x}$$

式中：κ 的单位为 W/K·m。某些材料的 κ 值为：铜，390；不锈钢，13；玻璃，大约 0.8；白酒，0.11；空气，0.026。

H.1.1.2 传导的微观图像

当一个固体被加热时，原子摇动的更加剧烈，部分热能转化成了运动的动能，部分能量存储在原子之间的弹性键中。如果固体的一端被加热，原子运动的越剧烈，它们与邻居碰撞的越剧烈，然后开始更剧烈的运动，运动沿线扩散。显然，这不是整个故事，因为如果我们碰撞棒的一端，有声波传播，传播速度远快于热。对于一个非金属，一个更精确的图像是：当一端被加热时，由于接近表面的快速运动的原子产生细小的声波（称为声子），这些声子以声速传播到固体，但与撞击棒端产生的宏观的压缩波不同，这些声子在固体中的杂质或缺陷中反弹并沿着随机的路径，通常碰撞之间仅有几十个原子的距离。这很像是我们较早研究的气体中分子的扩散，需要几分钟来加热半厘米的玻璃。这一图像与金属是不同的，在金属中高效导电的电子也能高效地导热，然而，不采用量子力学是不能理解由电子传递的热的，泡利不相容原理意味着仅有大约 1% 的电子参与热传导，但它也意味着它们传递的更快。在这一点要记住的是：电子携载热，声子也携载热，但声子的贡献可以忽略。正如你期待的那样，良好的导电体也是良好的导热体。这就是为什么在平底锅中采用铜的原因（此外，它也不太容易被腐蚀）。

可以测量在液体和气体中的热导率，但在液体中的热传递通常主要是对流。例外的是，被加热到 4℃ 以上的液体，或者在冬天的夜晚一个被冷却到 4℃ 以下的池塘。

H.1.1.3 美国单位

在真实世界中，单位是不同的。在美国单位制中，热通量是采用每小时BTU、温度梯度是采用每英寸厚度华氏度，横截面积采用平方英寸的来度量的！"热阻"的 R 值是热导率的倒数。对于 1ft^2 大小、1in 厚的材料，R 通过欧姆定律方程 $\Delta T = IR$ 将热流与温降联系起来。面积与厚度的比例变换与国际单位制明显不同。对于由不同的材料层构成的壁，R 值要累加。

H.1.1.4 对流

对流是由重力导致的热交换，这是由于加热导致的液体的膨胀造成的，热膨胀的液体具有较低的密度，这导致顶部较冷，因此这部分液体的密度较高，最简单的例子是从下面加热的水壶中的水：热水沿一个中心柱上升，扩散到顶层，冷却，然后围绕外侧倒流。如果在一个没有明显中心的更大的面积上加热液体，则模式变得更加复杂，可能产生对流单元，每个对流单元具有像在水壶中那样的六边形样式。这可能在气象现象中发生，一个风暴可能就是这样的一个对流单元。然而，因为流体力学是非常复杂的，可能有许多样式。地球的内部的流是对流的一个重要的例子，据信地球这样深的深处的流驱动着板块表面的运动，导致地震、海啸等。

H.1.1.5 辐射

来自太阳的热通过辐射到达我们的地球，太阳的大部分辐射是可见光，其他是类似的电磁波，但其波长是我们的眼睛不敏感的。所有不处于绝对零度的物体都会产生辐射，在室温温度，辐射处在红外波段，波长长于可见光光谱的波长。从微观上讲，由于在一个温暖的固体中振荡的离子和电子对电荷加速会产生辐射，这样的电荷会产生辐射。不同的物质具有不同的辐射效率，那些辐射较好的物质也更好地吸收到来的辐射。一个完美的吸收体被称为黑体（这样的完美在自然界没有发现，但有些物体接近于黑体），这也是一个完美的辐射体。通过实验发现，对于一个温度均匀的完美的黑体，单位为每平方米瓦特的辐射能量输出与绝对温度的四次幂成正比，即

$$P = \sigma T^4$$

式中：P 为每平方米的功率；σ 为斯特藩常数，等于 $5.67 \times 10^{-8} \text{W/m}^2/\text{K}^4$。

对于一个给定的 T，由于 $\lambda_{\max} T = $ 常数，在某一确定的波长上有辐射功率峰值。目前公认：在加热一块金属时，调整一个一般的照明灯泡上的调光器时，第一个可见的辐射是红光，一个非常热的物体变成白色甚至接近蓝色。然而，如果不采用量子力学，在理论上是不能理解的，而且在事实上黑体辐射的神秘导致普朗克推出了量子思想的第一个公式。

H.1.2 具有传导和对流的热方程

我们考虑在$(0,1)$上的热方程，它有对应于热传导和对流的两个附加的项。

$$u_t(x,t) = k[(u_{xx}(x,t)) - 2au(x,t)_x + bu(x,t)], \quad 0<x<L, \quad t>0 \quad (H.1)$$
$$u(0,t) = 0 \quad (H.2)$$
$$u(a,t) \quad (H.3)$$
$$u(x,0) = \varphi(x) \quad (H.4)$$

给定边界和初始条件的情况下，有许多不同的方式解决这一问题。能够直接采用对变量进行分离，但这样做的一个缺点是，对于$X(x)$，得到一个更复杂的常微分方程，对特征值和特征矢量的分析更困难。

我们采取不同的方法，使我们能在改变了相关的变量之后采用我们的较早的工作，为了实现这一目的，我们定义另一个变量(如$\vartheta(x,t)$)，即

$$u(x,t) = e^{\alpha x + \beta t}\vartheta(x,t), \quad \beta = k(b-a^2) \quad (H.5)$$

因此，有

$$\vartheta(x,t) = e^{-(\alpha x + \beta t)}u(x,t)$$

而且，我们可以计算

$$\begin{aligned}
\vartheta_t - k\vartheta_{xx} &= e^{-(\alpha x+\beta t)}(-\beta u + u_t) - k[(e^{-(\alpha x+\beta t)}(-au + u_x))]_x \\
&= e^{-(\alpha x+\beta t)}[(-\beta u + u_t) - k[-a(-au + u_x) + (-au_x + u_{xx})]] \\
&= e^{-(\alpha x+\beta t)}[u_t - k(u_{xx} - 2au_x + a^2 u) + \beta u] \\
&= e^{-(\alpha x+\beta t)}[u_t - k(u_{xx} - 2au_x + a^2 u + a^2 u(b-a^2)u)] \\
&= e^{-(\alpha x+\beta t)}[u_t - k(u_{xx} - 2au_x + a^2 u + BU)] = 0
\end{aligned}$$

此外

$$\vartheta(0,t) = e^{-\beta t}u(0,t) = 0, \quad \vartheta(1,t) = e^{-a-\beta t}u(1,t) = 0$$

且

$$\vartheta(x,0) = e^{-ax}u(x,0) = e^{-ax}\varphi(x)$$

因此，$\vartheta(t)$是以下的解吗？

$$\vartheta_t = k\vartheta_{xx}$$
$$\vartheta(0,t) = 0, \quad \vartheta(1,t) = 0$$
$$\vartheta(x,0) = e^{-ax}\varphi(x)$$

对于$\lambda_n = -(n\pi)^2$，这一问题的解是

$$\vartheta(x,t) = \sum_{n=1}^{\infty} b_n e^{\lambda_n t}\sin(n\pi x), \quad b_n = 2\int_0^1 e^{-ax}\varphi(x)\sin(n\pi x)\,dx$$

最后，式(H.1)~(H.4)的解是

$$u(x,t) = e^{\alpha x + \beta t} \sum_{n=1}^{\infty} b_n e^{\lambda_n t} \sin(n\pi x)$$

H.2 采用不同的方法求解热方程

为了简化，这种方法在直角坐标系中求解热传导方程。我们先在一维的情况下求解，然后扩展到更多的变量(三维)和其他的坐标系。在本节，我们分析在一维、二维和三维有限、半无限和无限情况下，在直角坐标系中热传导的边界值问题的解。只要问题属于齐次型边界值问题，采用变量分离方法，如采用傅里叶变换、拉普拉斯变换和其他变换那样的积分变换方法求解齐次问题。

正如我们所说的那样，变量分离方法已经被用到齐次热传导问题的求解。当且仅当一个边界条件是非齐次的时，也可以采用这种方法求解没有热流动或热生成的多维的稳态热传导问题。涉及一个以上的非齐次边界条件的问题则可以分解成较简单的问题，每个问题仅包括一个非齐次条件。

H.2.1 变量分离方法

变量分离方法不是总能应用的，即便可以应用，也不是总能通过这种方法的第一步。然而，它可以用于求解没有热源的一维热方程、一维波方程和拉普拉斯方程 $\nabla^2 T = 0$ 的二维版。

为了使用变量分离方法，我们必须从具有线性齐次边界条件的线性齐次偏微分方程入手，在这一点，我们不用担心初始条件，因为我们初始得到的解很少满足初始条件。然而，正如我们看到的那样，只要它们满足某些非常简单的要求，总有办法得到满足初始条件的解。

变量分离方法取决于一个具有形式

$$T(x,t) = X(x)Y(t) \tag{H.6}$$

的函数是 x 和 t 的一个线性齐次偏微分方程的解的假设。这被称为一个产生解，并假设边界条件也是线性和齐次的，这满足边界条件。然而，正如上面说明的那样，这仅满足初始条件。

现在，在我们从某些例子着手时，或许在这一点应当问一个问题：为什么? 为什么我们选择这一解，并且我们怎么知道这是有效的？这似乎像是做出一个非常奇怪的假设。毕竟，实际上没有任何理由来相信一个偏微分方程的一个解事实上是一个变量仅是 x 的函数和一个变量仅是 t 的函数的积，这似乎更像是一个希望而不是一个好的假设/猜测。

不幸的是，最好的回答是我们选择它是因为它是有效的。正如我们看到的那样，它之所以有效，是因为它使我们的偏微分方程简化为两个常微分方程，并假设我们可以求解它们，这样我们就是成功的，这一方法使我们能够得到偏微分方程的解[1]。

因此，我们举几个例子看看这种方法能怎样将一个偏微分方程简化为两个常微分方程。

例1：对以下偏微分方程运用变量分离法。

$$\frac{\partial T(x,T)}{\partial t} = k\frac{\partial^2 T(x,T)}{\partial x^2}$$

初始条件：$T(x, 0) = f(x)$

边界条件：$T(0, t) = 0$

$$T(L, t) = 0$$

解：现在我们有没有热源、固定的温度边界条件（也是均匀的）和初始条件的热方程。有初始条件，但这里我们忽略它，直到下一节。

变量分离法告诉我们要假设解具有乘积的形式，即

$$T(x,t) = X(x)Y(t)$$

因此，所有我们实际上需要做的是将这插入到微分方程中，看看我们可以得到什么？

$$\frac{\partial}{\partial t}(X(x)Y(t)) = k\frac{\partial^2}{\partial x^2}(X(x)Y(t))$$

$$X(x)\frac{\partial Y(t)}{\partial t} = kY(t)\frac{\partial^2 X(x)}{\partial x^2}$$

正如上面所示，我们可以将 $X(x)$ 与时间导数分离开来，我们也可将 $Y(t)$ 与空间导数分离开来。此外，注意到在我们已经把这些分离完之后，我们的问题中不再有偏微分项。在时间导数中，我们现在仅对 $Y(t)$ 相对于 t 微分，现在这是一个常微分。类似地，在空间导数中，我们现在仅对 $X(x)$ 相对于 x 微分，这样我们再次有一个常微分。

在这一点，或许似乎我们并没有太多地简化问题。然而，正是这样将偏微分简化为常微分，这可能是好事情，即使看起来仍然难以处理。

谈到表面的困难，它确实像它看起来那样困难吗？思路是使所有 t 在方程的一侧，所有 x 在方程的另一侧。换言之，我们想要"分离变量"，因此这种方法起了这样的名字。在这种情况下，我们注意到，如果将方程两侧除以 $X(x)Y(t)$，我们得到想要的，应当指出，这并不总是想分解成乘积解那样容易。因此，通过进行分解得到

$$\frac{1}{Y}\frac{\mathrm{d}Y}{\mathrm{d}t} = k\frac{1}{X}\frac{\mathrm{d}^2 X}{\mathrm{d}x^2} \Rightarrow \frac{1}{kY}\frac{\mathrm{d}Y}{\mathrm{d}t} = \frac{1}{X}\frac{\mathrm{d}^2 X}{\mathrm{d}x^2}$$

注意，我们也将两侧都除以 k。这样做仅是为了方便，并不一定非要这样

做，如果证明这是一个不好的思路，我们可以回到这一步骤，并把它放回右侧。类似地，如果我们不这样做，并证明可能不是不好的，我们总是可以回去，并将它分解。但目前请接受这样处理问题是好的思路的说法。在我们已经讨论了这一例子之后，我们讨论这样做的理由。

现在，尽管这是我们想要做的，看起来似乎我们还有困难。然而，注意到左侧是仅有 t 的函数，右侧是仅有 x 的函数，这是我们想要的。此外，这里要注意到，这两个函数必须是相等的。

让我们考虑一下。一个仅有 t 的函数怎样等于一个仅有 x 的函数，而无论我们对 t 和 x 有怎样的选择？这可能似乎是不可能的，直到你认识到要使这是真的，仅有一条途径。如果两个函数（即，方程的两侧）事实上是常数，不仅是常数，而且是相同的常数，它们才能事实上是相等的。

因此必须有

$$\frac{1}{kY}\frac{dY}{dt} = \frac{1}{X}\frac{d^2X}{dx^2} = -\lambda$$

这里 $-\lambda$ 称为分离常数，是任意的。

我们现在涉及的下一个问题是为什么用负号？这很像上面的除以 k 的处理，答案是因为这对于我们选择的路线是方便的。这里不是必须有负号，事实上有时我们在这里不想要负号。

因此我们怎样知道这里是不是有负号？回答是要推进到过程的下一步（我们在下一节看到），在这一点我们知道有还是没有负号是方便的，我们可以回到这一步，并加上或去掉负号，这取决于在这里我们选择怎么做。

让我们继续推进这一过程。下一步是取上面的方程并将它分解成两个常微分方程，即

$$\frac{dY}{dt} = -k\lambda Y \qquad \frac{d^2X}{dx^2} = -\lambda X$$

这两个方程都是非常简单的微分方程，然而，由于我们不知道 λ 是什么，我们实际上还不能求解空间微分方程。然而，在这一点，如果我们想要求解的话，时间方程可以求解，尽管并不总是这种情况。在这一点，我们还不想考虑怎样求解它们。

在本节要进行的过程的最后一步是确信我们的乘积解 $T(x, t) = X(x)Y(t)$，满足边界条件，因此让我们将它插入那两个方程，有

$$T(0,t) = X(0)Y(t) = 0 \qquad T(L,t) = X(L)Y(t) = 0$$

我们先考虑第一个方程，这里我们有两个选项，对于每个 t，$X(0) = 0$，或 $Y(t) = 0$。然而，如果对于每个 t，我们有 $Y(t) = 0$，则我们也有 $T(x, t) = 0$，

即，平凡解，正如我们在前面一节讨论的，这确定是任何线性齐次方程的解，我们实际上喜欢一个非平凡解。

因此，我们假设事实上我们必须有 $X(0) = 0$。类似地，由第二个边界条件，我们得到 $Y(t) = 0$，以避免平凡解。注意，我们仅能将边界条件简化到像这样的，因为它们是齐次的，如果它们不是齐次的，我们不能这样做。

因此，在将变量分离用到给定的偏微分方程后，对于 $X(x)$，得到了我们需要求解的一阶微分方程和我们需要求解的二阶边界值问题。然而，本节仅做到这一步，我们在下一节求解这些问题。

这里总结一下我们已经确定的，即

$$\frac{dY}{dt} = -k\lambda Y, \quad \frac{d^2X}{dx^2} + \lambda X = 0$$

$$X(0) = 0, \quad X(L) = 0$$

并注意到我们没有时间微分方程的条件，这不是一个问题。此外，还注意到我们重写了第二个方程。

实际上可以在任何时间求解时间相关的方程，但因为我们仍然不知道 λ，我们仍然留待以后求解。还注意到，在许多问题中，在这一点仅能求解边界值问题，因此并不期望在这一点能够求解微分方程和边界值问题。

空间方程是一个边界值问题，而且我们从 C.5 节中的工作知道，对应确定的 λ 值（我们称为特征值），它仅有非平凡解（我们想要的）。在有了这些条件时，我们可以确定每个 λ 的非平凡解，即，特征函数。

现在，我们实际求解空间问题为

$$\frac{d^2X}{dx^2} + \lambda X = 0$$

$$X(0) = 0, \quad X(L) = 0$$

在 C.5 节的例 1 中，$L = 2\pi$。因此，由于我们已经针对一个特定的 L 完成了求解，且对于更一般的 L，这样的工作并没有太大的差别，这里我们不进行大量的工作，如果你需要回顾的话，请参考 C.5 节的例 1。

我们需要处理 3 种情况：

(1) $\lambda > 0$。

在这种情况下，我们知道微分方程的解是

$$X(x) = c_1 \cos(\sqrt{\lambda} x) + c_2 \sin(\sqrt{\lambda} x)$$

再次应用第一个边界条件，得到

$$0 = X(0) = c_1$$

现在应用第二个边界条件，并使用上述的结果，有
$$0 = X(L) = c_2\sin(L\sqrt{\lambda})$$

现在，我们是非平凡解，这意味着，我们必须有
$$\sin(L\sqrt{\lambda}) = 0 \Rightarrow X_n(x) = \sin\left(\frac{n\pi x}{L}\right), \quad n = 1,2,3,\cdots$$

注意，我们不需要在特征函数中的 c_2，它将被吸收到我们必须在后面讨论的另一个常数中。

（2）$\lambda = 0$。

在这种情况下微分方程的解为
$$X(x) = c_1 + c_2 x$$

采用边界条件得到
$$0 = X(0) = c_1, \quad 0 = X(L) = c_2 L, \quad c_2 = 0$$

因此，在这种情况下，仅有的解是平凡解，这样 $\lambda = 0$ 不是这一边界值问题的一个特征值。

（3）$\lambda < 0$。

此时，微分方程的解为
$$X(x) = c_1 \cosh(\sqrt{-\lambda}x) + c_2 \sinh(\sqrt{-\lambda}x)$$

应用第一个边界条件，得到
$$0 = X(0) = c_1$$

并应用第二个边界条件，得到
$$0 = X(L) = c_2 \sinh(\sqrt{-\lambda}x)$$

因此，我们假设 $\lambda<0$，$L\sqrt{-\lambda} \neq 0$，这意味着 $\sinh(L\sqrt{-\lambda}) \neq 0$，在这种情况下我们必须而且仅能得到平凡解。

因此，对于这一边界值问题，有非负的特征值。这样，这一问题的特征值和特征函数是
$$\lambda_n = \left(\frac{n\pi}{L}\right)^2, \quad X_n(x) = \sin\left(\frac{n\pi x}{L}\right), \quad n = 1,2,3,\cdots$$

现在我们求解时间微分方程
$$\frac{\mathrm{d}Y}{\mathrm{d}t} = k\lambda_n Y$$

并注意到，即便我们知道 λ，为使困难降低到最低，我们不准备把它插入到方程中，我们现在采用 λ_n，以提醒我们，我们实际上有有限数目的可能值。这是一个简单的线性（对于这种情况是可分离的）一阶微分方程，因此我们将让

你证明解为

$$Y(t) = ce^{-k\lambda_n t} = ce^{-k\left(\frac{n\pi}{L}\right)^2 t}$$

既然我们求解了两个常微分方程，我们可以最终写出一个解。然而，注意到事实上我们已经发现了无穷多的解，因为空间问题有无穷多的解（即，特征函数）。我们的解是两个解的积，这样

$$u_n(x,t) = B_n \sin\left(\frac{n\pi x}{L}\right) e^{-k\left(\frac{n\pi}{L}\right)^2 t}, \quad n = 1, 2, 3, \cdots$$

我们已经将乘积解用 u_n 表示，以承认每个 n 值产生一个不同的解。此外，注意到，我们已经将时间问题中的 c 变成了 B_n，并表示每个 n 值可能是不同的这一事实，而且因为如果我们保持 c_2 与特征函数，我们必须将它吸收到 c 中，以在我们的解中得到一个单一的常数。上述的函数满足热方程和在棒端处的温度为 0 这一边界条件。

我们在这里学到了什么？通过采用变量分离，能够将具有线性齐次边界条件的线性齐次偏微分方程简化为在我们的乘积解（式（H.6））中的函数之一的常微分方程，在这种情况下是 $Y(t)$，和一个在这种情况下我们可以求解另一个函数 $X(x)$ 的边界值问题。

注意，边界值问题事实上是一个特征值/特征函数问题。当我们求解边界值问题时，我们确定将产生非平凡解的特征值 λ 和它们的对应的特征函数。我们在下一节更详细地分析。在这一点，我们想要做的是确定我们需要求解的两个常微分方程，以得到解。

在我们给出其他两个例子之前，我们应当占用一点儿时间讨论在上面的工作中我们做了两个似乎非常任意的决策这一事实。我们将方程的两侧除以 k，并选择采用 $-\lambda$ 而不是 λ 来作为分离常数。

这两个决策都是为了简化从我们的工作中得到的边界值问题的解。在边界值问题中加入 k 只会使求解过程复杂化，我们必须保持对另一个字母的跟踪，因此我们将它从时间问题中移出，这不会导致求解过程中的问题。类似地，我们选择 $-\lambda$ 是因为：当我们研究特征值和特征函数的求解时，我们已经求解了特定的边界值问题（具有一个特定的 L，但工作近乎是相同的）。这也是为什么我们重写边界值问题，使它比我们事实上已经求解的边界值问题更加清晰。

我们现在至少可以部分回答我们怎样知道做出这些决策的问题。我们得到了常微分方程，然后观察它们，并基于它怎样影响常微分方程的解，决定将像 k 那样的项移出，或决定采用哪个分离常数。当然，在这一阶段，经验也起着

重要的作用，经验越多，对这些问题的求解越容易，这些经验经常用来做出决策。

这里我们需要清楚，我们在本节要做的并不超过将问题简化为两个常微分方程。当然，我们需要求解这两个常微分方程，得到偏微分方程的解，但这是本章的其他章节的主题。这里我们要说的是：我们首先需要求解边界值问题，边界值问题将告诉我们 λ 必须是什么，然后我们将注意力转向初始条件。

现在我们需要举出另外两个例子，我们更快地展开这两个例子，因为我们不需要给出详细的解释。在第一个例子后，这一过程似乎像一个非常长的过程，但实际上不是，它只是看起来很长，因为我们需要在这一过程中给出所有的解释。

例 2：采用变量分离方法求解偏微分方程

$$\frac{\partial u}{\partial t} = k\frac{\partial^2 u}{\partial t^2}$$

$$u(x,0) = f(x), \quad \frac{\partial u(0,t)}{\partial x} = 0, \quad \frac{\partial u(L,t)}{\partial x} = 0$$

解：在这种情况下，我们观察没有热源并具有完美绝热边界的热方程。因此，我们从假设具有以下形式的乘积解着手，即

$$u(x,t) = \varphi(x)T(t)$$

而且因为微分本身没有改变，我们得到和上一个例子相同的结果，因此我们需要求解的两个常微分方程是

$$\frac{\mathrm{d}T}{\mathrm{d}t} = -k\lambda T, \quad \frac{\mathrm{d}^2\varphi}{\mathrm{d}x^2} = -\lambda\varphi$$

现在，这一例子的要点实际上是处理边界条件，使我们将乘积解插入它们，得到

$$\frac{\partial(T(t)\varphi(x))(0,t)}{\partial x} = 0, \quad \frac{\partial(T(t)\varphi(x))(L,t)}{\partial x} = 0$$

$$T(t)\frac{\mathrm{d}\varphi(0)}{\mathrm{d}x} = 0, \quad T(t)\frac{\mathrm{d}\varphi(L)}{\mathrm{d}x} = 0$$

现在，正如第一个例子一样，如果我们想要避免平凡解，这样不能是对于每个 t，$T(t) = 0$，因此，我们必须有

$$\frac{\mathrm{d}\varphi(0)}{\mathrm{d}x} = 0, \quad \frac{\mathrm{d}\varphi(L)}{\mathrm{d}x} = 0$$

这里归纳一下通过对这一问题运用变量分离方法，得到

$$\frac{\mathrm{d}T}{\mathrm{d}t}=-k\lambda T \qquad \frac{\mathrm{d}^2\varphi}{\mathrm{d}x^2}+\lambda\varphi=0$$

$$\frac{\mathrm{d}\varphi(0)}{\mathrm{d}x}=0, \quad \frac{\mathrm{d}\varphi(L)}{\mathrm{d}x}=0$$

接下来，我们看看如果对热方程采用周期边界条件，我们将得到什么。

例 3：对以下偏微分方程运用变量分离方法为

$$\frac{\partial u}{\partial t}=k\frac{\partial^2 u}{\partial t^2}$$

$$u(x,0)=f(x), \quad u(-L,t)=u(L,t), \quad \frac{\partial u(-L,t)}{\partial x}=\frac{\partial u(L,t)}{\partial x}$$

解：首先注意到这些边界条件实际上是齐次边界条件。如果将它们重写为

$$u(-L,t)-u(L,t)=0, \quad \frac{\partial u(-L,t)}{\partial x}-\frac{\partial u(L,t)}{\partial x}=0$$

它是比较容易观察的。

现在，我们求解这一偏微分方程，我们从下面入手

$$u(x,t)=\varphi(x)T(t)$$

我们需要求解的两个常微分方程是

$$\frac{\mathrm{d}T}{\mathrm{d}t}=-k\lambda T, \quad \frac{\mathrm{d}^2\varphi}{\mathrm{d}x^2}=-\lambda\varphi$$

将乘积解插入重写的边界条件得到

$$T(t)\varphi(-L)-T(t)\varphi(L)=T(t)[\varphi(-L)-\varphi(L)]=0$$

$$T(t)\frac{\mathrm{d}\varphi(-L)}{\mathrm{d}x}-T(t)\frac{\mathrm{d}\varphi(L)}{\mathrm{d}x}=T(t)\left[\frac{\mathrm{d}\varphi(-L)}{\mathrm{d}x}-\frac{\mathrm{d}\varphi(L)}{\mathrm{d}x}\right]=0$$

因此，这里是对这一问题采用变量分离得到的，请参见：http：//tutorial. math. lamar. edu/Classes/DE/SolvingHeatEquation. aspx#PDE_ HeatEqn_ Ex1 [2]。

H. 2. 2 采用傅里叶变换求解热方程

热方程是一个偏微分方程。在傅里叶的工作之前，对一般情况下的热方程没有已知的解，尽管如果热源表现为简单的方式，能够得到特殊的解，尤其是，如果热源是一个正弦或余弦波。

这些简单的解现在有时称为特征解。傅里叶的思路是将一个复杂的热源建模为简单的正弦波和余弦波的叠加（或线性组合），并将解写为对应的特征解的一个叠加，这一叠加或线性组合被称为傅里叶级数。

尽管原来的动机是求解热方程，显然，相同的方法后来被应用到多种多样的数学和物理问题。

例1：采用有限傅里叶变换以求解

$$\frac{\partial^2 u(x,t)}{\partial x^2} = \frac{\partial u(x,t)}{\partial x}$$

边界条件：$\begin{cases} U(0, t) = 0 \\ U(4, t) = 0 \end{cases}$

初始条件：$U(x, 0) = 2x$，$0 < x < 4$ 和 $t > 0$

解：对偏微分方程的两侧取有限傅里叶变换（$L=4$）（见 E.13 节），以得到

$$\int_0^4 \frac{\partial^2 U(x,t)}{\partial x^2} \sin\frac{n\pi x}{4} dx = \int_0^4 \frac{\partial U(x,t)}{\partial x} \sin\frac{n\pi x}{4} dx$$

写出 $u = F_{\text{sine}}\{T\}$，并采用条件，$U(0, t) = 0$ 和 $U(4, t) = 0$ [见 E.13 节的例 2(a)]，我们发现

$$\frac{du}{dt} = -\frac{n^2\pi^2}{16} u \tag{H.7}$$

式中：$u = u(n, t)$。

取条件 $T(x, 0) = 2x$ 的有限傅里叶变换，正如 E.13 节的例 2(a)，我们有

$$u(n,0) = f_{\text{sine}}(2x) = \int_0^4 2x \sin\left(\frac{n\pi x}{4}\right) dx$$

$$= \left\{ (2x)\left(\frac{-\cos(n\pi x/4)}{n\pi/4}\right) - 2\left(\frac{-\sin(n\pi x/4)}{n^2\pi^2/16}\right) \right\} \Big|_0^4 \tag{H.8}$$

$$= \frac{32(1 - \cos(n\pi))}{n\pi}$$

求解微分方程式（H.8），我们发现，如果 c 是任意常量，则有

$$u = u(n,t) = c e^{-n^2\pi^2 t/16} \tag{H.9}$$

但是，如果使用 $t = 0$ 的边界条件，则 $c = u(n, 0)$，由式（H.11）和式（H.12），结果为

$$u = \frac{32(1-\cos(n\pi))}{n\pi} e^{-(n^2\pi^2)t/16}$$

因此，由 E.13 节的例 1(a)，逆傅里叶余弦变换为

$$U(x,t) = \frac{2}{4} \sum_{n=1}^{\infty} \frac{32(1 - \cos(n\pi))}{n\pi} e^{-(n^2\pi^2)t/16}$$

$$= \frac{2}{4} \sum_{n=1}^{\infty} \frac{(1 - \cos(n\pi))}{n} e^{-(n^2\pi^2)t/16}$$

从物理上，$U(x, t)$ 表示在一个由点 $x = 0$ 和 $x = 4$ 界定的固体中，在任何时刻 t、在任何点 x 的温度。条件 $u(0, t) = 0$ 和 $u(4, t) = 0$ 表示端点保持在温

度0°的这一事实，而 $u(x, 0) = 2x$ 表示作为 x 的一个函数的初始温度。等价地，固体可以被在轴上的一个端点为 $x=0$ 和 $x=4$ 的表面绝热的棒代替。

例2：针对条件

$$U(0, t) = 0, \quad U(x, 0) = \begin{cases} 1 & 0 < x < 1 \\ 0 & x \geq 1 \end{cases}, \quad U(x, t) \text{ 是有界的}$$

求解 $x>0$，$t>0$ 时的 $\dfrac{\partial U}{\partial t} = \dfrac{\partial^2 U}{\partial x^2}$。

解：对给定的偏微分方程的两侧取傅里叶正弦变换，我们发现

$$\int_0^\infty \frac{\partial U(x,t)}{\partial t} \sin(\lambda x) \mathrm{d}x = \int_0^\infty \frac{\partial^2 U}{\partial x^2} \sin(\lambda x) \mathrm{d}x \quad (\text{H.10})$$

则如果

$$u = u(\lambda, t) = \int_0^\infty U(x,t) \sin(\lambda x) \mathrm{d}x$$

这变成了

$$\frac{\mathrm{d}u}{\mathrm{d}t} = \left\{ \frac{\partial u(x,t)}{\partial x} \sin(\lambda x) - \lambda U(x,t) \cos(\lambda x) \right\} \bigg|_0^\infty - \quad (\text{H.11})$$

$$\lambda^2 \int_0^\infty U(x,t) \sin(\lambda x) \mathrm{d}x = \lambda U(0,t) - \lambda^2 u$$

对式（H.10）的右边进行积分，并假设当 $x \to \infty$ 时 $u(x, t)$ 和 $U(x, t)/\partial x$ 趋近于0。

由 $U(x, 0)$ 的条件，我们取傅里叶正弦变换

$$U(\lambda, 0) = \int_0^\infty U(x,0) \sin(\lambda x) \mathrm{d}x = \int_0^1 \sin(\lambda x) \mathrm{d}x = \frac{1 - \cos\lambda}{\lambda} \quad (\text{H.12})$$

针对式（H.12）和 $U(0, t) = 0$，求解式（H.11），我们得到

$$u(\lambda, t) = \frac{1 - \cos\lambda}{\lambda} e^{-\lambda^2 t}$$

接着取逆傅里叶正弦变换，我们得到所需的解

$$u(\lambda, t) = \frac{2}{\pi} \int_0^1 \frac{1 - \cos\lambda}{\lambda} e^{\lambda^2 t} \sin(\lambda x) \mathrm{d}x \mathrm{d}\lambda$$

从物理上，这可以表示在一个固体中的温度，见上面的例1。

H.2.3 采用拉普拉斯变换方法求解热方程

偏微分方程，像它们的单变量对等物常微分方程一样，在科学谱中是无所不在的。然而，它们一般更难以求解。然而，这里我们可以应用拉普拉斯变换方法，通过将原始的问题简化为较简单的常微分方程求解偏微分方程。

偏微分方程有3种类型。对于一个我们已经将T用 u 代替的两变量的函

数 $u=u(x,t)$,一般的二阶线性偏微分方程有 C.3.4.3 节的式(C.65)的形式,在本节,我们更感兴趣的是一维热方程形式的抛物线形式的偏微分方程[3]

$$\frac{\partial u(x,t)}{\partial t} = c \frac{\partial^2 u(x,t)}{\partial t^2} (抛物线形式) \tag{H.13}$$

在它的简化形式中,我们假设上述偏微分方程是单变量 x 的函数,它是一个线性类型的。

在 E.23 节中全面解释了拉普拉斯变换,这里我们简要地回顾。我们考虑函数 $u=u(x,t)$,其中 $t>0$ 是一个时间变量。u 相对于 t 的拉普拉斯变换用 $U(x,s)$ 表示,即

$$U(x,s) = \mathcal{L}\{u(x,t)\} = \int_0^\infty e^{-st} u(x,t) \mathrm{d}t$$

这里,x 是"函数的变换变量",在 E.24 节给出了几个例子,读者应当参考它们以更加熟悉。这里我们给出了由 J. Schiff 所给出的几个例子[3]。

在一个有限的或半无限的细杆中的热流由偏微分方程来主导,即

$$\frac{\partial u(x,t)}{\partial t} = c \frac{\partial^2 u(x,t)}{\partial x^2}$$

式中:c 为一个常量(称为扩散率);$u(x,t)$ 为跨该细杆的横截面在时刻 t 和位置 x 处的温度,跨这一横截面的温度被取为均匀的(图 H.1)。

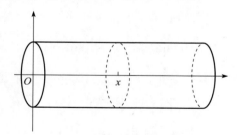

图 H.1 有限或半无限的细杆

例1:求解热的偏微分方程

$$\frac{\partial u(x,t)}{\partial t} = \frac{\partial^2 u(x,t)}{\partial x^2}, \quad x>0 \text{ 和 } t>0 \tag{H.14}$$

边界和初始条件为

初始条件:(1)对于 $x>0$,$u(x,0)=1$

边界条件：$\begin{cases} (2) \dfrac{\partial u(0,t)}{\partial x}=0 & t>0 \\ (3) \lim\limits_{x\to\infty} u(x,t)=1 \end{cases}$

解：取上述热偏微分方程和式（H.14）的拉普拉斯变换，得到

$$\frac{d^2 U(x,s)}{dx^2}=sU(x,s)-u(x,0)=sU(x,s)-1 \qquad (\text{H}.15)$$

边界方程（2）和（3）的拉普拉斯变换给出

$$U(0,s)=\pounds\{u(0,t)\}=0$$

$$\lim_{x\to\infty}U(x,s)=\lim\pounds\{u(x,t)\}=\pounds\{\lim_{x\to\infty}u(x,t)\}=\frac{1}{s}$$

现在，式（H.15）是一个常微分方程，其解可表示为

$$U(x,s)=c_1 e^{\sqrt{s}x}+c_2 e^{-\sqrt{s}x}+\frac{1}{s}$$

边界条件 $\lim\limits_{x\to\infty}U(x,s)=a/s$ 意味着 $c_1=0$，而 $U(0,s)=0$ 意味着

$$U(x,s)=\frac{1}{s}-\frac{e^{\sqrt{s}x}}{s}$$

由 E.23 节的例 1 我们有

$$u(x,t)=\operatorname{erf}\left(\frac{x}{2\sqrt{t}}\right)=\frac{2}{\sqrt{\pi}}\int_0^{x/2\sqrt{t}} e^{-u^2}du$$

直接计算表明的确满足上述的式（H.14），而且满足初始和边界条件。

例 2：对于

初始条件：(1) $u(x,0)=f(x)$

边界条件：$\begin{cases} (2) u(0,t)=0, & t>0 \\ (3) u(1,t)=0, & t>0 \end{cases}$

$$\frac{d^2 U(x,s)}{dx^2}-sU(x,s)=-f(x)$$

$$Y(x)=U(x,s)$$

$$Y(0)=U(0,s)=0$$

在 $x>0$ 和 $t>0$ 域中求解：$\dfrac{\partial u(x,t)}{\partial t}=\dfrac{\partial^2 u(x,t)}{\partial x^2}$

解：变换后的方程为

$$\frac{d^2 U(x,s)}{dx^2}-sU(x,s)=0$$

根据条件(3)，其解可表示为
$$U(x,s) = c_2 e^{-\sqrt{s}x}$$
按照条件(2)
$$U(0,s) = £\{f(t)\} = F(s)$$
因此，$c_2 = F(s)$，而且
$$U(x,s) = F(s) e^{-\sqrt{s}x}$$

回想到对于 $a>0$，$£^{-1}\{a^{-a\sqrt{s}}\} = \dfrac{a}{2\sqrt{\pi t^3}} e^{-a/4t}$，再根据卷积理论，我们有
$$u(x,t) = \int_0^t \frac{x}{2\sqrt{\pi \tau^3}} e^{-x^2/4\tau} f(t-\tau) d\tau$$

做代换 $\sigma^2 = x^2/4\tau$，则我们有
$$u(x,t) = \frac{2}{\sqrt{\pi}} \int_{x/2\sqrt{t}}^{\infty} \frac{x}{2\sqrt{\pi \tau^3}} e^{-\sigma^2} f\left(t - \frac{x^2}{4\sigma^2}\right) d\sigma$$

这是希望的解。

例3：对于

初始条件：(1) $u(x, 0) = f(x)$

边界条件：$\begin{cases} (2) \ u(0, t) = 0 & t>0 \\ (3) \ u(0, t) = 0 & t>0 \end{cases}$

在 $x>0$ 和 $t>0$ 域中求解：$\dfrac{\partial u(x, t)}{\partial t} = \dfrac{\partial^2 u(x, t)}{\partial x^2}$

解：$\dfrac{d^2 U(x, s)}{dx^2} - sU(x, s) = -f(x)$

这里我们通过拉普拉斯变换方法求解常微分方程。为了实现这一目的，假设 $Y(x) = U(x, s)$，则 $Y(0) = U(0, s) = 0$，$Y(1) = U(1, s) = 0$。设定 $a^2 = s$，我们得到
$$\sigma^2 £(Y) - \sigma Y(0) - Y'(0) - a^2 \sigma(Y) = -£(f) = -F(\sigma)$$
即
$$£(Y) = \frac{Y'(0)}{\sigma^2 - a^2} - \frac{F(\sigma)}{\sigma^2 - a^2}$$

求逆，得到
$$U(x,s) = \frac{Y'(0) \sinh ax}{a} - \frac{1}{a} \int_0^x f(u) \sinh a(x-u) du$$
$$= \frac{Y'(0) \sinh \sqrt{s}x}{\sqrt{s}} - \frac{1}{\sqrt{s}} \int_0^x f(u) \sinh \sqrt{s}(x-u) du$$

因此

$$U(x,s) = \int_0^1 f(u) \frac{\sinh\sqrt{s}x \; \sinh\sqrt{s(x-u)}}{\sqrt{s}\sinh\sqrt{s}} du -$$

$$\int_0^x f(u) \frac{\sinh\sqrt{s(x-u)}}{\sqrt{s}} du$$

我们可以写出 $\int_0^1 = \int_0^x + \int_x^1$，并采用 $\sinh(z\pm w) \sinh z \cosh w \pm \cosh z \sinh w$ 则

$$U(x,s) = \int_0^x f(u) \left[\frac{\sinh\sqrt{s}x\sinh\sqrt{s(1-u)}}{\sqrt{s}\sinh\sqrt{s}} - \frac{\sinh\sqrt{s(1-u)}}{\sqrt{s}} \right] du +$$

$$\int_0^x f(u) \frac{\sinh\sqrt{s}x\sinh\sqrt{s(1-u)}}{\sqrt{s}\sinh\sqrt{s}} du$$

$$= \int_0^x f(u) \frac{\sinh\sqrt{s}(1-x)\sinh\sqrt{su}}{\sqrt{s}\sinh\sqrt{s}} du +$$

$$\int_0^x f(u) \frac{\sinh\sqrt{s}x\sinh\sqrt{s(1-u)}}{\sqrt{s}\sinh\sqrt{s}} du$$

为了求逆，我们采用复的求逆公式（见 E.29 节），当将它应用于第一个积分时，我们得到

$$\frac{1}{2\pi i} \int_{x_0-i\infty}^{x_0+i\infty} e^{ts} \left\{ \int_0^x f(u) \frac{\sinh\sqrt{s}x\sinh\sqrt{s(1-u)}}{\sqrt{s}\sinh\sqrt{s}} du \right\} ds = \sum \text{Res}$$

在这种情况下，在 $s_0 = 0$ 和 $s_n = -n^2\pi^2$，$n = 1, 2, 3, \cdots$ 处有简单的极点，即

$$\text{Res}(0) = \lim_{s\to 0} s \int_0^x f(u) \frac{\sinh\sqrt{s}(1-x)\sinh\sqrt{su}}{\sqrt{s}\sinh\sqrt{s}} du = 0$$

$$\text{Res}(-n^2\pi^2) = \lim_{s\to -n^2\pi^2}(s+n^2\pi^2) e^{ts} \int_0^x f(u) \frac{\sinh\sqrt{s}(1-x)\sinh\sqrt{su}}{\sqrt{s}\sinh\sqrt{s}} du$$

$$= \lim_{s\to -n^2\pi^2} \frac{s+n^2\pi^2}{\sinh\sqrt{s}} \lim_{s\to -n^2\pi^2} e^{ts} \int_0^x f(u) \frac{\sinh\sqrt{s}(1-x)\sinh\sqrt{su}}{\sqrt{s}\sinh\sqrt{s}} du$$

$$= 2e^{n^2\pi^2 t} \int_0^x f(u) \frac{\sinh[(n\pi i)(1-x)]\sinh(n\pi i)u}{\cosh(n\pi i)} du$$

$$= 2e^{n^2\pi^2 t} \int_0^x f(u) \frac{\sinh[n\pi(1-x)]\sinh n\pi u}{-\cos n\pi} du$$

这里我们采用了从附录 D 得到的特性，对于 $z=x+\mathrm{i}y$，有
$$\sinh z = \cos y \sinh y + \mathrm{i}\sin y \cosh x$$
$$\cosh z = \cos y \cosh y + \mathrm{i}\sin y \sinh x$$
为了得到最后一个等式，我们有
$$\sum \mathrm{Re}s = 2\sum_{n=1}^{\infty} \mathrm{e}^{n^2\pi^2 t}\left(\int_0^x f(u)\sin n\pi u\,\mathrm{d}u\right)\sin n\pi x$$
类似地，第二个积分的逆可表示为
$$2\sum_{n=1}^{\infty} \mathrm{e}^{n^2\pi^2 t}\left(\int_0^1 f(u)\sin n\pi u\,\mathrm{d}u\right)\sin n\pi x$$
最后
$$u(x,t) = 2\sum_{n=1}^{\infty} \mathrm{e}^{n^2\pi^2 t}\left(\int_0^1 f(u)\sin n\pi u\,\mathrm{d}u\right)\sin n\pi x$$
当采用变量分离方法求解这一例子时，得到了相同的结果。

参考文献

1. http://tutorial.math.lamar.edu/Classes/DE/DE.aspx
2. http://tutorial.math.lamar.edu/Classes/DE/SolvingHeatEquation.aspx
3. Schiff JL (1991) The laplace transform, theory and applications. Springer

附录 I 不同材料的热参数的数据和曲线

物理学的一个主要目的是理解光的特性(具体在我们这种情况下是激光及其与材料的相互作用)。由于光的复杂性,这一目的很难全部实现,但这一复杂性意味着光可以用于许多不同的应用,包括光的干涉以及材料对激光的辐射的响应以及光与物质(具体是金属材料)的相互作用。

I.1 热导率数据

图 I.1 给出了铝、铜、铬、钴、金、铁、铅、钼、镍、铂、铑、银、钽、锡、钨、铀、钒、锌、锆、低碳钢、302、303 和 304 不锈钢、氧化铝、熔凝石英、氧化镁和二氧化钛等的热导率-温度曲线。

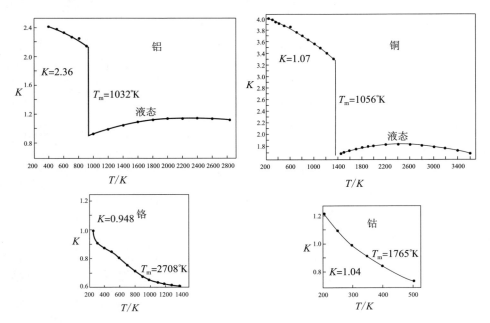

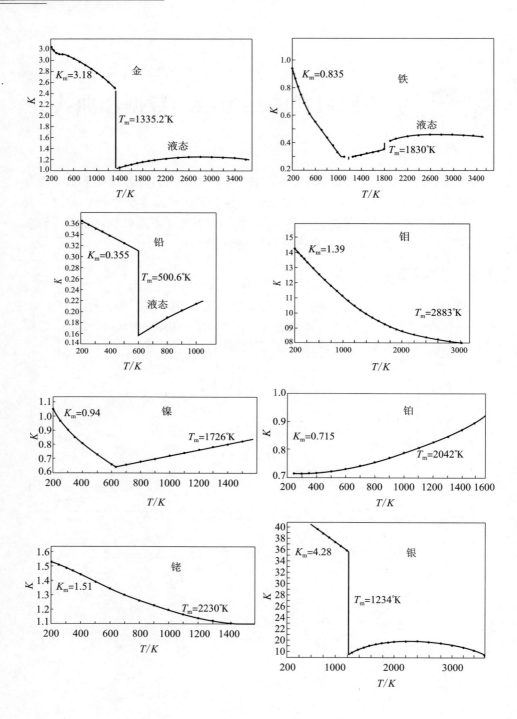

附录 I 不同材料的热参数的数据和曲线

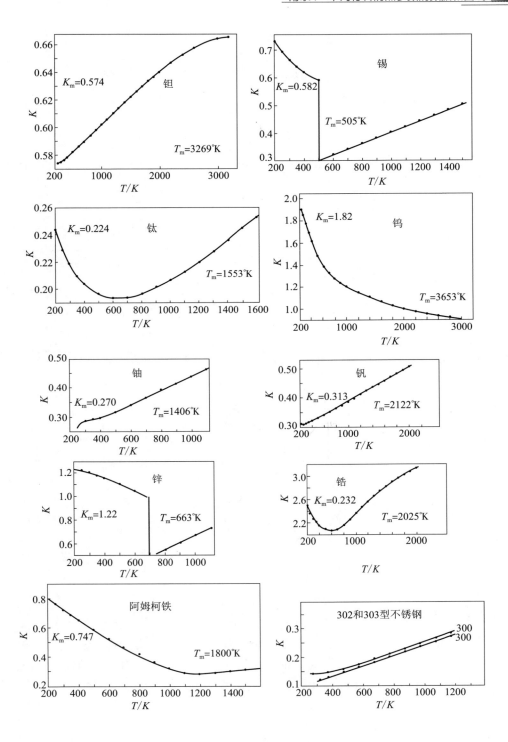

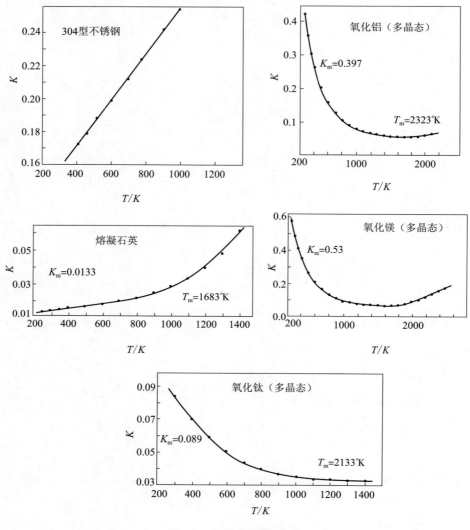

图 I.1 热导率-温度曲线

I.2 热容

图 I.2 给出了铝、铜、铬、钴、金、铁、铅、钼、镍、铂、铑、银、钽、锡、钨、铀、钒、锌、锆、低碳钢、302、303 和 304 不锈钢、氧化铝、熔凝石英、氧化镁和二氧化钛等的热容-温度曲线。

附录I 不同材料的热参数的数据和曲线

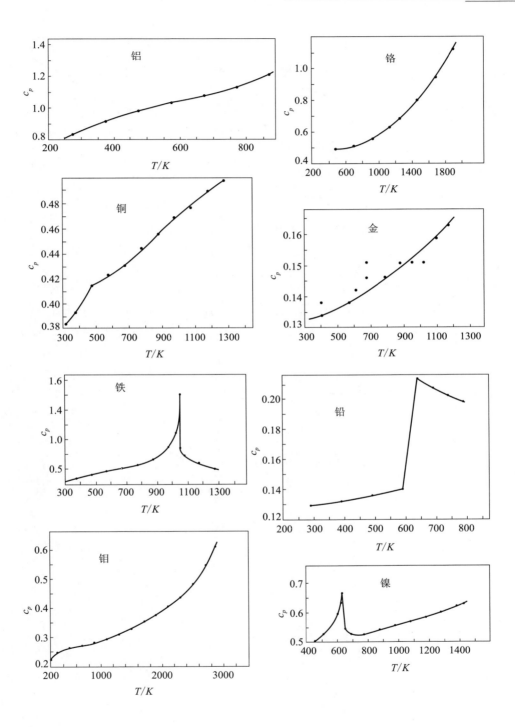

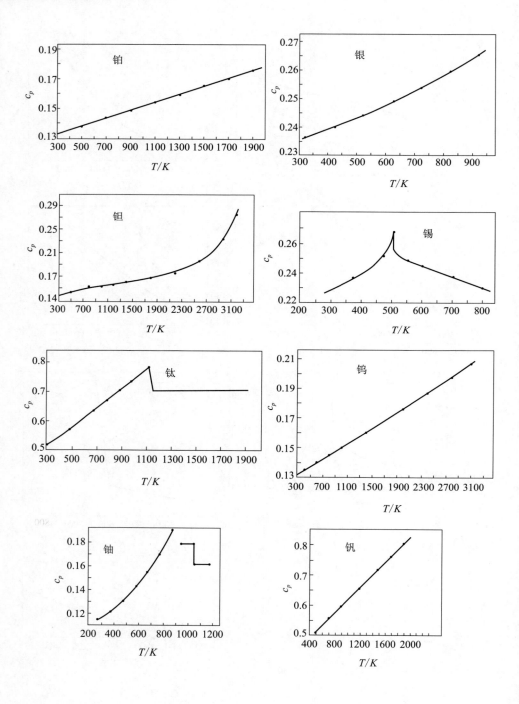

附录 I 不同材料的热参数的数据和曲线

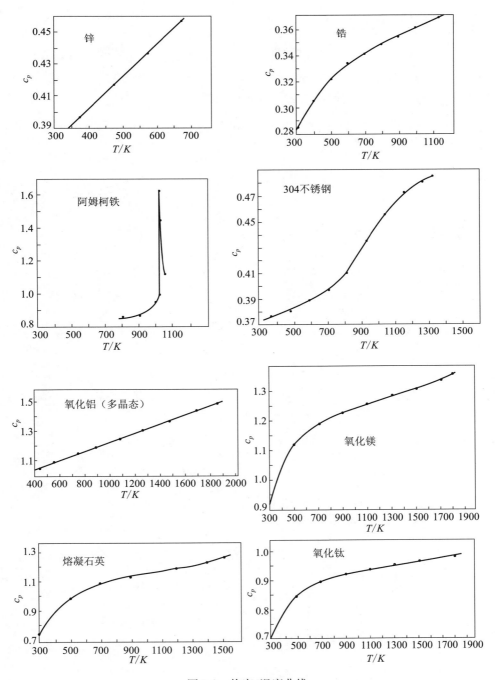

图 I.2 热容-温度曲线

I.3 热扩散率数据

图 I.3 给出了铝、铜、铬、钴、金、铁、铅、钼、镍、铂、铑、银、钽、锡、钨、铀、钒、锌、锆、低碳钢、302、303 和 304 不锈钢、氧化铝、熔凝石英、氧化镁和二氧化钛等的热扩散率-温度曲线。

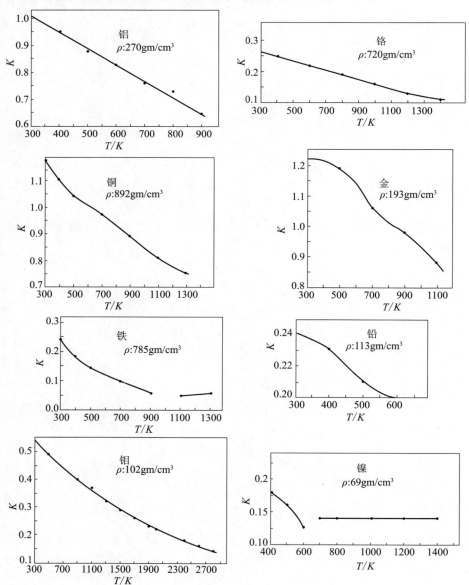

附录 I 不同材料的热参数的数据和曲线

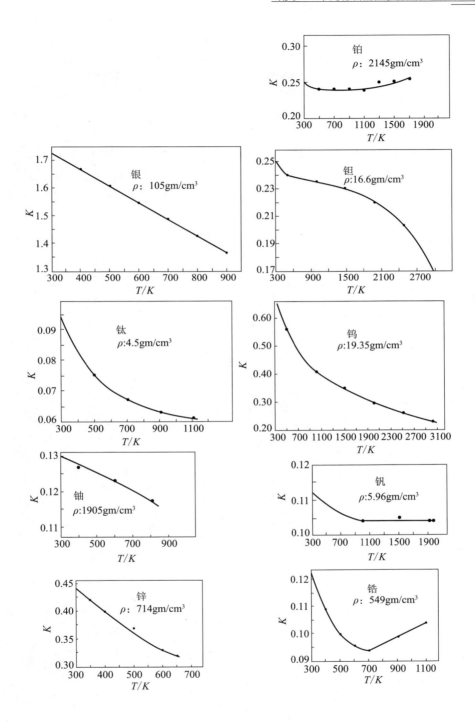

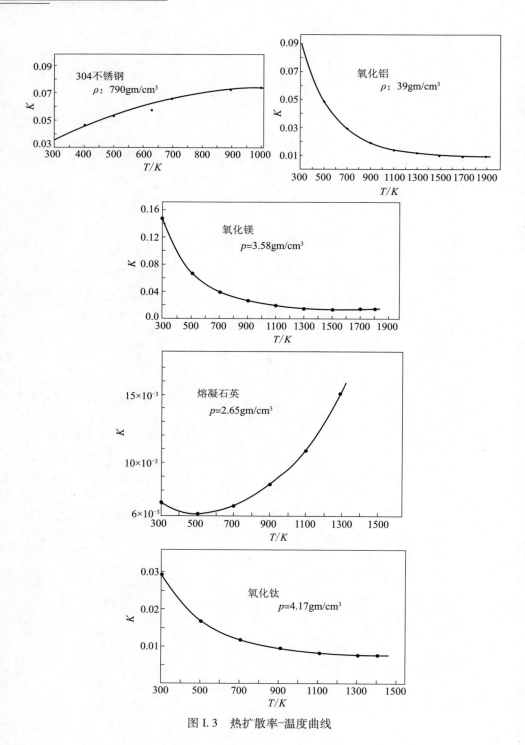

图 I.3 热扩散率-温度曲线

参考文献

Anisimov SI et al. (1971) Effects of High-power Radiation on Metals
Knudsen M (1909) Ann. Phys., Lpz. 28 999
Finke BR, Simon G (1988) On the gas kinetics of laser-induced evaporation of metals. J Phys D: Appl Phys 23 (1990) 67–74
Knight CJ (1979) Theoretical modeling of rapid surface vaporization with back pressure. AIAA J 17(5)
Wenwu Zhang Y. Lawrence Yao (2000) Modeling and analysis of UV laser micro-machining of copper. ICALEO 2000
Crank J (1984) Free and moving boundary problems. Clarendon Press: Oxford
Ramachandran N, Gupta JR Jalunu Y (1982) Theraml and fluid flow effects during solidification in a rectangular cavity. Int J Heat Mass Transfer 25: 187–194
Gadgil A, Gobin D (1984) Analysis of two dimensional melting in rectanguar enclosures in presence of convection. J Heat Transfer 106: 20–26
Partankar SV (1980) Numerical heat transfer and fluid flow. Hemisphere: Washington
Vollwe VR, Praksh C (1987) A fixed grid numerical modeling methodology for convection-diffusion mushy region phase-change problems. Int J Heat Mass Transfer 30(8) 1709–1719
Wenwu Zhang Y, Lawrence Yao and Kai Chen (2000) Modeling and analysis of UV laser micro-machining of copper. ICALEO 2000
Patankar SV (1980) Numerical heat transfer and fluid flow. McGraw: New York
Mazumder J, Mohanty PS, Kar A (1996) Mathematical modelling of laser materials processing. Int J Mater Product Technol 11: 193–252
Frank PI, David PD (1996) Fundamentals of heat and mass transfer. John Wiley & Sons, Inc., 4th edition, New York
Frank MW (1999) Fluid Mechanics. WCB/McGraw-Hill, 4th edition, New York
Aden M et al. (1992) Laser-induced vaporization of a metal surface. J Phys D 25, 57–65
Dabby FW, Paek UC (1972) High-intensity laser-induced vaporization and explosion of solid material. IEEE J Quantum Electronics QE-8(2) 106–111
Ho JR et al. (1995) Computational model for the heat transfer and gas dynamics in the pulsed laser evaporation of metals. J Appl Phys 78(7) 4696–4709
Mazumder KA (1994) Mathematical model for laser ablation to generate nanoscale and submicometer-size particles. J. Phys Rev E, 49(1), 410–419.
Kezhun Li and Paul Sheng (1995) Computational model for laser cutting of steel plates. MED-Vol.2-1/MH-MH-Vol.3-1, Manufacturing Science and Engineering, ASME 1995, 3–14
Cai L, Sheng P (1996) Analysis of laser evaporative and fusion cutting. J Manufacturing Sci Eng, 118, 225–234
Modest MF (1996) Three-dimensional, transient model for laser machining of ablating de-composing materials. Int J Heat Mass Transfer 39(2) 221–234
Paek UC, Gagliano FP (1972) Thermal analysis of laser drilling processes. IEEE J Quantum Electronics QE-8 112–119
Singh RK, Narayan J (1990) Pulsed-laser evaporation technique for deposition of thin films: physics and theoretical model. Phys Rev B 41(3) 8843–8859

附录 J　缩略语和定义

DOF　焦深是聚焦的光束有大约相同的强度所跨的距离,它被定义为焦斑变化 $-5\% \sim 5\%$ 的距离。

电子组件　数个电子元件(即,"电路单元"、"离散器件"、集成电路等)连接在一起以完成特定的功能,可以作为一个整体替换,而且通常能够拆开。

激光汽化切割　激光汽化切割是通过直接汽化将靶材融化的激光切割过程,典型的应用是对低汽化温度和低热导材料的激光切割。

受激准分子激光器　采用惰性气体组分来产生激光的激光器。受激准分子激光器产生在紫外和近紫外谱段的激光,从 $0.193 \sim 0.351\mu m$。气体激光器是激发介质是气体的激光器。气体可能包括分子(如二氧化碳)、原子(如 He-Ne)或者离子(如 Ar^+)。

激光熔化切割　激光熔化切割是通过熔化和气流吹除进行的激光切割。

基态　一个原子或分子的最低能级。

热影响区　热影响区是接近于激光辐照区的区域,相对于原理的区域会有明显的温度变化,或者出现明显的应变状态变化。

全息图　在一个底片(或胶卷)上捕获的一种干涉现象,它可能包括大量的信息,可以由此重构三维图像。

Knudesen 层　在激光处理中,产生的强的汽化,接近相界面的气体不是处于平移平衡,平移平衡是在少数几个平均路径中通过粒子在一个薄的区域中的碰撞实现的,这一区域称为 Knudsen 层。

激光　激光是受激辐射的光放大的首字母缩略语。激光是特殊性质的光,光是处于可见光谱段的电磁波。激光器,宽泛地说,是产生光放大的器件,正像晶体管产生和放大处于声频、射频和微波频率的电子信号一样。这里,光可以更宽泛地理解,因为激光覆盖了从红外谱段到紫外、甚至软 X 射线的波长范围的辐射。

激光加工　激光加工是通过激光与材料的相互作用来实现对材料的加工,一般地讲,这些过程包括激光打孔、激光切割和激光刻划、打标或雕刻。

激光模式　激光模式是在激光腔中的可能的电磁波驻波。

纵（轴）模式　在激光腔内的轴上电磁波驻波。

激光谐振腔或激光腔　构成激光谐振腔的光学反射镜、激发介质和泵浦系统，也称为激光腔。根据它们是使振荡光束收敛到腔内还是从腔扩散出去，激光腔可以划分为稳定腔和非稳腔。

线宽　激光的线宽是激光光束频率的宽度，激光线宽远比正常的光要窄。

液体激光器　采用大的有机染料分子作为激发介质的激光器。

光束的 M^2　M^2 是光束质量的一个指标，它度量者实际的光束和高斯光束之间的差别。

基体材料　填充粒子、晶须或纤维之间的空间的一个连续的相。

Marangonic 机制　由于温度梯度（热）或复合梯度（化学）产生的液体表面力。

微电路　一个包含能执行来自一个外部存储器的一系列通用指令的运算逻辑单元的"单片集成电路"或"多芯片集成电路"。注解1："微处理器微电路"通常不包括用户可访问存储器，尽管在芯片上的存储器可被用于完成其逻辑功能。注解2：这一定义包括被设计用于协同工作，以提供一个"微处理器微电路"功能的芯片组。

多芯片　一个将两个或更多的"单片集成电路"连接在一个衬底上的'集成电路'。

锁模　一种产生非常短的激光脉冲的方法。它采用在激光腔中的固定的或锁定的许多模式（频率）的相位差，因此能产生非常窄的脉冲（在时间上）。

两相区　相变通常出现在一个稳定区域，因此在相变过程中包括固相和液相，这一固相和液相混合的区域称为两相区。

光子　可以交换的最小的光能量被称为光量子或光子。

偏振光　如果光有一个主导的 E 矢量方向，我们称光是偏振的。自然光不是偏振的，而激光光束是偏振的。偏振可以采用一个偏振器来形成或调整。

粒子数反转　通常处在高能级（E2）的原子数少于处于低能级（E1）的原子数，$N2(E2)<N(E1)$。如果 $N2>N1$，我们说存在粒子数反转，这是激发的必要条件。

泵浦　使原子从较低的能级跃迁到较高的能级的过程称为泵浦。

Q-开关　一种产生激光脉冲的方法，它对激光器的 Q（质量）进行调制，以首先产生粒子数反转，然而突然释放累积的能量，采用这种方式可以产生高能脉冲。

复合辐射　在半导体中，当电子与空穴组合时，发射光子，这称为复合辐射。半导体激光器是基于这一机理的。

分辨率 一个测量器件的最小的增量,在数字仪表中是最小的有效位(参见:ANSI B-89.1.12)。

固体激光器 激发介质处于固态的激光器(通常不包括半导体激光器)。

半导体激光器 采用半导体作为激发介质的激光器。主要的半导体材料是基于元素周期表中的三族(如 Al、Ga、In、)和四族元素(N、P、As、Sb)的组合的,这里称为Ⅲ-Ⅴ族化合物。

自发辐射 根据量子力学,原子的电子可以取不同的能级,称为 $E1$,$E2$,$E3$ 等,$E1<E2<E3<\cdots$。较低的能级比较高的能级更稳定,因此处于高能级的电子趋向于衰减到低的能级,两个能级之间的能差可能作为电磁辐射发射出去,这一过程称为自发辐射。

稳定腔和非稳腔 可以根据它们是使振荡光束收敛到腔内还是从腔扩散出去,将腔划分稳定腔或非稳腔,如果收敛则为稳定腔,如果扩散出去则为非稳腔。

受激吸收 当处于较低能级的原子吸收具有对应的频率的入射能量时,它们跃迁到较高的能级,这称为受激吸收。

受激辐射 在具有相应的频率入射的电磁场的作用下,处于较高能级的原子有一定的概率跃迁到对应的较低的能级上,发射具有与入射波相同的频率、方向和相位的电磁波或者光子,这一过程称为受激辐射。

衬底 一个具有或没有互连结构的基底材料薄板,在衬底上可以放置"离散组件"或集成电路或者两者。

超合金 工作在超过 922K(649℃)温度和严酷的环境和工作条件下时,具有强度超越 AISI300 系列中的任何合金的镍、钴或铁基合金。

TEM 模式 激光光束的横向电磁波模式被称为 TEM 模式。采用 3 个指标来表示 TEM 模式,TEM plq,p 是径向零场的数目,l 是角度零场的数目,q 是纵向场的数目。

YAG 钇铝石榴石。

超短脉冲激光器 脉冲持续时间非常短(小于 1ns,通常在飞秒级)的激光器。

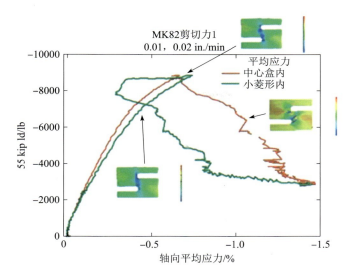

图 1.6 在 Mk82 复合结构材料样本中的剪切应力集中应变

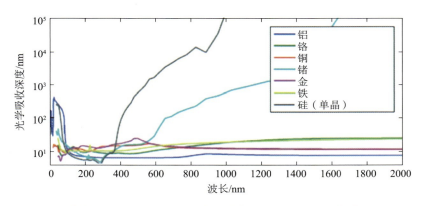

图 7.10 在一定的波长范围内几种材料的光学吸收深度

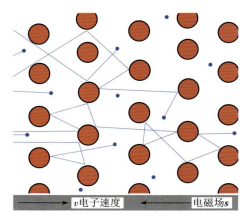

图 7.17 Drude-Lorentz 模型电子（这里用蓝色或小点表示），这些电子被较重的、静态的晶体离子（用红色的较大的点表示）反射弹回

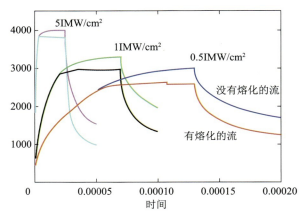

图 7.27 在不同的最大吸收强度值和不同的激光脉冲宽度（$0.5MWcm^2$—130，$1MWcm^2$—70，$5MWcm^2$—25）条件下计算的在光束轴与铁材料的交界处的温度（上部的曲线为没有熔化流，下面的曲线为有熔化流）

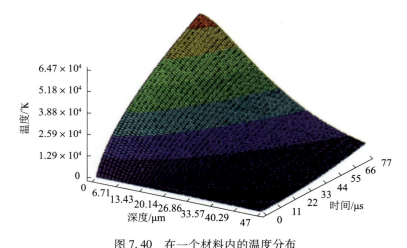

图 7.40 在一个材料内的温度分布

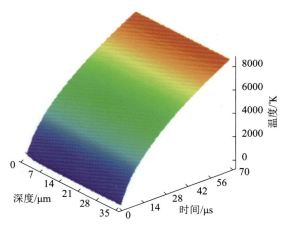

图 7.41 在材料的表面的温度分布

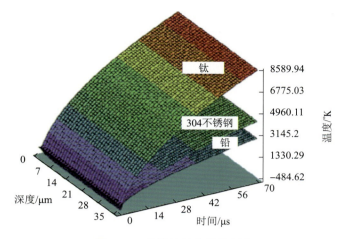

图 7.42 热特性的参数化研究

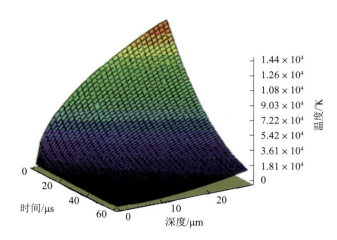

图 7.43 材料的温度分布相对于时间的关系

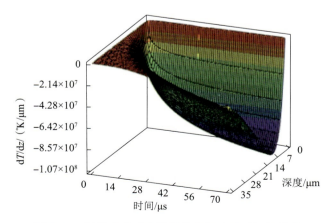

图 7.44 材料内的温度梯度分布相对于时间的关系

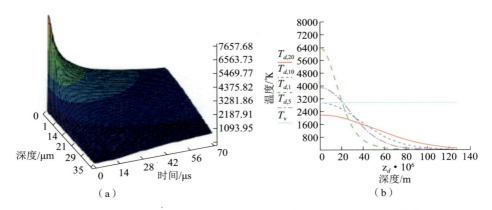

图 7.47 被激光辐照的具有最低的热物理参数值的材料的温度分布
(a)温度与深度和时间的关系;(b)采用式(7.214)计算的材料的温度或熔化与深度的关系。

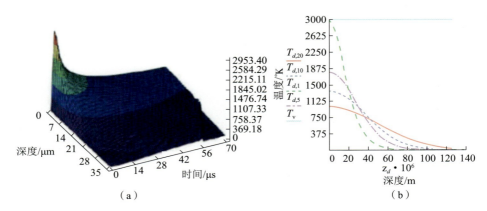

图 7.48 采用激光脉冲辐照的材料的温度分布可以进行热物理参数化
(a)温度与深度和时间的关系;(b)温度或熔化与深度的关系。

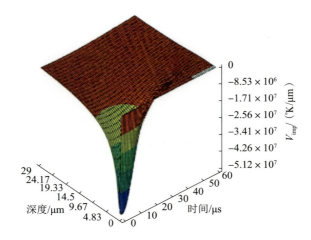

图 7.49 在激光脉冲结束后工件的冷却速率

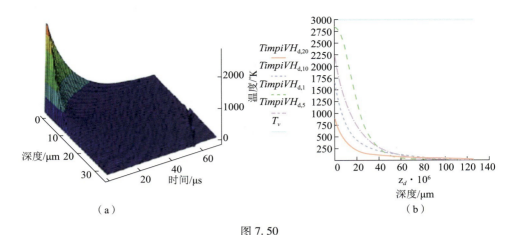

图 7.50

(a)在材料内(z轴)的温度分布相对于时间的关系;(b)在从激光脉冲开始的几个不同时间瞬间的温度和工件深度的关系,热物理参数的最高值采用式(7.227)计算。

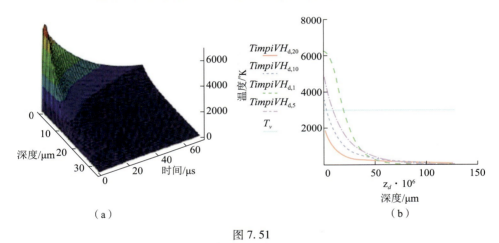

图 7.51

(a)在材料内(z轴)的温度分布与时间的关系;(b)在从激光脉冲开始的几个不同时间瞬间的温度和工件深度的关系,热物理参数的最高值采用式(7.227)计算。

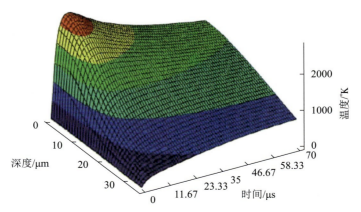

图 7.52 在材料内(z轴)的温度分布相对于时间的关系热物理参数的最高值采用式(7.238)计算

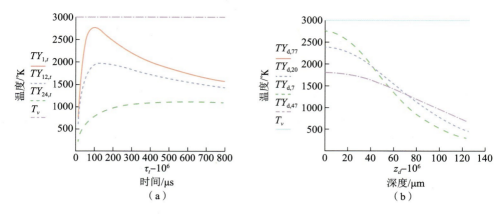

图 7.53

（a）材料内（z 轴）几个不同时间瞬间的温度相对于时间的分布关系；（b）工件的几个不同深度处温度的瞬态分布，热物理参数的最高值采用式（7.238）计算。

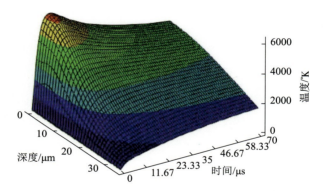

图 7.54　在材料内（z 轴）的温度分布相对于时间的关系，热物理参数的最低值采用式（7.238）计算

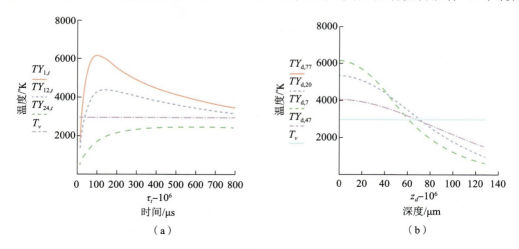

图 7.55

（a）几个不同时间瞬间在材料内（z 轴）的温度分布相对于时间的关系、（b）在几个不同深度的工件温度的瞬时分布，热物理参数的最低值采用式（7.238）计算

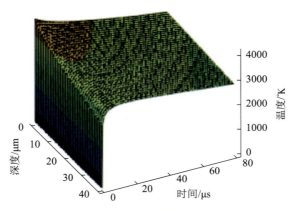

图 7.56　工件的温度分布，考虑到采用式(7.326)计算的蒸发传递情况

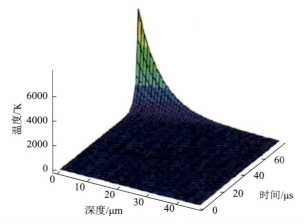

图 7.70　温度相对于样本的深度和时间的关系，采用电子动能理论方法得到的闭式解

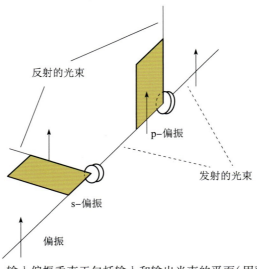

图 F.14　对于 s-偏振，输入偏振垂直于包括输入和输出光束的平面(用彩色表示)，对于 p-偏振，输入偏振平行于包括输入和输出光束的平面(用彩色表示)

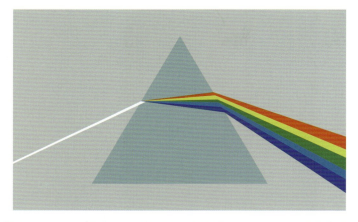

图 G.5 在一个棱镜中,材料频散(折射系数与波长相关)导致不同的颜色以不同的角度折射,将白光分光成彩虹

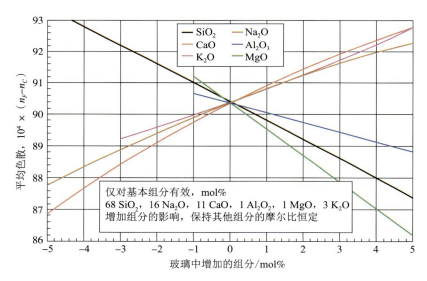

图 G.7 增加选择的组分对特定基的玻璃的平均色散的影响(对 $\lambda = 486$nm(蓝色)n_F 有效,对 $\lambda = 656$nm(红色)n_C 有效)

图 G.9 在深水表面上的重力波群的频率色散